스스로 **마**스터하는 **트**레이닝 북

엑셀 2010

Foreign Copyright:
Joonwon Lee
Address: 127, Yanghwa-ro, Mapo-gu, Chomdan Building 6ᵀᴴ floor,
　　　　 Seoul, Korea
Telephone: 82-70-4345-9818
E-mail: jwlee@cyber.co.kr

스스로 마스터하는 트레이닝 북

엑셀 2010

2012. 7. 20. 초판 1쇄 발행
2017. 2. 22. 초판 3쇄 발행

저자와의
협의하에
검인생략

지은이 | 김지연
펴낸이 | 이종춘
펴낸곳 | BM 주식회사 성안당
주소 | 04032 서울시 마포구 양화로 127 첨단빌딩 5층(출판기획 R&D 센터)
　　　 10881 경기도 파주시 문발로 112 출판문화정보산업단지(제작 및 물류)
전화 | 02) 3142-0036
　　　 031) 950-6300
팩스 | 031) 955-0510
등록 | 1973. 2. 1. 제406-2005-000046호
출판사 홈페이지 | www.cyber.co.kr
ISBN | 978-89-315-5472-4 (13000)
정가 | 21,000원

이 책을 만든 사람들
책임 | 최옥현
기획 · 진행 | 박종훈, 오렌지페이퍼
본문 · 표지 디자인 | 디자인허브
홍보 | 박연주
국제부 | 이선민, 조혜란, 고운채, 김해영, 김필호
마케팅 | 구본철, 차정욱, 나진호, 이동후, 강호묵
제작 | 김유석

스스로 마스터하는 트레이닝 북

엑셀 2010

김지연 지음

 성안당

스마트 시리즈 소개

혼자서도 체계적으로 스마트하게

 스로

각 프로그램의 최중요 기능을 우선 구성하여 **혼자서도 체계적으로** 공부할 수 있습니다. 또한 본문에 부가 요소를 강화하여 더욱 쉽게 이해할 수 있습니다.

가장 중요한 핵심 기능만 스마트하게

 스터하는

이론, 실습, 문제에 이르기까지 **철저하게 배우고 복습**하는 단계로 구성되어 있어 한 번 배운 내용은 완벽하게 내 것으로 만들어 줍니다. 권말에는 실무 프로젝트를 별지로 구성하여 **현장 업무까지 완벽하게 대비**할 수 있도록 하였습니다.

한 번 배울 때 완벽하고 스마트하게

 레이닝 북

확인실습 ⋯▶ 응용실습 ⋯▶ 프로젝트로 이어지는 **단계별 문제 확인 구성**으로 꼼꼼하게 연습할 수 있습니다. 또한 응용실습과 프로젝트는 해설 파일을 별도로 제공하여 더욱 완벽하게 마스터할 수 있도록 도와드리며, 프로젝트는 동영상 해설 파일(QR코드, 부록 CD)을 특별 제공합니다.

각자의 다양한 목적을 가지고 엑셀을 이제 막 시작해보려는 독자 여러분 반갑습니다. 취업을 위해서 또는 자격증을 취득하기 위해서 등등 여러분이 엑셀을 배워야 하는 이유는 여러 가지이겠지만, 아마 대부분 처음에는 하기 싫고 귀찮은 숙제처럼 여기고 있을지도 모르겠습니다. 그러나 막상 엑셀을 접하게 되면 알면 알수록 놀라운 기능에 점점 더 욕심이 생길 것이라 확신합니다. 열심히 하는 만큼 엑셀은 우리에게 보여줄 것이 아주 많은 똑똑한 프로그램이기 때문입니다.

여러 유형의 사무 현장을 아우르며 엑셀만큼 유연하게 힘을 발휘하는 프로그램은 쉽게 찾을 수 없습니다. 완성도 높은 문서 작성에서부터 각종 계산 및 데이터 분석을 손쉽게 처리하는 능력, 강력한 그래픽 기능까지 갖춘 엑셀은 그야말로 여러분의 능력에 날개를 달아주는 프로그램입니다. 엑셀을 잘 못 다루더라도 무리 없이 작업을 해왔다고 생각할 수도 있습니다. 그러나 같은 일을 처리할 때 엑셀을 할 줄 아는 사람과 모르는 사람의 작업 효율은 비교할 수가 없습니다. 엔진을 달고 빠르게 달려가는 사람을 걸어서 따라가서는 안 될 노릇이죠.

저는 현재 엑셀 책을 집필하는 필자인 동시에 컴퓨터 도서를 10년 넘게 만들어온 편집자이기도 합니다. 제 손을 거쳐서 출간된 도서가 셀 수 없이 많지만, 그 중에서도 유독 엑셀은 실제 프로그램의 유용성과 편리함 때문에 흥미를 느껴 책을 만들면서 진지하게 공부도 하게 되었고 업무에도 적극 활용해보며 큰 도움을 받았습니다. 초보자들이 쉽게 지치지 않고 흥미롭게 진도를 따라가면서도 과하지도 부족하지도 않게 엑셀의 기능을 어느 정도 충분히 활용할 수 있게 하자! 이러한 고민은 편집자로서 제가 초보자를 위한 엑셀 책을 만들 때의 고민입니다. 오랜 시간 이런 고민에 대한 답에 더해 제가 직접 엑셀을 사용하면서 좋았던 학습 방법, 정말 유용한 기능, 적절한 활용 예제 등 개인적인 경험을 모두 쏟아내어 이 책을 준비하였습니다.

책이 출간될 때까지 긴 시간 같이 달려와 준 오렌지페이퍼와 성안당의 관계자 여러분, 깊이 감사드립니다. 마지막으로 열심히 고민하여 완성한 만큼 독자 여러분에게 유용한 책이 되었으면 하는 바람과 책을 선택해준 여러분에게 고마운 마음을 전합니다. 제가 엑셀을 공부하면서 느꼈던 기쁨과 보람을 이 책의 독자 모두 같이 나누었으면 합니다.

김지연

스마트 시리즈 활용법

스마트 시리즈의 구성과 활용 방법을 소개합니다.

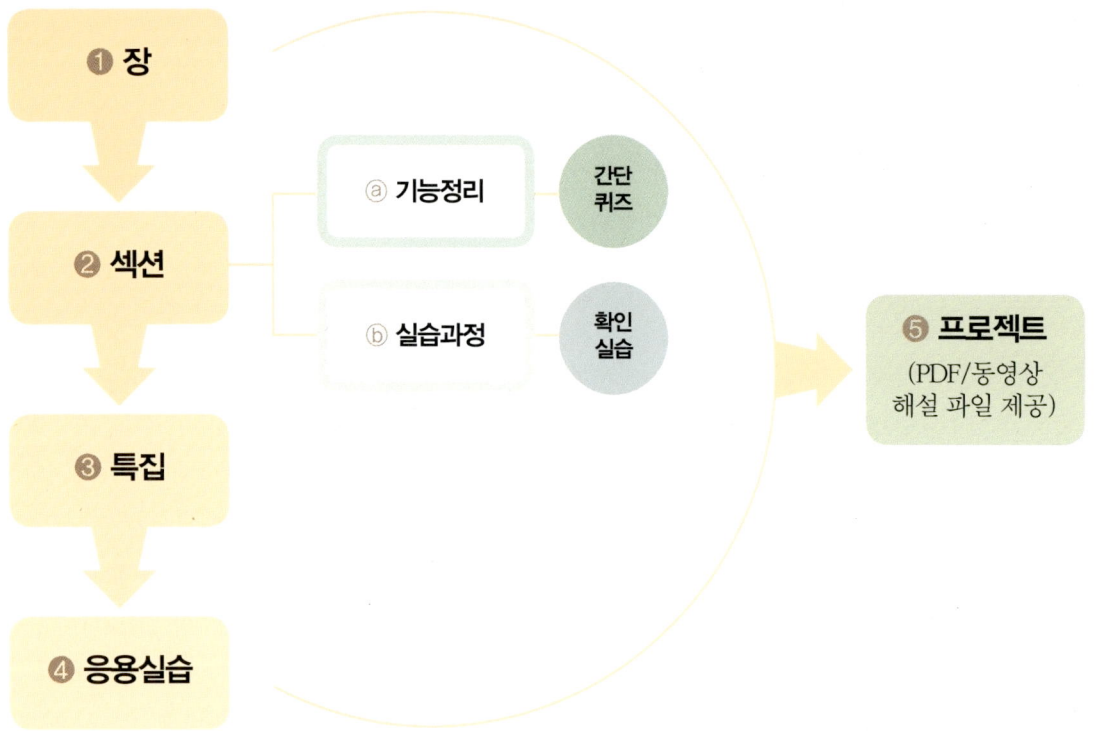

① 장

② 섹션
- ⓐ 기능정리 → 간단 퀴즈
- ⓑ 실습과정 → 확인 실습

③ 특집

④ 응용실습

⑤ 프로젝트
(PDF/동영상 해설 파일 제공)

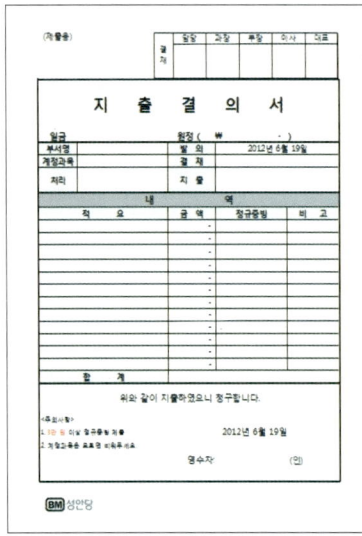

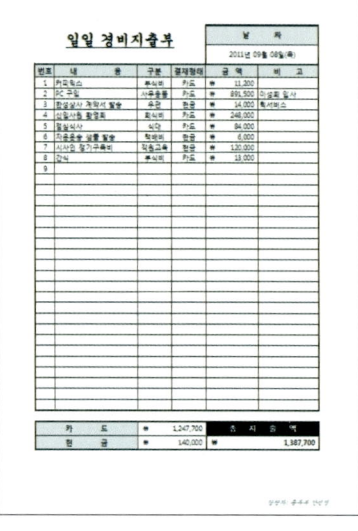

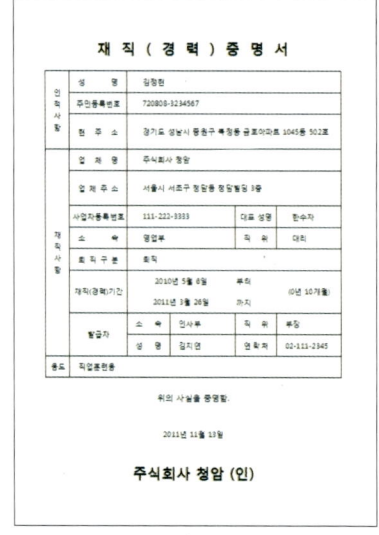

▲ 프로젝트에서 만드는 작업물의 완성 모습

❶ 장 | 프로그램의 유사한 주제에 따른 기능들을 모아 '장'으로 구성 하였습니다.

❷ 섹션 | 장의 하위 수준으로, 간단한 이론을 살펴보고 핵심 기능을 직접 따라해보며 내용을 익히는 과정입니다.

ⓐ **기능정리** : 본격적으로 본문을 실습하기 전에 핵심 개념을 간단하게 이론으로 살펴보는 단계입니다. 중요한 개념을 '간단퀴즈'로 다시 한 번 되짚어 봅니다.

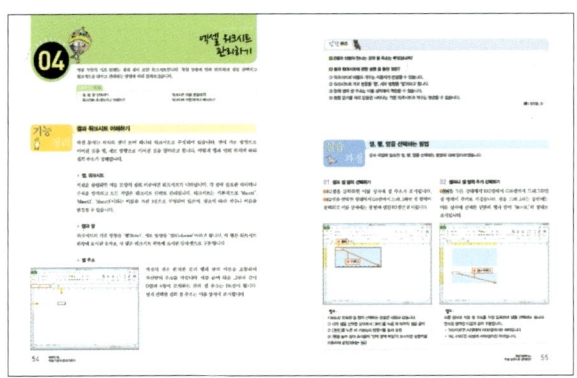

ⓑ **실습과정** : 핵심 기능을 익히는 메인 과정입니다. 다수의 실습과정이 나올 수 있으며, 마지막에는 '확인실습'으로 배운 내용을 체크합니다.

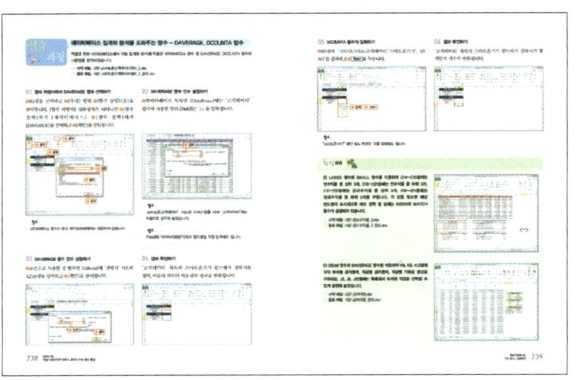

❸ 특집 | 본문에서 다루지 못한 중급 이상의 기능을 학습할 수 있는 구성입니다.

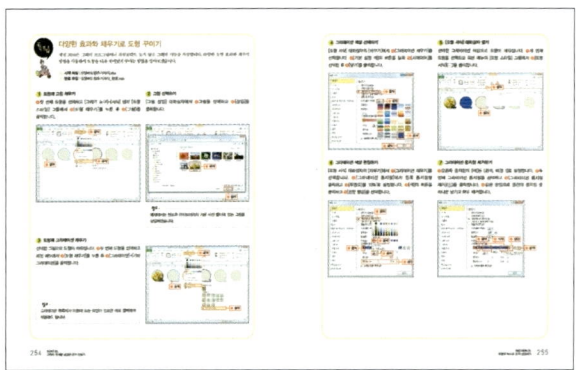

❹ 응용실습 | '장'의 학습을 종합적으로 테스트할 수 있는 문제입니다. 책의 지면에서는 간단한 힌트를 확인할 수 있고 해설 파일은 별도로 제공합니다.

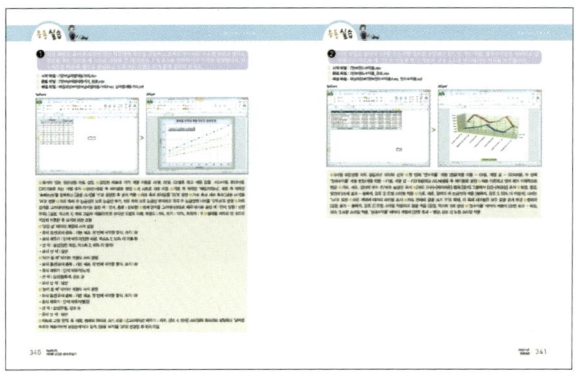

❺ 프로젝트 | 실전 능력 향상을 위해 특별 구성된 종합 문제입니다. 동영상 해설 파일이 제공됩니다.

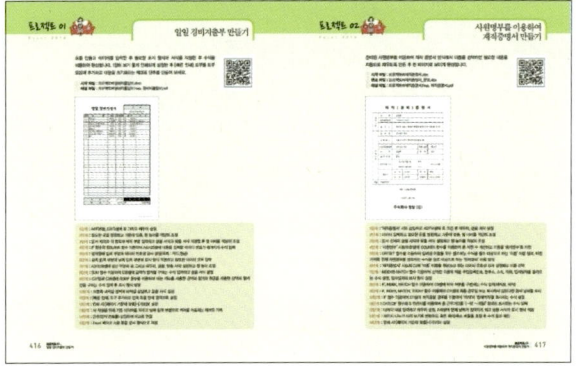

내용 미리보기

스마트 엑셀 2010에서 배울 내용을 미리 살펴봅니다.

PART 01 엑셀 기초와 문서 다루기

PART 1에서는 본격적으로 엑셀 작업을 하기에 앞서 기본적으로 이해하고 익혀두어야 하는 작업에 대해 배워봅니다. 엑셀 2010의 화면 구성과 함께 문서 관리의 기본기, 워크시트를 다루는 편집 방법 등을 먼저 살펴보겠습니다.

SECTION 01. 엑셀 2010 시작하기

SECTION 02. 엑셀 화면 자유자재로 다루기

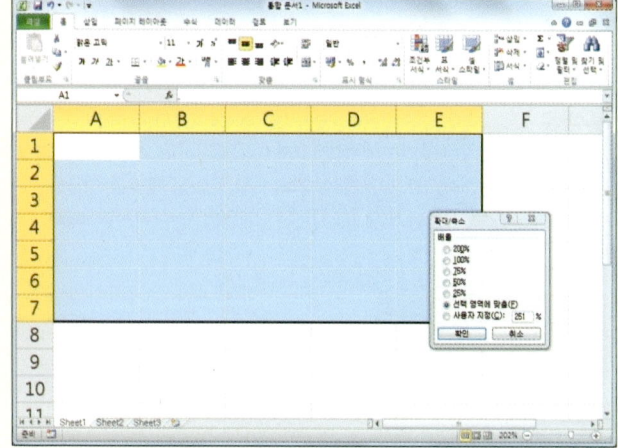

SECTION 03. 엑셀 문서 관리하기

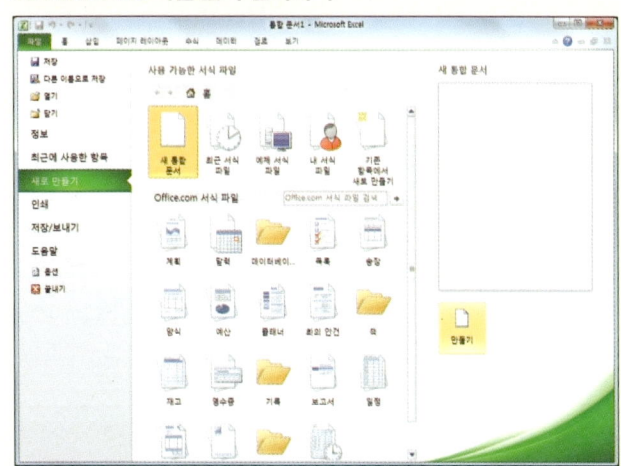

SECTION 04. 엑셀 워크시트 관리하기

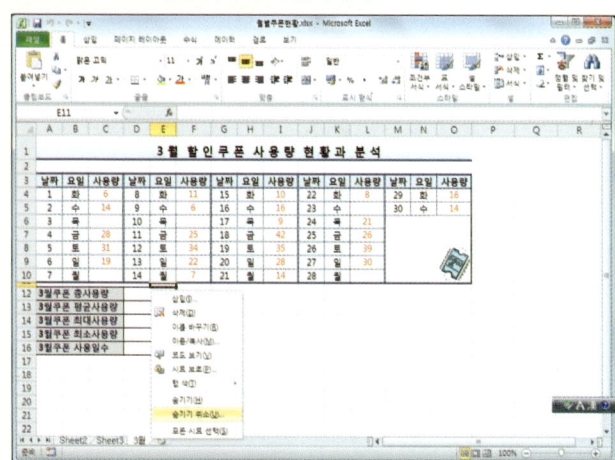

PART 02 데이터 입력과 편집에 관한 모든 것

문서 작업은 필요한 데이터를 입력하는 것에서부터 시작합니다. PART 2에서는 엑셀에서 사용할 수 있는 각종 데이터를 입력하는 방법을 먼저 알아보고, 수많은 데이터의 입력을 편리하게 도와 주는 자동화 기능, 입력한 데이터의 기본 편집 방법, 데이터 입력의 공간이 되는 셀 · 행 · 열을 다루는 방법까지 함께 살펴보겠습니다.

SECTION 01. 기본 데이터 입력하고 수정, 삭제 방법 살펴보기

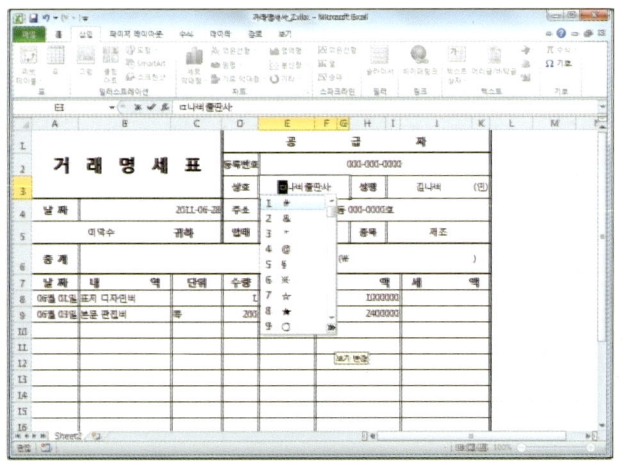

SECTION 02. 자동으로 데이터 입력하기

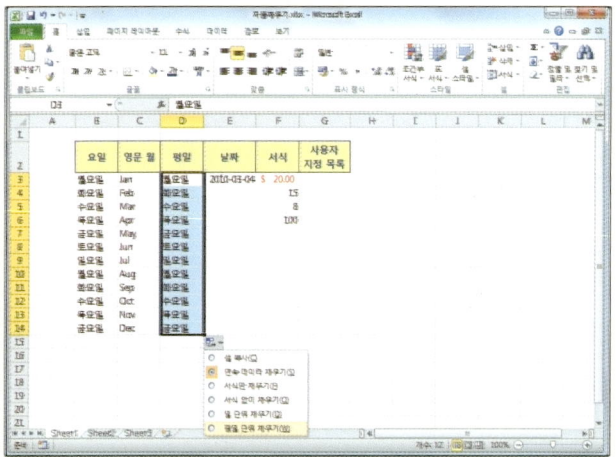

SECTION 03. 데이터 편집의 기본 살펴보기

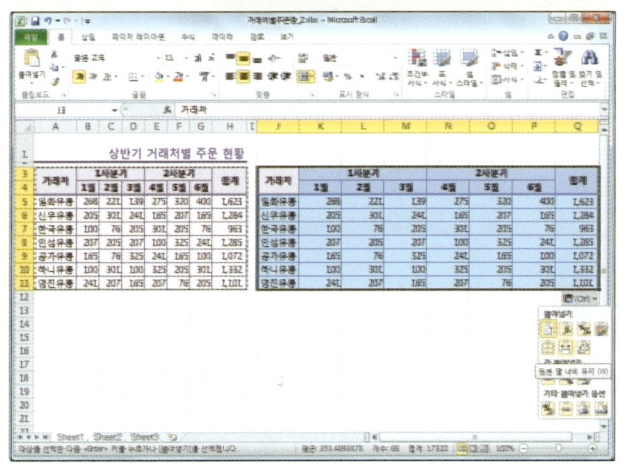

SECTION 04. 셀, 행, 열 자유자재로 다루기

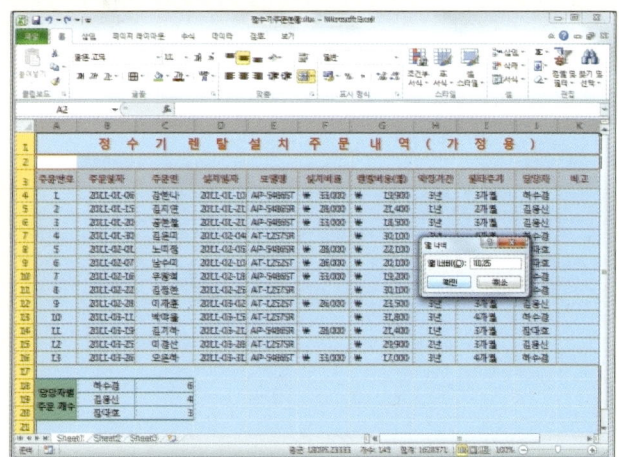

문서 서식 설정에서 인쇄까지

이번 장에서는 문서의 완성도를 더욱 높여줄 다양한 서식을 지정하는 방법과 완성된 문서를 보기 좋게 인쇄하는 방법에 대해서 살펴보겠습니다. 글꼴과 셀에 관한 서식, 데이터의 표시 형식을 지정하는 방법을 알아보고, 기본 인쇄 방법 및 인쇄를 위한 페이지 설정 방법까지 살펴보겠습니다.

SECTION 01. 셀 병합과 셀에 데이터 맞추기

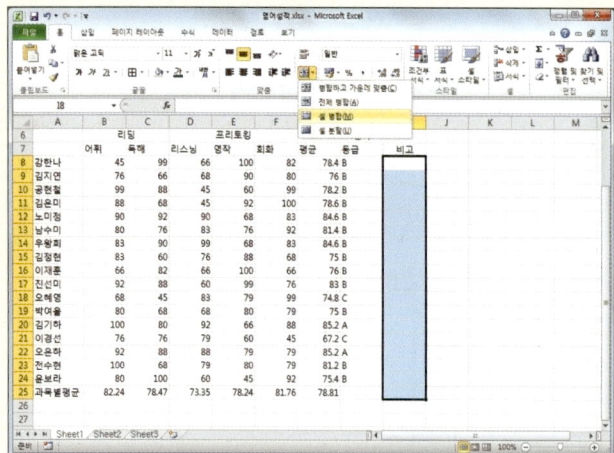

SECTION 02. 셀과 글꼴 꾸미기

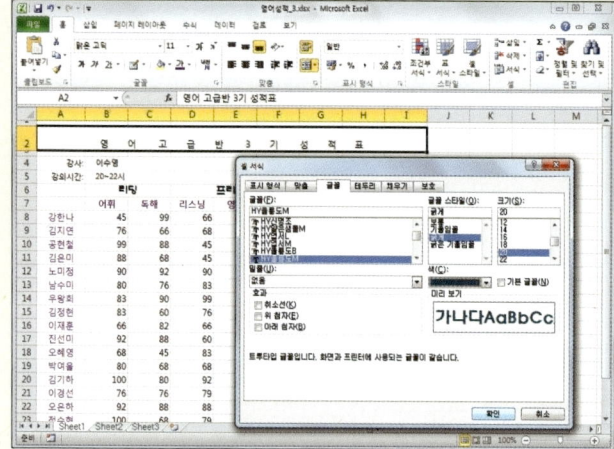

SECTION 03. 데이터의 표시 형식 설정하기

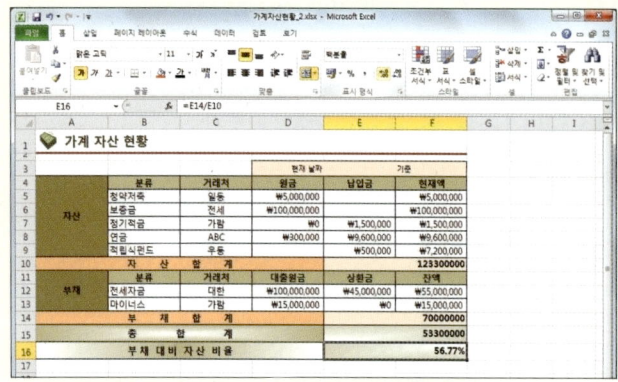

SECTION 04. 조건부 서식 사용하기

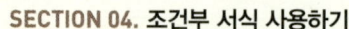
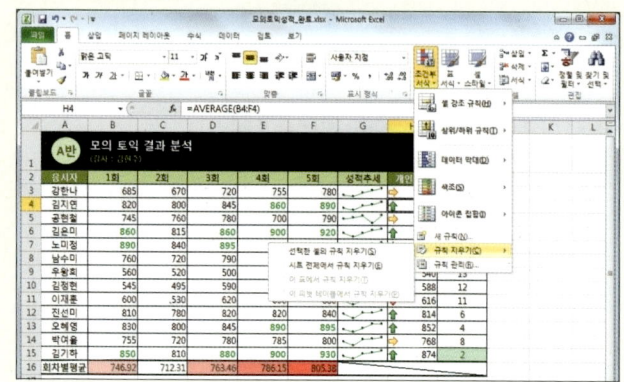

SECTION 05. 엑셀 문서 보기 좋게 인쇄하기

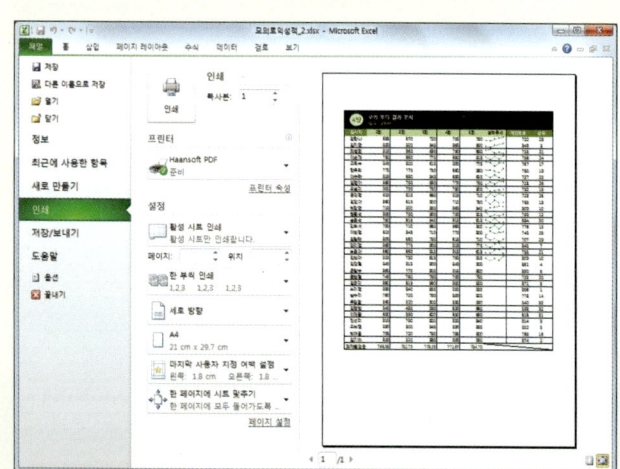

PART 04 데이터 계산을 위한 수식과 함수의 기초 다지기

엑셀의 가장 중요한 기능이라고 할 수 있는 수식과 함수 계산을 위해 기본적으로 알아두어야 하는 사항을 살펴보겠습니다. 수식을 자유롭게 사용하기 위해 반드시 이해해야 하는 셀 참조의 종류, 자주 사용하는 계산을 쉽게 사용할 수 있게 해주는 [자동 합계] 도구를 먼저 살펴보고 본격적으로 함수를 사용하기 위한 기초 지식을 알아보겠습니다.

SECTION 01. 수식 입력에 필요한 셀 참조 이해하기

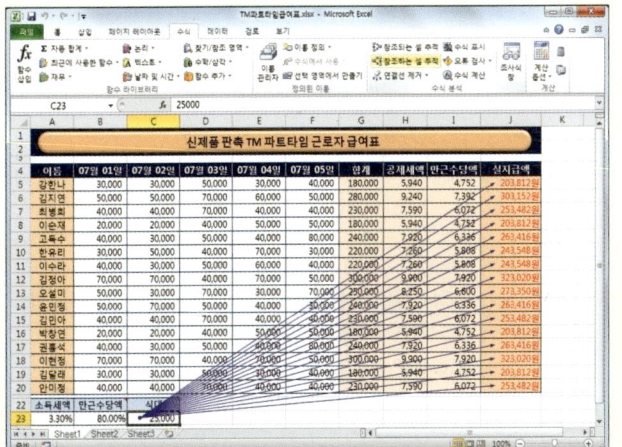

SECTION 02. [자동 합계] 기능을 이용하여 간단한 계산 손쉽게 하기

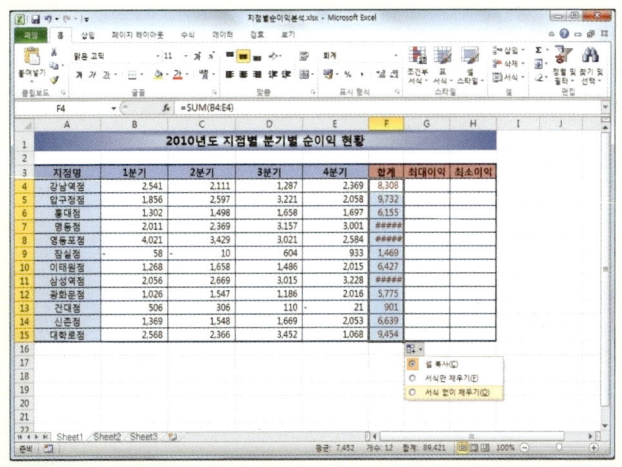

SECTION 03. 함수 사용법 이해하고 기초 함수 다지기

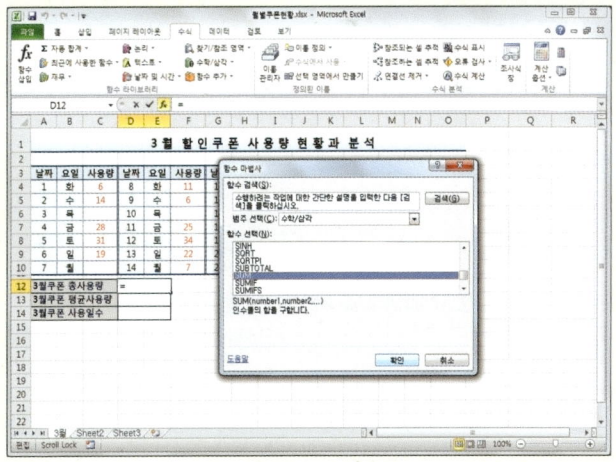

엑셀 사용자라면 반드시 알아야 하는 함수 활용

엑셀 실무에서 자주 사용하는 주요 함수의 사용법을 알아보겠습니다. 엑셀 함수는 대표적으로 논리, 찾기/참조 영역, 텍스트, 수학/삼각, 재무, 날짜 및 시간, 통계 등의 유형으로 나뉘며 이와 같은 성격의 데이터를 손쉽고 효율적으로 처리하는 데 사용됩니다.

SECTION 01. 간단하게 사용할 수 있는 기본 함수 정복하기

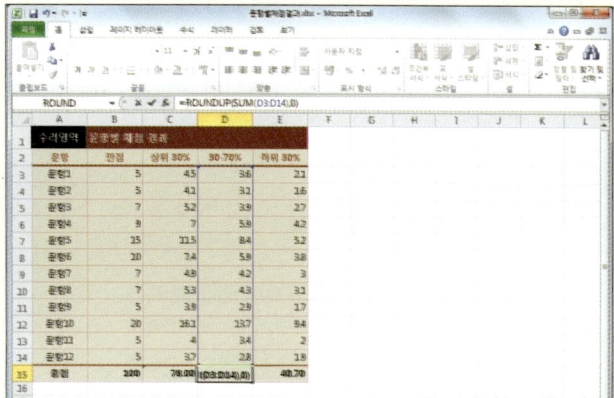

SECTION 02. IF 함수 다양하게 활용하기

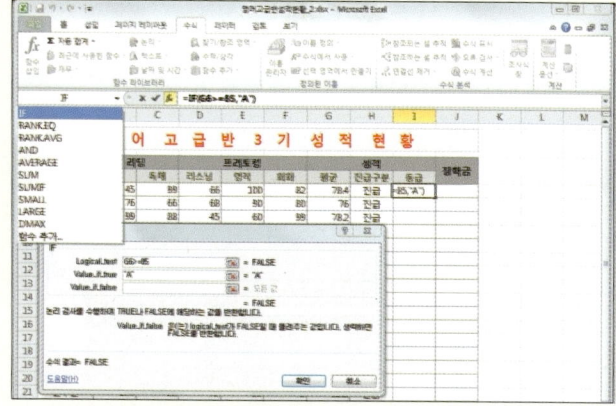

SECTION 03. 날짜 및 기간에 관련된 함수 사용하기

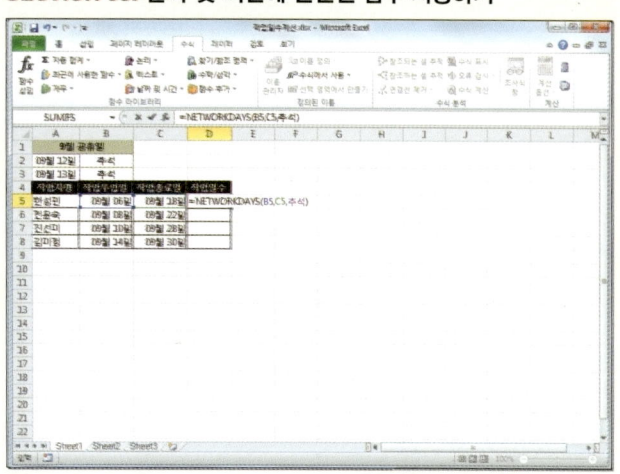

SECTION 04. 특정 값을 찾거나 참조하는 데 필요한 함수 사용하기

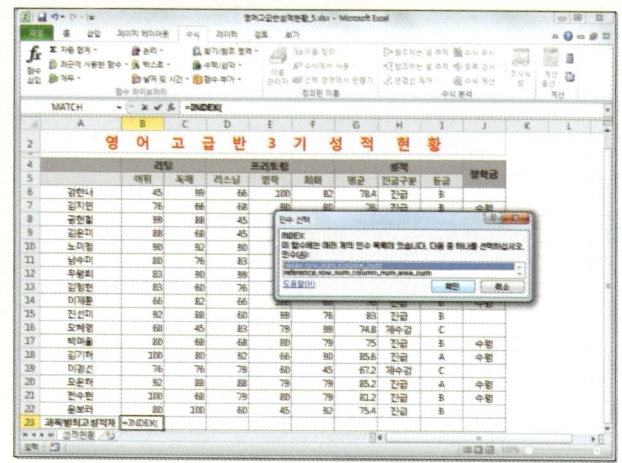

SECTION 05. 문자 데이터를 처리하는 함수 사용하기

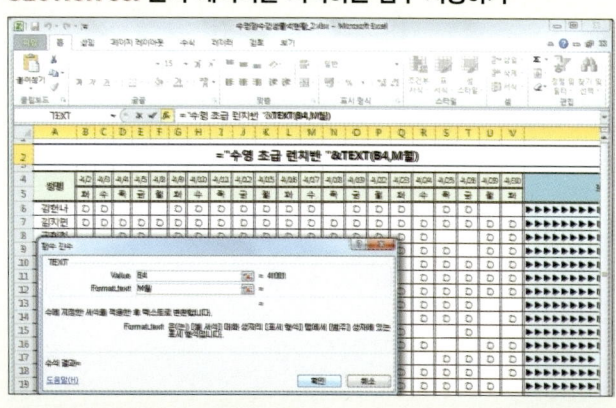

SECTION 06. 기타 함수 사용하기

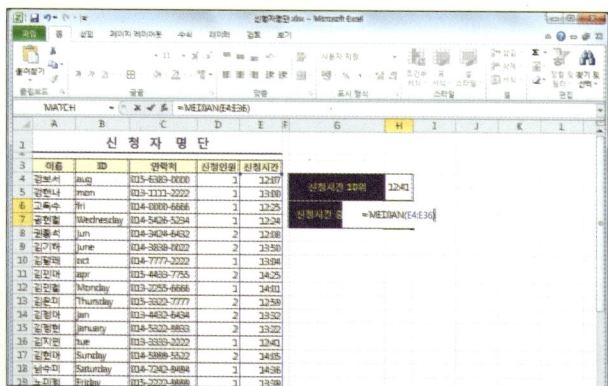

PART 06 그래픽 개체를 삽입한 문서 만들기

엑셀 2010에서는 각종 도형, 그림, 클립 아트, 워드아트, 스마트아트 등의 다양한 그래픽 개체를
사용하여 비주얼한 문서를 작성할 수 있습니다. 그래픽 개체는 일반 데이터와 달리 엑셀의 기본
단위인 셀의 제한 없이 자유롭게 삽입 및 편집할 수 있습니다.

SECTION 01. 도형과 텍스트 상자 삽입하기

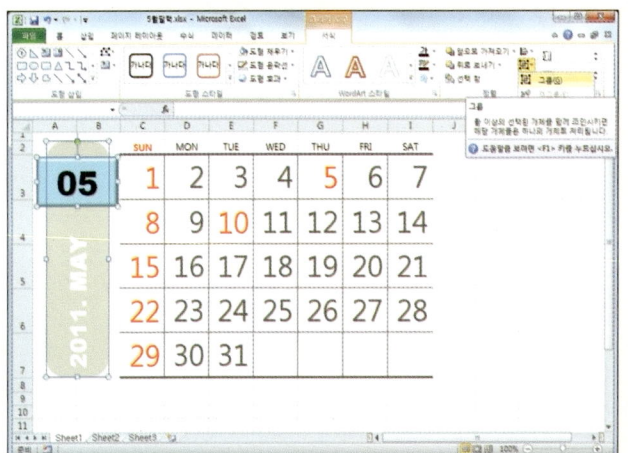

SECTION 02. 엑셀의 다양한 그래픽 개체 삽입하기

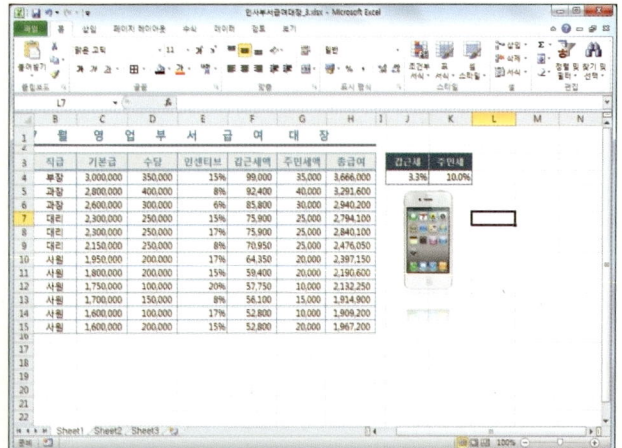

SECTION 03. 스마트아트 이용하여 다이어그램 쉽게 그리기

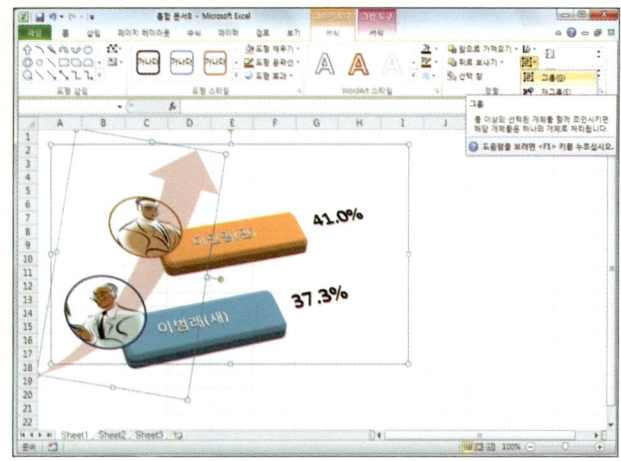

PART 차트를 삽입한 문서 만들기

차트를 이용하면 데이터의 순서나 흐름, 값의 변화 등을 한눈에 파악하기 쉽게 정리할 수 있습니다. 엑셀 2010에서는 차트보다 간소화된 형태의 스파크라인도 제공합니다. 스파크라인과 차트를 이용해서 데이터를 시각적으로 표현하는 방법을 알아보겠습니다.

SECTION 01. 스파크라인으로 데이터의 추세 간단히 파악하기

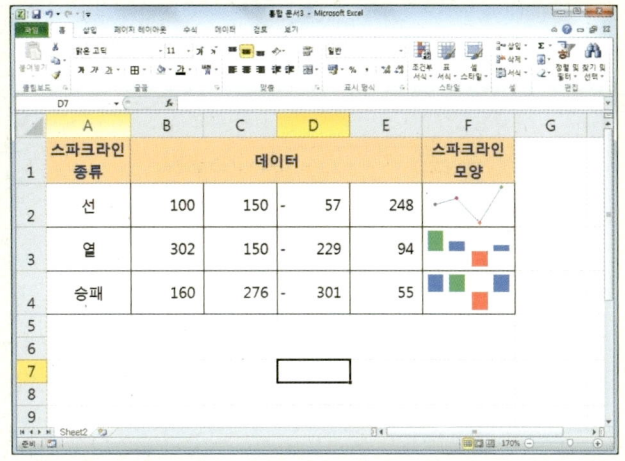

SECTION 02. 엑셀 차트의 기본기 알아보기

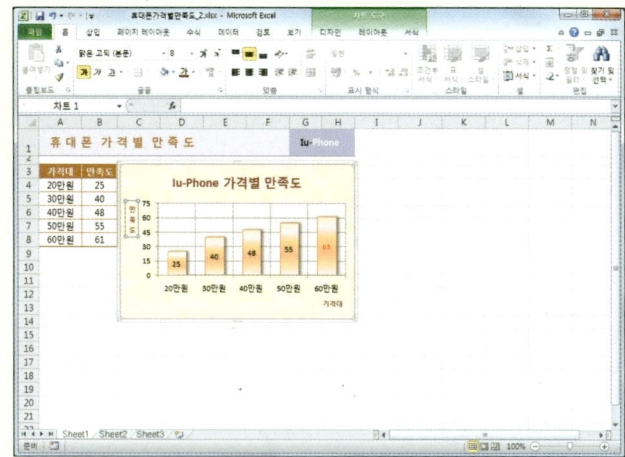

SECTION 03. 차트 모양과 원본 데이터 편집하기

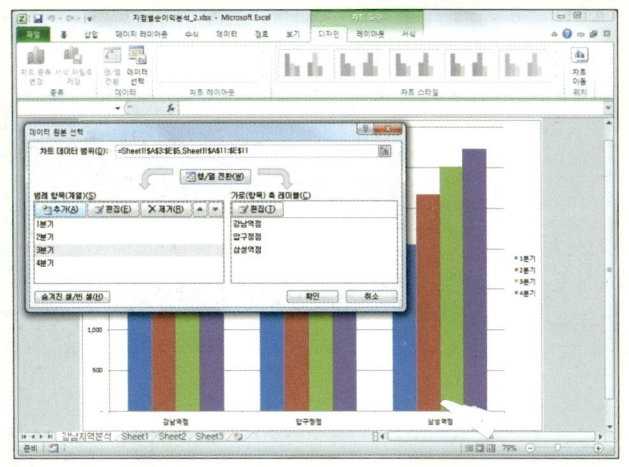

SECTION 04. 다양한 실전 차트 만들어 보기

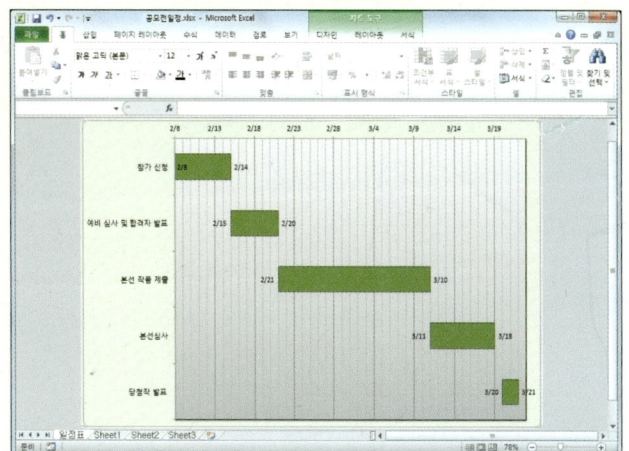

PART 08 데이터베이스 관리와 매크로 정복하기

이제까지 살펴본 문서 작성, 차트 작성, 계산 기능 외에도 엑셀은 데이터베이스를 관리하고 분석하는 다양한 기능을 사용할 수 있습니다. 또한, 반복되는 작업을 간편하게 자동화할 수 있는 매크로의 사용 방법도 함께 살펴보겠습니다.

SECTION 01. 레코드 입력하고 관리하기

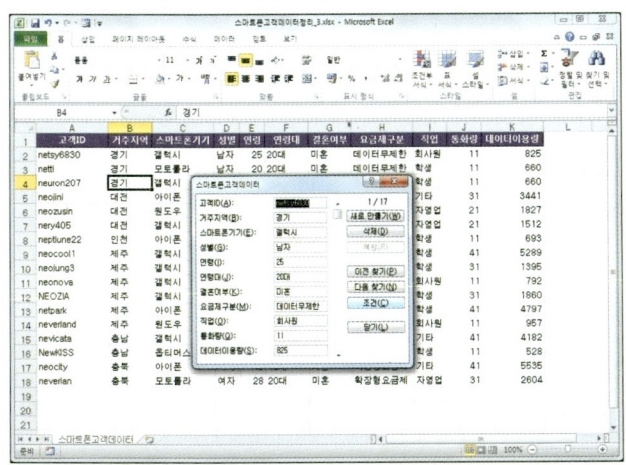

SECTION 02. 유효성 검사로 데이터 정확하게 입력하기

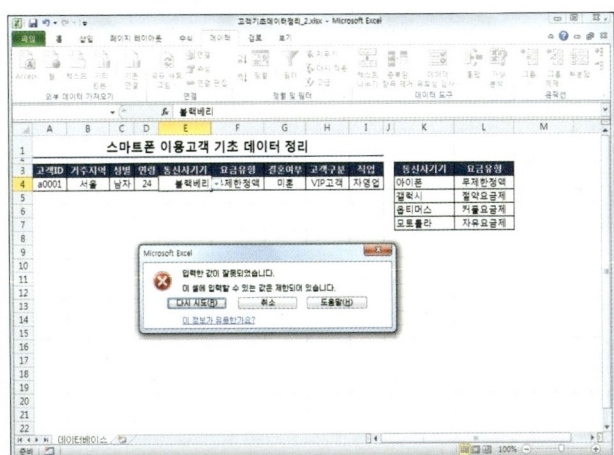

SECTION 03. 데이터 정렬하기

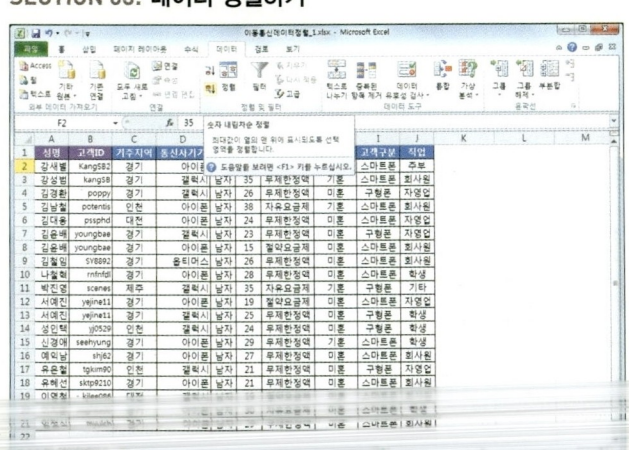

SECTION 04. 데이터 필터링하기

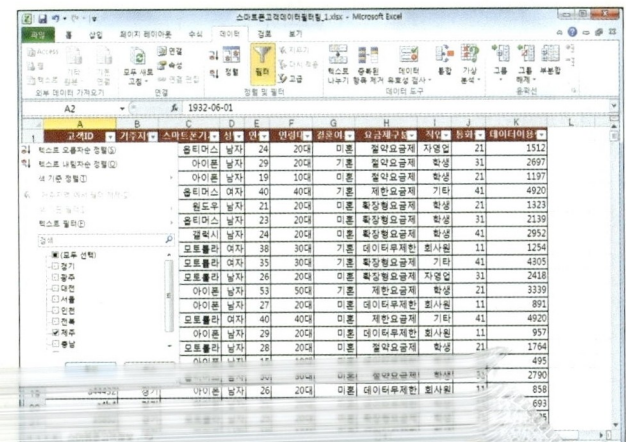

SECTION 05. 데이터베이스를 레코드별로 집계하는 부분합과 통합 활용하기

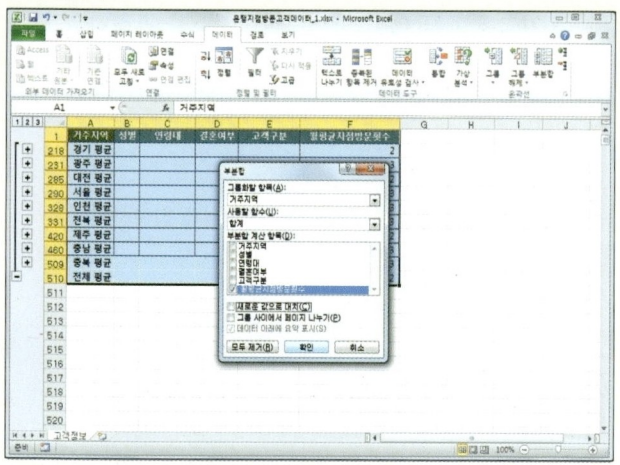

SECTION 06. 피벗 테이블과 피벗 차트 만들기

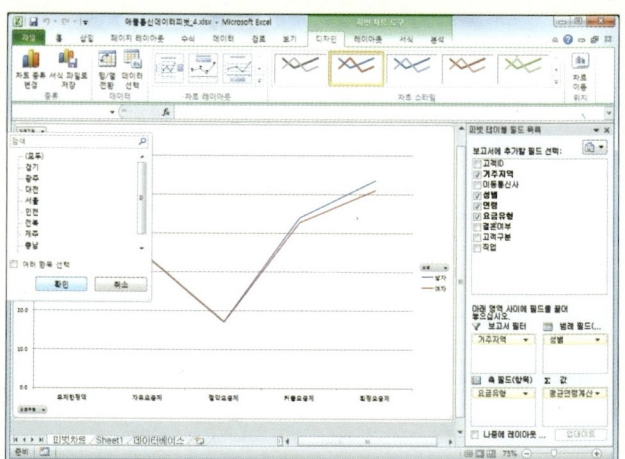

SECTION 07. 데이터 가상 분석 도구 사용하기

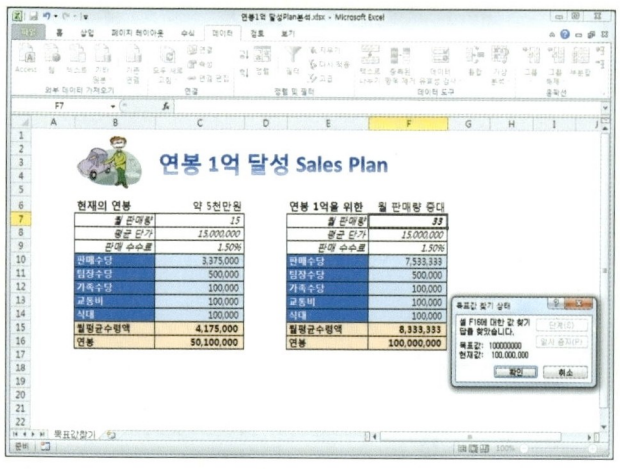

SECTION 08. 매크로 기록과 실행하기

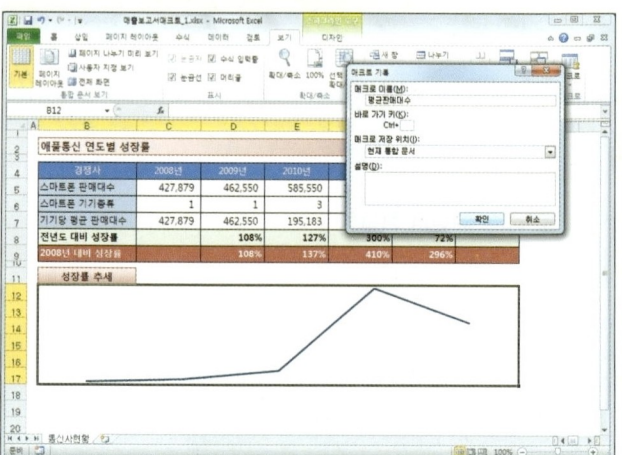

PROJECT  실무를 완벽하게 대비하는 종합 실습 문제

엑셀 2010의 전반적인 기능을 활용하며 실전에 대비하는 종합 문제입니다.

프로젝트 1. 일일 경비지출부 만들기

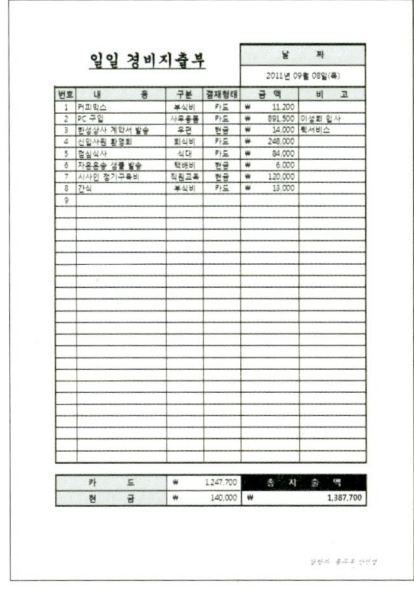

프로젝트 2. 사원명부를 이용하여 재직증명서 만들기

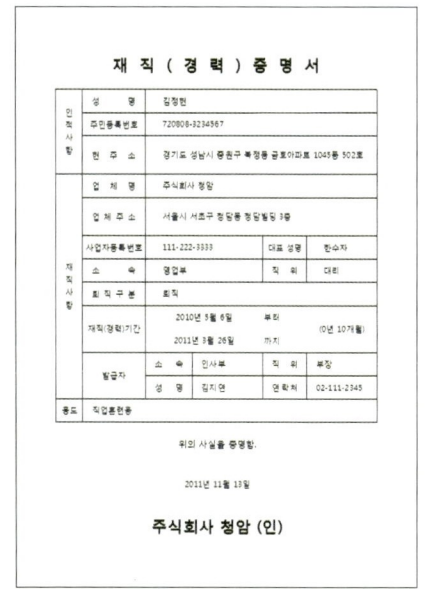

프로젝트 3. 지점별 차트 그리기

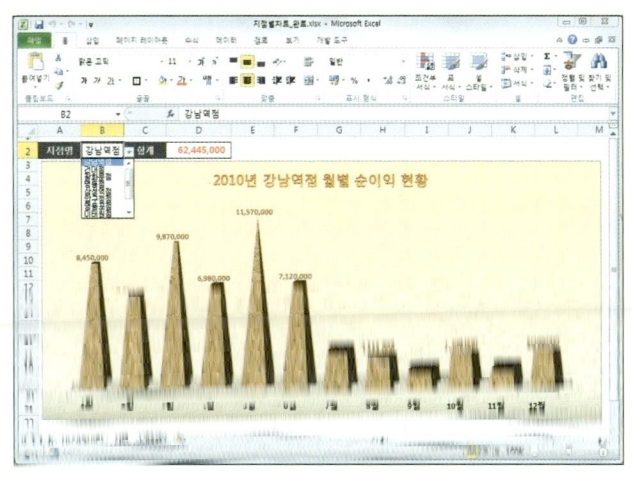

프로젝트 4. 지출결의서 만들기

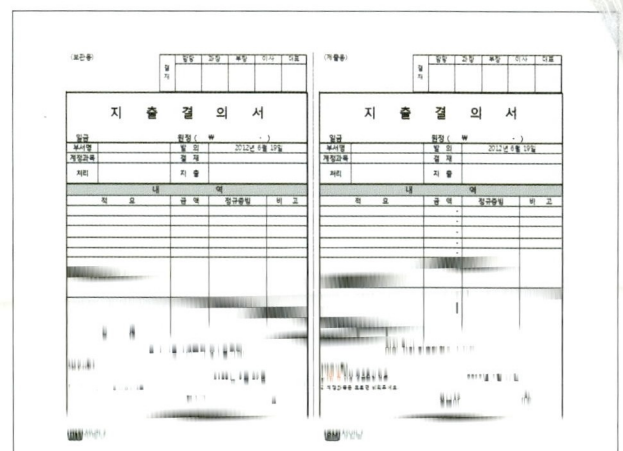

1 CD/DVD-ROM에 부록 CD를 삽입한 후, [폴더를 열어 파일 보기]를 클릭합니다.

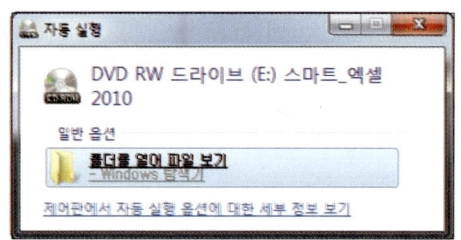

2 본문 학습에 도움이 되는 예제/완성/해설 파일이 챕터별로 분류되어 있는 것을 확인할 수 있습니다. 데이터를 PC에 복사해두면 사용할 때마다 CD를 찾지 않아도 되므로 편리합니다.

3 각 장의 폴더를 클릭하면 해당 장에서 사용하는 시작/완료 파일을 확인할 수 있습니다.

4 해설 파일 폴더를 누르면 〈영상 보기〉해설 파일(PDF 파일) 및 〈프로세스〉 해설 파일 (PDF/AVI 파일)을 볼 수 있습니다. 동영상 파일은 **음성 없이** 제공됩니다.

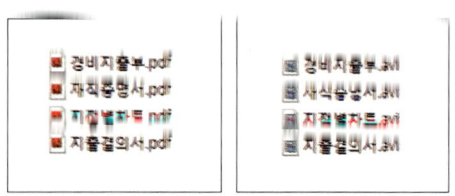

---

tip

PDF 파일은 네이버와 같은 포털 사이트에서 '어도비 리더 (Adobe Reader)'라는 무료 프로그램을 다운로드 받아 설치한 후 볼 수 있습니다.

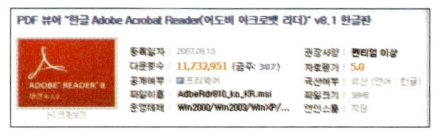

● **동영상 해설 파일을 보는 방법 1**

부록 CD에 제공되는 〈해설파일〉 폴더 안의 〈프로젝트〉 폴더의 동영상 해설 파일을 더블클릭하면 각자의 PC에 설치되어 있는 동영상 플레이어에서 자동으로 실행됩니다.

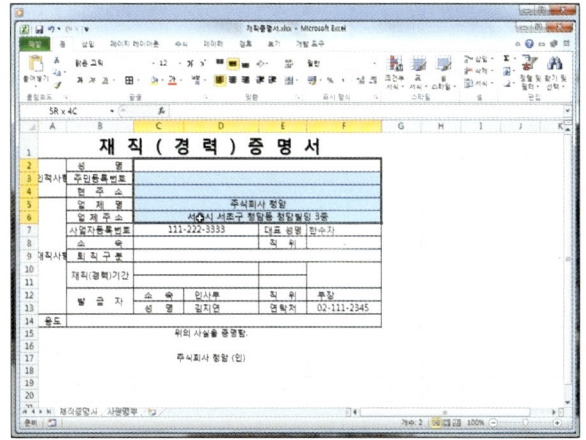

▲ 윈도우 미디어 플레이어에서 재생되는 모습

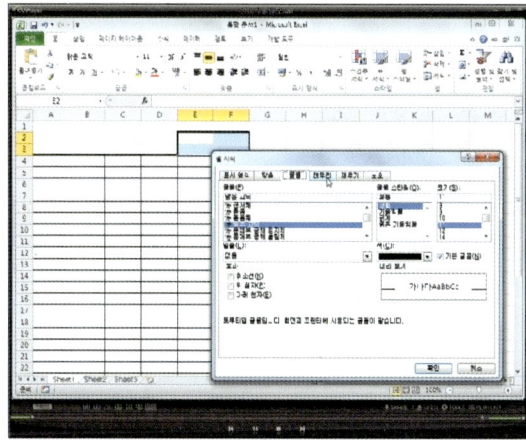

▲ KM 플레이어에서 재생되는 모습

tip

본 동영상 해설 파일은 AVI 파일로 제공되며, 대부분의 동영상 플레이어(윈도우 미디어 플레이어, KM 플레이어, GOM 플레이어)에서 재생되는 기본 포맷입니다. 혹시 재생되지 않는 경우가 있다면 TSCC 코덱을 다운로드(http://www.techsmith.com/download.html) 받아야 합니다.

● **동영상 해설 파일을 보는 방법 2**

동영상 해설 파일은 성안당 홈페이지(www.cyber.co.kr)의 자료실에 업로드되어 있습니다. PC에서 홈페이지에 접속하여 볼 수도 있으며, 스마트폰을 소지한 사람은 〈프로젝트〉 페이지에 있는 QR 코드를 스캔하여 스마트폰에서 바로 동영상 해설 파일을 볼 수도 있습니다

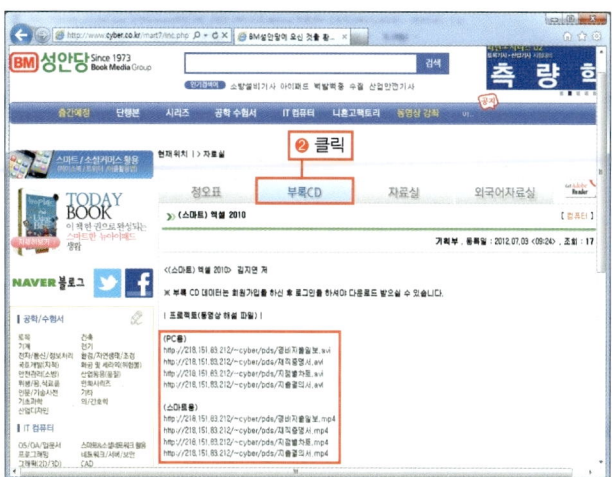

차 례

스마트 엑셀 2010의 차례를 소개합니다.

PART

03

문서 서식 설정에서 인쇄까지   105

PART 04

데이터 계산을 위한 수식과 함수의 기초 다지기   161

PART **05**

엑셀 사용자라면 반드시 알아야 하는 함수 활용   185

PART 06

그래픽 개체를 삽입한 문서 만들기
243

PART

07

차트를 삽입한 문서 만들기 *289*

PROJECT

프로젝트

PART

01

엑셀 기초와
문서 다루기

PART 1에서는 본격적으로 엑셀 작업을 하기에 앞서 기본적으로 이해하고 익혀두어야 하는 작업에

대해 배워봅니다. 엑셀 2010의 화면 구성과 함께 문서 관리의 기본기, 워크시트를 다루는 편집 방법

등을 먼저 살펴보겠습니다.

E X C E L   2 0 1 0

SECTION 01

엑셀 2010 시작하기

사무자동화 프로그램 중 가장 유용한 엑셀에 대해서 알아보고, 엑셀을 내 컴퓨터에 설치하는 방법과 실행 및 종료 방법을 알아보겠습니다.

다루는 내용

- 엑셀의 기능 이해하기
- 엑셀 2010 설치하기
- 엑셀 2010 실행 및 종료하기

기능 정리

엑셀이란?

엑셀은 표를 기반으로 하여 여러 형태의 계산식을 자동으로 수행하는 스프레드시트(Spreadsheet) 프로그램의 일종입니다. 일반적인 문서 작성에서부터 각종 계산식 처리, 차트와 같은 그래픽 기능 수행, 데이터베이스의 관리 및 분석 등 사무 현장에서 없어서는 안 될 다재다능한 프로그램인 엑셀의 대표적인 기능을 살펴보겠습니다.

● 문서 작성 기능

표에 다양한 데이터를 입력할 수 있으며 텍스트와 표에 사용자가 원하는 서식을 자유롭게 지정하여 문서를 작성할 수 있습니다. 대량의 데이터를 편리하게 입력할 수 있는 여러 기능을 제공하며, 입력한 데이터를 특정 형식으로 표시하기에도 편리합니다.

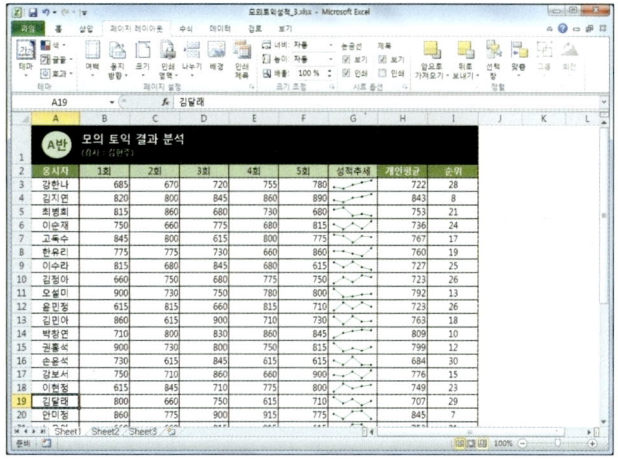

● 계산 기능

엑셀에서 가장 핵심이 되는 기능으로, 간단한 수식 계산부터 복잡한 연산이 필요한 계산까지 간단하게 처리할 수 있습니다. 계산 기능을 자유롭게 활용하기 위해서는 함수를 필수로 익혀야 합니다.

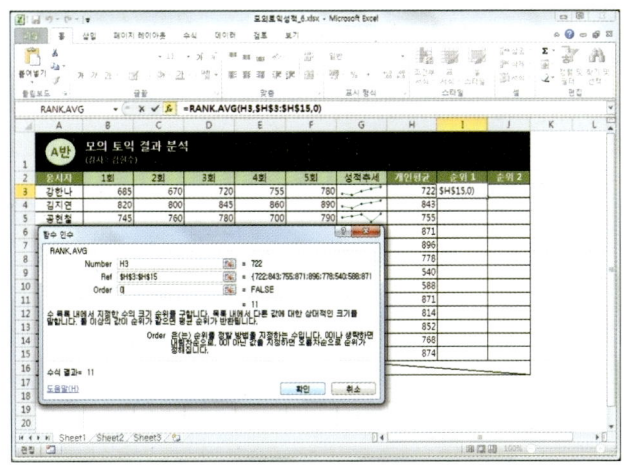

● 차트 및 그래픽 기능

도형, 클립아트, 워드아트, 그림, 사진, 스크린샷, 스마트아트 등 다양한 그래픽 개체를 이용하여 비주얼한 문서를 제작할 수 있습니다. 또한 수치 데이터를 시각적으로 표현하거나 분석하는 데 필요한 차트와 스파크라인 기능도 제공합니다.

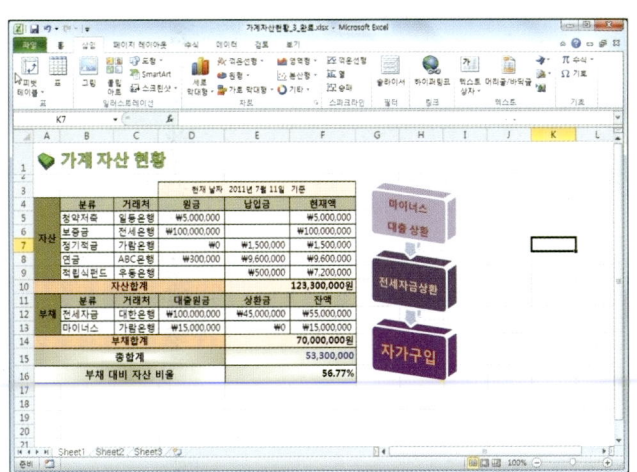

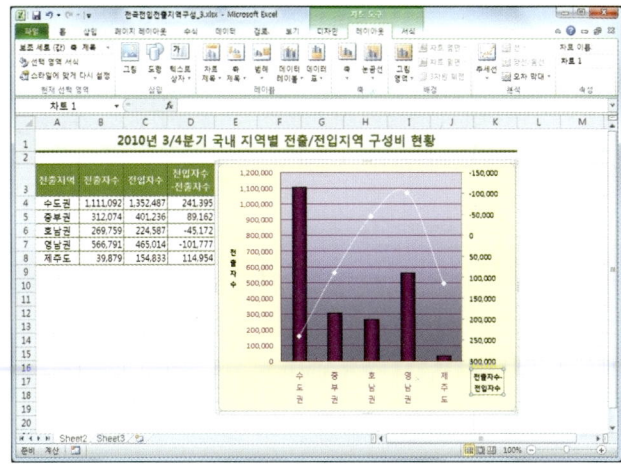

● **데이터베이스 기능**

대량의 데이터 묶음인 데이터베이스를 작성하고 관리할 수 있습니다. 또한, 다양한 데이터 분석 도구를 이용해 데이터베이스의 활용도를 높일 수 있습니다.

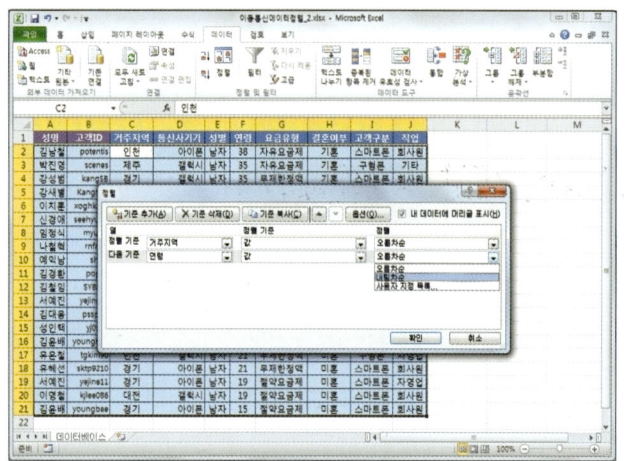

 간단퀴즈

1 다음 중 엑셀 프로그램에서 사용할 수 없는 기능은 무엇입니까?

① 차트 작성 ② 데이터베이스 정렬 ③ 발표용 슬라이드 작성 ④ 함수 사용

2 컴퓨터에서 계산 작업을 전문으로 하기 위한 소프트웨어를 무엇이라고 합니까?

답 : ③, 스프레드시트

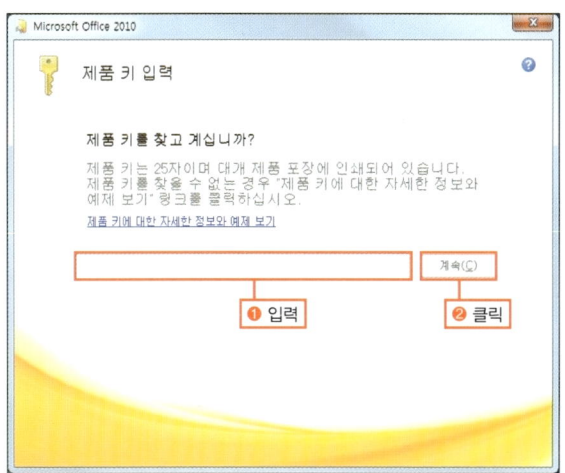

실습 과정

엑셀 2010 설치하기

컴퓨터에 엑셀 2010을 설치하는 방법을 알아봅니다.

01 제품 키 입력하기

프로그램 설치 파일을 실행하면 준비 과정이 나온 후 그림과 같은 [제품 키 입력] 화면이 나타납니다. ❶제품 키를 입력하고 ❷[계속]을 클릭합니다.

02 사용권 조항 동의하기

Microsoft 소프트웨어 사용권 조항 내용을 확인하고 ❶[동의함]에 체크한 후 ❷[계속]을 클릭합니다.

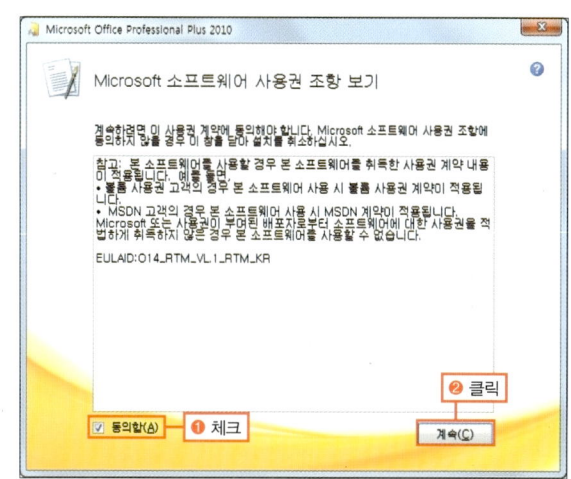

03 오피스 설치 유형 선택하기

오피스 2010의 설치 유형을 선택하는 화면이 나타나면 ❶[지금 설치]를 클릭하여 오피스 패키지 전체를 설치합니다.

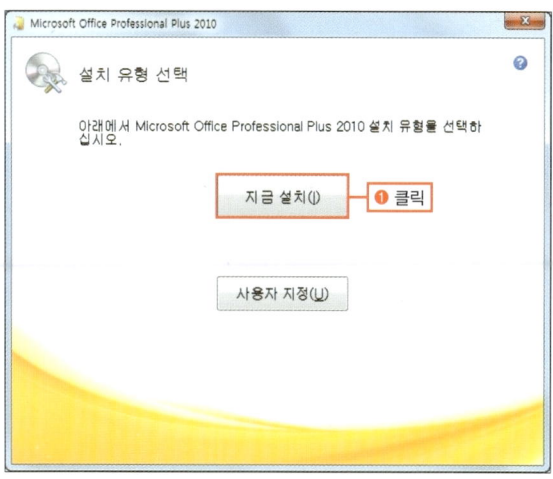

참고

오피스 패키지에서 특정 프로그램만 설치하고 싶다면 [사용자 지정]을 클릭하고 선택하면 됩니다.

참고 •
컴퓨터에 오피스 2007이 설치되어 있다면 [지금 설치] 대신에 [업그레이드]가 나타납니다. 이때는 [업그레이드]를 선택하고 이전 버전의 유지 여부를 설정한 후 진행합니다.

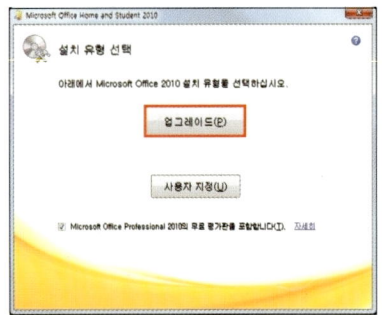
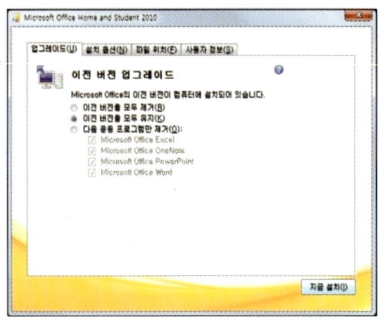

04 설치 진행하기

설치가 진행됩니다.

05 설치 완료하기

설치가 완료되면 ❶[닫기]를 클릭합니다.

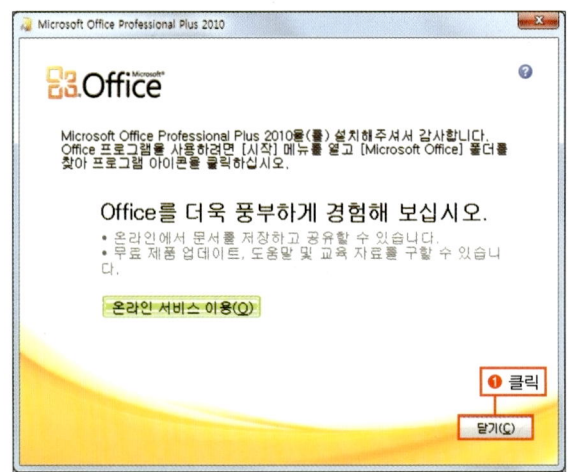

참고 • 마이크로소프트 오피스 2010 설치를 위한 시스템 요구 사항 체크하기

마이크로소프트 사에서 제시하는 마이크로소프트 오피스 2010의 설치를 위한 시스템 권장 사양은 다음과 같습니다.

구성	시스템 요구 사항
프로세서(CPU)	500MHz 이상의 32비트 또는 64비트 프로세서
메모리(RAM)	256MB RAM 이상
하드디스크 용량	3.5GB 이상의 사용 가능한 공간
드라이브 형태	DVD-R/W 드라이브
해상도	모니터 해상도 1024×768 이상
운영체제(OS)	• 마이크로소프트 윈도우 XP 서비스 팩 3(SP3)(32비트) • 윈도우 비스타 SP1(32비트 또는 64비트) • 윈도우 서버 2003 R2(32비트 또는 64비트) • 윈도우 서버 2008 SP2(32비트 또는 64비트) • 윈도우 7(32비트 또는 64비트)

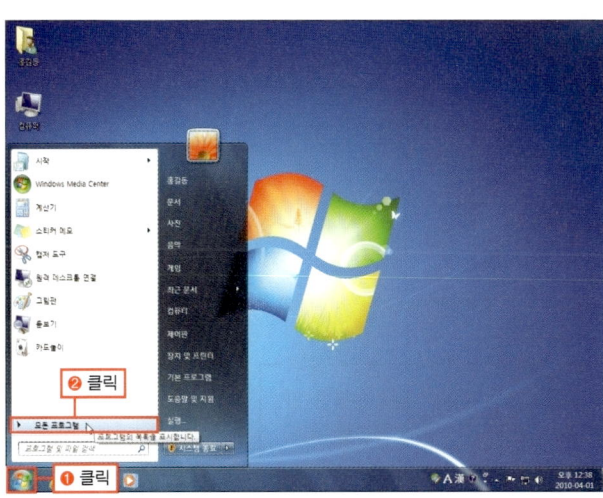

실습 과정

엑셀 2010 실행하고 종료하기

컴퓨터에 설치한 엑셀을 실행하고 종료하는 방법, 프로그램은 종료하지 않고 문서만 닫는 방법 등을 알아보겠습니다.

01 시작 메뉴에서 프로그램 실행하기

❶윈도우의 [시작]()을 클릭하고 ❷[모든 프로그램]을 선택합니다.

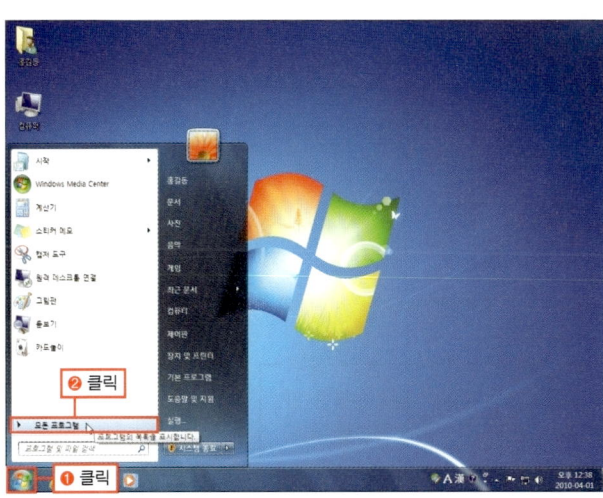

02 엑셀 프로그램 실행하기

❶[Microsoft Office]-[Microsoft Excel 2010]을 선택합니다.

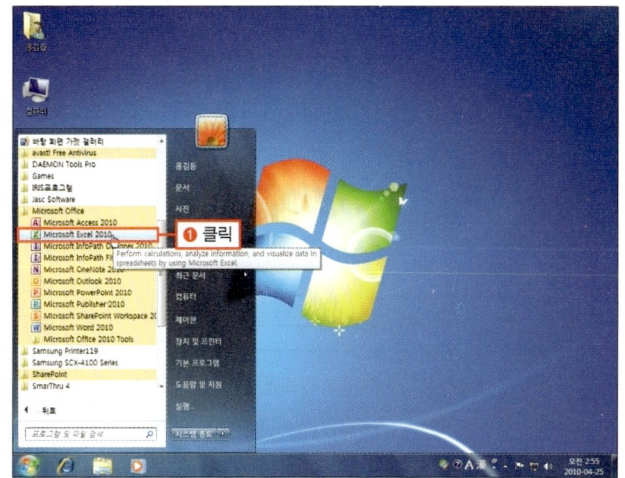

03 통합 문서 닫기

엑셀 2010 화면이 나타납니다. 엑셀은 실행한 상태에서 현재 문서만 닫기 위해 ❶오른쪽 위에 있는 [창 닫기]()를 클릭합니다.

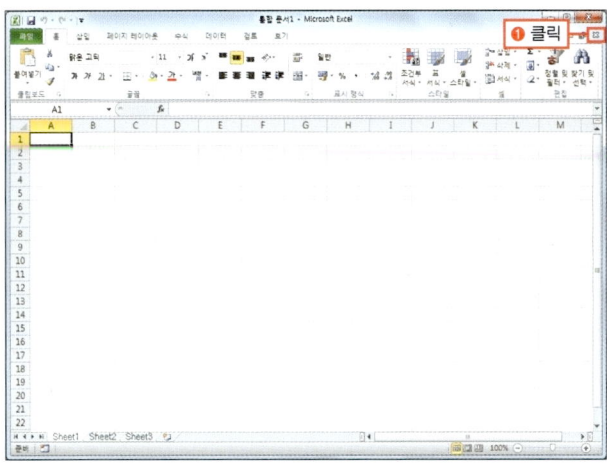

> **참고**
> 녹색으로 표시되는 [파일]을 클릭하고 [닫기]를 선택하여 문서를 닫을 수도 있습니다.

04 엑셀 프로그램 종료하기

이번에는 엑셀 프로그램을 종료하기 위해서 ❶오른쪽 위의 [닫기]()를 클릭합니다.

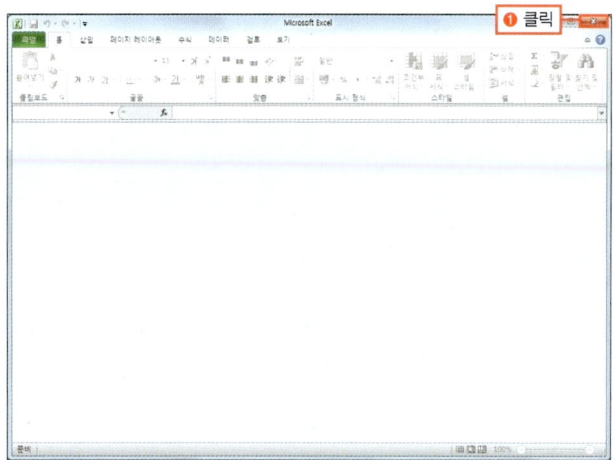

> **참고**
> 녹색으로 표시되는 [파일]을 클릭하고 [끝내기]를 선택하여 프로그램을 종료할 수도 있습니다.

엑셀 화면 자유자재로 다루기

먼저 엑셀 화면의 구조를 이해하고 사용자가 편리하게 작업할 수 있게 화면 구성과 크기 등의 설정을 변경하는 방법을 살펴보겠습니다.

다루는 내용

- 엑셀 2010의 화면 구조 이해하기
- 엑셀 2010의 빠른 실행 도구 모음 사용자 지정하기
- 엑셀 2010의 리본 메뉴 편집하기
- 엑셀 화면 배율 조절하기

기능 정리

화면 기본 구조 이해하기

엑셀 2010은 전체적으로 엑셀 2007과 유사한 틀을 가지고 있으나, 기존의 오피스 단추가 [파일]이라는 백스테이지로 대체되어 더욱 편리한 작업 환경을 제공합니다. 그러면 엑셀 2010의 전체적인 화면 구성에 대해서 간단히 살펴보겠습니다.

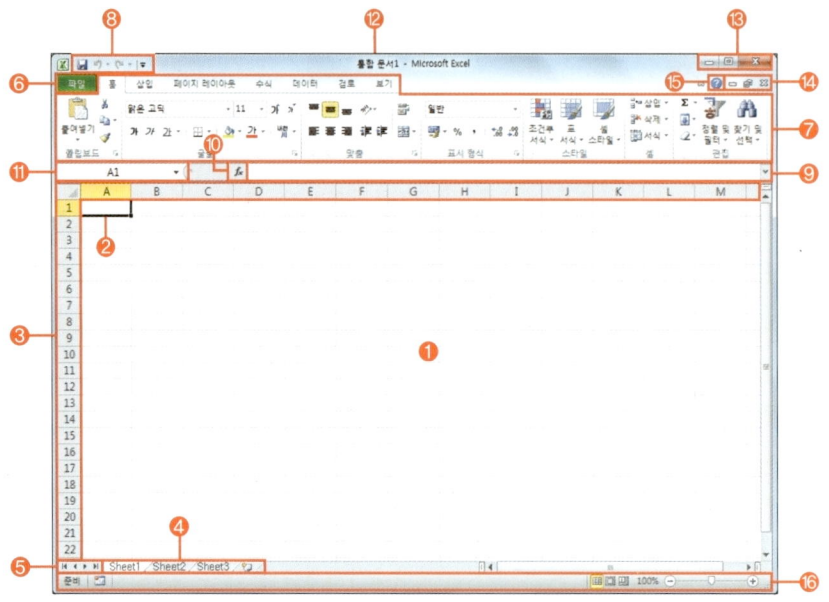

❶ **워크시트** : 데이터를 입력하고 관리하는 실제 작업 공간으로, 엑셀을 실행하면 기본적으로 3개의 시트가 준비되어 있습니다.

❷ **셀, 셀 포인터** : 워크시트를 이루는 작은 사각형을 '셀'이라고 하며, 엑셀에서 데이터가 입력되는 가장 기본 단위입니다. '셀 포인터'라고 하는 굵은 선으로 표시된 셀이 현재 선택된 셀입니다.

❸ **행/열 머리글** : 워크시트에서 세로 방향의 셀 묶음을 '열', 가로 방향의 셀 묶음을 '행'이라고 합니다. 워크시트의 맨 위와 맨 왼쪽에는 각 행과 열의 이름이 알파벳과 숫자로 표시되며, 이러한 행 머리글의 숫자와 열 머리글의 알파벳의 조합이 각 셀의 주소가 됩니다(예를 들어 A열과 1행이 만나는 셀의 주소는 A1이라고 표시). 행 머리글과 열 머리글이 만나는 왼쪽 모서리 부분을 클릭하면 워크시트 전체가 선택됩니다.

❹ **시트 탭** : 각 워크시트의 이름이 탭 형태로 표시되는 공간으로 시트 추가, 이동, 복사, 삭제, 이름 변경 등의 작업을 할 수 있습니다. 오른쪽 끝에 [워크시트 삽입](🈂)을 클릭하여 간편하게 워크시트를 추가할 수 있습니다.

❺ **시트 이동** : 작업하는 시트 수가 많을 때 앞/뒤 또는 맨 처음/맨 뒤에 위치한 시트로 이동하는 버튼입니다.

❻ **파일** : 문서 관리, 인쇄, 도움말, 엑셀 옵션 등에 관련된 명령이 모여 있습니다.

❼ **리본 메뉴** : 엑셀의 다양한 기능을 홈, 삽입, 페이지 레이아웃, 수식, 데이터, 검토, 보기 탭으로 분류하여 제공하는 공간입니다. 메뉴 구성과 위치는 사용자 지정할 수 있으며, 탭 이름 오른쪽 끝의 [리본 메뉴 최소화](⌃)를 클릭하면 리본 메뉴가 감춰집니다. 리본 메뉴 안의 그룹 오른쪽 아래에 ⤢ 아이콘을 클릭하면 관련 대화상자나 작업 창을 열 수 있습니다.

❽ **빠른 실행 도구 모음** : 자주 사용하는 도구를 한 번의 클릭으로 실행할 수 있게 모아놓는 공간입니다. 기본적으로 [저장](💾), [실행 취소](↩), [다시 실행](↪) 등이 표시되며, [빠른 실행 도구 모음 사용자 지정](▾)을 클릭하여 사용자가 원하는 기능을 추가하거나 제거할 수 있습니다.

❾ **수식 입력줄** : 데이터나 수식을 직접 입력하거나 셀에 표시된 결과 값이 아닌 원본 값을 확인하는 공간입니다. 데이터나 수식의 길이가 길어서 한눈에 확인할 수 없을 때는 오른쪽 끝의 [수식 입력줄 확장](▾)을 클릭하여 공간을 확장합니다.

❿ **함수 삽입** : 함수 사용을 쉽게 도와주는 [함수 마법사] 대화상자를 불러오는 버튼입니다.

⓫ **이름 상자** : 셀, 셀 영역, 문서에 삽입된 개체 등에 지정한 이름을 표시하고 선택할 수 있는 공간입니다.

⓬ **제목 표시줄** : 프로그램의 이름과 현재 작업 중인 문서의 이름이 표시됩니다. 새 문서를 열 때마다 '통합 문서1', '통합 문서2', '통합 문서3'……과 같이 표시됩니다.

⓭ **창 조절** : 최소화, 최대화, 이전 크기로 복원, 닫기 등 엑셀 2010 창의 크기를 변경하거나 프로그램을 종료할 수 있습니다.

⓮ **통합 문서 조절** : 최소화, 최대화, 이전 크기로 복원, 닫기 등 통합 문서 창의 크기를 변경하거나 닫을 수 있습니다.

⓯ **Microsoft Excel 도움말** : 특정 작업에 대한 설명이나 오류 발생에 대한 해결책 등 문서 작업에 필요한 여러 가지 도움말을 제공합니다.

⓰ **상태 표시줄** : 현재 워크시트의 상태를 표시하는 곳이며, 마우스 오른쪽 버튼을 클릭하여 사용자 지정할 수 있습니다. 기본 화면에 표시되는 내용은 다음과 같습니다.

ⓐ **보기 바로 가기** : 워크시트 보기 방법을 [기본](▦), [페이지 레이아웃](▤), [페이지 나누기 미리 보기](▥)의 3가지 형태로 제공합니다.

ⓑ **확대/축소** : [확대/축소] 대화상자를 불러와 워크시트 화면 보기 배율을 설정합니다.

ⓒ **확대/축소 슬라이더** : 확대, 축소 슬라이더를 드래그하여 화면 보기 배율을 설정합니다.

1 엑셀 2007에서부터 새롭게 제공되는 사용 환경으로, 엑셀의 모든 도구와 기능, 메뉴를 탭 형태로 제공하는 것은 무엇입니까?

2 자주 사용하는 도구를 한 번의 클릭으로 빠르게 실행할 수 있게 모아 놓은 작업 공간은 무엇입니까?

🔑 : 리본 메뉴, 빠른 실행 도구 모음

실습과정 **빠른 실행 도구 모음 편집하기**

빠른 실행 도구 모음에 사용자가 원하는 도구를 추가하거나 제거하는 방법에 대해서 알아보겠습니다.

01 빠른 실행 도구 모음에 기본 도구 추가하기

❶[빠른 실행 도구 모음 사용자 지정](▼)을 클릭하고
❷[열기]를 선택합니다.

> **참고** •
> [리본 메뉴 아래에 표시]를 선택하면 빠른 실행 도구 모음이 리본 메뉴의 밑에 위치합니다.

> **참고** •
> 현재 리본 메뉴에서 원하는 도구를 마우스 오른쪽 버튼으로 클릭하고 [빠른 실행 도구 모음에 추가]를 선택하면 빠른 실행 도구 모음에 나타나게 할 수 있습니다.

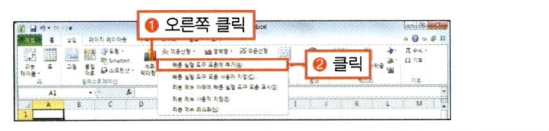

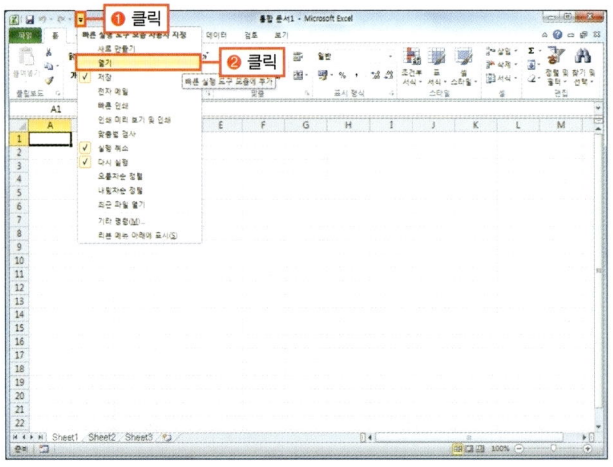

02 빠른 실행 도구 모음 사용자 지정하기

[열기]([이미지]) 도구가 추가된 것을 확인하고 ❶다시 [빠른 실행 도구 모음 사용자 지정](▾)을 눌러 ❷[기타 명령]을 선택합니다.

03 [Excel 옵션] 대화상자의 [빠른 실행 도구 모음] 설정하기

❶[다음에서 명령 선택]에서 [리본 메뉴에 없는 명령]을 선택합니다. ❷스크롤바를 아래로 내려 [카메라]를 선택하고 ❸[추가]를 클릭하여 [빠른 실행 도구 모음 사용자 지정]에 표시된 것을 확인하고 ❹[확인]을 클릭합니다.

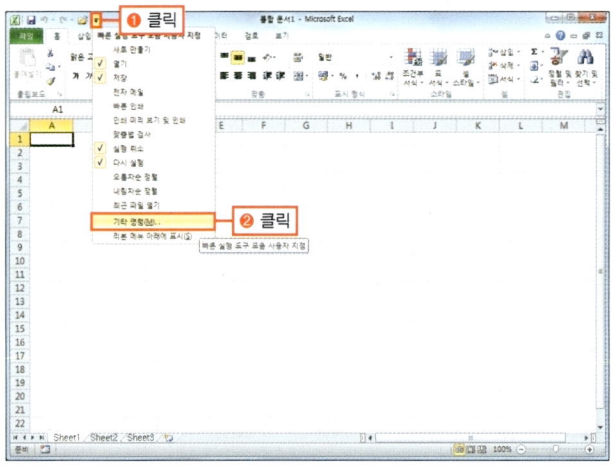

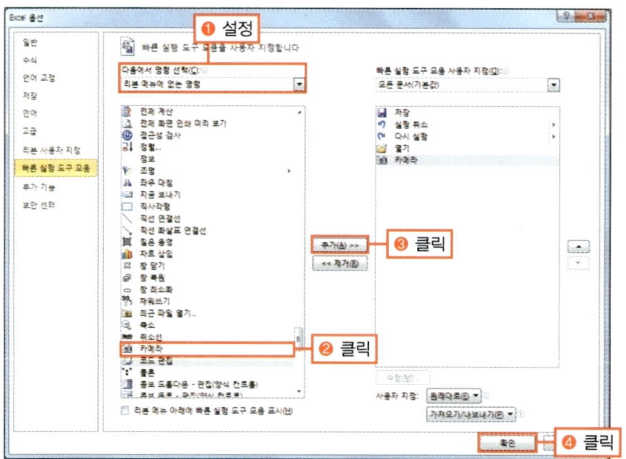

참고
리본 메뉴에서 마우스 오른쪽 버튼을 클릭하고 [빠른 실행 도구 모음 사용자 지정]을 선택해도 됩니다.

참고
[사용자 지정]-[원래대로]를 클릭하면 변경된 빠른 실행 도구 모음의 구성을 언제든지 초기 상태로 되돌릴 수 있습니다.

04 빠른 실행 도구 모음에서 제거하기

[카메라]([이미지]) 도구가 추가된 것을 확인하고 ❶마우스 오른쪽 버튼을 클릭하여 ❷[빠른 실행 도구 모음에서 제거]를 선택합니다.

05 빠른 실행 도구 모음에서 제거하기

❶[빠른 실행 도구 모음 사용자 지정](▾)을 클릭하고 ❷[열기]를 선택하여 제거합니다.

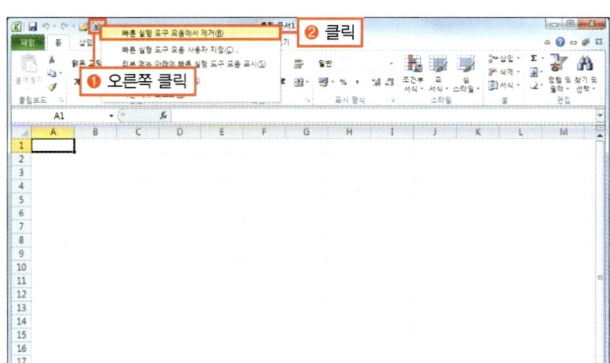

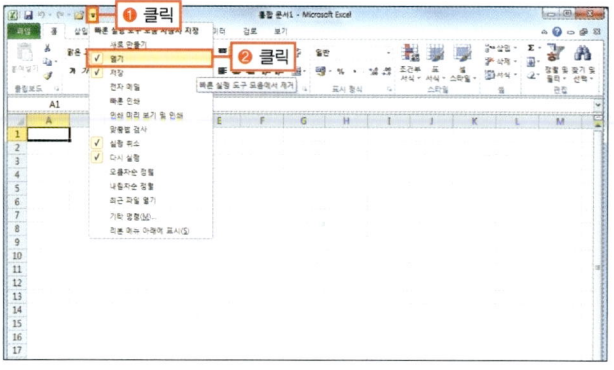

참고
제거할 도구가 많을 때는 [Excel 옵션] 대화상자의 [빠른 실행 도구 모음] 항목에서 [제거]를 클릭하여 한꺼번에 처리하는 것이 편리합니다.

리본 메뉴 편집하기

엑셀 작업에 필요한 모든 도구가 모여 있는 리본 메뉴를 사용자의 편의에 맞게 편집하고 설정하는 방법에 대해 살펴보겠습니다.

01 리본 메뉴 사용자 지정하기

❶리본 메뉴의 빈 공간에서 마우스 오른쪽 버튼을 클릭하고 ❷[리본 메뉴 사용자 지정]을 선택합니다.

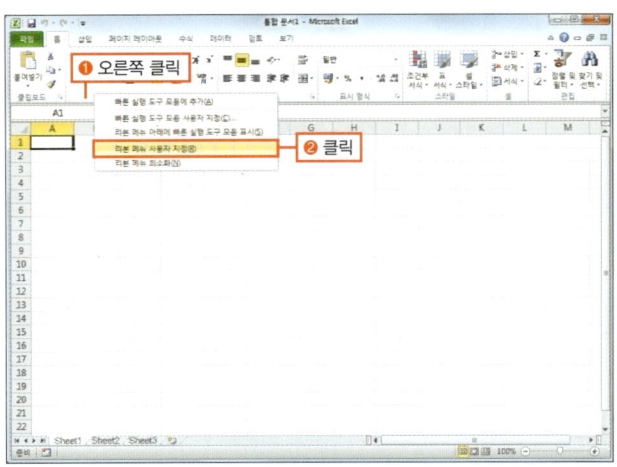

> **참고 ·**
> [파일]-[옵션]을 클릭하고 [리본 사용자 지정]을 선택해도 됩니다.

02 새 탭 만들고 도구 추가하기

❶[새 탭]을 클릭합니다. ❷[다음에서 명령 선택]의 도구 목록에서 [내림차순 정렬]을 선택하고 ❸[추가]를 클릭합니다. ❹같은 방법으로 [오름차순 정렬]도 추가합니다.

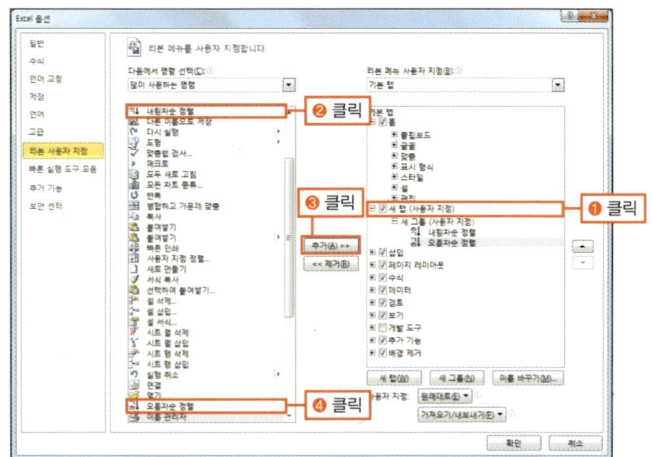

> **참고 ·**
> [새 그룹]을 클릭하면 기존 탭이나 새로 만든 탭에 그룹을 생성할 수 있습니다. [이름 바꾸기]를 클릭하면 사용자가 만든 탭과 그룹의 이름을 지정할 수 있습니다.

03 새 탭의 위치 지정하기

❶[새 탭(사용자 지정)]을 선택하고 ❷[아래로 이동](▼)을 계속 클릭하여 마지막 순서로 조절합니다.

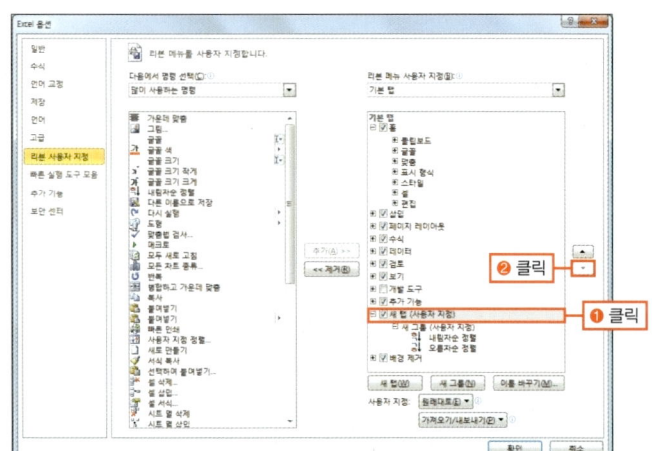

04 기본 탭 감추기

❶[수식], [데이터]의 체크를 해제하고 ❷[확인]을 클릭합니다.

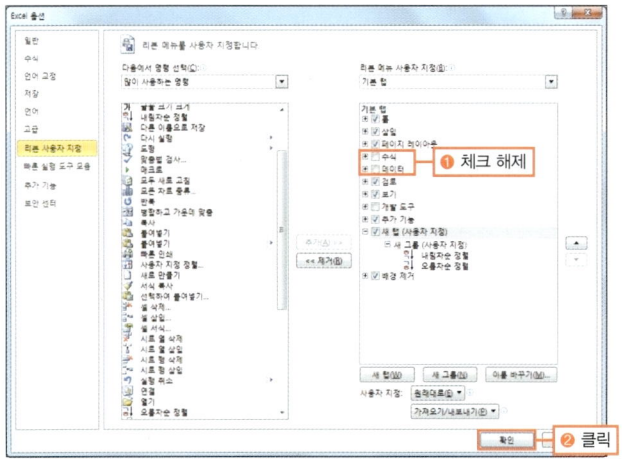

참고
[사용자 지정]-[원래대로]를 클릭하면 변경된 리본 메뉴의 구성을 언제든지 초기 상태로 되돌릴 수 있습니다.

05 리본 메뉴 최소화하기

새 탭이 추가된 것을 확인하고 ❶화면 오른쪽 위의 [리본 메뉴 최소화]( )를 클릭합니다.

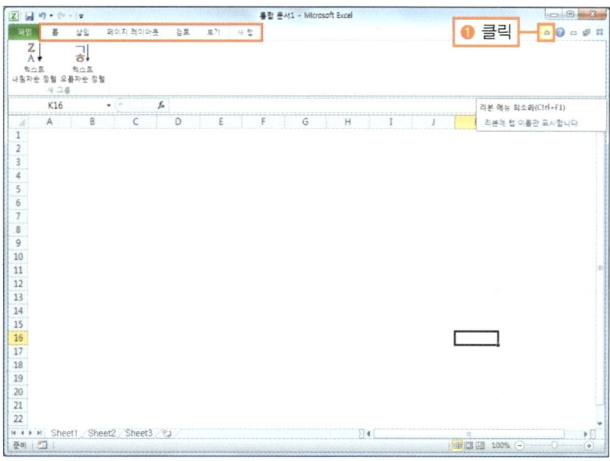

참고
탭 이름을 더블클릭해도 리본 메뉴가 최소화됩니다.

06 화면 확인하기

탭 이름만 표시되고 리본 메뉴가 숨겨집니다.

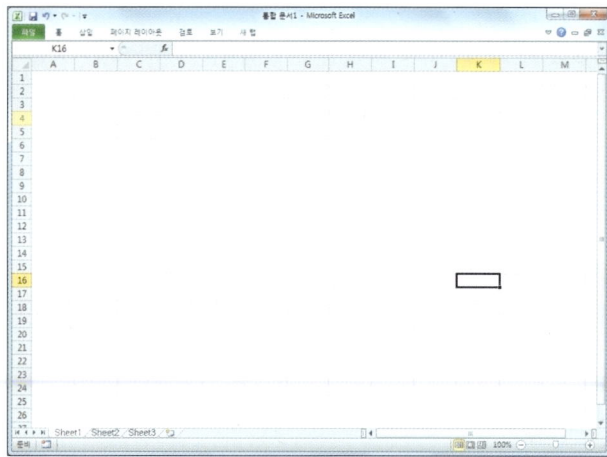

참고
필요한 탭 이름을 클릭하면 임시로 리본 메뉴가 나타나고, 탭 이름을 더블클릭하면 다시 리본 메뉴가 확장됩니다. 또는 [리본 메뉴 확장]( )을 클릭해도 원래대로 돌아옵니다.

실습 과정 · 화면 확대 및 축소하기

워크시트에 입력된 데이터의 양에 맞춰 화면 보기 배율을 확대하거나 축소하는 방법에 대해서 알아보겠습니다. 화면의 확대 및 축소는 상태 표시줄 또는 [보기] 탭의 [확대/축소] 그룹을 이용합니다.

01 확대/축소 슬라이더로 화면 확대하기

❶상태 표시줄 오른쪽의 확대/축소 슬라이더를 오른쪽으로 드래그하여 화면을 크게 확대해 봅니다.

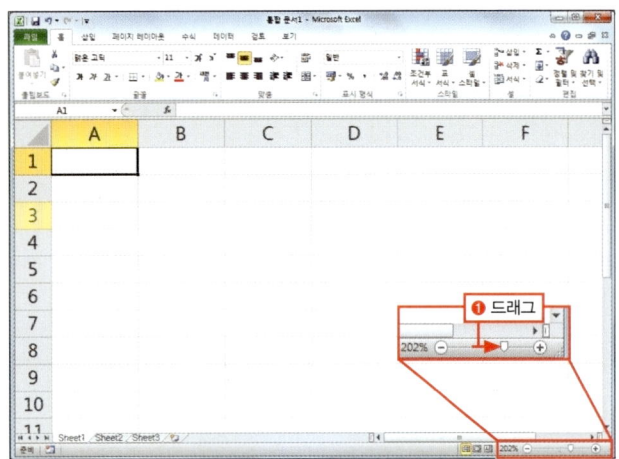

> **참고**
> 슬라이더 양끝의 +, − 아이콘을 한 번 클릭할 때마다 10%씩 화면 배율이 확대되거나 축소됩니다.

02 [확대/축소] 대화상자 열기

❶A1셀을 클릭한 채 E7셀까지 드래그하여 셀 영역을 선택합니다. ❷상태 표시줄에서 현재 화면 배율이 표시되어 있는 부분을 클릭합니다.

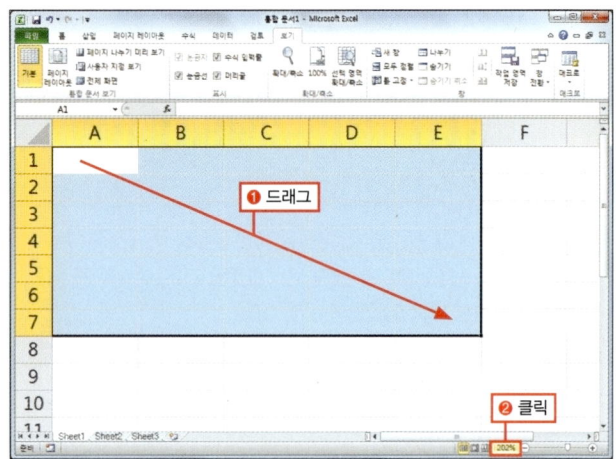

> **참고**
> A1셀은 A열과 1행이 겹치는 위치의 셀을 가리킵니다.

03 선택 영역에 맞춰 화면 보기

[확대/축소] 대화상자가 나타나면 ❶[선택 영역에 맞춤]을 선택하고 ❷[확인]을 클릭합니다.

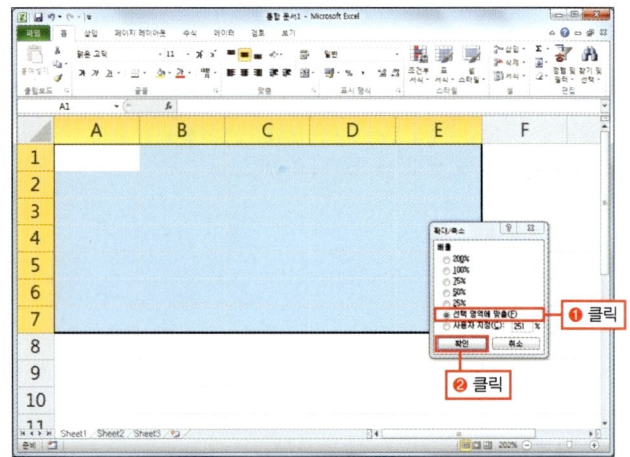

04 화면 배율 100%로 복귀하기

선택 영역에 맞춰 화면 배율이 조절되면 리본 메뉴에서 ❶[보기] 탭을 클릭합니다. ❷[확대/축소] 그룹에서 [100%]를 클릭합니다.

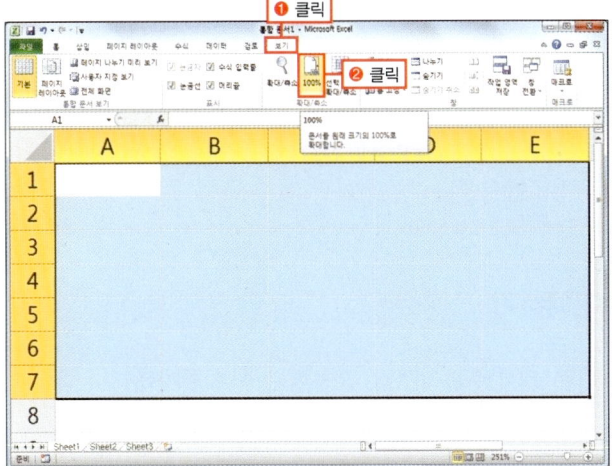

> **참고** ·
> [보기] 탭의 [확대/축소] 그룹에서 [확대/축소]를 클릭하면 [확대/축소] 대화상자가 열립니다.

05 화면 배율 확인하기

화면 배율이 초기 상태인 100%로 돌아옵니다.

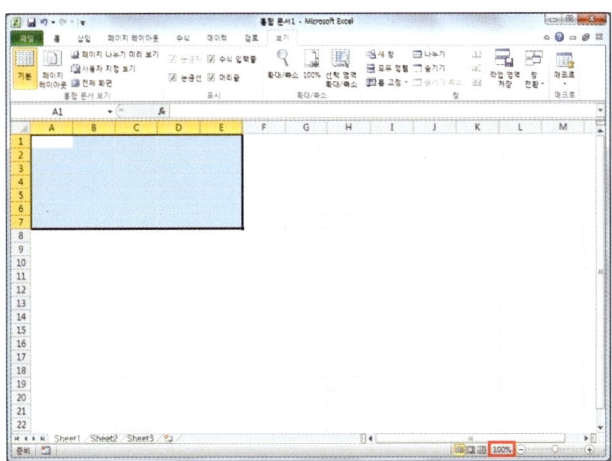

> **참고** ·
> [보기] 탭의 [확대/축소] 그룹에서 [선택 영역 확대/축소]를 클릭하면 다시 선택 영역에 맞춰 화면이 확대됩니다.

확인실습

1 빠른 실행 도구 모음에 [확대/축소(ZoomClassic)](🔍▾) 도구를 추가하고 이를 이용하여 화면 배율을 200%로 조절한 후 리본 메뉴를 숨겨보세요.

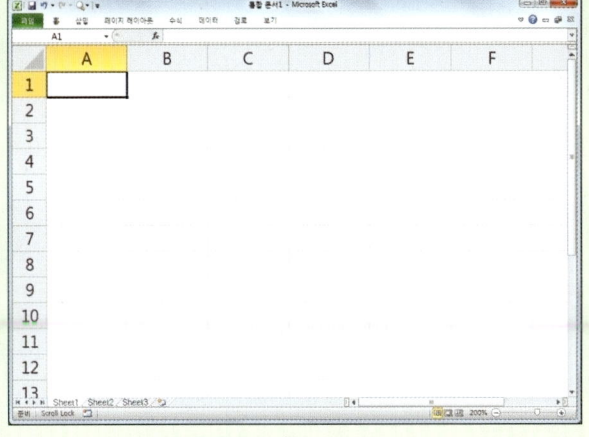

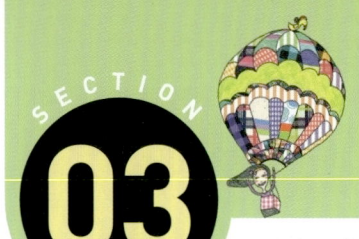

엑셀 문서 관리하기

SECTION 03

엑셀 문서 관리에 관련된 기능은 백스테이지 개념의 [파일] 탭에서 이루어집니다. 작업한 문서를 저장하고 열거나 새 문서를 만드는 방법 등에 대해서 살펴보겠습니다.

다루는 내용

- 엑셀 기본 형식으로 문서 저장하기
- 여러 가지 형식으로 엑셀 문서 저장하기
- 통합 문서 새로 만들기
- 통합 문서 열기

기능 정리

문서 관리를 담당하는 [파일] 탭 이해하기

엑셀 2010에서 새 통합 문서를 열거나 기존 문서를 불러오기, 작업한 문서를 저장하거나 다양한 형식으로 변환 및 전송하는 등 문서 관리에 관한 모든 작업은 백스테이지 형식으로 제공되는 [파일] 탭에서 수행합니다.

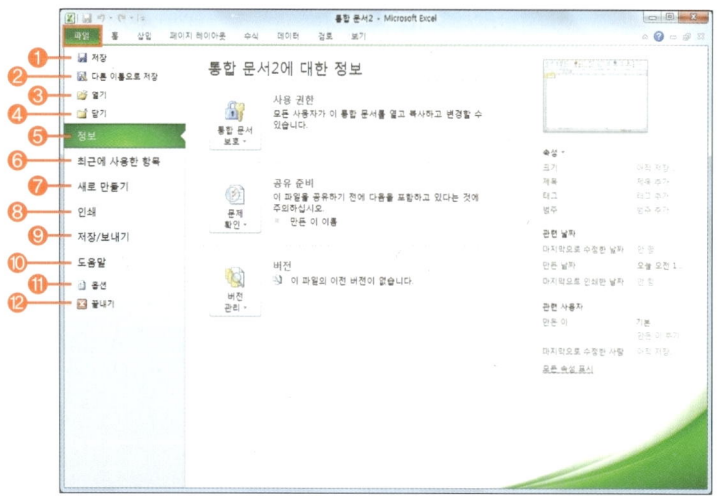

❶ **저장** : 새 문서에 파일 이름을 지정하여 엑셀 2010의 기본 형식(*.xlsx)으로 저장합니다. 또는 변경된 문서를 현재 문서의 이름과 형식을 유지한 채 저장할 때 사용합니다.

❷ **다른 이름으로 저장** : 현재 문서의 이름이나 형식을 변경하여 저장합니다.

❸ **열기** : 기존 엑셀 파일을 불러오는 명령입니다.

❹ **닫기** : 현재 통합 문서를 종료하는 명령입니다.

❺ **정보** : 현재 문서에 대한 사용 권한 여부, 공유를 위한 사전 검사, 저장되지 않은 사본의 복구 및 삭제, 제목이나 태그, 작성자 정보 등을 설정합니다.

❻ **최근에 사용한 항목** : 최근에 작성한 파일 목록과 폴더 위치를 보여줍니다. [빠른 실행이 가능한 최신 문서 수]를 체크하고 개수를 설정하면 문서를 더욱 빨리 찾을 수 있습니다.

❼ **새로 만들기** : 새로운 통합 문서 또는 서식 파일을 만들거나 'Office.com'에 접속하여 서식 파일을 다운로드 받을 수 있습니다.

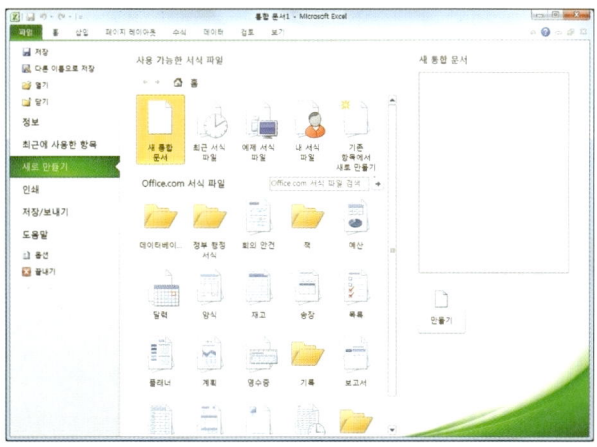

❽ **인쇄** : 인쇄 대상, 방향, 용지, 여백 등을 설정하며 인쇄할 내용을 미리 볼 수 있습니다.

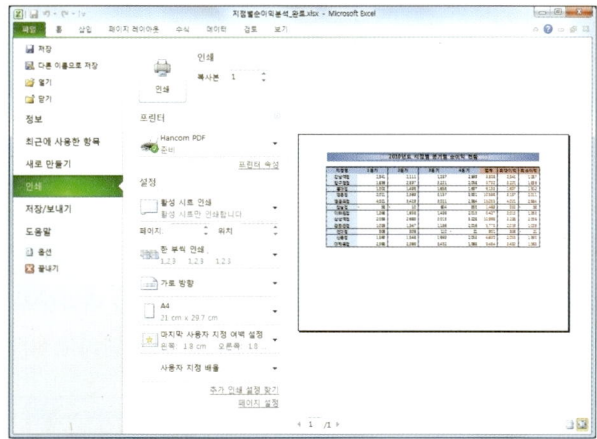

❾ **저장/보내기** : 현재 문서를 첨부 파일 또는 PDF 파일로 변환하여 전자 메일로 보내거나 SharePoint를 이용하여 웹에 저장한 후 다른 사람과 공유할 수 있습니다. 또한, 엑셀의 여러 가지 파일 형식으로 저장하거나 PDF 파일로 변환하는 기능 등이 새롭게 제공됩니다.

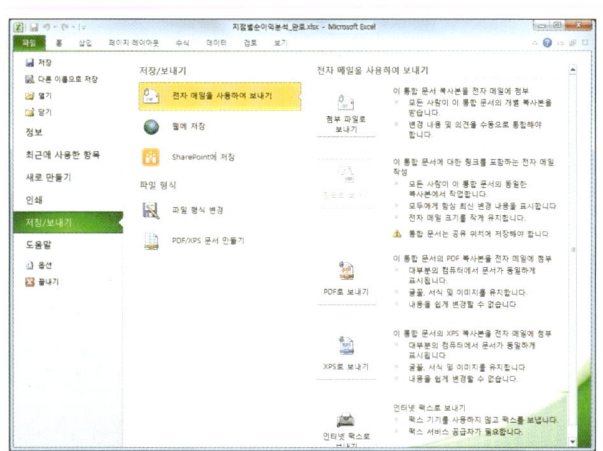

⑩ **도움말** : 마이크로소프트 오피스 사용에 대한 도움말이나 엑셀 2010의 일반 옵션, 업데이트 등을 확인합니다. 또한, 제품 인증 정보도 확인할 수 있습니다.

⑪ **옵션** : 엑셀 2010에 대한 수식, 저장, 언어, 리본 메뉴 사용자 지정, 빠른 실행 도구 모음 사용자 지정, 추가 기능, 보안 기능 등을 설정하는 [Excel 옵션] 대화상자를 불러옵니다.

⑫ **끝내기** : 엑셀 2010을 종료합니다.

간단퀴즈

1 저장, 열기, 닫기, 새로 만들기, 인쇄 등 문서 관리에 관한 전반적인 기능을 다루는 엑셀 2010의 새로운 작업 공간은 무엇입니까?

2 엑셀 문서를 PDF 문서로 변환하려면 [파일] 탭의 어느 메뉴를 이용해야 합니까?

📖 : [파일] 탭, [다른 이름으로 저장] 메뉴 또는 [저장/보내기] 메뉴

실습 과정

엑셀 통합 문서 저장하기

현재 통합 문서에 이름을 지정하고 엑셀 기본 형식이나 여러 가지 다른 형식으로 바꿔 저장하는 방법에 대해 알아보겠습니다.

---

01 [저장] 명령 실행하기

엑셀을 실행하고 ❶[파일] 탭의 ❷[저장]을 클릭합니다.

> **참고**
> [저장]의 바로 가기 키는 Ctrl+S입니다.

02 파일 이름 지정하고 저장하기

[다른 이름으로 저장] 대화상자가 나타나면 ❶[파일 이름]에 '기본저장'이라고 입력하고 ❷[저장]을 클릭합니다.

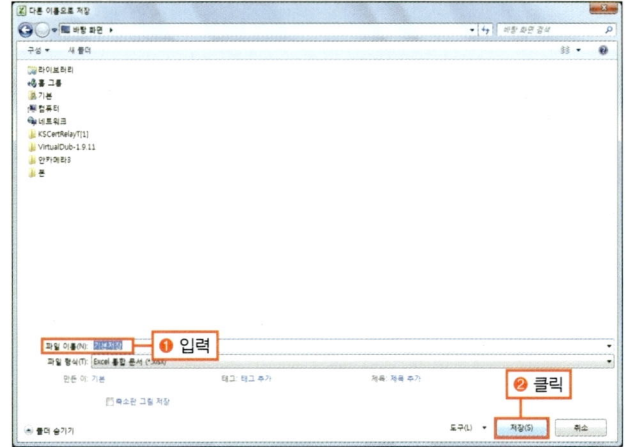

---

03 [다른 이름으로 저장] 명령 실행하기

제목 표시줄에 저장한 문서 이름이 표시되는 것을 확인합니다. 이 문서의 이름과 형식을 변경하기 위해 ❶[파일] 탭의 ❷[다른 이름으로 저장]을 클릭합니다.

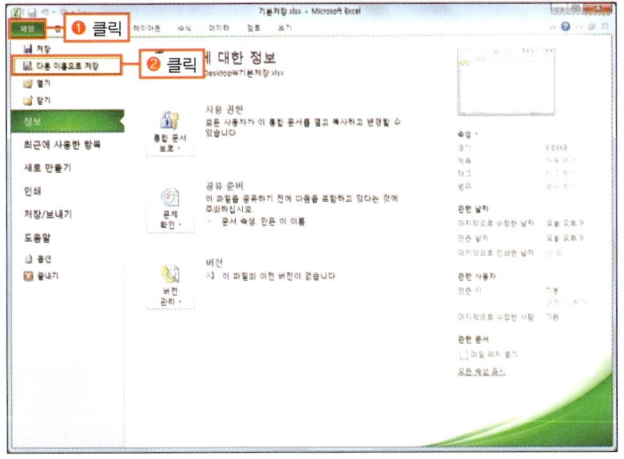

04 파일 이름과 형식 변경하고 저장하기

❶[파일 이름]을 '변환저장'으로 수정하고 ❷[파일 형식]의 목록을 클릭하여 [Excel 97 – 2003 통합문서 (*.xls)]를 선택합니다. ❸[저장]을 클릭합니다.

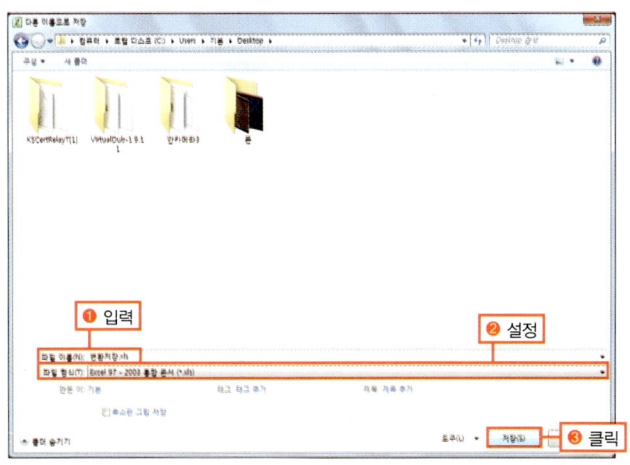

참고 ● **암호 지정하여 문서 저장하기**

[다른 이름으로 저장] 대화상자에서 [저장] 옆의 [도구]를 클릭하고 [일반 옵션]을 선택하면 문서에 열기 및 쓰기 암호를 설정하거나 읽기 전용으로 저장할 수 있습니다.

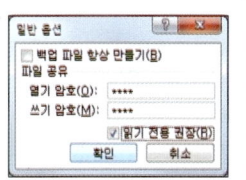

05 파일 이름과 형식 확인하기

제목 표시줄에서 변경된 이름과 파일 확장자를 확인합니다.

참고 ●

앞에서 [저장]으로 저장했던 '기본저장.xlsx' 문서와 별도의 문서로 저장된 것입니다.

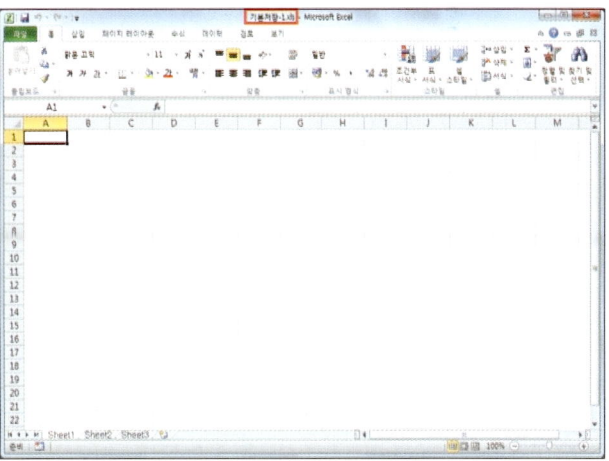

문서 새로 만들거나 열기

현재 통합 문서 외에 문서를 새로 만들거나 기존에 저장해놓은 엑셀 문서를 여는 방법을 알아보겠습니다.

01 새 통합 문서 만들기

엑셀을 실행하고 ❶[파일] 탭의 ❷[새로 만들기]를 클릭합니다. [새 통합 문서]가 선택된 것을 확인하고 ❸[만들기]를 클릭합니다.

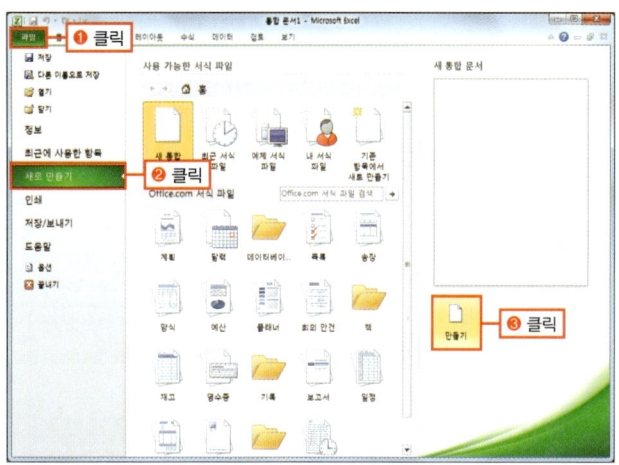

> **참고**
> [새로 만들기]에서는 새 통합 문서뿐만 아니라 엑셀과 'Office. com'에서 제공하는 서식 파일도 무료로 사용할 수 있습니다.

02 [열기] 명령 실행하기

'통합 문서2'가 만들어집니다. ❶이번에는 [파일] 탭의 ❷[열기]를 클릭합니다.

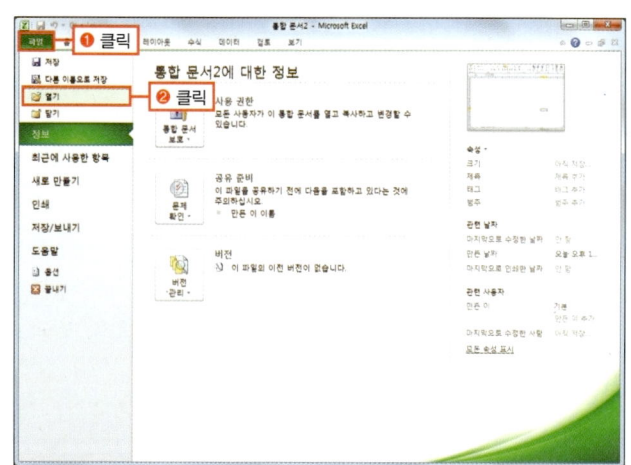

> **참고**
> [최근에 사용한 항목]에는 최근에 열었던 엑셀 문서 목록이 나타납니다. 여기서 클릭하여 해당 문서를 열 수 있습니다.

03 문서 열기

[열기] 대화상자가 나타나면 앞서 저장한 ❶'기본저장. xlsx' 파일을 선택하고 ❷[열기]를 클릭합니다.

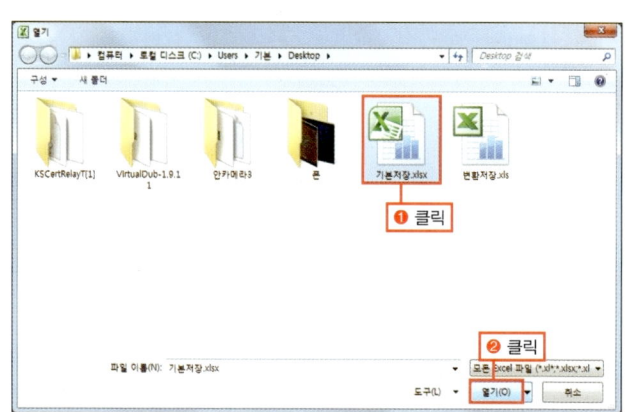

> **참고**
> [열기]의 목록 버튼을 클릭하면 다양한 열기 옵션을 사용할 수 있습니다.

04 문서 확인하기

선택한 문서가 열립니다.

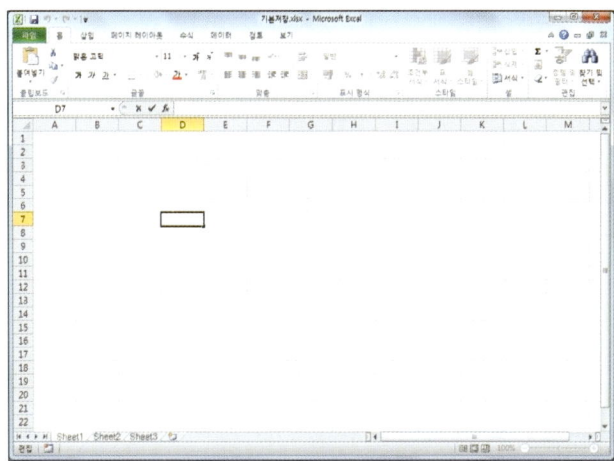

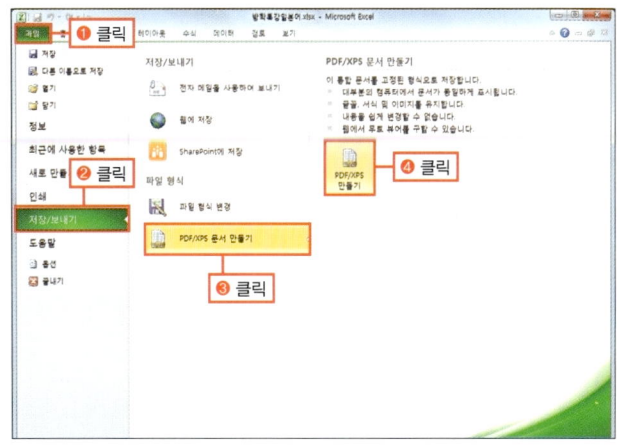

엑셀 문서 PDF 변환하기

엑셀 프로그램이 없는 사람도 엑셀 문서를 볼 수 있도록 PDF 문서로 변환하는 방법을 알아보겠습니다. PDF 형식은 어도비 리더(ADOBE READER)라는 무료 프로그램으로 열 수 있으며, 대부분의 시스템 환경에서 글꼴, 서식 및 이미지 등을 원본과 똑같이 표시하므로 높은 문서 호환성을 자랑합니다.

◎ **시작 파일** : 1장\방학특강일본어.xlsx
◎ **완료 파일** : 1장\방학특강일본어.pdf

01 파일 열기

❶[파일] 탭의 [열기]를 이용하여 시작 파일을 불러옵니다.

02 PDF/XPS 문서 만들기

❶[파일] 탭의 ❷[저장/보내기]를 클릭합니다. ❸[파일 형식]에서 [PDF/XPS 문서 만들기]를 선택하고 ❹[PDF/XPS 문서 만들기]를 클릭합니다.

> **참고**
>
> [다른 이름으로 저장] 대화상자를 열고 [파일 형식]에서 [PDF]를 선택하여 저장해도 됩니다.

03 문서 게시하기

[PDF 또는 XPS 게시] 대화상자가 나타나면 문서를 저장할 위치를 확인하고 ❶[게시]를 클릭합니다.

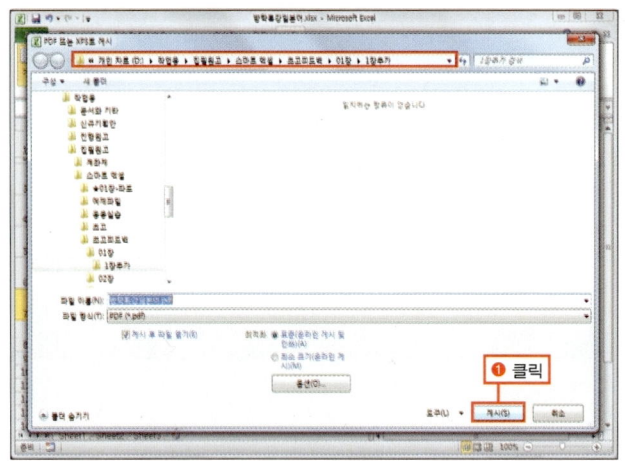

04 PDF 문서 확인하기

PDF 문서가 열립니다.

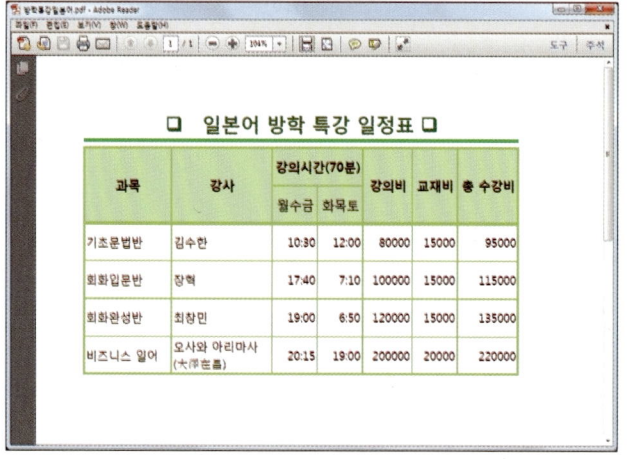

참고 ● 서식 파일 사용하기

[파일] 탭의 [새로 만들기]에서는 새 통합 문서 외에도 엑셀 및 Office.com에서 제공하는 다양한 서식 파일을 무료로 사용할 수 있습니다. 상단의 [사용 가능한 서식 파일]이나 하단의 [Office.com 서식 파일]에서 찾는 카테고리가 있으면 클릭합니다. 카테고리를 찾을 수 없을 때는 [Office.com 서식 파일 검색] 입력란에 내용을 입력하고 Enter 를 누릅니다. 원하는 문서가 있으면 선택하고 [다운로드]를 클릭하여 서식 파일을 연 후 자신의 하드디스크에 저장합니다.

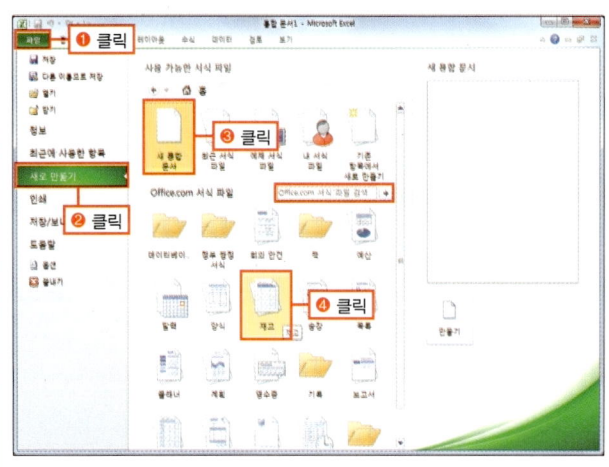

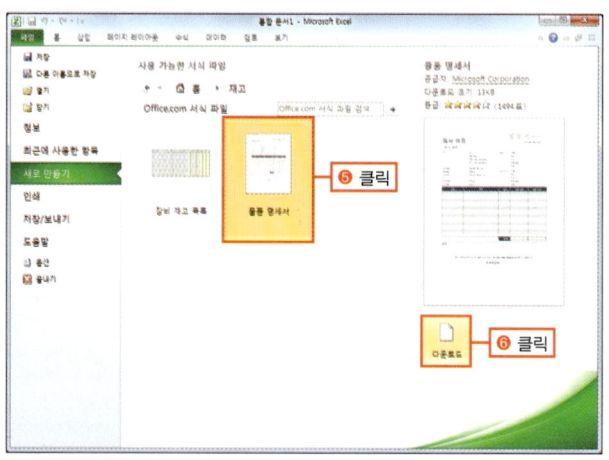

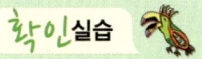

1 'Office.com' 서식 파일에서 '주간 수업 일정'을 다운로드한 후 '주간교사일정표.xlsx' 파일로 저장해 보세요.

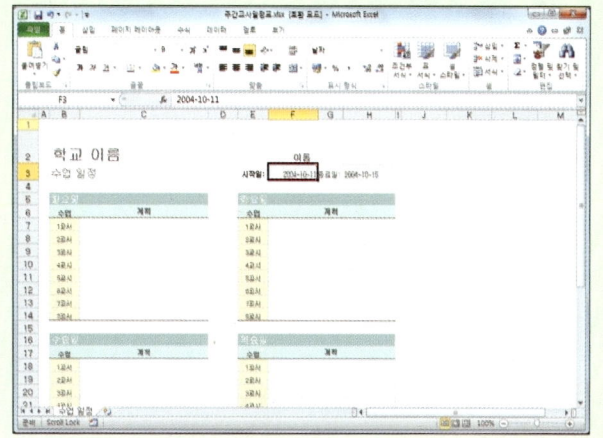

참고

오피스 사이트에서 다운받은 서식을 수정없이 저장해 보는 과정이므로 완성 파일은 따로 제공하지 않습니다.

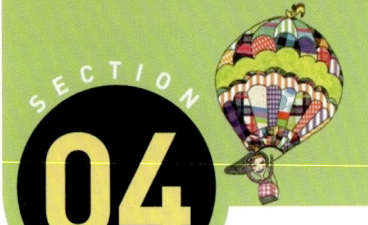

엑셀 워크시트 관리하기

SECTION 04

엑셀 작업의 기본 단위는 셀과 셀이 모인 워크시트입니다. 작업 상황에 맞춰 편리하게 셀을 선택하고 워크시트를 다루고 관리하는 방법에 대해 살펴보겠습니다.

다루는 내용

- 셀, 행, 열 선택하기
- 워크시트 추가하거나 삭제하기
- 워크시트 이름 변경하기
- 워크시트 이동하거나 복사하기

기능 정리

셀과 워크시트 이해하기

엑셀 문서는 각각의 셀이 모여 하나의 워크시트로 구성되어 있습니다. 셀이 가로 방향으로 이어진 것을 행, 세로 방향으로 이어진 것을 열이라고 합니다. 이렇게 행과 열의 위치에 따라 셀의 주소가 정해집니다.

● 셀, 워크시트

엑셀을 실행하면 벽돌 모양의 셀로 이루어진 워크시트가 나타납니다. 각 셀에 필요한 데이터나 수식을 입력하고 모든 작업은 워크시트 단위로 관리됩니다. 워크시트는 기본적으로 'Sheet1', 'Sheet2', 'Sheet3'이라는 이름을 가진 3장으로 구성되어 있으며, 필요에 따라 개수나 이름을 변경할 수 있습니다.

● 행과 열

워크시트의 가로 방향을 '행(Row)', 세로 방향을 '열(Column)'이라고 합니다. 각 행은 워크시트 왼쪽에 표시된 숫자로, 각 열은 워크시트 위쪽에 표시된 알파벳으로 구분합니다.

● 셀 주소

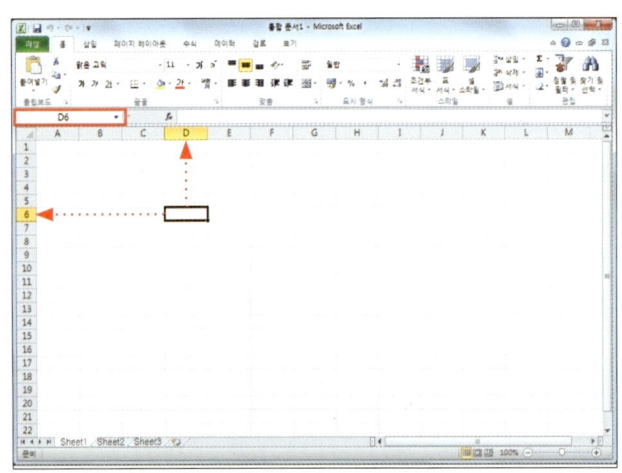

엑셀의 셀은 위치한 곳의 행과 열의 이름을 조합하여 자신만의 주소를 가집니다. 예를 들어 다음 그림과 같이 D열과 6행이 교차하는 곳의 셀 주소는 D6셀이 됩니다. 현재 선택한 셀의 셀 주소는 이름 상자에 표시됩니다.

1 S열과 13행이 만나는 곳의 셀 주소는 무엇입니까?

2 셀과 워크시트에 관한 설명 중 틀린 것은?

① 워크시트의 이름과 개수는 사용자가 변경할 수 있습니다.
② 워크시트의 가로 방향을 '행', 세로 방향을 '열'이라고 합니다.
③ 현재 셀의 셀 주소는 이름 상자에서 확인할 수 있습니다.
④ 통합 문서를 새로 만들면 나타나는 기본 워크시트의 개수는 변경할 수 없습니다.

답 : S13셀, ④

실습 과정

셀, 행, 열을 여러 가지 방법으로 선택하기

문서 작업에 필요한 셀, 행, 열을 선택하는 방법에 대해 알아보겠습니다.

---

01 셀과 셀 영역 선택하기

❶ B2셀을 클릭하면 이름 상자에 셀 주소가 표시됩니다.
❷ B2셀을 클릭한 상태에서 G9셀까지 드래그하면 셀 영역이 선택되고 이름 상자에는 첫 번째 셀인 B2셀만 표시됩니다.

02 셀이나 셀 영역 추가 선택하기

❶ Ctrl 을 누른 상태에서 B12셀에서 G16셀까지 드래그하면 셀 영역이 추가로 지정됩니다. 셀을 드래그하는 동안에는 이름 상자에 선택한 만큼의 행과 열이 '5R×6C'의 형태로 표시됩니다.

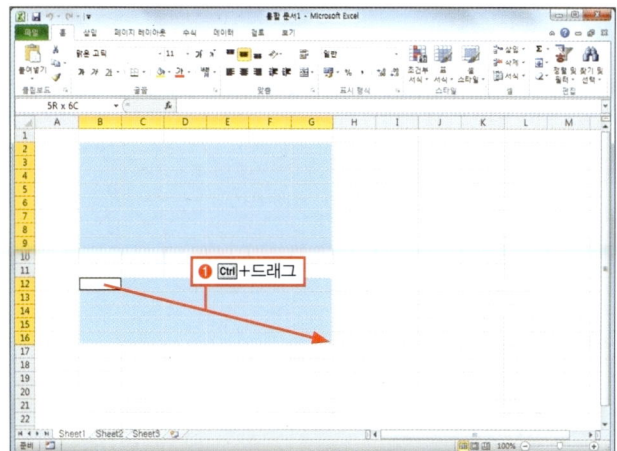

참고

키보드로 연속된 셀 영역 선택하는 방법은 다음과 같습니다.

• 시작 셀을 선택한 상태에서 Shift 를 누른 채 마지막 셀을 클릭
• Shift 를 누른 채 키보드의 방향키를 눌러 설정
• F8 을 눌러 상태 표시줄에 '선택 영역 확장'이 표시되면 방향키를 이용하여 설정(해제는 Esc)

참고

이름 상자에 직접 셀 주소를 직접 입력하여 셀을 선택해도 됩니다.
연속된 영역은 다음과 같이 구분합니다.

• 'A2:A100'은 A2셀에서 A100셀까지란 의미입니다.
• 'A2, A100'은 A2셀과 A100셀이란 의미입니다.

03 행, 열 선택하기

❶D열 머리글을 클릭하면 D열 전체가 선택됩니다. ❷Ctrl을 누른 상태에서 8행~11행 머리글을 드래그하여 여러 행을 추가로 선택해 봅니다.

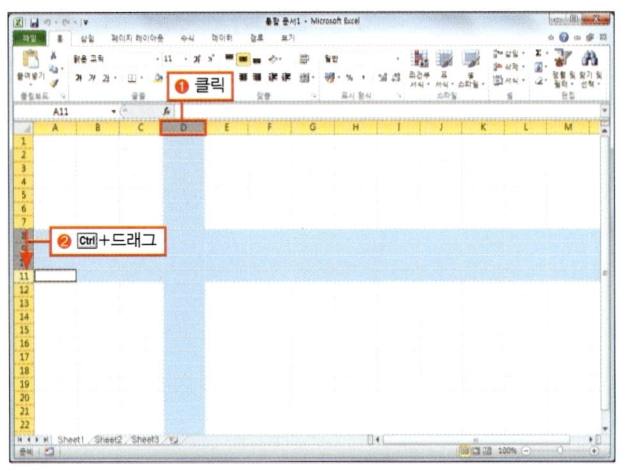

04 워크시트 전체 선택하기

❶행 머리글과 열 머리글이 시작되는 부위의 ▨을 클릭하면 워크시트 전체가 선택됩니다.

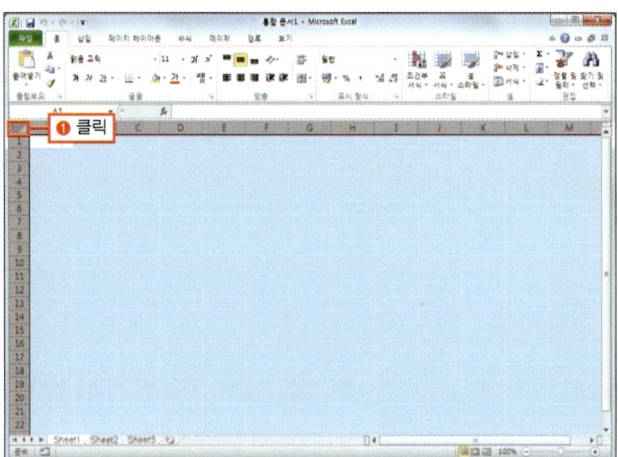

실습 과정

워크시트 추가, 삭제, 이름 변경하기

엑셀의 워크시트는 한 통합 문서에 기본적으로 3개가 포함되어 있습니다. 이번에는 워크시트를 추가 및 삭제하거나 이름을 변경하는 방법에 대해 살펴보겠습니다.

01 워크시트 추가하기

❶시트 탭 오른쪽 끝의 [워크시트 삽입](🗋)을 클릭합니다.

> **참고**
> 시트 탭에서 마우스 오른쪽 버튼을 클릭하고 [삽입]을 선택하거나 리본 메뉴 [홈] 탭의 [셀] 그룹에서 [삽입]-[시트 삽입]을 선택해도 됩니다.

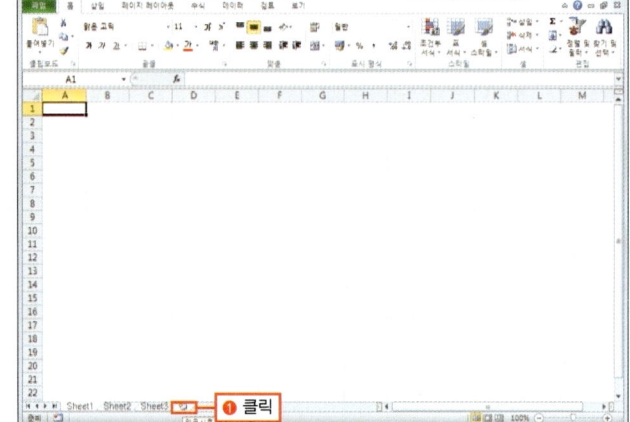

02 워크시트 이름 변경하기

새로운 시트 'Sheet4'가 추가됩니다. ❶'Sheet4' 시트 탭을 더블클릭하고 ❷'성안당'이라고 입력한 후 ❸ Enter 를 누릅니다.

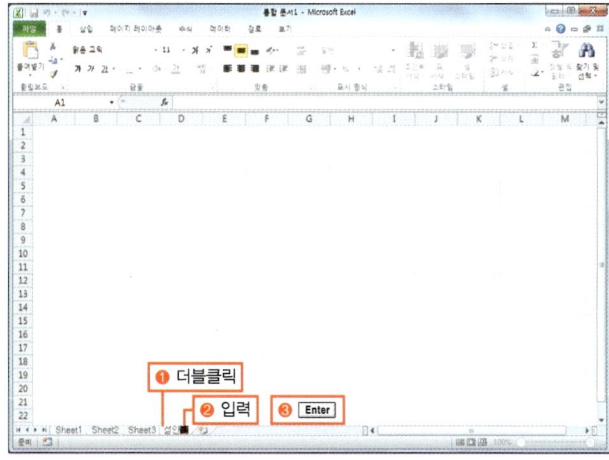

03 시트 삭제하기

❶'Sheet1' 시트 탭을 클릭하고 ❷ Shift 를 누른 채 'Sheet3' 시트 탭을 선택합니다. 'Sheet1~Sheet3' 시트가 모두 선택되면 범위 안에서 ❸마우스 오른쪽 버튼을 클릭하고 ❹[삭제]를 선택합니다.

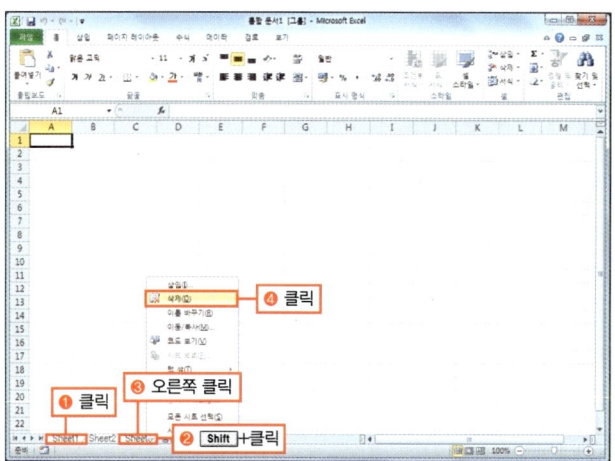

> **참고** •
> [홈] 탭의 [셀] 그룹에서 [삭제]-[시트 삭제]를 선택해도 됩니다.

04 시트 확인하기

선택한 시트가 삭제되고 앞서 이름을 변경한 '성안당' 시트만 남은 것을 확인합니다.

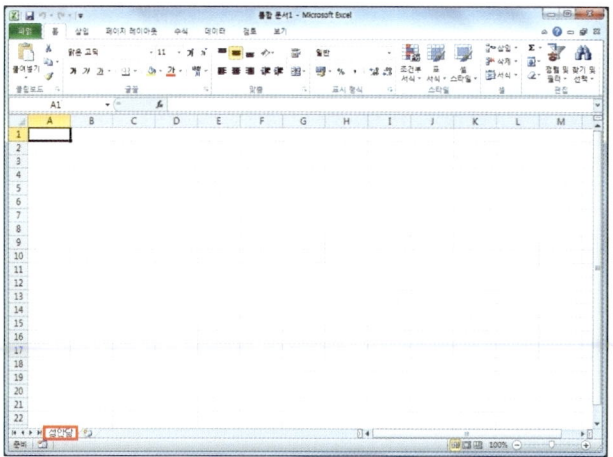

참고 • 워크시트 기본 개수 변경하기

워크시트의 기본 개수를 변경하고 싶다면 [파일] 탭의 [옵션]을 클릭하여 [Excel 옵션] 대화상자를 열고 [일반]에서 [새 통합 문서 만들기]–[포함할 시트 수]에서 숫자를 지정하면 됩니다. [포함할 시트 수]를 '1'로 설정한 후, 새 통합 문서를 만들면 워크시트가 1개만 생성됩니다.

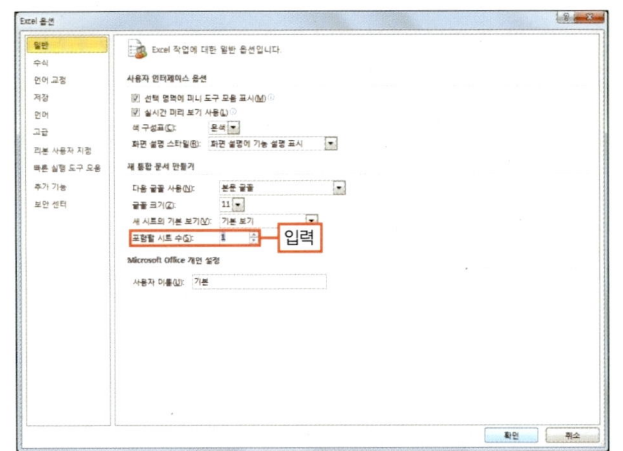
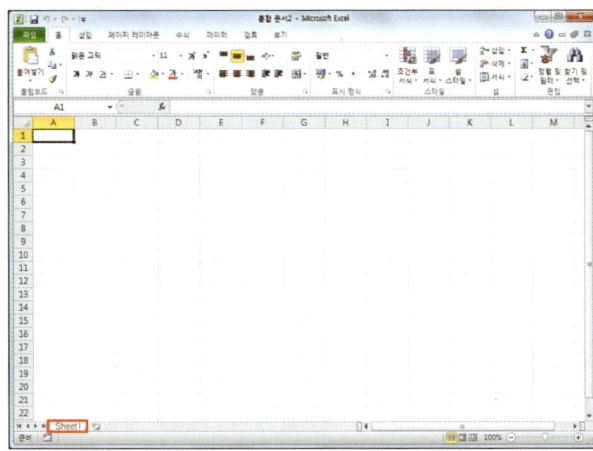

워크시트 이동, 복사하거나 숨기기

워크시트의 위치를 현재 통합 문서 내에서 또는 새 통합 문서로 이동 및 복사하거나 숨기는 방법에 대해서 알아보겠습니다.

시작 파일 : 1장\월별쿠폰현황.xlsx

01 워크시트 복사하기

❶'3월' 시트 탭을 클릭하고 ❷[홈] 탭의 [셀] 그룹에서 [서식]의 ❸[시트 이동/복사]를 클릭합니다.

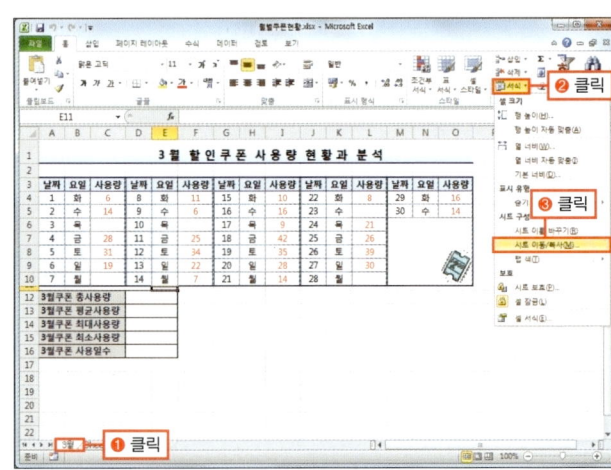

참고 •

시트 탭에서 마우스 오른쪽 버튼을 클릭하고 [이동/복사]를 선택해도 됩니다.

02 복사할 위치 설정하기

[이동/복사] 대화상자가 나타나면 ❶[다음 시트의 앞에]에서 [(끝으로 이동)]을 선택하고 ❷[복사본 만들기]에 체크한 후 ❸[확인]을 클릭합니다.

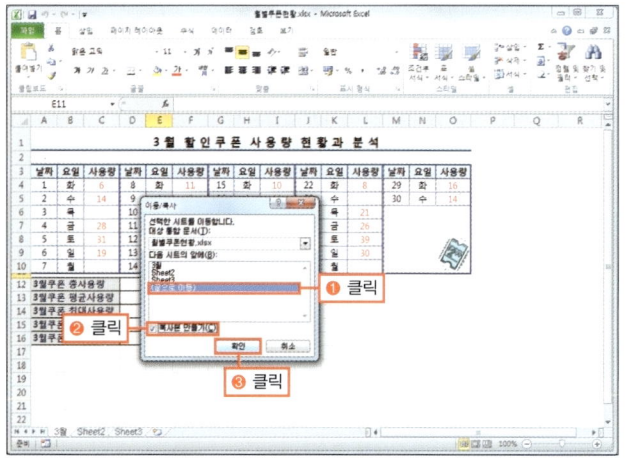

> **참고**
>
> [대상 통합 문서]에서 [(새 통합 문서)]를 선택하면 새 통합 문서를 만들어 현재 시트를 이동하거나 복사할 수 있습니다.

03 복사된 시트 확인하고 시트 이동하기

복사된 시트의 이름은 원래 시트 이름 뒤에 '(2)'가 붙으며, 시트 모양 또한 원본 시트와 동일합니다. ❶이번에는 '3월' 시트 탭을 클릭하고 ❷'3월 (2)' 시트 탭 앞으로 드래그하여 이동합니다.

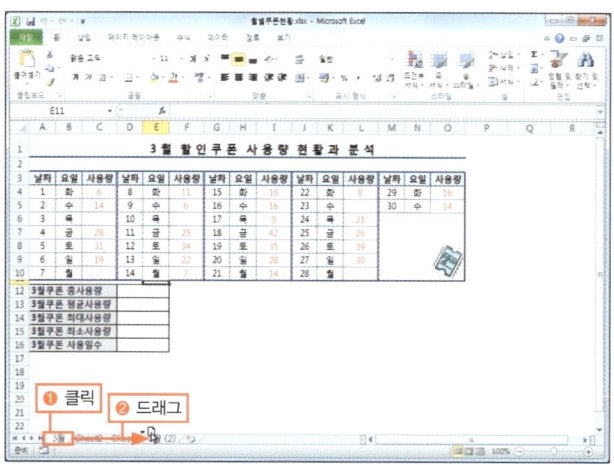

> **참고**
>
> 시트 탭을 클릭하고 Ctrl을 누른 채 원하는 위치로 드래그하면 시트가 복사됩니다.
>
>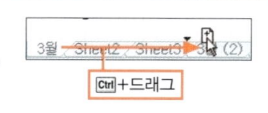

04 시트 숨기기

'3월' 시트의 위치가 옮겨진 것을 확인합니다. ❶'3월 (2)' 시트 탭을 클릭하고 ❷[홈] 탭의 [셀] 그룹에서 [서식]을 선택합니다. ❸[숨기기 및 숨기기 취소]에서 [시트 숨기기]를 클릭합니다.

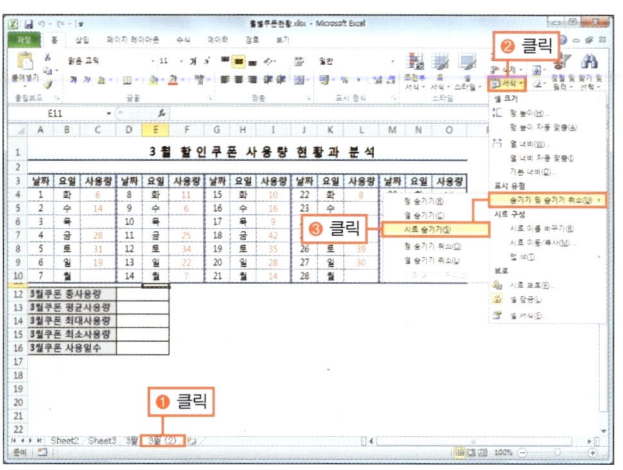

05 시트 숨기기 취소하기

'3월 (2)' 시트가 화면에서 숨겨집니다. ❶'3월' 시트 탭을 마우스 오른쪽 버튼으로 클릭하고 ❷[숨기기 취소]를 선택합니다.

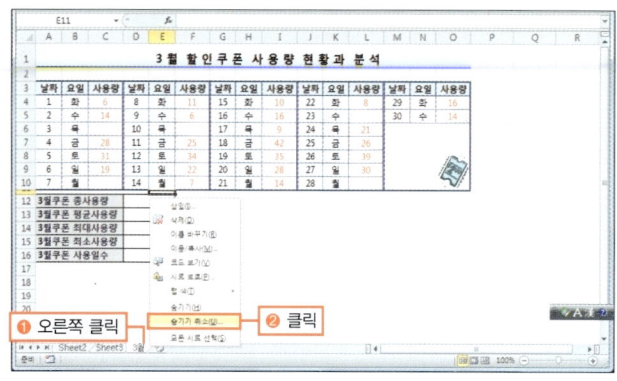

> **참고**
>
> [숨기기 취소]를 실행할 때는 현재 통합 문서 내의 어떠한 시트가 선택되어 있더라도 상관 없습니다.

06 시트 숨기기 취소하기

❶[숨기기 취소] 대화상자의 [시트 숨기기 취소]에서 '3월 (2)' 시트를 선택하고 ❷[확인]을 클릭합니다.

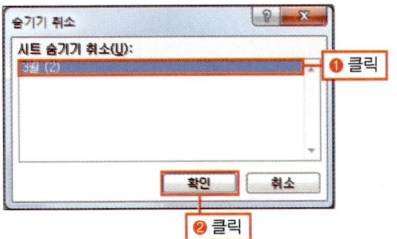

07 시트 확인하기

숨겨졌던 시트가 다시 화면에 나타납니다.

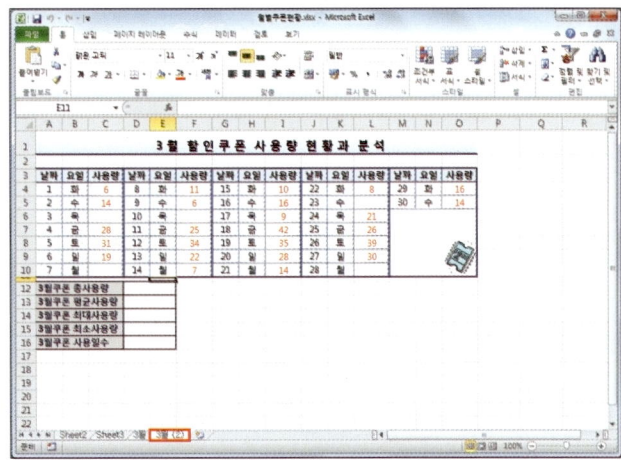

┌ 참고 ● 시트 탭 색상 변경하기 ──────

특정 시트 탭에 색상을 지정하여 다른 시트와의 구별을 용이하게 할 수 있습니다. 시트 탭을 마우스 오른쪽 버튼으로 클릭하고 [탭 색]에서 색상을 선택하거나 [홈] 탭의 [셀] 그룹에서 [서식]-[탭 색]을 클릭하고 색상을 선택하면 됩니다.

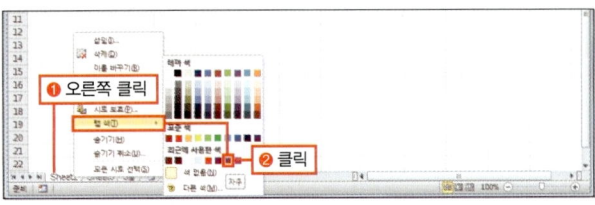

▲ 탭 색을 [자주]로 설정합니다.

▲ 지정한 색이 탭에 표시됩니다.

확인실습

❶ 각 워크시트의 이름과 탭 색을 지정한 후 필요한 워크시트를 추가하거나 이동 및 복사하여 그림과 같이 지정해 보세요.

◎ 완료 파일 : 1장\시트관리.xlsx

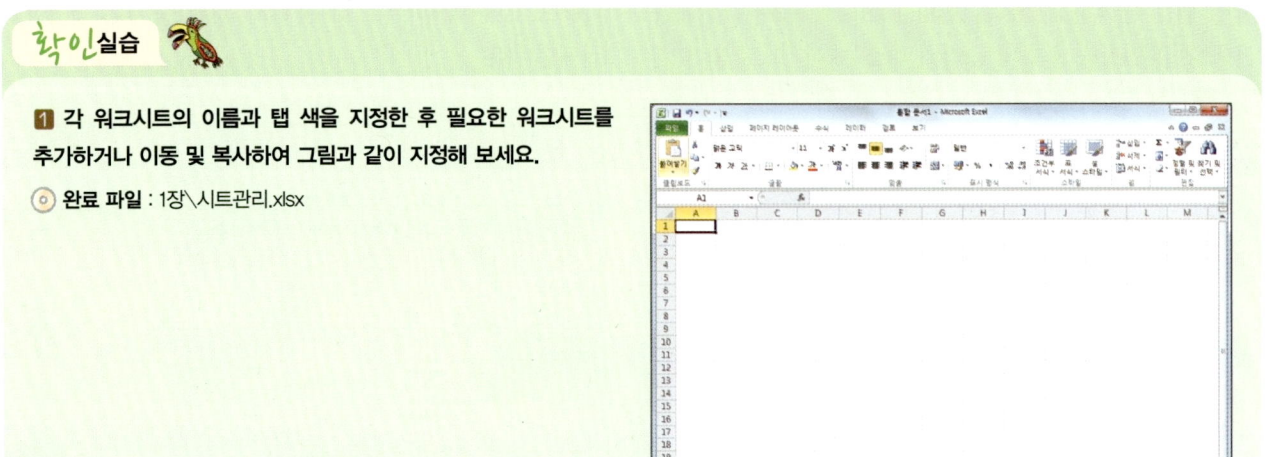

1 시작 파일을 불러와 'Sheet1' 시트를 2개 복사한 후 세 시트의 이름과 탭 색을 변경합니다. 나머지 시트는 모두 삭제하고 다른 이름으로 저장해 보세요.

◎ **시작 파일** : 1장\신청자현황.xlsx
◎ **완료 파일** : 1장\신청자현황_완료.xlsx
◎ **해설 파일** : 해설파일\1장\신청자현황.pdf

Before

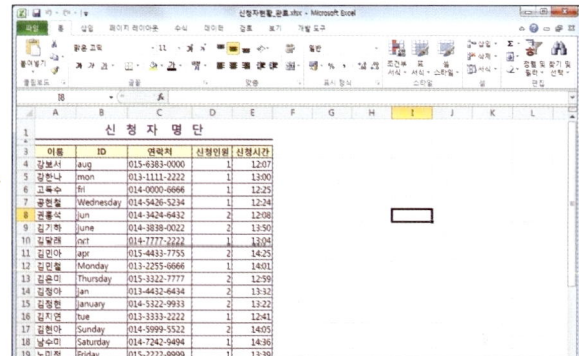

After

❶'Sheet1' 시트를 마우스를 이용하여 바로 옆으로 복사 ❷복사된 시트를 [시트 이동/복사] 명령을 이용해 다시 바로 옆으로 복사 ❸세 시트의 이름을 각각 변경하고 [탭 색] 명령을 이용해 색상 지정 ❹필요없는 기존의 시트를 한꺼번에 선택하고 [삭제] 명령 실행 ❺[다른 이름으로 저장] 명령 실행하여 '신청자현황_완료.xlsx'로 이름 바꿔 저장

2 시작 파일을 불러와 'Sheet1' 시트를 새 통합 문서로 복사한 후, 복사한 문서의 데이터가 한 화면에 모두 보이게 화면 배율을 조정한 후 저장해 보세요.

◎ **시작 파일** : 1장\달력.xlsx
◎ **완료 파일** : 1장\10월달력.xlsx
◎ **해설 파일** : 해설파일\1장\달력.pdf

Before

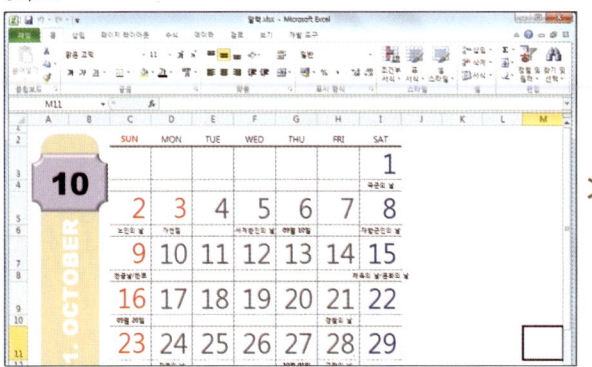

After

❶'Sheet1' 시트를 선택하고 [이동/복사] 명령 실행 ❷[이동/복사] 대화상자에서 새 통합 문서에 복사하도록 설정 ❸복사한 시트를 [확대/축소] 명령을 이용하여 한 화면에 모든 데이터가 보이게 배율 조정 ❹[다른 이름으로 저장] 대화상자를 불러와 '10월달력'으로 저장

PART 02

데이터 입력과
편집에 관한 모든 것

문서 작업은 필요한 데이터를 입력하는 것에서부터 시작합니다. PART 2에서는 엑셀에서 사용할 수

있는 각종 데이터를 입력하는 방법을 먼저 알아보고, 수많은 데이터의 입력을 편리하게 도와주는

자동화 기능, 입력한 데이터의 기본 편집 방법, 데이터 입력의 공간이 되는 셀·행·열을 다루는

방법까지 함께 살펴보겠습니다.

EXCEL 2010

SECTION

01

기본 데이터 입력하고 수정, 삭제 방법 살펴보기

엑셀에서는 문자, 숫자, 수식, 날짜 및 시간, 기호, 한자 등의 데이터를 자유롭게 사용하여 문서를 제작할 수 있습니다. 각 데이터가 가지고 있는 특성을 이해하고 엑셀 문서에 입력하는 방법을 알아봅니다.

다루는 내용

- 문자, 숫자, 수식, 날짜 데이터 입력하기
- 기호, 한자 입력하기
- 데이터 수정, 삭제하기
- 데이터 맞게 셀 너비 조정하기

기능 정리

엑셀에서 사용할 수 있는 데이터의 종류 비교해 보기

엑셀에 입력하는 데이터는 크게 숫자 데이터와 문자 데이터로 나눕니다. 숫자 데이터는 숫자, 날짜, 시간과 같이 계산할 수 있는 것이며 나머지는 모두 문자 데이터입니다. 각종 계산이나 데이터 작업에서 모든 데이터는 각자의 성격에 따라 처리되므로 두 데이터를 잘 구분해서 사용해야 합니다.

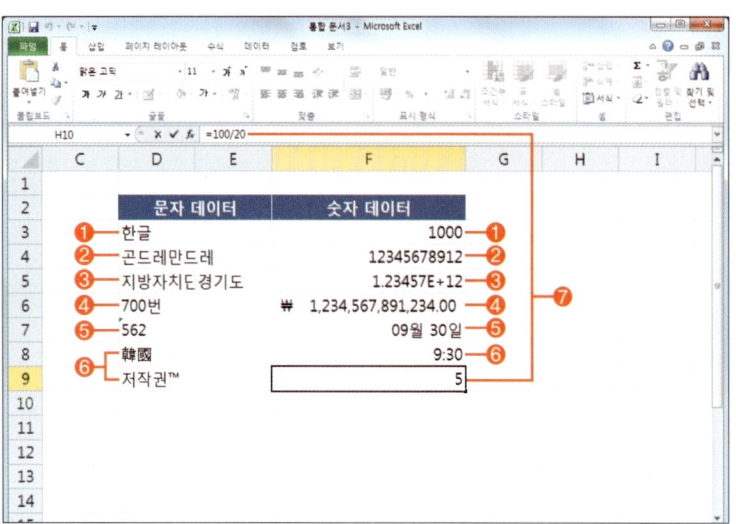

● **문자 데이터**

❶ 문자 데이터는 왼쪽 정렬됩니다.

❷ 오른쪽 옆 셀이 비어 있으면 문자 데이터가 열 너비보다 길어도 모두 표시됩니다.

❸ 오른쪽 옆 셀이 비어 있지 않으면 열 너비만큼만 표시됩니다. 열 너비는 임의로 조절할 수 있습니다.

❹ 숫자+문자는 문자 데이터로 처리합니다.

❺ 숫자 앞에 어포스트로피(')를 함께 입력하면 문자 데이터로 처리합니다.

❻ 한자와 기호도 모두 문자 데이터입니다.

● **숫자 데이터**

❶ 숫자 데이터는 오른쪽 정렬됩니다.

❷ 숫자 데이터는 11자리까지만 셀에 입력한 대로 표시됩니다.

❸ 숫자 데이터가 12자리 이상이면 지수 형태로 표시됩니다.

❹ 숫자 데이터에 쉼표나 통화 기호와 같은 서식을 적용하면 12자리 이상이어도 모두 표시됩니다.

❺ 슬래시(/)나 대시(-)로 숫자를 구분하여 입력하면 날짜로 처리합니다.

❻ 콜론(:)으로 숫자를 구분하여 입력하면 시간으로 처리합니다.

❼ 등호(=)와 사칙연산 기호를 사용하여 수식을 입력할 수 있습니다. 셀에는 결과만 표시되고 수식은 수식 입력줄에서 확인할 수 있습니다.

간단퀴즈

1 문자 데이터와 숫자 데이터를 입력 시 정렬 방향은 어떻게 다릅니까?

2 날짜 데이터를 입력하려면 어떤 기호를 사용합니까?

답 : 문자 데이터는 왼쪽 정렬되고 숫자 데이터는 오른쪽 정렬, 슬래시(/) 또는 대시(-)

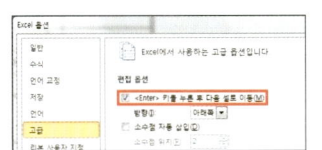
데이터 입력의 기본 이해하기

문자 데이터를 입력해 보며 데이터 입력, 수정, 삭제 방법을 알아보겠습니다. 또한, 데이터의 길이에 맞게 셀 너비를 맞추는 방법도 살펴보겠습니다.

◎ **시작 파일** : 2장\거래명세서.xlsx

01 문자 데이터 입력하기

❶데이터를 입력할 B8셀을 클릭합니다. ❷'표지 디자인'이라고 입력하고 ❸ Enter 를 누르면 셀 포인터가 아래 셀로 이동합니다.

┌─ **참고** ●
│ 데이터 입력 후 Tab 을 누르면 오른쪽 셀로 이동합니다.
└──────────

┌─ **참고** ●
│ 셀의 이동 방향은 [Excel 옵션] 대화상자의 [고급]-〈Enter〉 키를 누른 후 다음 셀로 이동]에서 설정할 수 있습니다.
└──────────

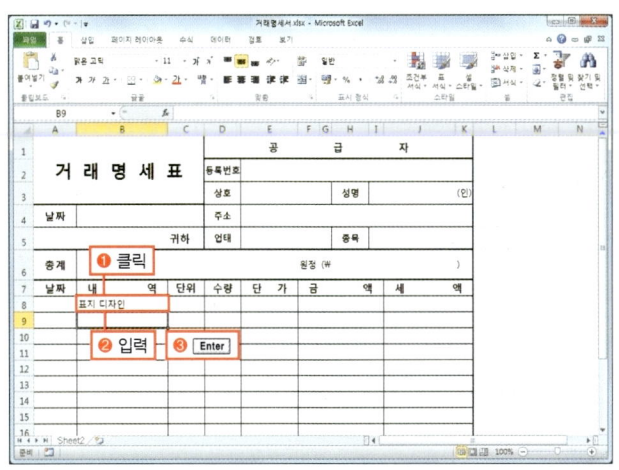

02 문자와 숫자 데이터 입력하기

❶B9셀 ~ C10셀에 다음과 같이 문자 데이터를 입력합니다.
❷D8~E10셀에는 다음과 같이 숫자 데이터를 입력합니다.

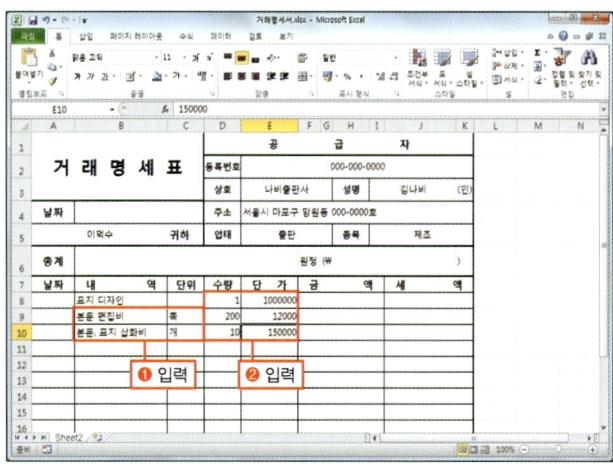

03 데이터 삭제하기

❶B10:E10셀을 드래그하여 선택하고 ❷Delete를 눌러
삭제합니다.

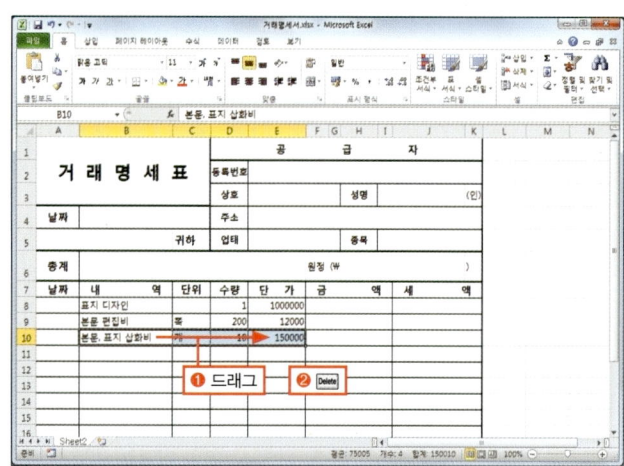

04 데이터 수정하기

❶B8셀을 선택하고 ❷F2를 눌러 데이터 수정 상태가 되면
❸'비'를 추가로 입력한 후 ❹Enter를 누릅니다.

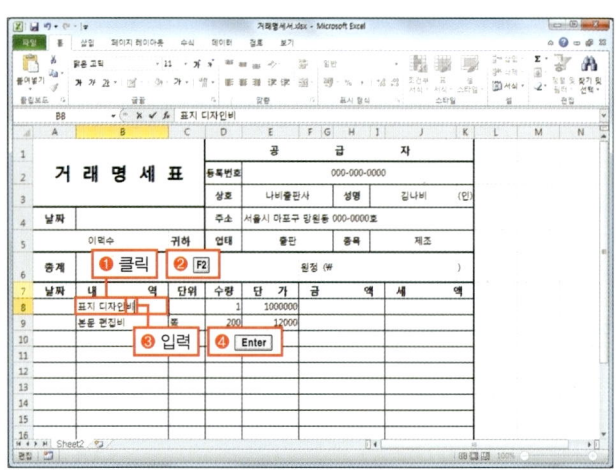

> **참고**
>
> 셀을 더블클릭해도 커서가 활성화됩니다. F2를 누르면 데이터의
> 마지막 부분에 커서가 나타나고 셀을 더블클릭하면 마우스 포인터의
> 위치에 커서가 나타납니다. 또는 수식 입력줄에서 데이터를 수정해도
> 됩니다.

> **참고**
>
> 기존 데이터를 삭제하고 다시 쓰려면 셀이 선택된 상태에서 그냥
> 다시 입력하면 됩니다.

05 줄 바꿔 입력하기

❶C22셀의 '금'의 뒤에서 더블클릭합니다. ❷Alt+Enter를
눌러 줄을 바꾼 후 ❸'(전잔금)'이라고 입력합니다.

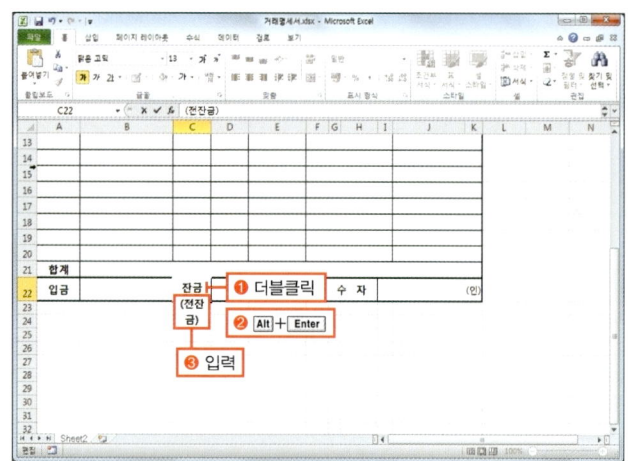

> **참고**
>
> [홈] 탭의 [맞춤] 그룹에 [텍스트 줄 바꿈]()이 활성화되어 있으면
> 긴 텍스트를 입력할 때 자동으로 열 너비에 맞춰 데이터가 다음
> 줄로 넘어갑니다. 줄 바꿀 위치를 지정해야 할 때는 해당 위치에서
> Alt+Enter를 누릅니다.

06 데이터 크기에 맞춰 셀 크기 조절하기

❶22행과 23행 머리글 경계선을 더블클릭하면 데이터 크기에 맞춰 행 너비가 늘어납니다. ❷C열과 D열 머리글 경계선을 클릭하고 오른쪽으로 적당히 드래그하여 데이터가 모두 보이게 조절합니다.

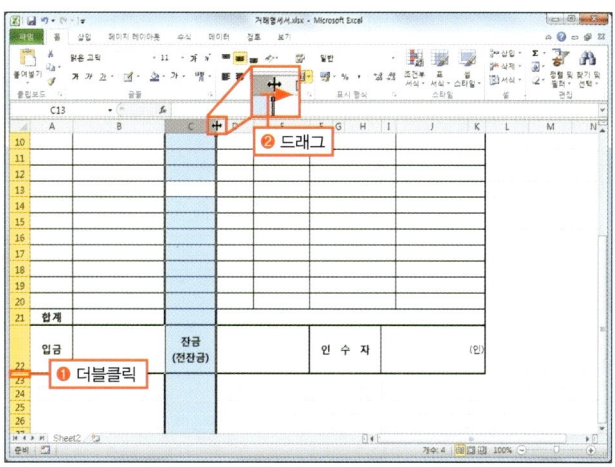

실습 과정

날짜와 수식 입력하기

엑셀에서 날짜나 시간, 수식을 입력하려면 특정 기호를 함께 사용해야 합니다. 날짜와 수식을 입력하는 방법에 대해서 살펴보겠습니다.

◉ **시작 파일** : 앞의 파일에 이어서 진행합니다.
◉ **완료 파일** : 2장\거래명세서_완료.xlsx

---

01 날짜 입력하기

❶A8셀에 '6-1'이라고 입력하고 ❷ Enter 를 누릅니다.
❸A9셀에는 '6/3'이라고 입력하고 ❹ Enter 를 누릅니다.

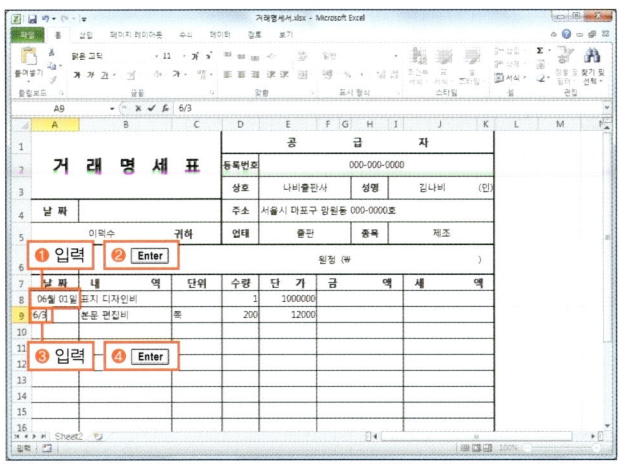

> **참고**
> '/'나 '−'로 숫자를 구분하면 날짜가 입력되고 콜론(:)으로 숫자를 구분하면 시간이 입력됩니다.

02 오늘 날짜 자동 입력하기

❶B4셀을 선택하고 ❷Ctrl+:를 누르면 오늘 날짜가 자동으로 입력됩니다.

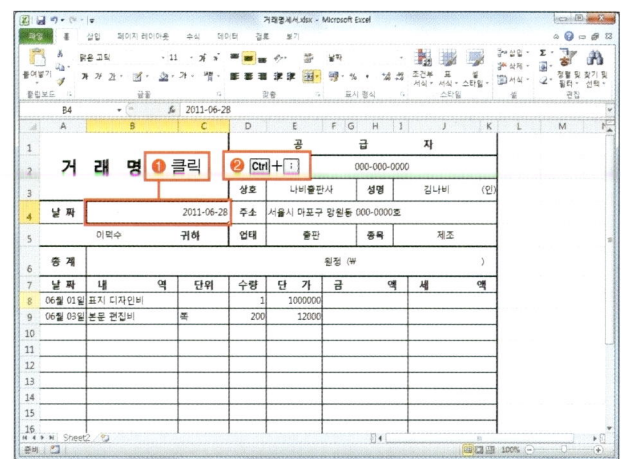

> **참고**
> Ctrl + Shift + : 를 누르면 현재 시간이 자동으로 입력됩니다.

03 셀 이용하여 수식 입력하기

❶F8셀에 '='를 입력하고 ❷D8셀을 클릭합니다. ❸'*'를 입력하고 ❹E8셀을 클릭한 후 ❺ Enter 를 누르면 두 셀의 값을 곱한 결과 값이 구해집니다.

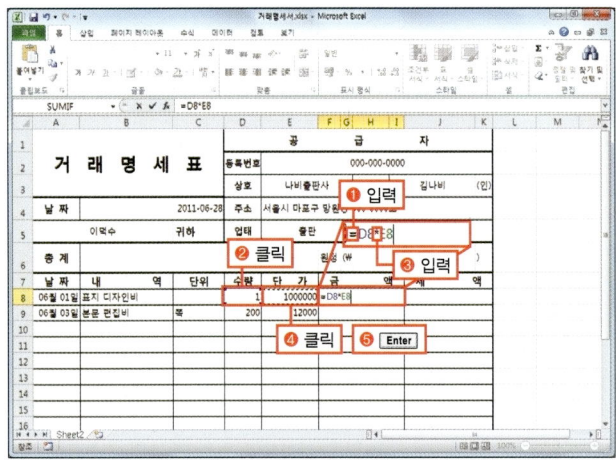

> **참고 ·**
> 수식은 항상 등호(=)를 먼저 입력해야 합니다.

04 수식 직접 입력하기

❶F9셀에는 '=200*12000'을 직접 입력하고 ❷ Enter 를 누릅니다.

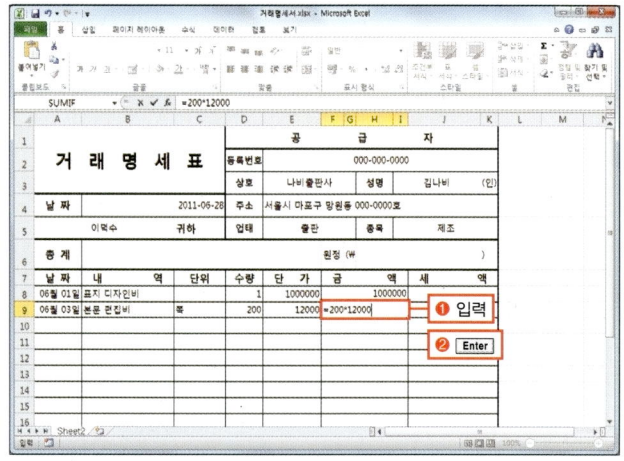

> **참고 ·**
> 수식 표시줄에서 입력한 수식을 확인할 수 있습니다.

실습 과정

기호와 한자 입력하기

기호나 특수 문자, 한자를 문서에 입력하는 방법을 알아보겠습니다.

◉ **시작 파일** : 앞의 파일에 이어서 진행합니다.
◉ **완료 파일** : 2장\거래명세서_2_완료.xlsx

01 기호 불러오기

❶E3셀의 문자 앞을 더블클릭하고 ❷'ㅁ'을 입력한 후 ❸키보드의 [한자]를 누릅니다. ❹기호 목록이 나타나면 [보기 변경](»)을 클릭합니다.

> **참고 ·**
> 자음 키를 입력하고 [한자]를 누르면 다양한 기호 및 문자를 입력할 수 있습니다. 'ㅁ'은 일반적으로 가장 자주 사용하는 특수 기호 집합을 제공합니다.

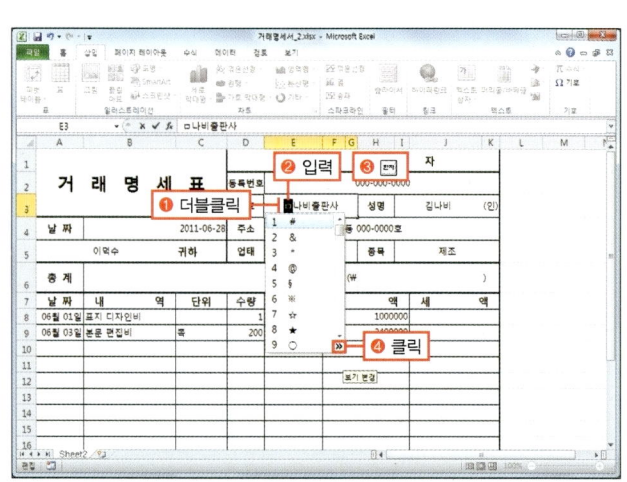

02 삽입할 기호 선택하기

기호 목록이 펼쳐지면 ❶'㈜'를 클릭하여 삽입합니다.

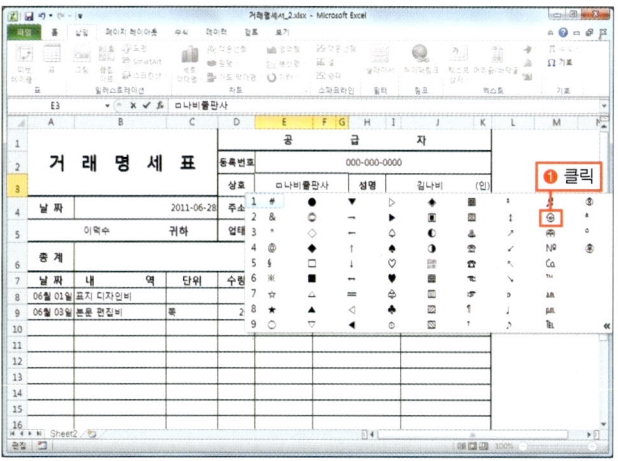

03 한자 삽입하기

❶A21셀의 '합계'를 드래그하여 선택하고 ❷[검토] 탭의 ❸[언어] 그룹에서 [한글/한자 변환]을 클릭합니다. ❹대화상자가 나타나면 [한자 선택]에서 '合計'를 선택하고 ❺[변환]을 클릭합니다.

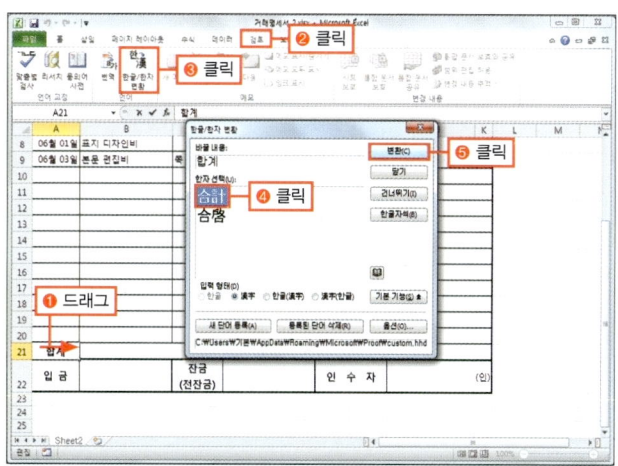

참고

엑셀에 등록된 단어가 아닐 때는 오른쪽의 [한글자씩]을 이용하여 직접 한자를 선택합니다. 이때 변환한 한자어를 다시 사용하려면 [새 단어 등록]을 이용하여 엑셀에 등록해놓는 것이 편리합니다.

참고 • [기호] 대화상자 이용하여 기호 삽입하기

[삽입] 탭의 [기호] 그룹에서 [기호]를 선택하면 더 많은 기호와 특수 문자를 삽입할 수 있는 [기호] 대화상자가 나타납니다. [글꼴]과 [하위 집합] 항목을 적절히 선택하여 원하는 문자를 선택하고 [삽입]을 클릭하면 됩니다.

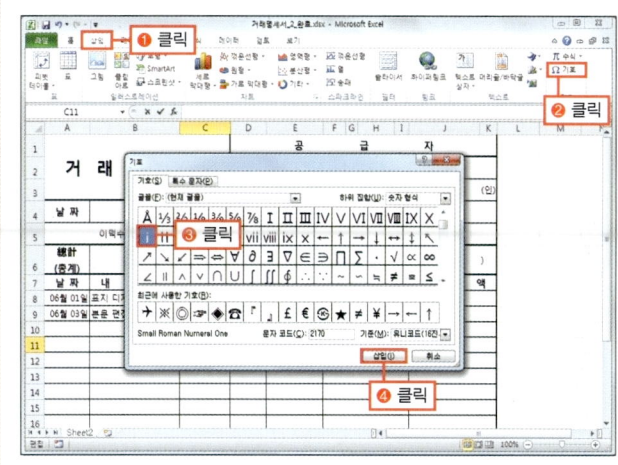

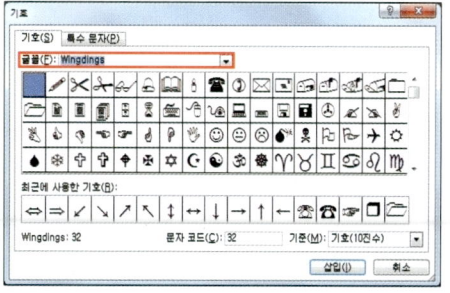

▲ [글꼴]에 따라 다양한 기호를 사용할 수 있습니다.

04 한글을 포함한 형태로 한자 삽입하기

❶A6셀의 '총계'를 드래그하여 선택하고 ❷키보드의 [한자]를 누릅니다. [한글/한자 변환] 대화상자의 한자가 선택되어 있습니다. ❸[입력 형태]에서 [漢字(한글)]을 클릭한 후 ❹[변환]을 누릅니다.

05 텍스트 줄 바꾸기

❶'(총계)' 앞에 커서를 놓고 ❷[Alt]+[Enter]를 눌러 줄을 바꿉니다.

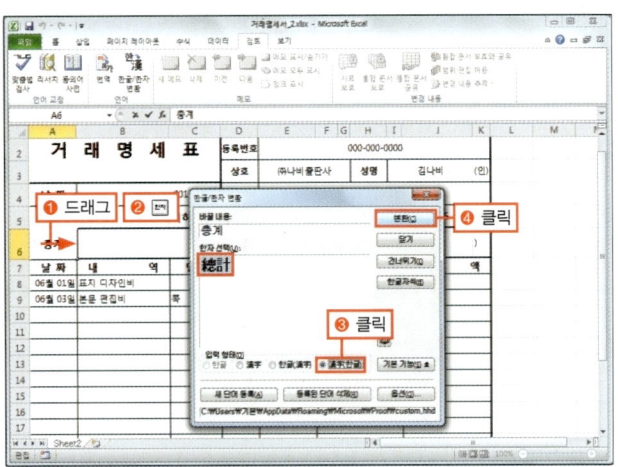

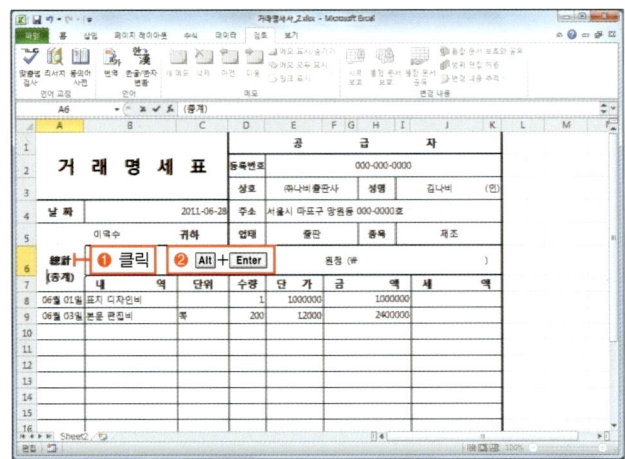

06 셀 크기 조절하기

❶A열의 너비를 적당히 늘려 A6셀의 내용이 다 보이게 조절하여 완성합니다.

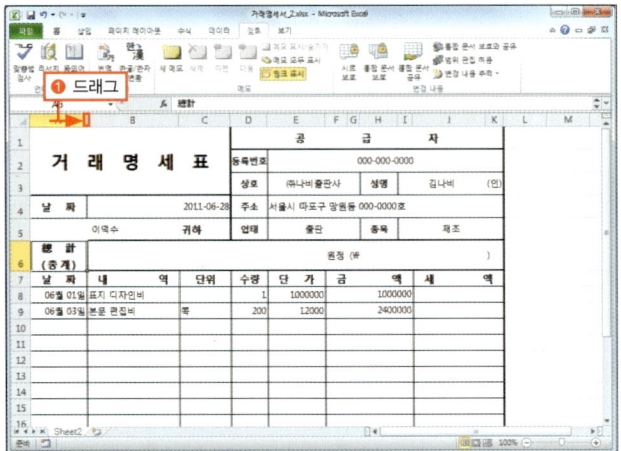

확인실습

1 문자, 숫자, 한자, 기호, 수식 등을 입력하여 그림과 같이 데이터를 입력한 후 적당하게 줄을 바꾸고 열 너비를 조절하세요.

◎ **시작 파일** : 2장\방학특강일본어.xlsx
◎ **완료 파일** : 2장\방학특강일본어_완료.xlsx

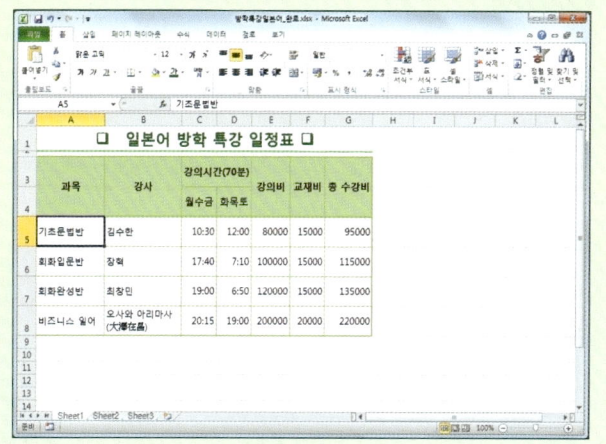

□ 일본어 방학 특강 일정표 □

| 과목 | 강사 | 강의시간(70분) | | 강의비 | 교재비 | 총 수강비 |
		월수금	화목토			
기초문법반	김수한	10:30	12:00	80000	15000	95000
회화입문반	장혁	17:40	7:10	100000	15000	115000
회화완성반	최창민	19:00	6:50	120000	15000	135000
비즈니스 일어	오사와 아리마사 (大澤在昌)	20:15	19:00	200000	20000	220000

문서에 메모 삽입하기

메모는 특정 데이터나 셀에 대해 부가 설명이 필요할 때 사용할 수 있는 기능으로 기본적으로는 화면에 표시되지도 않고 인쇄되지도 않습니다. 메모를 삽입하고 편집하는 방법을 알아보겠습니다.

◎ **시작 파일** : 2장\공예초중급반일정(6월).xlsx
◎ **완료 파일** : 2장\공예초중급반일정(6월)_완료.xlsx

1 메모 삽입하기

❶G4셀을 선택하고 ❷[검토] 탭의 ❸[메모] 그룹에서 [새 메모]를 클릭합니다.

2 메모 내용 입력하고 서식 실행하기

❶'기본:'을 지우고 '초급반은 재료비 포함'이라고 입력합니다.
❷메모의 테두리 부분을 클릭하고 마우스 오른쪽 버튼을 눌러 ❸[메모 서식]을 선택합니다.

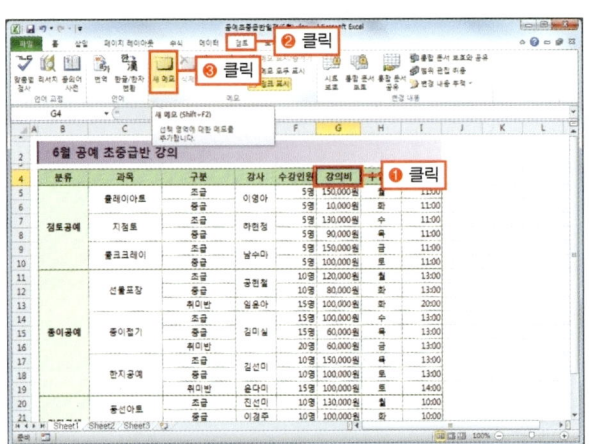

> **참고**
> G4셀에서 마우스 오른쪽 버튼을 클릭하고 [메모 삽입]을 선택해도 됩니다.

> **참고**
> 리본 메뉴에서 [메모 편집]을 선택해도 됩니다.

3 메모 서식 설정하기

[메모 서식] 대화상자에서 ❶[글꼴]은 [맑은 고딕(제목)], ❷[글꼴 스타일]은 [굵게], ❸[크기]는 '10', ❹[색]은 [보라]로 설정하고 ❺[확인]을 클릭합니다.

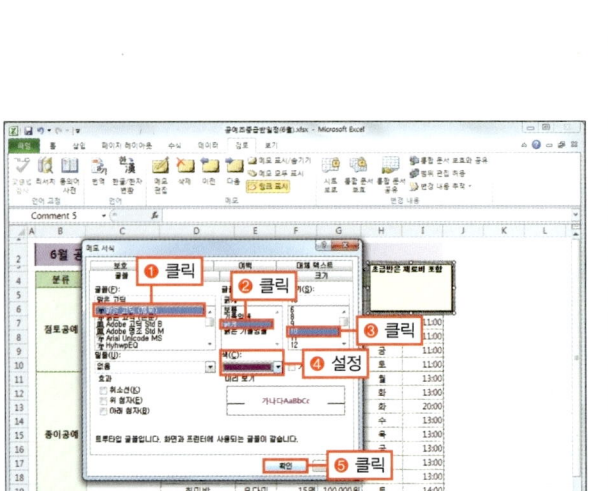

4 메모 크기 조절하기

❶메모 테두리의 오른쪽 아래 크기 조절점을 클릭한 채 텍스트 길이에 맞춰 안쪽으로 드래그합니다.

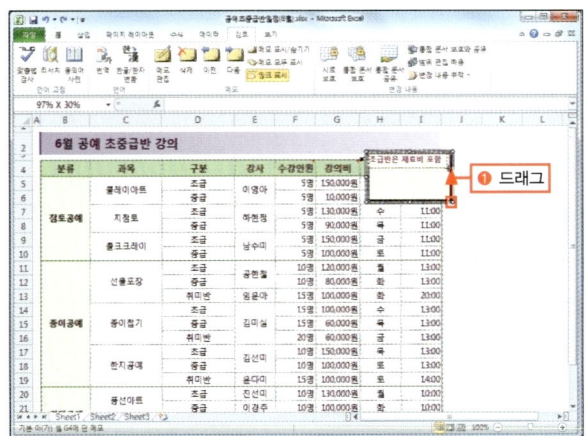

참고

메모가 삽입된 셀의 오른쪽 위에는 빨간 삼각형이 표시됩니다. 해당 셀에 마우스 포인터를 가져가면 메모가 표시됩니다.

5 메모 화면에 표시하기

❶리본 메뉴에서 [메모 모두 표시]를 클릭하면 문서에 삽입된 메모가 모두 표시됩니다. ❷각 메모의 테두리를 클릭하고 보기 좋은 위치로 드래그하여 이동합니다.

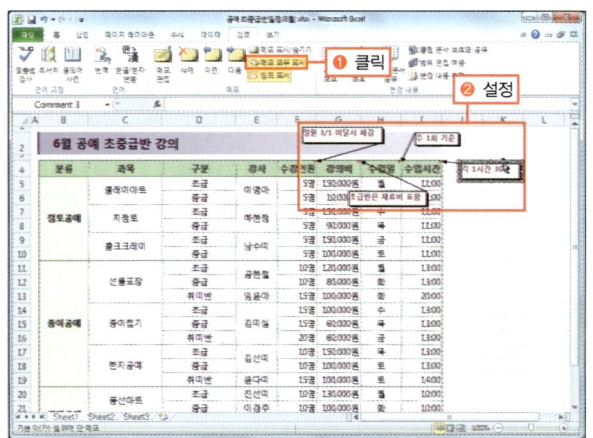

참고 • 리본 메뉴의 [메모] 그룹 살펴보기

메모를 삽입하기 전과 후의 리본 메뉴에서의 모습은 다음과 같이 달라집니다.

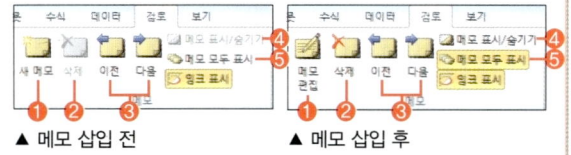

▲ 메모 삽입 전   ▲ 메모 삽입 후

❶ **새 메모/메모 편집** : 새 메모를 삽입하거나 삽입한 메모를 편집합니다.
❷ **삭제** : 삽입한 메모를 삭제합니다. 메모가 삽입된 셀에서 마우스 오른쪽 버튼을 클릭하고 [메모 삭제]를 선택해도 됩니다.
❸ **이전/다음** : 2개 이상의 메모가 삽입된 문서에서 이전 메모나 다음 메모를 표시합니다.
❹ **메모 표시/숨기기** : 특정 셀의 메모를 표시하거나 숨깁니다.
❺ **메모 모두 표시** : 문서에 삽입된 모든 메모를 표시합니다.

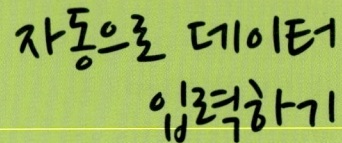

SECTION 02

자동으로 데이터 입력하기

엑셀의 '자동 채우기' 기능을 이용하면 양이 많거나 반복되는 데이터 및 수식 또는 일정한 규칙에 의해 변화하는 데이터를 손쉽게 입력할 수 있습니다. 자동으로 데이터를 입력할 수 있는 다양한 방법에 대해 알아보겠습니다.

다루는 내용

- 자동 채우기 이해하기
- 채우기 핸들 사용하기
- 사용자 지정 목록 만들기

기능 정리

셀을 복사하여 자동 입력을 도와주는 채우기 핸들

셀을 선택하면 오른쪽 아래 모서리에 '채우기 핸들'이라고 하는 작은 사각형이 표시됩니다. 이곳에 마우스 포인터를 가져가면 십자 표시로 변하는데, 이 상태에서 상하좌우 채울 방향으로 드래그하면 데이터가 복사되면서 일정한 규칙으로 셀을 채울 수 있습니다.

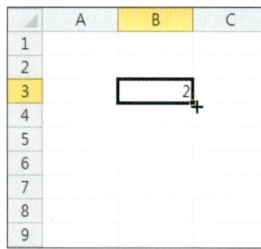

▲ 채우기 핸들 클릭

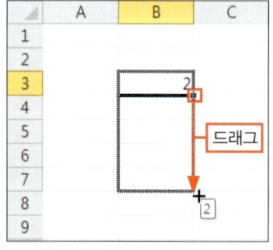

▲ 셀 복사할 방향으로 드래그

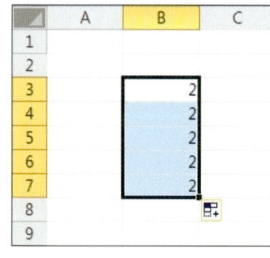

▲ 셀 복사

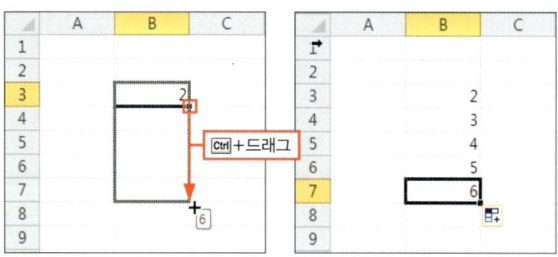

▲ Ctrl을 누른 채 채우기 핸들을 드래그 하면 숫자 데이터가 '1'씩 증가

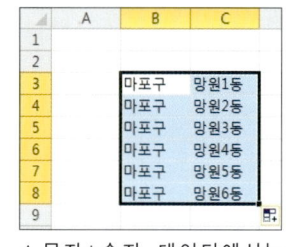

▲ 문자＋숫자 데이터에서는 숫자만 '1'씩 증가

▲ 자동 채우기 실행하면 마지막 셀의 오른쪽 아래에 [자동 채우기 옵션]( )이 나타나 데이터 성격에 따른 다양한 채우기 방식을 설정할 수 있습니다.

1 셀을 선택하면 오른쪽 아래 나타나는 기호로, 셀 복사에 필요한 이것은 무엇입니까?

2 숫자 데이터를 1씩 증가되게 입력하려면 어떤 기능키를 이용합니까?

📖 : 채우기 핸들, Ctrl

실습 과정

자동 채우기 옵션을 이용하여 다양한 자동 채우기

데이터의 성격에 따라 달라지는 자동 채우기 옵션을 이용하면 일정한 규칙에 맞게 데이터를 쉽게 채울 수 있습니다.

◎ **시작 파일** : 2장\자동채우기.xlsx
◎ **완료 파일** : 2장\자동채우기_완료.xlsx

---

01 채우기 핸들 드래그하기

❶B3:C3셀을 선택하고 ❷C3셀의 채우기 핸들을 C14셀까지 드래그합니다.

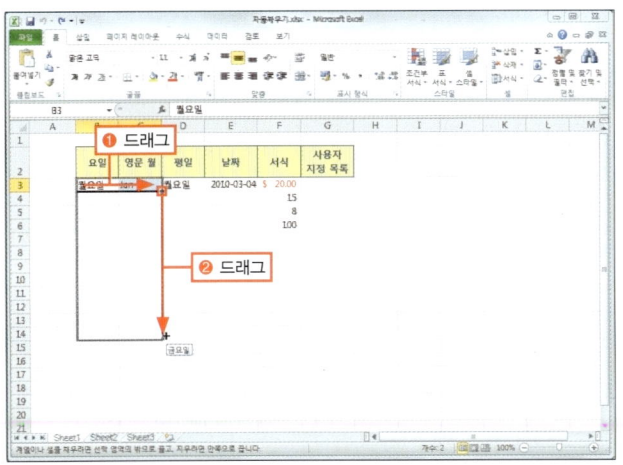

02 채우기 확인하기

B3셀의 요일과 C3셀의 영문 월을 인식하여 자동으로 범위 내에 연속된 데이터가 입력됩니다.

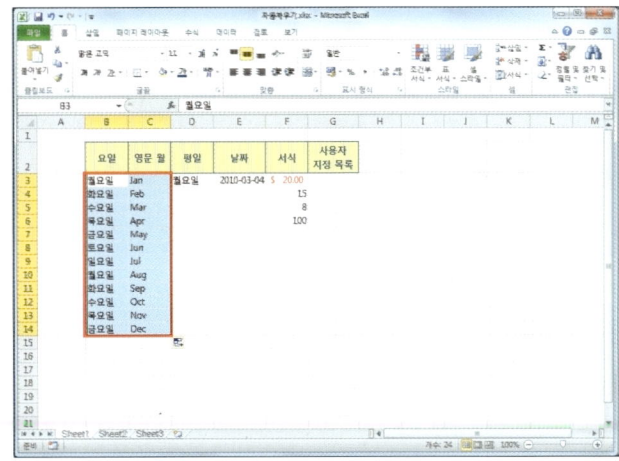

참고

요일, 월 등 자주 사용하는 데이터는 엑셀에서 자동으로 채우기를 실행합니다.

03 평일 단위로 요일 채우기

❶D3셀을 선택하고 ❷채우기 핸들을 더블클릭합니다.
❸[자동 채우기 옵션](🔳)을 클릭하고 ❹[평일 단위 채우기]
를 선택합니다.

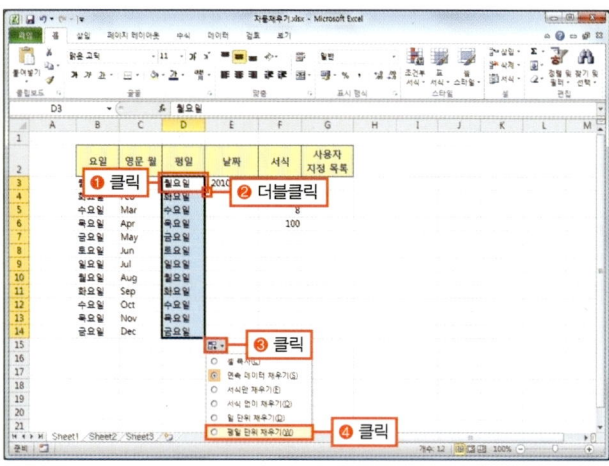

04 간격에 맞춰 날짜 채우기

❶E4셀에 '2010-4-4'를 입력하고 ❷E3:E4셀을 선택합니다.
❸E5셀의 채우기 핸들을 E14셀까지 드래그하면 두 셀의
날짜 간격에 맞춰 나머지 셀을 자동 채우기 합니다.

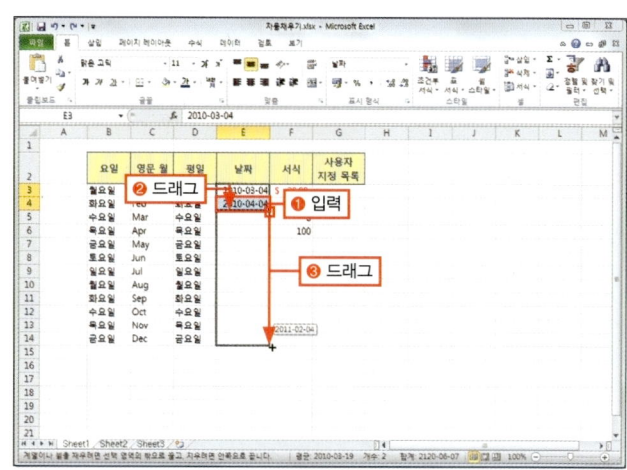

> **참고**
> 날짜 데이터를 자동 채우기 하면 기본적으로 하루씩 증가합니다.

05 서식만 채우기

❶F3셀을 선택하고 ❷채우기 핸들을 마우스 오른쪽
버튼으로 클릭한 채 F6셀까지 드래그합니다. ❸바로 가기
메뉴가 나타나면 [서식만 채우기]를 선택합니다.

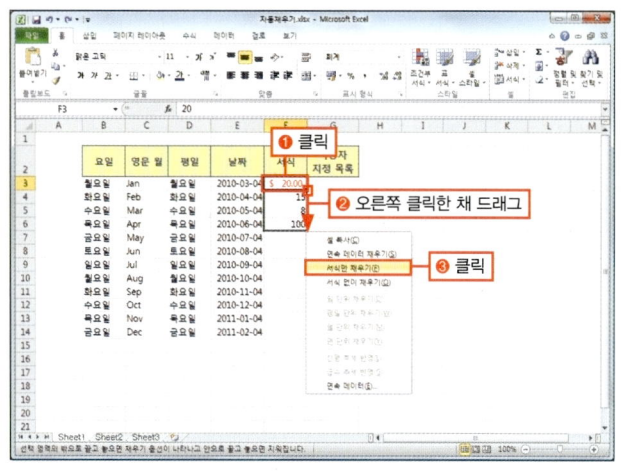

06 서식 채우기 확인하기

F3셀에 적용된 통화 기호, 글꼴 색 등의 서식만 나머지
셀에 적용됩니다.

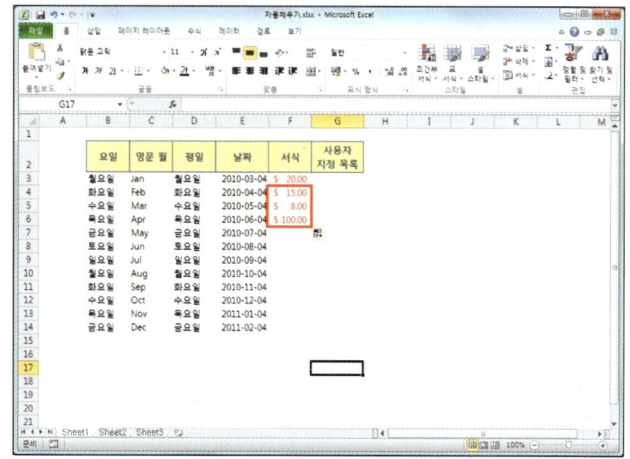

참고 • 떨어져 있는 셀에 같은 데이터 채우기

떨어져 있는 여러 셀 영역이 선택되어 있을 때 데이터를 입력하고 Ctrl + Enter 를 누르면 모든 선택 영역에 데이터가 복사됩니다.

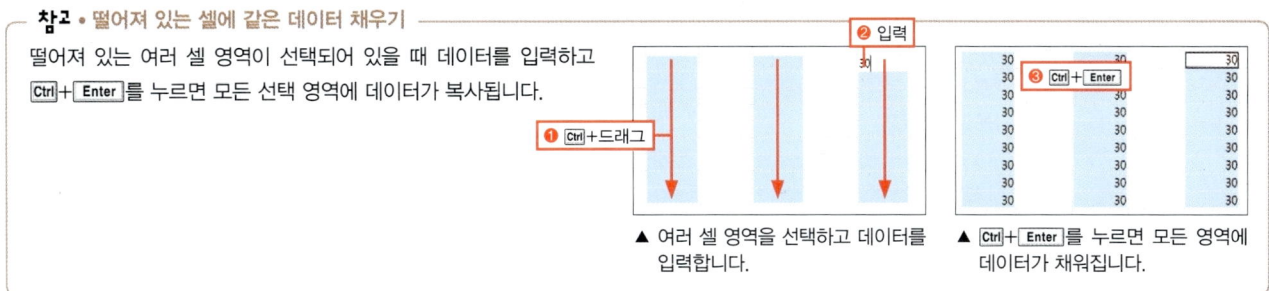

▲ 여러 셀 영역을 선택하고 데이터를 입력합니다.

▲ Ctrl + Enter 를 누르면 모든 영역에 데이터가 채워집니다.

참고 • [계열] 대화상자로 규칙을 가진 연속 데이터 입력하기

[계열] 대화상자를 이용하면 많은 양의 데이터나 일정한 규칙을 가진 데이터 등을 간단하게 자동 채우기 할 수 있습니다. 셀에 값을 입력하고 [홈] 탭의 [편집] 그룹에서 [채우기]()를 클릭하여 [계열]을 선택합니다. [연속 데이터] 대화상자에서 [방향]을 [행], [유형]은 [선형], [단계 값]은 '3', [종료 값]은 '40'을 입력하고 [확인]을 클릭합니다.

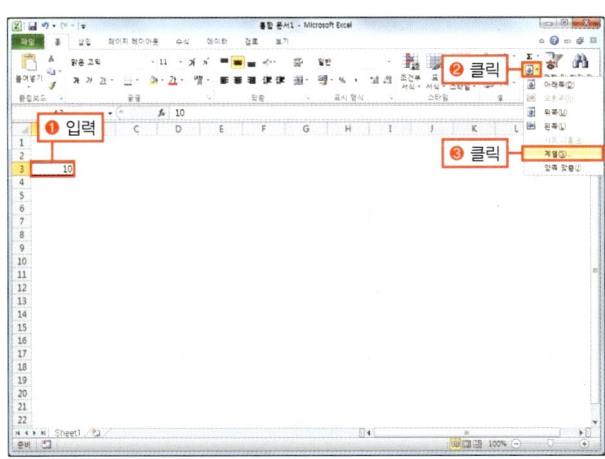

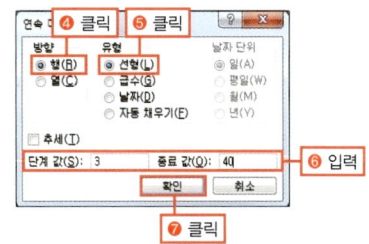

3씩 증가하며 40이 될 때까지 데이터가 행 방향으로 자동 입력됩니다.

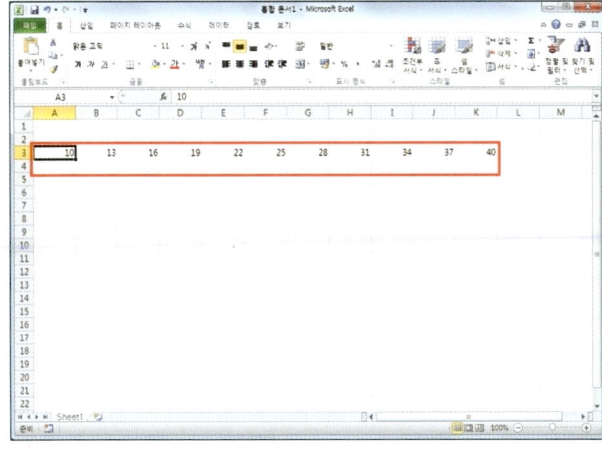

사용자 지정 목록으로 데이터 자동 채우기

엑셀에서 기본적으로 제공하는 채우기 목록 외에도 사용자가 자주 사용하는 목록 데이터가 있다면 등록해놓고 사용할 수 있습니다.

◉ **시작 파일** : 2장\자동채우기_2.xlsx, 지점별순이익추세.xlsx
◉ **완료 파일** : 2장\자동채우기_2_완료.xlsx

01 [Excel 옵션] 대화상자 열기

❶[파일] 탭의 ❷[옵션]을 클릭합니다.

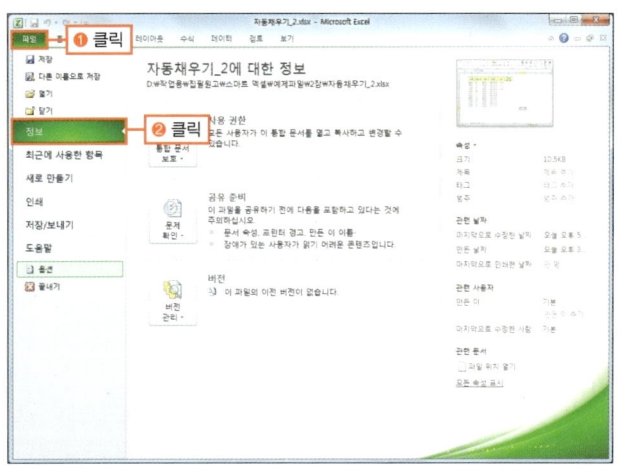

02 [사용자 지정 목록 편집] 실행하기

❶[Excel 옵션] 대화상자의 [고급]을 선택하고 ❷오른쪽 화면에서 [일반]-[사용자 지정 목록 편집]을 클릭합니다.

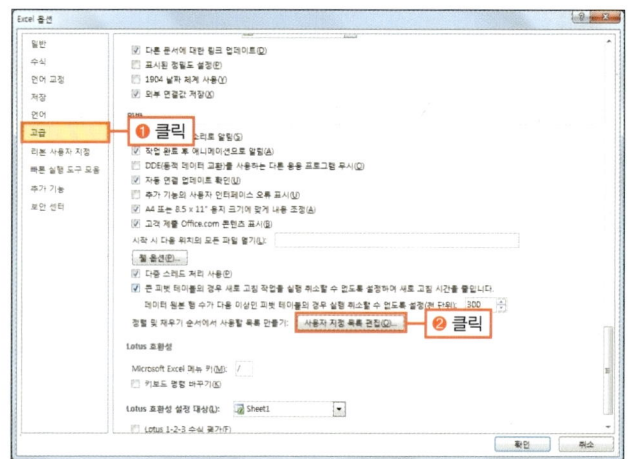

03 기존 범위에서 목록 가져오기

기존 데이터에서 목록을 가져오기 위해 ❶[목록 가져올 범위]에서 🔲을 클릭합니다.

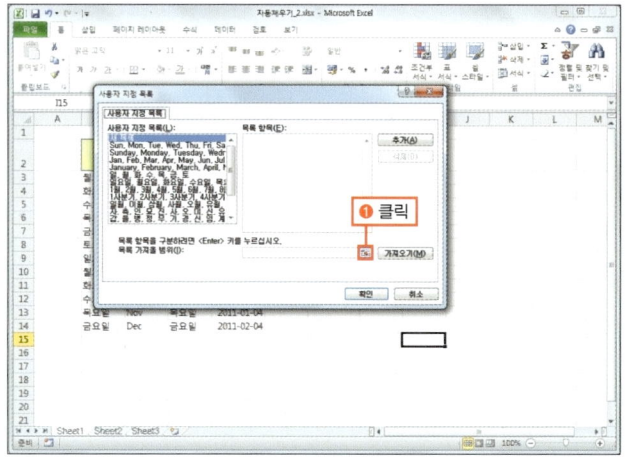

 참고

[목록 항목]에 직접 데이터를 입력하고 [추가]를 클릭해도 됩니다. 이때 데이터는 Enter 를 눌러 구분하여 입력합니다.

04 목록 지정하기

❶'지점별순이익추세.xlsx' 파일의 A4:A15셀을 선택하고
❷[사용자 지정 목록] 대화상자의 [아이콘]을 클릭합니다.

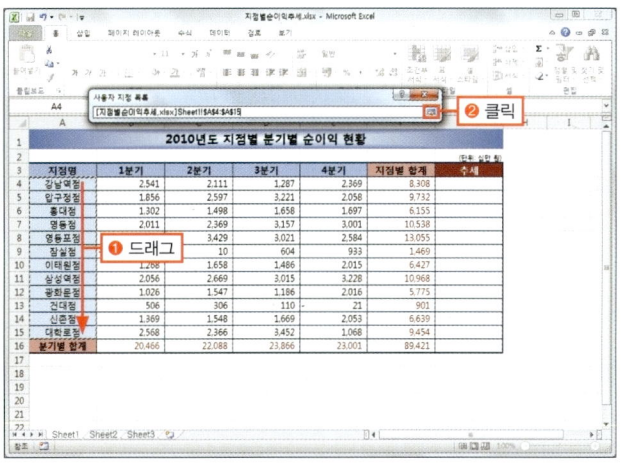

05 사용자 지정 목록에 추가하기

❶[가져오기]를 클릭하여 [사용자 지정 목록]에 추가합니다.
❷[확인]을 클릭한 후 ❸[Excel 옵션] 대화상자도 [확인]을
클릭하여 닫습니다.

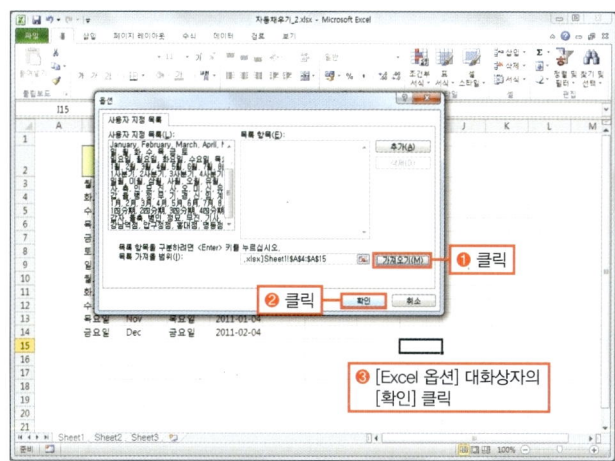

06 사용자 지정 목록으로 채우기

❶'자동채우기_2.xlsx' 파일의 G3셀에 '강남역점'을 입력
합니다. ❷G3셀의 채우기 핸들을 G14셀까지 드래그하면
앞서 목록으로 지정한 데이터가 자동으로 채워집니다.

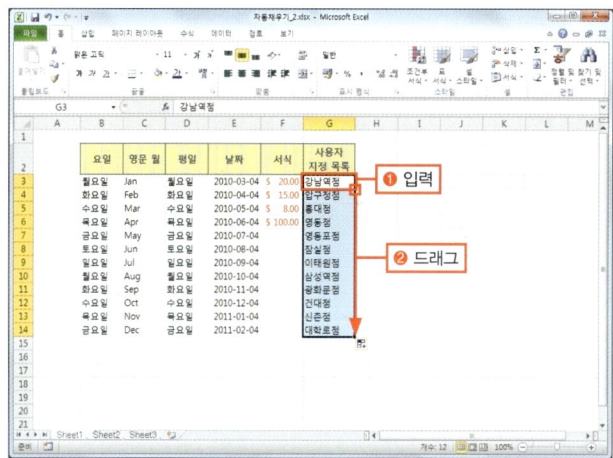

1 자동 채우기 기능을 이용하여 문자 데이터, 시간 데이터, 숫자 데이터 등을 다음과 같이 입력해 보세요.

◎ **시작 파일** : 2장\일본어기초문법반.xlsx
◎ **완료 파일** : 2장\일본어기초문법반_완료.xlsx

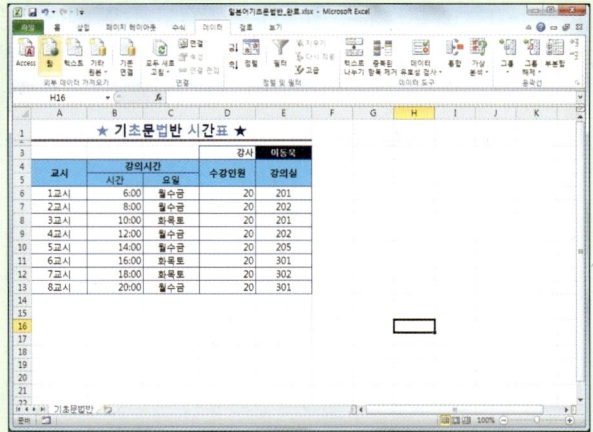

2 '수영장수강생현황.xlsx' 파일의 성명 목록을 사용자 지정 목록에 등록한 후 '수영장수강생현황_성명.xlsx' 파일의 성명 필드에 자동 입력해 보세요.

◎ **시작 파일** : 2장\수영장수강생현황.xlsx, 수영장수강생현황_성명.xlsx
◎ **완료 파일** : 2장\수영장수강생현황_성명_완료.xlsx

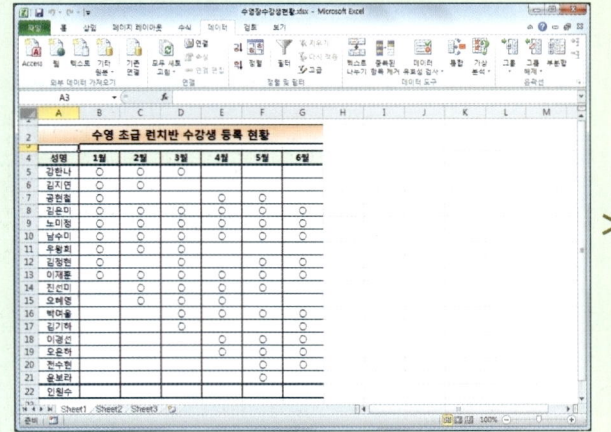

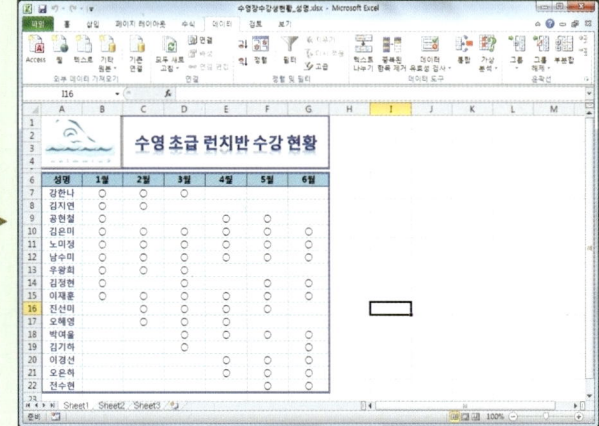

찾기/바꾸기와 맞춤법 검사 실행하기

문서에서 특정 텍스트를 찾거나 교체하는 방법과 맞춤법 검사를 실행하는 방법에 대해 살펴보겠습니다.

◉ **시작 파일** : 2장\공예초중급반일정(6월)_2.xlsx
◉ **완료 파일** : 2장\공예초중급반일정(6월)_2_완료.xlsx

1 [바꾸기] 명령 실행하기

❶B2셀을 선택하고 ❷[홈] 탭의 [편집] 그룹에서 [찾기 및 선택]을 클릭하여 ❸[바꾸기]를 선택합니다.

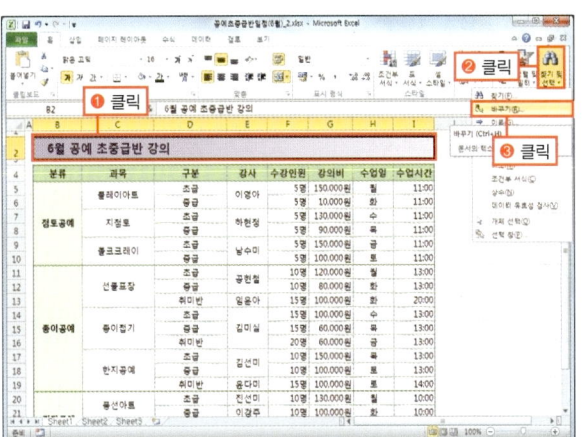

> **참고**
> [찾기]의 바로 가기 키는 Ctrl+F, [바꾸기]의 바로 가기 키는 Ctrl+H입니다.

2 텍스트 바꾸기

❶[찾기 및 바꾸기] 대화상자의 [바꾸기] 탭에서 [찾을 내용]에 '취미반'을, ❷[바꿀 내용]에 '고급'을 입력하고 ❸[모두 바꾸기]를 클릭합니다.

> **참고**
> [찾기 및 바꾸기] 대화상자에서 [옵션]을 클릭하면 검색 조건을 좀 더 세분화하여 설정할 수 있습니다.
>
>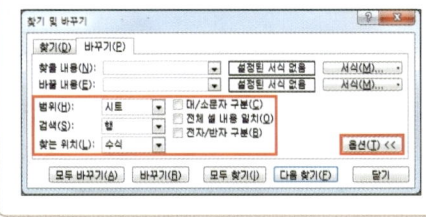

3 바꾸기 완료하기

바꾸기가 완료되었다는 대화상자가 나타나면 ❶[확인]을 클릭합니다. ❷[찾기 및 바꾸기] 대화상자도 [닫기]를 클릭하여 닫습니다.

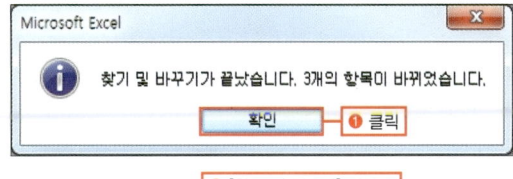

4 [맞춤법 검사] 명령 실행하기

❶[검토] 탭의 ❷[언어 교정] 그룹에서 [맞춤법 검사]를 클릭합니다.

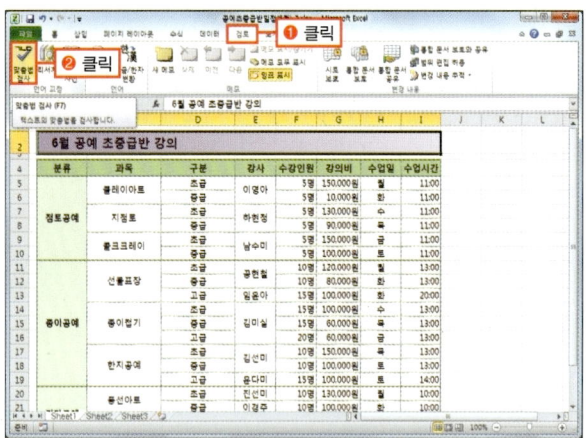

5 맞춤법 교정 건너뛰기

[맞춤법 검사] 대화상자의 [사전에 없는 단어]에 제일 먼저 '초중급반'이 표시되면 ❶[한 번 건너뛰기]를 클릭합니다. 계속해서 수정할 필요가 없는 단어들은 [한 번 건너뛰기]를 클릭합니다.

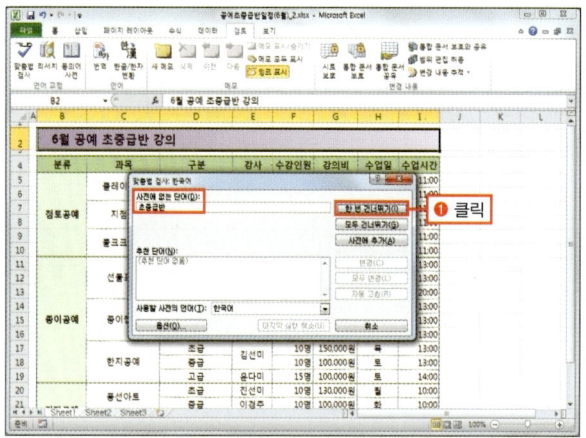

6 단어 변경하기

검사 대상이 C11셀로 이동하면 ❶[추천 단어]에서 '선물포장'을 선택하고 ❷[변경]을 클릭합니다.

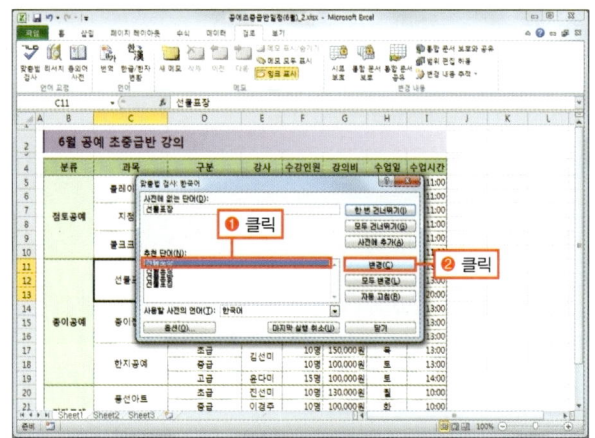

7 사전에 단어 추가하기

검사 대상이 C14셀로 이동하면 '종이접기' 단어를 사용하기 위해서 ❶[사전에 추가]를 클릭합니다.

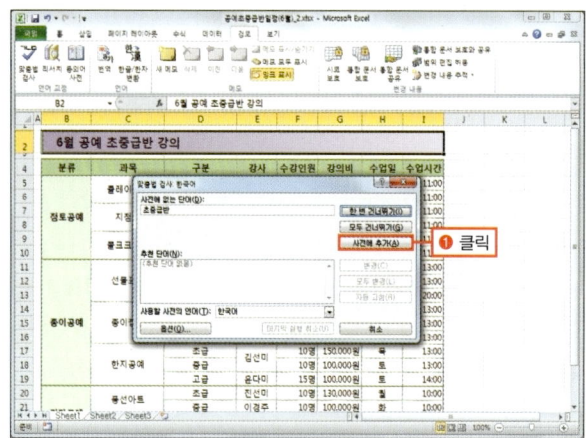

⑧ 맞춤법 검사 완료

나머지 맞춤법 검사를 진행한 후, 검사의 계속 여부를 묻는
대화상자가 나타나면 ❶[예]를 클릭합니다. 검사 완료를
표시하는 대화상자가 나타나면 ❷[확인]을 클릭합니다.

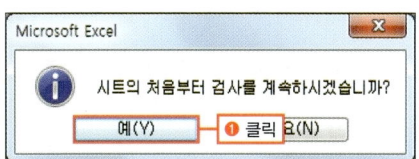 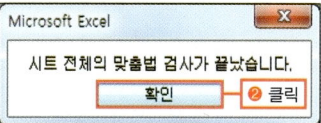

참고
문서의 처음부터 맞춤법 검사를 실행했으면 검사를 계속하지
않고 [아니요]를 클릭해도 됩니다.

참고 • 자동 고침 옵션 사용하기

긴 단어나 틀리기 쉬운 어휘 등을 [자동 고침 옵션]에 미리
등록해놓으면 입력 시 바로 교정할 수 있습니다. [Excel 옵션]
대화상자의 [언어 교정]–[자동 고침 옵션]을 클릭하면 나타나는
대화상자에서 [입력]과 [결과]에 자동 고침 할 언어를 입력하면
자주 사용하는 상용구 등을 약어로 사용할 수도 있습니다.

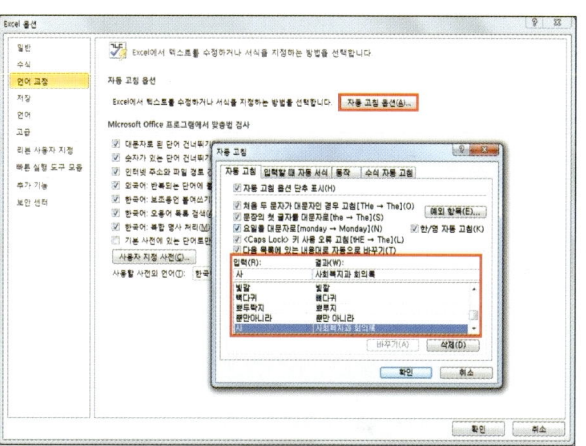

Excel 2010

데이터 편집의 기본 살펴보기

입력한 데이터를 다른 위치로 복사하거나 이동하는 방법, 필요 없는 데이터를 선택적으로 삭제하는 방법을 살펴봅니다. 또한 데이터 복사 및 이동 시에 설정할 수 있는 다양한 옵션도 알아보겠습니다.

다루는 내용

- 데이터 복사 및 이동하기
- 데이터 지우기
- 서식 복사하기
- 붙여넣기 옵션 살펴보기

기능정리

데이터 편집에 관한 메뉴 미리 보기

복사, 잘라내기, 이동, 붙여넣기, 지우기 등의 기본적인 데이터 편집은 [홈] 탭의 [클립보드] 그룹과 [편집] 그룹에서 이용할 수 있습니다. 일단 복사하거나 잘라내기 한 데이터는 컴퓨터의 클립보드라는 공간에 저장되는데, 이 데이터들을 효율적으로 사용하려면 [클립보드] 그룹의 [클립보드](⬚)를 클릭하여 [클립보드] 작업 창을 불러오면 됩니다.

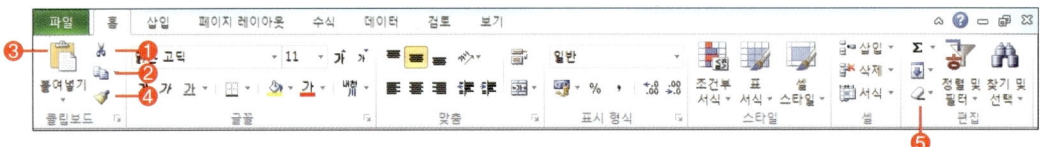

❶ **잘라내기** : 데이터를 잘라내어 클립보드에 보관합니다.

❷ **복사** : 데이터를 복사하여 클립보드에 보관합니다. 데이터를 그림으로 복사할 수도 있습니다.

❸ **붙여넣기** : 데이터를 복사한 후 붙여넣기 합니다. 데이터의 성격에 따라 다양한 붙여넣기 옵션을 설정할 수 있습니다.

- **붙여넣기**

ⓐ **붙여넣기** : 데이터를 복사한 그대로 붙여넣기 합니다.

ⓑ **수식** : 복사한 셀에 계산한 수식만 붙여넣기 합니다.

ⓒ **수식 및 숫자 서식** : 복사한 셀에 계산한 수식과 숫자 서식만 붙여넣기 합니다.

ⓓ **원본 서식 유지** : 원본 서식을 모두 유지합니다.

ⓔ **테두리 없음** : 테두리를 모두 삭제하고 붙여넣기 합니다.

ⓕ **원본 열 너비 유지** : 원본 데이터의 열 너비를 유지한 채로 붙여넣기 합니다.

ⓖ **바꾸기** : 원본 데이터의 행과 열을 바꾸어 붙여넣기 합니다.

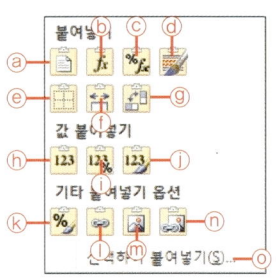

- **값 붙여넣기**

ⓗ **값** : 원본 데이터에서 수식을 제외한 계산의 결과 값만 붙여넣기 합니다.

ⓘ **값 및 숫자 서식** : 원본 데이터에서 수식을 제외한 계산의 결과 값과 숫자 서식을 붙여넣기 합니다.

ⓙ **값 및 원본 서식** : 원본 데이터에서 수식을 제외한 계산의 결과 값과 원본 서식을 붙여넣기 합니다.

- **기타 붙여넣기 옵션**

ⓚ **서식** : 원본 데이터의 서식만 붙여넣기 합니다.

ⓛ **연결하여 붙여넣기** : 붙여넣기 한 데이터를 클릭하면 수식 입력줄에 원본 데이터의 셀 주소가 표시됩니다.

ⓜ **그림** : 데이터를 그림으로 복사하여 붙여넣기 합니다.

ⓝ **연결된 그림** : 붙여넣기 한 그림을 클릭하면 수식 입력줄에 원본 데이터의 셀 주소가 표시됩니다.

ⓞ **선택하여 붙여넣기** : 더욱 다양한 옵션을 설정할 수 있는 [선택하여 붙여넣기] 대화상자를 불러옵니다.

❹ **서식 복사** : 특정 위치의 서식을 복사하여 다른 위치에 적용합니다.

❺ **지우기** : 데이터뿐만 아니라 셀에 적용된 서식, 내용, 메모, 하이퍼링크 등을 선택하여 지울 수 있습니다.

간단퀴즈

1 [잘라내기]와 [복사]의 차이점은 무엇입니까?

2 원본 데이터의 서식만을 복사하여 다른 셀에 적용하려고 할 때 이용하는 도구는 무엇입니까?

3 셀의 내용, 적용된 서식과 메모 등을 한 번에 삭제할 때 이용하는 메뉴는 무엇입니까?

답 : [잘라내기]는 데이터 원본이 이동하고 [복사]는 반복하는 것, 서식 복사, 지우기

데이터 복사(잘라내기)와 붙여넣기, 지우기의 기본 알아보기

데이터를 복사하거나 잘라낸 후 다른 위치로 옮기는 방법과 필요 없는 부분만 지우는 방법을 알아보겠습니다.

◎ **시작 파일** : 2장\거래처별주문량2.xlsx
◎ **완료 파일** : 2장\거래처별주문량2_완료.xlsx

01 데이터 복사하기

❶A3:H11셀을 선택하고 ❷[홈] 탭의 [클립보드] 그룹에서 [복사](🗐)를 클릭합니다.

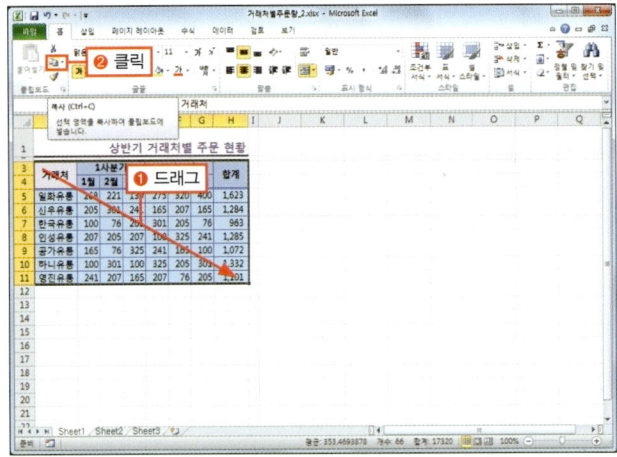

> **참고 •**
> 마우스 오른쪽 버튼을 클릭하고 [복사]를 선택하거나 Ctrl + C 를 눌러도 됩니다.

02 데이터 붙여넣기

❶J3셀을 선택하고 ❷리본 메뉴에서 [붙여넣기](🗐)를 클릭하면 데이터가 복사됩니다.

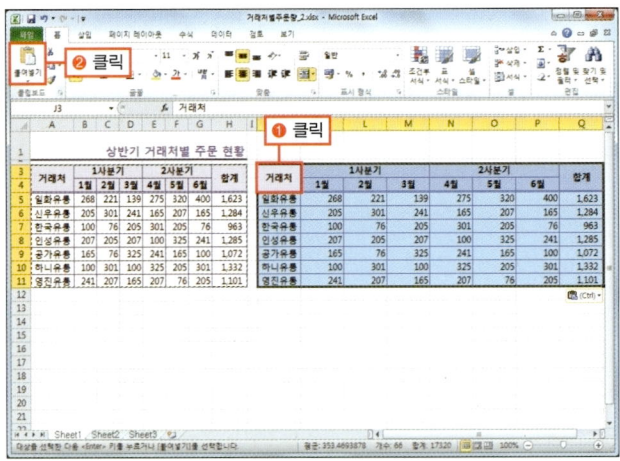

> **참고 •**
> 마우스 오른쪽 버튼을 클릭하고 [붙여넣기]를 선택하거나 Ctrl + V 를 눌러도 됩니다.

> **참고 •**
> Ctrl 을 누른 채 선택한 셀 영역의 테두리를 드래그해도 데이터를 복사할 수 있습니다.

03 원본 열 너비 유지하기

❶붙여넣기 한 데이터의 오른쪽 아래 나타나는 [붙여넣기 옵션](🗐 (Ctrl)▼)을 클릭하고 ❷[원본 열 너비 유지](🗐)를 선택합니다.

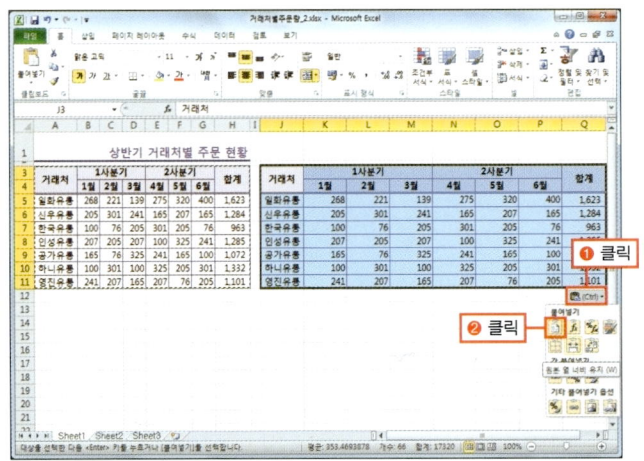

04 데이터 잘라내기

J3:Q11셀이 선택된 상태에서 ❶리본 메뉴의 [잘라내기](✂)를 클릭합니다.

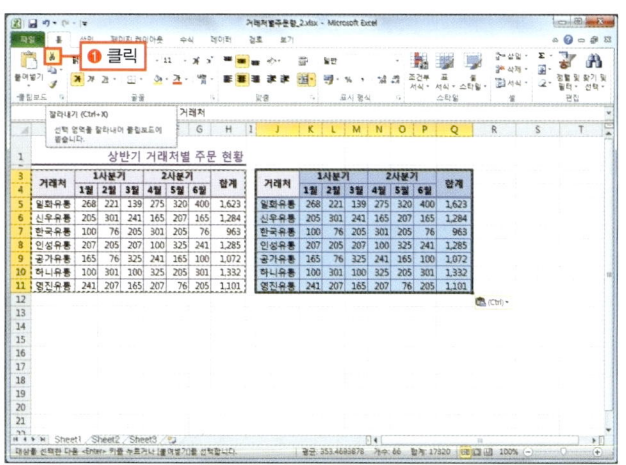

> **참고** •
> 마우스 오른쪽 버튼을 클릭하고 [잘라내기]를 선택하거나 Ctrl + X 를 눌러도 됩니다.

> **참고** •
> 선택한 셀 영역의 테두리를 드래그해도 데이터를 이동할 수 있습니다.

05 붙여넣기 하고 서식 지우기

❶A13셀을 클릭하고 ❷ Ctrl + V 를 눌러 붙여넣기 합니다. ❸[편집] 그룹에서 [지우기](☑ •)를 클릭하고 ❹[서식 지우기]를 선택합니다.

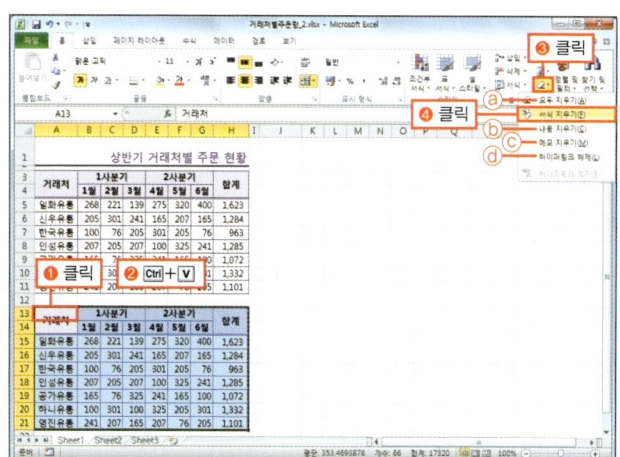

> **참고** • [지우기]의 하위 메뉴는 다음과 같습니다.
> ⓐ **모두 지우기** : 셀에 적용된 모든 요소를 지웁니다.
> ⓑ **내용 지우기** : 셀 영역의 내용만 지웁니다. Delete 를 누르는 것과 같습니다.
> ⓒ **메모 지우기** : 셀에 삽입한 메모만 지웁니다.
> ⓓ **하이퍼링크 해제** : 셀에 적용된 하이퍼링크만 해제합니다. 하이퍼링크는 웹 페이지, 그림, 전자 메일 주소, 프로그램 등에 대한 링크를 만드는 것으로 271p에서 자세히 다룹니다.

06 서식 복사하기

서식이 지워진 것을 확인하고 ❶A3:H11셀을 선택한 후 ❷[클립보드] 그룹의 [서식 복사](🖌)를 클릭합니다.

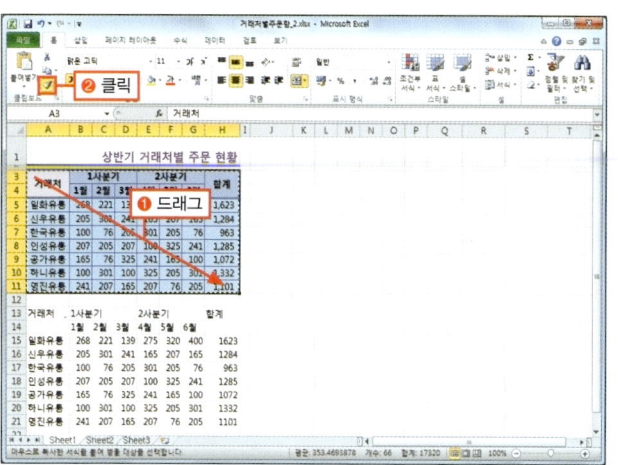

07 서식 붙여넣기

마우스 포인터가  모양으로 바뀌면 ❶A13:H21셀을 드래그합니다. 앞서 복사한 서식이 적용됩니다.

참고

데이터 복사 후 [클립보드] 그룹의 [붙여넣기]를 클릭하고 [서식](%)을 선택해도 됩니다.

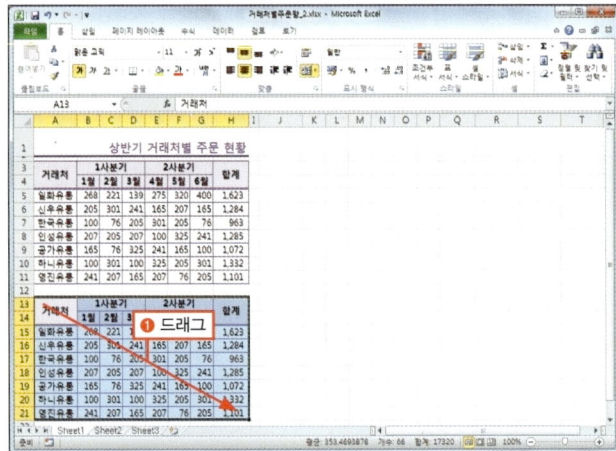

실습 과정

다양하게 붙여넣기

다양한 붙여넣기 옵션을 이용하면 단순히 데이터를 복사하고 붙여넣는 것이 아니라 작업의 효율을 높일 수 있습니다.

◉ **시작 파일** : 2장\방학특강일본어_2.xlsx
◉ **완료 파일** : 2장\방학특강일본어_2_완료.xlsx

---

01 [선택하여 붙여넣기] 명령 실행

❶B10셀을 선택하고 ❷Ctrl+C를 눌러 복사합니다. ❸F5:F8셀을 선택하고 ❹[홈] 탭의 [클립보드] 그룹에서 [붙여넣기]를 눌러 ❺[선택하여 붙여넣기]를 클릭합니다.

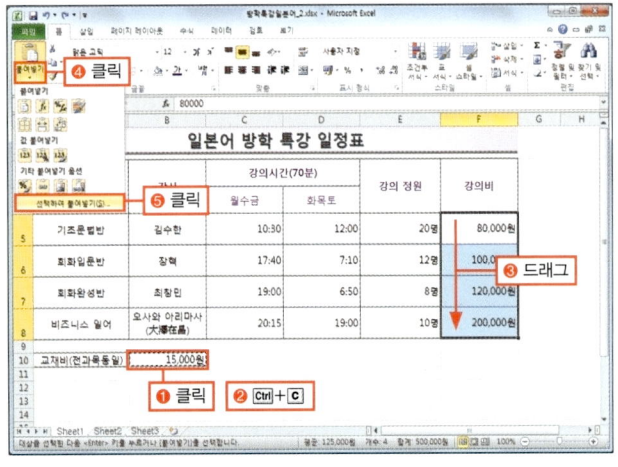

02 값을 더하여 붙여넣기

[선택하여 붙여넣기] 대화상자의 [연산]에서 ❶[더하기]를 선택하고 ❷[확인]을 클릭합니다.

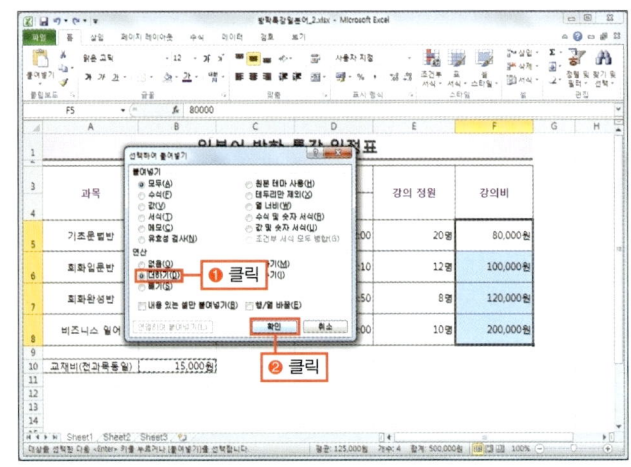

---

03 데이터 복사

F5:F8셀의 데이터에 B10셀 값인 15,000원씩 더한 값이 붙여넣기 됩니다. ❶A3:F8셀을 선택하고 ❷마우스 오른쪽 버튼을 클릭한 후 ❸[복사]를 클릭합니다.

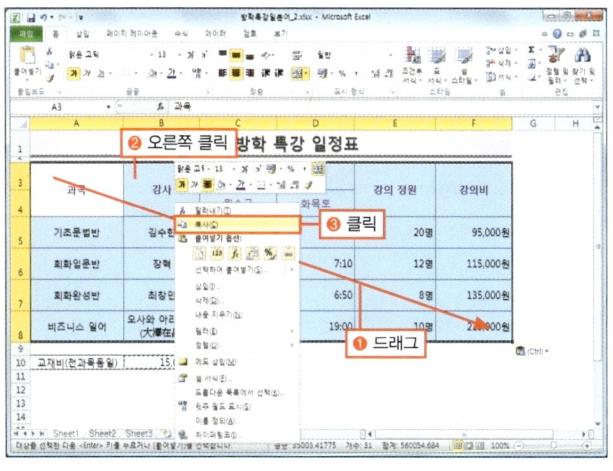

04 [선택하여 붙여넣기] 명령 실행

❶'Sheet2' 시트로 이동하여 ❷A1셀을 마우스 오른쪽 버튼으로 클릭하고 ❸[선택하여 붙여넣기]-[선택하여 붙여넣기]를 선택합니다.

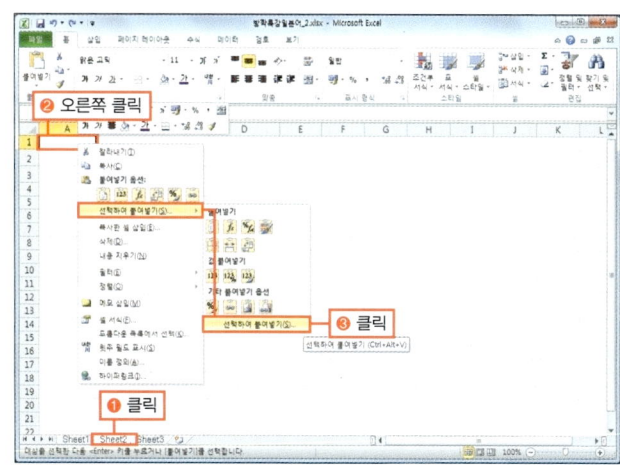

05 붙여넣기 옵션 지정

[선택하여 붙여넣기] 대화상자의 [붙여넣기]에서 ❶[테두리만 제외]를 선택하고 ❷[행/열 바꿈]에 체크한 후 ❸[확인]을 클릭합니다.

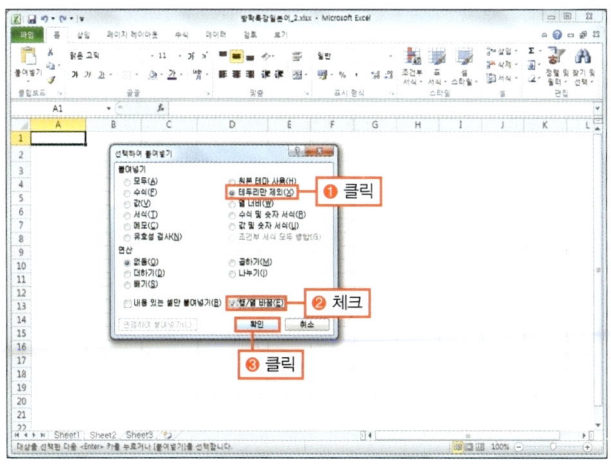

06 결과 확인하고 셀 크기 조절

테두리를 제외하고 행과 열이 바뀌어 붙여넣기 됩니다. 열 너비와 행 높이를 적절히 조절하여 완성합니다.

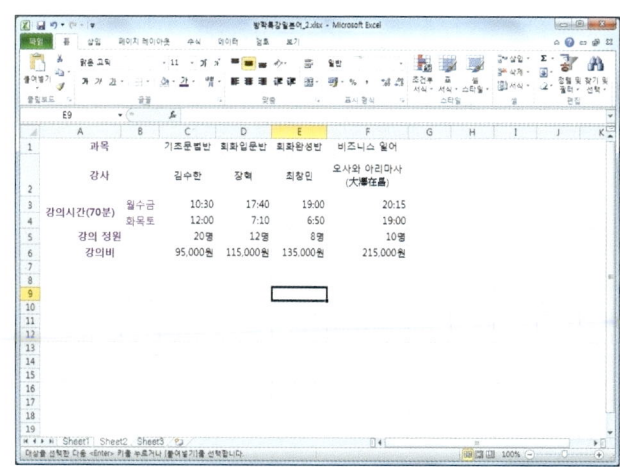

확인실습

1 붙여넣기 옵션을 이용해서 왼쪽의 표를 각각 오른쪽 표와 같이
복사해 보세요.

◎ **시작 파일** : 2장\가계자산현황.xlsx
◎ **완료 파일** : 2장\가계자산현황_완료.xlsx

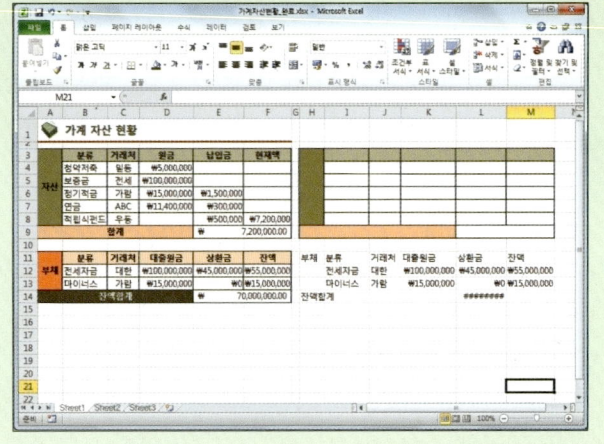

데이터 복사하여 그림으로 붙여넣기

엑셀은 셀 구조로 이루어져 있기 때문에 데이터를 복사/붙여넣기 하다 보면 셀의 크기나 개수가 안 맞아 작업이 복잡해질 수 있습니다. 서류의 결재란 등을 생각해 보면 쉽게 이해할 수 있습니다. 이럴 때는 원본 데이터와의 연동이 필요한지 여부만 검토하여 데이터를 그림으로 복사하면 주변과 상관없이 원하는 위치에 삽입할 수 있어 편리합니다.

◎ **시작 파일** : 2장\거래처별주문량_그림복사.xlsx
◎ **완료 파일** : 2장\거래처별주문량_그림복사_완료.xlsx

1 데이터 그림으로 복사하기

❶A2:H12셀을 선택합니다. ❷[홈] 탭의 [클립보드] 그룹에서 [복사](🗐)의 목록 버튼을 클릭하고 ❸[그림으로 복사]를 선택합니다.

2 그림 복사 설정하기

❶[그림 복사] 대화상자의 [모양]은 [화면에 표시된 대로], ❷[형식]은 [그림]을 선택하고 ❸[확인]을 클릭합니다.

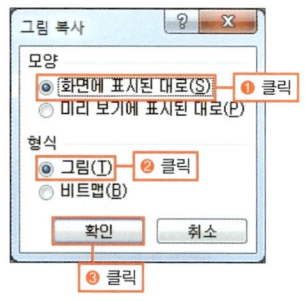

> **참고** •
> 또는 데이터 복사 후에 [클립보드] 그룹의 [붙여넣기]를 클릭하고 [그림](🗐)을 선택해도 됩니다.

3 데이터 붙여넣기

❶J2셀을 클릭하고 ❷Ctrl+V를 눌러 데이터를 붙여넣기 합니다.

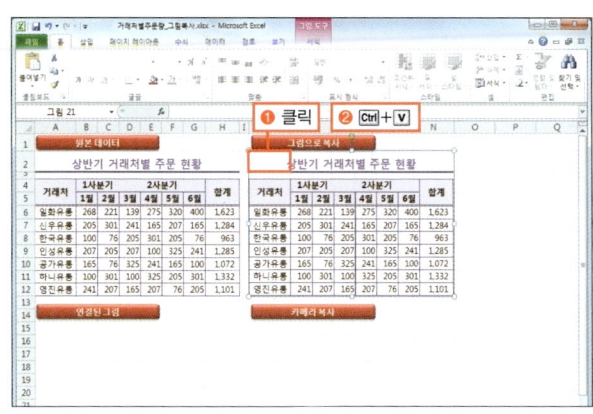

4 연결된 그림으로 복사하기

❶A2:H12셀을 선택하고 ❷Ctrl+C를 눌러 복사합니다. ❸A15셀을 선택하고 ❹리본 메뉴에서 [붙여넣기]를 눌러 ❺[기타 붙여넣기 옵션]에서 [연결된 그림](🗐)을 클릭합니다.

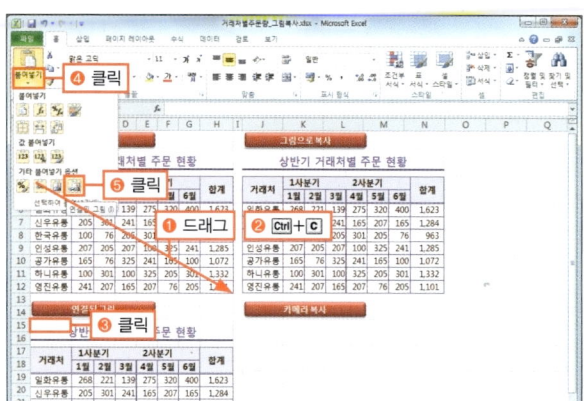

5 기타 명령 추가하기

그림 복사와 관련된 다른 명령을 사용하기 위해 ❶빠른 실행 도구 모음 사용자 지정(▾)을 클릭하고 ❷[기타 명령]을 선택합니다.

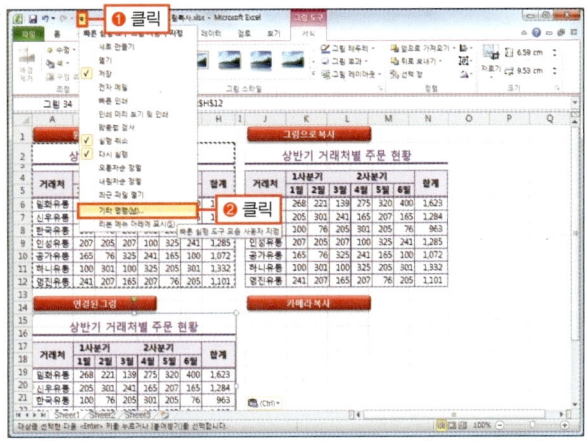

6 [카메라] 추가하기

[Excel 옵션] 대화상자의 [빠른 실행 도구 모음]이 열립니다. ❶[다음에서 명령 선택]에서 [모든 명령]을 선택하고 ❷도구 목록 중 [카메라]를 클릭한 후 ❸[추가]를 누릅니다. ❹[확인]을 클릭합니다.

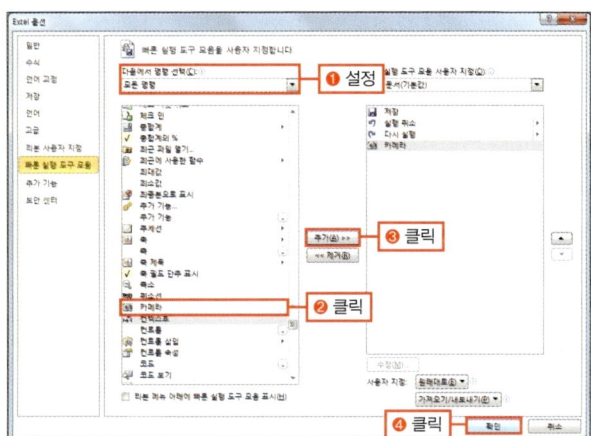

7 카메라로 복사하기

❶A2:H12셀을 선택하고 빠른 실행 도구 모음의 ❷[카메라]( )를 클릭하여 복사합니다.

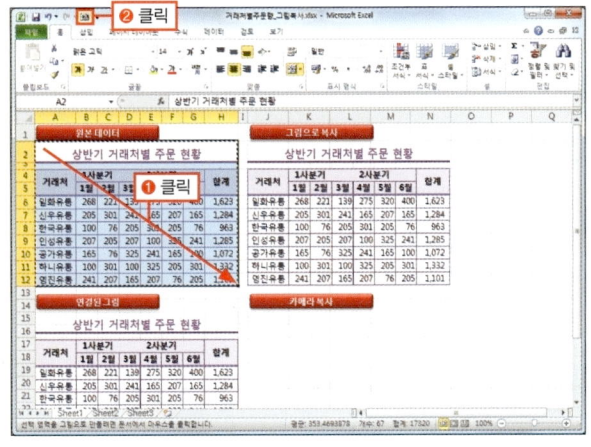

8 붙여넣기

마우스 포인터가 십자 모양으로 바뀌면 ❶대략 J15셀 위치에서 클릭(또는 드래그)하여 데이터를 붙여넣기 합니다.

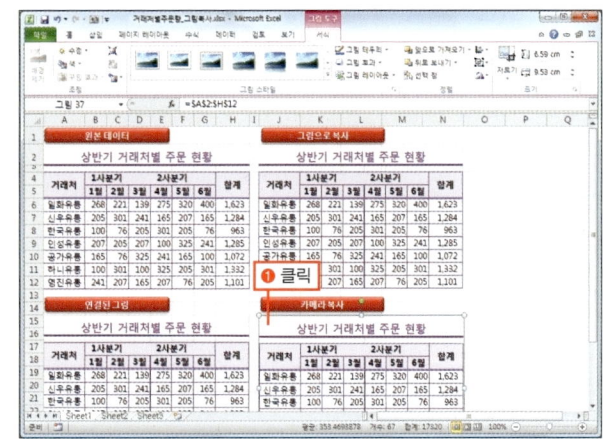

9 연결 여부 확인하기

❶원본 데이터인 B6셀의 값을 '200'으로 수정해 봅니다.
그림으로 복사한 오른쪽 데이터는 변하지 않고, 연결된 그림과
카메라로 복사한 아래 두 데이터는 변경됩니다.

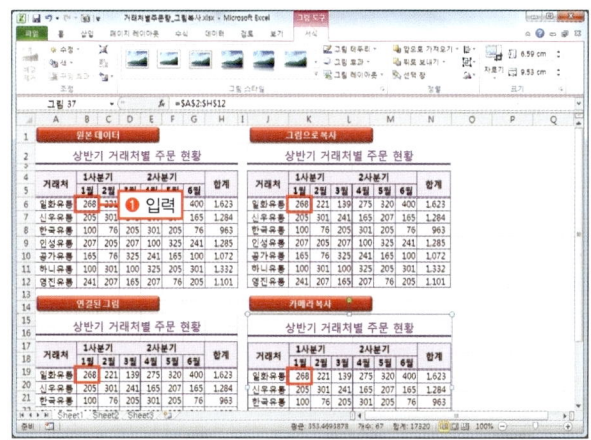

SECTION

04

셀, 행, 열 자유자재로 다루기

엑셀 문서를 만들기 위해서는 작업의 배경이 되는 셀, 행, 열을 자유롭게 다룰 줄 알아야 합니다. 필요에 따라 셀, 행, 열을 편집하는 방법을 살펴보겠습니다.

다루는 내용

- 셀, 행, 열 삽입과 삭제하기
- 행과 열의 크기 조절하기
- 행과 열 숨기기, 숨기기 취소하기

기능 정리

셀, 행, 열 관리에 관한 리본 메뉴 살펴보기

[홈] 탭의 [셀] 그룹에서는 셀, 행, 열을 삽입하거나 삭제 또는 서식을 지정하는 다양한 메뉴를 제공합니다. 대부분의 메뉴는 작업 도중 마우스 오른쪽 버튼을 클릭하면 나타나는 바로 가기 메뉴를 통해서도 이용할 수 있고, 마우스 동작만으로도 가능한 작업이 많이 있습니다.

❶ **삽입** : 셀, 행, 열을 삽입합니다.　　❷ **삭제** : 셀, 행, 열을 삭제합니다.

셀 삽입(I)...	셀 삭제(D)...
시트 행 삽입(R)	시트 행 삭제(R)
시트 열 삽입(C)	시트 열 삭제(C)
시트 삽입(S)	시트 삭제(S)

❸ **서식** : 행, 열의 크기와 숨김 설정에 대한 메뉴입니다.

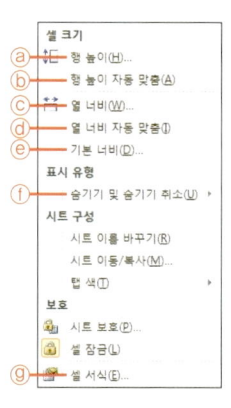

　ⓐ **행 높이** : 행 높이를 직접 입력하여 조절합니다.

　ⓑ **행 높이 자동 맞춤** : 데이터 길이에 맞춰 행 높이를 자동으로 조절합니다.

　ⓒ **열 너비** : 열 너비를 직접 입력하여 조절합니다.

　ⓓ **열 너비 자동 맞춤** : 데이터 길이에 맞춰 열 너비를 자동으로 조절합니다.

　ⓔ **기본 너비** : 선택하면 [표준 너비] 대화상자가 나타나 시트 전체의 열 너비를 일괄적으로 조절할 수 있습니다. 데이터가 입력되어 있거나 임의로 너비를 조절한 열, 현재 열은 제외됩니다.

　ⓕ **숨기기 및 숨기기 취소** : 특정 행이나 열을 숨기거나 숨기기 취소합니다.

　ⓖ **셀 서식** : [셀 서식] 대화상자를 불러옵니다.

1 셀, 행, 열을 삽입할 때 마우스 오른쪽 버튼을 클릭하고 어떤 명령을 이용합니까?

2 셀의 크기는 마우스 드래그로 조절이 가능합니다. 만약 정확한 수치로 제어하려면 어떤 명령을 이용합니까?

답 : 삽입, 행 높이/열 너비

실습 과정

셀, 행, 열 삽입하거나 삭제하기

작성한 표에 셀, 행, 열을 추가로 삽입하거나 필요 없는 부분을 삭제하는 방법을 알아보겠습니다.

◎ **완료 파일** : 2장\정수기주문현황.xlsx

01 셀 삽입하기

❶C3:C18셀을 선택하고 ❷[홈] 탭의 [셀] 그룹에서 [삽입]의 목록 버튼을 눌러 ❸[셀 삽입]을 클릭합니다.

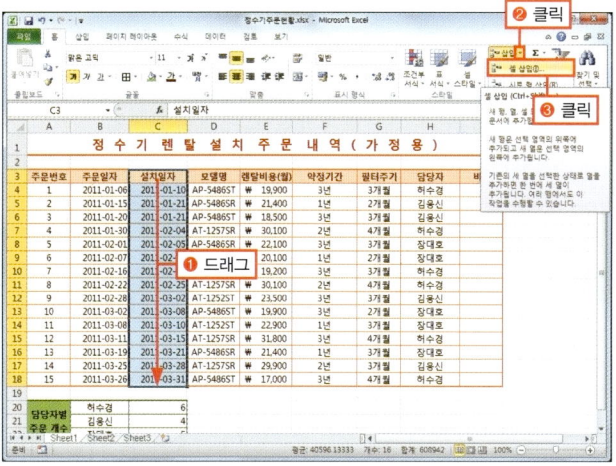

참고

선택 영역에서 마우스 오른쪽 버튼을 클릭하고 [삽입]을 선택해도 됩니다. 또는 Shift 를 누른 채 채우기 핸들을 셀을 삽입할 방향으로 드래그합니다.

02 셀 삽입 방향 설정하기

❶[삽입] 대화상자가 나타나면 [셀을 오른쪽으로 밀기]를 선택하고 ❷[확인]을 클릭합니다.

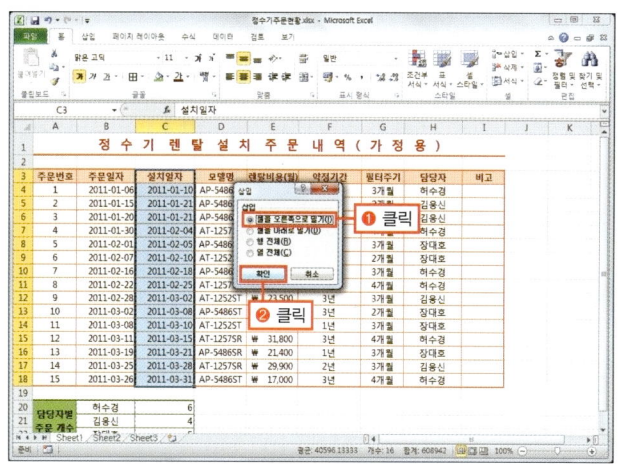

03 열 삽입하기

❶F열 머리글에서 마우스 오른쪽 버튼을 클릭하고 ❷[삽입]을 선택합니다.

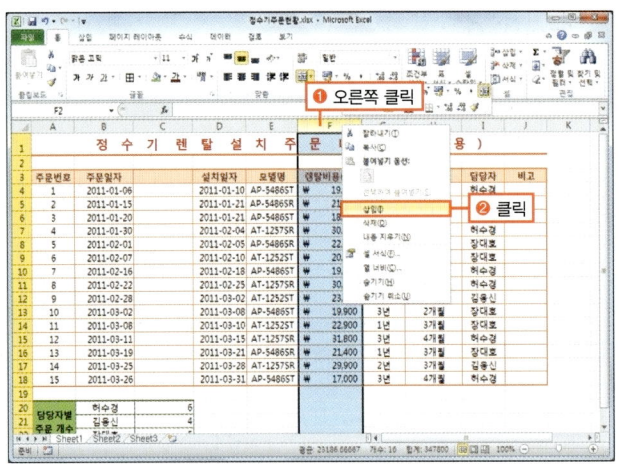

05 데이터 입력하기

❶C3:C18셀에 그림과 같이 새 데이터를 입력합니다.
❷F3:F18셀에도 새 데이터를 입력합니다. 숫자만 입력하면 자동으로 오른쪽과 같은 서식이 적용됩니다.

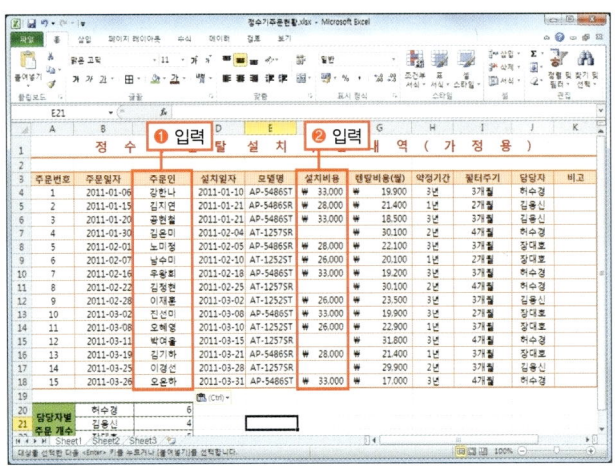

04 삽입한 열의 서식 지정하기

❶F열 앞에 새로운 열이 삽입되면 [삽입 옵션](🖋)을 클릭하고 ❷[오른쪽과 같은 서식]을 선택합니다.

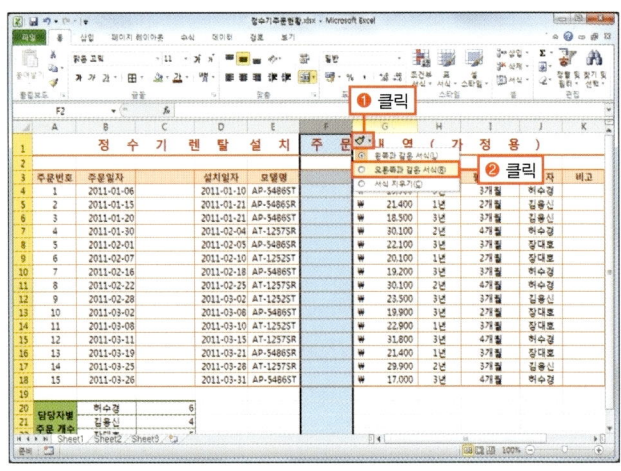

06 행 삭제하기

❶13~14행 머리글을 드래그하여 선택하고 ❷리본 메뉴에서 [삭제]의 목록 버튼을 눌러 ❸[시트 행 삭제]를 클릭합니다.

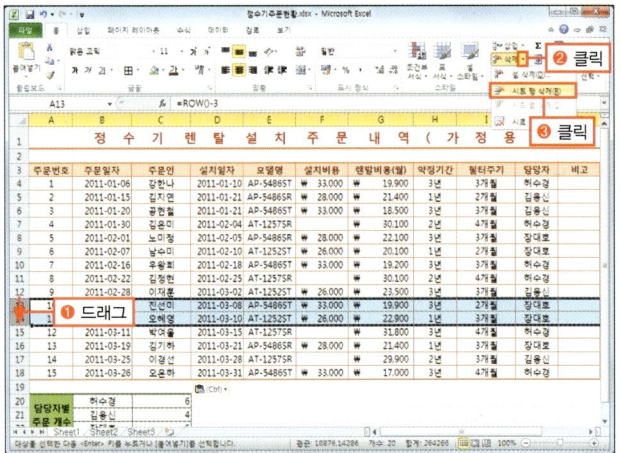

07 결과 확인하기

선택한 2개의 행이 삭제됩니다.

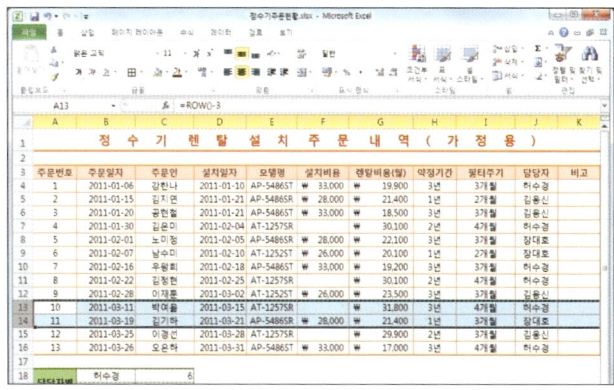

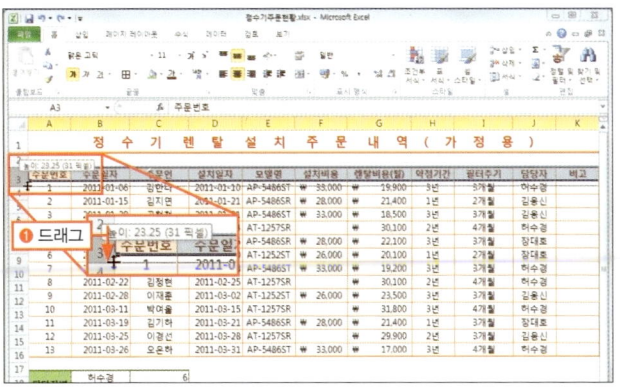

행, 열의 크기 지정하기

엑셀의 행과 열은 사용자가 원하는 대로 크기를 자유롭게 조절할 수 있습니다. 마우스로 드래그하여 간단히 조절할 수 있으며, 정확한 수치를 원할 때는 대화상자를 이용합니다.

◉ **시작 파일** : 앞의 파일에 이어서 진행합니다.
◉ **완료 파일** : 2장\정수기주문현황_완료.xlsx

01 행 높이 조절하기

❶3행과 4행 머리글의 경계를 클릭한 채 아래쪽으로 드래그하여 높이를 '23.25'로 조절합니다.

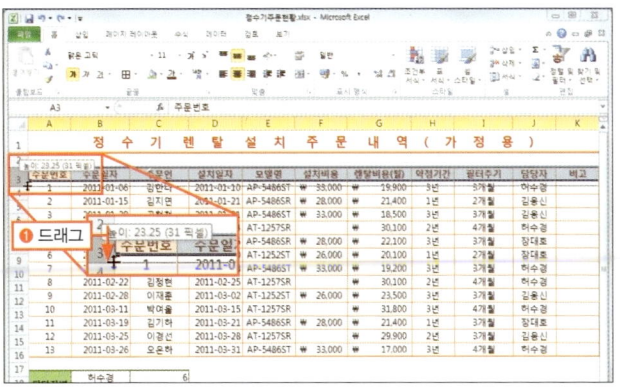

> **참고**
> 행 높이나 열 너비를 조절할 때는 스크린 팁으로 값이 표시됩니다.

> **참고**
> 선택 영역에서 마우스 오른쪽 버튼을 클릭하거나 [홈] 탭의 [셀] 그룹에서 [서식]–[행 높이]를 선택하여 원하는 값을 직접 입력해도 됩니다.

02 열 너비 조절하기

❶A~K열 머리글을 드래그하여 선택하고 ❷마우스 오른쪽 버튼을 눌러 ❸[열 너비]를 클릭합니다.

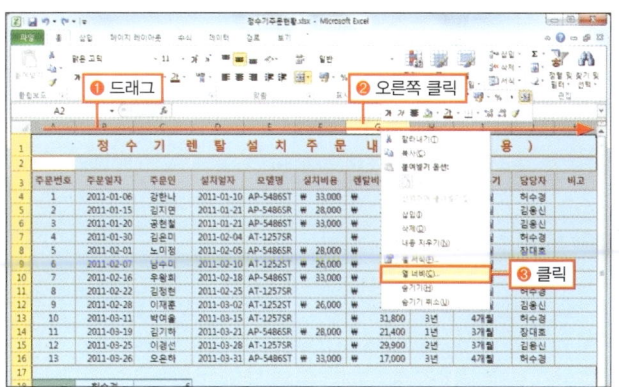

03 열 너비 값 입력하기

❶ [열 너비] 대화상자에서 값을 '10.25'로 입력하고 ❷ [확인]을 클릭합니다.

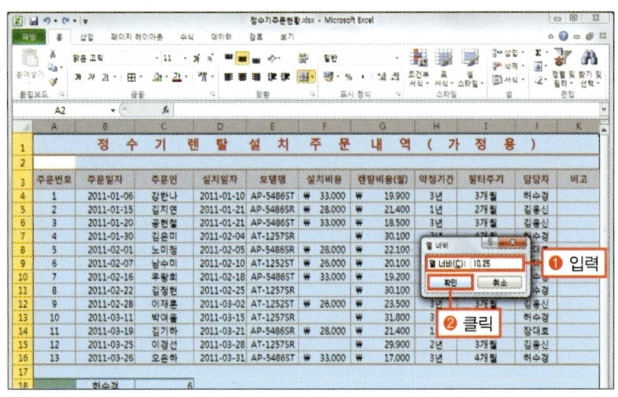

> **참고** •
>
> [홈] 탭의 [셀] 그룹에서 [서식]-[열 너비]를 선택하여 원하는 값을 직접 입력해도 됩니다. 또는 선택한 열들 중 임의의 열 머리글을 직접 드래그해도 모든 열의 너비가 변경됩니다.

04 열 너비 확인하기

선택한 열의 너비가 모두 지정한 값으로 변경됩니다.

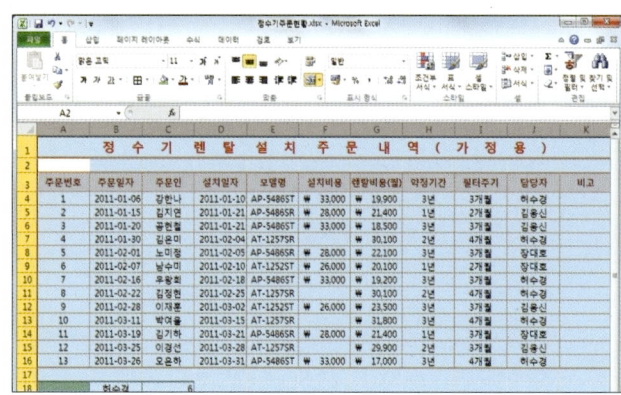

실습 과정

특정 행, 열 숨기거나 나타내기

엑셀에서는 특정 행이나 열을 숨겨둘 수 있습니다. 숨긴 행이나 열은 삭제되는 것이 아니라 화면에서만 안 보이게 설정되는 것입니다.

◎ **시작 파일** : 2장\정수기주문현황_2.xlsx

01 열 숨기기

❶ H~I열 머리글을 드래그하여 선택하고 ❷ 마우스 오른쪽 버튼을 눌러 ❸ [숨기기]를 클릭합니다.

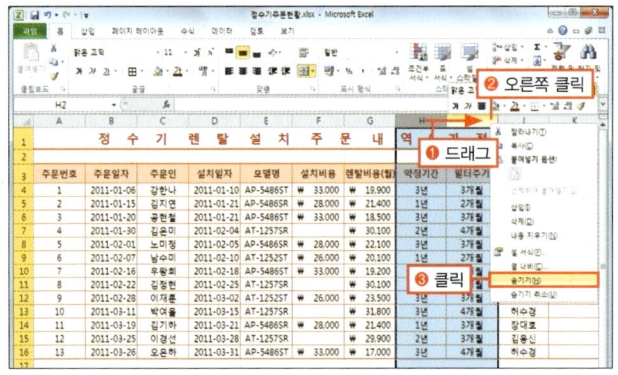

> **참고** •
>
> 또는 [홈] 탭의 [셀] 그룹에서 [서식]-[숨기기 및 숨기기 취소]-[열 숨기기]를 클릭합니다.

02 결과 확인하기

G열과 J열의 경계선이 굵게 표시되며 선택한 열들이 숨겨집니다.

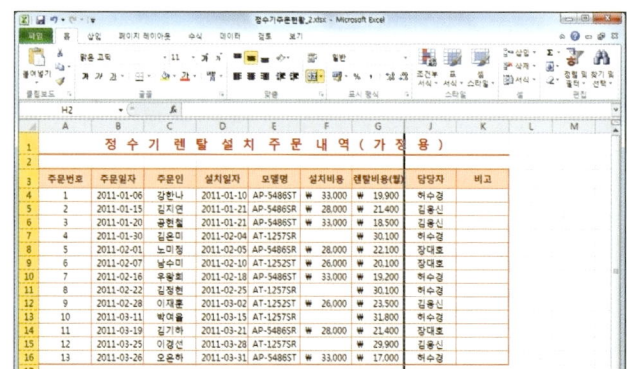

03 숨기기 취소하기

❶숨긴 열들을 다시 나타내기 위해 G~J열 머리글을 드래그하여 선택하고 ❷마우스 오른쪽 버튼을 눌러 ❸[숨기기 취소]를 클릭합니다.

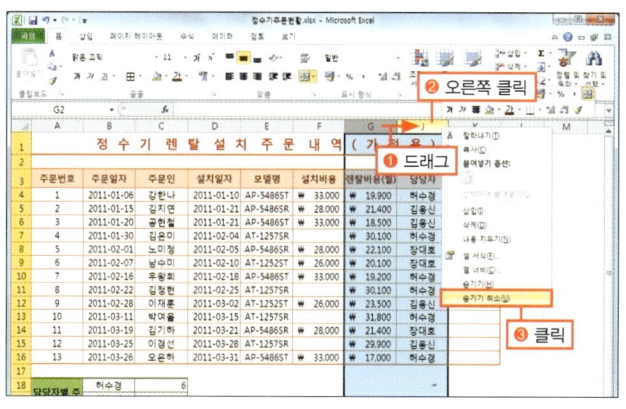

> **참고**
> 또는 [홈] 탭의 [셀] 그룹에서 [서식]-[숨기기 및 숨기기 취소]-[열 숨기기 취소]를 클릭합니다.

04 결과 확인하기

숨겨진 셀이 모두 다시 나타납니다. 행도 같은 방법으로 숨기거나 숨기기 취소할 수 있습니다.

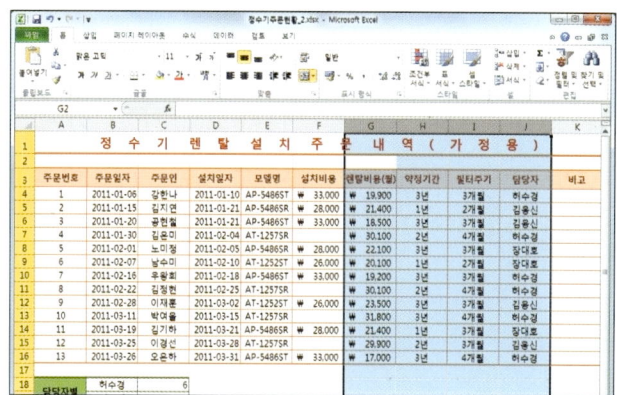

실습 과정

틀 고정하기

특정 셀을 기준으로 행과 열을 화면에 고정하여 페이지를 아래로 계속 내려도 고정한 틀을 보이게 할 수 있습니다.

◎ **시작 파일** : 2장\정수기주문현황.xlsx

01 첫 행 고정하기

❶[보기] 탭의 ❷[창] 그룹에서 [틀 고정]을 클릭하고 ❸[첫 행 고정]을 선택합니다.

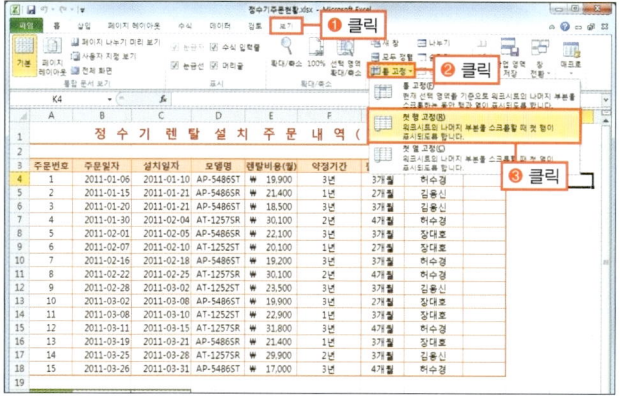

02 스크롤하여 확인하기

❶↓ 방향키를 여러 번 눌러 문서의 아래쪽으로 이동해 보면 첫 행이 고정되어 화면에 계속 표시되는 것을 확인할 수 있습니다.

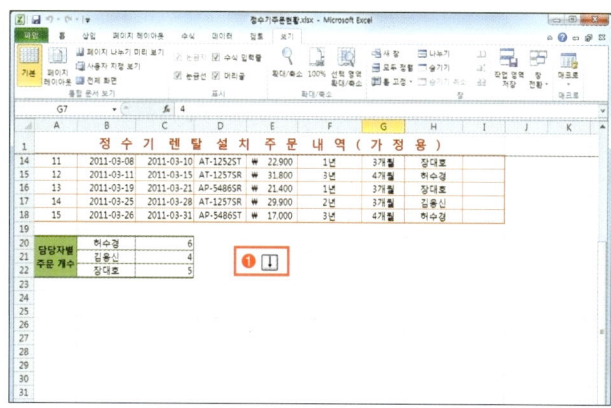

03 첫 열 고정하기

리본 메뉴에서 다시 ❶[틀 고정]을 클릭하고 ❷[첫 열 고정]을 선택합니다.

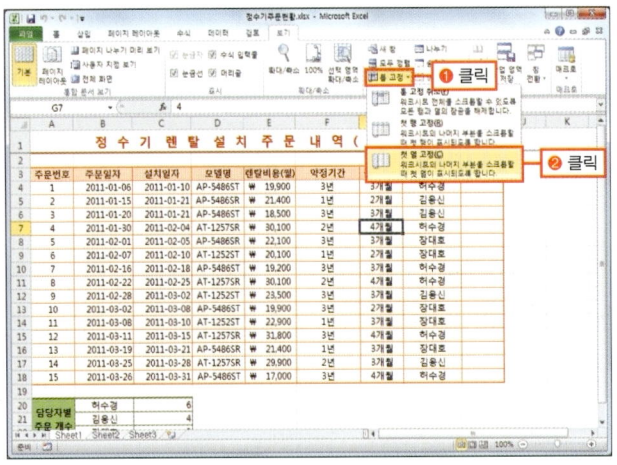

04 스크롤하여 확인하기

❶☐ 방향키를 여러 번 눌러 문서의 오른쪽으로 이동해 보면 첫 열이 고정되어 화면에 계속 표시되는 것을 확인할 수 있습니다.

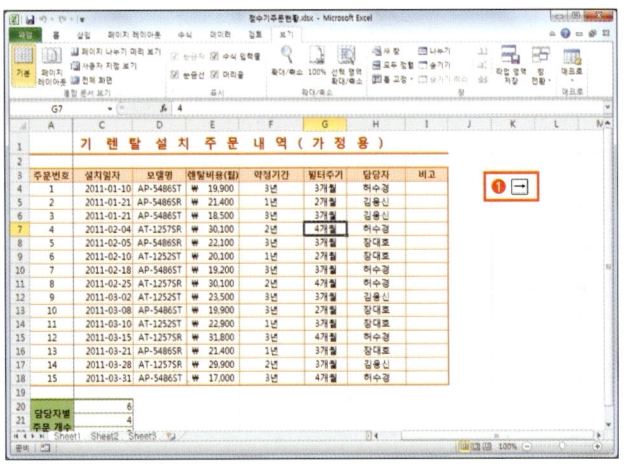

참고

행 고정은 자동으로 취소됩니다.

05 틀 고정 취소하기

리본 메뉴에서 다시 ❶[틀 고정]을 클릭하고 ❷[틀 고정 취소]를 선택합니다.

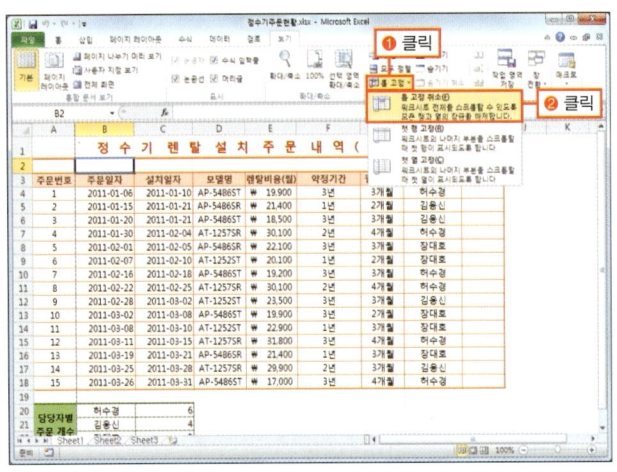

06 셀 고정하기

❶B2셀을 선택하고 ❷리본 메뉴에서 다시 [틀 고정]을 눌러 ❸[틀 고정]을 클릭합니다.

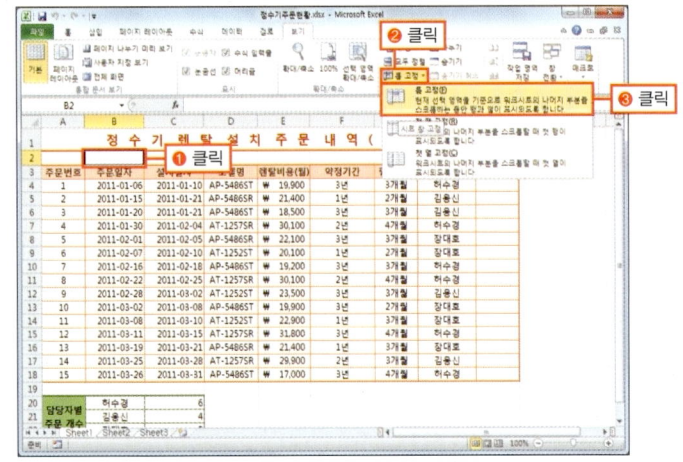

07 스크롤하여 확인하기

B2셀을 기준으로 위쪽 행과 왼쪽 열이 모두 고정됩니다.

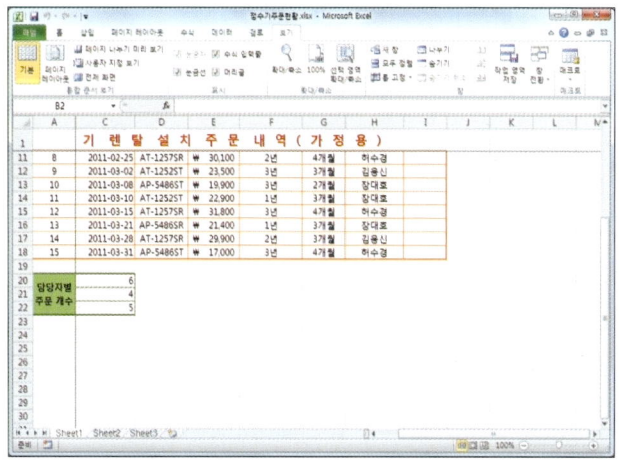

확인실습

1 필요한 셀과 열을 삽입하여 데이터를 입력하고 행 높이와 열
너비를 조절하여 문서를 완성해 보세요.

◎ 시작 파일 : 2장\거래처별주문량.xlsx
◎ 완료 파일 : 2장\거래처별주문량_완료.xlsx

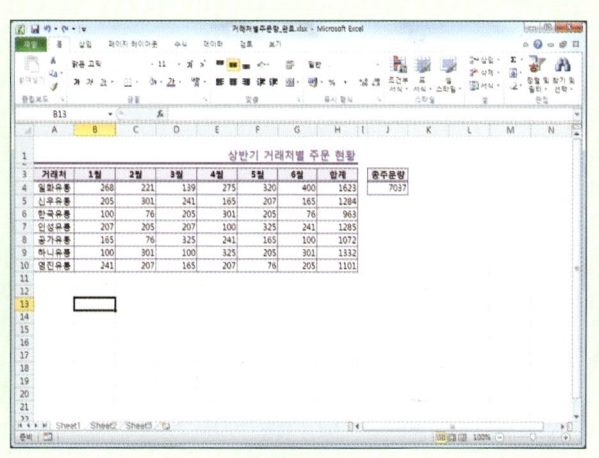

① 시작 파일을 불러와 문자, 숫자, 날짜, 수식을 직접 입력하거나 자동 채우기 합니다. 표를 복사한 후 적절하게 행과 열의 개수를 추가하거나 삭제하고 열의 너비를 데이터에 맞게 조절합니다. 필요한 곳에 기호를 삽입하고 복사하여 여러 곳에 붙여넣기 해보세요.

◎ **시작 파일** : 2장\다이어트식단표.xlsx
◎ **완료 파일** : 2장\다이어트식단표_완료.xlsx
◎ **해설 파일** : 해설파일\2장\다이어트식단표.pdf

Before

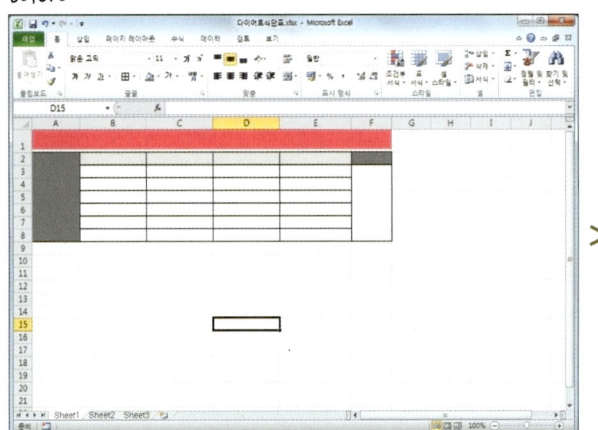

After

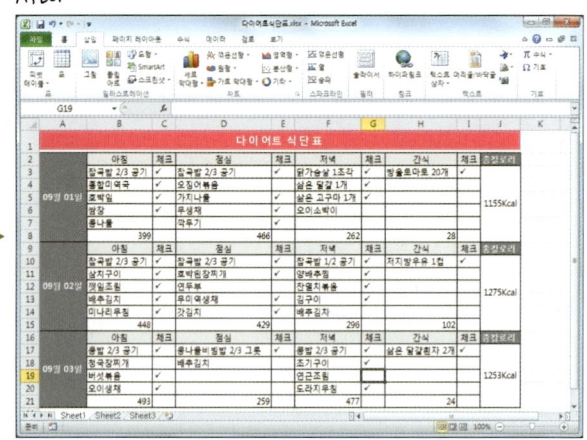

❶A2셀에 날짜 입력 ❷B2:F2셀에 문자 입력, 상단의 도형에 [Shift]를 이용해 제목 입력 ❸B3:B7셀에 문자 입력하고 B3셀을 C3셀로 자동 채우기(셀 복사) ❹C4:C7, D3:D6, E3셀에 문자 입력, B8:E8셀에 숫자 입력 ❺F3셀에 '=B8+C8+D8+E8' 수식 입력 ❻A2:F3셀을 A9셀에 붙여넣기하고 B11:C15, D10:E15셀의 데이터 삭제 ❼B11:C15, D10:E15셀에 데이터 입력하고 A9:F10셀을 A16셀에 붙여넣기 ❽B17:B20셀에 문자 입력, C17셀에 '콩나물비빔밥 2/3 그릇' 입력하고 열 너비 데이터 길이에 자동 맞춤 ❾C18, D17:20, E17, B22:E22셀에 데이터 입력하고 A2셀의 날짜를 A16셀까지 자동 채우기 합니다. ❿21행 삭제하고 C열, D열, E열, F열의 앞에 각각 열 삽입 ⓫C3열에 기호 삽입(글꼴 : Wingdings, 기호 : 체크 표시) ⓬C2셀에 '체크'라고 입력하고 열 너비 자동 맞춤, C열 너비에 맞춰 E열, G열, I열 너비 조절 ⓭C2셀과 C3셀의 데이터를 필요한 위치에 복사–붙여넣기 하여 완성

❷ 시작 파일을 불러와 날짜, 요일, 시간 등을 직접 입력하거나 자동 채우기 합니다. '고객기초데이터정리_1.xlsx' 파일을 참조하여 사용자 지정 목록을 만들어 사용하고 곱하기 연산을 수행하는 붙여넣기를 실행합니다. 메모를 삽입하고 시트 전체를 복사→붙여넣기 한 후 복사된 시트에서 메모만 삭제해 보세요.

◎ **시작 파일** : 2장\주간출석부.xlsx, 고객기초데이터정리_1.xlsx
◎ **완료 파일** : 2장\주간출석부_완료.xlsx
◎ **해설 파일** : 해설파일\2장\주간출석부.pdf

Before

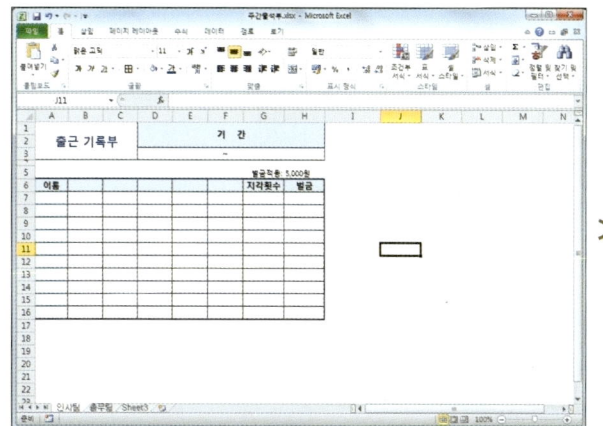

After

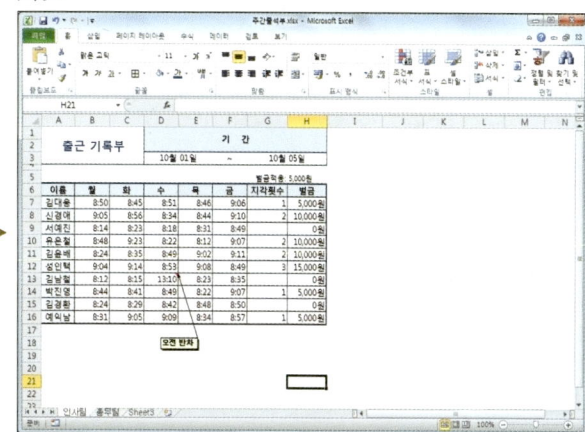

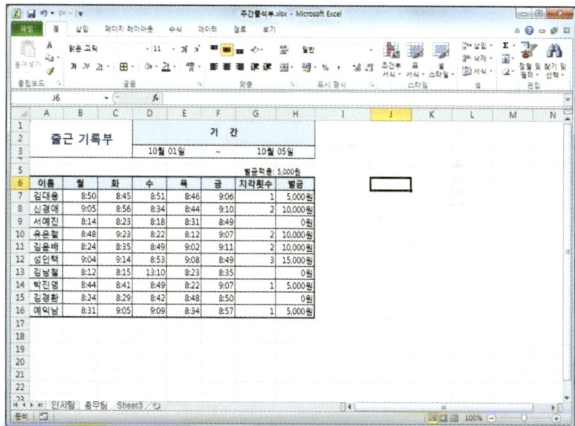

❶D3셀과 G3셀에 날짜 입력 ❷B6:F6셀에 요일 자동 채우기 ❸[Excel 옵션] 대화상자에서 사용자 지정 목록 편집('고객기초데이터정리_1.xlsx' 파일에서 A2:A19셀 가져오기)하고 A7:A16셀에 서식 없이 채우기 ❹B7:F16셀에 시간 입력 ❺G7:G16셀에는 B7:F16셀의 데이터에서 9시 이상을 세어 횟수 입력하고 G7:G16셀을 H7:H16셀로 서식 없이 채우기 ❻H5셀을 H7:H16셀에 선택하여 붙여넣기(붙여넣기 : 값, 연산 : 곱하기) ❼D13셀에 '오전 반차'라는 메모 삽입하고 위치, 크기 조절 후 시트에 항상 표시되게 설정 ❽'인사팀' 시트를 전체 복사하고 '총무팀' 시트에 붙여넣기 ❾메모만 지우고 필요한 곳에 데이터 새로 입력

PART

03

문서 서식 설정에서
인쇄까지

이번 장에서는 문서의 완성도를 더욱 높여줄 다양한 서식을 지정하는 방법과 완성된 문서를 보기

좋게 인쇄하는 방법에 대해서 배워보겠습니다. 글꼴과 셀에 관한 서식, 데이터의 표시 형식을

지정하는 방법을 알아보고, 기본 인쇄 방법 및 인쇄를 위한 페이지 설정 방법까지 살펴보겠습니다.

E X C E L   2 0 1 0

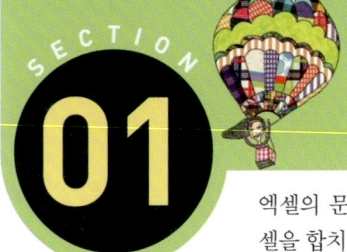

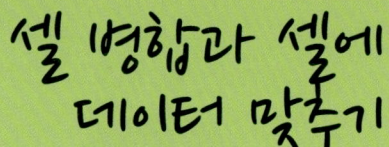

셀 병합과 셀에 데이터 맞추기

엑셀의 문서를 원하는 모양으로 작성하기 위해서는 셀로 이루어진 표를 자유롭게 다룰 줄 알아야 합니다. 셀을 합치거나 분할하고, 셀에 입력한 데이터의 방향을 지정하는 방법에 대해 알아보겠습니다.

다루는 내용

- 셀을 합치거나 분할하기
- 셀에 데이터 맞추기

기능 정리

셀 병합과 데이터 맞춤에 관한 기능 미리 보기

셀 병합 및 데이터 맞춤에 관련된 기능은 [홈] 탭의 [맞춤] 그룹 또는 [셀 서식] 대화상자의 [맞춤] 탭에서 제공합니다.

● **[홈] 탭의 [맞춤] 그룹**

❶ **위쪽 맞춤/가운데 맞춤/아래쪽 맞춤** : 셀의 세로 방향을 기준으로 위쪽/가운데/아래쪽에 텍스트를 맞춥니다.

❷ **방향** : 대각선이나 세로 방향으로 텍스트를 회전합니다.

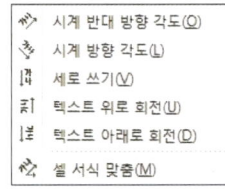

❸ **텍스트 왼쪽 맞춤/가운데 맞춤/오른쪽 맞춤** : 셀의 가로 방향을 기준으로 왼쪽/가운데/오른쪽에 텍스트를 맞춥니다.

❹ **내어쓰기/들여쓰기** : 셀의 테두리와 텍스트 사이의 여백을 조절합니다.

❺ **텍스트 줄 바꿈** : 한 셀에서 줄을 바꿔 데이터를 입력할 때 사용합니다.

❻ **병합하고 가운데 맞춤** : 선택한 셀들을 한 셀로 병합하고 텍스트를 가운데로 맞춥니다. 이외에도 다양한 병합 방법을 제공합니다.

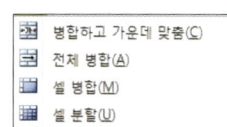

● **[셀 서식] 대화상자의 [맞춤] 탭**

[홈] 탭의 [맞춤] 그룹 오른쪽 아래에 있는 [셀 서식: 맞춤](⌐)을 클릭하면 [셀 서식] 대화상자의 [맞춤] 탭 화면이 나타납니다. [셀 서식] 대화상자는 Ctrl + 1 을 눌러 열 수도 있습니다.

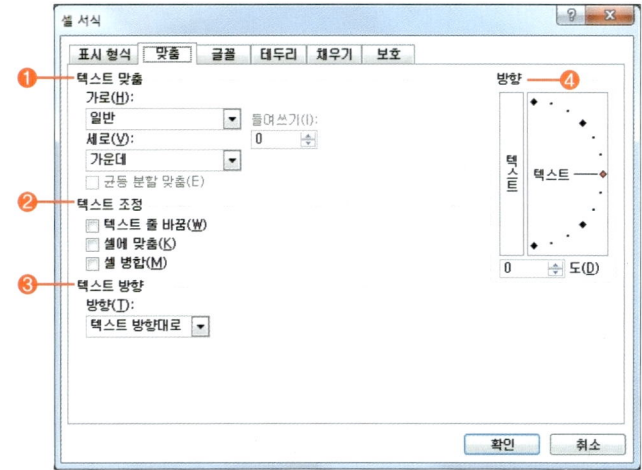

❶ **텍스트 맞춤** : 셀에 가로나 세로 방향으로 텍스트를 맞추는 여러 방법을 제공합니다.

❷ **텍스트 조절**

  • **텍스트 줄 바꿈** : 한 셀에서 줄을 바꿔 데이터를 입력할 때 사용합니다.

  • **셀에 맞춤** : 텍스트의 크기를 셀의 크기에 맞춥니다.

  • **셀 병합** : 선택한 여러 셀을 한 셀로 병합합니다.

❸ **텍스트 방향** : 아랍어와 같이 오른쪽에서 왼쪽으로 쓰는 언어를 입력할 때 사용합니다.

❹ **방향** : 텍스트를 세로 쓰기 하거나 회전하여 입력할 때 각도를 지정합니다.

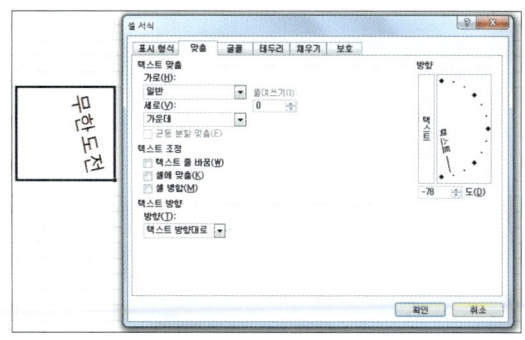

▲ 텍스트를 −78도로 회전

간단퀴즈

1 여러 셀을 하나로 합치고 자동으로 가운데 맞춤으로 정렬해주는 도구는 무엇입니까?

2 한 셀에서 줄을 바꿔 데이터를 입력할 때 사용하는 것으로 [홈] 탭의 [맞춤] 그룹 또는 [셀 서식] 대화상자의 [맞춤] 탭에서 모두 제공하는 이 기능은 무엇입니까?

답 : 병합하고 가운데 맞춤, 텍스트 줄 바꿈

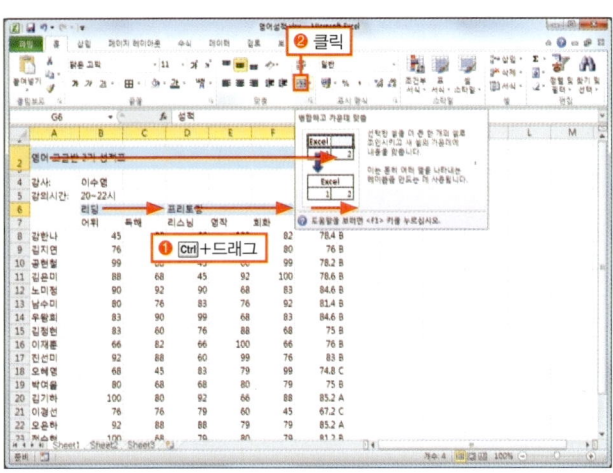

실습 과정

다양한 셀 병합 및 분할 살펴보기

선택한 여러 셀을 합치거나 다시 나누어 보기 좋은 표를 완성하는 방법에 대해 살펴보겠습니다.

- ◎ **시작 파일** : 3장\영어성적.xlsx
- ◎ **완료 파일** : 3장\영어성적_완료.xlsx

01 병합하고 가운데 맞추기

❶ Ctrl 을 누른 채 A2:I2, B6:C6, D6:F6, G6:H6셀을 모두 선택하고 ❷[홈] 탭의 [맞춤] 그룹에서 [병합하고 가운데 맞춤](⊞)을 클릭합니다.

02 결과 확인하기

선택한 셀들이 각각 한 셀로 합쳐지고 텍스트가 가운데 위치하게 됩니다.

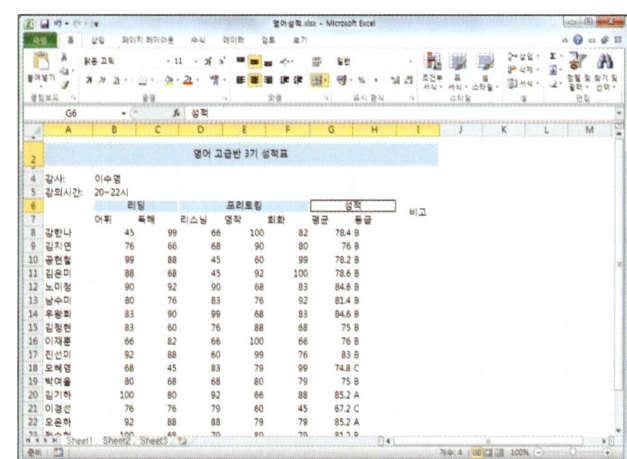

03 전체 병합하기

❶B4:I5셀을 선택하고 ❷리본 메뉴에서 [병합하고 가운데 맞춤](⊞·)의 목록 버튼을 눌러 ❸[전체 병합]을 클릭합니다.

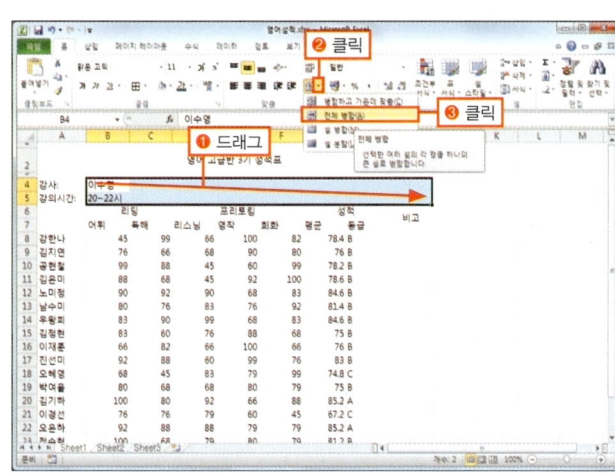

> **참고** •
> 선택한 셀들의 행은 변하지 않고 열끼리만 병합합니다.

04 셀 분할하기

①I6셀을 선택하고 ②리본 메뉴에서 [병합하고 가운데 맞춤](⊞▾)의 목록 버튼을 클릭하여 ③[셀 분할]을 선택합니다.

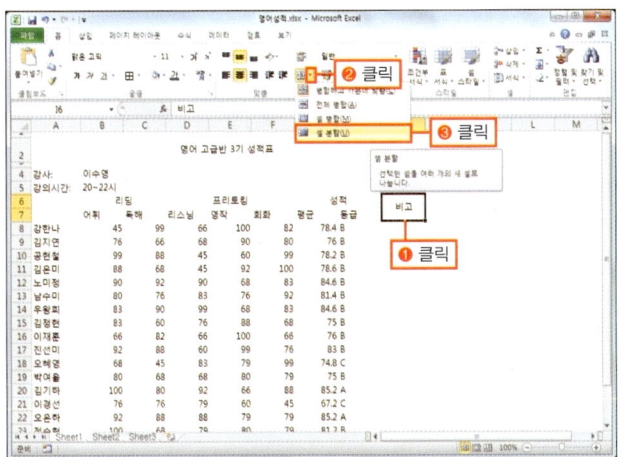

> **참고**
>
> 병합된 셀을 원래대로 분할합니다.

05 데이터가 입력된 여러 셀을 병합하기

①G6:I6셀을 선택하고 ②리본 메뉴에서 [병합하고 가운데 맞춤](⊞)을 클릭합니다. ③다시 [병합하고 가운데 맞춤](⊞)을 클릭하고 ④맨 위 행의 왼쪽 데이터만 남는다는 경고창이 나타나면 [확인]을 선택합니다.

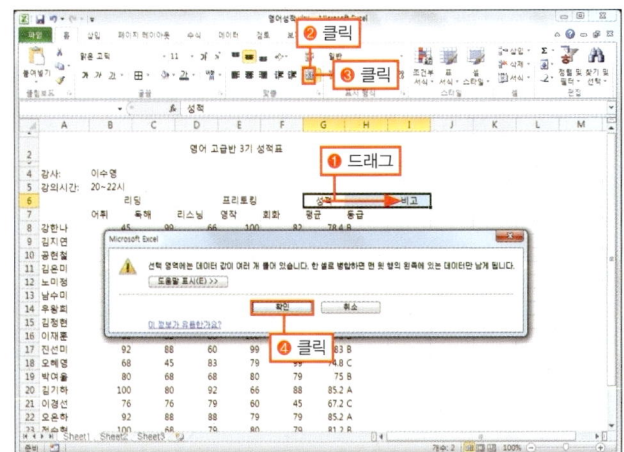

> **참고**
>
> 데이터가 각각 입력되어 있는 여러 셀을 병합할 때는 왼쪽 맨 처음 행의 데이터만 남고 모두 삭제됩니다.

06 셀 병합하기

①I7셀에 '비고'를 입력합니다. ②I8:I25셀을 선택하고 ③리본 메뉴에서 [병합하고 가운데 맞춤](⊞▾)의 목록 버튼을 눌러 ④[셀 병합]을 클릭합니다.

> **참고**
>
> 텍스트 맞춤은 변하지 않고 선택한 셀들만 하나로 병합됩니다. [셀 서식] 대화상자의 [맞춤] 탭에서 [텍스트 조정]-[셀 병합]에 체크해도 됩니다.

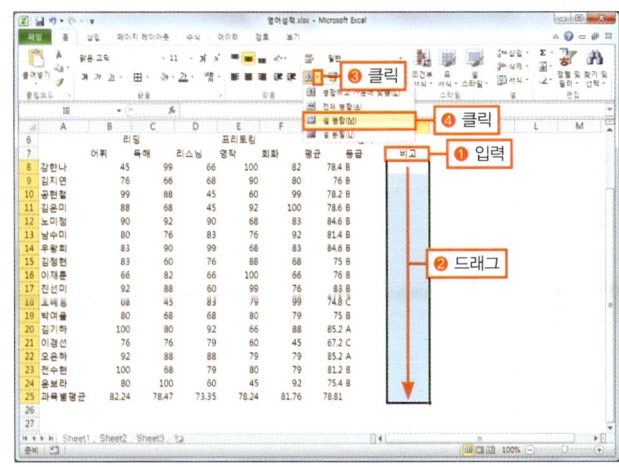

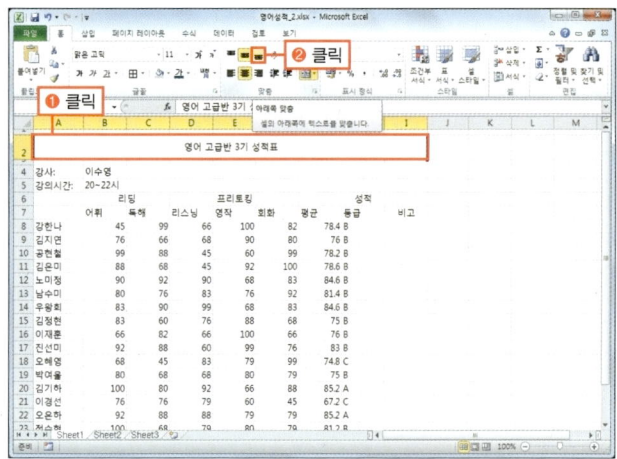

실습과정

데이터 맞춤 지정하기

셀에 데이터의 방향을 맞추는 다양한 방법에 대해서 살펴보겠습니다.

◎ **시작 파일** : 3장\영어성적_2.xlsx
◎ **완료 파일** : 3장\영어성적_2_완료.xlsx

01 아래쪽에 텍스트 맞추기

❶A2셀을 선택하고 ❷[홈] 탭의 [맞춤] 그룹에서 [아래쪽 맞춤](▤)을 클릭합니다.

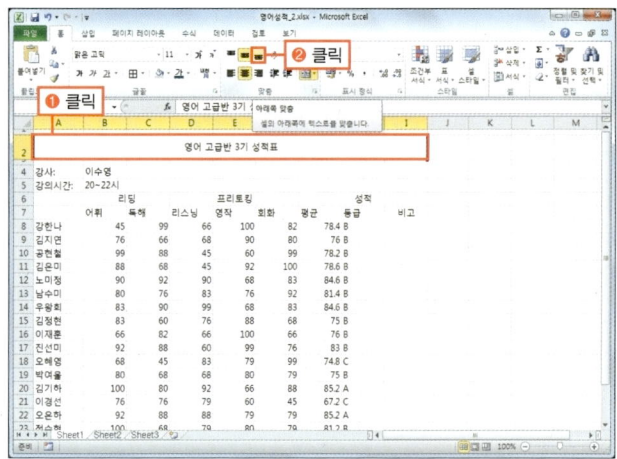

> **참고**
>
> 셀의 테두리를 기준으로 아래쪽에 텍스트를 맞춥니다.

02 가운데 텍스트 맞추기

❶Ctrl을 누른 채 B7:I7, A8:A25, H8:H25셀을 모두 선택하고 ❷리본 메뉴에서 [가운데 맞춤](▤)을 클릭합니다.

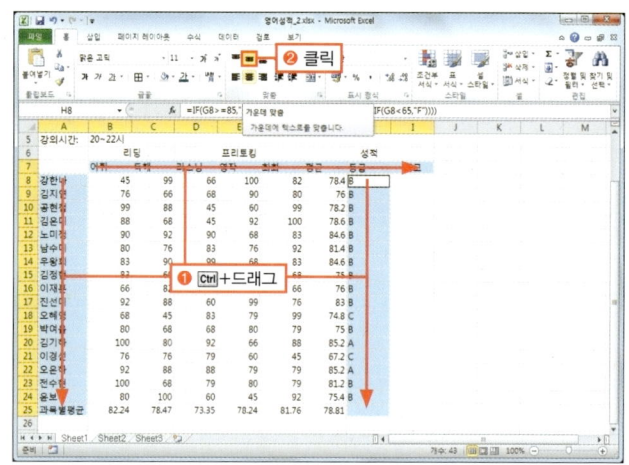

> **참고**
>
> 셀의 테두리를 기준으로 가로 가운데에 텍스트를 맞춥니다.

03 텍스트 오른쪽 맞추기

❶A4:A5셀을 선택하고 ❷리본 메뉴에서 [텍스트 오른쪽 맞춤](▤)을 클릭합니다.

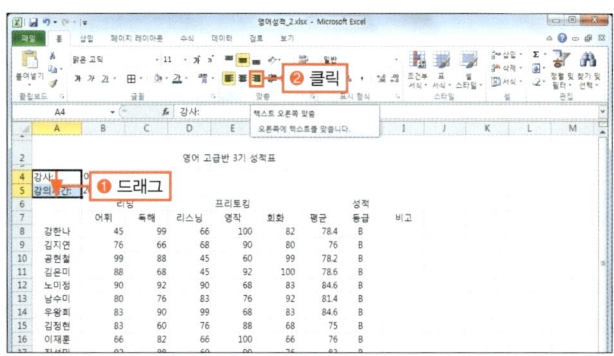

> **참고**
>
> 셀의 테두리를 기준으로 오른쪽에 텍스트를 맞춥니다.

04 들여쓰기

❶B4:B5셀을 선택하고 ❷리본 메뉴에서 [들여쓰기](▤)를 한 번 클릭합니다.

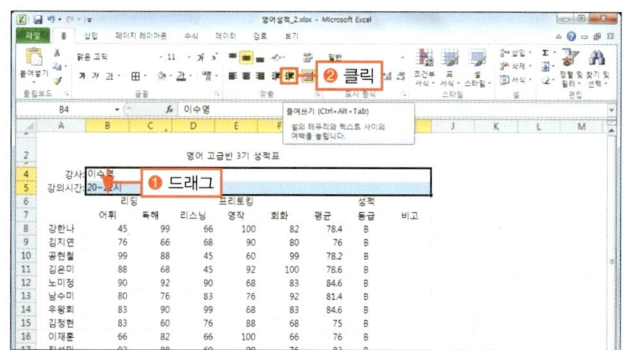

> **참고**
>
> 셀의 테두리와 텍스트 사이의 여백을 늘립니다. [내어쓰기](▤)를 클릭하면 반대로 여백이 줄어듭니다.

05 균등 분할하기

❶A2셀을 선택하고 ❷[맞춤] 그룹 오른쪽 아래에 있는 [셀 서식: 맞춤](⬚)을 클릭합니다. ❸[셀 서식] 대화상자의 [맞춤] 탭 화면이 나타나면 [텍스트 맞춤]에서 [가로]-[균등 분할 (들여쓰기)]를 선택하고 ❹[들여쓰기]를 '7'로 설정한 후 ❺[확인]을 클릭합니다.

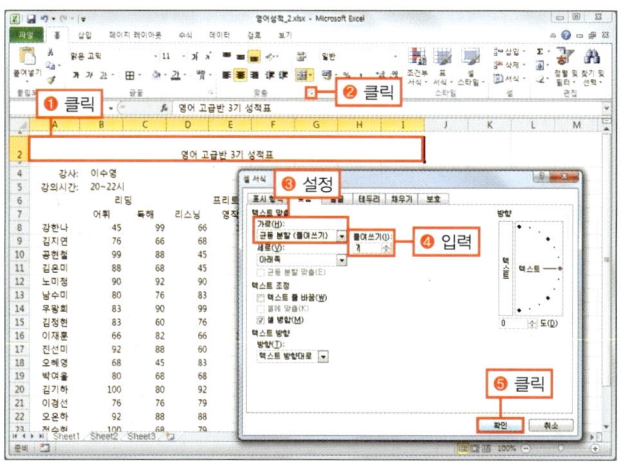

참고

Ctrl + 1 을 누르고 [셀 서식] 대화상자를 열어 [맞춤] 탭을 선택하고 설정해도 됩니다.

06 균등 분할 확인하기

'7'만큼 들여쓰기 한 상태에서 자간을 균등하게 분할합니다.

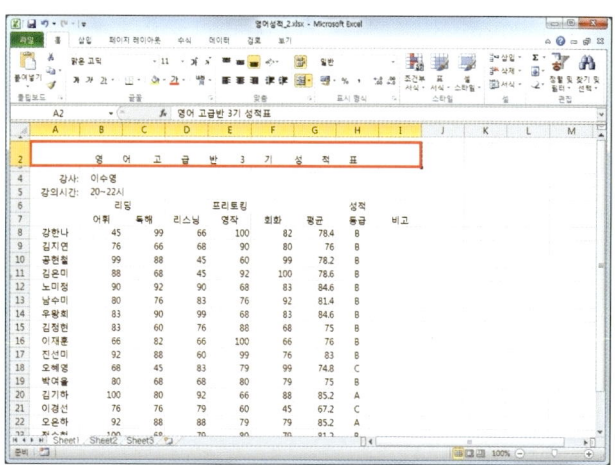

07 세로 쓰기

❶I8셀에 '특이사항 없음'이라고 입력하고 ❷리본 메뉴에서 [방향](⬚)을 클릭하여 ❸[세로 쓰기]를 선택합니다.

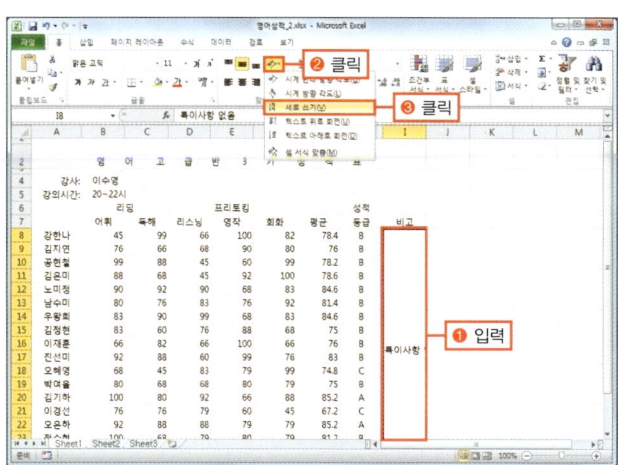

08 방향 확인

입력한 텍스트의 방향이 세로 쓰기로 변경됩니다.

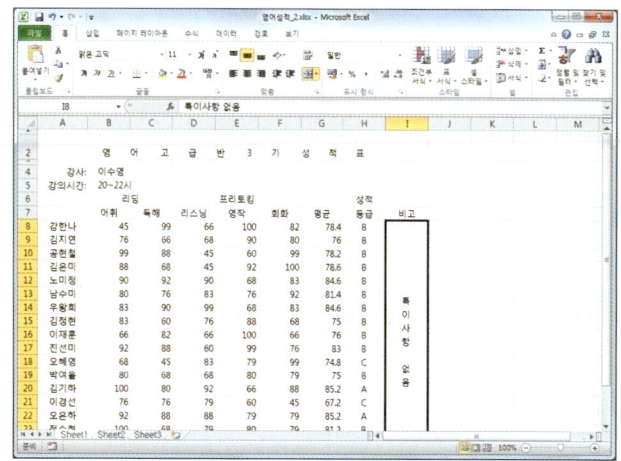

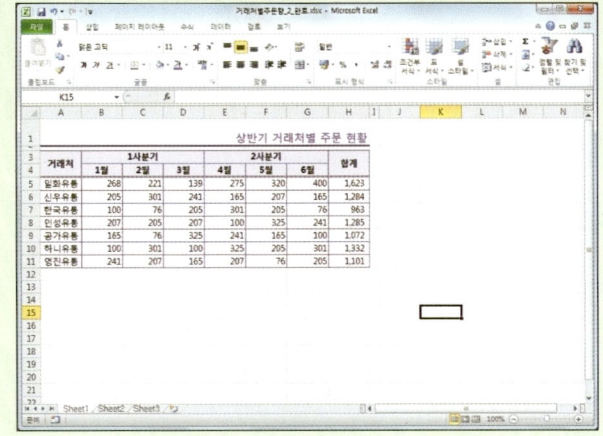

확인실습

1 다양한 셀 병합 방법과 맞춤 기능을 이용하여 문서를 다음과 같이 완성해 보세요.

- **시작 파일** : 3장\거래처별주문량_2.xlsx
- **완료 파일** : 3장\거래처별주문량_2_완료.xlsx

SECTION 02

셀과 글꼴 꾸미기

보기 좋고 가독성 높은 문서를 만들기 위해 셀의 모양과 글꼴 서식을 지정하는 방법을 알아보겠습니다.

다루는 내용

- 글꼴 서식 지정하기
- 셀 배경 설정하기
- 셀 테두리 서식 지정하기

기능 정리

글꼴과 셀 모양 설정에 관한 기능 미리 보기

엑셀의 글꼴과 셀 모양은 [홈] 탭의 [글꼴] 그룹이나 [셀 서식] 대화상자에서 설정합니다.

● **[홈] 탭의 [글꼴] 그룹**

① **글꼴** : 글꼴의 종류를 지정합니다.

② **글꼴 크기** : 글꼴 크기를 선택하거나 입력하여 지정합니다.

③ **글꼴 크기 크게/글꼴 크기 작게** : 현재 글꼴보다 한 포인트씩 크거나 작게 변경합니다.

④ **굵게** : 선택한 텍스트를 굵게 변경합니다.

⑤ **기울임꼴** : 선택한 텍스트를 기울임꼴로 변경합니다.

⑥ **밑줄** : 선택한 텍스트에 밑줄(또는 이중 밑줄)을 표시합니다.

⑦ **테두리** : 현재 선택한 셀의 테두리 서식에 관한 메뉴입니다.

⑧ **채우기 색** : 선택한 셀의 배경색을 지정합니다.

⑨ **글꼴 색** : 글꼴 색을 변경합니다.

⑩ **윗주 필드 표시/숨기기** : 선택한 텍스트의 위쪽에 주석을 답니다.

● **[셀 서식] 대화상자의 [글꼴] 탭**

[홈] 탭의 [글꼴] 그룹 오른쪽 아래에 있는 [셀 서식: 글꼴](⬛)을 클릭하면 [셀 서식]
대화상자의 [글꼴] 탭 화면이 나타납니다. [셀 서식] 대화상자는 Ctrl + 1 을 눌러 열 수도
있습니다.

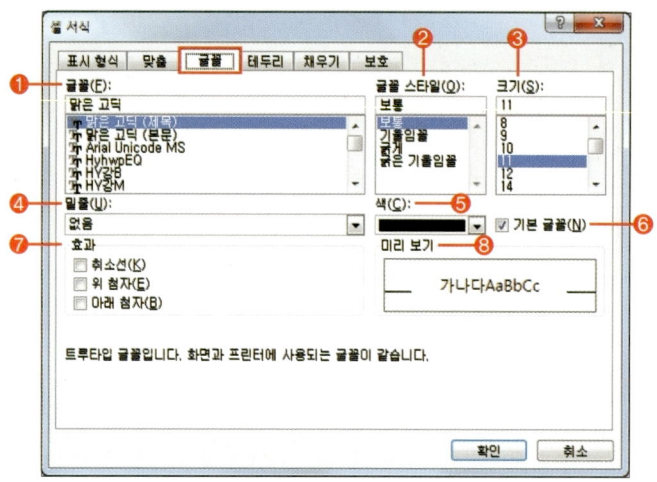

① **글꼴** : 글꼴의 종류를 지정합니다.

② **글꼴 스타일** : 굵게와 기울임꼴에 대한 설정을 한 번에 적용할 수 있습니다.

③ **크기** : 글꼴 크기를 변경합니다.

④ **밑줄** : 선택한 텍스트에 밑줄을 표시합니다. 이중 밑줄 및 회계용 실선을 제공합니다.

⑤ **색** : 글꼴 색을 변경합니다.

⑥ **기본 글꼴** : 엑셀의 기본 글꼴인 '맑은 고딕(제목), 보통, 11, 검정'으로 설정을 되돌립니다.

⑦ **효과** : 글자 가운데에 선을 긋는 취소선, 위아래 첨자를 설정할 수 있습니다.

⑧ **미리 보기** : 설정하는 텍스트의 모양을 실시간으로 보여줍니다.

● **[셀 서식] 대화상자의 [테두리] 탭**

[홈] 탭의 [글꼴] 그룹에서 [테두리]-[다른 테두리]를 선택하면 [셀 서식] 대화상자의 [테두리] 탭 화면이 나타납니다.

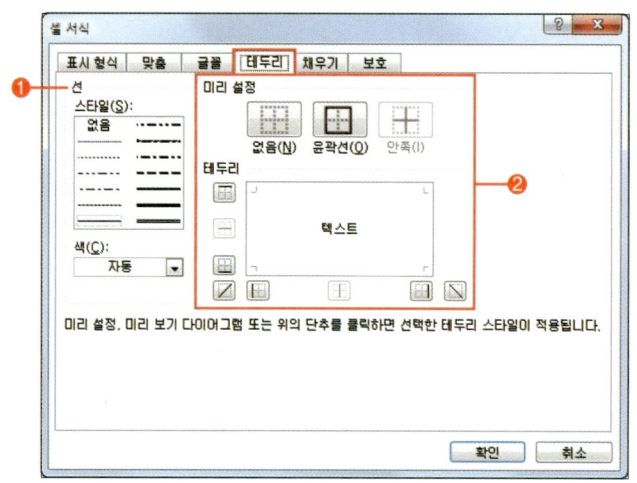

❶ 선 : [스타일]에서 테두리의 유형, [색]에서 테두리의 색을 선택합니다.

❷ 미리 설정, 테두리 : 아이콘을 이용하여 해당하는 테두리를 적용하거나 삭제합니다. 가운데 화면에서 미리 보기 할 수 있습니다.

● **[셀 서식] 대화상자의 [채우기] 탭**

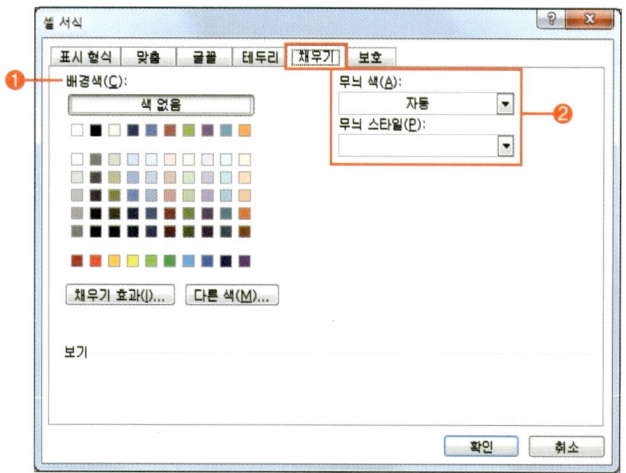

❶ 배경색 : 셀의 배경색을 선택합니다. [채우기 효과]를 클릭하면 그라데이션 색상을 설정할 수 있고, [다른 색]을 클릭하면 더 많은 색상을 보여줍니다.

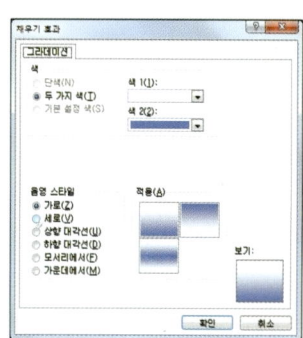

▲ [채우기 효과] 대화상자

❷ 무늬 색, 무늬 스타일 : 셀의 배경을 채울 무늬의 색과 스타일을 선택합니다.

간단퀴즈

1 글꼴에 대한 다양한 서식, 셀의 배경색 및 테두리 서식을 지정하는 도구가 모여 있는 리본 메뉴는 무엇입니까?

2 셀 영역에 한 번에 다양한 테두리 서식을 적용하려면 [셀 서식] 대화상자의 어떤 탭을 이용합니까?

3 셀 배경색에 그라데이션 효과를 사용하려면 [셀 서식] 대화상자의 [채우기] 탭에서 어떤 기능을 사용합니까?

답 : [홈] 탭의 [글꼴] 그룹, [테두리] 탭, 채우기 효과

실습 과정

글꼴 모양 꾸미기

글꼴 종류, 글꼴 크기, 글꼴 색, 글꼴 스타일 등을 변경하여 문서의 글꼴을 보기 좋게 설정하는 방법을 살펴보겠습니다.

⊙ **시작 파일** : 3장\영어성적_3.xlsx
⊙ **완료 파일** : 3장\영어성적_3_완료.xlsx

---

01 글꼴 크기 작게 변경하기

❶A4:B5셀을 선택하고 ❷[홈] 탭의 [글꼴] 그룹에서 [글꼴 크기 작게]([가])를 클릭합니다.

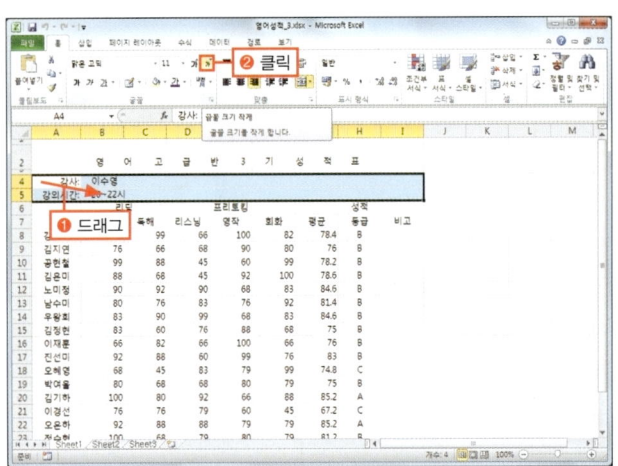

> **참고**
> 현재 글꼴 크기에서 한 포인트 작아집니다.

03 글꼴 굵게 변경하기

❶A7:I7, ❷A25셀을 함께 선택하고 ❸리본 메뉴에서 [굵게]([가])를 클릭합니다.

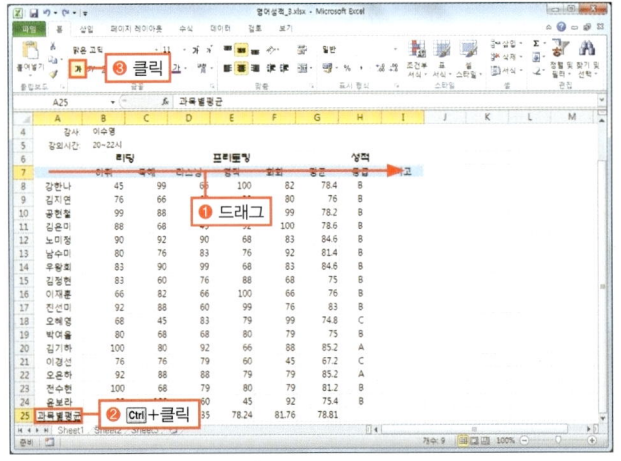

02 글꼴 크기와 글꼴 변경하기

❶A6:G6셀을 선택하고 ❷리본 메뉴에서 [글꼴 크기]의 목록 버튼을 클릭하여 ❸'12'를 클릭합니다. ❹[글꼴]은 [휴먼엑스포]로 설정합니다.

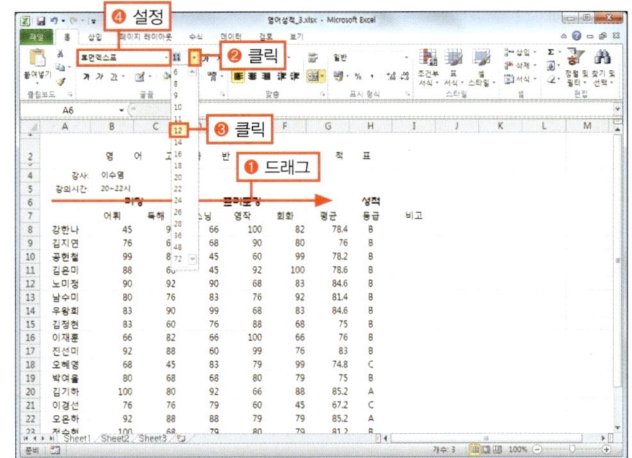

04 글꼴 색 변경하기

❶A7:I7, A8:A24셀을 함께 선택하고 ❷리본 메뉴에서 [글꼴 색]([가ㆍ])의 목록 버튼을 클릭하여 ❸[자주]를 선택합니다.

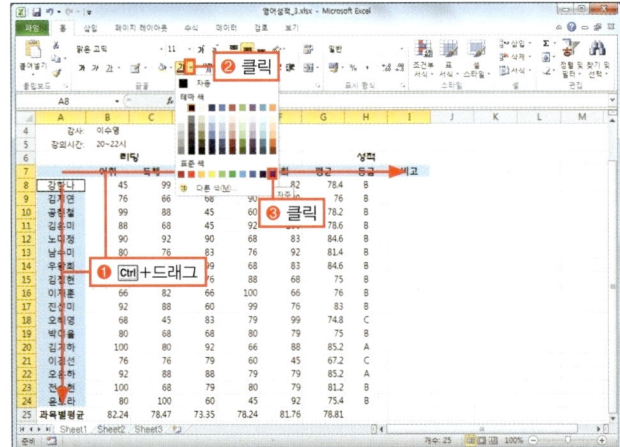

05 글꼴 서식 한 번에 변경하기

❶A2셀을 선택하고 ❷[글꼴] 그룹의 [셀 서식: 글꼴]()을 클릭합니다. ❸[셀 서식] 대화상자의 [글꼴] 탭 화면이 나타나면 [글꼴]은 [HY울릉도M], ❹[글꼴 스타일]은 [굵게], ❺[크기]는 '20', ❻[색]은 [바다색, 강조 5, 50% 더 어둡게]로 설정하고 ❼[확인]을 클릭합니다.

> **참고**
> [미리 보기]에서 변경되는 글꼴의 모양을 실시간으로 확인할 수 있습니다.

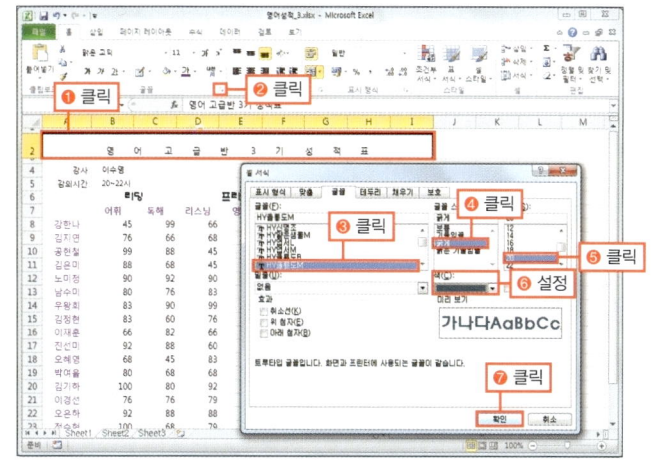

실습 과정

셀 배경 설정하기

셀의 배경은 단색, 그라데이션, 무늬 등으로 다양하게 채울 수 있습니다. 셀의 배경색을 설정하는 방법을 알아봅니다.

◉ **시작 파일** : 3장\영어성적_4.xlsx
◉ **완료 파일** : 3장\영어성적_4_완료.xlsx

01 기본 색으로 채우기

❶A7:I7셀을 선택하고 ❷[홈] 탭의 [글꼴] 그룹에서 [채우기 색]()의 목록 버튼을 클릭하여 ❸[흰색, 배경 1, 15% 더 어둡게]를 클릭합니다. ❹같은 방법으로 A6:G6셀과 A25셀은 [자주, 강조 4, 60% 더 밝게]로 채웁니다.

> **참고**
> [셀 서식] 대화상자의 [채우기] 탭에서 [배경색]의 색상을 선택해도 됩니다.

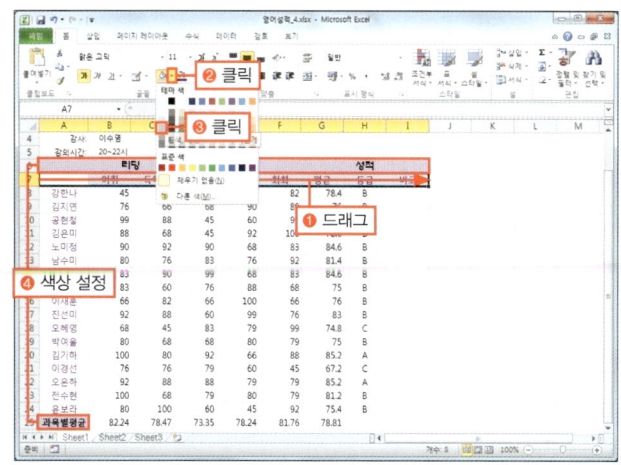

02 다른 색으로 채우기

❶A8:A24셀을 선택하고 ❷리본 메뉴에서 [채우기 색](![아이콘])의
목록 버튼을 클릭하여 ❸[다른 색]을 선택합니다.

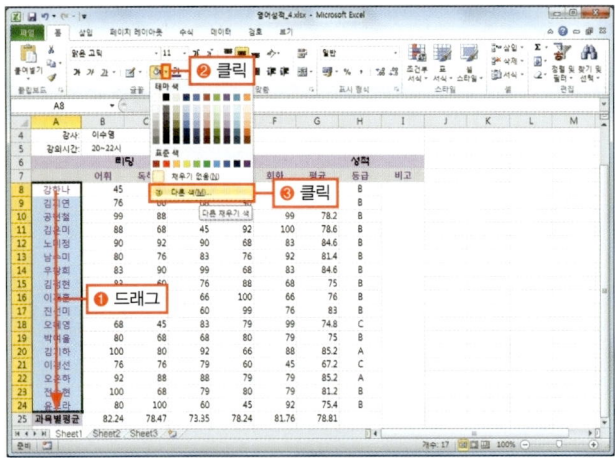

> **참고** •
> [셀 서식] 대화상자의 [채우기] 탭에서 [배경색]–[다른 색]을
> 클릭해도 됩니다.

03 색상 선택하기

[색] 대화상자에서 그림과 같이 ❶연한 노란색을 선택하고
❷[확인]을 클릭합니다.

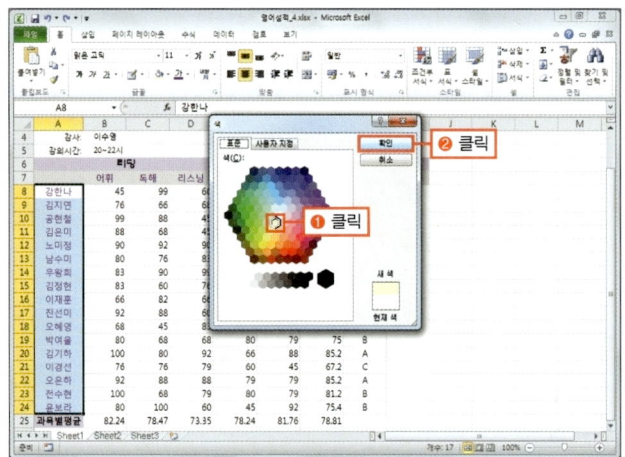

> **참고** •
> [색] 대화상자의 [사용자 지정]
> 탭에서는 색상을 더욱 세밀하게
> 선택할 수 있습니다.
>
>

04 [채우기 효과] 실행하기

❶A2셀을 선택하고 ❷Ctrl + 1 을 눌러 ❸[셀 서식]
대화상자의 [채우기] 탭을 클릭합니다. ❹[배경색]에서
[채우기 효과]를 클릭합니다.

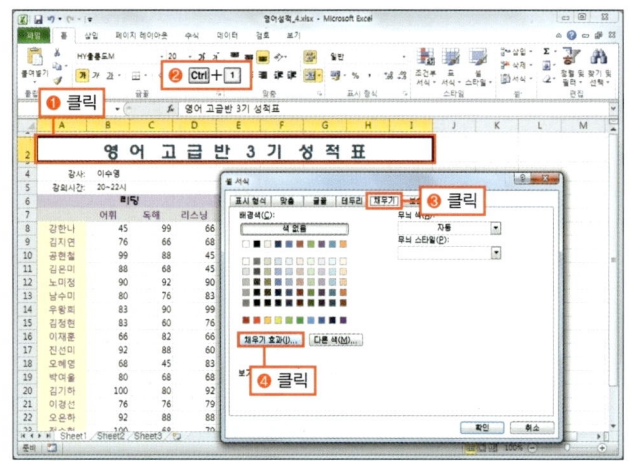

05 그라데이션 색상으로 채우기

[채우기 효과] 대화상자의 [색]에서 ❶[색2(2)]를 [흰색, 배경 1, 15% 더 어둡게]로 설정합니다. ❷[음영 스타일]은 [가로], ❸[적용]은 첫 번째가 선택된 상태로 ❹[확인]을 클릭합니다. ❺[셀 서식] 대화상자도 [확인]을 클릭하여 닫습니다.

06 색상 확인하기

셀 배경에 그라데이션 색상이 적용됩니다.

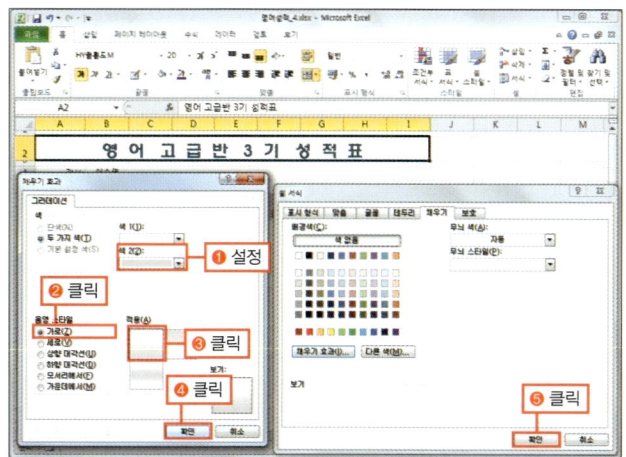

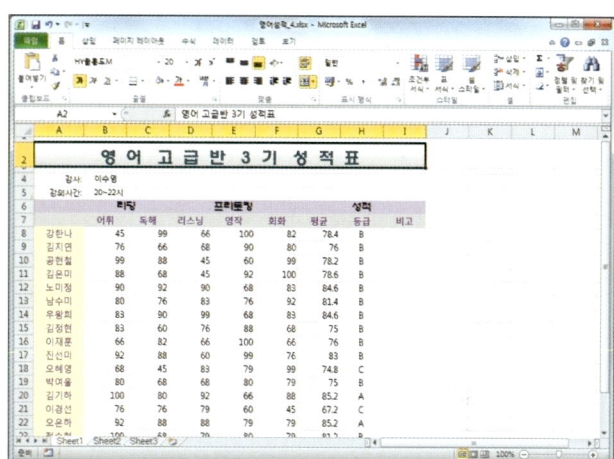

실습과정 셀 테두리 그리기

셀의 원하는 부분에 테두리를 그리고 색상이나 스타일 등의 서식을 지정할 수 있습니다. 셀 테두리 서식을 지정하는 다양한 방법을 살펴보겠습니다.

◎ **시작 파일** : 3장\영어성적_5.xlsx
◎ **완료 파일** : 3장\영어성적_5_완료.xlsx

01 선 색 설정하기

❶A2셀을 클릭하고 ❷[홈] 탭의 [글꼴] 그룹에서 [테두리](▦ ▾)의 목록 버튼을 클릭하여 ❸[선 색]-[바다색, 강조 5, 50% 더 어둡게]를 선택합니다.

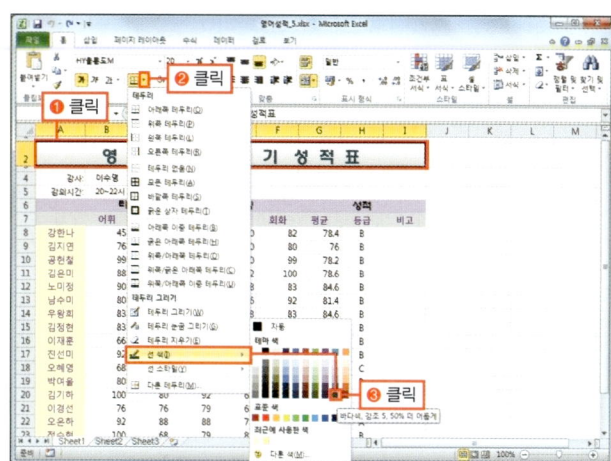

> **참고** ●
> [선 스타일]에서는 선의 유형을 선택할 수 있습니다.

02 테두리 유형 선택하기

❶다시 [테두리](⊞▼)의 목록 버튼을 클릭하고 ❷[위쪽/굵은 아래쪽 테두리]를 선택합니다.

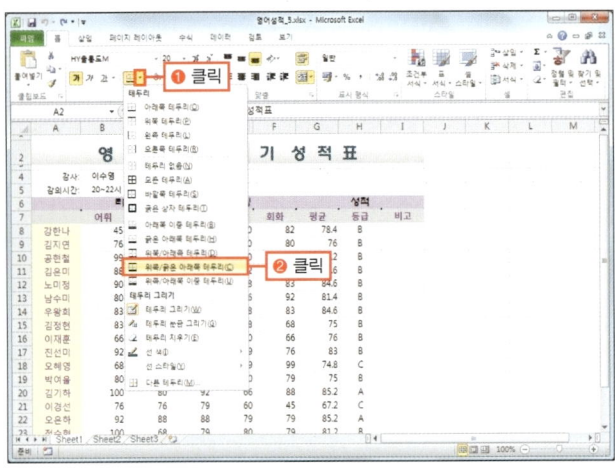

03 테두리 서식 한꺼번에 변경하기

❶A6:I8셀을 선택하고 ❷Ctrl+1을 눌러 [셀 서식] 대화상자가 나타나면 ❸[테두리] 탭을 클릭합니다. ❹[스타일]에서 가는 실선, ❺[색]에서 [자주, 강조 4]를 선택하고 ❻[미리 설정]에서 [안쪽]을 클릭합니다.

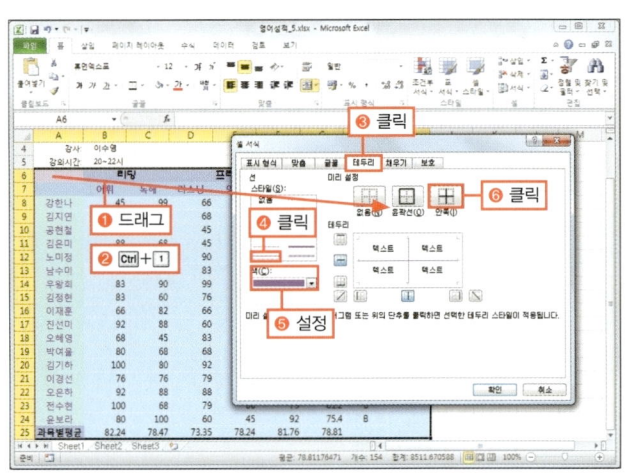

04 테두리 서식 중복 설정하기

❶다시 [스타일]에서 중간 실선, ❷[색]은 [자주]를 선택하고 ❸[미리 설정]에서 [윤곽선]을 클릭한 후 ❹[확인]을 클릭합니다.

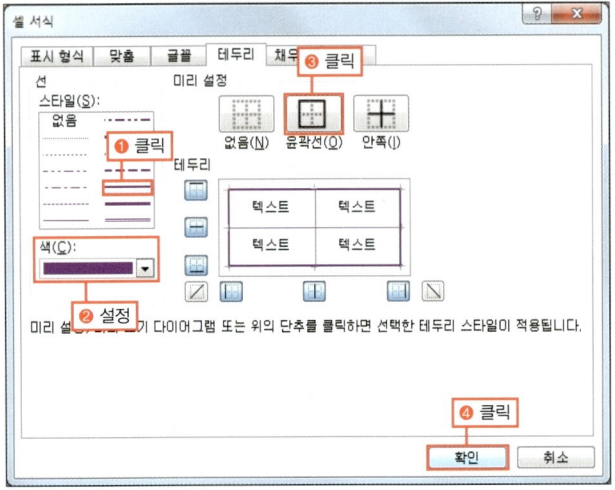

05 테두리 확인하기

선택한 스타일과 색상대로 윤곽선과 안쪽에 테두리 서식이 적용됩니다. 다시 리본 메뉴에서 ❶[테두리]의 목록 버튼을 클릭하고 ❷[테두리 그리기]를 선택합니다.

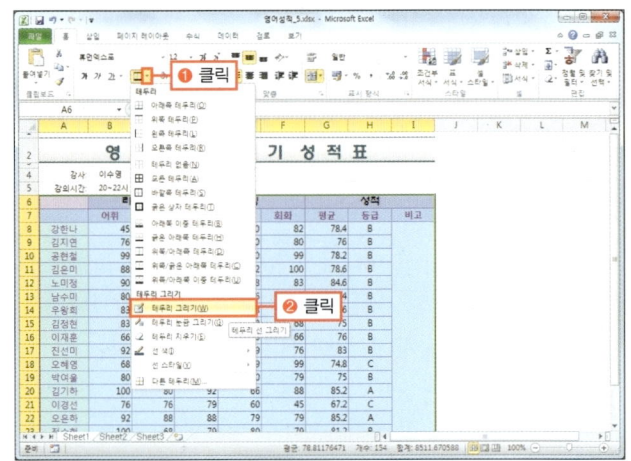

06 테두리 그리기

❶A2셀의 아래 테두리를 클릭하여 테두리를 다시 그립니다.

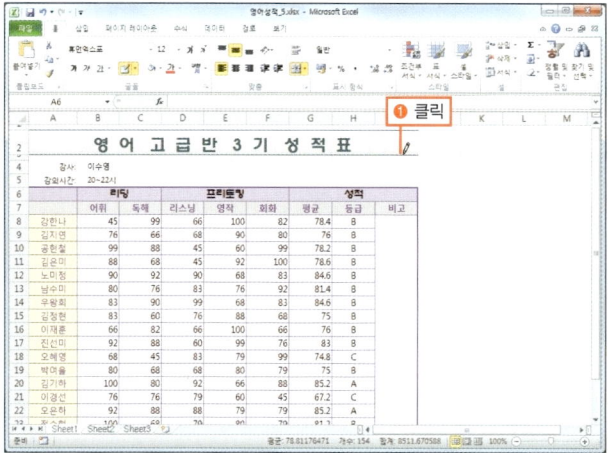

> **참고**
>
> 앞에서 설정한 색상에 맞춰 기본 선 스타일(가는 실선)의 테두리가
> 그려집니다.

07 [테두리 눈금 그리기] 실행하기

다시 리본 메뉴에서 ❶[테두리]의 목록 버튼을 클릭하고
❷[테두리 눈금 그리기]를 선택합니다.

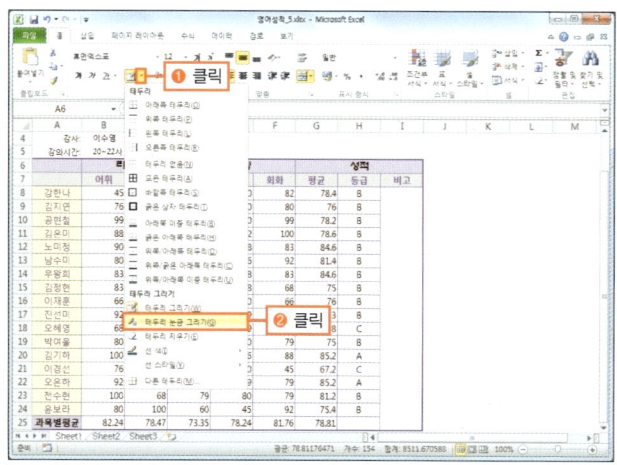

08 테두리 눈금 그리기

❶B8셀부터 G24셀까지 드래그하면 범위 내의 모든 셀에
테두리가 그려집니다.

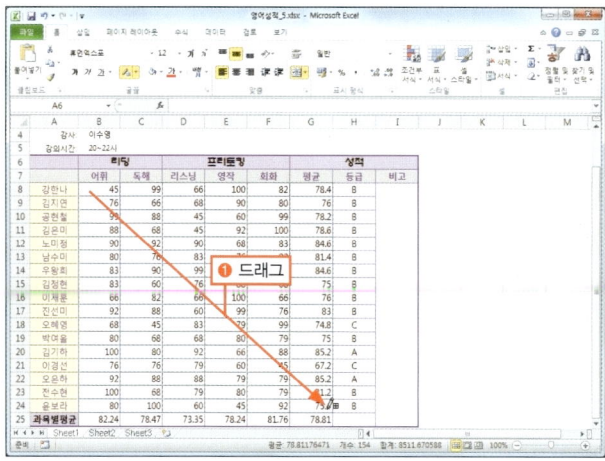

09 [테두리 지우기] 실행하기

다시 리본 메뉴에서 ❶[테두리]의 목록 버튼을 클릭하고
❷[테두리 지우기]를 선택합니다.

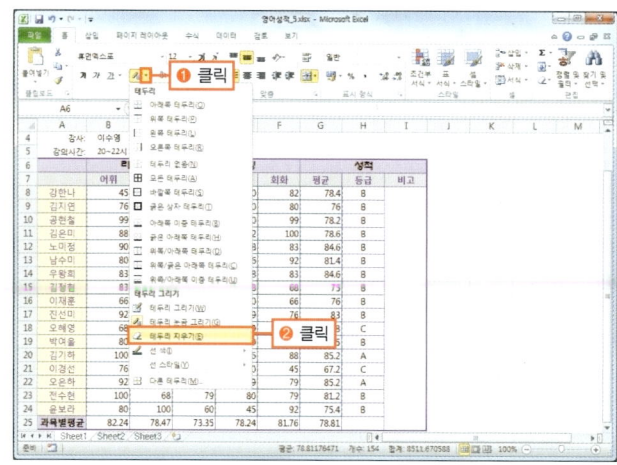

10 테두리 지우기

❶A1셀부터 I1셀까지 셀의 아래쪽을 따라 드래그하면 테두리가 지워집니다.

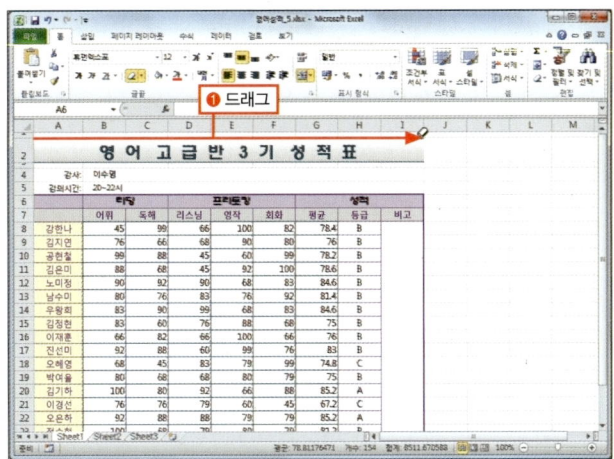

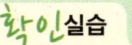

1 글꼴 서식, 셀 서식, 테두리 서식을 이용하여 문서를 다음과 같이 완성해 보세요.

◎ **시작 파일** : 3장\월별쿠폰현황_2.xlsx
◎ **완료 파일** : 3장\월별쿠폰현황_2_완료.xlsx

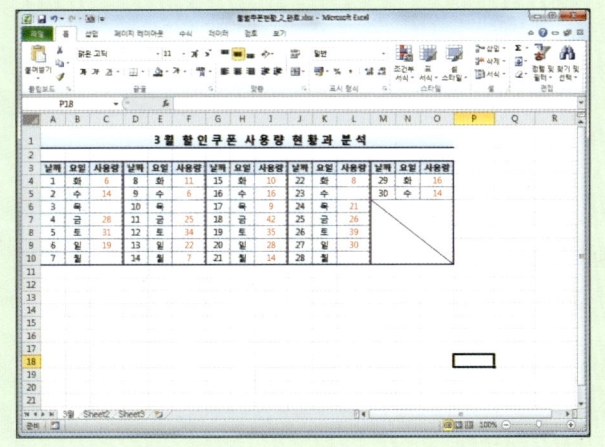

[셀 스타일] 이용하여 셀 서식 한번에 끝내기

[홈] 탭의 [스타일] 그룹에 있는 [셀 스타일]을 클릭하면 글꼴을 비롯한 여러 서식이 미리 적용된 스타일을 선택하여 셀에 바로 적용할 수 있습니다.

◎ **시작 파일** : 3장\공예초중급반일정_2.xlsx
◎ **완료 파일** : 3장\공예초중급반일정_2_완료.xlsx

1 셀 스타일 종류 확인하기

❶B2셀을 선택하고 ❷[홈] 탭의 [스타일] 그룹에서 [셀 스타일]을 클릭하여 종류를 확인합니다.

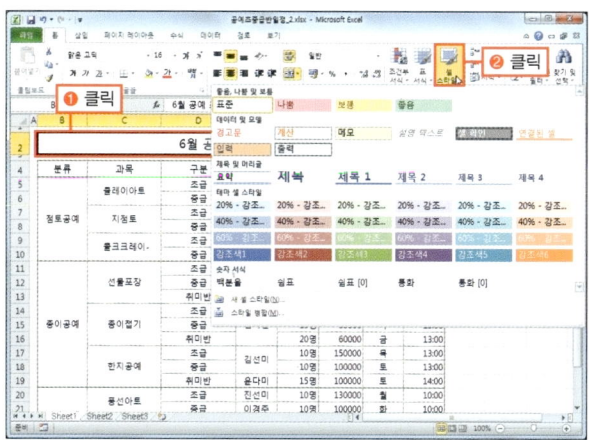

2 셀 스타일 적용하기

❶[제목 및 머리글]에서 [제목 1]을 클릭합니다.

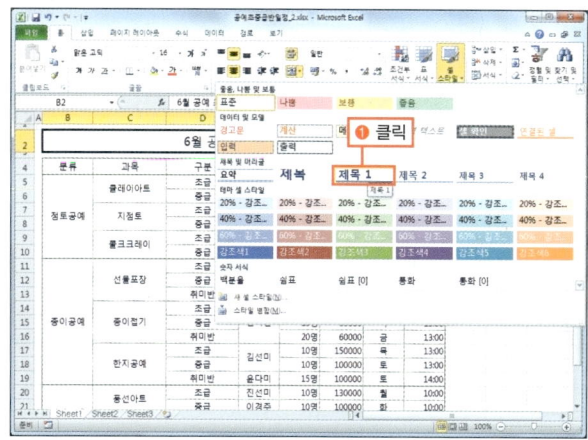

> **참고**
>
> 셀 스타일 종류에 마우스 포인터를 가져가면 실시간으로 셀에 적용되는 모습을 확인할 수 있습니다.

3 다른 셀 스타일 사용하기

❶B4:I4셀을 선택하고, 리본 메뉴에서 다시 ❷[셀 스타일]을 클릭합니다. ❸[테마 셀 스타일]에서 [40% – 강조색3]을 선택합니다.

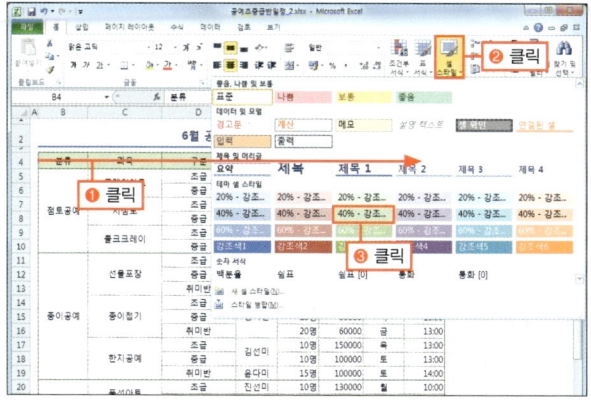

4 셀 스타일의 서식 변경하기

리본 메뉴의 [글꼴] 그룹에서 ❶[글꼴 색]을 ❷[황록색, 강조 3, 50% 더 어둡게]로 변경합니다.

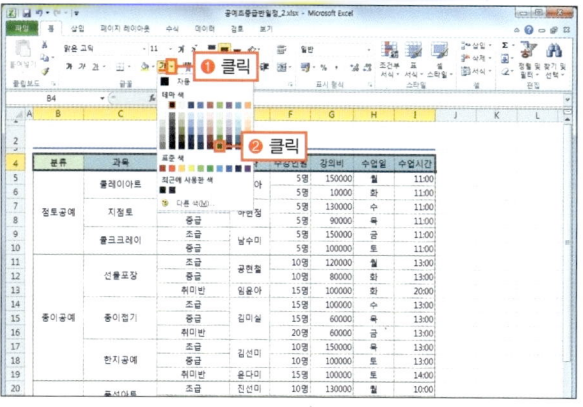

5 새 셀 스타일로 저장하기

리본 메뉴의 [스타일] 그룹에서 ❶[셀 스타일]을 클릭하고 ❷[새 셀 스타일]을 선택합니다.

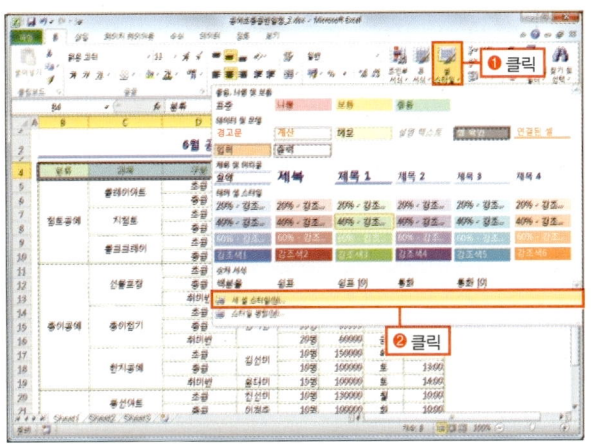

6 셀 스타일 설정하기

[스타일] 대화상자가 나타나면 ❶[스타일 이름]에 '40%강조색3 _변경'이라고 입력하고 ❷[스타일에 포함할 항목]을 그림과 같이 설정한 후 ❸[확인]을 클릭합니다.

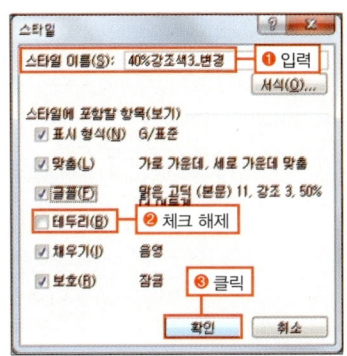

7 저장한 셀 스타일 사용하기

❶B5:B20셀을 선택하고 리본 메뉴에서 다시 ❷[셀 스타일]을 누른 후 ❸[사용자 지정]의 [40% 강조색3_변경]을 클릭합니다.

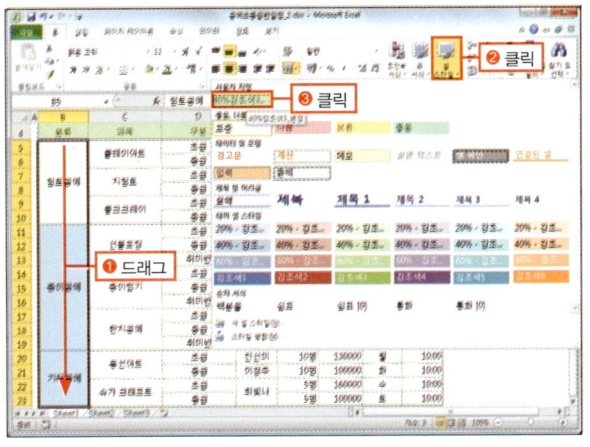

8 숫자 서식 셀 스타일 사용하기

❶G5:G23셀을 선택하고 리본 메뉴에서 다시 ❷[셀 스타일]을 클릭합니다. ❸[숫자 서식]에서 [통화 [0]]을 클릭합니다.

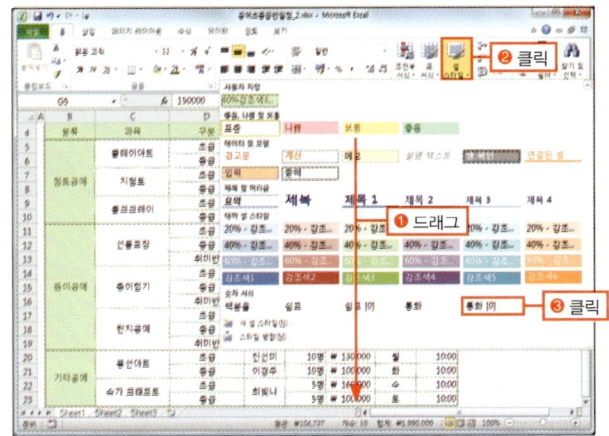

9 셀 스타일 확인하기

소수점 없이 통화 기호가 표시됩니다.

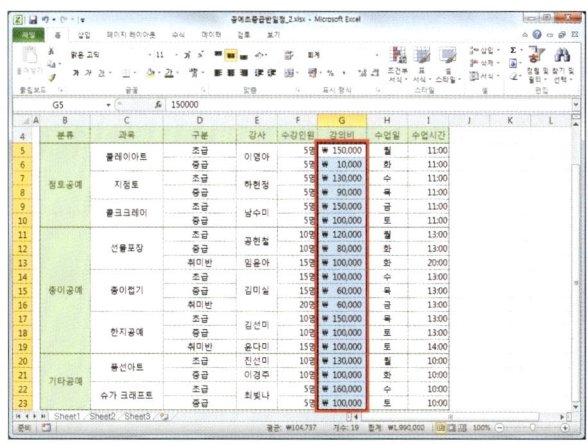

데이터의 표시 형식 설정하기

SECTION 03

엑셀에서는 같은 데이터를 입력하더라도 표시 형식을 어떻게 지정하느냐에 따라 숫자, 통화, 회계, 날짜 등의 다양한 형태로 사용할 수 있습니다. 데이터의 표시 형식을 지정하는 방법을 살펴보겠습니다.

다루는 내용

- 엑셀의 기본 표시 형식 사용하기
- 사용자 지정 표시 형식 사용하기

기능 정리

데이터 표시 형식의 종류 미리 보기

자주 사용하는 데이터 표시 형식은 [홈] 탭의 [표시 형식] 그룹에서 지정할 수 있습니다. 그 외의 표시 형식은 [셀 서식] 대화상자의 [표시 형식] 탭을 이용하거나 각종 기호를 사용하여 사용자가 직접 지정할 수 있습니다.

● **[홈] 탭의 [표시 형식] 그룹**

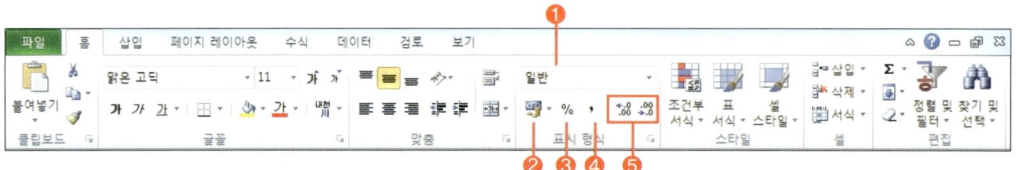

❶ **표시 형식** : 자주 사용하는 대표적인 표시 형식입니다.

ⓐ **일반** : 특정 서식이 지정되지 않은 원본 데이터입니다.

ⓑ **숫자** : 숫자 데이터를 나타낼 때 사용합니다.

ⓒ **통화, 회계** : 한국 통화 기호가 적용됩니다. [회계]는 소수점에 맞춰 열이 정렬됩니다.

ⓓ **간단한 날짜, 자세한 날짜, 시간** : 숫자 데이터를 날짜나 시간 형식으로 나타냅니다.

ⓔ **백분율** : 데이터에 100을 곱한 값이 백분율 기호와 함께 나타납니다.

ⓕ **분수, 지수** : 데이터를 분수, 지수 형태로 표시합니다.

ⓖ **텍스트** : 문자 데이터를 나타낼 때 사용합니다.

ⓗ **기타 표시 형식** : [셀 서식] 대화상자의 [표시 형식] 탭을 불러옵니다.

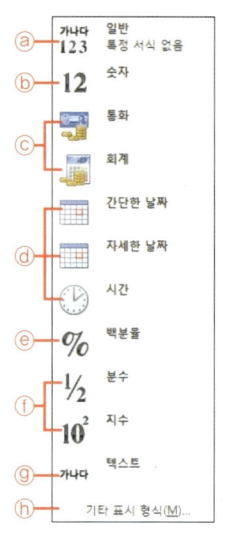

❷ **회계 표시 형식** : 선택한 셀에 주요 화폐(한국, 미국, 영국, 유로, 일본, 중국)의 통화 기호를 표시합니다.

❸ **백분율 스타일** : 데이터에 100을 곱하여 백분율 기호와 함께 표시합니다. 위 [표시 형식] 메뉴의 백분율과 같습니다.

❹ **쉼표 스타일** : 1000단위 구분 기호를 적용합니다. 데이터는 회계 서식으로 변경됩니다.

❺ **자릿수 늘림/자릿수 줄임** : 소수 자릿수를 늘리거나 줄입니다.

● **[셀 서식] 대화상자의 [표시 형식] 탭**

[범주]에서 원하는 표시 형식을 선택하면 리본 메뉴의 [표시 형식] 그룹보다 더 자세히 설정할 수 있습니다.

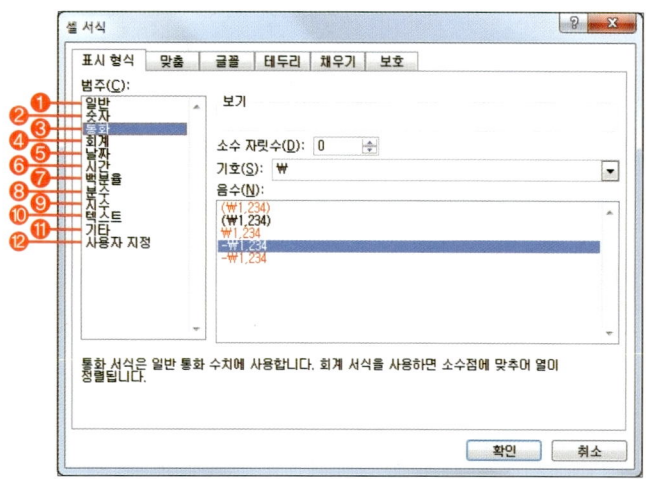

❶ **일반** : 특정 서식이 지정되지 않은 원본 데이터입니다.

❷ **숫자** : 숫자 데이터로 표시하며 소수 자릿수, 천 단위 구분 여부, 음수 표시 등을 설정할 수 있습니다.

❸ **통화** : 숫자를 통화 데이터로 표시하며 소수 자릿수, 통화 기호, 음수 표시 등을 설정할 수 있습니다.

❹ **회계** : 숫자를 회계 데이터로 표시하며 소수 자릿수, 통화 기호를 설정할 수 있습니다. 이 서식을 사용하면 통화 기호와 소수점에 맞춰 열이 정렬됩니다.

❺ **날짜** : 다양한 날짜 형식을 선택하여 사용할 수 있으며 위치와 달력 종류 등을 설정할 수 있습니다.

❻ **시간** : 다양한 시간 형식 및 위치를 선택하여 사용할 수 있습니다.

❼ **백분율** : 데이터에 100을 곱한 값을 백분율 기호와 함께 표시하며 소수 자릿수를 설정할 수 있습니다.

❽ **분수** : 다양한 분수 형식을 사용할 수 있습니다.

❾ **지수** : 데이터를 지수 형식으로 표시하며 소수 자릿수를 설정할 수 있습니다.

❿ **텍스트** : 숫자를 입력해도 문자 데이터로 처리합니다.

⓫ **기타** : 우편번호, 전화번호, 주민등록번호, 숫자를 한자나 한글로 표시하는 형식 등을 제공합니다.

⓬ **사용자 지정 표시 형식** : 사용자가 원하는 특정 표시 형식을 만들 수 있습니다. 사용자 지정 표시 형식에 사용되는 기호는 다음과 같습니다.

형식	의미	사용 예		
		형식 예	입력 데이터	표시 데이터
#	유효한 숫자만 표시합니다. 해당 자리에 숫자가 없으면 아무것도 표시하지 않습니다. 천 단위는 쉼표, 소수점은 마침표로 구분합니다.	#,###	05247	5,247
0	#과 비슷하나 모든 숫자를 표시합니다. 해당 자리에 숫자가 없으면 '0'을 표시합니다.	0#,###	05247	05,247
?	해당 자리에 숫자가 없으면 공백으로 처리합니다.	#.##?	3.230	3.23
" "	문자를 삽입합니다.	#,###"장"	05247	5,247장
@	뒤에 설정하는 문자 데이터를 자동으로 표시합니다.	@"씨"	이용원	이용원씨
[ ]	색상 또는 조건을 설정합니다.	[파랑][>50]	55	55
y, m, d, a	연도, 월, 일, 요일의 표시 형식입니다.	y, yy yyy, yyyy	7-5	11 2011 (현재 연도 표시)
		m mm mmm mmmm	7-5	7 07 Jul July
		d dd ddd dddd	7-5	5 05 Tue Tuesday
		aaa aaaa	7-5	화 화요일

 간단퀴즈

1 '2-5'로 입력한 데이터를 '2011년 2월 5일 토요일'과 같이 표시하려면 [홈] 탭의 [표시 형식] 그룹의 [표시 형식]에서 어떤 것을 이용합니까?

2 '030'으로 입력한 데이터를 '030번'으로 표시하려면 사용자 지정 표시 형식을 어떻게 지정해야 합니까?

3 셀에 입력한 숫자를 천 단위로 구분하는 가장 빠른 방법은 무엇입니까?

답 : 자세한 날짜, 0##"번", [쉼표 스타일] 적용

실습과정

엑셀에서 제공하는 다양한 표시 형식 적용하기

엑셀의 기본 표시 형식을 이용하여 자주 사용하는 날짜, 통화, 백분율 등의 표시 형식을 설정하겠습니다.

◎ **시작 파일** : 3장\가계자산현황_2.xlsx

01 [통화] 표시 형식 적용하기

❶D5:F9, D12:F13셀을 선택하고 ❷[홈] 탭의 [표시 형식] 그룹에서 [표시 형식](일반)의 목록 버튼을 누른 후 ❸[통화]를 선택합니다.

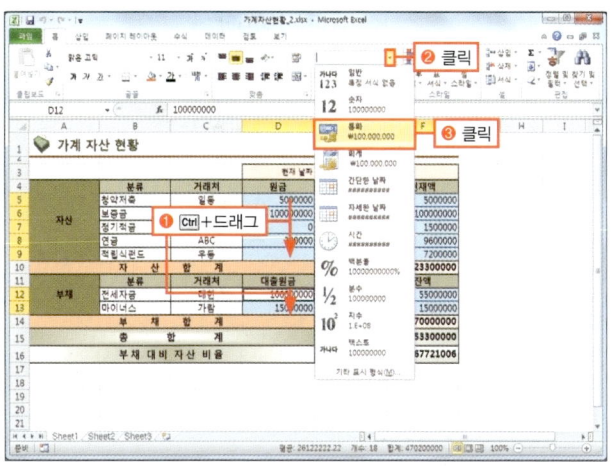

참고

[셀 서식] 대화상자에서 [통화]를 선택하면 소수 자릿수, 통화 기호, 음수/양수값 등 더욱 구체적으로 설정할 수 있습니다.

02 [백분율 스타일] 표시 형식 적용하기

❶E16셀을 선택하고 ❷리본 메뉴에서 [백분율 스타일](%)을 클릭합니다.

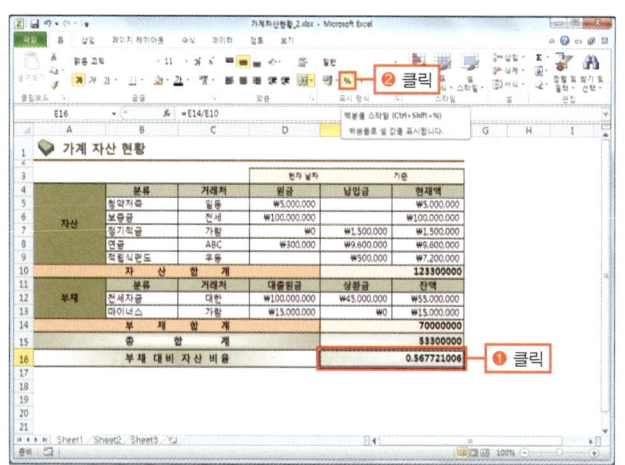

참고

[표시 형식](일반)의 목록 버튼을 클릭하여 [백분율]을 클릭해도 됩니다. 또는 [셀 서식] 대화상자의 [백분율]을 선택하면 소수 자릿수를 구체적으로 지정할 수 있습니다.

03 백분율 자릿수 조절하기

백분율 스타일로 변경된 E16셀이 선택된 상태에서 ❶리본 메뉴의 [자릿수 늘림]( ) 을 두 번 클릭합니다.

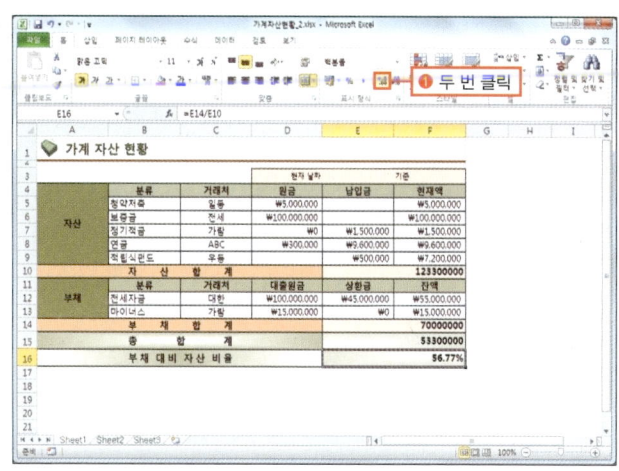

04 [셀 서식]의 [표시 형식] 탭 열기

❶E3셀을 선택하고 ❷`Ctrl`+`:`을 눌러 오늘 날짜를 입력합니다. ❸E3셀이 선택된 상태에서 [홈] 탭의 [표시 형식] 그룹에서 [셀 서식:표시 형식](▣)을 클릭합니다.

05 [날짜] 표시 형식 설정하기

❶[셀 서식] 대화상자가 나타나면 [범주]-[날짜]를 클릭하고 ❷[형식]에서 [2001년 3월 14일]을 선택한 후 ❸[확인]을 클릭합니다.

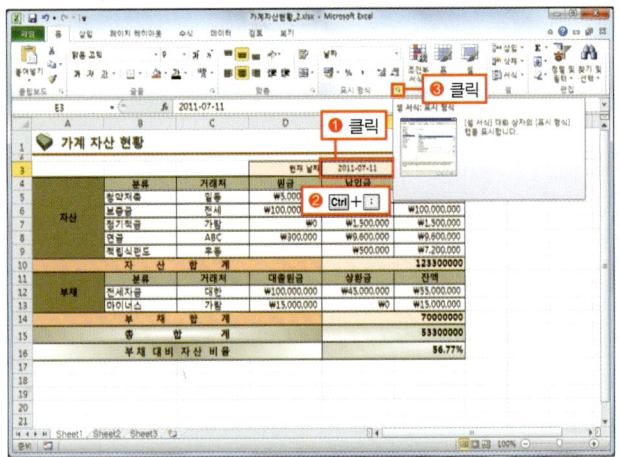

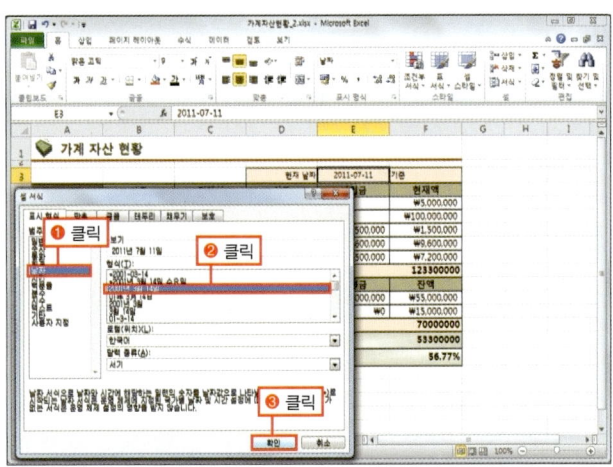

참고 •
`Ctrl`+`1`을 누르거나 마우스 오른쪽 버튼을 클릭하고 [셀 서식]을 선택해도 됩니다. 또는 [표시 형식](일반 ▼)의 목록 버튼을 클릭하여 [기타 표시 형식]을 선택해도 됩니다.

참고 •
[보기]에서 설정하는 형식을 미리 볼 수 있습니다.

실습 과정

사용자 지정 표시 형식 설정하기

다양한 기호를 사용하여 사용자 지정 표시 형식을 설정해 보겠습니다.

◉ **시작 파일** : 앞의 파일에 이어서 진행합니다.
◉ **완료 파일** : 3장\가계자산현황_2_완료.xlsx

01 숫자와 단위 서식 설정하기

❶E10, E14셀을 함께 선택하고 ❷`Ctrl`+`1`을 누릅니다. ❸[셀 서식] 대화상자의 [범주]-[사용자 지정]을 선택하고 ❹[형식]에 '#,##0"원"'를 입력한 후 ❺[확인]을 클릭합니다.

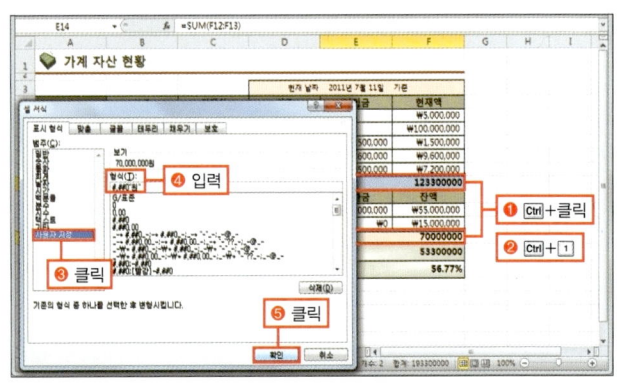

02 양수/음수 값에 따라 색상 설정하기

❶E15셀을 선택하고 ❷ Ctrl + 1 을 누른 후 ❸[셀 서식] 대화상자의 [범주]-[사용자 지정]을 클릭합니다. ❹[형식]에 '[파랑]#,##0;[빨강]-#,##0'을 입력하고 ❺[확인]을 클릭합니다.

03 문자 삽입하기

❶C5:C9, C12:C13셀을 함께 선택하고 ❷ Ctrl + 1 을 누른 후 ❸[셀 서식] 대화상자의 [범주]-[사용자 지정]을 클릭합니다. ❹[형식]에 '@"은행"'를 입력하고 ❺[확인]을 클릭합니다.

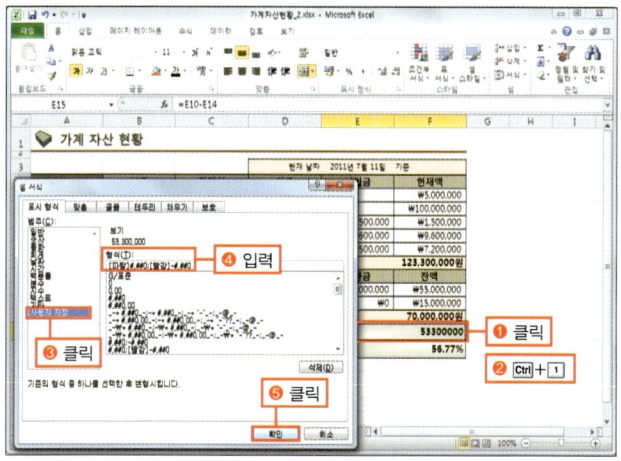

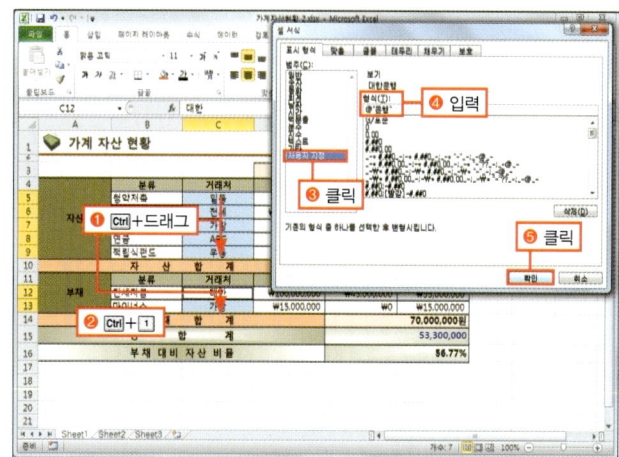

참고

셀 값이 양수면 파랑, 음수면 빨강으로 표시되는 형식입니다.

04 결과 확인하기

해당 셀 값의 뒤에 '은행'이 표시됩니다.

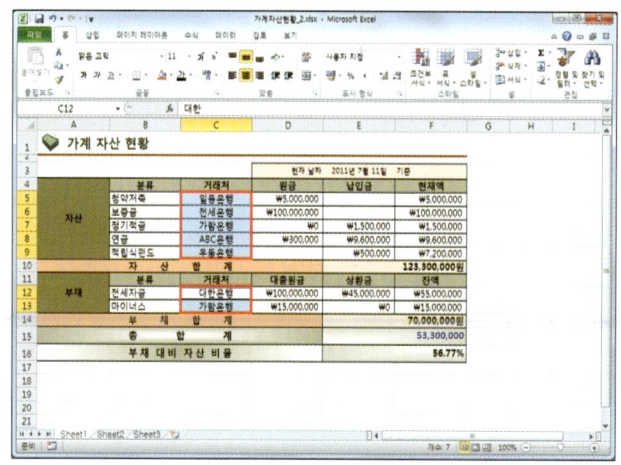

사용자 지정 표시 형식이나 함수를 이용하면 숫자로 입력한 데이터를 문자로 표시할 수 있습니다.

• 사용자 지정 표시 형식

예를 들어 셀에 '2400000'을 입력했을 때 사용자 지정 표시 형식 DBNum을 다음과 같이 지정하면 오른쪽과 같이 숫자를 문자로 표시할 수 있습니다.

표시 형식	표시 데이터
[DBNum1]G/표준	二百四十万
[DBNum2]G/표준	貳百四拾萬
[DBNum3]G/표준	2百4十万
[DBNum4]G/표준	이백사십만

• NUMBERSTRING(셀 값, 옵션) 함수

B4셀에 '2400000'이란 값이 있을 때 이 셀을 참조하여 다른 셀에 문자로 표시할 수 있습니다. 표시 방법은 옵션에 따라 달라집니다.

입력 수식	결과값
=NUMBERSTRING(B4,1)	이백사십만
=NUMBERSTRING(B4,2)	貳百四拾萬
=NUMBERSTRING(B4,3)	이사영영영영

확인실습

1 엑셀의 기본 표시 형식과 사용자 지정 형식을 이용하여 B4, A5, E2, B6, H6, A8:A9, E7:F9, B14셀을 다음과 같이 표시해 보세요.

◎ **시작 파일** : 3장\거래명세서_3.xlsx
◎ **완료 파일** : 3장\거래명세서_3_완료.xlsx

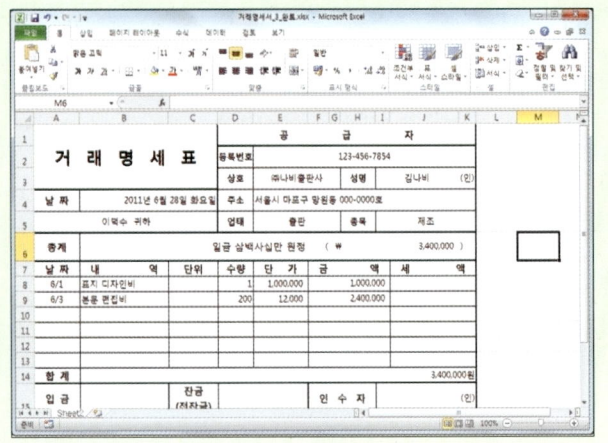

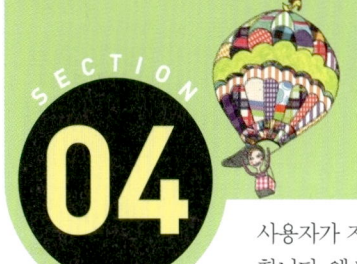

SECTION 04

조건부 서식 사용하기

사용자가 지정한 조건을 만족하는 데이터를 찾아 자동으로 특정 서식을 적용하는 기능을 '조건부 서식'이라고 합니다. 엑셀 2010에서 제공하는 다양한 조건부 서식을 살펴보겠습니다.

다루는 내 용
- 조건부 서식의 종류 살펴보기
- 조건부 서식 적용하기
- 조건부 서식 편집하기

기능 정리

조건부 서식의 종류 살펴보기

특정 조건을 만족하는 데이터에 자동으로 서식을 적용하거나 사용자가 원하는 서식을 적용할 수 있는 [조건부 서식]에는 어떠한 종류가 있는지 먼저 간단히 살펴보겠습니다. 조건부 서식은 [홈] 탭의 [스타일] 그룹에서 [조건부 서식]을 클릭하여 사용할 수 있습니다.

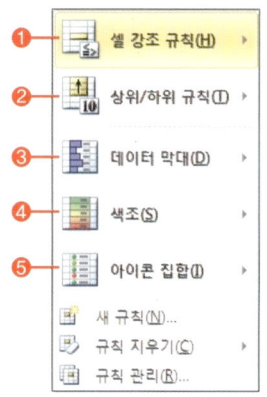

❶ 셀 강조 규칙(H)
❷ 상위/하위 규칙(T)
❸ 데이터 막대(D)
❹ 색조(S)
❺ 아이콘 집합(I)
   새 규칙(N)...
   규칙 지우기(C)
   규칙 관리(R)...

❶ **셀 강조 규칙** : 특정 범위의 값 등을 찾아서 셀이 강조되어 보이게 서식을 적용합니다.

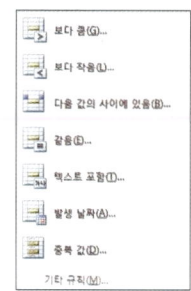

보다 큼(G)...
보다 작음(L)...
다음 값의 사이에 있음(B)...
같음(E)...
텍스트 포함(T)...
발생 날짜(A)...
중복 값(D)...
기타 규칙(M)...

❷ **상위/하위 규칙** : 상위나 하위 기준으로 특정 범위의 값 또는 평균을 기준으로 데이터를 구분하여 특정한 서식을 표시합니다.

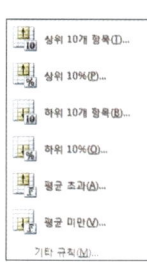

상위 10개 항목(T)...
상위 10%(P)...
하위 10개 항목(B)...
하위 10%(O)...
평균 초과(A)...
평균 미만(V)...
기타 규칙(M)...

❸ 데이터 막대 : 여러 셀 값을 막대 그래프와 같은 모양으로 간단하게 비교하고 싶을 때 편리합니다. 가장 높은 값을 100%로 하여 막대의 길이가 길수록 높은 값입니다. 단색과 그라데이션 색상을 사용할 수 있습니다.

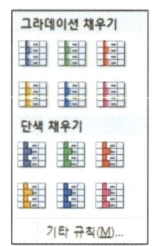

❹ 색조 : 2색 또는 3색의 그라데이션 색상을 사용하여 데이터의 분포를 표시하며, 색의 음영은 높은 값이나 낮은 값을 나타냅니다. 가장 높거나 낮은 값의 셀을 가장 진한 색으로, 중간 단계는 선택한 색상 수에서 음영을 조절해 표시합니다.

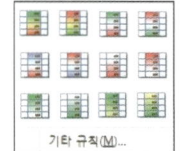

❺ 아이콘 집합 : 데이터를 3~5가지 범주로 구분하여 각각의 아이콘으로 표시합니다.

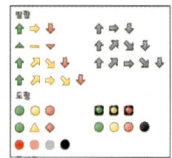

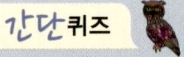

❶ 특정 조건을 만족하는 데이터에 서식을 적용하여 시각적인 효과를 극대화시키는 방법을 무엇이라고 합니까?

답 : 조건부 서식

데이터에 조건부 서식 적용하기

입력한 데이터에 다양한 조건부 서식을 적용하는 방법을 알아보겠습니다.

◉ **시작 파일** : 3장\모의토익성적.xlsx

01 아이콘으로 셀 값 표시하기

❶H3:H15셀을 선택하고 ❷[홈] 탭의 [스타일] 그룹에서 [조건부 서식]을 누른 후 ❸[아이콘 집합]-[방향]에서 [3방향 화살표(컬러)](⬆➡⬇)를 클릭합니다.

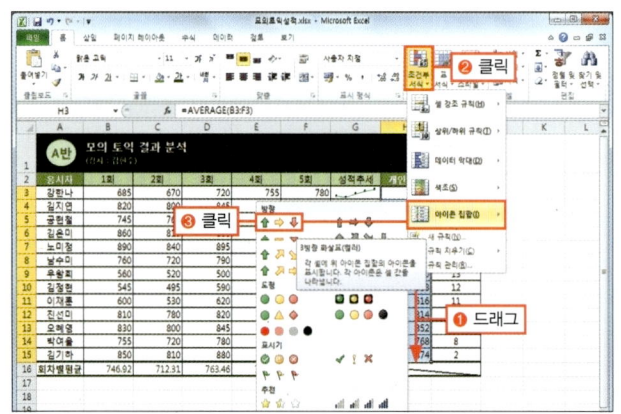

02 조건부 서식 확인하기

데이터 값을 세 가지 범주로 구분하여 각각의 아이콘을
표시합니다.

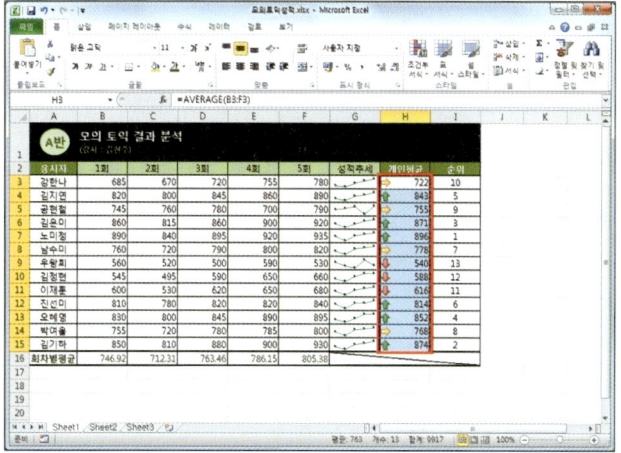

03 상/하위 셀 값에 서식 적용하기

❶I3:I15셀을 선택하고 ❷리본 메뉴에서 [조건부 서식]을
눌러 ❸[상위/하위 규칙]-[하위 10%]를 클릭합니다.

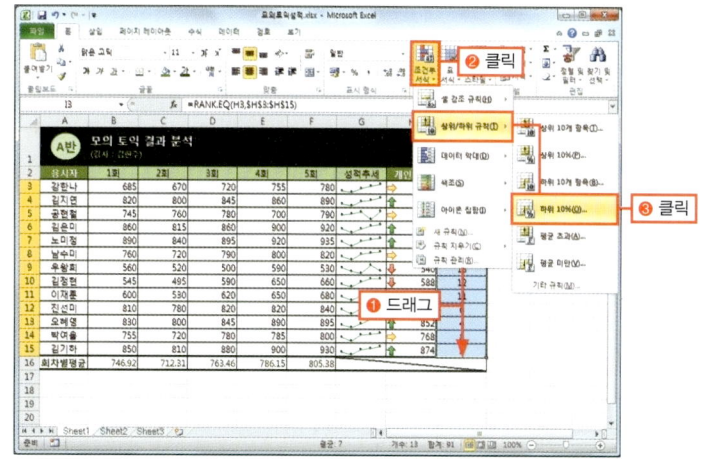

> **참고**
> [상위/하위 규칙]은 상위나 하위 값 또는 평균을 기준으로 데이터를
> 구분하는 조건부 서식입니다.

04 값과 서식 지정하기

❶[하위 10%] 대화상자가 나타나면 값을 '30%'로 설정하고
❷[적용할 서식]을 클릭합니다. [진한 녹색 텍스트가 있는
녹색 채우기]를 선택한 후 ❸[확인]을 클릭합니다.

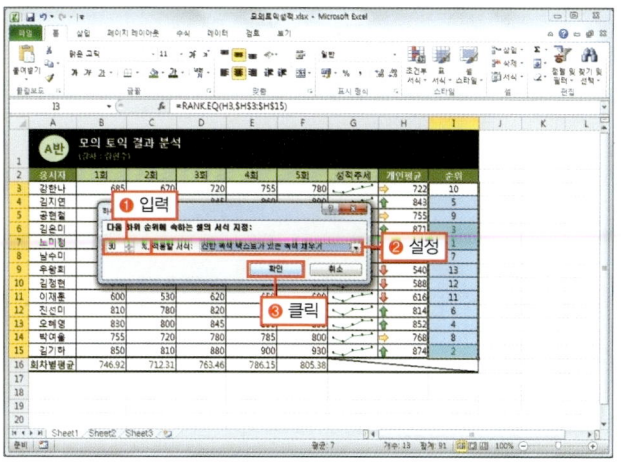

05 음영으로 셀 값 표시하기

❶B16:F16셀을 선택하고 ❷리본 메뉴에서 [조건부 서식]을
눌러 ❸[색조]의 [빨강-흰색 색조](▨)를 클릭합니다.

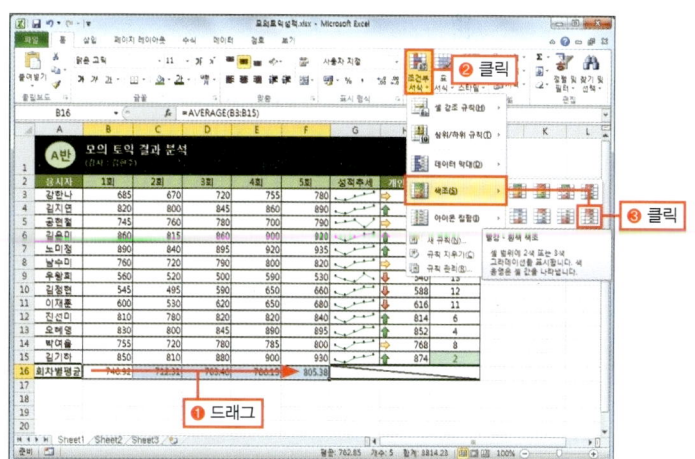

06 색조 확인하기

가장 높은 값은 빨강, 가장 낮은 값은 흰색으로 표시됩니다. 중간 단계에서는 큰 값에서 작은 값 순서로 빨강의 음영을 조절해 점점 하얗게 표시합니다.

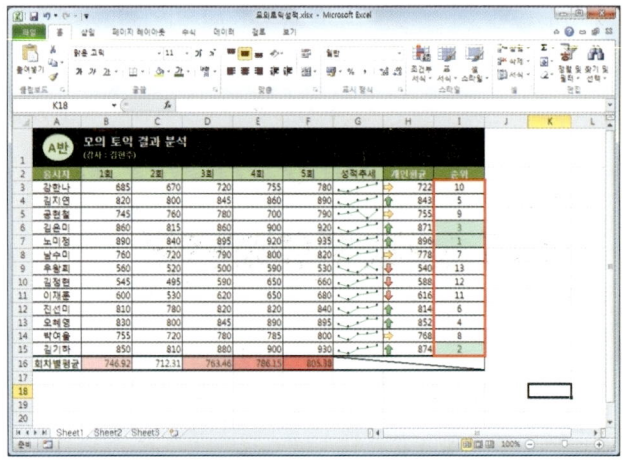

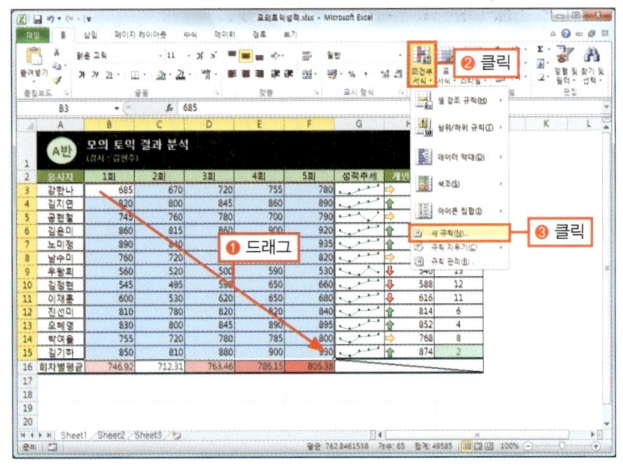

조건부 서식의 규칙 만들고 편집하기

메뉴로 제공하는 조건부 서식 이외에도 사용자가 직접 규칙을 설정하거나 서식을 변경할 수 있습니다. 조건부 서식 규칙을 새로 만들고 편집 및 제거하는 방법 등을 알아보겠습니다.

- ◎ **시작 파일** : 앞의 파일에 이어서 진행합니다.
- ◎ **완료 파일** : 3장\모의토익성적_완료.xlsx

01 새 규칙 만들기

❶B3:F15셀을 선택하고 ❷리본 메뉴에서 [조건부 서식]을 누른 후 ❸[새 규칙]을 클릭합니다.

02 수식으로 규칙 지정하기

❶[새 서식 규칙] 대화상자가 나타나면 [규칙 유형 선택]에서 [수식을 사용하여 서식을 지정할 셀 결정]을 선택하고 ❷[다음 수식이 참인 값의 서식 지정]에 '=B3>=850'을 입력한 후 ❸[서식]을 클릭합니다.

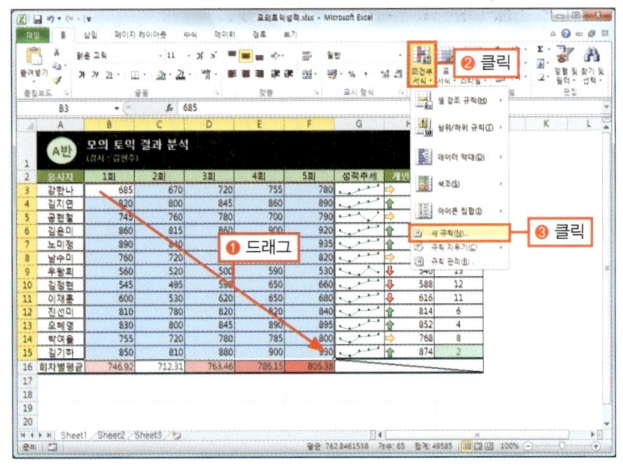

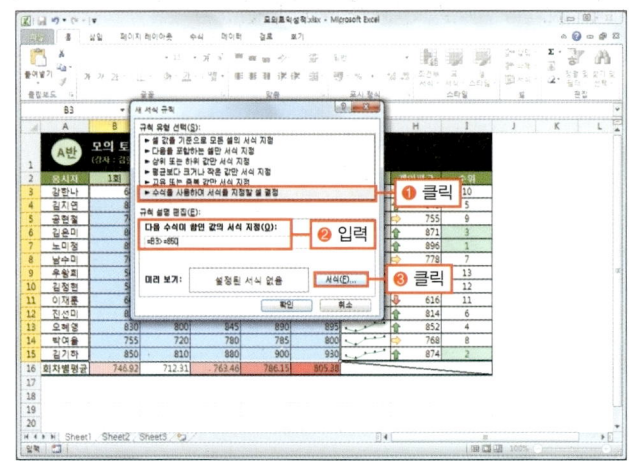

03 규칙에 적용할 서식 설정하기

❶[셀 서식] 대화상자가 나타나면 [글꼴 스타일]은 [굵게], ❷[색]은 [녹색]을 선택하고 ❸[확인]을 클릭합니다. ❹[새 서식 규칙] 대화상자도 [확인]을 클릭하여 닫습니다.

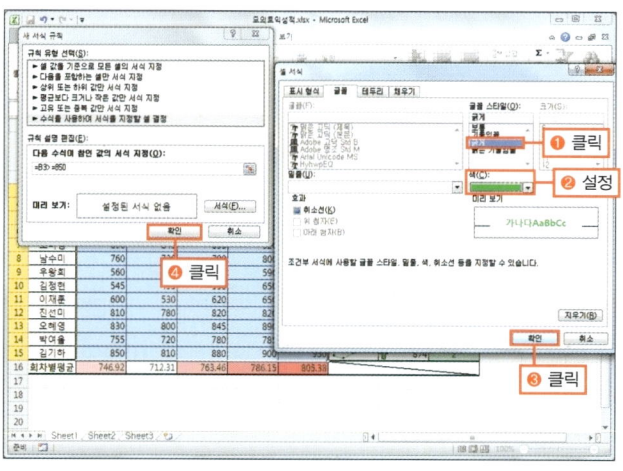

04 결과 확인하기

선택한 영역에서 850 이상인 셀 값에만 설정한 서식이 적용됩니다.

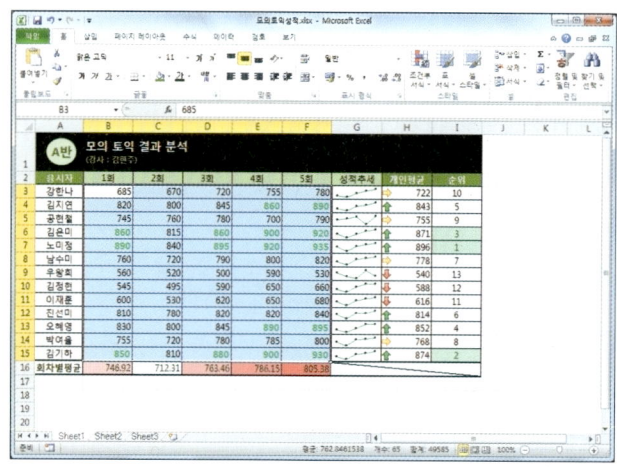

05 [규칙 관리] 명령 실행하기

❶조건부 서식이 적용된 셀 영역인 B3:G16셀을 선택하고 ❷리본 메뉴에서 [조건부 서식]을 누른 후 ❸[규칙 관리]를 클릭합니다.

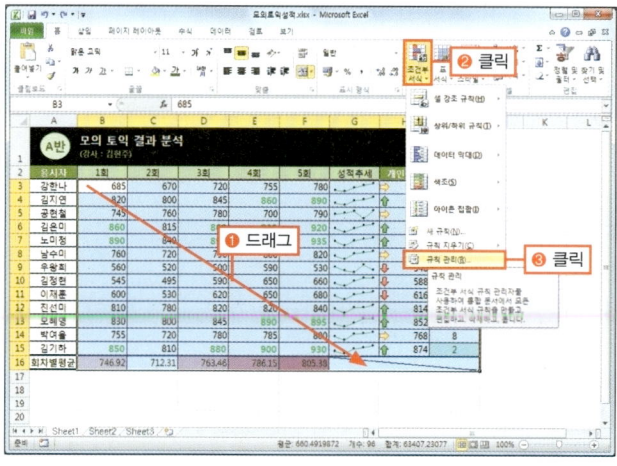

06 규칙 선택하기

[조건부 서식 규칙 관리자] 대화상자가 나타나고 현재 시트에 적용된 규칙 목록이 보입니다. 이중에서 ❶[아이콘 집합]을 선택하고 ❷[규칙 편집]을 클릭합니다.

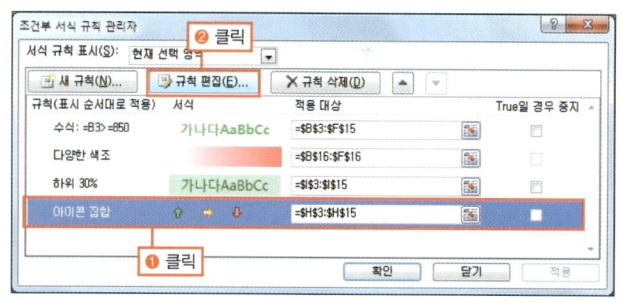

07 아이콘 스타일 변경하기

[규칙 설명 편집]에서 ❶[아이콘 스타일]의 버튼을
클릭하고 ❷[3색 플래그]를 선택합니다.

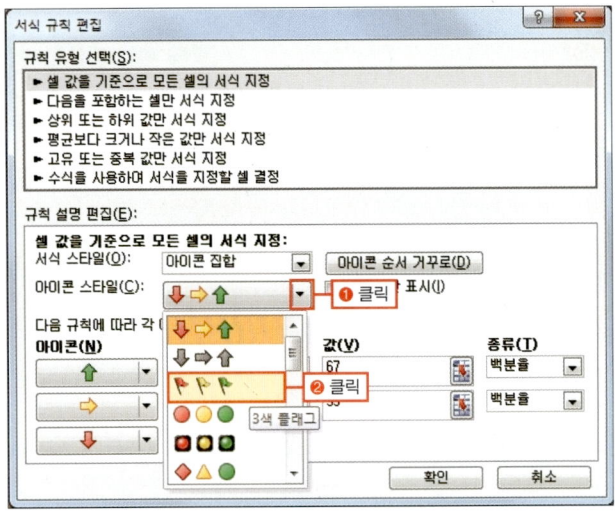

08 규칙 편집하기

[아이콘]에서 ❶첫 번째 아이콘 버튼을 클릭하고 [셀
아이콘 없음]을 선택합니다. ❷[종류]를 [숫자]로 변경한
다음 ❸[값]에 '600'을 입력합니다.

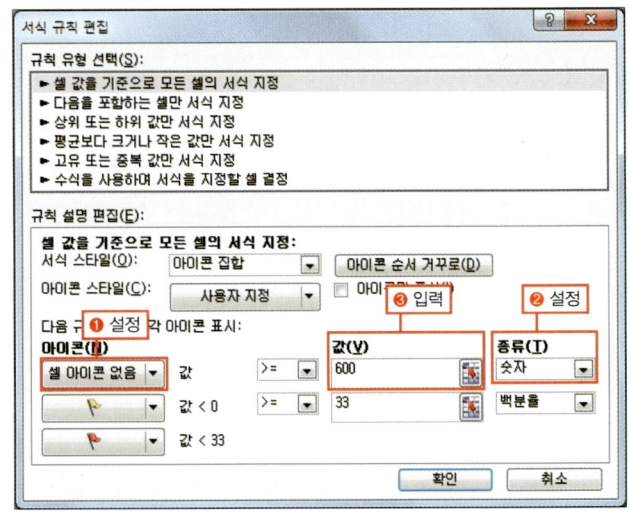

참고
600 이상의 값에는 아이콘을 표시하지 않는 규칙입니다.

09 규칙 편집하기

❶두 번째 아이콘은 빨간색 플래그로 설정하고 ❷[종류]를
[숫자], ❸[값]을 '0'으로 변경합니다. ❹세 번째 아이콘은
[셀 아이콘 없음]으로 선택하고 ❺[확인]을 클릭합니다.

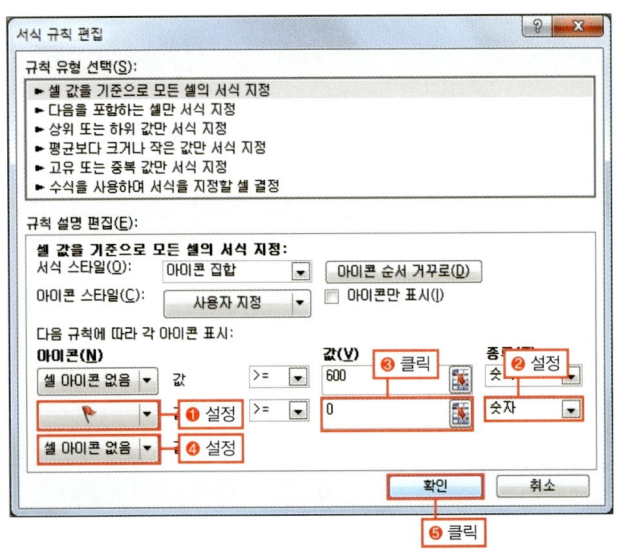

10 규칙 삭제하기

[조건부 서식 규칙 관리자] 대화상자로 돌아오면 ❶[다양한
색조] 규칙을 선택하고 ❷[규칙 삭제]를 클릭합니다.
❸편집이 모두 끝났으므로 [확인]을 클릭합니다.

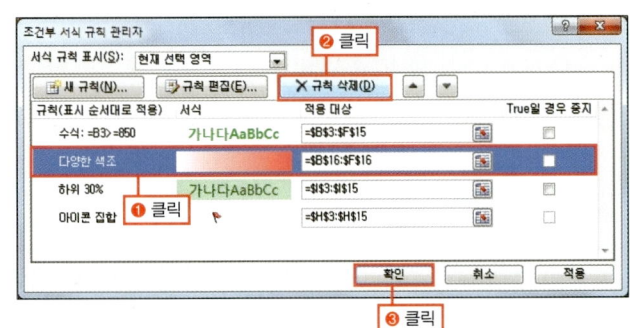

11 결과 확인하기

H3:H15셀에 적용했던 조건부 서식이 600 미만의 값에만 빨간색 플래그가 표시되는 것으로 변경된 것을 확인합니다. 또한, B16:F16에 적용했던 조건부 서식은 삭제된 것을 알 수 있습니다.

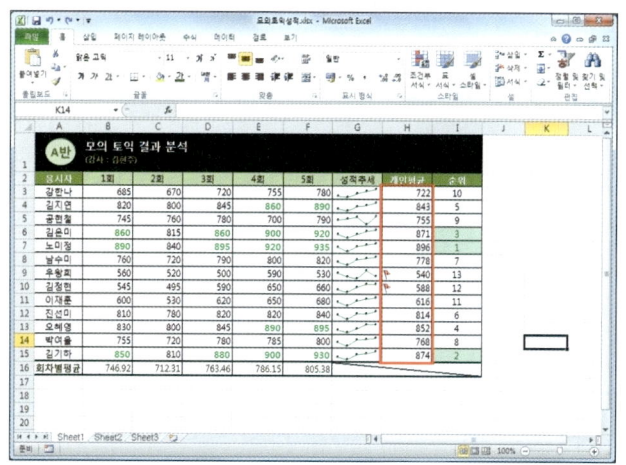

참고 • 리본 메뉴에서 조건부 서식 삭제하기

조건부 서식을 삭제할 영역을 선택하고 [홈] 탭의 [스타일] 그룹에서 [조건부 서식]을 클릭한 후 [규칙 지우기]–[선택한 셀의 규칙 지우기]를 클릭합니다. 다시 [조건부 서식]을 클릭한 후 [규칙 지우기]–[시트 전체에서 규칙 지우기]를 클릭하면 현재 선택한 영역과 상관없이 시트 내의 모든 조건부 서식이 해제됩니다.

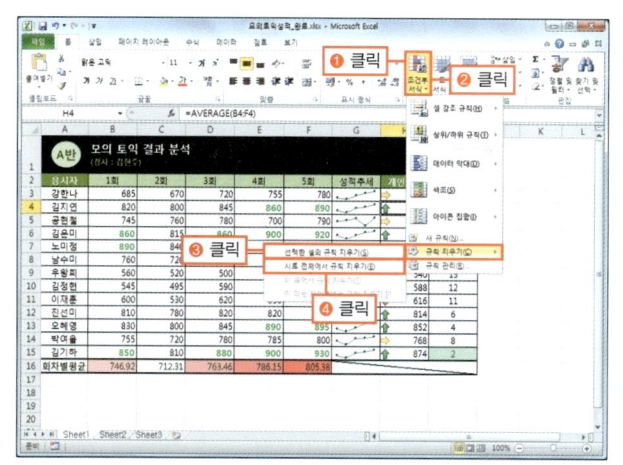

확인실습

1 G2:G79셀 영역에 [데이터 막대] 조건부 서식을 적용합니다. 이때 데이터 막대의 색상은 녹색 그라데이션으로 채우고, 규칙 편집을 이용하여 테두리는 안 보이게 지정하세요.

⊙ **시작 파일** : 3장\은행고객데이터_2.xlsx
⊙ **완료 파일** : 3장\은행고객데이터_2_완료.xlsx

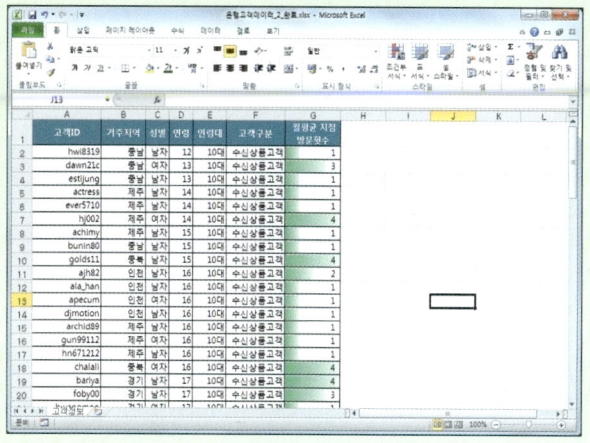

Excel 2010

엑셀 문서 보기 좋게 인쇄하기

엑셀의 문서는 셀과 시트가 기본 단위이므로 우리가 일반적으로 생각하는 페이지 개념의 인쇄와는 방식이 좀 다릅니다. 작업한 데이터를 원하는 모양으로 보기 좋게 인쇄하는 방법을 알아봅니다.

다루는 내용

• 인쇄 옵션 설정 방법 알아보기
• 머리글, 바닥글 삽입하기

기능 정리

인쇄 관련 메뉴 미리 보기

엑셀 시트의 실제적인 인쇄 작업은 [파일] 탭의 [인쇄]에서 실행하며 [페이지 레이아웃] 탭과 [페이지 설정] 대화상자를 통하여 부가적인 인쇄 옵션을 설정할 수 있습니다.

● **[파일] 탭의 [인쇄]**

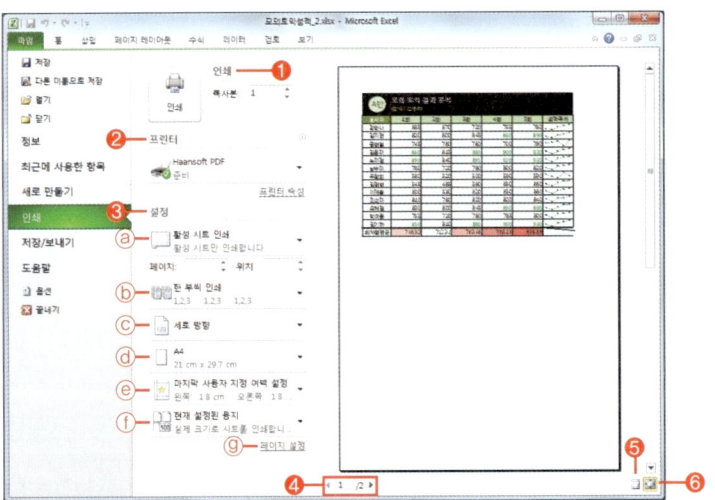

❶ **인쇄** : [복사본]에서 원하는 인쇄 부수를 설정하고 [인쇄]를 클릭하면 인쇄가 진행됩니다.

❷ **프린터** : 컴퓨터에 연결된 프린터의 종류를 보여줍니다. 원하는 프린터를 선택하면 선택한 프린터로 인쇄물이 출력됩니다. [프린터 속성]을 클릭하면 각 컴퓨터에 설치된 프린터의 속성을 설정할 수 있습니다.

❸ **설정** : 인쇄에 관한 전반적인 설정 사항입니다.

ⓐ 인쇄할 영역을 현재 활성 시트, 전체 통합 문서, 선택 영역 중에서 설정합니다. 페이지가 나뉘어 있으면 [페이지]에 직접 값을 입력해도 됩니다.

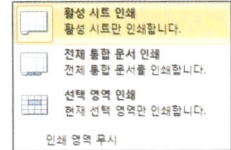

ⓑ 여러 장을 인쇄할 때 인쇄 순서를 설정합니다. 한 부씩 혹은 같은 장을 여러 번 똑같이 인쇄할지 선택할 수 있습니다.

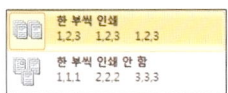

ⓒ 인쇄 용지의 방향을 세로와 가로 중 선택합니다.

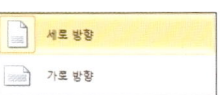

ⓓ 인쇄 용지의 크기를 설정합니다.

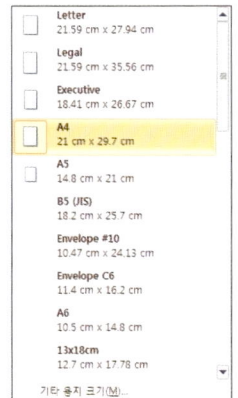

ⓔ 인쇄 여백을 설정합니다. 여백을 직접 조절하고 싶다면 [사용자 지정 여백]을 선택합니다.

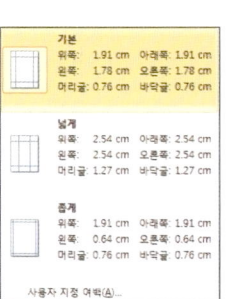

ⓕ 작성한 표를 한 페이지에 맞추는 방식을 설정합니다.

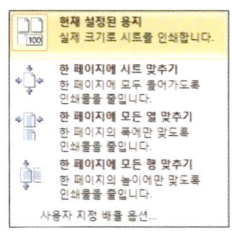

ⓖ **페이지 설정** : 대화상자를 열어 더욱 자세한 인쇄 옵션을 설정할 수 있습니다.

❹ **이전 페이지/다음 페이지** : 여러 페이지로 나뉜 엑셀 시트를 넘겨가며 확인할 수 있습니다.

❺ **여백 표시** : 인쇄 미리 보기 화면에 설정된 여백을 표시하고 마우스로 드래그하여 설정할 수 있습니다.

❻ **페이지 확대/축소** : 페이지를 확대하거나 축소하여 보여줍니다.

● [페이지 레이아웃] 탭의 [페이지 설정], [크기 조정], [시트 옵션] 그룹

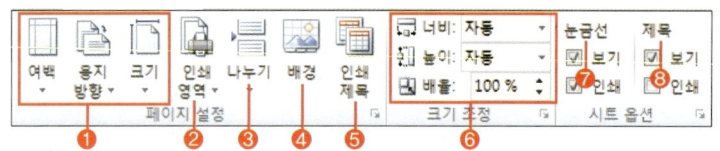

❶ **여백, 용지 방향, 크기** : [파일] 탭의 [인쇄]-[설정] 내용과 같습니다.

❷ **인쇄 영역** : 문서의 일부분만 인쇄하려고 할 때 인쇄 영역을 설정할 수 있습니다.

❸ **나누기** : 임의로 페이지를 나눠야 할 때 사용합니다.

❹ **배경** : 시트의 배경에 그림을 삽입합니다.

❺ **인쇄 제목** : 클릭하면 [페이지 설정] 대화상자가 나타납니다. 인쇄 제목으로 특정 행이나 열을 반복하게 설정합니다.

❻ **크기 조정** : 인쇄의 배율과 인쇄 결과물의 너비 및 높이를 지정할 수 있습니다.

❼ **눈금선** : 눈금선은 기본적으로 화면에는 표시되지만 인쇄되지는 않습니다. 이 눈금선의 보기 여부와 인쇄 여부를 설정할 수 있습니다.

❽ **제목** : 행, 열 머리글의 보기 여부와 인쇄 여부를 설정합니다.

간단**퀴즈**

1 엑셀 문서를 인쇄하려면 어떤 메뉴를 이용합니까?

2 인쇄 설정을 도와주는 리본 메뉴는 어떤 탭입니까?

3 특정 열을 반복하여 인쇄하려면 [페이지 레이아웃] 탭의 [페이지 설정] 그룹에서 어떤 메뉴를 이용합니까?

답 : [파일] 탭의 인쇄 메뉴, [페이지 레이아웃] 탭, 인쇄 제목

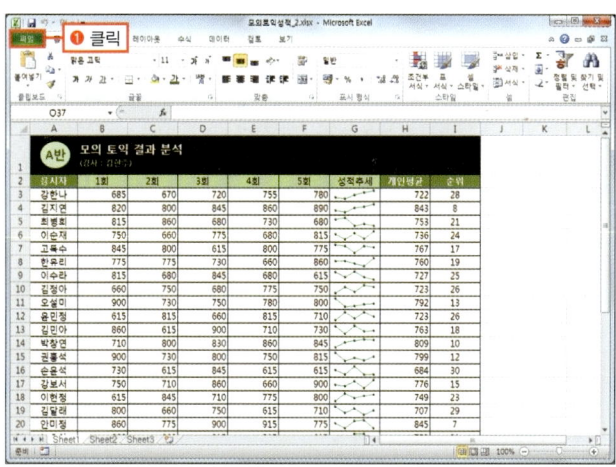

실습 과정

한 페이지에 문서 보기 좋게 인쇄하기

작업한 데이터를 양에 상관없이 한 페이지에 보기 좋게 인쇄하는 방법에 대해 알아보겠습니다.

◉ **시작 파일** : 3장\모의토익성적_2.xlsx

01 예제 파일 확인하기

예제 문서를 확인하고 ❶[파일] 탭을 클릭합니다.

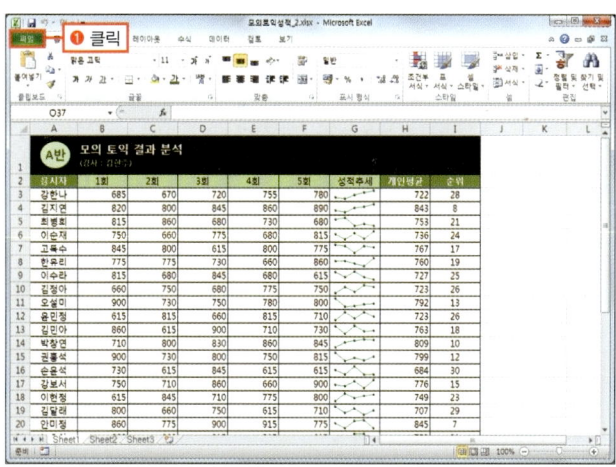

02 인쇄 미리 보기

❶[인쇄]를 클릭합니다. ❷아래 가운데에 있는 [다음 페이지](▶)를 클릭하여 보면 현재 데이터가 한 페이지에 다 인쇄되지 않는 것을 확인할 수 있습니다.

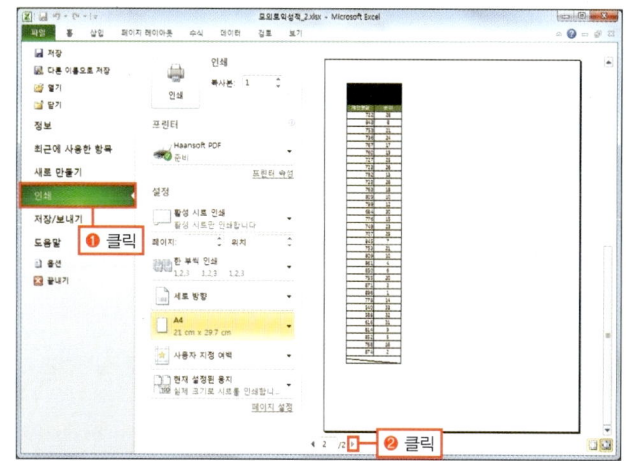

03 한 페이지에 시트 맞추기

❶[설정]에서 [현재 설정된 용지]를 클릭하고 ❷[한 페이지에 시트 맞추기]를 선택합니다.

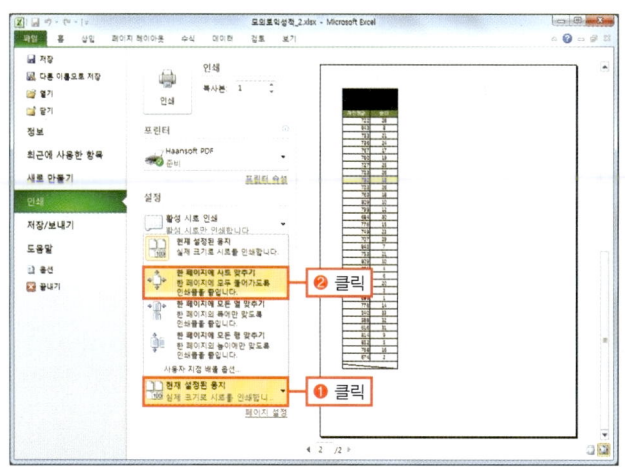

> **참고**
>
> [페이지 설정]을 클릭한 후 [페이지] 탭의 [배율]에서 [자동 맞춤]을 선택해도 됩니다. [페이지 설정] 대화상자는 [페이지 레이아웃] 탭의 [페이지 설정] 그룹 오른쪽 하단의 [페이지 설정](□)을 클릭하여 열 수도 있습니다.
>
>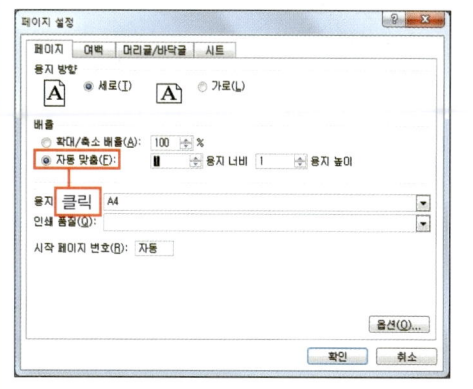

04 결과 확인하고 인쇄하기

원하는 모양대로 설정을 마쳤으면 ❶[인쇄]를 클릭하여 인쇄합니다.

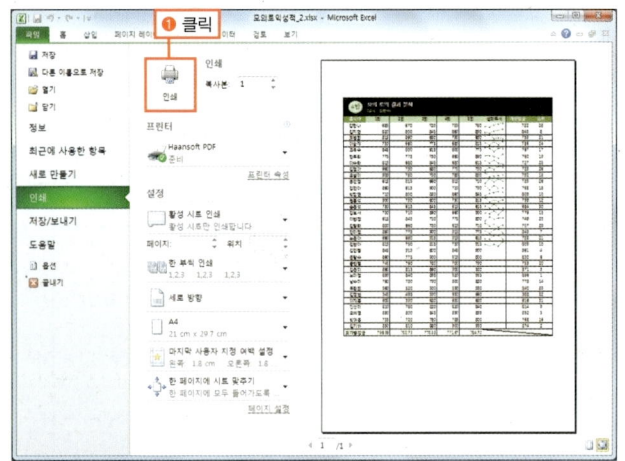

05 맞춤과 여백 설정하기

❶[페이지 설정]을 클릭합니다. 대화상자가 나타나면 ❷[여백] 탭을 선택하고 ❸[위쪽]에 '3'을 입력합니다. ❹[페이지 가운데 맞춤]의 [가로]에 체크하고 ❺[확인]을 클릭합니다.

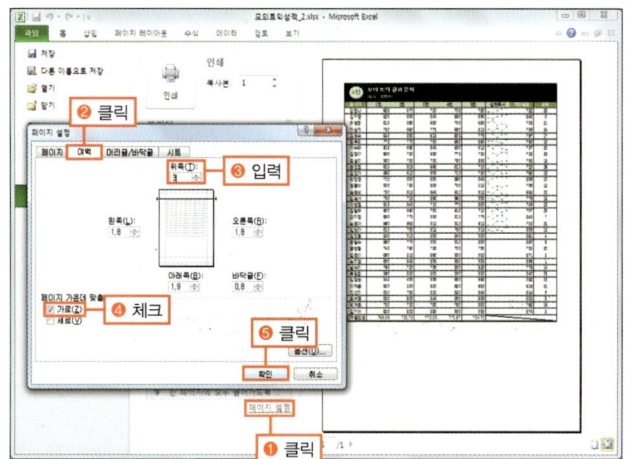

> **참고 ●**
> 여러 장을 인쇄하려면 [인쇄] 옆의 [복사본]에서 수치를 설정하면 됩니다.

> **참고 ● 인쇄 미리 보기에서 여백 설정하기**
> 인쇄 미리 보기 오른쪽 아래의 [여백 표시](▭)를 클릭하면 화면에 여백을 구분하는 선이 표시됩니다. 이 선을 직접 드래그하여 여백을 조절할 수 있습니다.

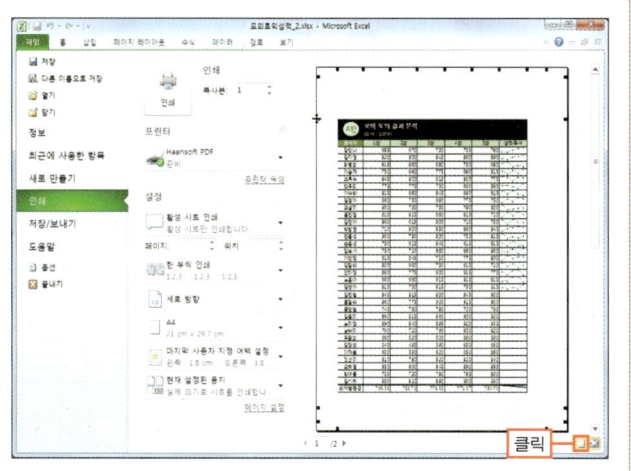

특정 영역 인쇄 및 용지 방향과 인쇄 배율 설정하기

워크시트의 데이터 중 특정 영역만을 지정하여 인쇄하는 방법을 알아보겠습니다. 또한, 용지 방향을 변경하고 인쇄 배율을 확대하거나 축소하는 방법도 함께 살펴봅니다.

◎ **시작 파일** : 앞의 파일에 이어서 진행합니다.
◎ **완료 파일** : 3장\모의토익성적_2_완료.xlsx

01 인쇄 영역 선택하기

[홈] 탭으로 돌아와 인쇄할 영역인 ❶A2:I20셀을 선택합니다.

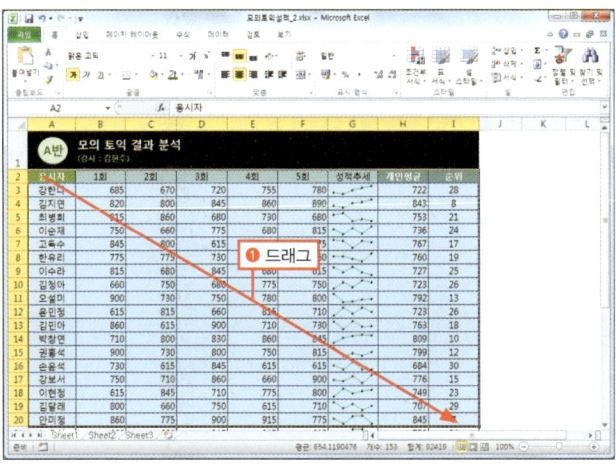

02 선택 영역 인쇄하기

❶[파일] 탭의 ❷[인쇄]를 클릭합니다. ❸[활성 시트 인쇄]를 클릭하고 ❹[선택 영역 인쇄]를 선택합니다.

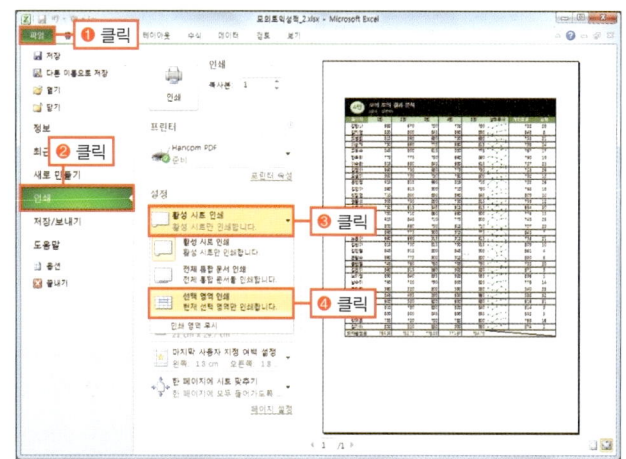

03 용지 방향 변경하기

❶[세로 방향]을 클릭하고 ❷[가로 방향]을 선택합니다.

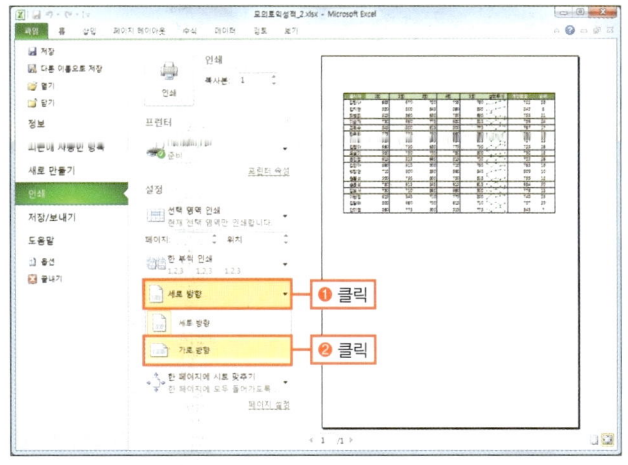

04 기본 여백 설정하기

❶[마지막 사용자 지정 여백 설정]을 클릭하고 ❷[기본]을 선택합니다.

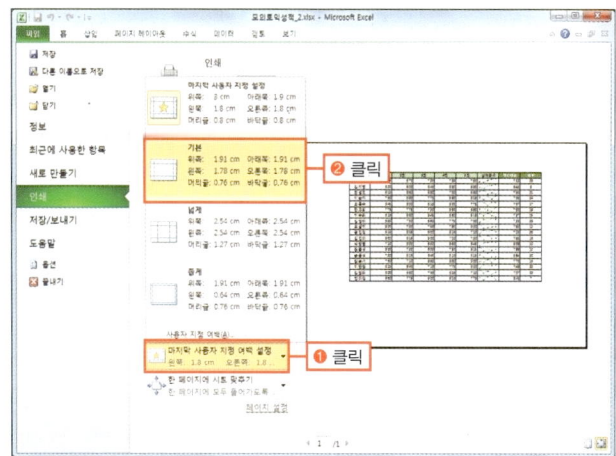

05 인쇄 배율 확대하기

❶[페이지 설정]을 클릭합니다. 대화상자가 나타나면 ❷[배율]에서 [확대/축소 배율]을 '120%'로 설정합니다.

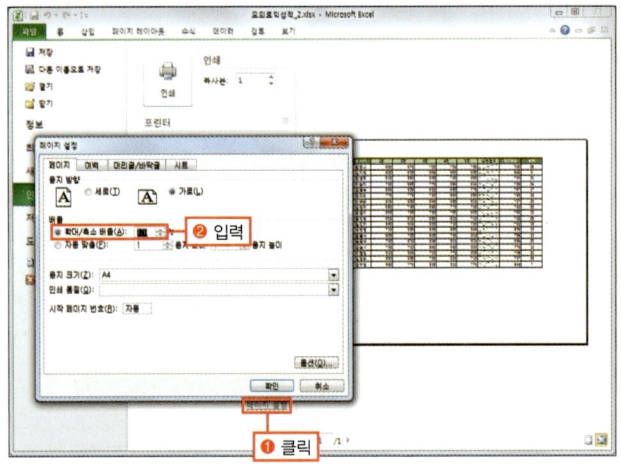

06 페이지 가운데 맞춤 설정하기

❶[여백] 탭으로 이동하여 ❷[페이지 가운데 맞춤]의 [가로]와 [세로]에 모두 체크하고 ❸[확인]을 클릭합니다.

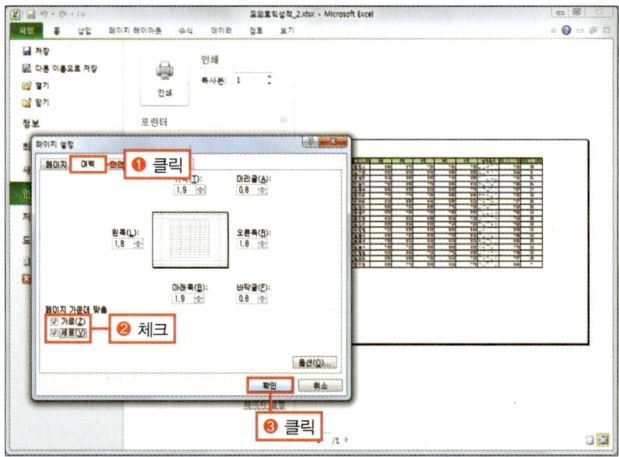

07 인쇄 미리 보기

용지의 가운데의 지정한 배율로 확대된 것을 확인합니다. ❶[인쇄]를 클릭하여 인쇄합니다.

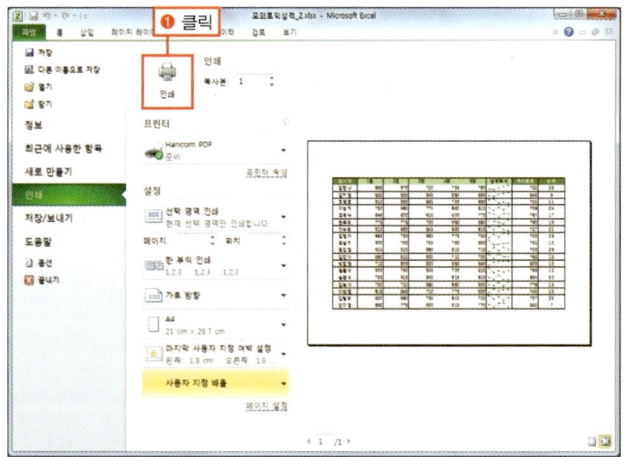

실습 과정

페이지 나누고 인쇄 제목 넣어 인쇄하기

데이터의 양이 많을 때는 적절하게 페이지를 나누어 인쇄할 수 있습니다. 이때 매 페이지에 행이나 열을 반복하여 인쇄 제목으로 사용할 수 있습니다.

◎ **시작 파일** : 3장\모의토익성적_3.xlsx
◎ **완료 파일** : 3장\모의토익성적_3_완료.xlsx

01 페이지 나누기 삽입하기

❶페이지를 나눌 위치인 A19셀을 선택하고 ❷[페이지 레이아웃] 탭의 ❸[페이지 설정] 그룹에서 [나누기]를 눌러 ❹[페이지 나누기 삽입]을 클릭합니다.

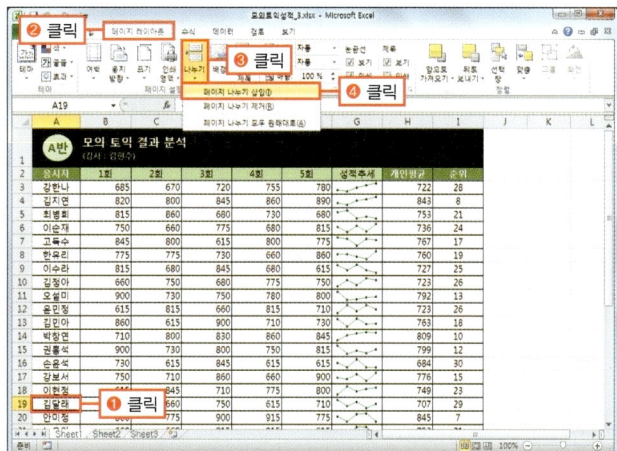

02 페이지 나누기 미리 보기

점선으로 페이지가 나뉘는 영역이 표시됩니다. ❶상태 표시줄의 [보기 바로 가기]에서 [페이지 나누기 미리 보기] (📖)를 클릭합니다.

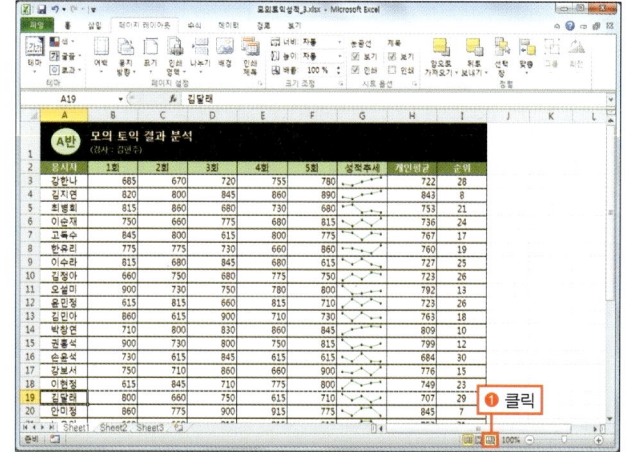

> **참고**
> [보기] 탭의 [통합 문서 보기] 그룹에서 [페이지 나누기 미리 보기]를 클릭해도 됩니다.

03 페이지 설정하기

❶G열 옆의 세로 구분선을 클릭하고 I열까지 드래그합니다.

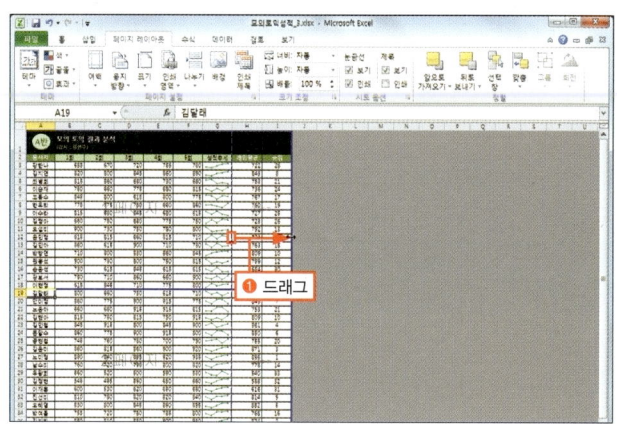

> **참고**
> 가로 구분선을 드래그하면 페이지를 나눌 행을 변경할 수 있습니다.

04 인쇄 제목 삽입하기

❶리본 메뉴에서 [인쇄 제목]을 클릭합니다. ❷[페이지 설정] 대화상자의 [시트] 탭 화면이 나타나면 [인쇄 제목]-[반복할 행]의 🔢을 클릭합니다.

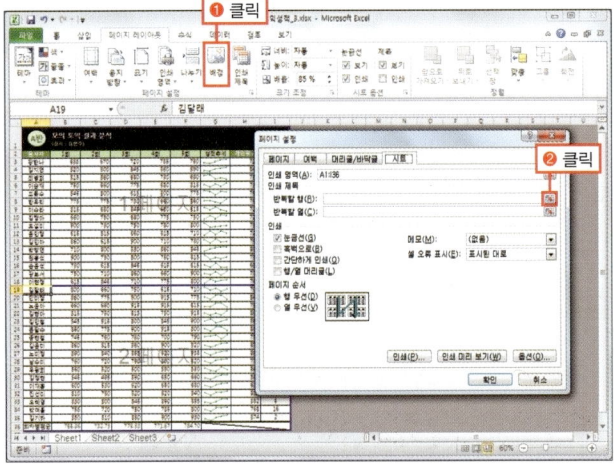

05 반복할 행 선택하기

❶1~2행을 드래그하여 선택하고 ❷[페이지 설정 - 반복할 행] 대화상자의 🔢을 클릭합니다.

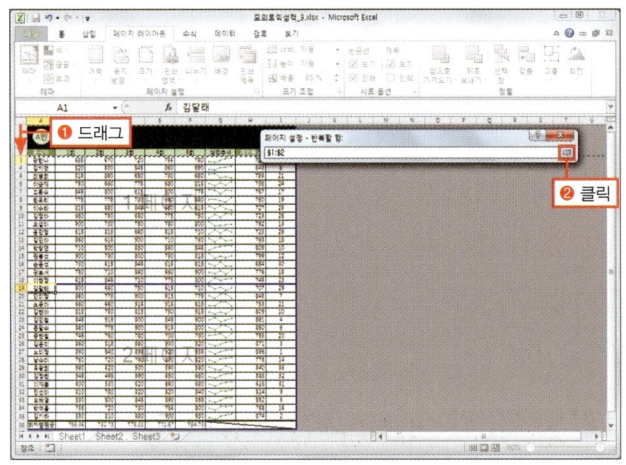

06 인쇄 미리 보기

[페이지 설정] 대화상자로 돌아오면 ❶[인쇄 미리 보기]를 클릭합니다.

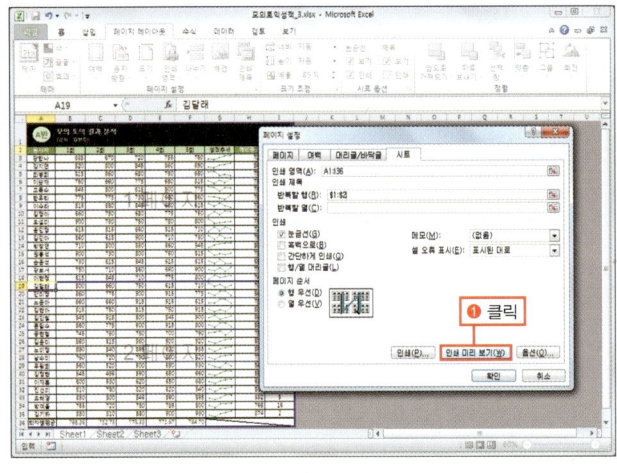

07 결과 확인하기

❶[다음 페이지](▶)를 클릭해 보면 페이지가 나뉘고 1~2행이 반복되어 인쇄되는 것을 확인할 수 있습니다.

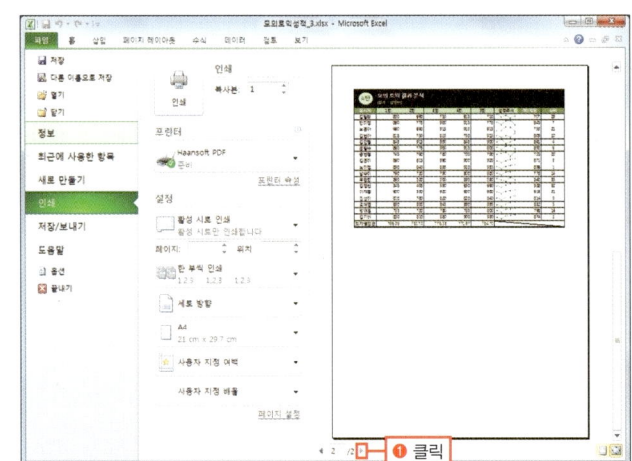

❶ 눈금선 : 눈금선의 인쇄 여부를 설정합니다.

❷ 흑백으로 : 문서에 설정된 모든 색상을 무시하고 흑백으로만 인쇄합니다.

❸ 간단하게 인쇄 : 서식을 최대한 무시하고 데이터 위주로 간단하게 인쇄합니다.

❹ 행/열 머리글 : 행, 열 머리글을 함께 인쇄합니다.

❺ 메모 : 문서에 삽입된 메모를 인쇄합니다. 메모의 내용을 시트 끝에 별도로 인쇄하거나 시트에 표시된 대로 인쇄할 수 있습니다.

❻ 셀 오류 표시 : 오류가 발생한 셀의 인쇄 방법을 설정합니다.

❼ 페이지 순서 : 페이지 번호를 매길 방향을 행과 열 중에서 선택합니다.

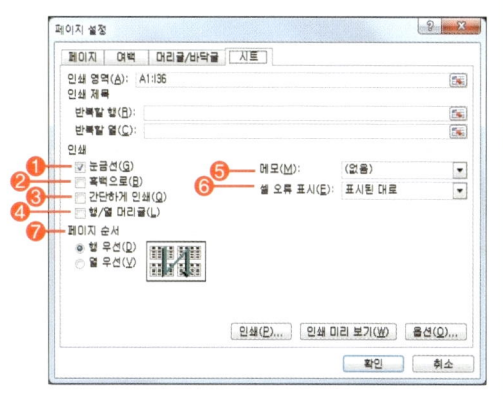

머리글과 바닥글 삽입하여 인쇄하기

인쇄 시 문서의 상단과 하단에 페이지 번호, 페이지 수, 현재 날짜나 시간, 파일 경로, 파일 이름, 시트 이름, 그림 등을 머리글 또는 바닥글로 삽입할 수 있습니다. 머리글과 바닥글을 삽입하는 다양한 방법에 대해 알아보겠습니다.

⊙ **시작 파일** : 3장\모의토익성적_4.xlsx
⊙ **완료 파일** : 3장\모의토익성적_4_완료.xlsx

01 페이지 레이아웃 보기

❶상태 표시줄의 [보기 바로 가기]에서 [페이지 레이아웃](▣)을 클릭합니다. ❷화면이 전환되면 그림과 같은 위치에 마우스 포인터를 가져가 [클릭하여 머리글 추가]를 클릭합니다.

02 머리글에 현재 날짜 삽입하기

[머리글/바닥글 도구]-[디자인] 탭이 활성화됩니다. ❶[머리글/바닥글 요소] 그룹에서 [현재 날짜]를 선택하여 삽입합니다.

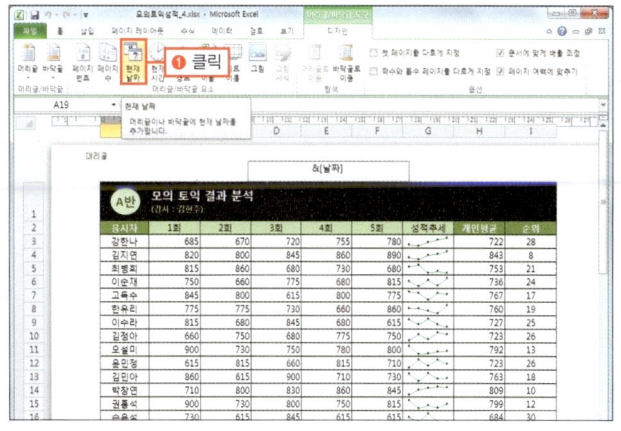

참고
[삽입] 탭의 [텍스트] 그룹에서 [머리글/바닥글]을 클릭해도 됩니다. 또는, [페이지 설정] 대화상자의 [머리글/바닥글] 탭 화면에서 [머리글 편집]과 [바닥글 편집]을 클릭하여 삽입할 수도 있습니다.

참고
[머리글/바닥글 도구]-[디자인] 탭의 [머리글/바닥글] 그룹에서 [머리글]이나 [바닥글]을 클릭하면 미리 지정된 머리글과 바닥글을 선택하여 사용할 수 있습니다. 또는, 원하는 텍스트를 직접 입력해도 됩니다.

03 바닥글 삽입하기

❶[탐색] 그룹에서 [바닥글로 이동]을 클릭합니다.
❷오른쪽 바닥글 영역을 클릭하고 ❸[머리글/바닥글 요소]
그룹에서 [페이지 번호]를 선택합니다. ❹'/'를 입력하고
❺리본 메뉴에서 [페이지 수]를 클릭합니다.

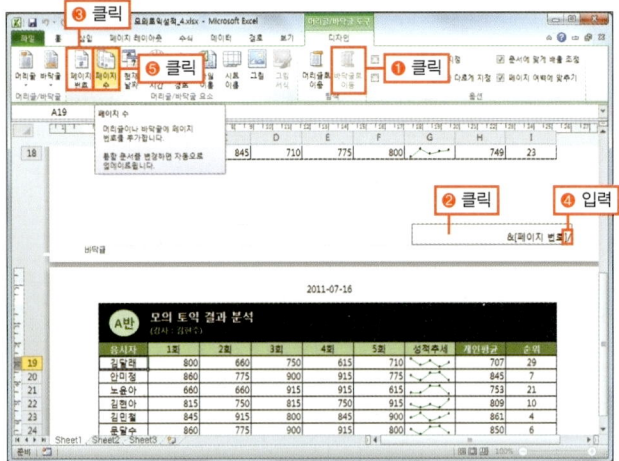

> **참고**
> 리본 메뉴의 [옵션] 그룹에서 페이지별로 머리글/바닥글을 다르게
> 설정할 수 있습니다.

04 바닥글 서식 지정하기

❶바닥글을 드래그하여 모두 선택하고 ❷[홈] 탭의 ❸[글꼴]
그룹에서 글꼴 서식을 변경합니다(굵게, 글꼴 색 : 황록색,
강조 3).

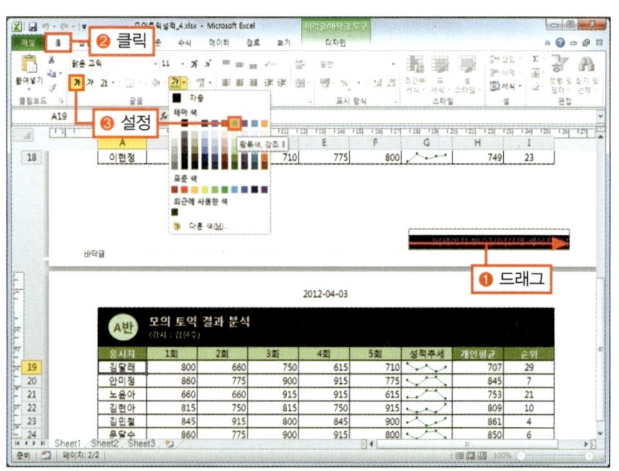

05 인쇄 미리 보기

❶[파일] 탭의 ❷[인쇄]를 클릭하여 머리글과 바닥글을
확인합니다.

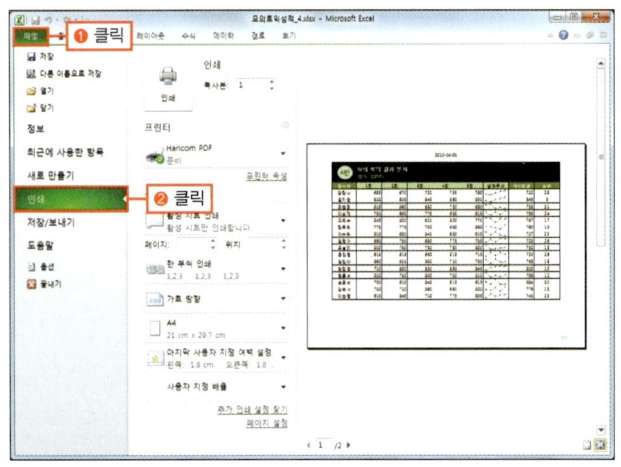

06 인쇄 미리 보기 확대하기

❶[페이지 확대/축소](🔲)를 클릭하면 화면이 확대됩니다.
❷미리 보기 화면을 드래그하여 인쇄 모양을 꼼꼼하게
확인합니다.

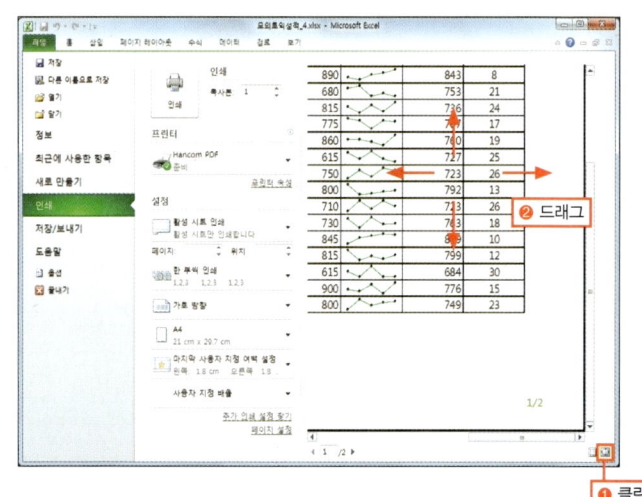

머리글/바닥글에 그림 삽입하고 편집하여 인쇄하기

머리글이나 바닥글에 회사 로고와 같은 이미지를 삽입하여 인쇄할 수 있습니다. 삽입한 그림에는 크기 조절, 자르기, 색/밝기/대비 등 간단한 서식을 적용할 수 있습니다.

◎ **시작 파일** : 3장\모의토익성적_4_완료.xlsx
◎ **완료 파일** : 3장\모의토익성적_4_로고삽입_완료.xlsx

---

① [머리글/바닥글] 클릭하기

❶[삽입] 탭의 ❷[텍스트] 그룹에서 [머리글/바닥글]을 클릭합니다.

② 바닥글에 그림 삽입하기

❶가운데 바닥글 영역을 클릭하고 ❷[머리글/바닥글 도구]-[디자인] 탭의 [머리글/바닥글 요소] 그룹에서 [그림]을 선택합니다. [그림 삽입] 대화상자가 나타나면 ❸'3장\logo. jpg'를 선택하고 ❹[삽입]을 클릭합니다.

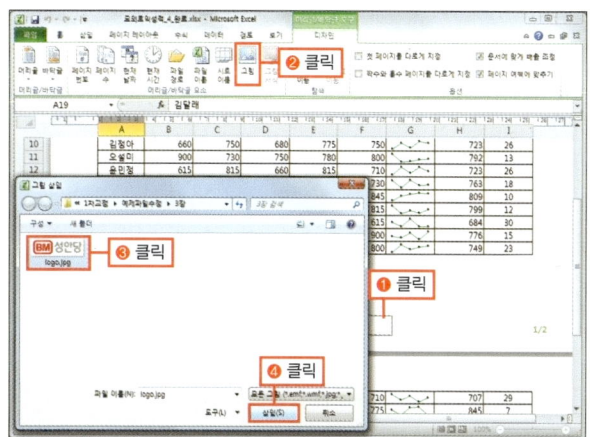

③ 그림 서식 설정하기

그림 바닥글이 삽입되면 ❶리본 메뉴에서 [그림 서식]을 클릭합니다. ❷[그림 서식] 대화상자의 [그림] 탭으로 이동하여 ❸[이미지 조절]의 [색]을 [회색조]로 변경하고 ❹[확인]을 클릭합니다.

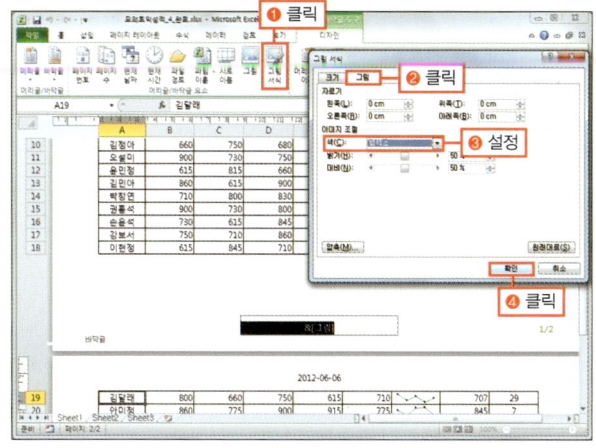

④ 인쇄 미리 보기

❶[파일] 탭의 ❷[인쇄]에서 인쇄 미리 보기를 확인합니다. 지정한 바닥글 영역에 로고 이미지가 회색조로 인쇄되는 것을 확인할 수 있습니다.

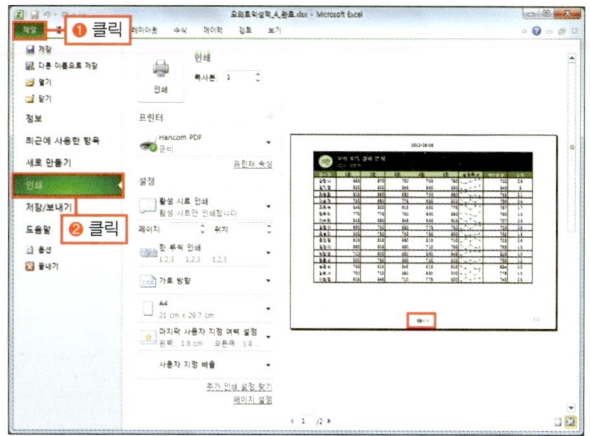

1 용지의 방향을 변경한 후 한 페이지에 모든 시트가 인쇄되게 설정하고 메모가 보이게 인쇄해 보세요.

◎ **시작 파일** : 3장\공예초중급반일정.xlsx
◎ **완료 파일** : 3장\공예초중급반일정_완료.xlsx

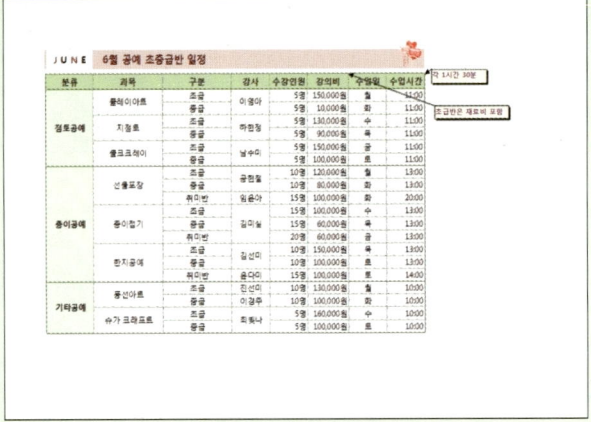

2 머리글과 바닥글을 삽입한 후 서식을 지정하고 표가 가로 가운데에 위치하게 인쇄해 보세요.

◎ **시작 파일** : 3장\일본어기초문법반_2.xlsx
◎ **완료 파일** : 3장\일본어기초문법반_2_완료.xlsx

강사 : 이동욱

★ 기초문법반 시간표 ★

교시	강의시간		수강인원	강의실
	시간	요일		
1교시	6:00	월수금	20	201
2교시	8:00	월수금	20	202
3교시	10:00	화목토	20	201
4교시	12:00	월수금	20	202
5교시	14:00	월수금	20	205
6교시	16:00	화목토	20	301
7교시	18:00	화목토	20	302
8교시	20:00	월수금	20	301

글로벌리더 어학원

인쇄 영역 저장하기

앞에서 선택 영역만 인쇄하는 방법을 배웠는데 이는 열려 있는 문서에서만 유효합니다. 즉, 이 문서를 닫았다 다시 실행하여 같은 영역을 인쇄하려면 다시 해당 영역을 선택하고 인쇄 설정을 해야 하는 번거로움이 있습니다. 문서를 닫은 후에도 설정한 인쇄 영역이 유지되게 하는 방법을 알아보겠습니다.

◎ **시작 파일** : 3장\모의토익성적_6.xlsx
◎ **완료 파일** : 3장\모의토익성적_6_완료.xlsx

1 인쇄 영역 설정하기

❶A2:I20셀을 선택하고 ❷[페이지 레이아웃] 탭을 클릭합니다. [페이지 설정] 그룹에서 ❸[인쇄 영역]을 클릭하고 ❹[인쇄 영역 설정]을 선택합니다.

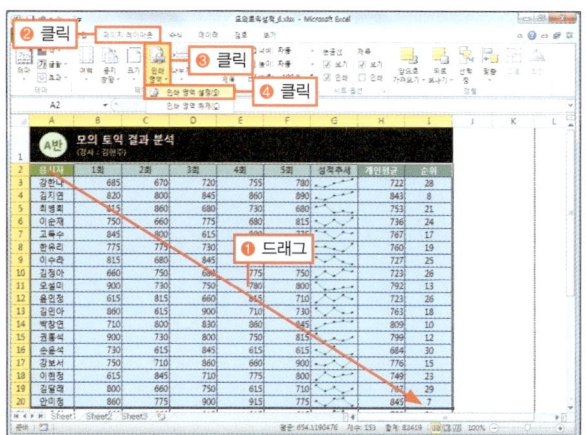

2 인쇄 영역 확인하고 닫기

❶[파일] 탭의 ❷[인쇄]를 클릭하여 인쇄 모양을 확인하면 별다른 설정 없이 선택 영역만 인쇄되는 것을 알 수 있습니다. ❸[닫기]를 클릭하여 문서를 닫습니다.

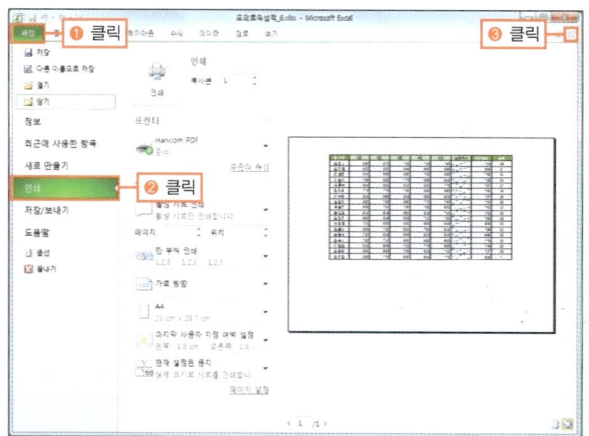

3 문서 저장하기

문서를 닫기 전에 변경 사항 저장을 묻는 대화상자가 나타나면 ❶[저장]을 클릭합니다.

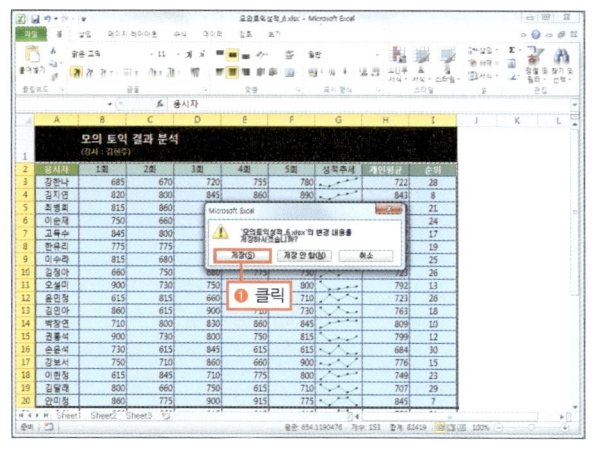

4 문서 열고 인쇄 영역의 이름 확인하기

❶예제 파일을 다시 열고 임의의 셀을 클릭하여 선택 영역을 해제합니다. ❷이름 상자의 목록 버튼을 누르면 ❸'Print_Area'라는 이름이 설정되어 있는데, 이를 클릭합니다.

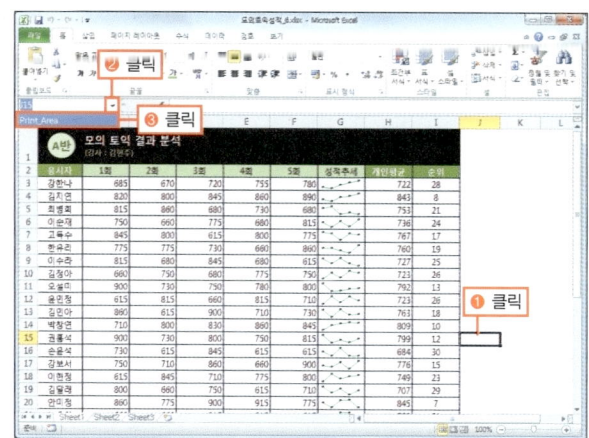

⑤ 인쇄 영역 확인하기

지정한 인쇄 영역이 표시됩니다.

참고

이와 같이 엑셀의 특정 범위에 이름을 붙여 사용하면 해당 영역을 참조하는 여러 기능을 사용할 때 편리합니다. 이름 설정에 관한 자세한 내용은 168쪽에서 살펴봅니다.

참고 ● 인쇄 영역 해제 및 추가하기

• **인쇄 영역 해제** : [페이지 레이아웃] 탭의 [페이지 설정] 그룹에서 [인쇄 영역]을 클릭하고 [인쇄 영역 해제]를 선택하면 현재 문서에 설정한 인쇄 영역이 해제됩니다.

• **인쇄 영역에 추가** : 인쇄 영역에 추가할 영역을 선택하고 [페이지 레이아웃] 탭의 [페이지 설정] 그룹에서 [인쇄 영역]-[인쇄 영역에 추가]를 클릭합니다.

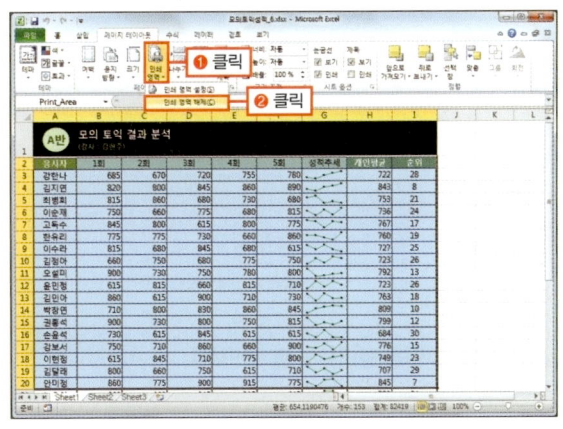

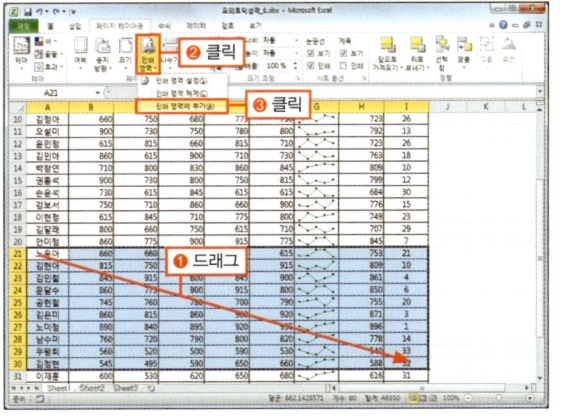

워크시트와 통합 문서 보호하기

통합 문서나 워크시트에서 중요한 데이터를 변경할 수 없게 보호하는 방법을 알아보겠습니다.

◎ **시작 파일** : 3장\수련회반편성_2.xlsx

1 [시트 보호] 설정하기

❶[검토] 탭의 ❷[변경 내용] 그룹에서 [시트 보호]를 클릭합니다. [시트 보호] 대화상자가 나타나면 ❸[시트 보호 해제 암호]에 암호를 입력하고 [워크시트에서 허용할 내용]은 그대로 둔 후 ❹[확인]을 클릭합니다.

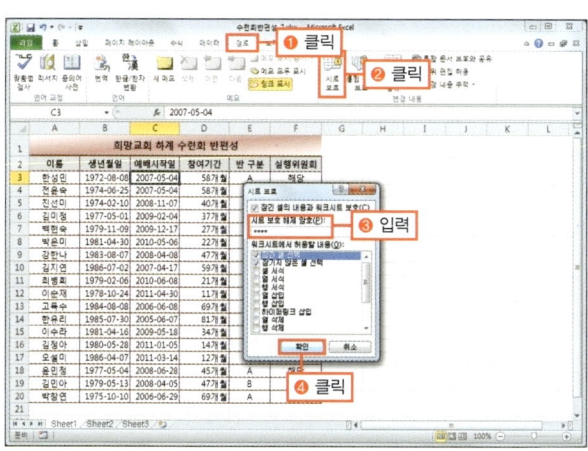

> **참고**
>
> 셀을 선택하는 기능 외에는 모두 허용하지 않게 설정하는 것입니다.

2 암호 확인하기

[암호 확인] 대화상자가 나타나면 ❶열기 암호를 한 번 더 입력하고 ❷[확인]을 클릭합니다.

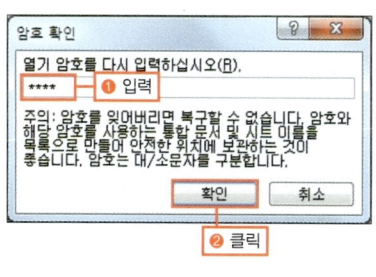

3 시트 보호 확인하기

A3셀을 선택하고 데이터를 수정해 봅니다. 그러면 본 파일이 읽기 전용이라는 메시지의 대화상자가 나타나면서 데이터를 수정할 수 없게 합니다. ❶[확인]을 클릭합니다.

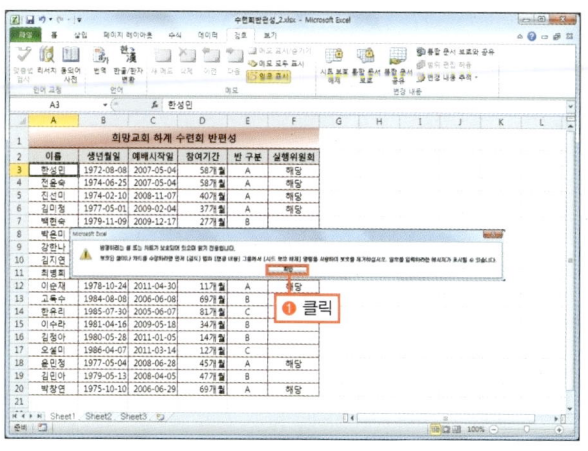

4 시트 보호 해제하기

시트 보호를 해제하기 위해 리본 메뉴에서 ❶[시트 보호 해제]를 클릭합니다. [시트 보호 해제] 대화상자에 ❷암호를 입력하고 ❸[확인]을 클릭합니다.

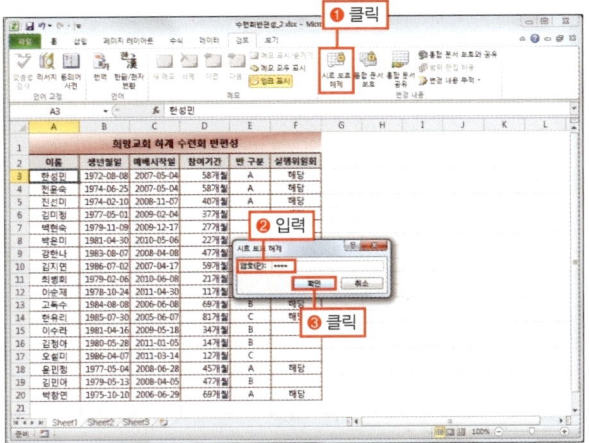

5 시트 보호 해제 확인하기

앞에서와 같이 ❶다시 A3셀을 선택하고 데이터를 수정해 봅니다.

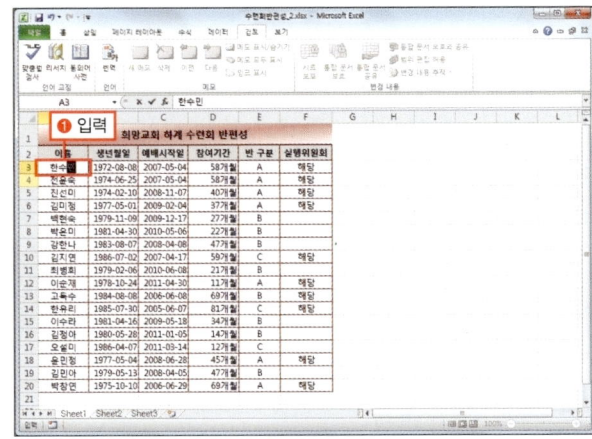

> **참고**
> 시트 보호가 해제되었으므로 자유롭게 데이터를 수정할 수 있습니다.

6 통합 문서 보호하기

리본 메뉴에서 ❶[통합 문서 보호]를 클릭합니다. [구조 및 창 보호] 대화상자가 나타나면 ❷[보호할 대상]에서 [구조]에 체크하고 ❸[암호(옵션)]에 암호를 입력한 후 ❹[확인]을 클릭합니다.

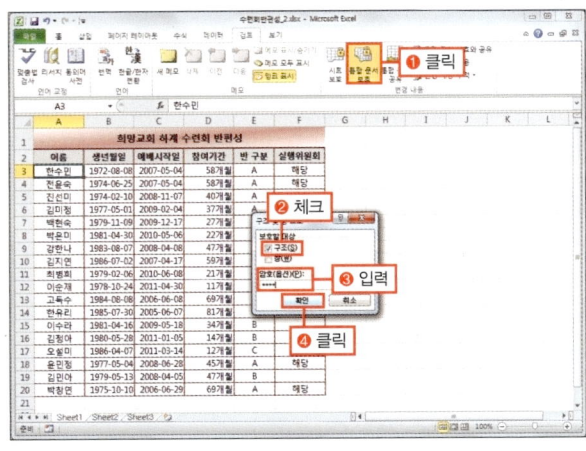

7 암호 확인하기

[암호 확인] 대화상자가 나타나면 ❶열기 암호를 한 번 더 입력하고 ❷[확인]을 클릭합니다.

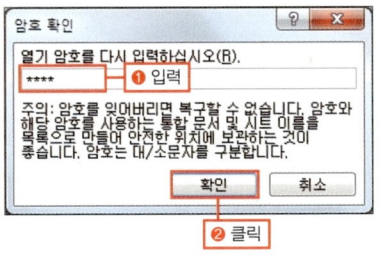

> **참고**
> [구조]에 체크하면 워크시트의 복사나 이동, 삽입 및 삭제, 숨김, 이름 변경 등의 작업을 할 수 없습니다. [창]에 체크하면 통합 문서 창의 크기 변경이나 이동 등의 작업을 할 수 없습니다.

8 통합 문서 보호 확인하기

❶[홈] 탭으로 이동하여 ❷[셀] 그룹의 [서식]을 클릭합니다. 시트 구성과 관련된 메뉴는 모두 사용할 수 없는 것을 확인합니다.

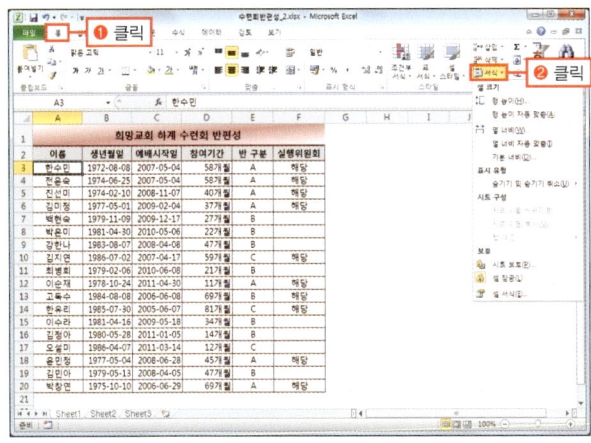

9 통합 문서 보호 해제하기

통합 문서 보호를 해제하기 위해 ❶[검토] 탭의 ❷[변경 내용] 그룹에서 [통합 문서 보호]를 클릭합니다. [통합 문서 보호 해제] 대화상자에 ❸암호를 입력하고 ❹[확인]을 클릭합니다.

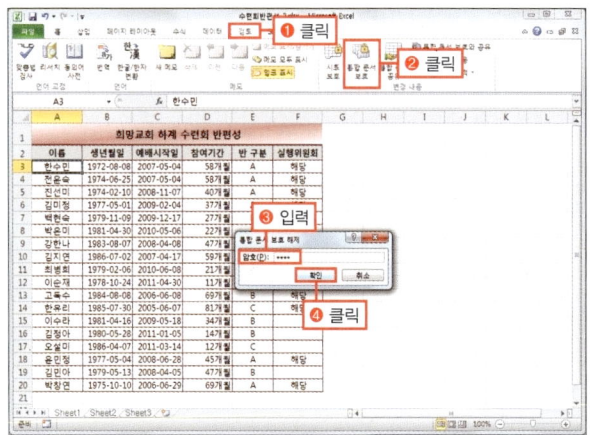

10 통합 문서 보호 해제 확인

❶시트 탭에서 마우스 오른쪽 버튼을 클릭해 보면 시트 관련 메뉴가 다시 활성화된 것을 알 수 있습니다.

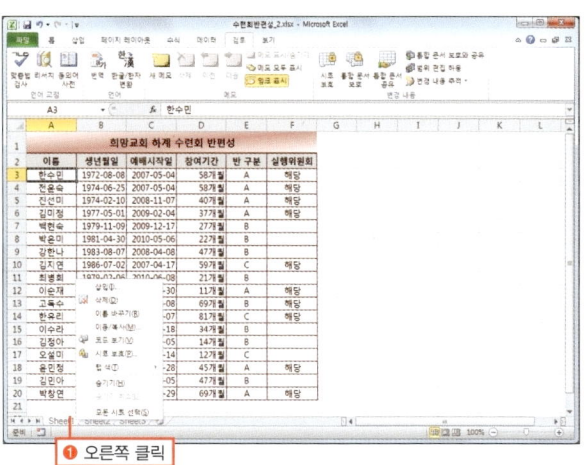

1 시작 파일을 불러와 필요한 셀을 병합하고 글꼴 서식과 셀 배경 및 테두리 서식을 보기 좋게 설정한 후 인원수, 비율에 각각 필요한 표시 형식을 지정합니다. 완성한 문서의 용지 방향을 가로로 변경하고 인쇄 배율을 확대, 페이지의 가로 가운데에 데이터가 위치하게 설정한 후 가운데와 오른쪽 바닥글에 각각 파일 이름과 날짜가 인쇄되게 합니다.

◎ **시작 파일** : 3장\계층별대학진학분포.xlsx
◎ **완료 파일** : 3장\계층별대학진학분포_완료.xlsx
◎ **해설 파일** : 해설파일\3장\계층별대학진학분포.pdf

Before

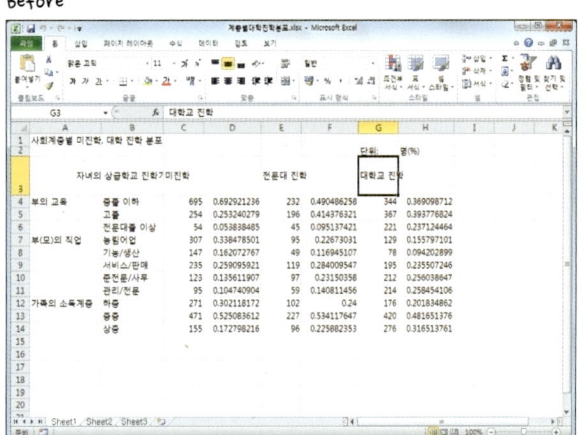

After

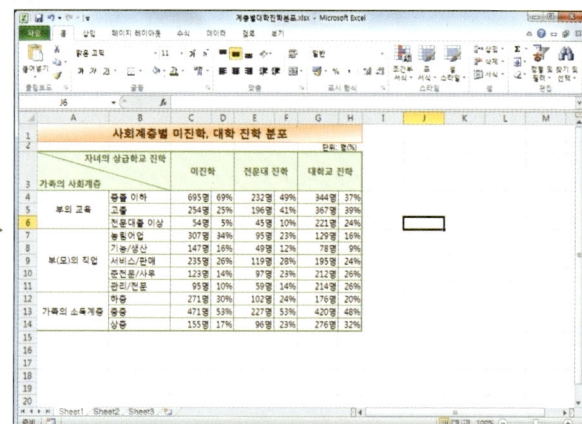

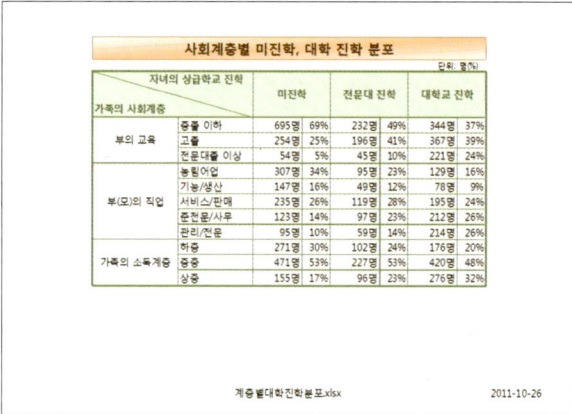

❶A1:H1, A3:B3, C3:D3, E3:F3, G3:H3, A4:A6, A7:A11, A12:A14셀을 각각 병합하고 가운데 맞춤 ❷A1, A3, C3, E3, G3셀에 굵게 적용 ❸A1셀의 글꼴 색은 '빨강=100, 녹색=47, 파랑=4'로 설정하고 채우기 색은 [흰색, 배경 1]과 [주황, 강조 6, 40% 더 밝게]로 상향 대각선의 그라데이션 효과 적용, 테두리는 [주황, 강조 6, 25% 더 어둡게] 색으로 가는 실선의 윤곽선 적용 ❹A3:G3셀의 글꼴 색은 [황록색, 강조 3, 50% 더 어둡게], 채우기 색은 [황록색, 강조 3, 80% 더 밝게] 적용 ❺A3:H14셀의 테두리는 [황록색, 강조 3, 25% 더 어둡게] 색으로 윤곽선은 굵은 실선, 안쪽은 가는 실선 적용하고 A3셀의 테두리는 같은 색의 오른쪽 아래로 향하는 대각선 적용 ❻A3셀은 텍스트 왼쪽 맞춤 설정하고 Spacebar 와 Alt + Enter 를 이용해 대각선을 기준으로 보기 좋게 텍스트 위치를 조절 ❼G2셀은 텍스트 오른쪽 맞춤 설정하고 [글꼴 크기]는 '9' 적용 ❽C4:C14, E4:E14, G4:G14셀의 데이터는 '695명'과 같은 형태의 표시 형식 적용 ❾D4:D14, F4:F14, H4:H14셀은 '0.69%'와 같은 형태의 표시 형식 적용 ❿D열, F열, H열 너비 자동 조절 ⓫용지 방향을 가로로 변경 ⓬인쇄 배율을 '130%'로 확대하고 페이지의 가로 가운데 맞춤 ⓭가운데 바닥글에는 파일 이름, 오른쪽 바닥글에는 현재 날짜 삽입

❷ 시작 파일을 불러와 필요한 셀을 병합하고 글꼴 서식과 셀 배경 및 테두리 서식을 보기 좋게 설정한 후 연도와 인구수, 비율에 각각 필요한 표시 형식을 지정합니다. 완성한 문서의 모든 열이 한 페이지에 보이고 1:2행을 반복하여 10년 단위로 페이지를 나눈 후 현재 페이지 번호와 전체 페이지 수가 가운데 바닥글로 표시되어 인쇄되게 설정합니다.

◎ **시작 파일** : 3장\부양비통계및예측.xlsx
◎ **완료 파일** : 3장\부양비통계및예측_완료.xlsx
◎ **해설 파일** : 해설파일\3장\부양비통계및예측.pdf

Before

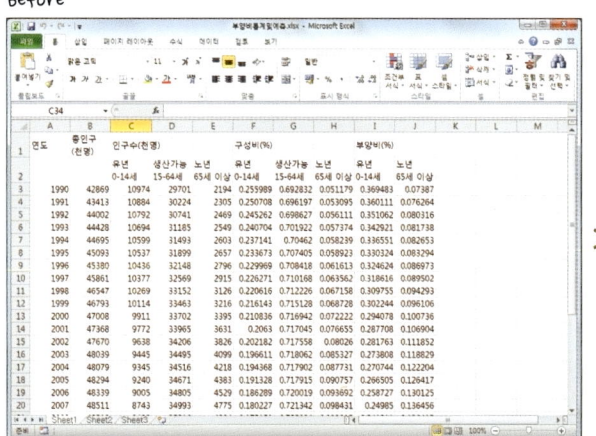

After

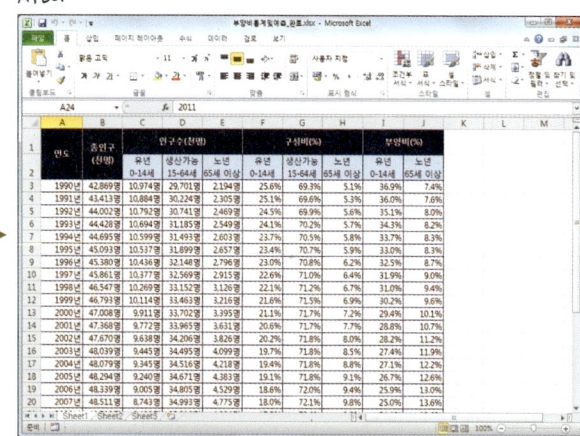

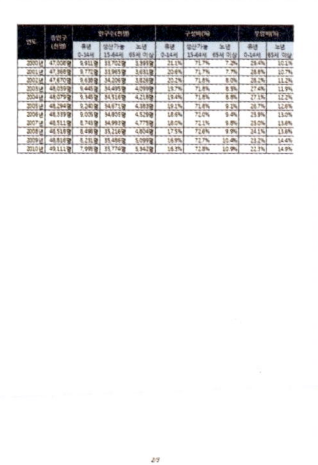

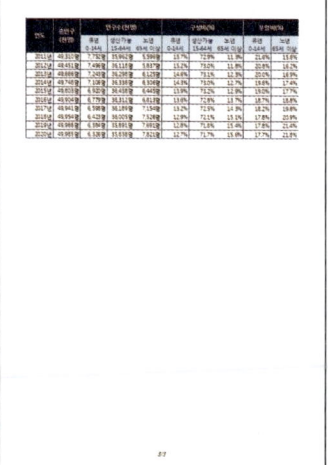

❶A1:A2, B1:B2, C1:E1, F1:H1, I1:J1셀을 각각 병합하고 가운데 맞춤 ❷C2:J2셀을 가운데 맞춤하고 글꼴 색은 [진한 파랑, 텍스트 2, 50% 더 어둡게], 채우기 색은 [진한 파랑, 텍스트 2, 80% 더 밝게]로 설정 ❸A1, B1, C1, F1, I1셀의 채우기 색은 [진한 파랑, 텍스트 2, 50% 더 어둡게], 글꼴 색은 [흰색, 배경 1] 적용하고 굵게 설정 ❹A1:J33셀의 윤곽선과 안쪽 테두리 전체를 가는 실선의 [진한 파랑, 텍스트 2, 50% 더 어둡게] 색으로 설정하고 A1, B1, C1, F1, I1셀의 경계는 [흰색, 배경 1] 색의 가는 실선으로 그리기 ❺A3:A33셀의 데이터는 '1990년'과 같은 형태로 표시 형식 설정 ❻B3:E33셀은 '42,869명'과 같은 형태로 표시 형식 설정 ❼F3:J33셀은 '25.6%'와 같은 형태로 표시 형식 설정 ❽1:2행이 반복하여 인쇄되게 인쇄 제목으로 설정 ❾A13셀, A24셀에 페이지 나누기 삽입 ❿한 페이지에 모든 열 맞추기 ⓫'[페이지 번호]/[전체 페이지 수]' 형태의 가운데 바닥글 삽입하고 기울임꼴 적용

PART

04

데이터 계산을 위한
수식과 함수의 기초 다지기

엑셀의 가장 중요한 기능이라고 할 수 있는 수식과 함수 계산을 위해 기본적으로 알아두어야 하는

사항을 살펴보겠습니다. 수식을 자유롭게 사용하기 위해 반드시 이해해야 하는 셀 참조의 종류,

자주 사용하는 계산을 쉽게 사용할 수 있게 해주는 [자동 합계] 도구를 먼저 살펴보고 본격적으로

함수를 사용하기 위한 기초 지식을 알아보겠습니다.

Excel 2010

수식 입력에 필요한 셀 참조 이해하기

수식을 입력하는 기본 방법에 대해서는 2장에서 살펴보았습니다. 여기에서는 셀 주소나 셀 범위로 수식을 작성하고 자동 채우기를 할 때 반드시 이해해야 하는 셀 참조 방식을 살펴보겠습니다.

다루는 내용

- 상대참조, 절대참조, 혼합참조 이해하기
- 다른 시트의 셀 참조하기
- 셀 범위를 이름으로 지정하기

기능 정리

수식에 사용되는 다양한 셀 참조 방법 이해하기

엑셀에서는 셀 주소나 셀 범위를 가지고 수식을 작성할 때 계산의 대상이 되는 셀을 어떻게 참조할 것인지 아래의 3가지로 구분합니다. 수식을 한 셀에만 단독으로 사용할 때는 셀 참조 방식의 영향을 받지 않지만, 수식을 자동 채우기하여 복사하면 각 참조 방식에 따라 결과가 크게 달라집니다.

● 상대참조

상대참조란 자동 채우기되는 셀의 위치에 맞춰 수식에 사용된 셀의 위치도 상대적으로 함께 변하는 것입니다. 수식을 입력하면 기본적으로 상대참조가 됩니다.

	A	B	C
1	1000	500	=A1+B1
2	800	1400	

	A	B	C
1	1000	500	=A1+B1
2	800	1400	=A2+B2

▲ A1셀과 B1셀을 참조하여 작성한 C1셀의 수식을 C2셀로 자동 채우기 하면 참조하는 셀의 위치가 자동으로 변하며 계산됩니다.

● 혼합참조

참조하는 셀의 행이나 열 중 하나를 고정하는 것을 혼합참조라고 하며, 고정하려는 행이나 열 번호 앞에 '$' 기호를 삽입하면 됩니다. 수식 작성 시 해당 셀 주소를 입력하고 F4 를 두 번 누르면 행이 고정되고, 세 번 누르면 열이 고정됩니다.

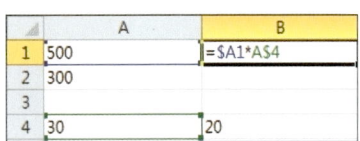

	A	B
1	500	=$A1*A$4
2	300	
3		
4	30	20

	A	B
1	500	=$A1*A$4
2	300	=$A2*A$4
3		
4	30	20

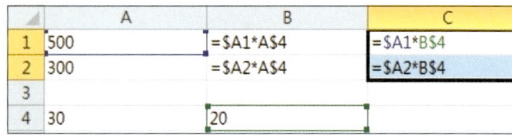

	A	B	C
1	500	=$A1*A$4	=$A1*B$4
2	300	=$A2*A$4	=$A2*B$4
3			
4	30	20	

▲ A1셀과 A4셀을 곱하는 수식을 B1셀에 작성합니다. 이때 A1셀의 A열과 A4셀의 4행을 고정합니다.

▲ 이 수식을 B2셀로 자동 채우기 하면 A1셀만 A2셀로 변경되고 나머지는 고정됩니다.(A4셀에서 A열은 고정하지 않았지만 자동 채우기하는 열의 방향이 같으므로 변하지 않습니다.)

▲ B1:B2셀을 행 방향인 C1:C2셀로 자동 채우기 하면 A4셀만 B4셀로 변경되고 나머지는 고정됩니다.

● 절대참조

수식에 사용된 셀이나 셀 범위를 고정하는 것이 절대참조입니다. 셀 주소의 행과 열 번호 앞에 모두 '$'를 삽입해야 하고, F4를 한 번 누르면 자동으로 절대참조 됩니다.

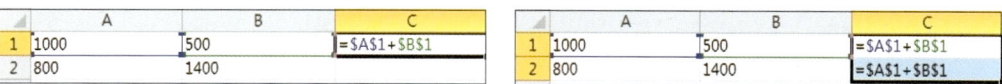

⧄	A	B	C
1	1000	500	=$A$1+$B$1
2	800	1400	

⧄	A	B	C
1	1000	500	=$A$1+$B$1
2	800	1400	=$A$1+$B$1

▲ A1셀과 B1셀을 모두 절대참조 하여 수식을 작성하면 아무리 자동 채우기 해도 참조하는 셀이나 셀 범위의 위치가 변경되지 않습니다.

간단퀴즈

1 수식을 작성할 때 대상이 되는 셀을 이용하는 것을 무엇이라고 합니까?

2 셀을 참조할 때 이용하면 편리한 기능키는 무엇입니까?

3 A2셀을 $A2셀로 참조하려면 기능키를 어떻게 이용합니까?

📖 : 셀 참조, F4, A2셀을 참조한 상태에서 F4를 세 번 누름

실습과정

상대참조, 절대참조, 혼합참조 이용하여 수식 작성하기

다양한 셀 참조 방식을 이용하여 많은 양의 계산을 빠르게 처리하는 방법을 알아보겠습니다.

◎ **시작 파일** : 4장\TM파트타임급여표.xlsx
◎ **완료 파일** : 4장\TM파트타임급여표_완료.xlsx

01 곱셈 수식 작성하기

❶H5셀에 '='을 입력하고 ❷G5셀을 클릭합니다. ❸이어서 '*'를 입력하고 ❹A23셀을 클릭합니다.

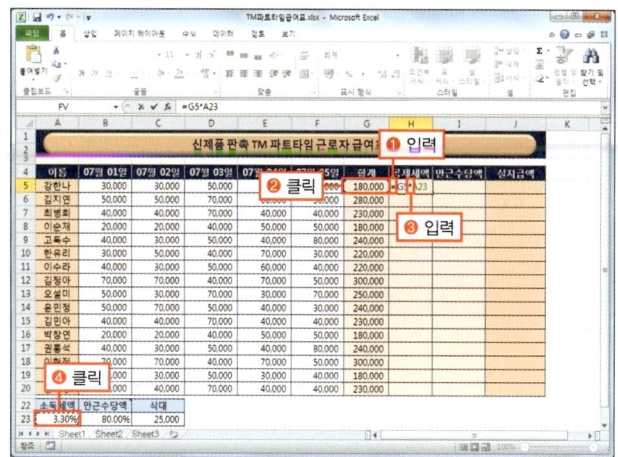

02 혼합참조로 변경(행 고정)하기

❶H5셀에 '=G5*A23'이 입력된 상태에서 바로 F4 를 두 번 누르고 ❷ Enter 를 누릅니다.

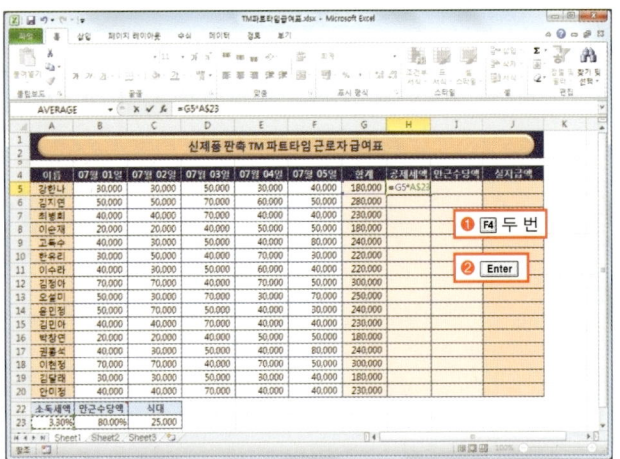

참고
A23셀을 입력하고 F4 를 두 번 누르면 A$23으로 바뀝니다. 23행은 고정하고 A열만 상대참조가 되는 수식입니다.

03 행 방향으로 수식 복사하기

❶H5셀의 채우기 핸들을 더블클릭하여 H20셀까지 자동 채우기를 적용합니다.

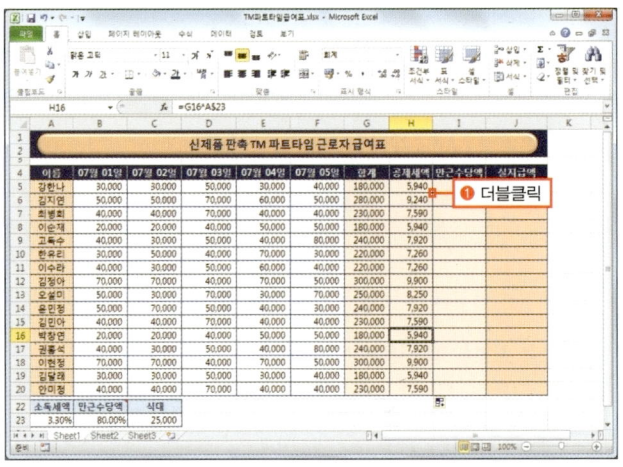

참고
복사된 셀 중 임의의 셀을 선택하고 수식 입력줄을 확인해 보면 G5만 G20셀까지 상대참조가 되고 A23셀은 행 방향으로 복사되었으므로 고정된 것을 알 수 있습니다.

04 열 방향으로 수식 복사하기

❶H5:H20셀을 선택하고 ❷H20셀의 자동 채우기 핸들을 I20셀로 드래그하여 전체 복사합니다.

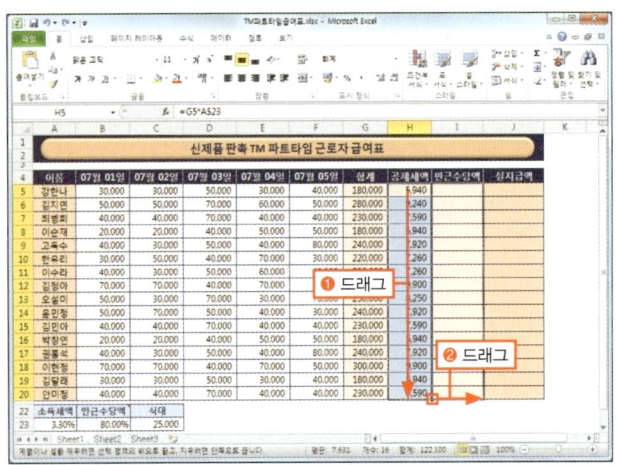

05 복사한 수식 확인하기

❶복사된 셀 중 임의의 셀을 선택하고 수식 입력줄을 확인해 보면 G5:G20셀은 H5:H20셀로 상대참조가 되고 A23셀은 B23셀로 변경된 것을 알 수 있습니다.

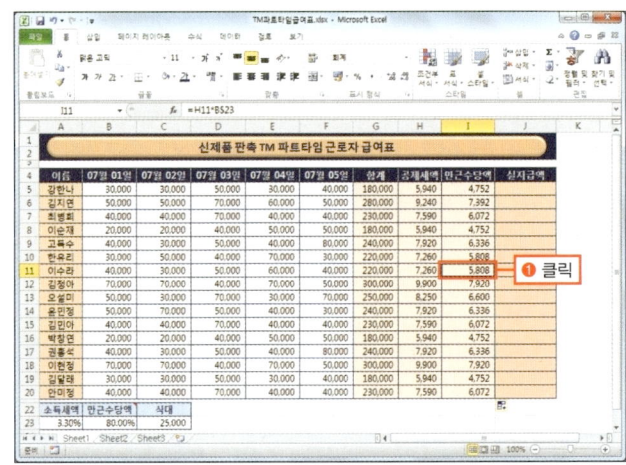

06 절대참조로 수식 작성하기

❶J5셀에 '=G5-H5+I5+'를 입력합니다. ❷C23셀을 클릭하고
❸ F4 를 누른 후 ❹ Enter 를 누릅니다.

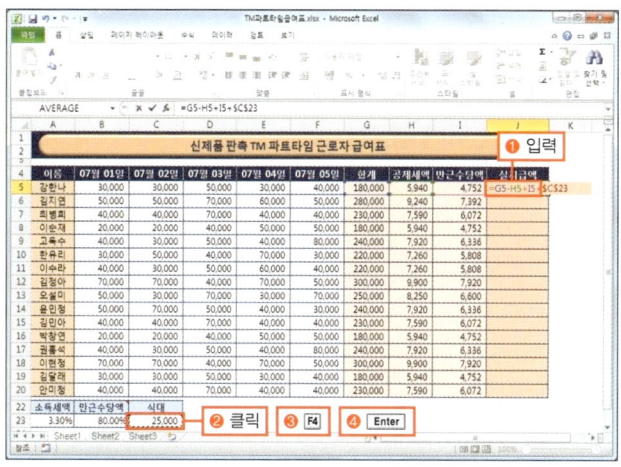

07 수식 복사하기

❶J5셀의 채우기 핸들을 더블클릭하여 J20셀까지 자동
채우기를 적용합니다.

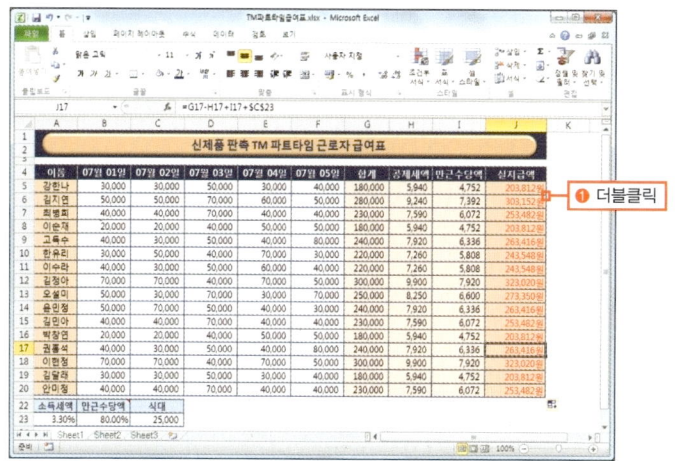

> **참고**
> 복사된 셀 중 임의의 셀을 선택하고 수식 입력줄을 확인해 보면
> 'G5-H5+I5'셀은 'G20-H20+I20'셀까지 상대참조가 되고 C23셀은
> 고정된 것을 알 수 있습니다.

> **참고 • 참조 셀 추적하기**
>
> 셀을 선택하고 [수식] 탭의 [수식 분석] 그룹에서 [참조되는 셀 추적]이나 [참조하는 셀 추적]을 클릭하면 해당 셀이 어느 셀에 참조되거나 어느
> 셀을 참조하고 있는지 화살표로 표시됩니다. 여러 단계로 참조되었을 때는 [참조되는 셀 추적]이나 [참조하는 셀 추적]을 클릭할 때마다 단계별로
> 화살표가 표시됩니다. 화살표를 지우려면 리본 메뉴의 [연결선 제거]를 이용합니다.

▲ H5셀에 참조되는 셀 추적

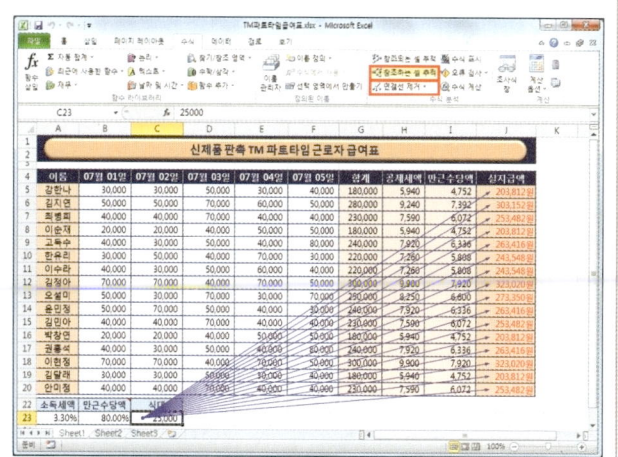

▲ C23셀을 참조하는 셀 추적

다른 시트나 파일의 셀 참조하기

수식을 작성할 때는 현재 파일의 현재 시트뿐만이 아니라 현재 파일의 다른 시트 혹은 다른 파일의 셀(셀 범위)을 참조할 수 있습니다.

◎ **시작 파일** : 4장\TM파트타임급여표_3.xlsx, 2012_급여참조.xlsx
◎ **완료 파일** : 4장\TM파트타임급여표_3_완료.xlsx

01 상대참조 수식 작성하기

❶ J5셀에 '=G5-H5+I5+' 수식을 일단 입력합니다.

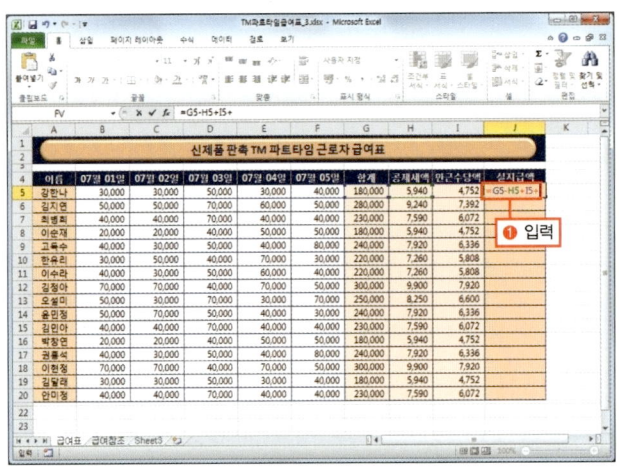

02 다른 시트의 셀 참조하기

❶ '급여참조' 시트로 이동하여 ❷C2셀을 클릭하고 ❸ Enter 를 누릅니다.

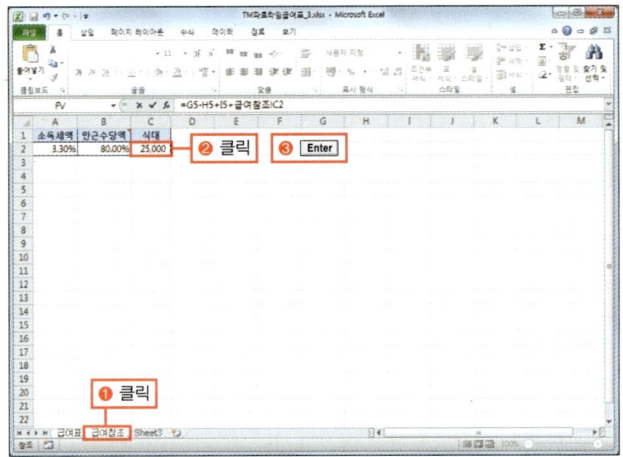

03 결과 확인하기

'급여참조' 시트의 C2셀을 참조하여 계산한 결과 값이 구해집니다.

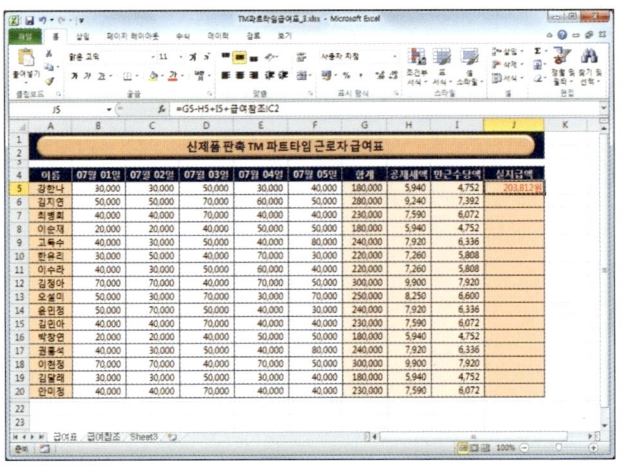

 참고

I5셀을 클릭하고 수식 입력줄을 확인해 보면 참조 셀 중 다른 시트의 셀은 '시트이름!셀주소'로 표시되는 것을 알 수 있습니다.

04 상대참조 수식 작성하기

❶ '4장\2012_급여참조.xlsx' 파일을 열어 놓습니다. ❷다시 'TM파트타임급여표_3.xlsx' 파일의 J6셀에 '=G6-H6+I6+' 수식을 입력합니다.

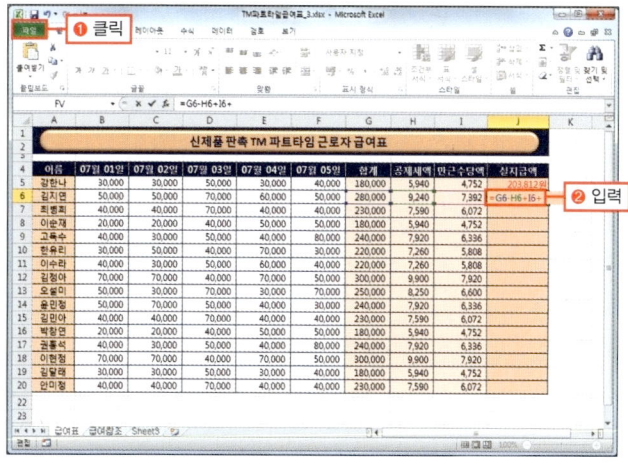

05 다른 파일의 셀 참조하기

❶ '2012_급여참조.xlsx' 파일의 C2셀을 클릭하고 ❷ Enter 를 누릅니다.

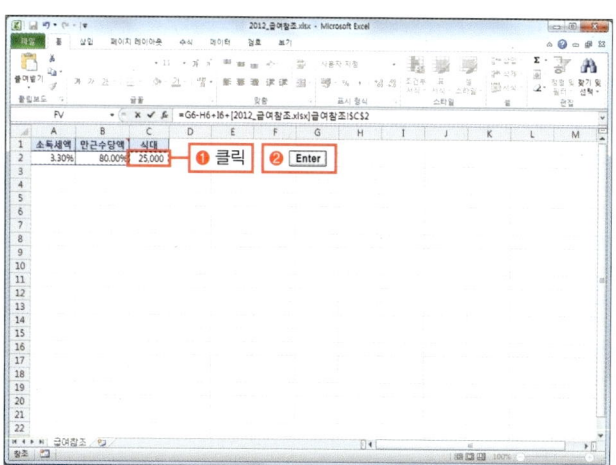

06 결과 확인하기

'2012_급여참조.xlsx' 파일의 C2셀을 참조하여 계산한 결과 값이 구해집니다.

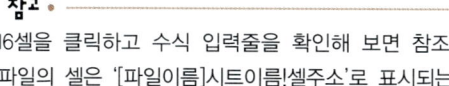

참고

I6셀을 클릭하고 수식 입력줄을 확인해 보면 참조 셀 중 다른 파일의 셀은 '[파일이름]시트이름!셀주소'로 표시되는 것을 알 수 있습니다.

셀이나 셀 영역에 이름 지정하여 참조하기

계산의 대상이 되는 셀이나 셀 영역에 이름을 지정하면 참조 시 이름만으로 편리하게 사용할 수 있습니다.

◎ **시작 파일** : 4장\TM파트타임급여표_2.xlsx
◎ **완료 파일** : 4장\TM파트타임급여표_2_완료.xlsx

01 이름 상자에서 이름 정의하기

❶A5:A20셀을 선택하고 ❷이름 상자에 '이름'이라고 입력한 후 ❸ Enter 를 누릅니다.

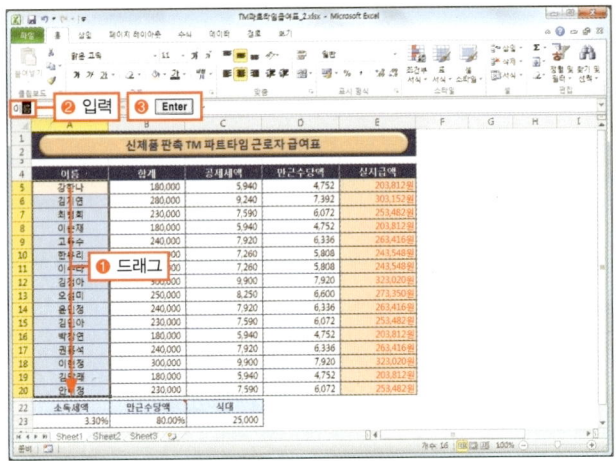

> **참고**
> 셀 영역에 이름을 지정하면 절대참조가 됩니다.

02 이름 선택하기

❶이름 상자의 목록 버튼을 클릭하면 정의한 이름이 나타납니다. ❷이름을 클릭합니다.

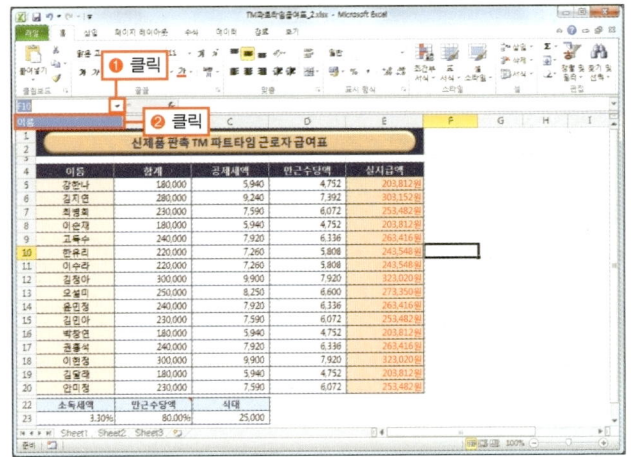

03 이름 확인하기

'이름' 이름으로 지정한 영역이 선택됩니다.

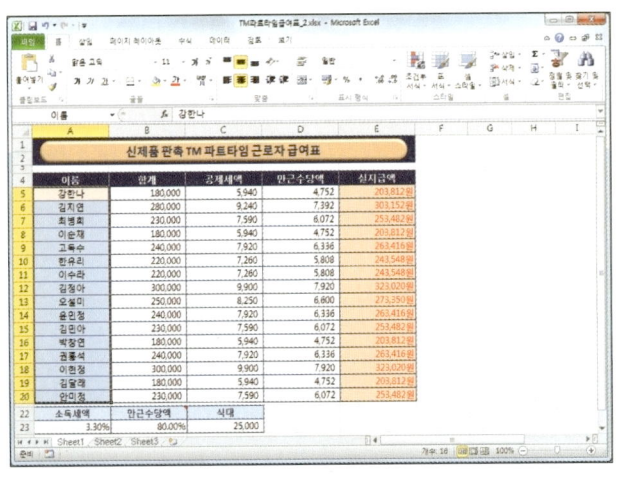

04 선택 영역에서 이름 만들기

❶A22:C23셀을 선택하고 ❷[수식] 탭의 ❸[정의된 이름] 그룹에서 [선택 영역에서 만들기]를 클릭합니다. ❹[이름 만들기]의 [첫 행]에 체크하고 ❺[확인]을 클릭합니다.

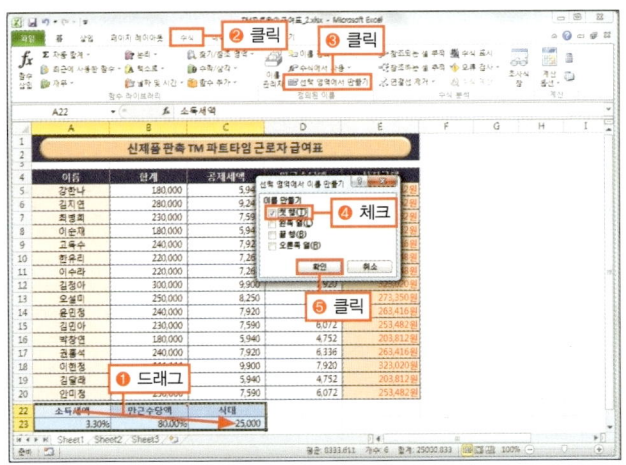

05 [이름 관리자] 대화상자 이용하기

❶리본 메뉴에서 [이름 관리자]를 클릭합니다. 대화상자에서 앞서 만든 이름들을 확인하고 ❷[새로 만들기]를 클릭합니다.

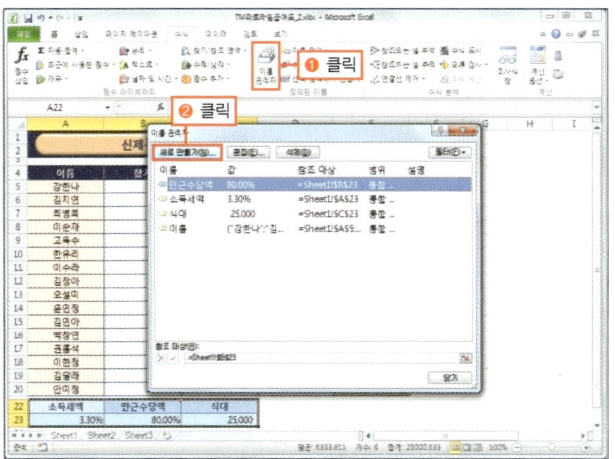

> **참고**
>
> 새 이름만 정의하려면 리본 메뉴에서 [이름 정의]를 클릭해도 됩니다.

06 새 이름 지정하기

❶[새 이름] 대화상자의 [이름]에 '실지급액'을 입력하고 ❷[참조 대상]의 셀 영역을 E5:E20셀로 지정한 후 ❸[확인]을 클릭합니다.

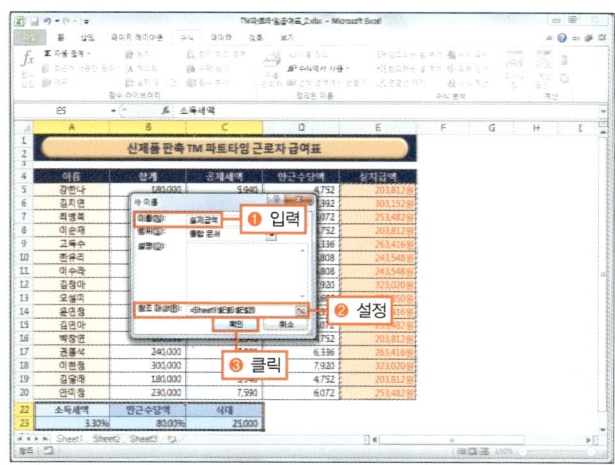

> **참고**
>
> [참조 대상]의 입력란을 선택하고 E5:E20셀을 드래그하여 입력하거나(또는 직접 입력) 📷을 눌러 영역을 선택합니다.

07 결과 확인하기

'실지급액' 이름이 지정한 영역으로 만들어진 것을 확인하고 ❶[닫기]를 클릭합니다.

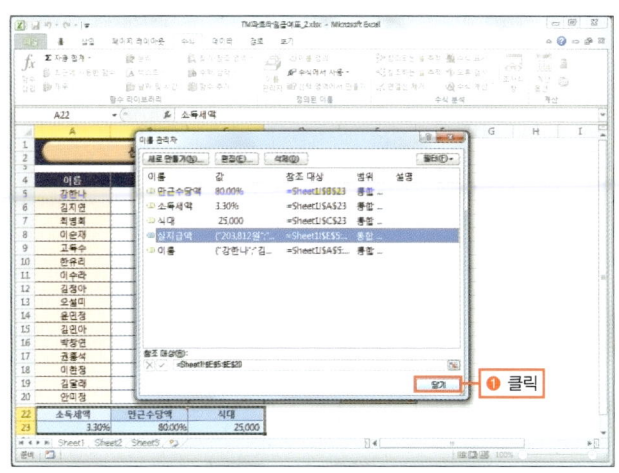

> **참고**
>
> 이미 정의한 이름을 수정(이름이나 영역)하려면 [편집]을 클릭합니다. [삭제]를 클릭하면 해당 이름이 삭제됩니다.

08 이름 확인하기

❶이름 상자의 목록 버튼을 클릭하면 현재 통합 문서에 정의된 이름 목록이 나타납니다. ❷여기에서 이름을 선택하면 대상 셀이나 셀 영역이 선택됩니다.

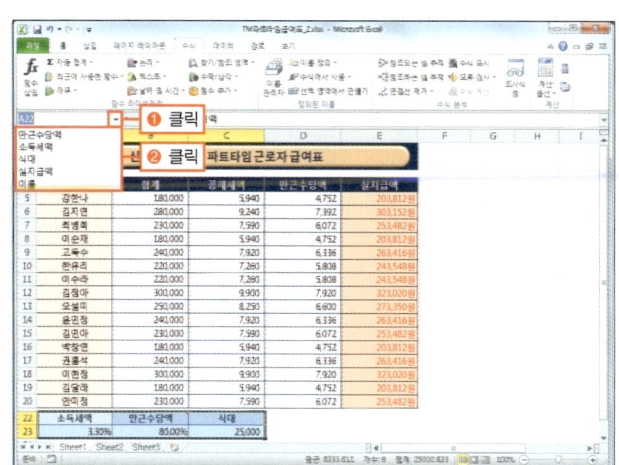

1 상대참조와 혼합참조를 이용하여 갑근세액과 주민세액을 구해보세요.

- 갑근세액 : 기본급*갑근세
- 주민세액 : 갑근세액*주민세

◎ **시작 파일** : 4장\인사부서급여대장.xlsx
◎ **완료 파일** : 4장\인사부서급여대장_완료.xlsx

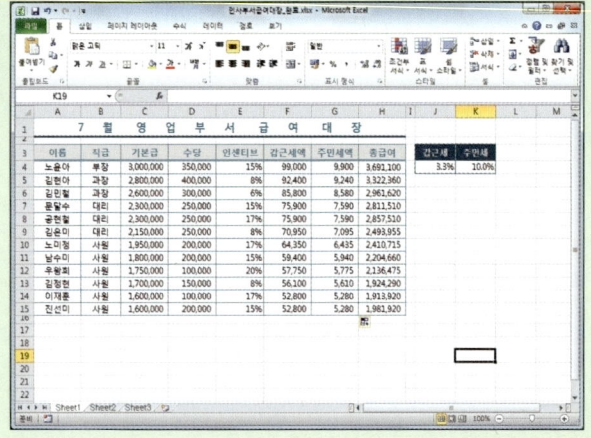

2 급여총액 영역을 '급여총액'이라는 이름으로 정의하고 이와 절대참조를 이용하여 인센티브액을 계산해 보세요.

- 인센티브액 : 급여총액*상반기 인센티브

◎ **시작 파일** : 4장\인사부서급여대장_2.xlsx
◎ **완료 파일** : 4장\인사부서급여대장_2_완료.xlsx

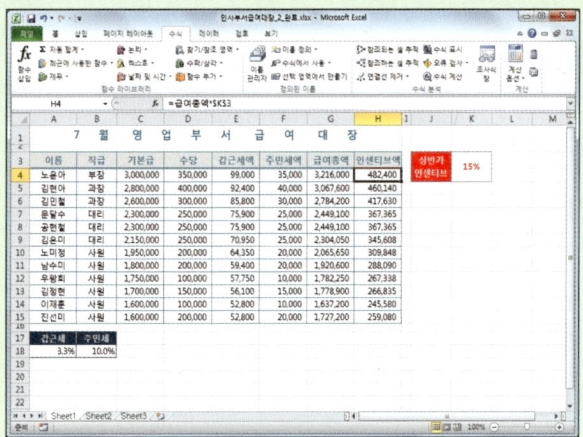

SECTION 02

[자동 합계] 기능을 이용하여 간단한 계산 손쉽게 하기

엑셀에서는 자주 사용하는 기본 계산 방식인 합계, 평균, 숫자 개수 세기, 최대값, 최소값을 [자동 합계]라는 도구로 제공합니다. [자동 합계]를 이용하여 이러한 계산을 쉽고 빠르게 처리하는 방법을 알아보겠습니다.

다루는 내용

- 데이터의 합계 구하기
- 데이터의 최대값, 최소값 구하기

기능 정리

[자동 합계]의 계산 기능 미리 보기

앞에서 살펴본 대로 사칙연산과 같은 간단한 계산의 경우에는 수식을 직접 하나하나 입력해도 되지만 데이터의 양이 많아지거나 특정 조건에 맞는 결과를 추출해야 할 때는 한계가 있습니다. 그래서 엑셀에서는 미리 프로그래밍해 놓은 수식과 논리식을 일정한 규칙에 따라 사용할 수 있게 '함수'라고 하는 모듈을 제공합니다. 그중에서도 합계, 평균, 최대값, 최소값, 숫자의 개수를 세는 것과 같이 수시로 사용하는 수식 및 함수는 [자동 합계]라는 도구를 이용하여 간편하게 사용할 수 있게 제공합니다. [자동 합계]는 [홈] 탭의 [편집] 그룹이나 [수식] 탭의 [함수 라이브러리] 그룹에서 사용할 수 있습니다.

❶ **합계** : 선택한 셀들의 합계를 계산합니다. SUM 함수를 대신합니다.
❷ **평균** : 선택한 셀들의 평균을 계산합니다. AVERAGE 함수를 대신합니다.
❸ **숫자 개수** : 선택한 셀들의 개수를 계산합니다. COUNT 함수를 대신합니다.
❹ **최대값** : 선택한 셀 중 최대값을 구합니다. MAX 함수를 대신합니다.
❺ **최소값** : 선택한 셀 중 최소값을 구합니다. MIN 함수를 대신합니다.

간단 퀴즈

1 [자동 합계] 도구에서 제공하는 계산 기능에는 무엇이 있습니까?

2 [자동 합계] 도구는 리본 메뉴의 어느 탭에서 사용할 수 있습니까?

답 : 합계/평균/숫자 개수/최대값/최소값, [홈] 탭의 [편집] 그룹 또는 [수식] 탭의 [함수 라이브러리] 그룹

[자동 합계]로 데이터의 합계 구하기 – SUM 함수

엑셀 계산에서 가장 많이 사용하는 합계는 SUM 함수를 이용합니다. [자동 합계]의 [합계]를 이용하면 SUM 함수를 직접 입력하지 않아도 합계를 자동으로 쉽게 구할 수 있습니다.

◎ **시작 파일** : 4장\지점별순이익분석.xlsx

01 [합계] 명령 실행하기

❶F4셀을 선택하고 ❷[홈] 탭의 [편집] 그룹에서 [합계] (Σ▼)의 목록 버튼을 눌러 ❸[합계]를 클릭합니다.

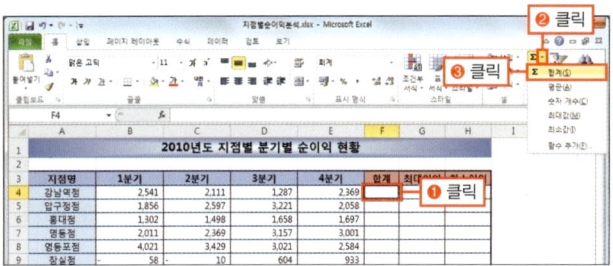

> **참고**
>
> 합계를 구할 때는 목록 버튼을 누르지 않고 [합계](Σ)를 바로 클릭해도 됩니다.

02 합계 계산하기

B4:E4셀이 계산 영역으로 표시되고(점선) F4셀에 SUM 함수 수식이 입력된 것을 확인한 후 ❶ Enter 를 누릅니다.

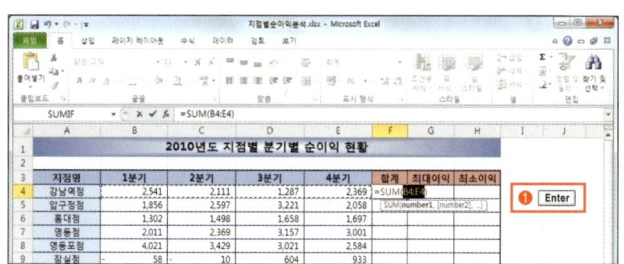

> **참고**
>
> [수식] 탭의 [함수 라이브러리] 그룹에서도 [자동 합계]를 사용할 수 있습니다.

03 수식 복사하기

B4:E4셀의 합계가 구해지면 수식 입력줄에서 SUM 함수의 수식을 확인하고 ❶F4셀의 채우기 핸들을 F15셀까지 드래그합니다.

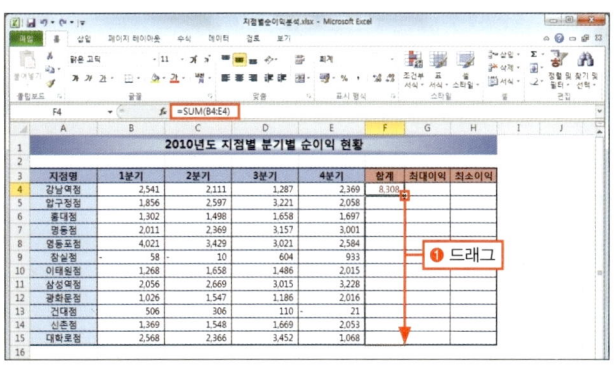

04 복사한 셀 서식 정리하기

마지막 셀의 테두리가 위의 셀들과 다르므로 ❶[자동 채우기 옵션](📋)을 클릭하여 ❷[서식 없이 채우기]를 선택합니다.

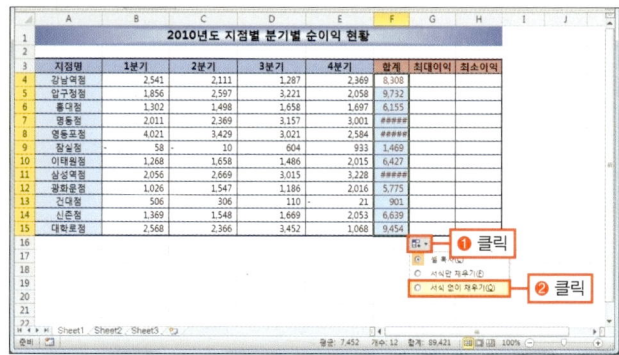

05 열 너비 조절

❶F열과 G열의 경계를 더블클릭하여 열 너비를 데이터 길이에 맞춰 늘립니다.

> **참고**
>
> '####'은 데이터의 길이가 열 너비보다 좁아 나타나는 기호입니다. 열 너비를 충분히 늘려주면 사라집니다.

실습 과정

범위 내에서 자동으로 최대값과 최소값 구하기 – MAX, MIN 함수

역시 엑셀 계산에서 자주 구하는 최대값과 최소값은 각각 MAX, MIN 함수를 이용합니다. [자동 합계]의 [최대값]과 [최소값]을 이용하면 이들 함수를 직접 입력하지 않아도 최대값과 최소값을 자동으로 쉽게 구할 수 있습니다.

- **시작 파일** : 앞의 파일에 이어서 진행합니다.
- **완료 파일** : 4장\지점별순이익분석_완료.xlsx

---

01 [최대값] 명령 실행하기

❶G4셀을 선택하고 ❷[홈] 탭의 [편집] 그룹에서 [합계] (Σ ▾)의 목록 버튼을 눌러 ❸[최대값]을 클릭합니다.

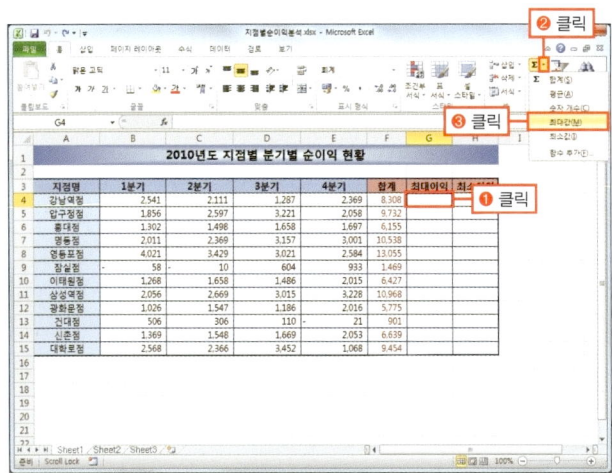

02 계산 범위 수정하기

❶자동 합계를 실행하면 인접한 숫자 영역이 모두 계산 범위로 지정되는데 B4:E4셀만 드래그하여 다시 설정하고 ❷ Enter 를 누릅니다.

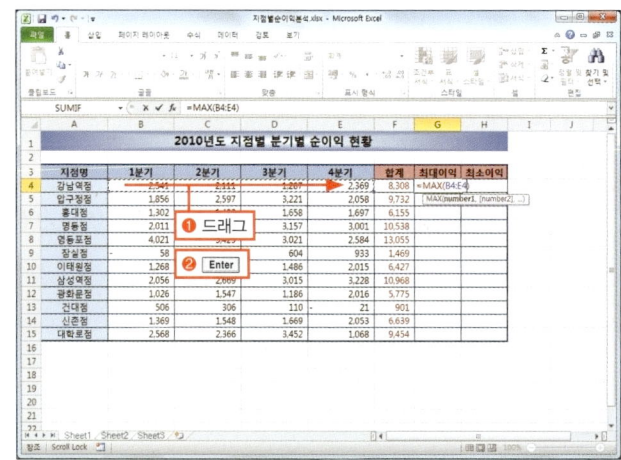

> **참고**
> MAX 함수에 의한 수식이 표시됩니다.

---

03 [최소값] 명령 실행하기

G4셀의 결과 값을 확인합니다. 이번에는 ❶H4셀을 선택하고 ❷리본 메뉴에서 다시 [합계](Σ ▾)의 목록 버튼을 눌러 ❸[최소값]을 클릭합니다.

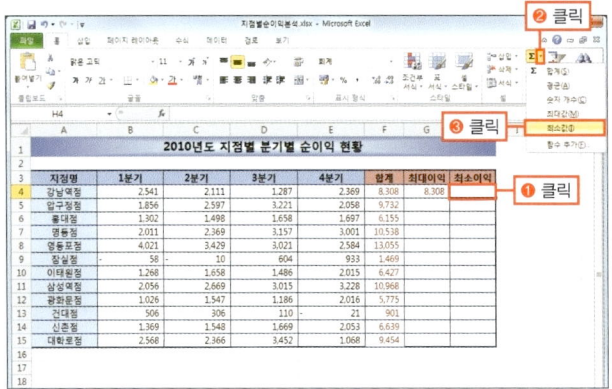

04 계산 범위 수정하기

❶B4:E4셀만 드래그하여 다시 설정하고 ❷ Enter 를 누릅니다.

05 수식 복사하기

H4셀의 결과 값을 확인합니다. ❶G4:H4셀을 선택하고
❷H15셀까지 수식을 복사합니다.

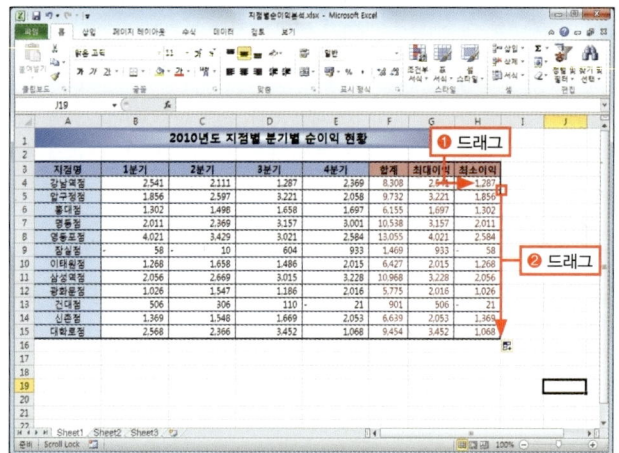

확인실습

1 [자동 합계] 도구를 이용해 H6:H12셀에 업체별 주문량 중
최대값을 구하고, 셀 영역의 이름 '일사분기'와 '이사분기'를
이용하여 분기별 합계와 분기별 평균을 계산하세요.

◎ 시작 파일 : 4장\거래처별주문량_3.xlsx
◎ 완료 파일 : 4장\거래처별주문량_3_완료.xlsx

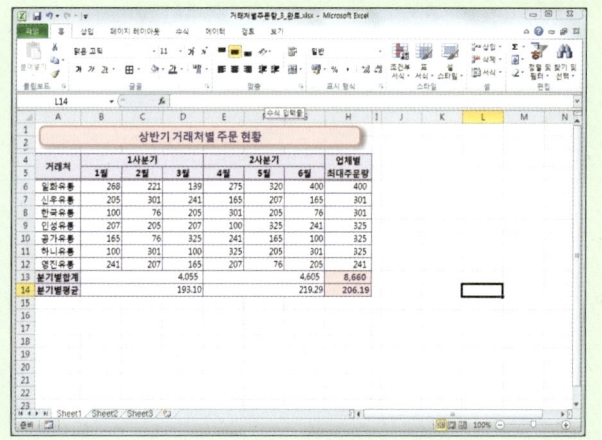

SECTION **03**

함수 사용법 이해하고 기초 함수 다지기

본격적으로 함수를 사용하기 위해서 함수식의 구성 요소를 이해하고, 엑셀에 함수를 입력하는 3가지 방법을 실습해 보겠습니다.

다루는 내 용

- 엑셀 함수의 형식 이해하기
- 엑셀 함수의 범주 알아보기
- 함수를 사용하는 3가지 방법 익히기

기능 정리

엑셀 함수의 기본 형식과 함수의 범주 알아보기

엑셀을 잘 활용한다는 것은 곧 함수를 잘 활용한다는 의미와 같습니다. 함수의 기본 구성 형식과 범주, 사용 방법에 대해 살펴봅니다.

● 엑셀 함수의 형식

함수란 미리 프로그래밍해 놓은 수식과 논리식을 일정한 규칙에 따라 사용하는 엑셀의 고유한 계산 방식입니다.

$$\underset{\text{등호}}{=} \quad \underset{\text{함수 이름}}{\text{MAX}} \quad \underset{\text{괄호}}{(} \quad \underset{\text{인수}}{\text{E2:E10, G4:G12}} \quad \underset{\text{괄호}}{)}$$

- **등호** : 함수나 수식을 입력할 때는 등호로 시작합니다.
- **함수 이름** : 사용할 함수의 이름을 입력합니다.
- **괄호** : 함수식에 사용하는 인수는 반드시 괄호 안에 입력합니다.
- **인수** : 함수식에 사용되는 값입니다. 함수에 따라 사용하는 인수의 규칙이 정해져 있으며, 개수도 제한받을 수 있습니다.
- **연산자** : 계산에 필요한 기호로서, 엑셀에서는 다음과 같은 연산자들이 사용됩니다. 한 수식에 여러 개의 연산자가 있으면 우선순위에 따라 계산되고, 우선순위가 같을 때는 왼쪽에서 오른쪽으로 계산합니다.

종류	연산자	의미	예제	결과	우선순위
산술 연산자	+	더하기	=2+3	5	7
	−	빼기	=2−3	−1	7
	*	곱하기	=2*3	6	6
	/	나누기	=2/3	0.666	6
	%	백분율	=100*3%	3	4
	^	거듭제곱	=2^3	8	5
비교 연산자	=	같음	=2=3	FALSE	9
	〉	보다 큼	=2〉3	FALSE	9
	〈	보다 작음	=2〈3	TRUE	9
	〉=	크거나 같음	=3〉=3	TRUE	9
	〈=	작거나 같음	=2〈=3	TRUE	9
	〈〉	같지 않음	=3〈〉3	FALSE	9
연결 연산자	&	두 문자를 연결	=8&"개"	8개	8
참조 연산자	:	두 참조 사이의 모든 셀을 참조(두 참조 포함)	C3:C10	C3~C10셀	1
	,	여러 참조를 하나의 참조로 결합	C3:C10, D3:D10	C3~C10셀 과 D3~D10셀	3
	공백	두 참조에 공통으로 포함된 셀을 참조로 하는 연산자	C3:C10, C7:D10	C7~C10셀	2

● 엑셀 함수의 범주

엑셀 함수는 크게 다음의 11가지 범주로 나뉩니다. 범주별로 수많은 함수가 제공되는데, 우선은 함수의 역할을 이해하기 위해서 범주별 특징을 간단히 살펴보겠습니다.

- **논리** : 논리 함수는 설정된 조건에 따라 참(TRUE)과 거짓(FALSE)을 판단하고 그에 따라 결과를 표시합니다.
- **찾기/참조 영역** : 특정 셀의 위치를 알려주거나 행/열 번호 반환, 참조 영역 등을 찾아주는 함수입니다.
- **텍스트** : 문자열의 추출, 변환, 결합 등을 담당하는 함수입니다.
- **수학/삼각** : 일반적인 수학 계산이나 삼각함수 등을 계산하는 함수입니다.
- **재무** : 이율, 수익률, 미래 가치 등 재무에 관련된 계산을 수행하는 함수입니다.
- **날짜 및 시간** : 날짜와 시간, 요일을 표시하거나 날짜를 계산하는 함수입니다.
- **통계** : 통계 작업에 필요한 계산을 수행하는 함수입니다.
- **공학** : 2진수, 8진수, 16진수, 제곱근 등 공학식에 필요한 계산을 수행하는 함수입니다.
- **큐브** : 관계형 데이터베이스 SQL Server Analysis Service와 연동하는 함수입니다.
- **정보** : 셀 값에 대한 정보나 수식 오류 등에 대한 정보를 알려주는 함수입니다.
- **데이터베이스** : 데이터베이스 목록을 기준으로 조건에 맞는 값을 이용하여 합계, 평균, 최대값 등의 여러 계산을 수행하는 함수입니다.

간단퀴즈

1 미리 프로그래밍해 놓은 수식과 논리식을 일정한 규칙에 따라 사용하는 엑셀의 고유한 계산 방식은 무엇입니까?

2 두 문자를 연결해주는 연산자는 무엇입니까?

3 특정 셀의 위치를 알려주거나 행/열 번호 반환, 참조 영역 등을 찾아주는 함수 범주는 무엇입니까?

답 : 함수, &, 찾기/참조 영역

실습 과정

함수 마법사를 이용해서 함수 입력하기 – SUM 함수

함수를 입력하는 3가지 방법 중 첫 번째로 초보자들에게 적합한 함수 마법사를 이용하여 SUM 함수를 사용해 보겠습니다.

시작 파일 : 4장\월별쿠폰현황.xlsx

---

01 [함수 삽입] 실행하기

❶D12셀을 선택하고 ❷[수식] 탭의 ❸[함수 라이브러리] 그룹에서 [함수 삽입]을 클릭합니다.

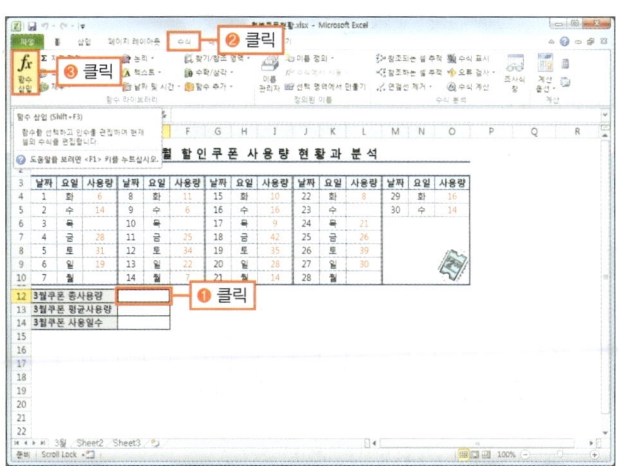

> **참고**
> 수식 입력줄의 [함수 삽입](fx)을 클릭해도 됩니다.

02 함수 선택하기

[함수 마법사] 대화상자가 나타나면 ❶[범주 선택]에서 [수학/삼각]을 선택하고 ❷[함수 선택]에서 [SUM]을 클릭한 후 ❸[확인]을 누릅니다.

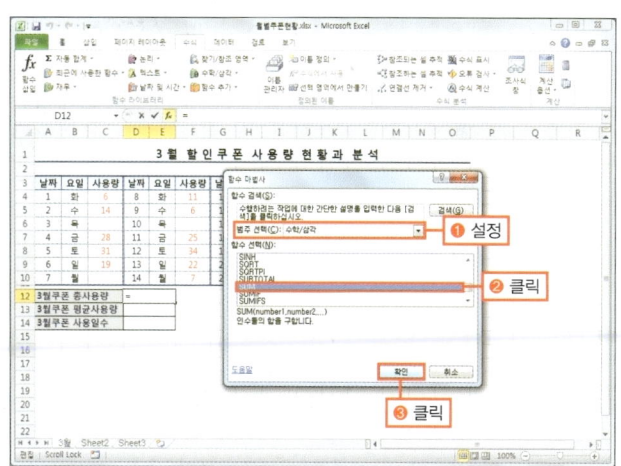

> **참고**
> [함수 선택]에서 함수를 선택할 때는 함수 이름의 첫 글자를 누르면(예제에서는 S) 해당 글자로 시작하는 함수 목록으로 이동하여 빠르게 선택할 수 있습니다.

03 함수 인수 입력하기

[함수 인수] 대화상자가 나타나고 [Number1] 인수란이 활성화되어 있습니다. 인수를 입력하기 위해 워크시트에서 ❶C4:C10셀을 드래그합니다.

> **참고 •**
> Number 인수는 합계를 구할 셀 범위입니다.

> **참고 •**
> 인수로 지정할 셀 범위를 드래그하는 동안 [함수 인수] 대화상자는 그림과 같이 최소화됩니다.

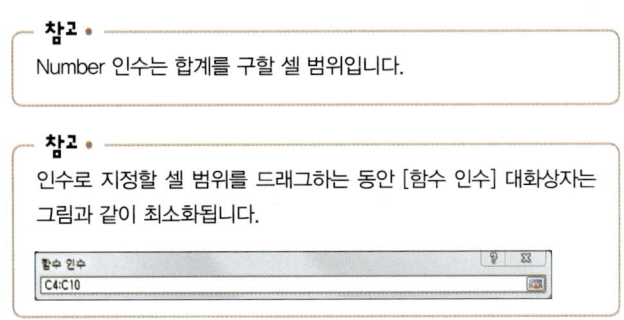

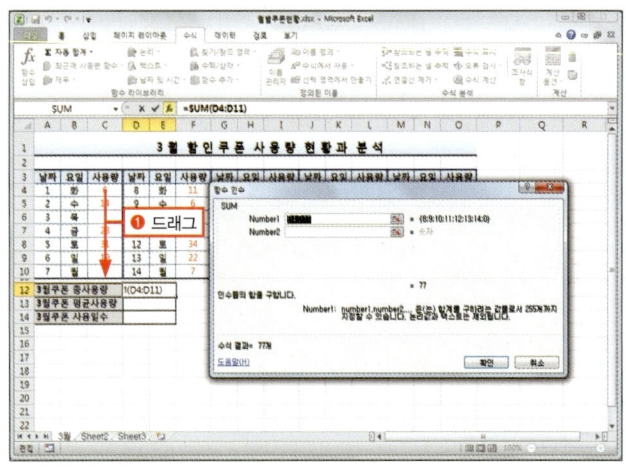

04 함수 인수 입력하기

[Number1]에 'C4:C10'이 입력됩니다. 이어서 ❶[Number2] 인수란을 클릭하고 워크시트에서 ❷F4:F10셀을 드래그하여 입력합니다.

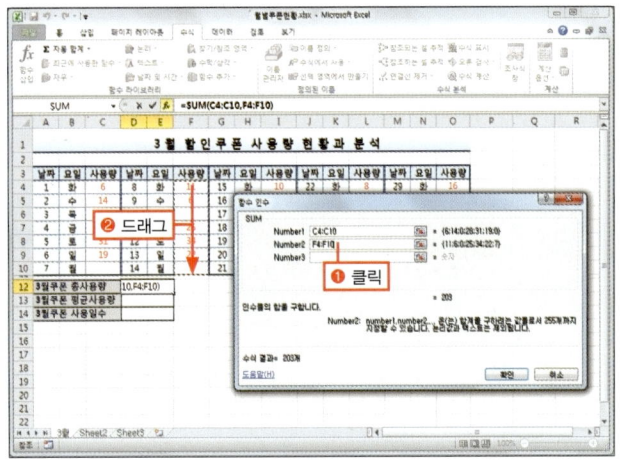

05 함수 인수 입력하기

❶나머지 계산에 필요한 셀 범위를 한 번에 선택하기 위해 [Number3]의 📊를 클릭합니다.

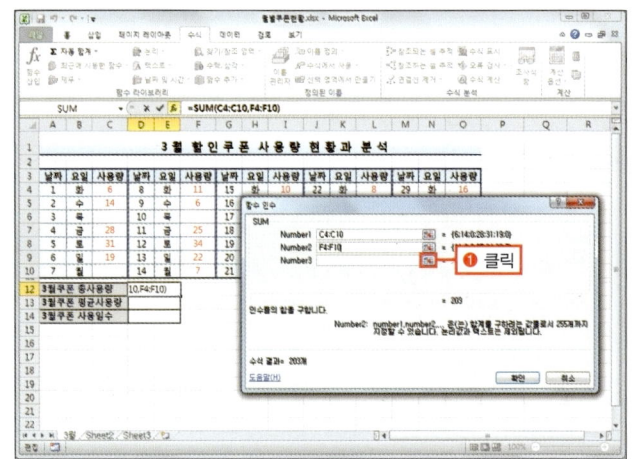

06 계산 범위 선택하기

❶Ctrl을 누른 채 I4:I10셀, L4:L10셀, O4:O5셀을 드래그한 후 ❷[함수 인수] 대화상자의 🔲을 클릭합니다.

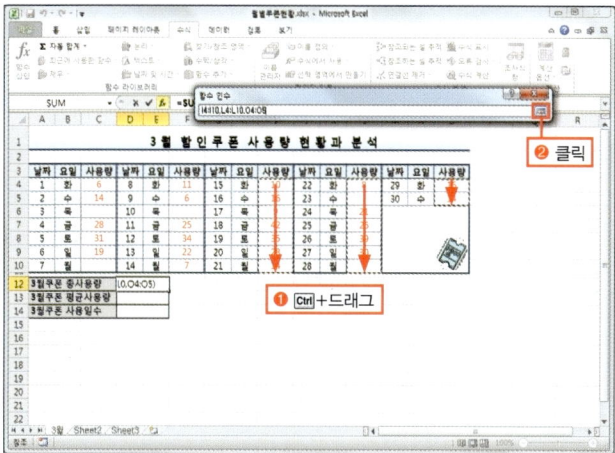

07 인수 설정 완료하기

❶[함수 인수] 대화상자의 [확인]을 클릭합니다.

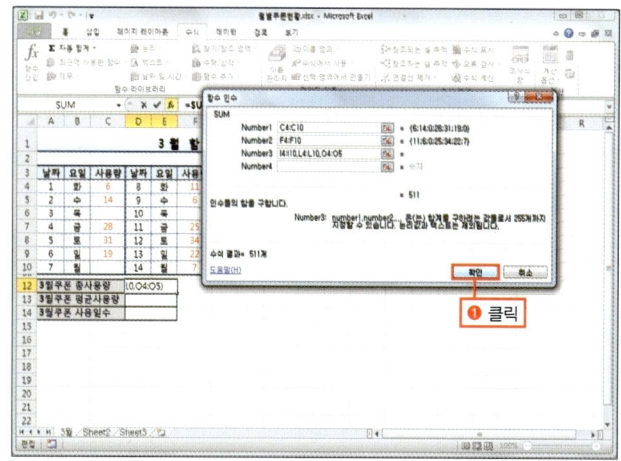

> **참고**
> SUM 함수의 경우 동일한 인수가 나열되는 것이므로 3~5번 과정에서 설정한 것과 같이 각 Number 인수에 셀 범위를 나눠서 입력해도 되고, 6번 과정처럼 Number 인수 한 곳에 여러 셀 범위를 한꺼번에 입력해도 됩니다.

08 결과 확인하기

선택한 영역들의 합계가 구해집니다. 수식 입력줄을 통해 함수식을 확인해 봅니다.

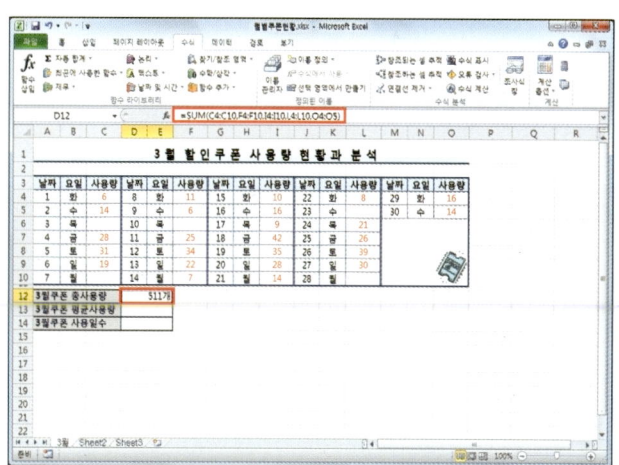

> **참고**
> SUM 함수의 형식을 정리하면 다음과 같습니다.
> **SUM(number1, number2,…)**
> • number1, number2,… : 합계를 구하려는 값을 쉼표로 구별하여 나열합니다. 255개까지 입력할 수 있습니다.

리본 메뉴를 이용해서 함수 입력하기 – AVERAGE 함수

사용하려는 함수의 범주를 알고 있다면 [수식] 탭의 [함수 라이브러리] 그룹에서 함수를 바로 선택하는 것이 편리합니다. 리본 메뉴를 이용하여 AVERAGE 함수를 사용해 보겠습니다.

◉ **시작 파일** : 앞의 파일에 이어서 진행합니다.

01 함수 선택하기

❶D13셀을 선택하고 ❷[수식] 탭의 ❸[함수 라이브러리] 그룹에서 [함수 추가], ❹[통계]-[AVERAGE]를 클릭합니다.

02 함수 인수 입력하기

[함수 인수] 대화상자가 나타나면 ❶[Number1]에 C4:C10셀을, [Number2]에 F4:F10셀을, [Number3]에 I4:I10셀을, [Number4]에 L4:L10셀을, [Number5]에 O4:O5셀을 입력하고 ❷[확인]을 클릭합니다.

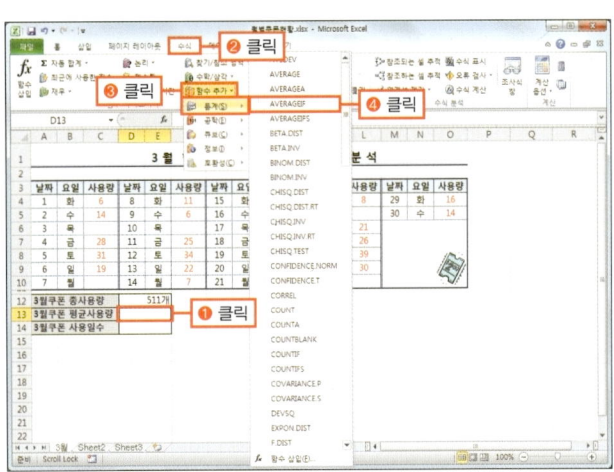

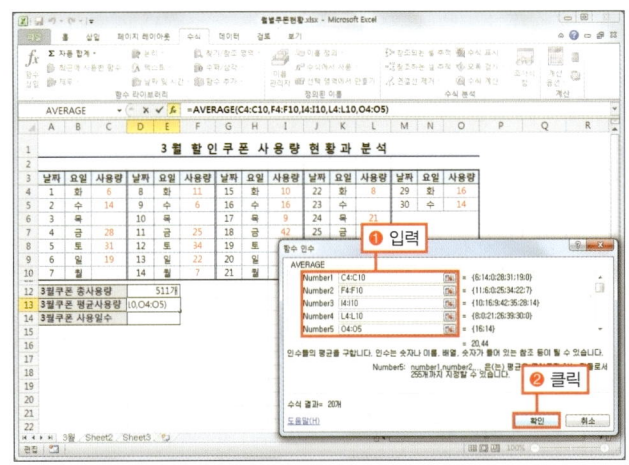

03 평균 확인하기

선택한 영역들의 평균이 구해집니다. 수식 입력줄을 통해 함수식을 확인해 봅니다.

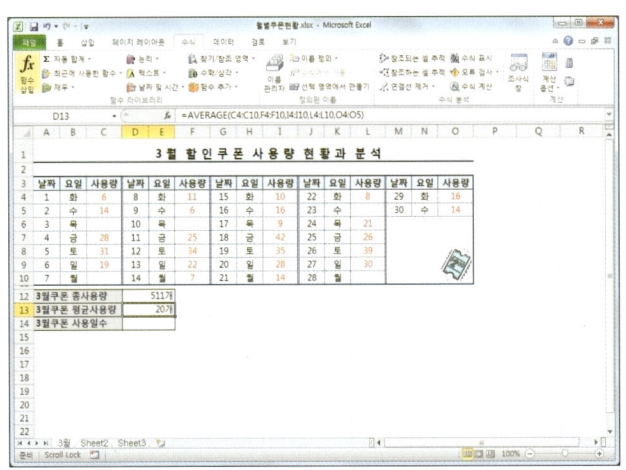

> **참고**
>
> AVERAGE 함수의 형식을 정리하면 다음과 같습니다.
> **AVERAGE(number1, number2,…)**
> • number1, number2,… : 평균을 구하려는 값을 쉼표로 구별하여
>   나열합니다. 255개까지 입력할 수 있습니다.

숫자 개수를 세주는 함수 직접 입력하기 – COUNT 함수

사용하려는 함수의 이름과 인수 사용법을 정확히 알고 있다면 함수 마법사나 대화상자를 거치지 않고 셀에 직접 입력하는 것이 가장 빠릅니다. 입력 시 함수를 선택할 수 있는 목록이 나타나므로 작성하기 어렵지 않습니다. 이번 실습에서는 숫자가 입력된 셀의 개수를 세어주는 COUNT 함수를 직접 입력하여 사용해 보겠습니다.

◎ **시작 파일** : 앞의 파일에 이어서 진행합니다.
◎ **완료 파일** : 4장\월별쿠폰현황_완료.xlsx

01 함수명 입력하기

❶D14셀을 선택하고 '=c'를 입력합니다. ❷'c'로 시작하는 함수 목록이 나타나면 [COUNT]를 더블클릭합니다.

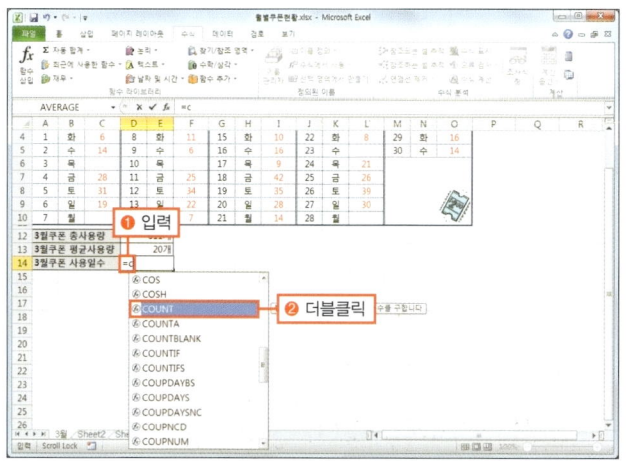

> **참고** •
> 함수 목록에서 함수를 선택하고 [Tab]을 눌러도 됩니다.

> **참고** •
> 목록에서 선택하지 않고 함수명을 직접 입력해도 됩니다.

02 인수 입력하기

❶[Ctrl]을 누른 채 C4:C10, F4:F10, I4:I10, L4:L10, O4:O5셀을 드래그하여 인수로 설정하고 ❷')'를 입력한 후 ❸[Enter]를 누릅니다.

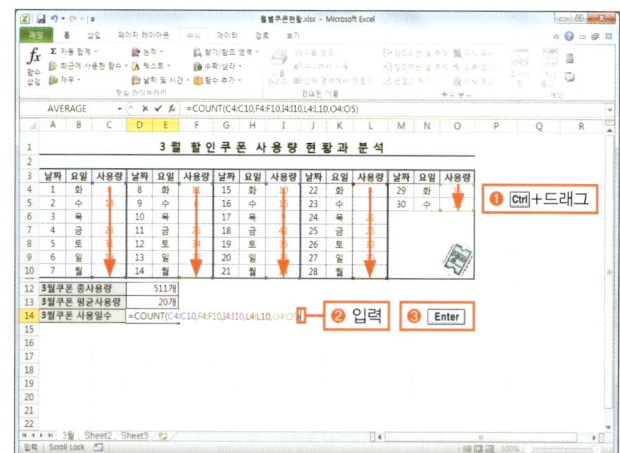

> **참고** •
> COUNT 함수는 [자동 합계]–[숫자 개수]에서 사용할 수도 있습니다.

03 숫자 개수 확인하기

선택한 셀 영역 중 숫자가 입력된 셀의 개수가 구해집니다.

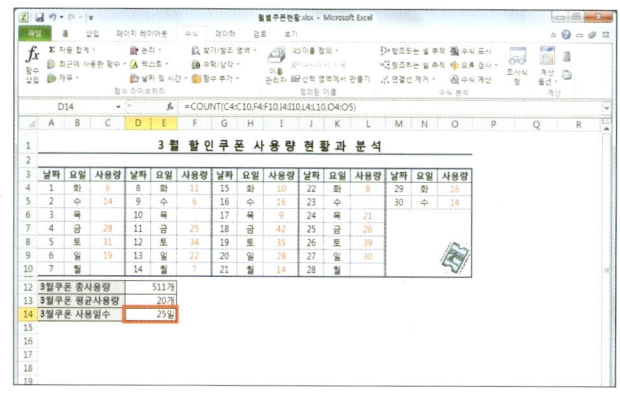

> **참고** •
> COUNT 함수의 형식은 다음과 같습니다.
> **COUNT(value1, value2,···)**
> • value1, value2,··· : 개수를 세려는 항목, 셀 참조 또는 범위를 나열합니다. 255개까지 입력할 수 있습니다.

참고 • 수식 사용 시 나타나는 오류 메시지 알아보기

수식을 작성한 후 Enter 를 눌렀는데 제대로 계산이 되지 않고 아래와 같은 오류 메시지가 표시될 때가 있습니다. 이는 수식(또는 함수)에 사용된 구문, 인수 또는 데이터 형식이 올바르지 않기 때문입니다. 각 오류 메시지가 나타날 수 있는 일반적인 경우와 해결방법은 아래와 같지만 이외에도 여러 가지 원인이 존재합니다. 엑셀의 도움말을 이용하면 자세한 오류 해결 방법을 안내받을 수 있습니다.

오류 메시지의 종류	원인과 해결 방법
#DIV/0!	값이 포함되지 않은 셀이나 0으로 숫자를 나눌 때 표시되는 오류 메시지입니다. 값이 포함된 셀이나 0이 아닌 값으로 나누면 해결됩니다.
#N/A	이는 Not Available Values의 약자로, 수식에서 참조한 셀 값을 찾을 수 없다거나 할 때 발생합니다. 범위에서 찾으려는 값이 있는지 확인하여 해결합니다.
#NAME?	수식에 인식할 수 없는 텍스트가 있을 때 표시됩니다. 함수의 이름 등이 제대로 입력되었는지 확인합니다.
#NULL!	수식이 논리적으로 맞지 않을 때 표시됩니다.
#NUM!	수식에 잘못된 숫자 값을 사용할 때 표시됩니다. 인수에 사용한 숫자를 점검해봅니다.
#REF!	참조하는 셀이 유효하지 않을 때 표시됩니다. 참조한 셀 영역을 확인해봅니다.
#VALUE!	수식에 사용한 값의 데이터 형식이 잘못된 경우에 표시됩니다. 인수를 제대로 지정하였는지 확인해봅니다.

확인실습

1 COUNT 함수를 이용하여 B21:F21셀에 회별 응시인원을 구해보세요.

◎ **시작 파일** : 4장\모의토익성적_5.xlsx
◎ **완료 파일** : 4장\모의토익성적_5_완료.xlsx

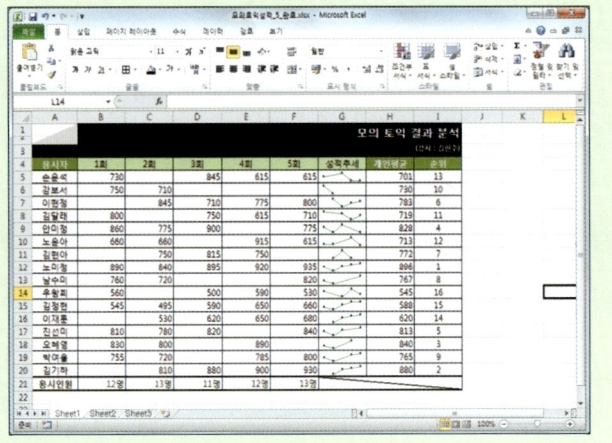

1 시작 파일을 불러와 B4:B14셀에 각각 오른쪽 다섯 열에 해당하는 값의 합계를 계산합니다. H4셀에 C4셀이 C4:G4셀의 합계에서 차지하는 수식을 작성하고 H4:L14셀까지 복사할 수 있도록 혼합 참조를 적용합니다. 그리고 C16셀에는 B4:B14셀의 합계, F16셀에는 B4:B14셀의 평균을 계산해 보세요.

- ◎ **시작 파일** : 4장\응시자분포도.xlsx
- ◎ **완료 파일** : 4장\응시자분포도_완료.xlsx
- ◎ **해설 파일** : 해설파일\4장\응시자분포도.pdf

Before

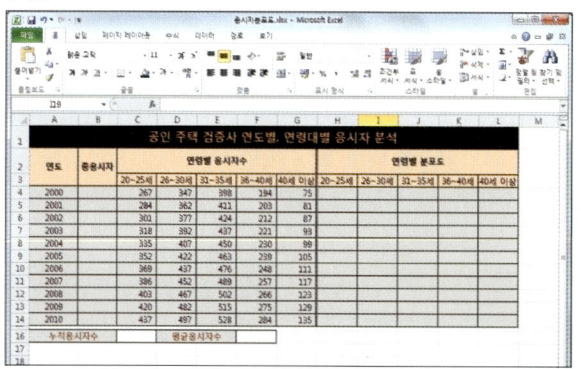

After

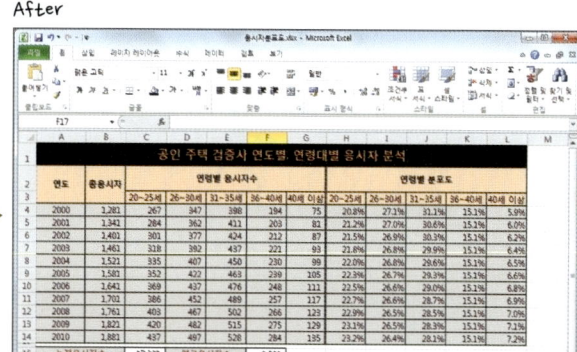

❶[자동 합계]를 이용하여 B4셀에 C4:G4셀의 합계 계산 ❷B4셀의 수식을 B14셀까지 복사 ❸H4셀에 '=C4/SUM(C4:G4)'를 입력하고 합계 범위의 열만 고정하는 혼합 참조를 적용 ❹H4셀 수식을 L14셀까지 복사 ❺SUM 함수를 이용하여 C16셀에 B4:B14셀의 합계를 계산하는 수식 작성 ❻[자동 합계]를 이용하여 F16셀에 B4:B14셀의 평균 계산

2 시작 파일을 불러와 H4:H33셀을 이름으로 정의하고 J4셀에 이름 영역의 최대값, J6셀에 이름 영역에서 빈 셀의 개수를 계산해 보세요.

- ◎ **시작 파일** : 4장\운동일지.xlsx
- ◎ **완료 파일** : 4장\운동일지_완료.xlsx
- ◎ **해설 파일** : 해설파일\4장\운동일지.pdf

Before

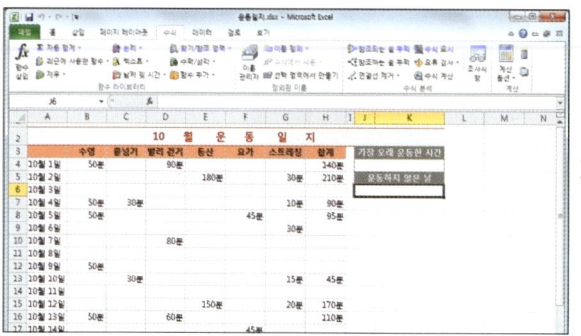

After

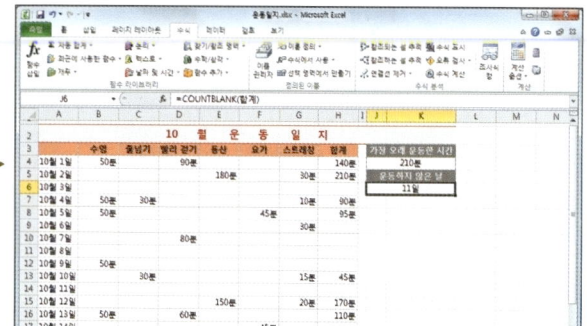

❶H4:H33셀을 '합계'라는 이름으로 정의 ❷[자동 합계] 이용하여 J4셀에 '합계' 이름 영역의 최대값 계산 ❸J6셀 선택하고 리본 메뉴에서 COUNTBLANK 함수 실행 ❹'합계' 이름 영역에서 빈 셀의 개수 계산

PART

05

엑셀 사용자라면 반드시
알아야 하는 함수 활용

엑셀 실무에서 자주 사용하는 주요 함수의 사용법을 알아보겠습니다. 엑셀 함수는 대표적으로 논리,

찾기/참조 영역, 텍스트, 수학/삼각, 재무, 날짜 및 시간, 통계 등의 유형으로 나뉘며 이와 같은

성격의 데이터를 손쉽고 효율적으로 처리하는 데 사용됩니다.

EXCEL 2010

간단하게 사용할 수 있는 기본 함수 정복하기

엑셀 함수 중 기본이면서도 유용한 소수점 처리, 개수 세기, 조건 처리, 순위 집계에 관련된 대표적인 함수 사용법을 살펴보겠습니다.

다루는 내용

• ROUND, ROUNDUP, ROUNDDOWN 함수
• COUNTA, COUNTBLANK 함수

• IF 함수
• RANK.EQ, RANK.AVG 함수

기능 정리

학습할 함수의 형식 이해하기

가장 기본적인 함수의 종류와 기본 형식, 각 구성 요소에 대해 먼저 간략하게 살펴봅니다.

● 소수점 처리에 관한 함수

소수점 이하의 수들을 올림(ROUNDUP), 반올림(ROUND), 내림(ROUNDDOWN) 합니다.

> ROUND(number, num_digits)/ROUNDUP(number, num_digits)/ROUNDDOWN(number, num_digits)

• **number** : 반올림, 올림, 내림할 수입니다.
• **num_digits** : 소수점 아래의 자릿수를 지정합니다. 0이면 가장 가까운 정수로, 1이면 소수점 한 자릿수, 0보다 작으면 소수점 왼쪽에서 처리합니다.

● 데이터가 있거나 없는 셀의 개수를 세는 함수

데이터가 입력된 모든 셀의 개수(COUNTA)를 세거나 빈 셀의 개수를 셉니다(COUNTBLANK).

> COUNTA(value1, value2,…)/COUNTBLANK(range)

• **value1, value2,…** : 개수를 구할 값과 셀입니다. 255개까지 입력할 수 있습니다.
• **range** : 빈 셀의 개수를 셀 데이터 범위입니다.

● 조건에 따른 결과 값을 나타내는 함수

조건이 참(true)이면 지정한 결과를 표시하고, 거짓(false)이면 다른 값을 표시합니다.

> IF(logical_test, value_if_true, value_if_false)

- logical_test : 참이나 거짓을 평가할 조건이나 값입니다.
- value_if_true : 조건이 참일 때 표시할 값입니다.
- value_if_false : 조건이 거짓일 때 표시할 값입니다.

● 범위에서 특정 셀의 순위를 구하는 함수

둘 이상의 값이 순위가 같으면 RANK.EQ 함수는 해당 값 집합에서 가장 높은 순위를 반환하며, RANK.AVG 함수는 평균 순위를 반환합니다.

> RANK.EQ(number, ref, order)/RANK.AVG(number, ref, order)

- number : 순위를 구하려는 수입니다.
- ref : 순위를 비교할 데이터 범위입니다.
- order : '0'을 쓰거나 생략하면 내림차순, '1'을 입력하면 오름차순으로 순위를 구합니다.

간단퀴즈

1 20.27에서 7을 내려 20.2로 처리하려면 어떤 함수를 사용합니까?

2 '△' 문자가 입력된 셀의 개수를 모두 세야 할 때 적합한 함수는 무엇입니까?

3 학생들의 평균 점수를 가지고 순위를 낼 때 사용할 수 있는 함수는 무엇입니까?

답 : ROUNDDOWN 함수, COUNTA 함수, RANK.EQ 또는 RANK.AVG 함수

실습 과정

소수점 처리하기 – ROUND, ROUNDUP, ROUNDDOWN 함수

소수점 이하의 수들을 올림, 반올림, 내림 처리하는 함수에 대해 알아보겠습니다.

- ◎ **시작 파일** : 5장\문항별채점결과.xlsx
- ◎ **완료 파일** : 5장\문항별채점결과_완료.xlsx

01 합계 계산하기

❶ C15셀에 '=SUM(C3:C14)'를 입력하여 합계를 구합니다.

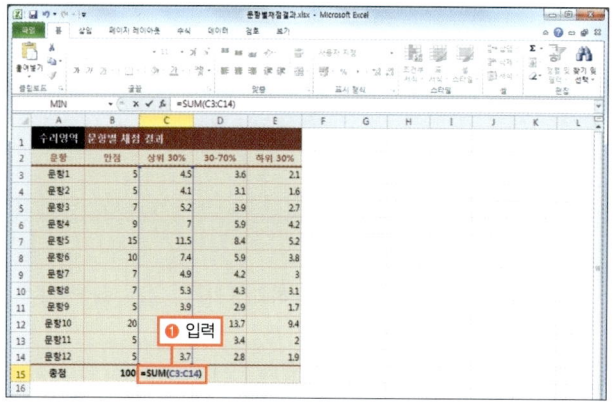

02 수식 복사하기

❶C15셀의 수식을 E15셀까지 복사하여 각 항목의 합계를 구합니다.

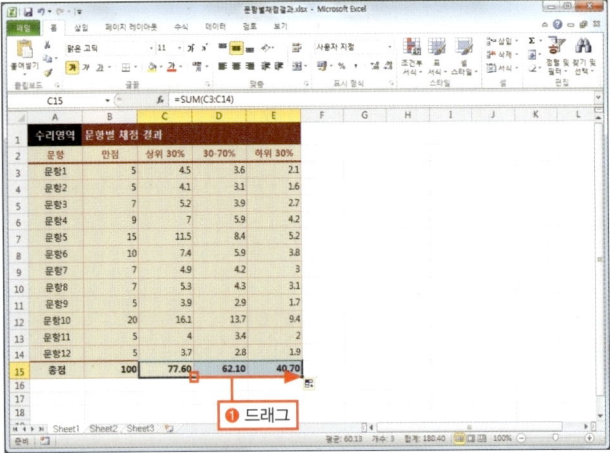

03 ROUND 함수식 입력하기

❶C15셀을 선택하고 ❷수식 입력줄에서 수식을 '=ROUND(SUM(C3:C14),0)'와 같이 수정합니다.

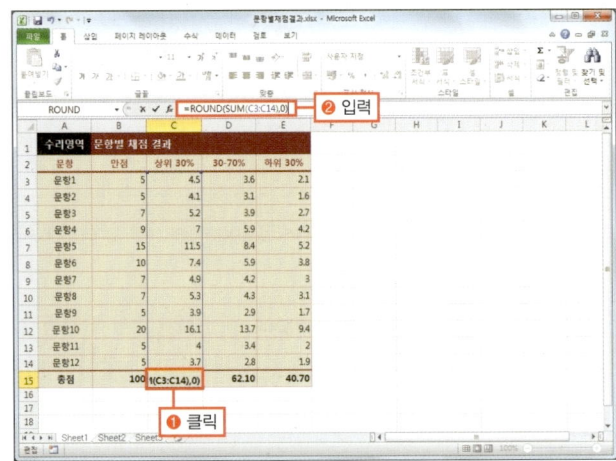

> **참고**
> '=SUM(C3:C14)'로 먼저 합계를 구하고, 다시 그 값을 반올림 하는 함수식입니다.

> **참고**
> 자릿수를 '0'으로 지정하면 가장 가까운 정수로 반올림됩니다.

04 ROUNDUP 함수식 입력하기

❶D15셀을 선택하고 ❷수식 입력줄에서 수식을 '=ROUNDUP(SUM(D3:D14),0)'와 같이 수정합니다.

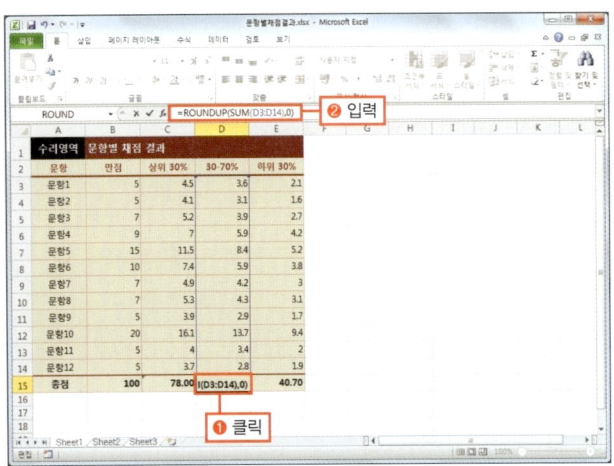

> **참고**
> '=SUM(D3:D14)'로 먼저 합계를 구하고, 다시 그 값을 올림 하는 함수식입니다.

05 ROUNDDOWN 함수식 입력하기

❶E15셀을 선택하고 ❷수식 입력줄에서 수식을 '=ROUNDDOWN(SUM(E3:E14),0)'와 같이 수정합니다.

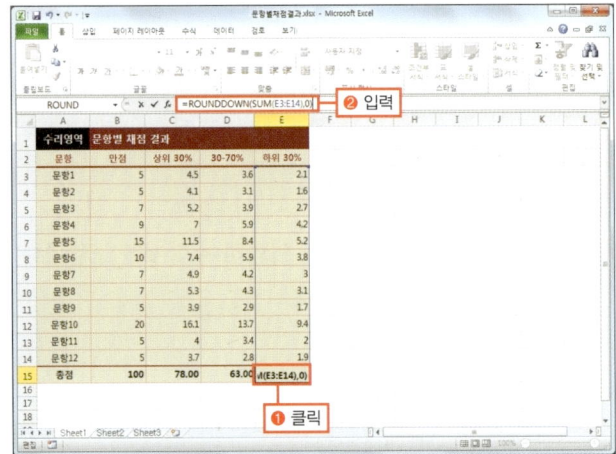

> **참고**
> '=SUM(E3:E14)'로 먼저 합계를 구하고, 다시 그 값을 내림 하는 함수식입니다.

06 결과 확인하기

각각의 결과 값이 모두 가장 가까운 정수로 반올림, 올림, 내림된 것을 확인할 수 있습니다.

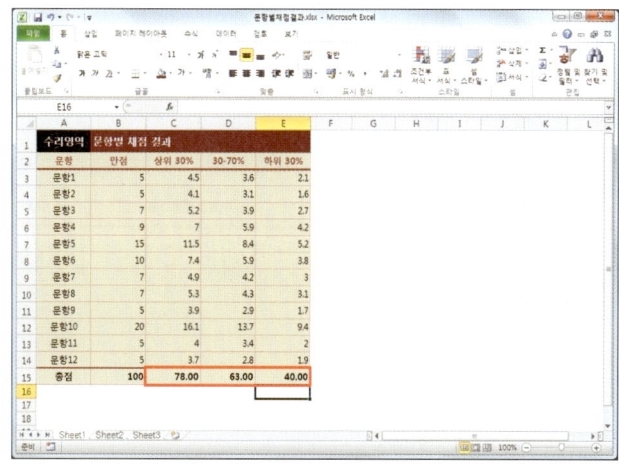

실습 과정

개수 세기 – COUNTA, COUNTBLANK 함수

숫자 개수를 세는 COUNT 함수와 유사한 함수 중, 데이터가 있는 모든 셀의 개수를 세는 COUNTA 함수와 빈 셀의 개수를 세는 COUNTBLANK 함수에 대해 알아보겠습니다.

◉ **시작 파일** : 5장\수영장수강생출석현황.xlsx
◉ **완료 파일** : 5장\수영장수강생출석현황_완료.xlsx

---

01 COUNTA 함수명 입력하기

❶B22셀에 '=COUNT'라고 입력하면 COUNT로 시작하는 함수 목록이 나타납니다. ❷이중에서 [COUNTA]를 더블클릭하거나 클릭한 후 Tab을 누릅니다.

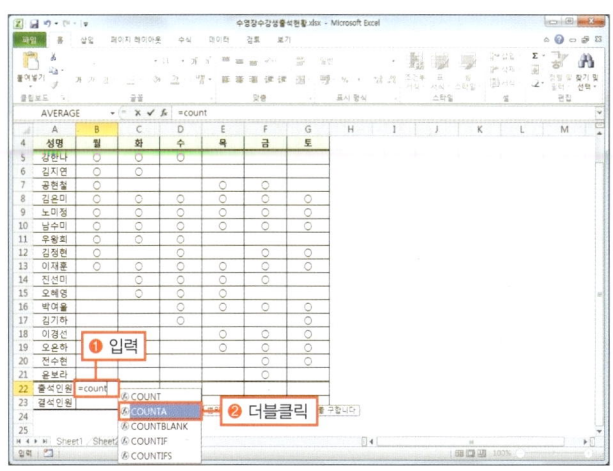

> **참고** •
> COUNT 계열의 함수는 통계 함수에 속합니다. 리본 메뉴에서 선택하려면 [수식] 탭의 [함수 라이브러리] 그룹에서 [함수 추가]–[통계]를 클릭합니다.

02 셀 범위 설정하기

비어 있지 않은 셀의 개수를 세기 위해 ❶전체 셀 범위인 B5:B21셀을 선택하고 ❷')'를 입력한 후 ❸ Enter 를 누릅니다.

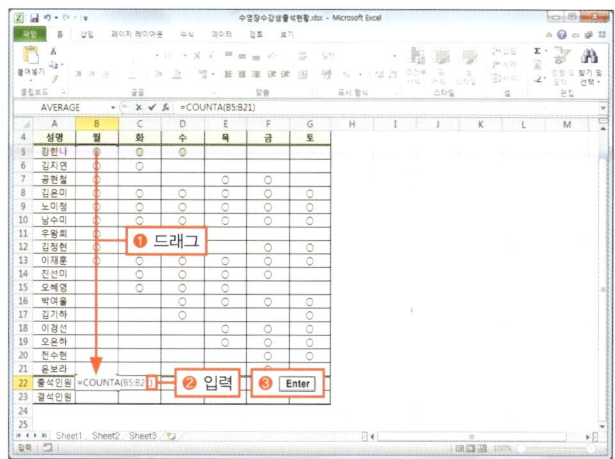

03 수식 복사하기

선택한 범위에서 비어 있지 않은 셀의 개수가 계산되면
❶B22셀의 채우기 핸들을 G22셀까지 드래그하여 수식을
복사합니다.

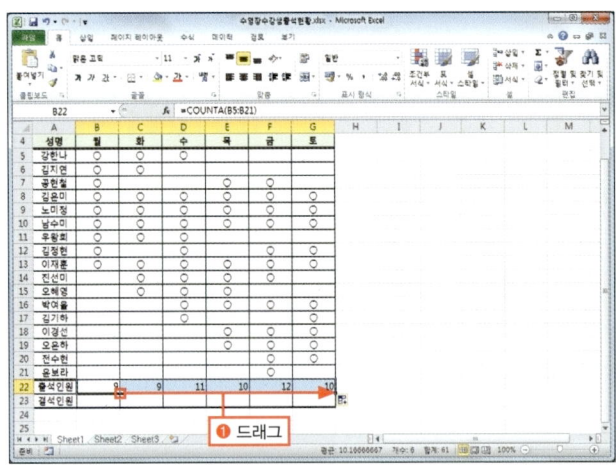

04 COUNTBLANK 함수식 입력하기

❶이번에는 빈 셀의 개수를 세기 위해서 B23셀에 '=COUNT
BLANK(B5:B21)'를 입력하고 ❷ Enter 를 누릅니다.

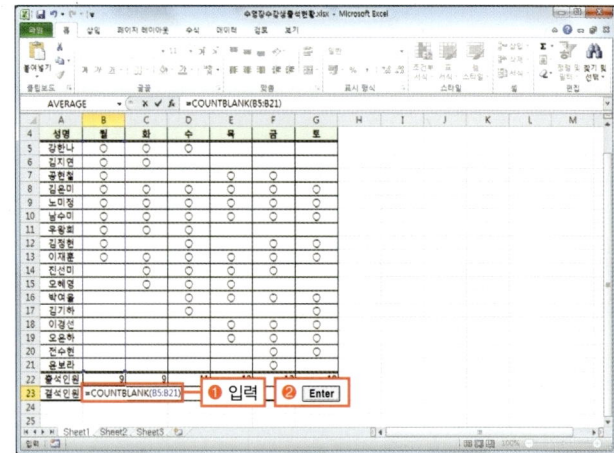

05 수식 복사하기

선택한 범위에서 빈 셀의 개수가 계산되면 ❶B23셀의
채우기 핸들을 G23셀까지 드래그하여 수식을 복사합니다.

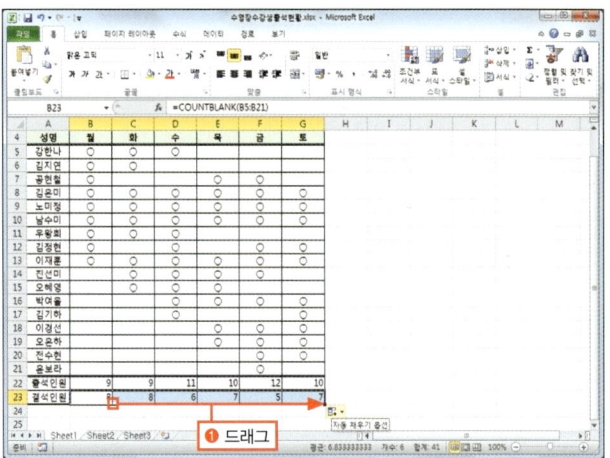

실습 과정

조건에 따라 처리하기 – IF 함수

사용자가 지정한 조건을 만족할 때와 그렇지 않을 때 나타낼 값을 처리하는 IF 함수에 대해 알아보겠습니다.

◎ **시작 파일** : 5장\영어고급반성적현황.xlsx
◎ **완료 파일** : 5장\영어고급반성적현황_완료.xlsx

---

01 함수 마법사에서 IF 함수 선택하기

❶H6셀을 선택하고 ❷[수식] 탭의 ❸[함수 삽입](*fx*)을 클릭합니다. ❹[함수 마법사] 대화상자가 나타나면 [범주 선택]에서 [논리], ❺[함수 선택]에서 [IF]를 선택하고 ❻[확인]을 클릭합니다.

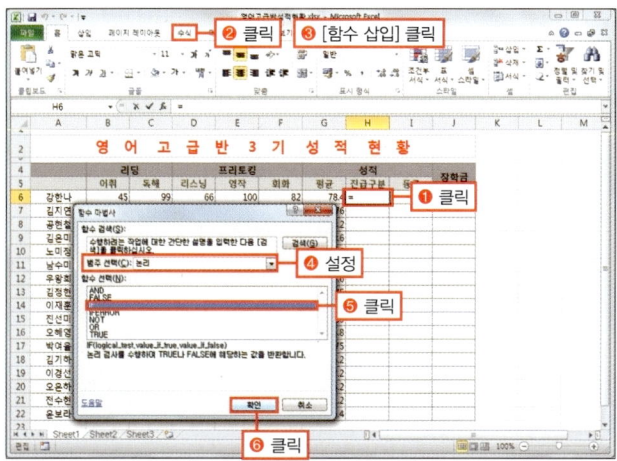

> **참고**
> [함수 선택] 목록에서 임의의 함수를 클릭하고 선택하려는 함수의 첫 글자를 입력하면 해당 글자로 시작하는 함수 목록으로 스크롤해 줍니다.

02 IF 함수의 조건 설정하기

[함수 인수] 대화상자가 나타나면 ❶조건을 나타내는 [Logical_test]에 'G6<75'를 입력합니다.

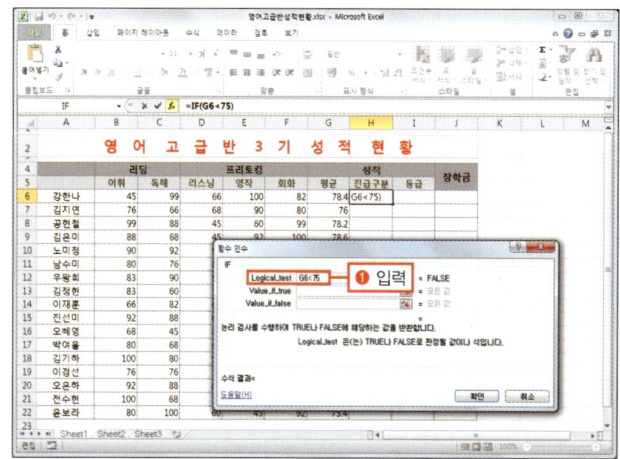

> **참고**
> IF 함수의 조건을 먼저 설정합니다. 평균(G6셀)이 75점 미만이느냐의 여부가 조건이 됩니다.

---

03 조건에 따른 결과 값 설정하기

❶조건을 만족하면 나타낼 값인 [Value_if_true]에는 '재수강', 조건을 만족하지 못할 때 나타낼 값인 [Value_if_false]는 '진급'을 입력하고 ❷[확인]을 클릭합니다.

> **참고**
> 평균(G6셀)이 75 미만이면 '재수강', 75 이상이면 '진급'을 표시하는 IF 함수식입니다.

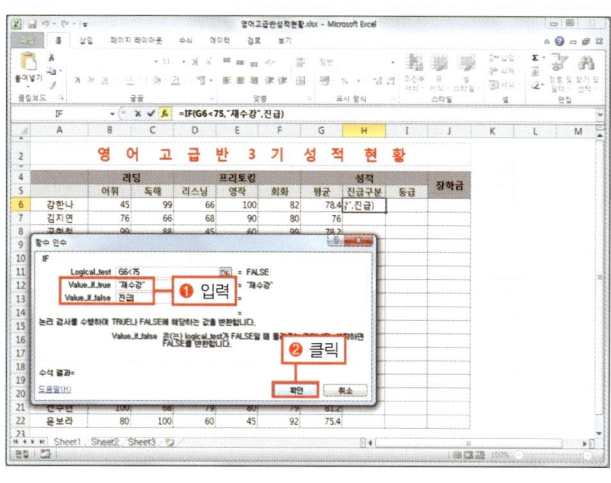

04 수식 복사하기

H6셀에 결과 값이 구해지면 ❶채우기 핸들을 더블클릭하여 H22셀까지 수식을 복사합니다. 각 셀에 평균 75점을 기준으로 '재수강'과 '진급'이 표시됩니다.

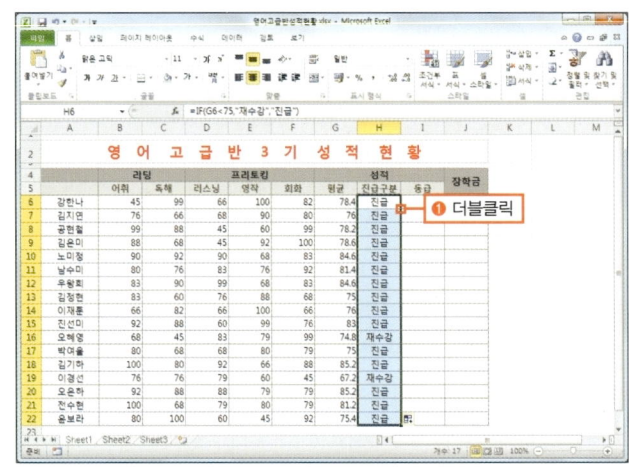

실습 과정

순위 매기기 – RANK.AVG, RANK.EQ 함수

오름차순이나 내림차순에 따라 선택한 범위의 순위를 매겨주는 함수에 대해 알아보겠습니다.

◎ **시작 파일** : 5장\모의토익성적_6.xlsx
◎ **완료 파일** : 5장\모의토익성적_6_완료.xlsx

---

01 함수 마법사에서 RANK.AVG 함수 선택하기

❶I3셀을 선택하고 ❷[수식] 탭의 ❸[함수 삽입](f_x)을 클릭합니다. [함수 마법사] 대화상자가 나타나면 ❹[범주 선택]에서 [통계], ❺[함수 선택]에서 [RANK.AVG]를 선택하고 ❻[확인]을 클릭합니다.

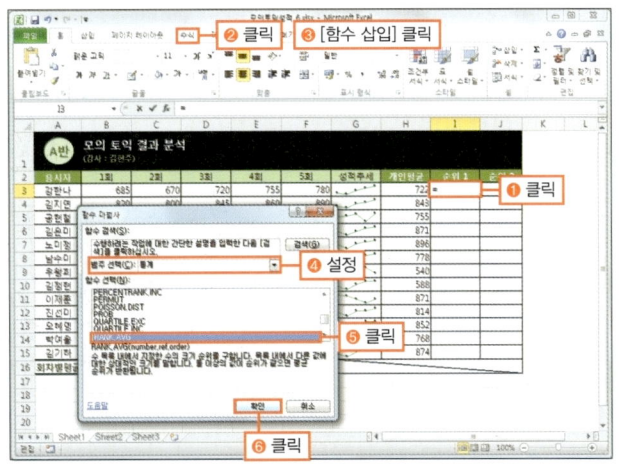

02 RANK.AVG 함수의 인수 설정하기

❶[함수 인수] 대화상자가 나타나면 [Number]에 순위를 구할 대상인 H3셀을 입력합니다. [Ref]에는 H3셀이 포함된 목록인 H3:H15셀을 절대참조로 입력합니다. [Order]에는 내림차순으로 순위를 구하기 위해 '0'을 입력합니다. ❷[확인]을 클릭합니다.

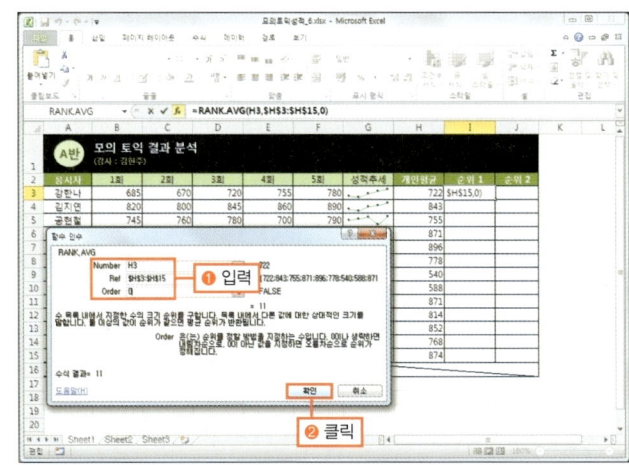

03 수식 복사하기

❶I3셀의 채우기 핸들을 더블클릭하여 I15셀까지 수식을 복사하면 각 셀의 순위가 구해집니다.

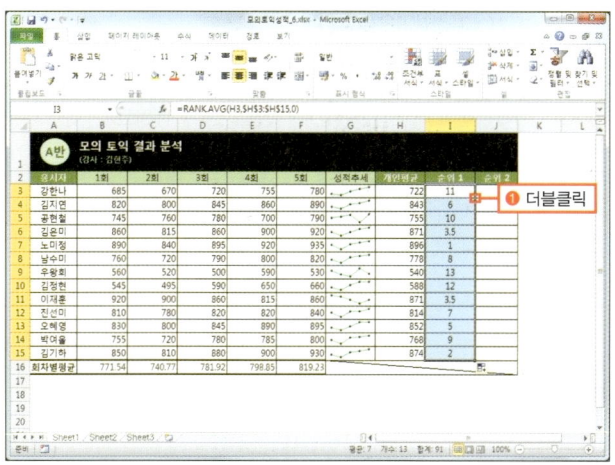

04 함수 마법사에서 RANK.EQ 함수 선택하기

❶J3셀을 클릭하고 ❷[수식] 탭의 ❸[함수 라이브러리] 그룹에서 [함수 추가]를 클릭합니다. ❹[통계]의 [RANK.EQ]를 선택합니다.

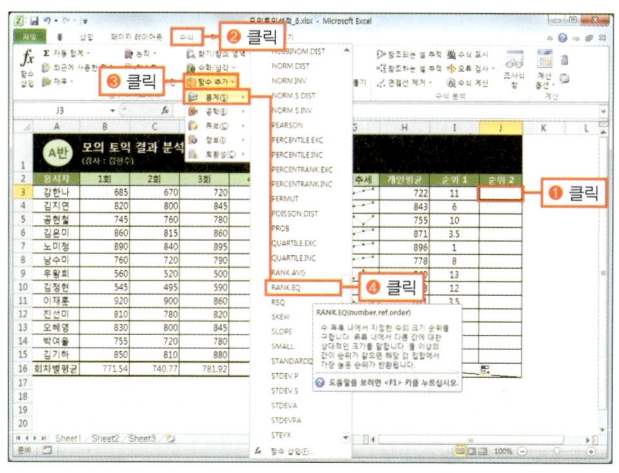

05 RANK.EQ 함수의 인수 설정하기

❶RANK.AVG 함수와 동일하게 인수를 설정하고 ❷[확인]을 클릭합니다.

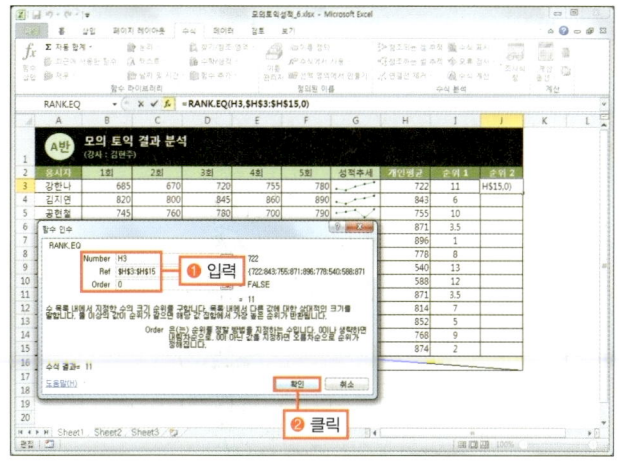

06 수식 복사하기

❶J3셀의 채우기 핸들을 더블클릭하여 J15셀까지 순위를 구합니다.

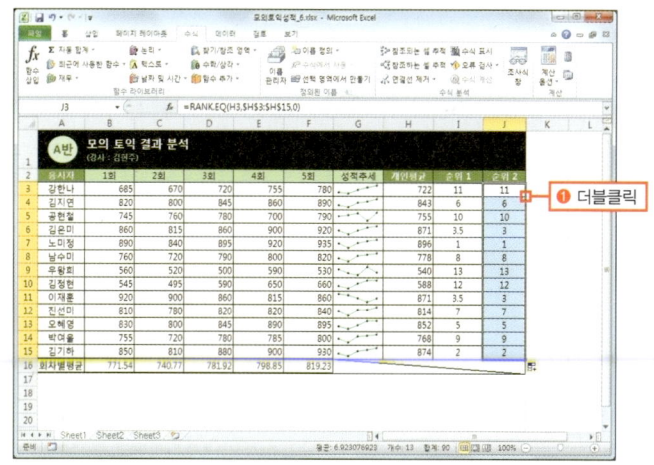

> **참고**
>
> RANK.AVG 함수로 순위를 구한 I3:I15셀은 순위가 같을 경우 평균 순위를 반환하고, RANK.EQ 함수로 순위를 구한 J3:J15셀은 순위가 같을 경우 높은 순위를 반환합니다.

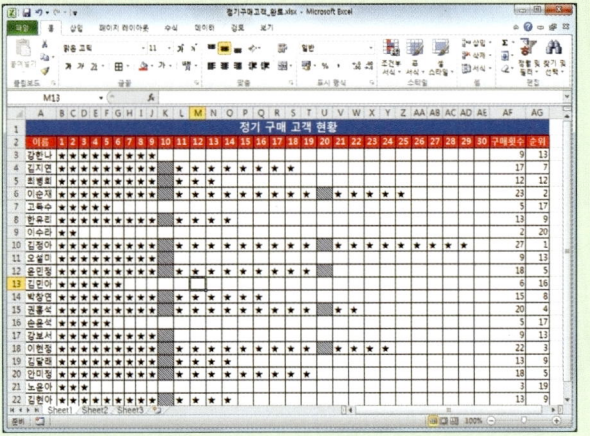

확인실습

1 ROUNDUP 함수로 E4:E8셀에 전입자수 대비 전출자수를 소수 2자리까지 구하고, F4:F8셀에 IF 함수를 이용해 이 결과 값이 1보다 크면 '전출강세', 1보다 작으면 '전입강세'가 표시되게 하세요.

◉ **시작 파일** : 5장\전국전입전출지역구성_4.xlsx
◉ **완료 파일** : 5장\전국전입전출지역구성_4_완료.xlsx

2 COUNTA 함수를 이용해 AF3:AF22셀에 각각 별 문자가 입력된 개수를 구하고, RANK.EQ 함수로 이 결과를 이용해 AG3:AG22셀에 순위를 매겨보세요.

◉ **시작 파일** : 5장\정기구매고객.xlsx
◉ **완료 파일** : 5장\정기구매고객_완료.xlsx

IF 함수 다양하게 활용하기

SECTION 02

실무에서 활용도가 높은 IF 함수를 다양하게 응용하는 방법과 IF 함수가 포함된 유사 함수의 사용법을 살펴보겠습니다.

다루는 내용

- IF 함수 중첩
- AND+IF 함수
- COUNTIF, COUNTIFS 함수
- SUMIF, SUMIFS 함수

기능 정리

학습할 함수의 형식 이해하기

활용도 높은, 조건과 관련된 함수의 종류와 기본 형식, 각 구성 요소에 대해 먼저 간략하게 살펴봅니다.

● AND 함수와 OR 함수

AND 함수는 모든 조건이 참이면 참을 반환하고, OR 함수는 조건 중 하나 이상만 참이어도 참을 반환합니다. 이들은 주로 IF 함수에서 여러 조건을 검사하기 위해 사용됩니다.

> AND(logical1, logical2,…)/OR(logical1, logical2,…)

- logical : 참이나 거짓을 검사할 조건으로 30개까지 사용할 수 있습니다.

● 조건에 맞는 셀의 개수를 세는 함수

조건이 포함된 셀 범위에서 조건을 만족하는 셀의 개수를 셉니다. 조건이 하나일 때는 COUNTIF, 여러 개일 때는 COUNTIFS 함수를 사용합니다.

> COUNTIF(range, criteria)/COUNTIFS(range1, criteria1, range2, criteria2,…)

- range : 셀의 개수를 셀 범위입니다.
- criteria : 찾을 조건입니다.

● 조건에 맞는 셀의 합계를 구하는 함수

참조하는 셀 범위에서 조건을 만족하는 셀 값의 합계를 구합니다. 조건이 하나일 때는 SUMIF, 여러 개일 때는 SUMIFS 함수를 사용합니다.

SUMIF(range, criteria, sum_range)/SUMIFS(sum_range, criteria_range1, criteria1, criteria_range2, criteria2,…)

- range : 조건을 적용할 셀 범위입니다.
- criteria : 찾을 조건입니다.
- sum_range : 합계를 구할 셀 범위입니다.
- criteria_range : 조건이 포함된 셀 범위입니다.

간단퀴즈

1 평균이 80점 이상이거나 적어도 한 과목이 만점일 때 '우수'라는 성적을 표시하려면 어떤 함수를 이용합니까?

2 매출액이 1억 이상인 지점의 개수를 구하려 할 때 적합한 함수는 무엇입니까?

🔖 : IF와 OR함수, COUNTIF 함수

실습과정

IF 함수 중첩하여 조건에 따른 여러 결과 값 나타내기

앞에서 배운 IF 함수는 엑셀에서 가장 활용도가 높은 함수 중 하나입니다. 여기에서는 IF 함수를 이용하여 각 조건에 따라 여러 결과 값을 표시하는 방법을 살펴보면서 함수를 중첩하는 방법을 익혀보겠습니다. IF 함수는 64개까지 중첩해서 사용할 수 있습니다.

◉ **시작 파일** : 5장\영어고급반성적현황_2.xlsx
◉ **완료 파일** : 5장\영어고급반성적현황_2_완료.xlsx

01 함수 라이브러리에서 IF 함수 선택하기

❶I6셀을 선택합니다. ❷[수식] 탭의 ❸[함수 라이브러리] 그룹에서 [논리]를 클릭하고 ❹[IF]를 선택합니다.

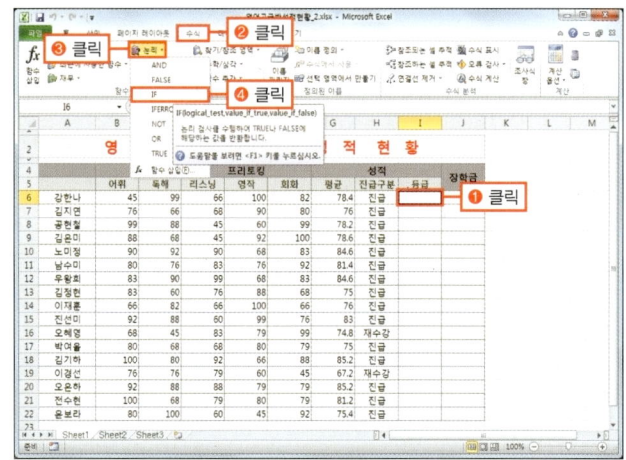

02 조건과 참일 때 결과 값 설정하기

❶조건을 설정하는 [Logical_test]에 'G6>=85'를 입력하고, [Value_if_true]에는 조건이 참일 때 나타낼 결과인 'A'를 입력합니다.

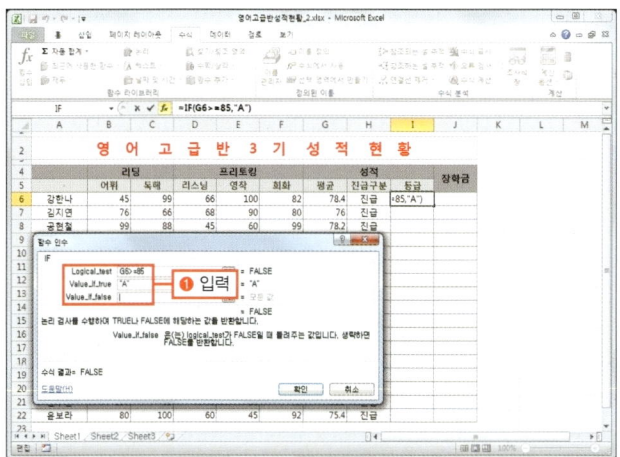

> **참고** .
> 평균이 85 이상이면 등급을 A로 표시하라는 조건식입니다.

03 IF 함수 추가하기

❶조건이 거짓일 때 나타낼 결과인 [Value_if_false] 인수에 새로운 조건식을 삽입하기 위해서 일단 입력란을 클릭합니다. ❷이름 상자의 목록 버튼을 클릭하여 ❸[IF]를 선택합니다.

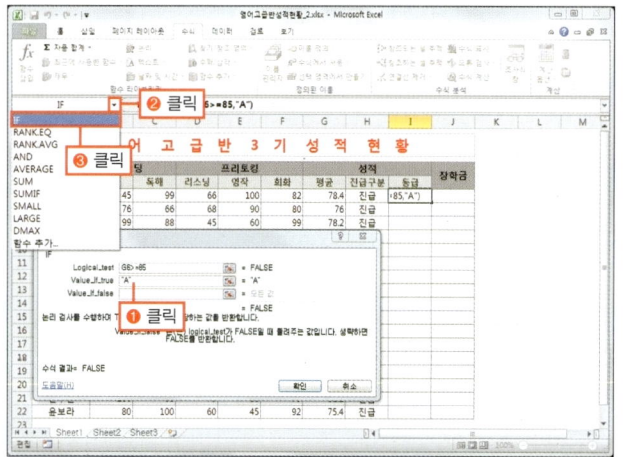

> **참고** .
> 이름 상자의 함수 목록에 IF가 없다면 [함수 추가]를 선택하고 [논리]-[IF] 함수를 선택합니다.

04 두 번째 IF 함수식 설정하기

❶[Logical_test]에 'G6>=75'를, [Value_if_true]에는 'B'를 입력합니다. ❷세 번째 조건을 추가하기 위해 [Value_if_false] 입력란을 클릭하고 ❸이름 상자에 표시된 'IF'를 선택합니다.

> **참고** .
> 평균이 75 이상이면 등급을 B로 표시하라는 조건식입니다.

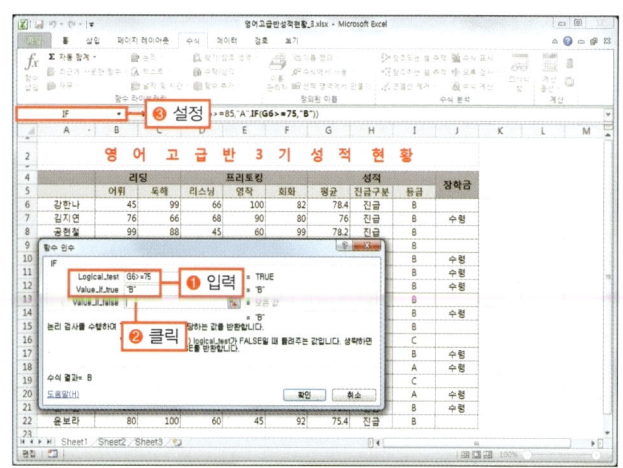

05 세 번째 IF 함수식 설정하기

❶[Logical_test]에 'G6>=65'를 입력합니다. [Value_if_true]에는 'C'를 입력합니다. ❷네 번째 조건을 추가하기 위해 [Value_if_false] 입력란을 클릭하고 ❸이름 상자에 표시된 'IF'를 선택합니다.

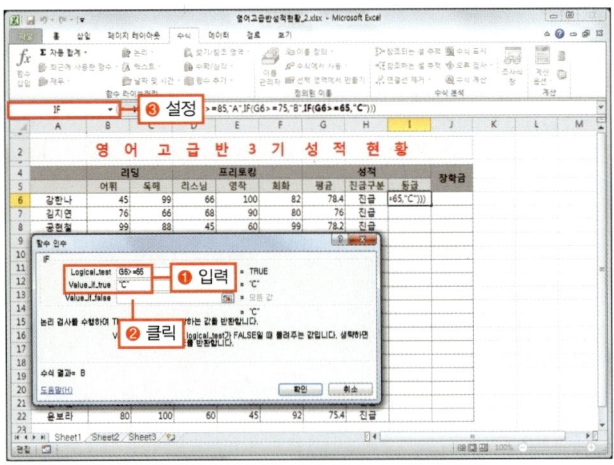

> **참고** •
> 평균이 65 이상이면 등급을 C로 표시하라는 조건식입니다.

06 네 번째 IF 함수식 설정하기

❶[Logical_test]에 'G6<65'를 입력합니다. [Value_if_true]에는 'D'를 입력하고 ❷[확인]을 클릭합니다.

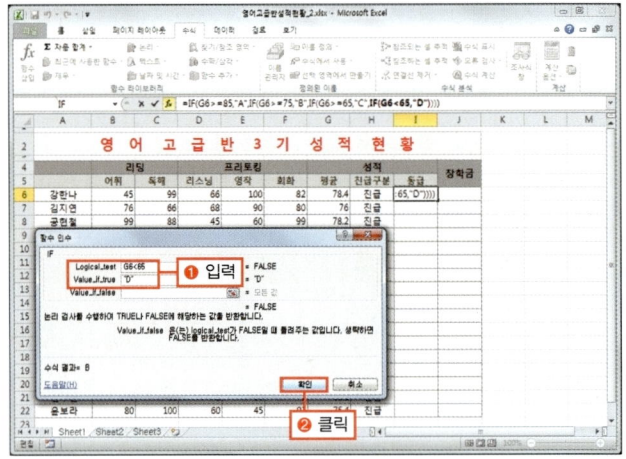

> **참고** •
> 평균이 65 미만이면 등급을 D로 표시하라는 조건식입니다.

07 수식 복사하기

❶I6셀의 채우기 핸들을 I22셀까지 드래그하면 평균에 맞는 등급이 채워집니다.

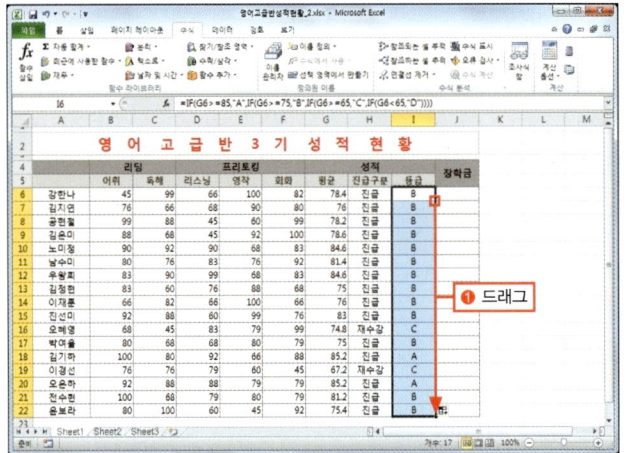

AND+IF 함수로 2개 이상의 조건을 만족하는 값 나타내기

AND 함수와 IF 함수를 함께 사용하여 2개 이상의 조건을 동시에 충족하면 참이 되는 함수식을 작성해 보겠습니다.

◎ 시작 파일 : 5장\영어고급반성적현황_3.xlsx
◎ 완료 파일 : 5장\영어고급반성적현황_3_완료.xlsx

01 IF 함수식 설정하기

❶J6셀을 선택하고 ❷IF [함수 인수] 대화상자를 불러옵니다. ❸[Value_if_true]에 '수령', [Value_if_false]에 '""'를 입력하고 ❹[Logical_test] 입력란을 클릭합니다. ❺이름 상자의 목록 버튼을 클릭하고 ❻[함수 추가]를 선택합니다.

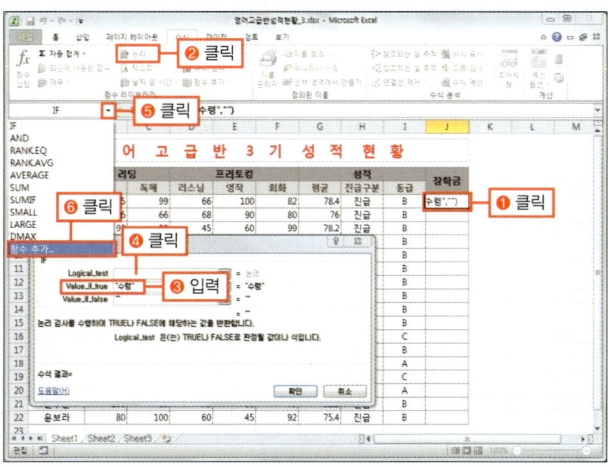

참고
조건의 참과 거짓 여부에 따라 나타낼 결과 값을 먼저 설정하고 조건에 함수식을 삽입하는 것입니다.

02 IF 함수의 조건에 함수 추가하기

❶[함수 마법사] 대화상자의 [범주 선택]에서 [논리], ❷[함수 선택]에서 [AND]를 선택하고 ❸[확인]을 클릭합니다.

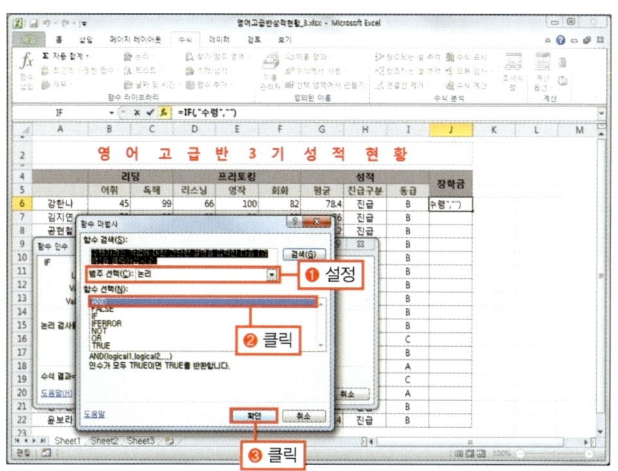

03 AND 함수식 설정하기

❶첫 번째 조건으로 [Logical1]에 'H6="진급"'를 입력하고, 두 번째 조건으로 [Logical2]에 'B6>60'을 입력합니다.

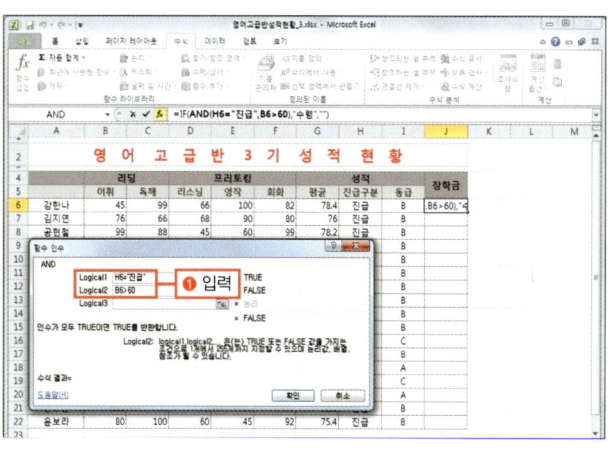

참고
진급 구분이 '진급'이면서 어휘 성적이 60점 초과를 동시에 만족하는 조건식입니다.

04 AND 함수식 설정하기

❶[Logical3]~[Logical6]까지 차례로 'C6>60, D6>60, E6>60, F6>60'을 입력하고 ❷[확인]을 클릭합니다.

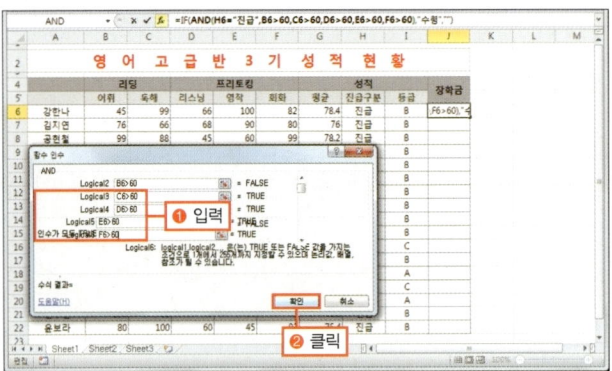

참고 •
모든 과목의 성적이 60점을 초과해야 만족되는 조건식을 완성합니다.

참고 •
[Logical] 인수가 더 이상 보이지 않을 때는 오른쪽에 스크롤을 내립니다. 또한 인수를 여러 개 추가하는 과정에서 [함수 인수] 대화상자의 메뉴가 겹쳐 보이기도 합니다만 문제되지 않습니다.

05 수식 복사하기

❶J6셀의 채우기 핸들을 J22셀까지 드래그하면 진급한 학생들 중 전 과목에서 60점 과락이 없는 경우에만 '수령'이 표시됩니다.

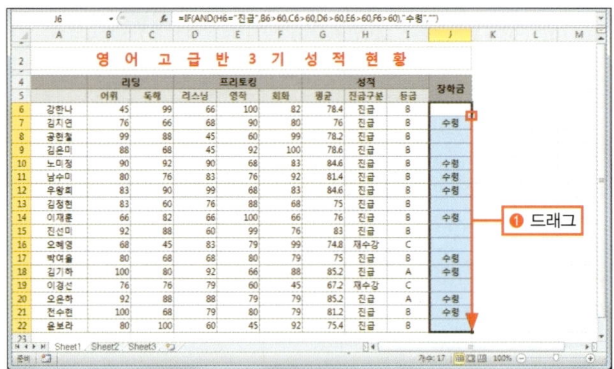

참고 •
AND 함수와 달리 OR 함수는 조건 중 하나만 참이 되도 참을 반환합니다.

COUNTIF, SUMIFS 함수로 조건에 따라 개수와 합계 구하기

조건(혹은 여러 조건)에 맞는 셀의 개수(COUNTIF, COUNTIFS)나 합계(SUMIF, SUMIFS)를 구하는 함수에 대해 알아보겠습니다.

◉ **시작 파일** : 5장\인사부서급여대장_3.xlsx
◉ **완료 파일** : 5장\인사부서급여대장_3_완료.xlsx

01 함수 마법사에서 COUNTIF 함수 선택하기

❶J7셀을 선택하고 ❷[수식] 탭의 [함수 삽입]([fx])을 클릭합니다. [함수 마법사] 대화상자가 나타나면 ❸[범주 선택]에서 [통계], ❹[함수 선택]에서 [COUNTIF]를 선택하고 ❺[확인]을 클릭합니다.

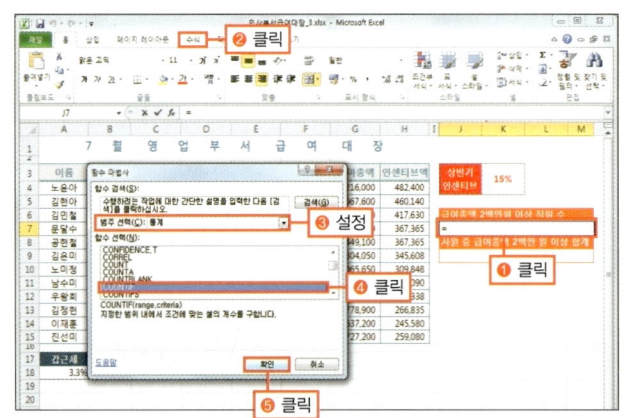

02 범위와 조건 설정하기

❶[함수 인수] 대화상자가 나타나면 셀의 수를 구하려는 범위인 [Range]에 '급여총액'을, 조건인 [Criteria]에 '>=2000000'을 입력합니다. ❷[확인]을 클릭합니다.

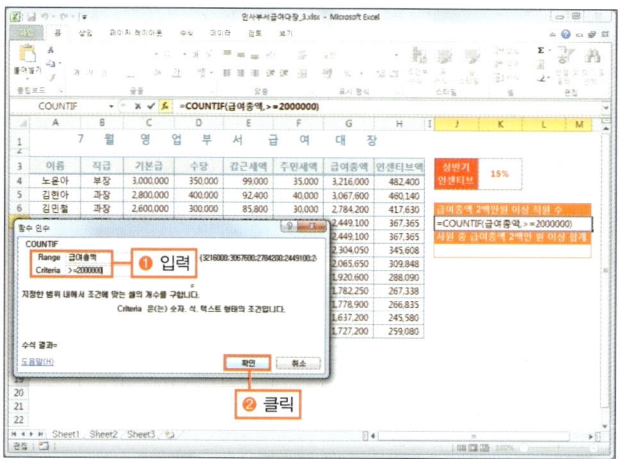

> **참고**
> G4:G15셀이 '급여총액'이라는 이름으로 정의되어 있습니다. 이 범위에서 2,000,000원 이상의 셀을 찾으라는 함수식입니다.

03 결과 확인하기

조건을 만족하는 셀의 개수인 '7'이 반환됩니다.

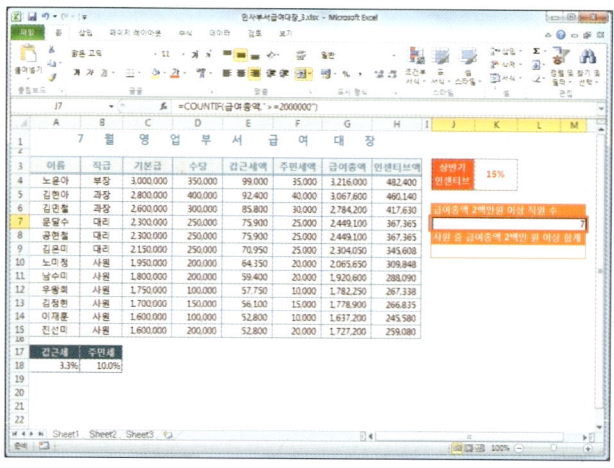

> **참고**
> COUNTIFS 함수를 이용하면 여러 조건을 만족하는 셀의 개수를 구할 수 있습니다.

04 함수 마법사에서 SUMIFS 함수 선택하기

❶J9셀을 선택하고 ❷[수식] 탭의 [함수 삽입](f_x)을 클릭합니다. [함수 마법사] 대화상자가 나타나면 ❸[범주 선택]에서 [수학/삼각], ❹[함수 선택]에서 [SUMIFS]를 선택하고 ❺[확인]을 클릭합니다.

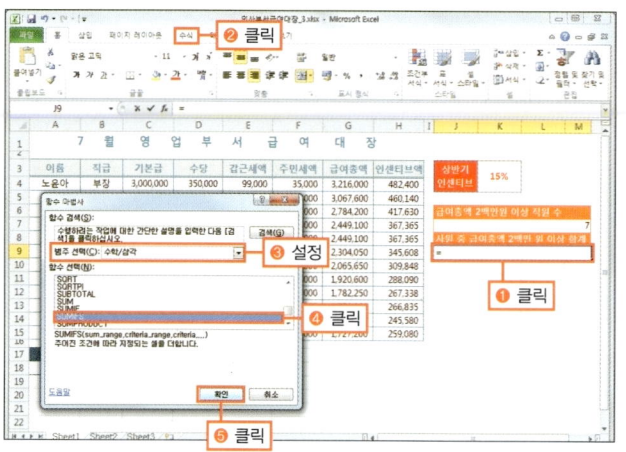

05 범위와 조건 설정하기

❶[함수 인수] 대화상자가 나타나면 조건을 적용할 첫 번째 셀 범위로 [Criteria_range1]에 'B4:B15', 첫 번째 조건으로 [Criteria1]에 'B10', 두 번째 조건과 셀 범위로 [Criteria_range2]에 '급여총액', [Criteria2]에 '>=2000000'을 입력합니다.

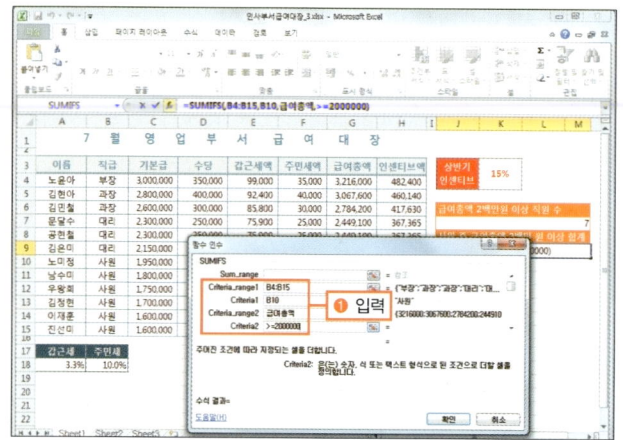

> **참고**
> 직급에서 사원, 급여총액에서 2,000,000원 이상을 조건으로 지정하는 함수식입니다.

06 계산 범위 설정하기

앞에서 지정한 조건에 일치하는 셀들의 합계를 구할 셀 범위인 ❶[Sum_range]에 '급여총액'을 입력하고 ❷[확인]을 클릭합니다.

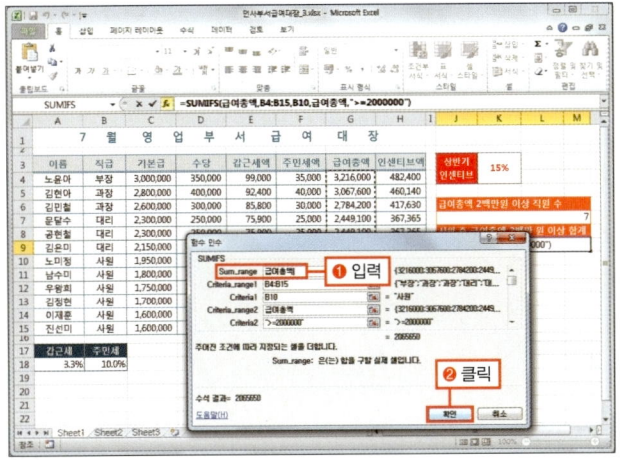

07 결과 확인하기

사원 중 2백만 원 이상의 급여를 합한 값이 구해집니다.

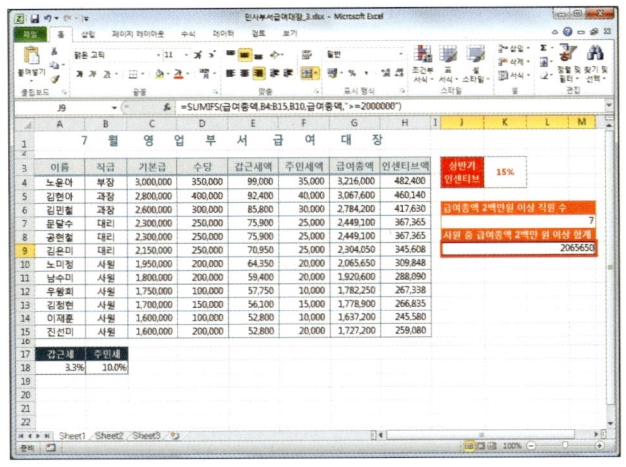

> **참고** •
> 하나의 조건을 만족하는 셀의 합계를 구하려면 SUMIF 함수를 이용합니다.

> **참고** •
> 조건(또는 여러 조건)을 만족하는 셀의 평균을 구하려면 AVERAGEIF, AVERAGEIFS 함수를 이용합니다.

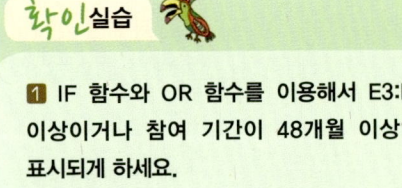

1 IF 함수와 OR 함수를 이용해서 E3:E20셀에 나이가 35세 이상이거나 참여 기간이 48개월 이상인 사람에게 '해당'이 표시되게 하세요.

◎ **시작 파일** : 5장\수련회반편성.xlsx
◎ **완료 파일** : 5장\수련회반편성_완료.xlsx

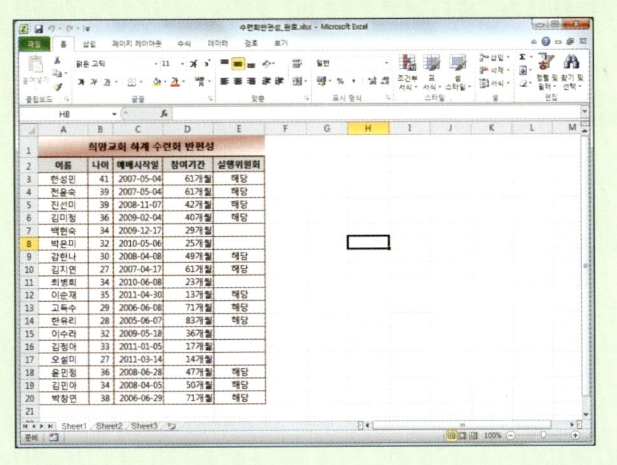

2 COUNTIFS 함수를 이용해 L3:L5셀, L7:L9셀, L11:L13셀, L15:L17셀, L19:L21셀에 스마트폰기기별로 각 요금제에 몇 명이 있는지 계산해 보세요.

◎ **시작 파일** : 5장\스마트폰고객데이터정리_3.xlsx
◎ **완료 파일** : 5장\스마트폰고객데이터정리_3_완료.xlsx

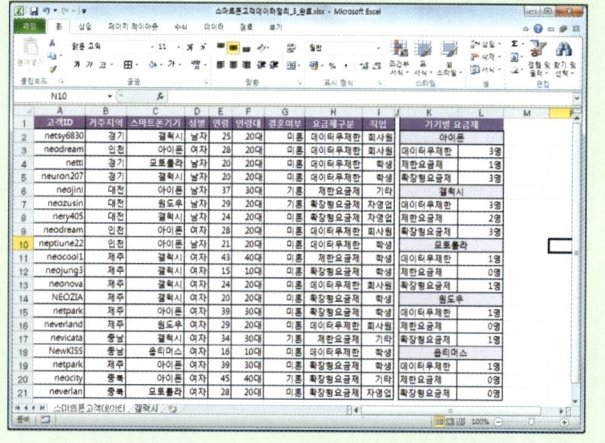

Excel 2010

날짜 및 기간에 관련된 함수 사용하기

SECTION 03

날짜 데이터에 관련된 연산을 담당하는 날짜 및 시간 함수에 대해서 알아보겠습니다.

다루는 내 용

- TODAY, YEAR 함수
- DATEDIF 함수
- NETWORKDAYS 함수
- WEEKDAY 함수

기능 정리

학습할 함수의 형식 이해하기

날짜, 시간, 기간과 관련된 함수의 종류와 기본 형식, 각 구성 요소에 대해 먼저 간략하게 살펴봅니다.

● 날짜 및 시간에서 숫자를 분리하는 함수

지정한 날짜에서 각각 연도(YEAR), 월(MONTH), 일(DAY)을 분리하여 표시합니다.

```
YEAR(serial_number)/MONTH(serial_number)/DAY(serial_number)
```

- **serial_number** : 날짜입니다.

지정한 시간에서 각각 시간(HOUR), 분(MINUTE), 초(SECOND)를 분리하여 표시합니다.

```
HOUR(serial_number)/MINUTE(serial_number)/SECOND(serial_number)
```

- **serial_number** : 날짜입니다.

● 현재 날짜 및 시간을 표시하는 함수

현재 날짜를 표시합니다. 항상 현재형이므로 문서를 열 때마다 갱신됩니다.

```
TODAY( )
```

현재 날짜와 현재 시간을 함께 표시합니다.

```
NOW( )
```

두 함수 모두 인수 없이 사용합니다.

● **기간을 구하는 함수**

두 날짜 사이의 간격을 구합니다. 간격을 표시하는 방법은 선택할 수 있습니다.

> DATEDIF(start_date, end_date, unit)

- start_date, end_date : 시작 날짜와 끝나는 날짜입니다.
- unit : 계산 단위(Y-년 수, M-개월 수, D-일 수)입니다.

유효한 작업일만 대상으로 하여 두 날짜 사이의 간격을 구할 수도 있습니다. 즉, 주말이나 공휴일 등을 제외한 평일 수만 계산하는 것입니다.

> NETWORKDAYS(start_date, end_date, holidays)

- start_date, end_date : 시작 날짜와 끝 날짜입니다.
- holidays : 제외할 날짜입니다.

● **날짜를 일련번호로 변환하는 함수**

날짜의 요일 번호를 구합니다. 이 요일 번호는 다양한 수식에 응용할 수 있습니다.

> WEEKDAY(serial_number, return_type)

- serial_number : 요일 번호를 구하려는 날짜입니다.
- return_type : 요일 번호의 유형을 지정합니다.

return_type	요일 번호의 유형
1 또는 생략	1을 일요일로 하여 차례로 번호를 지정합니다(7 : 토요일).
2	1을 월요일로 하여 차례로 번호를 지정합니다(7 : 일요일).
3	0을 월요일로 하여 차례로 번호를 지정합니다(6 : 일요일).

간단 퀴즈

1 특정 날짜에서 월만 추출할 때 사용하는 함수는 무엇입니까?

2 입사일자에서 퇴사일자까지 모든 날짜를 포함하여 기간을 구하려면 어떤 함수를 사용합니까?

답 : MONTH 함수, DATEDIF 함수

실습 과정

TODAY, YEAR 함수로 나이 구하기

함수를 이용해 오늘 날짜와 생년월일을 통해 나이를 자동으로 계산하는 방법을 알아보겠습니다.

◎ **시작 파일** : 5장\직원근속기간.xlsx

01 오늘 날짜 구하기

❶E1셀에 '=TODAY( )'를 입력하고 ❷ Enter 를 누릅니다.

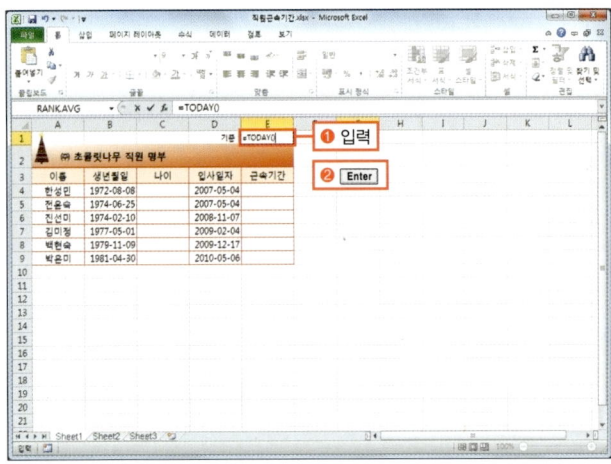

┌ 참고 ●
│ NOW( ) 함수를 이용하면 현재 날짜와 시간까지 구할 수 있습니다.
└

02 오늘 날짜 확인하기

오늘 날짜가 화면에 표시됩니다. 현재의 날짜를 표시하는 것이므로 사용자마다 다르게 표시됩니다.

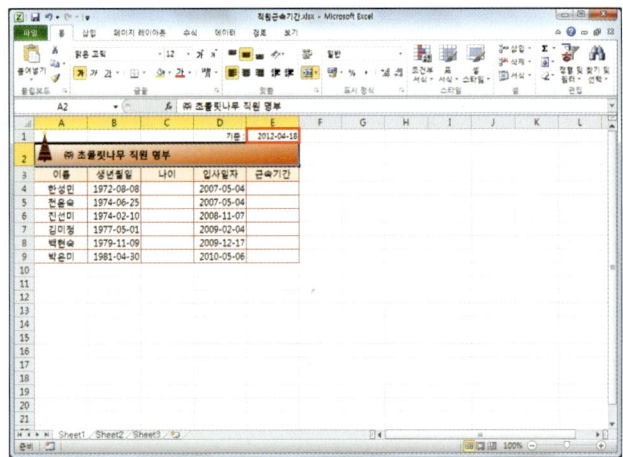

03 생년월일에서 연도 추출하기

❶C4셀에 '=YEAR($E$1)-YEAR(B4)+1'을 입력하고 ❷ Enter 를 누릅니다.

┌ 참고 ●
│ 오늘 날짜의 연도에서 생년월일의 연도를 뺀 후 1을 더해 나이를
│ 구하는 함수식입니다. 현재 날짜는 고정되어야 하므로 E1셀은
│ 절대참조하고, 셀 참조 대신 'TODAY()'를 입력해도 결과는
│ 같습니다.
└

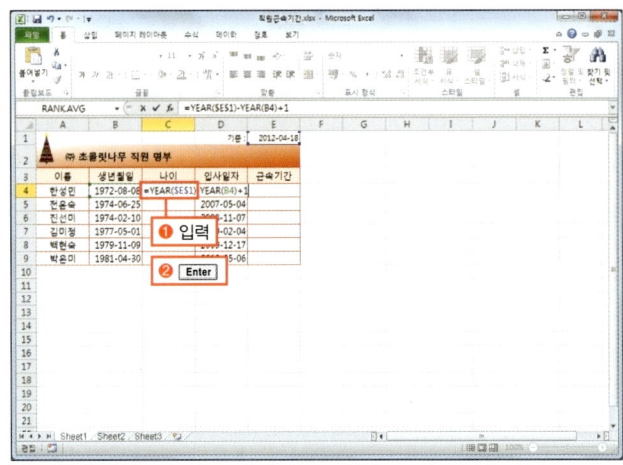

04 수식 복사하기

❶결과 값이 표시되면 C9셀까지 수식을 복사하여 나이를 모두 구합니다.

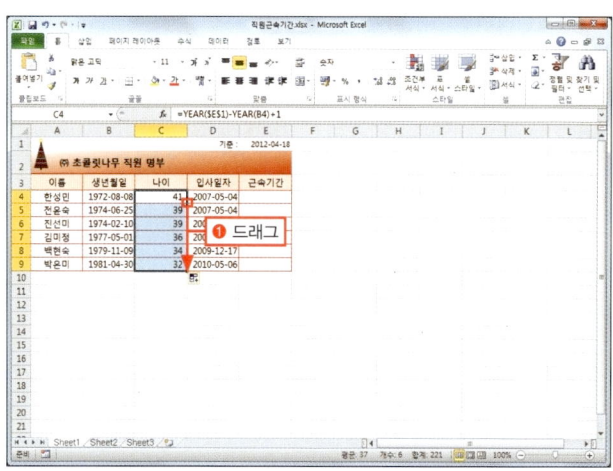

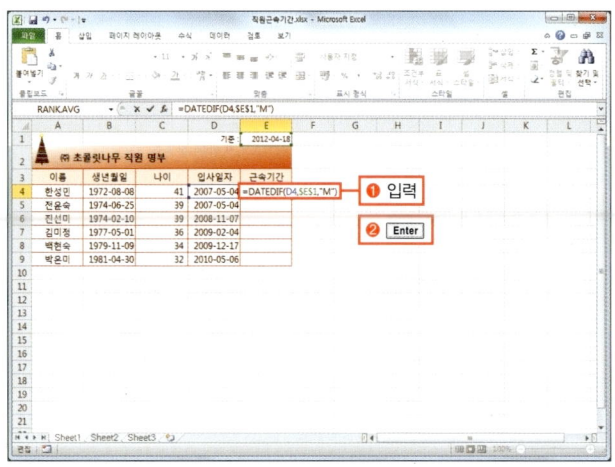

DATEDIF 함수로 근속기간 구하기

특정 두 날짜 사이의 간격을 개월 수나 연도 수로 구하는 방법을 알아보겠습니다.

◉ **시작 파일** : 앞의 파일에 이어서 진행합니다.
◉ **완료 파일** : 5장\직원근속기간_완료.xlsx

01 DATEDIF 함수식 입력하기

❶E4셀에 '=DATEDIF(D4,$E$1,"M")'를 입력하고 ❷ Enter 를 누릅니다.

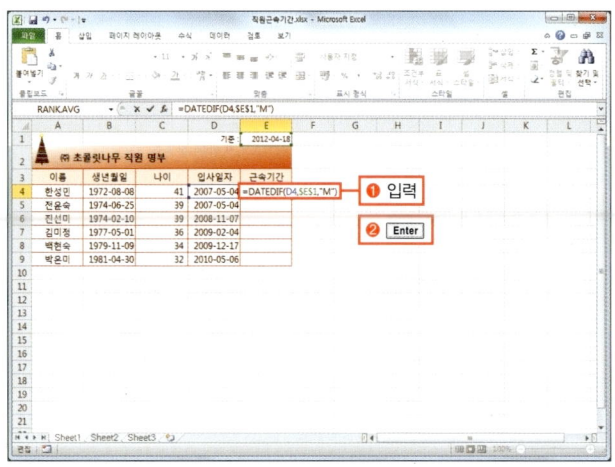

┌ **참고** ·
│ 입사일자부터 오늘까지의 간격을 월 단위(M)로 구하는
│ 함수식입니다.

02 수식 복사하기

지정한 기간이 개월 수로 반환됩니다. ❶E9셀까지 수식을 복사합니다.

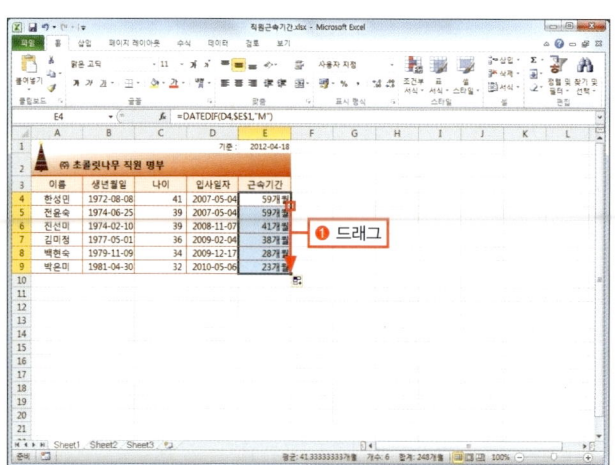

┌ **참고** ·
│ 결과에 '개월'이 표시되도록 사용자 표시 형식을 미리 지정해
│ 놓았습니다.

03 DATEDIF 함수식 수정하기

❶E4셀을 선택하고 ❷수식 입력줄에서 'M'을 'Y'로 수정한 후 ❸ Enter 를 누릅니다.

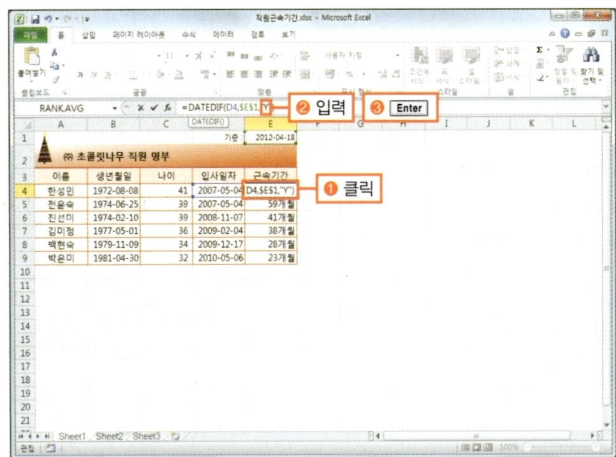

04 수식 복사하기

지정한 기간이 연도 수로 반환되면 ❶E9셀까지 수식을 복사한 후 ❷표시 형식을 수정하여 완성합니다.

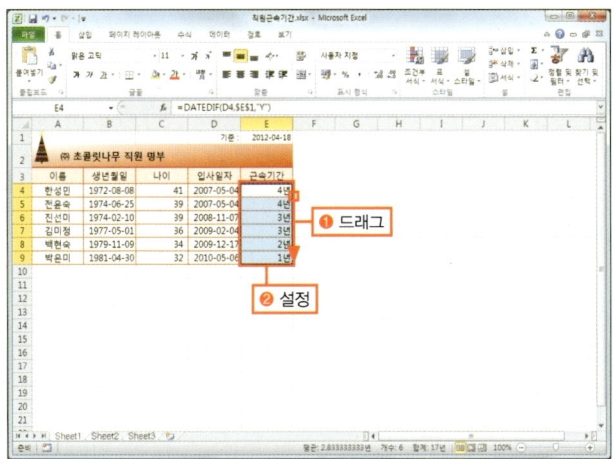

실습 과정

NETWORKDAYS 함수로 실제 작업일수 구하기

NETWORKDAYS 함수는 두 날짜 사이의 간격을 구하되, 토요일과 일요일 또는 지정한 휴일 등을 제외한 평일만 포함합니다.

◎ **시작 파일** : 5장\작업일수계산.xlsx
◎ **완료 파일** : 5장\작업일수계산_완료.xlsx

01 휴일 작성하기

❶A2셀과 A3셀에 각각 '9-12', '9-13'의 날짜 데이터를 입력합니다.

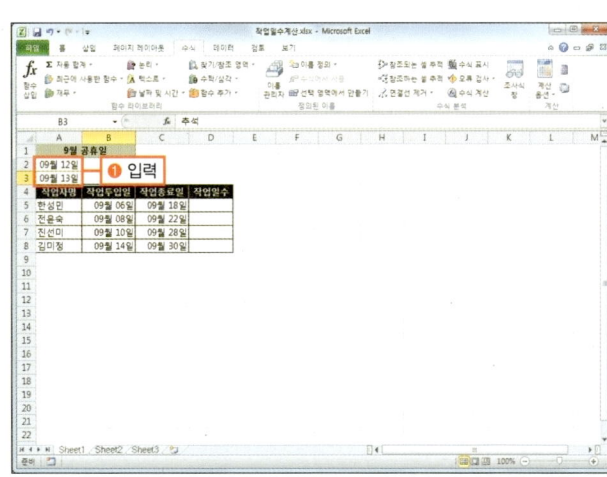

> **참고** •
> 주말 이외에 작업 기간에서 추가로 제외할 날짜 목록을 작성하는 것입니다.

02 휴일 작성하기

❶A2:A3셀을 선택하고 ❷'추석'이라는 이름으로 정의합니다.

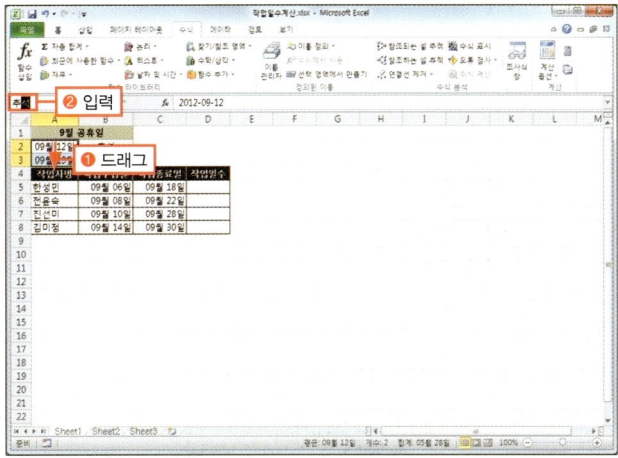

> **참고**
> 이름을 정의하면 수식을 간소하게 작성할 수 있습니다.

03 NETWORKDAYS 함수식 입력하기

❶D5셀에 '=NETWORKDAYS(B5,C5,추석)'를 입력하고 ❷ Enter 를 누릅니다.

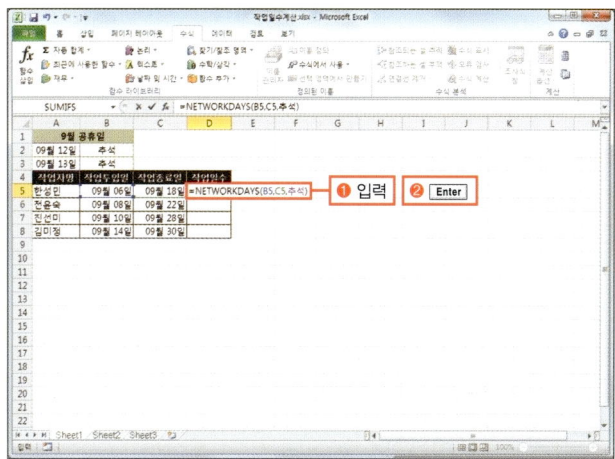

04 수식 복사하기

작업투입일과 작업종료일의 간격에서 휴일과 제외하라고 지정한 날짜를 뺀 날짜 수가 구해집니다. ❶D8셀까지 수식을 복사합니다.

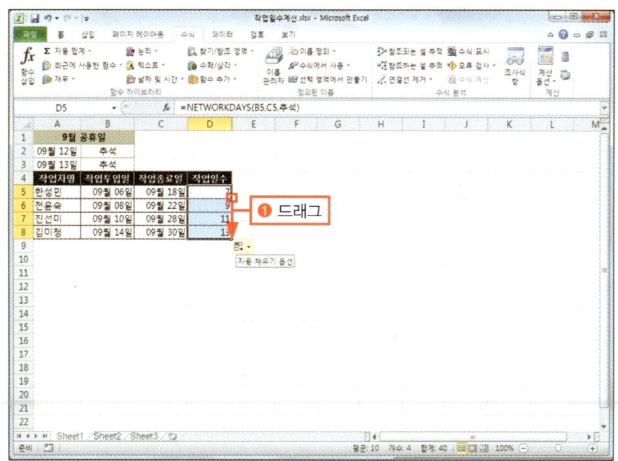

실습 과정 — WEEKDAY 함수로 주말에만 서식 지정하기

WEEKDAY 함수로 토요일과 일요일의 번호를 구한 후 이를 이용해 조건부 서식을 적용해 보겠습니다.

- **시작 파일** : 5장\월별쿠폰현황_3.xlsx
- **완료 파일** : 5장\월별쿠폰현황_3_완료.xlsx

01 조건부 서식 메뉴 실행

❶A4:A34셀을 선택합니다. [홈] 탭의 [스타일] 그룹에서 ❷[조건부 서식]을 클릭하고 ❸[규칙 관리]를 선택합니다.

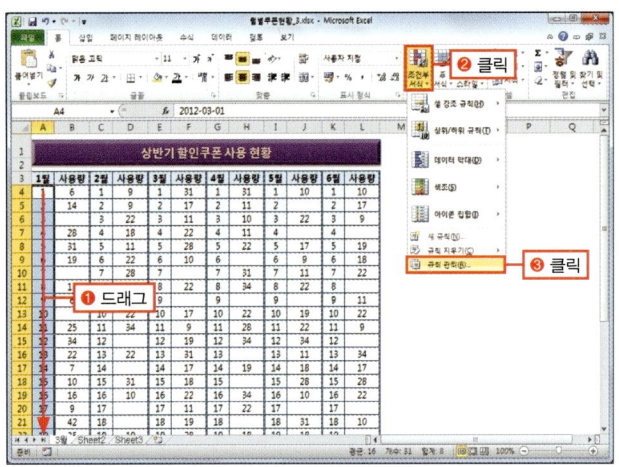

참고

WEEKDAY 함수를 이용하여 조건부 서식을 적용할 대상 범위인 A4:A34셀에는 반드시 날짜 형식으로 데이터를 입력해야 합니다.

02 새 규칙 만들기

[조건부 서식 규칙 관리자] 대화상자가 나타나면 ❶[새 규칙]을 클릭합니다.

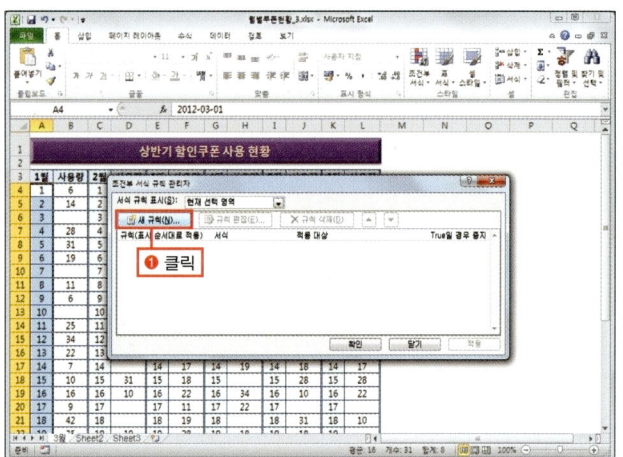

03 규칙 지정하기

❶[새 서식 규칙] 대화상자의 [규칙 유형 선택]에서 [수식을 사용하여 서식을 지정할 셀 결정]을 선택하고 ❷[다음 수식이 참인 값의 서식 지정]에 '=WEEKDAY(A4)=1'을 입력합니다. ❸지정할 서식을 적용하기 위해 [서식]을 클릭합니다.

참고

셀에 입력된 날짜의 요일 번호를 구해서 그 값이 '1'인지 검사하는 규칙입니다. WEEKDAY 함수의 return_type 인수를 생략하였으므로 '1'은 일요일을 의미합니다.

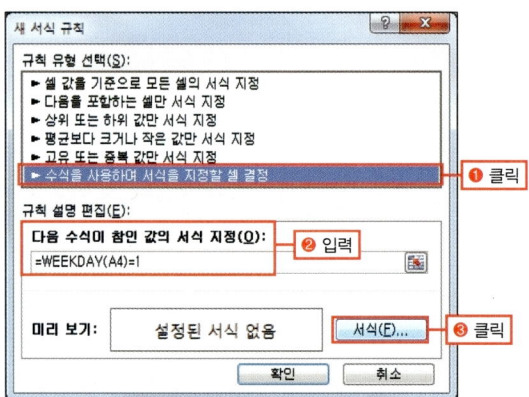

04 서식 지정하기

❶[셀 서식] 대화상자가 나타나면 [글꼴] 탭에서 ❷[글꼴 스타일]을 [굵게], ❸[색]을 [빨강]으로 설정하고 ❹[확인]을 클릭합니다.

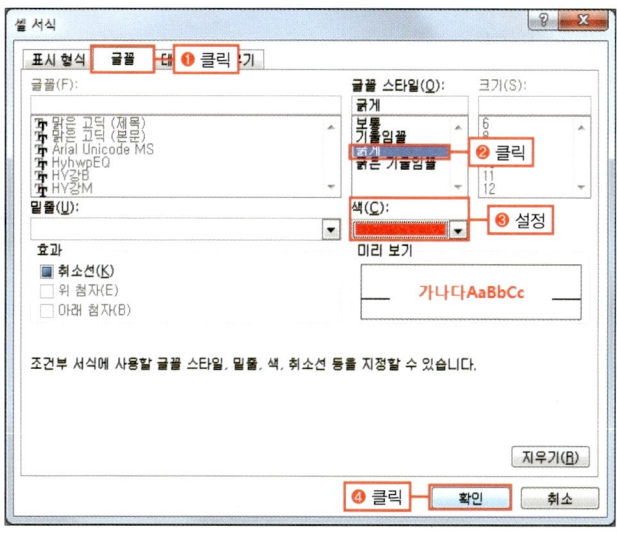

05 규칙 지정 완료하기

[새 서식 규칙] 대화상자로 돌아오면 규칙과 서식을 다시 한 번 확인하고 ❶[확인]을 클릭합니다.

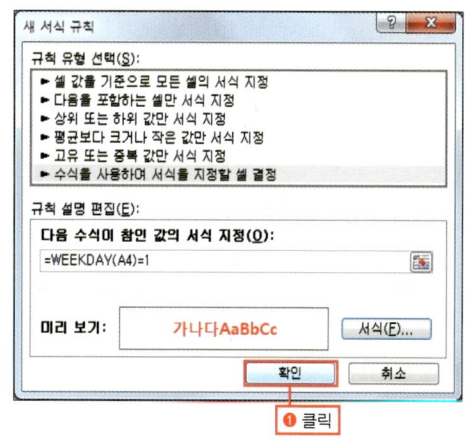

06 결과 확인하고 [새 규칙] 실행하기

[조건부 서식 규칙 관리자] 대화상자로 돌아와 ❶[적용]을 클릭하면 선택 범위 중 일요일에만 지정한 서식이 적용됩니다. 다시 ❷[새 규칙]을 클릭합니다.

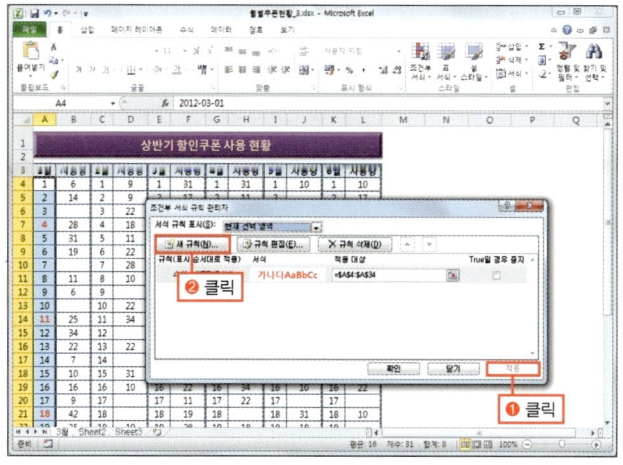

07 규칙 지정하기

❶[새 서식 규칙] 대화상자의 [규칙 유형 선택]에서 [수식을 사용하여 서식을 지정할 셀 결정]을 선택하고 ❷[다음 수식이 참인 값의 서식 지정]에 '=WEEKDAY(A4)=7'을 입력합니다. ❸지정할 서식을 적용하기 위해 [서식]을 클릭합니다.

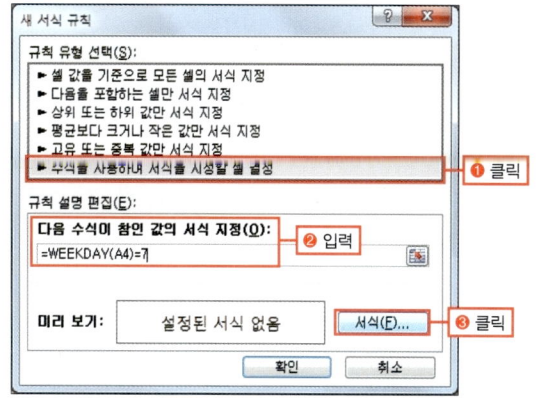

> **참고**
>
> WEEKDAY 함수의 return_type 인수가 '1 또는 생략'이면 '1'을 일요일로 하여 차례로 번호를 매깁니다. 따라서 '7'은 토요일이 됩니다.

08 서식 지정하기

❶[셀 서식] 대화상자가 나타나면 [글꼴] 탭에서 ❷[글꼴 스타일]을 [굵게], ❸[색]을 [파랑]으로 설정하고 ❹[확인]을 클릭합니다.

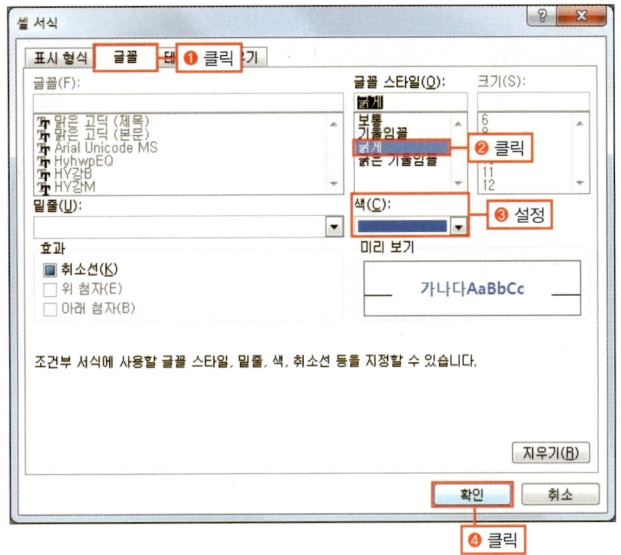

09 규칙 지정 완료하기

[새 서식 규칙] 대화상자로 돌아오면 규칙과 서식을 다시 한 번 확인하고 ❶[확인]을 클릭합니다.

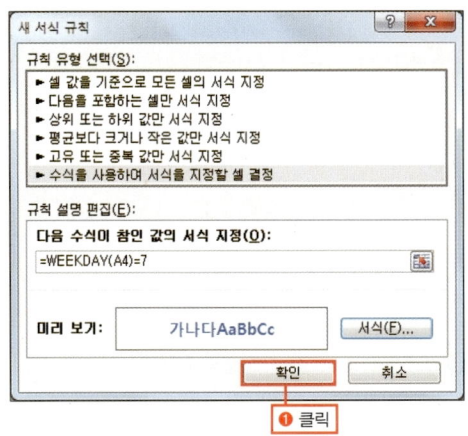

10 결과 확인하기

❶[적용]을 클릭하면 선택 범위 중 토요일에만 지정한 서식이 적용됩니다. 다시 ❷[확인]을 클릭하여 대화상자를 닫습니다.

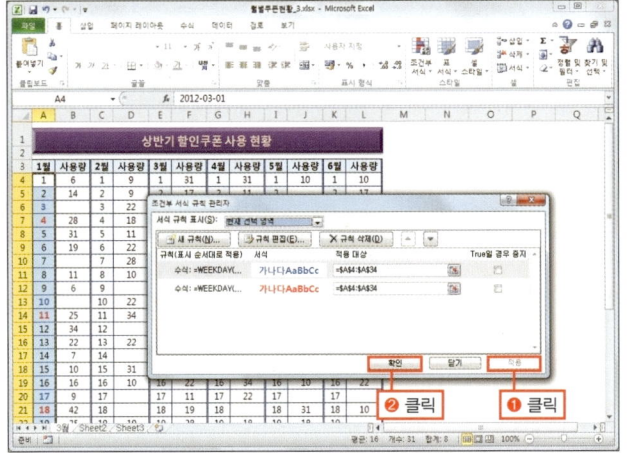

1 DATEDIF 함수와 TODAY 함수를 이용해 D3:D20셀에 참여기간을 구합니다(예배시작일부터 오늘까지). IF 함수와 YEAR 함수를 이용해 E3:E20셀에 1978년 이전 출생자는 'A', 1979~1984년 출생자는 'B', 1984년 이후 출생자는 'C'가 표시되게 합니다. 마지막으로 IF 함수와 YEAR 함수, OR 함수를 이용해서 F3:F20셀에 1978년 이전 출생자이거나 참여기간이 48개월 이상인 사람에게 '해당'이 표시되게 하세요.

◎ **시작 파일** : 5장\수련회반편성_2.xlsx
◎ **완료 파일** : 5장\수련회반편성_2_완료.xlsx

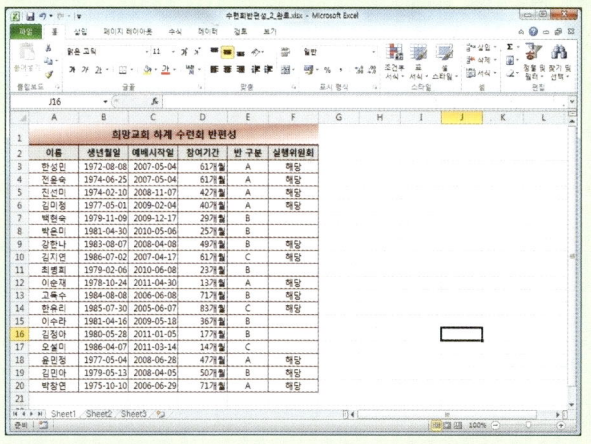

SECTION

04

특정 값을 찾거나 참조하는 데 필요한 함수 사용하기

범위에서 원하는 값을 찾기 위해 사용하는 찾기/참조 영역의 함수들을 살펴보겠습니다.

다루는 **내용**

- VLOOKUP 함수
- INDEX 함수
- MATCH 함수
- OFFSET 함수

기능
정리

학습할 함수의 형식 이해하기

원하는 값을 찾아주는 함수의 종류와 기본 형식, 각 구성 요소에 대해 먼저 간략하게 살펴봅니다.

● 표의 첫 행이나 열을 이용하여 데이터를 검색하는 함수

VLOOKUP 함수는 표의 첫 열에서 지정한 값을 찾아 지정한 열과 같은 행에 있는 값을 구하고, HLOOKUP 함수는 표의 첫 행에서 지정한 값을 찾아 지정한 행과 같은 열에 있는 값을 반환합니다.

VLOOKUP(lookup_value, table_array, col_index_num, range_lookup)

HLOOKUP(lookup_value, table_array, row_index_num, range_lookup)

- **lookup_value** : 찾을 조건값입니다.
- **table_array** : 참조할 셀 범위입니다.
- **col_index_num** : 열 번호입니다.
- **row_index_num** : 행 번호입니다.
- **range_lookup** : 0이나 false를 입력하면 일치하는 값을 찾고, 1이나 true를 입력하면 근사 값을 찾습니다.

● 행 번호나 열 번호로 셀 범위에서 특정 데이터를 찾는 함수

INDEX 함수는 표에서 행 번호와 열 번호를 이용해 특정 위치에 있는 셀의 값을 구합니다.

INDEX(array, row_num, column_num)

- **array** : 참조할 셀 범위입니다.
- **row_num, column_num** : 행 번호와 열 번호입니다.

● **범위에서 특정 셀의 위치 번호를 구하는 함수**

MATCH 함수는 셀 범위에서 특정 셀의 위치 번호를 구해줍니다. 주로 INDEX 함수와 함께 중첩하여 표에서 원하는 위치에 있는 특정 셀의 값을 반환해야 할 때 사용합니다.

> MATCH(lookup_value, lookup_array, match_type)

- **lookup_value** : 찾을 데이터입니다.
- **lookup_array** : 참조할 셀 범위입니다.
- **match_type** : 생략하거나 1을 입력하면 lookup_value보다 작거나 같은 값 중에서 최대값을 찾습니다. 0을 입력하면 lookup_value와 같은 첫 번째 값을 찾으며, –1을 입력하면 크거나 같은 값 중 가장 작은 값을 찾습니다.

● **특정 셀이나 셀 범위에 대한 참조를 반환하는 함수**

OFFSET 함수는 특정 영역으로부터 지정한 행과 열만큼 떨어진 위치에서 지정한 크기만큼의 셀 참조를 반환합니다. 반환하는 값이 셀이나 셀 범위이므로 참조가 필요한 다른 함수의 인수로 사용됩니다.

> OFFSET(reference, rows, cols, height, width)

- **reference** : 기준이 되는 셀입니다.
- **rows** : 기준으로부터 참조할 열의 수입니다. 양수로 지정하면 아래쪽과 오른쪽, 음수로 지정하면 위쪽과 왼쪽으로 참조합니다.
- **cols** : 기준으로부터 참조할 행이 수입니다. 양수로 지정하면 아래쪽과 오른쪽, 음수로 지정하면 위쪽과 왼쪽으로 참조합니다.
- **height** : 반환할 셀 참조의 높이입니다.
- **width** : 반환할 셀 참조의 너비입니다. 높이나 너비를 따로 지정하지 않으면 reference와 같은 크기로 반환합니다.

간단퀴즈

1 표의 첫 번째 열에서 지정한 값을 찾아 지정한 열의 값은 행에 있는 값을 찾아주는 함수는 무엇입니까?

2 A1셀에서 5행 10열 떨어져 있는 셀부터 4행 6열 크기의 셀 범위를 구하려면 어떤 함수를 사용합니까?

탑 : VLOOKUP 함수, OFFSET 함수

SECTION 04.
특정 값을 찾거나 참조하는 데 필요한 함수 사용하기 | 215

VLOOKUP 함수 이용하여 개인별 성적표 만들기

표의 열 방향으로 데이터를 찾아주는 VLOOKUP 함수의 사용법을 알아보겠습니다.

◎ **시작 파일** : 5장\영어고급반성적현황_4.xlsx
◎ **완료 파일** : 5장\영어고급반성적현황_4_완료.xlsx

01 데이터 선택하기

❶'성적표' 시트의 ❷B2셀을 선택하면 목록 버튼이
표시됩니다. ❸이를 클릭하고 ❹목록에서 이름을 선택합니다.

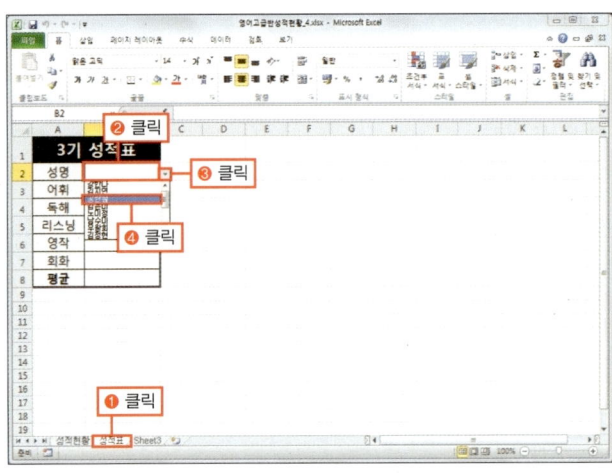

> **참고**
> B2셀처럼 목록을 만들어 데이터를 선택하는 방법은 351쪽에서
> 자세히 다룹니다.

02 함수 라이브러리에서 VLOOKUP 함수 선택하기

❶B3셀을 클릭합니다. ❷[수식] 탭의 ❸[함수 라이브러리]
그룹에서 [찾기/참조 영역]을 클릭하고 ❹[VLOOKUP]을
선택합니다.

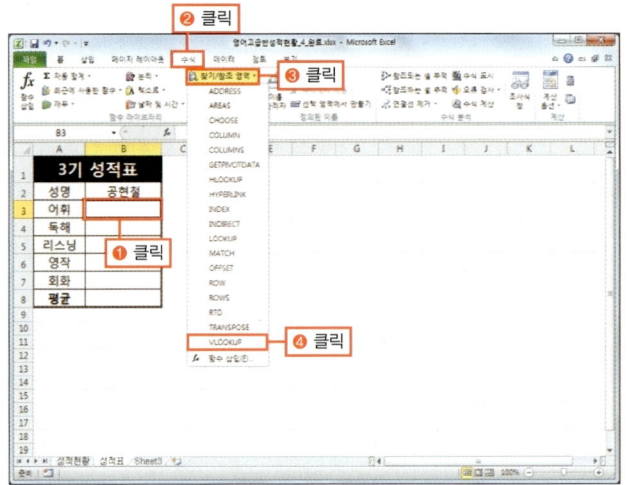

03 찾을 값 설정하기

❶표에서 찾으려는 값인 [Lookup_value]에 B2셀을
절대참조로 입력하고 ❷표 영역을 설정하기 위해서
[Table_array] 입력란을 클릭합니다.

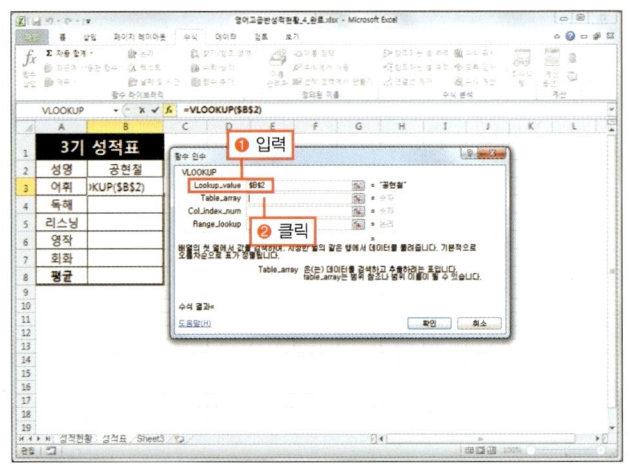

04 표 범위 설정하기

❶'성적현황' 시트의 ❷A6:G22셀을 드래그하여 선택합니다.

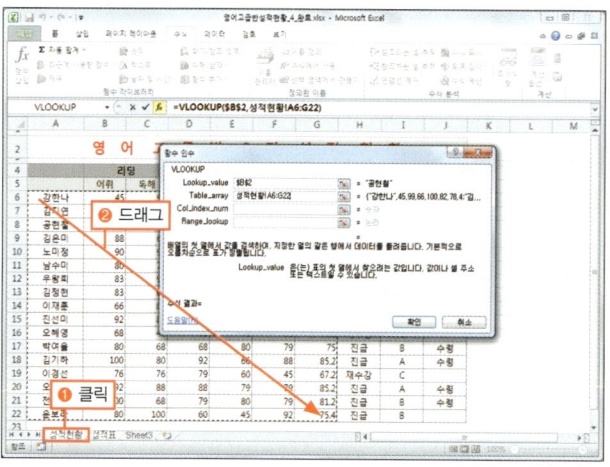

05 열 범위와 일치 여부 설정하기

❶[Table_array]를 절대참조하고, 표 안의 열 번호인 [Col_index_num]에 '2'를 입력합니다. 정확히 일치하는 값만 찾기 위해 [Range_lookup]은 'false'를 입력하고 ❷[확인]을 클릭합니다.

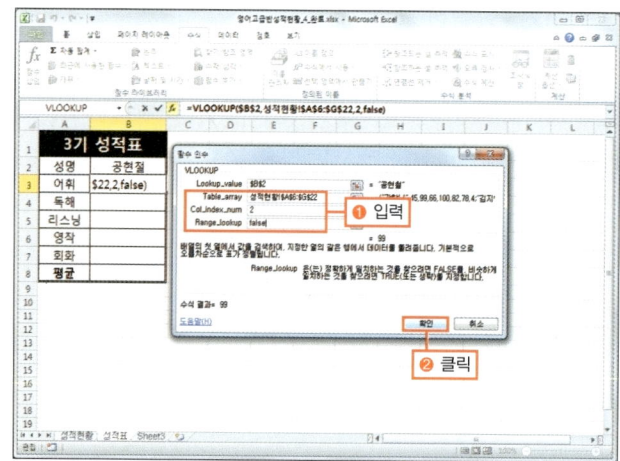

> **참고**
>
> 행 방향으로 데이터를 찾으려면 HLOOKUP 함수를 이용합니다. 사용법은 같습니다.

06 수식 복사 후 인수 수정하기

'성적현황' 시트의 A6:G22셀에서 '성적표' 시트의 B2셀과 일치하는 데이터를 찾아 두 번째 열의 값을 반환합니다. ❶B8셀까지 수식을 서식 없이 복사한 후 ❷각 셀의 Col_index_num 인수만 수정하여 완성합니다.

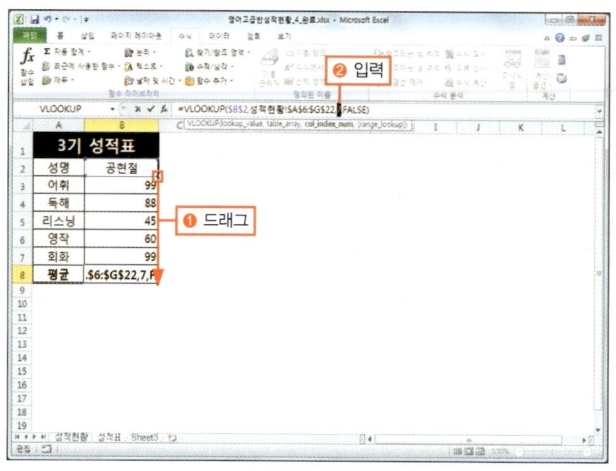

07 결과 확인하기

❶B2셀의 데이터를 변경하면 나머지 데이터도 자동으로 변경됩니다.

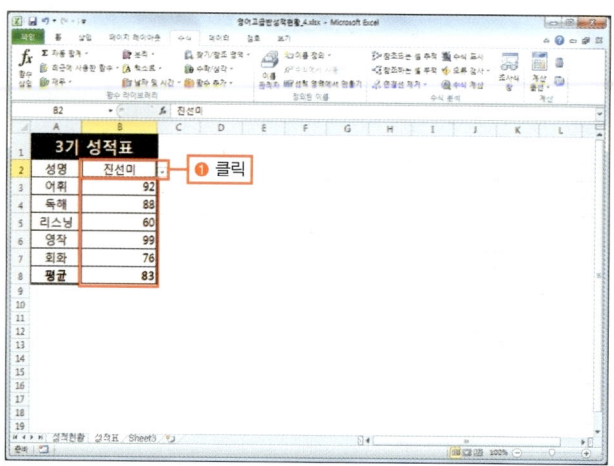

INDEX, MATCH 함수를 이용하여 표에서 특정 데이터 찾기

INDEX 함수와 MATCH 함수를 함께 사용하면 표에서 원하는 위치에 있는 특정 셀의 값을 쉽게 찾을 수 있습니다.

◎ 시작 파일 : 5장\영어고급반성적현황_5.xlsx
◎ 완료 파일 : 5장\영어고급반성적현황_5_완료.xlsx

01 INDEX 함수 선택하기

❶B23셀에 '=INDEX('를 입력하고 ❷[함수 삽입](fx)을 클릭합니다. ❸[인수 선택] 대화상자가 나타나면 [array, row_num, column_num]을 선택하고 ❹[확인]을 클릭합니다.

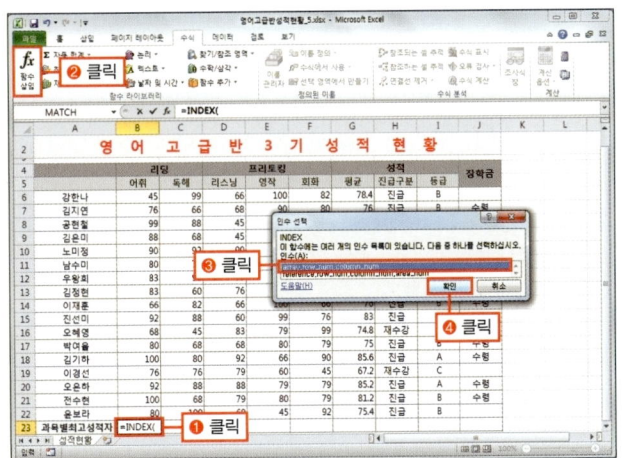

02 범위와 열 번호 설정하기

❶셀 범위인 [Array]에 A6:G22셀을 절대참조로 입력하고 열 번호인 [Column_num]에 '1'을 입력합니다. ❷행 번호인 [Row_num] 입력란을 클릭하고 ❸MATCH 함수를 ❹추가합니다.

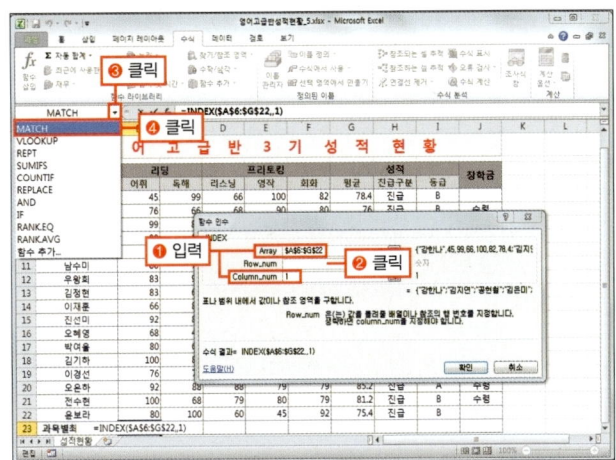

> 참고 •
> 이름 상자에 MATCH 함수가 없으면 [함수 추가]를 클릭하고 찾기/참조 영역에서 선택하면 됩니다.

> 참고 •
> A6:G22셀의 첫 번째 열에서 MATCH 함수로 구할 행 번호와 일치하는 값을 찾는 함수식입니다.

03 MATCH 함수로 행 번호 계산하기

❶찾을 값인 [Lookup_value]에 'MAX(B6:B22)'를 입력합니다. 참조할 셀 범위인 [Lookup_array]에 'B6:B22', [Match_type]은 '0'을 입력하여 정확히 일치하는 값을 찾습니다. ❷[확인]을 클릭합니다.

> 참고 •
> B6:B22셀에서 최대값(MAX)을 찾아 B6:B22셀에서 위치 번호를 구하는 함수식입니다.

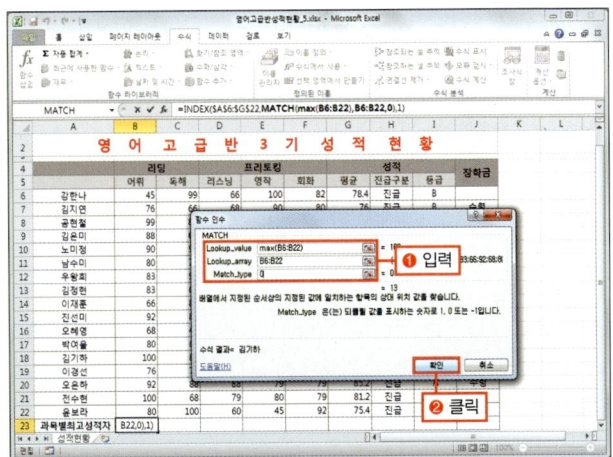

04 결과 확인하고 수식 복사하기

어휘에서 제일 높은 점수를 찾아 그에 해당하는 이름을 반환합니다. ❶G23셀까지 수식을 복사합니다.

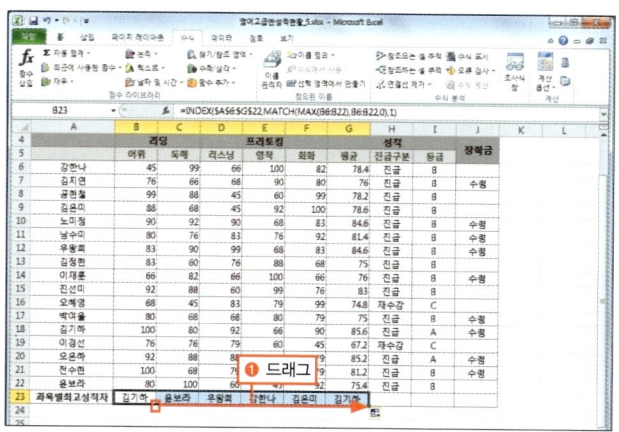

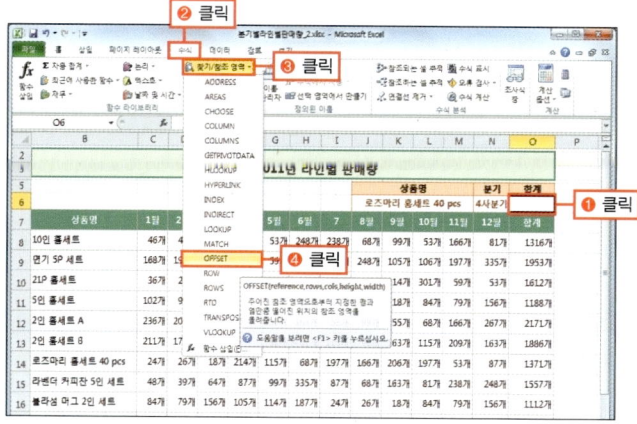

실습 과정

OFFSET 함수로 계산에 필요한 특정 셀 범위 지정하기

OFFSET 함수는 특정 셀이나 셀 범위를 반환하므로 다른 함수에서 참조 범위를 구하기 위한 인수로 주로 사용됩니다. OFFSET 함수로 특정 셀 범위를 지정한 후 SUM 함수로 해당 범위의 합계를 구하는 방법을 알아보겠습니다.

◎ **시작 파일** : 5장\분기별라인별판매량_2.xlsx
◎ **완료 파일** : 5장\분기별라인별판매량_2_완료.xlsx

---

01 함수 라이브러리에서 OFFSET 함수 선택하기

❶O6셀을 선택하고 ❷[수식] 탭의 [함수 라이브러리] 그룹에서 ❸[찾기/참조 영역]을 눌러 ❹[OFFSET]을 클릭합니다.

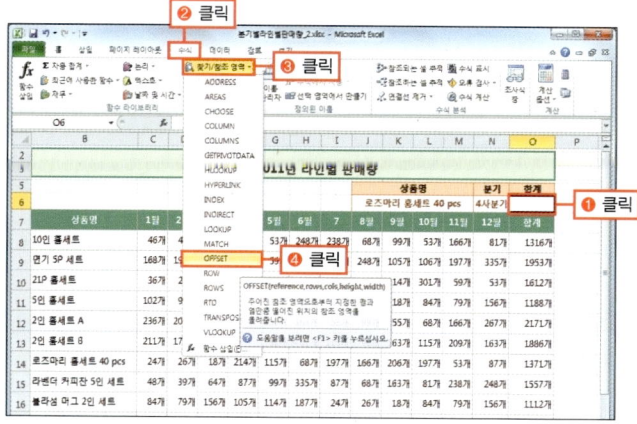

> **참고** •
> J6셀에서 상품명, N6셀에서 분기를 선택하면 아래 표에서 해당 데이터를 찾아 합계를 구하는 식을 작성할 것입니다.

02 기준 셀과 이동할 행의 수 설정하기

❶기준 셀인 [Reference]에 B7셀을 입력하고 기준 셀로부터 이동할 행의 수인 [Rows]에는 'MATCH(J6,B8:B17,0)'를 입력합니다.

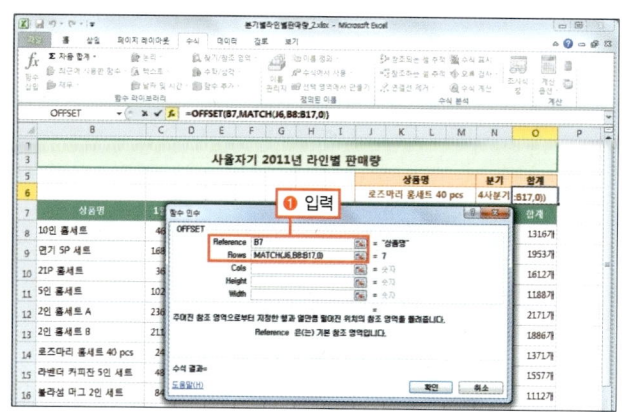

> **참고** •
> 'MATCH(J6,B8:B17,0)'는 J6셀의 상품명과 정확히 일치하는 값을 B8:B17셀에서 찾아 위치 번호를 반환하는 함수식입니다. 예제에서는 '7'을 반환하고, 이 값이 OFFSET 함수에서 기준 셀로부터 이동할 행의 수가 됩니다.

03 이동할 열의 수 설정하기

기준 셀로부터 떨어질 열의 수는 분기에 따라 달라지므로 IF 함수를 이용하여 설정하겠습니다. [함수 인수] 대화상자의 ❶[Cols] 입력란을 클릭하고 ❷이름 상자의 목록 버튼을 눌러 ❸[IF]를 선택합니다.

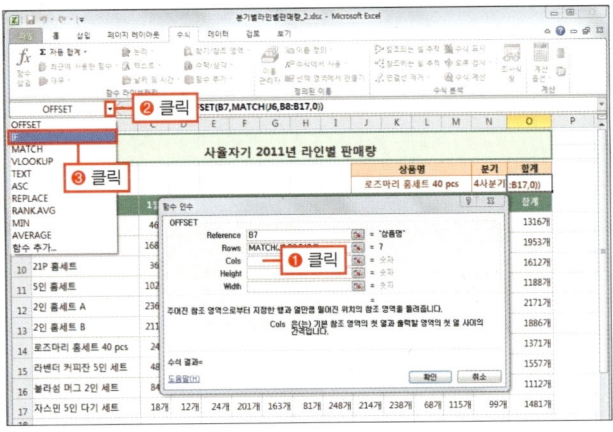

참고
이름 상자 목록에 IF가 없다면 [함수 추가]를 통해 선택합니다.

04 IF 함수 설정하기

❶[Logical_test]에 'N6="1사분기"'를, [Value_if_true]에는 '"1"'를 입력합니다. ❷[Value_if_false]의 입력란을 클릭하고 ❸이름 상자의 IF를 선택합니다.

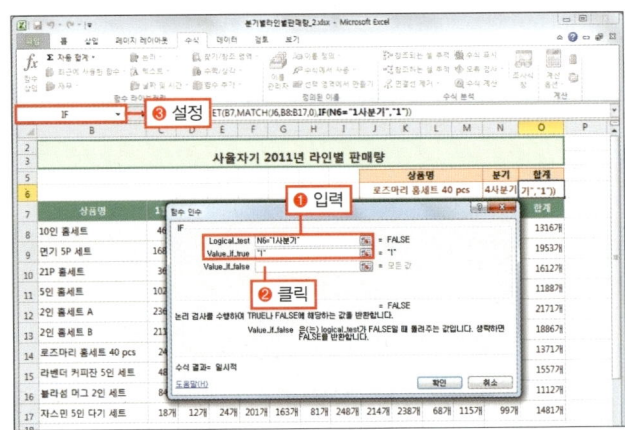

참고
N6셀이 '1사분기'면 '1'을 반환하는 조건입니다. 즉, 기준 셀에서 1열 이동하여 '1월'에 해당하는 값을 찾습니다.

05 IF 함수 설정하기

❶[Logical_test]에 'N6="2사분기"'를, [Value_if_true]에는 '"4"'를 입력합니다. ❷[Value_if_false]의 입력란을 클릭하고 ❸이름 상자의 IF를 선택합니다.

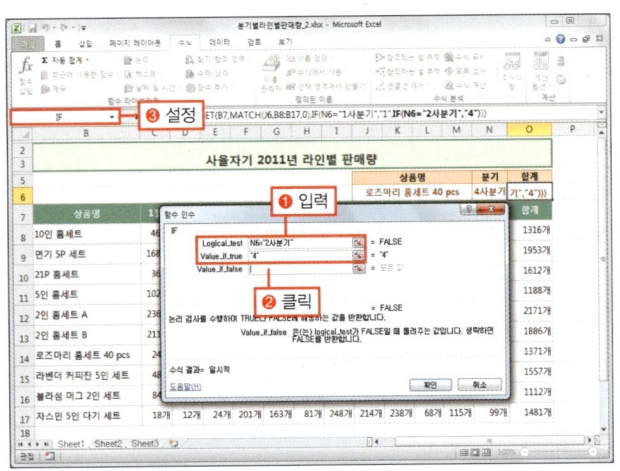

참고
N6셀이 '2사분기'면 '4'를 반환하는 조건입니다. 2사분기는 4~6월이므로 기준 셀에서 4열 이동하게 설정하는 것입니다.

06 IF 함수 설정하기

❶[Logical_test]에 'N6="3사분기"'를, [Value_if_true]에는 '"7"'를, [Value_if_false]에는 '"10"'를 입력합니다.

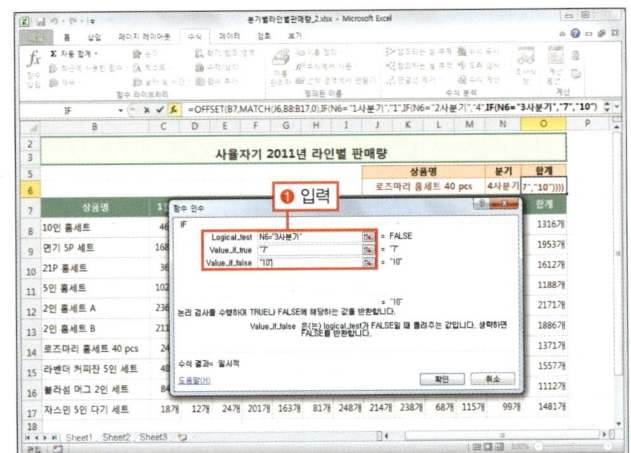

참고
N6셀이 '3사분기'면 '7'을 반환하는 조건입니다. 3사분기는 7~9월이므로 기준 셀에서 7열 이동하게 설정하는 것입니다. 나머지 4사분기는 10열 이동하게 설정합니다.

07 OFFSET 함수식 완성하기

❶수식 입력줄의 [수식 입력줄 확장](⊡)을 클릭하여 수식 전체가 보이게 확장합니다. ❷입력된 수식의 끝을 클릭하여 OFFSET 함수의 대화상자로 돌아오면 ❸셀 크기를 지정하는 [Height]와 [Width]를 각각 '1'과 '3'으로 지정하고 ❹[확인]을 클릭합니다.

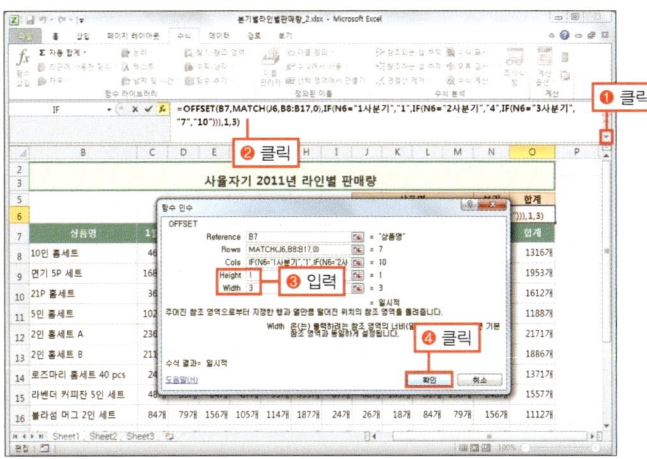

참고

기준 셀로부터 지정한 행과 열만큼 이동한 셀에서 시작하는 셀 크기를 지정하는 것입니다. 예제에서는 1행 3열의 크기를 지정하였습니다.

08 OFFSET 함수 결과 확인하기

OFFSET 함수는 셀 범위를 반환하므로 결과 값엔 일단 오류가 표시됩니다.

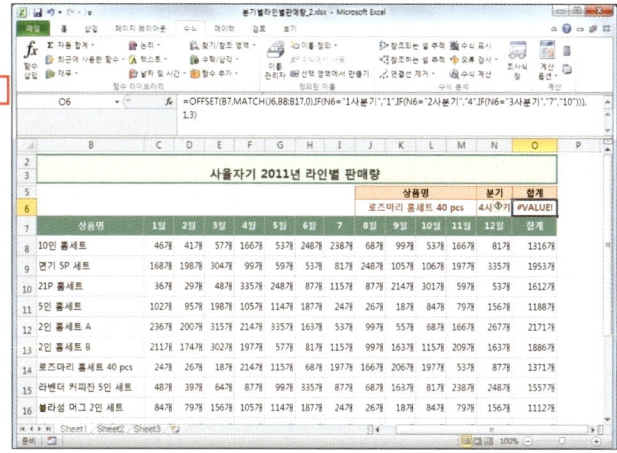

참고

현재 예제에서 설정된 셀 범위는 기준 셀인 B7셀부터 7행 10열 떨어진 L14셀을 시작으로 하는 1행 3열의 크기, 즉 L14:N14셀입니다.

09 범위 내의 합계 계산하기

OFFSET 함수로 구한 셀 범위의 합계를 구하기 위해서 ❶수식 입력줄에서 현재 함수식을 SUM 함수로 묶습니다.

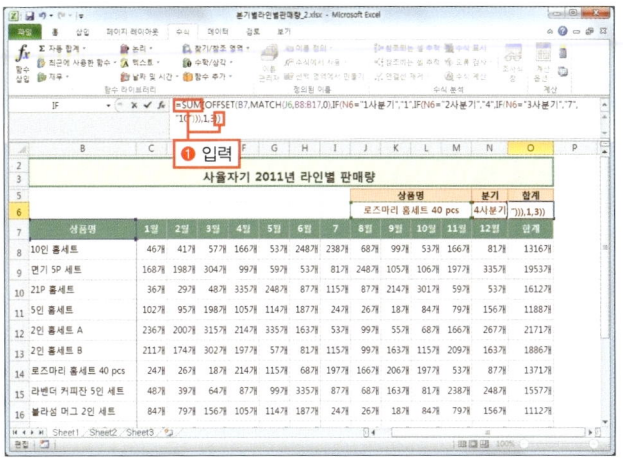

10 결과 확인하기

❶[수식 입력줄 축소](⊡)를 클릭하고 '로즈마리 홈세트 40 PCs'의 '4사분기' 합계를 확인합니다. ❷표에서 직접 L14:N14셀을 드래그하여 상태 표시줄의 합계를 확인하면 결과가 정확한 것을 알 수 있습니다.

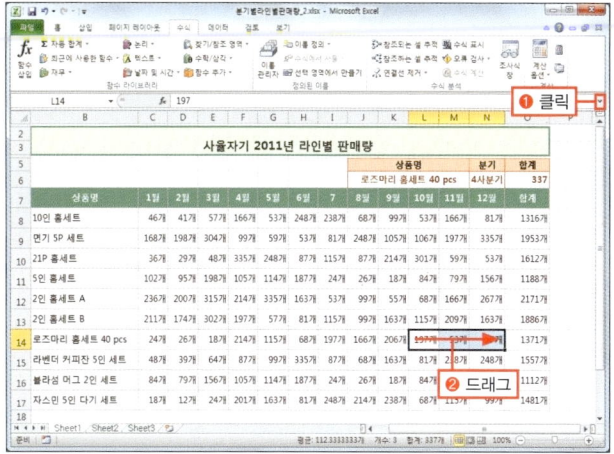

11 결과 확인하기

데이터를 변경하여 자동으로 다시 계산되는 결과 값을
확인해 봅니다.

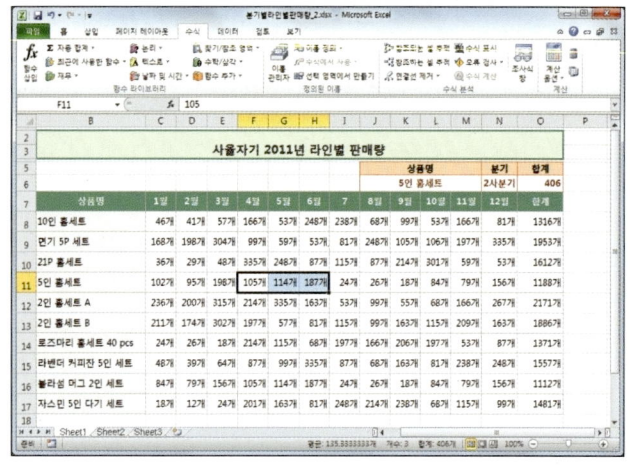

참고 • ROW 함수, COLUMN 함수로 번호 입력하기

참조의 행 번호나 열 번호를 구합니다.

◉ **시작 파일** : 5장\염분구성_3.xlsx
◉ **완료 파일** : 5장\염분구성_3_완료.xlsx

형식은 다음과 같습니다.

ROW(reference)/COLUMN(reference)

• reference : 참조를 나타냅니다. 참조를 생략하면 함수를 입력하는
  해당 셀의 행 번호나 열 번호를 구합니다.

예제의 A2셀에 '=ROW( )-1'을 입력하면 A2셀의 행 번호에서 1을 뺀
값이 입력됩니다. 이런 식으로 열 방향 또는 행 방향으로 연속되는
번호를 쉽게 입력할 수 있습니다.

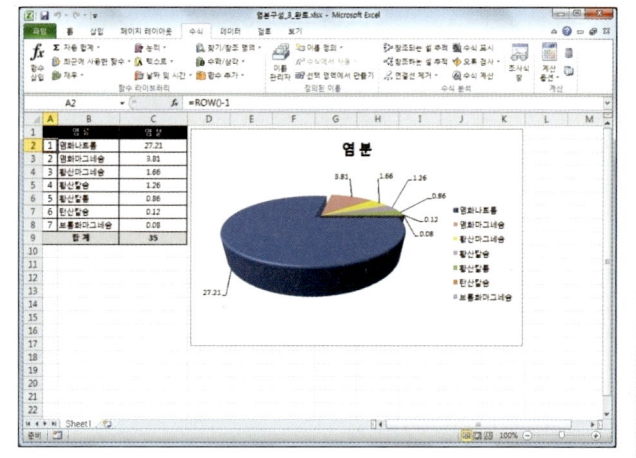

확인실습

1 MAX, INDEX, MATCH 함수를 사용하여 H4셀에 신청시간이 제일 늦은 사람의 이름을 구하세요.

◎ **시작 파일** : 5장\신청자명단_2.xlsx
◎ **완료 파일** : 5장\신청자명단_2_완료.xlsx

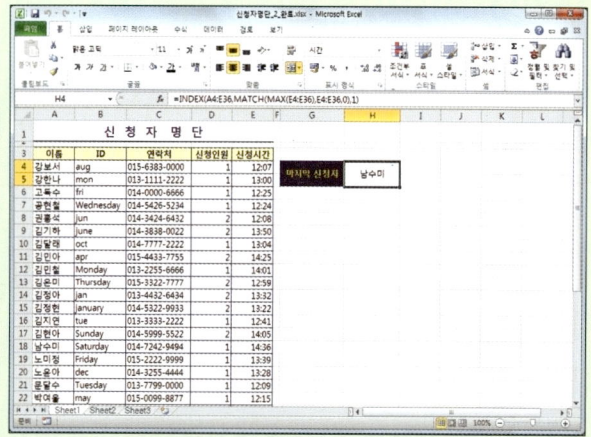

2 HLOOKUP 함수로 A18:E19셀을 참조하여 K4:K16셀에 모델명별 담당자를 표시하세요.

◎ **시작 파일** : 5장\정수기주문현황_3.xlsx
◎ **완료 파일** : 5장\정수기주문현황_3_완료.xlsx

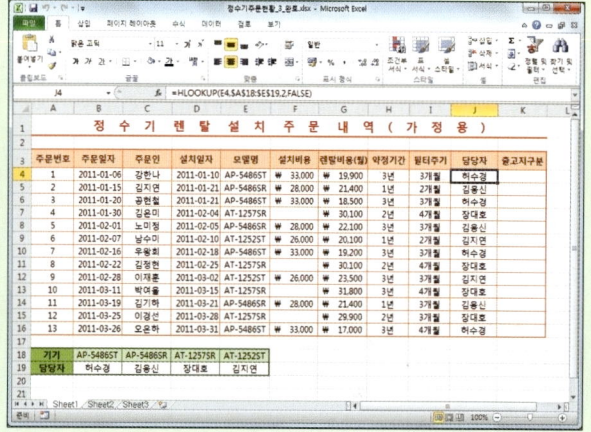

OFFSET 함수로 이름 범위 동적으로 참조하기

셀 범위에 이름을 지정한 경우, 참조 대상에 데이터를 추가하거나 삭제하는 것에 따라 자동으로 이름의 범위가 변경되게 하려면 OFFSET 함수를 이용합니다.

◉ **시작 파일** : 5장\스마트폰고객데이터정리_4.xlsx
◉ **완료 파일** : 5장\스마트폰고객데이터정리_4_완료.xlsx

1 이름 정의하기

❶A2:A17셀을 선택하고 ❷이름 상자에 '고객아이디'라고 입력한 후 ❸ Enter 를 눌러 이름을 정의합니다.

2 데이터 추가하고 이름 확인하기

❶A18:K18셀에 추가로 데이터를 입력하고 ❷'고객아이디' 이름을 선택합니다. 당연히 설정한 이름 범위 외의 데이터는 포함되지 않습니다.

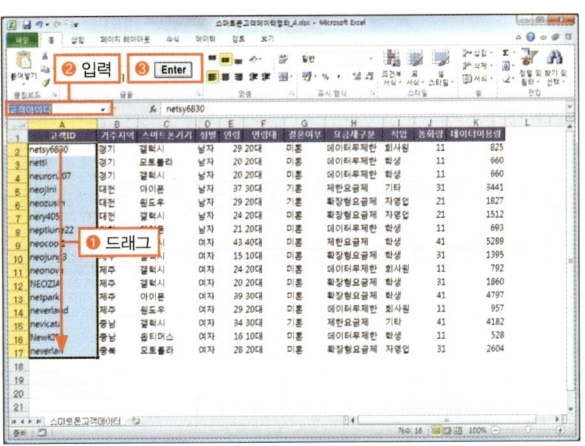

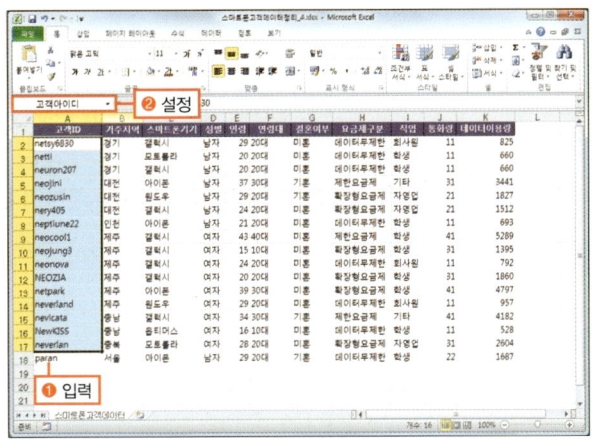

3 이름 편집하기

❶[수식] 탭의 [정의된 이름] 그룹에서 ❷[이름 관리자]를 클릭합니다. ❸대화상자에서 '고객아이디' 이름을 클릭하고 ❹[참조 대상]을 '=OFFSET(스마트폰고객데이터!$A$1,1,0,'으로 수정합니다.

> **참고**
>
> A1셀을 기준으로 1행 0열 떨어진 셀, 즉 A2셀부터 범위가 시작되게 설정하는 것입니다.

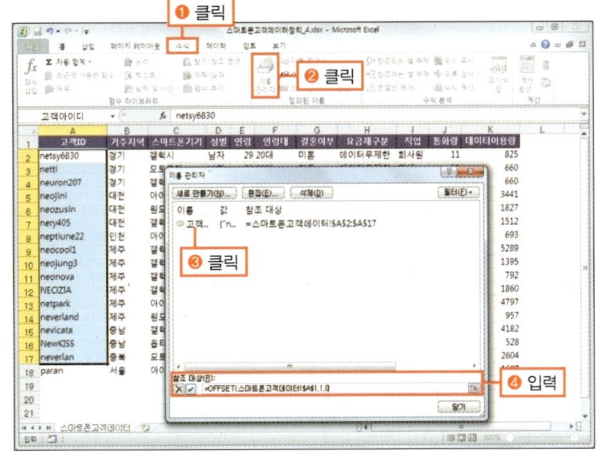

4 이름 정의하기

❶이어서 'COUNTA(스마트폰고객데이터!$A:$A)−1,1)'를
입력하고 ❷[닫기]를 클릭합니다.

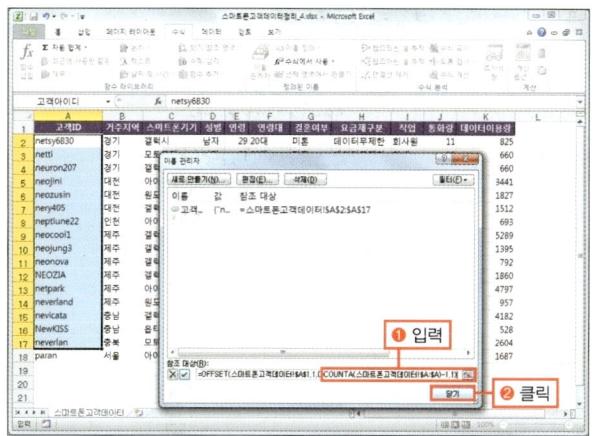

5 변경 내용 저장하기

변경 내용을 저장하겠냐는 대화상자가 나타나면 ❶[예]를
클릭합니다.

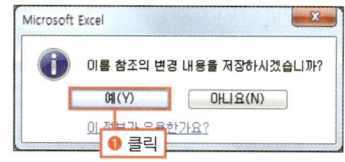

> **참고**
>
> 셀 범위 크기에서 높이(Height)를 COUNTA 함수를 이용해 계산합니다. 즉, A열에 데이터가 입력된 셀의 개수를 모두 센 후 A1셀을 빼고
> (−1) 나온 결과가 목록의 높이가 되는 것입니다.

6 추가 데이터 입력하고 이름 선택하기

❶범위 확인을 위해서 추가 데이터를 한 행 더 입력해 보고
❷이름 상자에 '고객아이디'를 입력합니다.

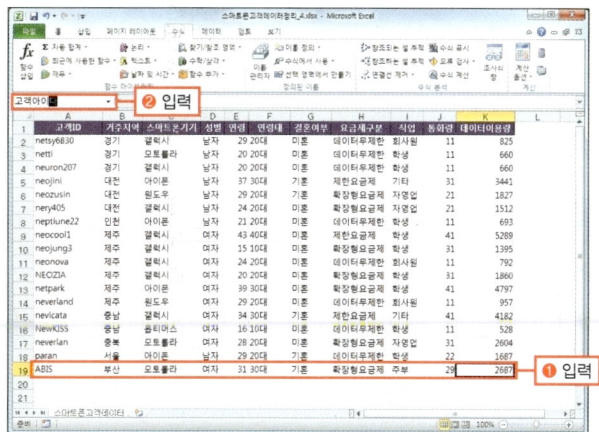

7 범위 확인하기

추가된 데이터까지 모두 '고객아이디' 이름에 포함되는 것을
확인합니다.

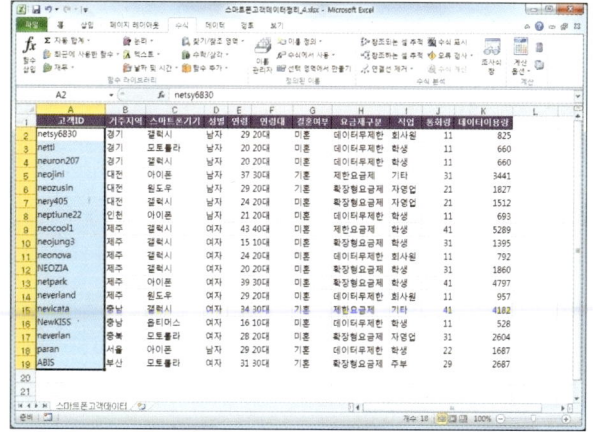

> **참고**
>
> 이와 같이 OFFSET 함수는 이름을 동적으로 참조하는 데에
> 가장 많이 사용됩니다. 앞으로 배울 데이터베이스 활용 등에서
> 이름 참조 시 매우 유용한 함수입니다.

SECTION 05

Excel 2010

문자 데이터를 처리하는 함수 사용하기

엑셀의 데이터 중 문자 처리에 관련된 다양한 텍스트 함수의 사용 방법을 알아보겠습니다.

다루는 내용

- MID 함수
- REPLACE 함수
- FIND 함수

- REPT 함수
- TEXT 함수

기능 정리

학습할 함수의 형식 이해하기

숫자뿐만이 아니라 텍스트를 처리해 주는 함수의 종류와 기본 형식, 각 구성 요소에 대해 먼저 간략하게 살펴봅니다.

● 특정 위치의 문자를 추출하는 함수

문자의 왼쪽(LEFT), 오른쪽(RIGHT) 혹은 지정한 위치부터 특정 개수의 문자(MID)를 추출할 수 있습니다.

```
LEFT(text, num_chars)
RIGHT(text, num_chars)
MID(text, start_num, num_chars)
```

- **text** : 추출하려는 원본 문자입니다.
- **num_chars** : 추출할 문자 개수입니다.
- **start_num** : 추출을 시작할 문자의 자릿수입니다. 첫 문자를 1로 인식합니다.

● 문자를 치환하는 REPLACE 함수

특정 위치의 문자를 다른 문자로 대치합니다.

```
REPLACE(old_text, start_num, num_chars, new_text)
```

- **old_text** : 바꾸려는 원본 문자입니다.
- **start_num** : 변경할 문자의 자릿수입니다. 첫 문자를 1로 인식합니다.
- **num_chars** : 변환할 문자 개수입니다.
- **new_text** : 바꿀 문자입니다.

● 특정 문자의 위치값을 찾는 FIND 함수

지정한 문자 안에서 특정 문자의 위치 번호를 구합니다.

> FIND(find_text, within_text, start_num)

- find_text : 찾을 문자입니다.
- within_text : 찾을 문자가 포함된 문자입니다.
- start_num : 검색을 시작할 문자 번호입니다. 생략하면 '1'로 처리합니다.

● 문자를 반복해서 표시하는 REPT 함수

특정 텍스트를 지정한 횟수만큼 반복해서 표시합니다.

> REPT(text, number_times)

- text : 반복할 텍스트입니다.
- number_times : 반복할 횟수입니다.

● 숫자를 문자로 변환하는 TEXT 함수

날짜나 시간과 같은 숫자 데이터를 문자 데이터로 변환하면서 동시에 원하는 표시 형식을 적용할 수 있습니다.

> TEXT(value, format_text)

- value : 문자로 변환할 숫자입니다.
- format_text : 숫자 변환 시 적용할 표시 형식입니다. 또는 표시 형식이 지정되어 있는 셀을 선택해도 됩니다.

간단퀴즈

1 '12-243-34676'에서 '34676'만 추출하려면 어떤 함수를 이용하면 편리합니까?

2 특정 문자를 반복하여 차트와 같이 표현하려면 어떤 함수를 이용합니까?

3 014-1111-2222와 같이 입력한 전화번호에서 '-' 기호를 공백으로 처리하려면 어떤 함수가 적절합니까?

답 : RIGHT 함수, REPT 함수, REPLACE 함수

실습
과정

REPLACE 함수로 주민등록번호의 일부를 대시 처리하기

REPLACE 함수를 이용하여 특정 문자를 다른 문자로 바꿔 표시하는 방법을 알아보겠습니다.

◎ **시작 파일** : 5장\전국지점현황.xlsx
◎ **완료 파일** : 5장\전국지점현황_완료.xlsx

01 함수 마법사에서 REPLACE 함수 선택하기

❶B4셀을 선택하고 ❷[수식] 탭의 [함수 삽입]([fx])을 클릭합니다. ❸[함수 마법사] 대화상자가 나타나면 [범주 선택]에서 [텍스트], ❹[함수 선택]에서 [REPLACE]를 선택하고 ❺[확인]을 클릭합니다.

02 REPLACE 함수 인수 설정하기

❶바꾸려는 텍스트인 [Old_text]에 '주민번호' 시트의 B2셀을 입력합니다. Old_text에서 바꾸기를 시작할 위치인 [Start_num]은 '8', Old_text에서 바꾸려는 문자의 개수인 [Num_chars]를 '7', 대체할 텍스트인 [New_text]에 '------'를 입력하고 ❷[확인]을 클릭합니다.

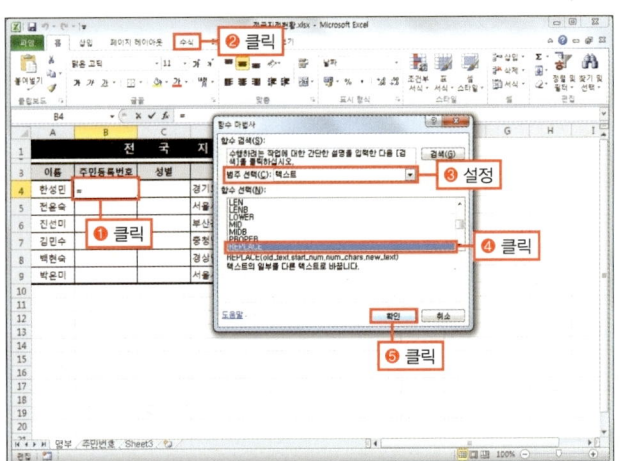

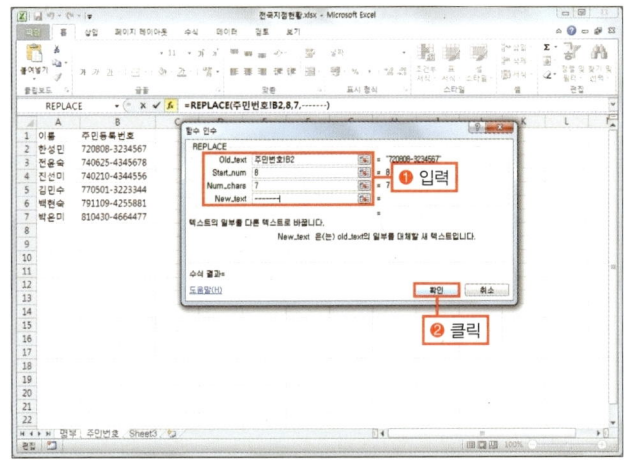

> **참고** •
> '주민번호' 시트의 B2셀에서 8번째 위치부터 7개의 문자를 '------'로 대체하라는 함수식입니다.

03 결과 확인하고 수식 복사하기

B4셀의 주민등록번호 뒷번호가 '-------'로 대체된 것을 확인하고 ❶B9셀까지 서식 없이 수식을 복사합니다.

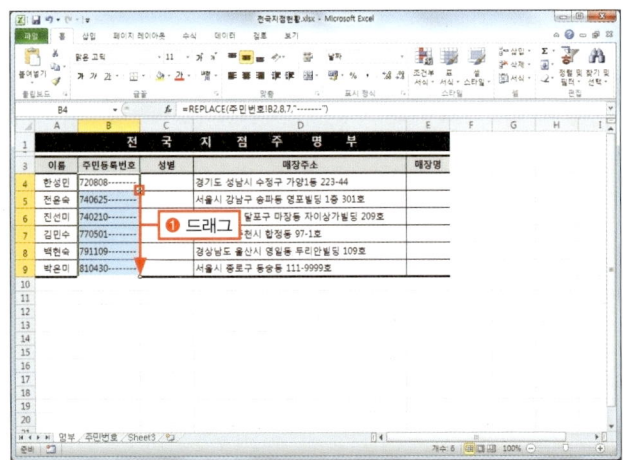

MID, FIND, IF 함수로 특정 위치의 문자 추출하기

지정한 위치부터 특정 개수의 문자를 추출하는 MID 함수와 IF 함수를 함께 사용하여 주민등록번호를 통해 성별을 표시해 보겠습니다. 그리고 특정 문자의 위치 번호를 구하는 FIND 함수와 MID 함수를 함께 사용하여 주소 중에서 일부를 추출하는 방법을 알아보겠습니다.

◎ **시작 파일** : 5장\전국지점현황_2.xlsx
◎ **완료 파일** : 5장\전국지점현황_2_완료.xlsx

01 IF+MID 함수명 입력하기

❶C4셀에 '=IF(MID('를 입력하고 ❷[수식] 탭의 [함수 삽입](f_x)을 클릭합니다.

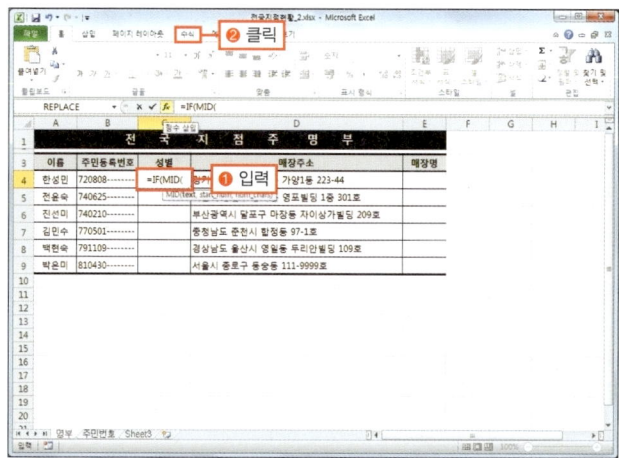

> **참고**
> MID 함수로 값을 구해 IF 함수의 조건으로 사용하는 식입니다.

02 MID 함수 인수 설정하기

❶대상 문자열인 [Text]에 '주민번호' 시트의 B2셀을 입력합니다. 반환할 문자의 시작 위치인 [Start_num]은 '8', 반환할 문자 개수인 [Num_chars]에 '1'을 입력하고 ❷[확인]을 클릭합니다.

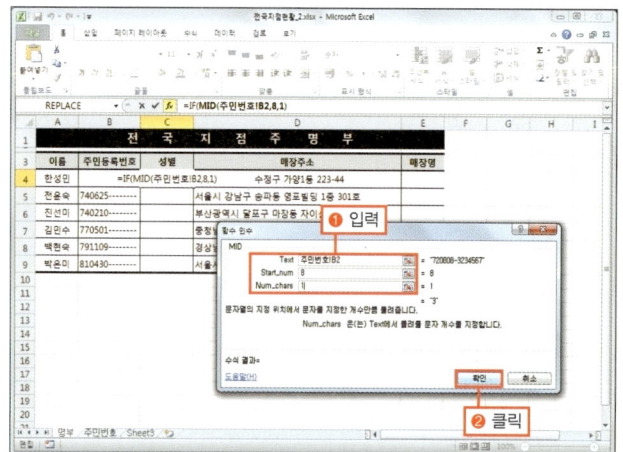

> **참고**
> '주민번호' 시트의 B2셀에서 8번째 위치의 1글자를 반환하라는 함수식입니다.

> **참고**
> 괄호가 맞지 않는다는 경고 메시지가 나오면 [확인]을 클릭합니다.

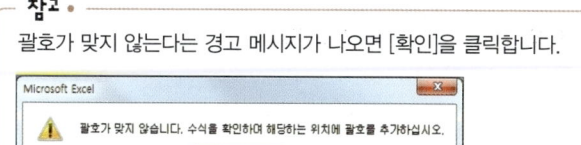

03 IF 함수식 완성하기

❶C4셀의 함수식 뒤에 '="3","남","여")'를 추가로 입력하고 ❷ Enter 를 누릅니다.

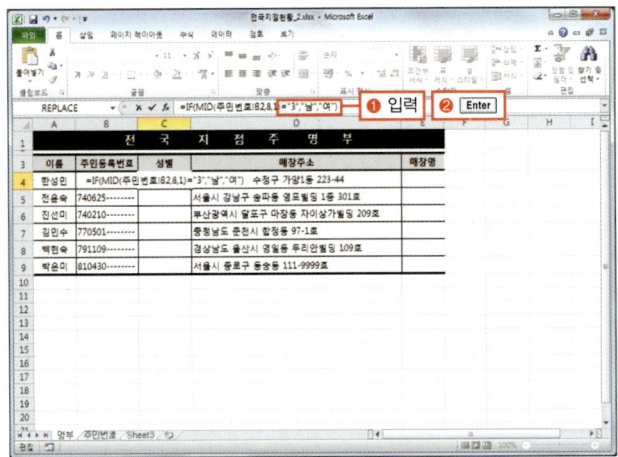

> **참고** ●
> MID 함수로 구한 값이 '3'이면 '남', 그렇지 않으면 '여'를 표시하라는 함수식입니다.

04 결과 확인하고 수식 복사하기

주민번호 앞자리에 따라서 '남' 또는 '여'를 반환합니다.
❶C9셀까지 서식 없이 수식을 복사합니다.

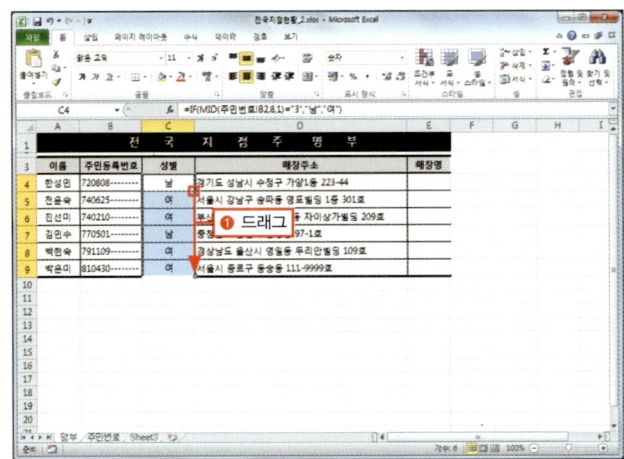

05 MID+FIND 함수식 작성하기

❶E4셀에 '=MID(D4,FIND('를 입력하고 ❷[수식] 탭의 [함수 삽입](𝑓ₓ)을 클릭합니다. ❸찾으려는 텍스트인 [Find_text]를 " ", 찾으려는 텍스트가 포함된 텍스트인 [Within_text]는 'D4'를 입력하고 ❹[확인]을 클릭합니다.

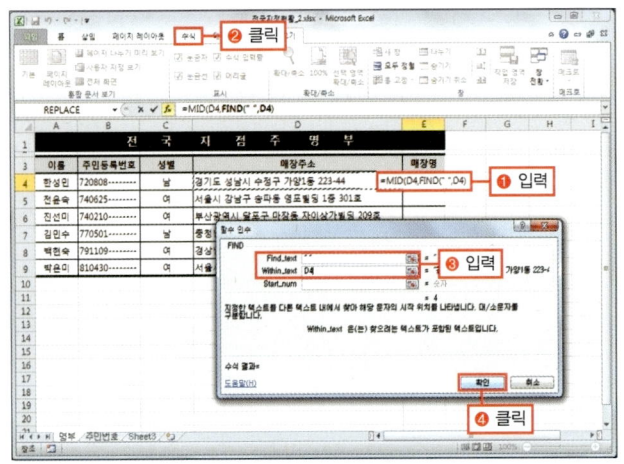

> **참고** ●
> D4셀에서 MID 함수를 통해 반환할 문자의 시작 위치를 FIND 함수를 통해 찾으려는 함수식입니다. FIND 함수는 D4셀에서 공백의 위치를 반환하라는 의미입니다.

06 MID 함수식 완성하기

❶'+1,2)'를 추가로 입력하고 ❷ Enter 를 누릅니다.

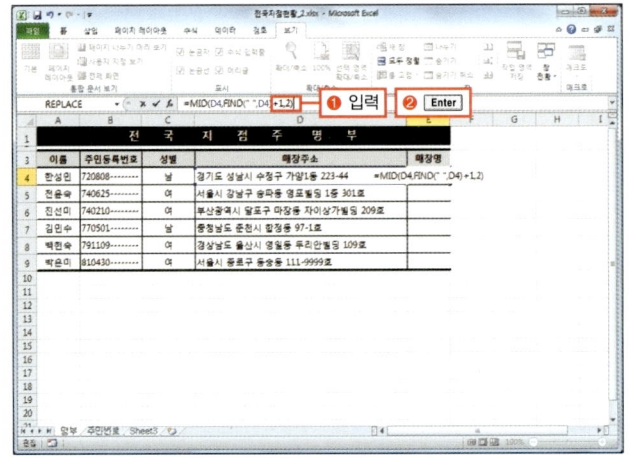

> **참고** ●
> FIND 함수로 찾은 공백으로부터 1을 더한 위치에서 두 글자를 반환하라는 함수식입니다.

07 결과 확인하고 수식 복사하기

D4셀에서 첫 번째 공백으로부터 한 칸 오른쪽으로 이동하여 두 글자를 반환합니다. ❶E4셀을 E셀까지 서식 없이 복사한 후 ❷셀 사용자 지정 표시 형식을 ❸'@"점"'로 ❹변경합니다.

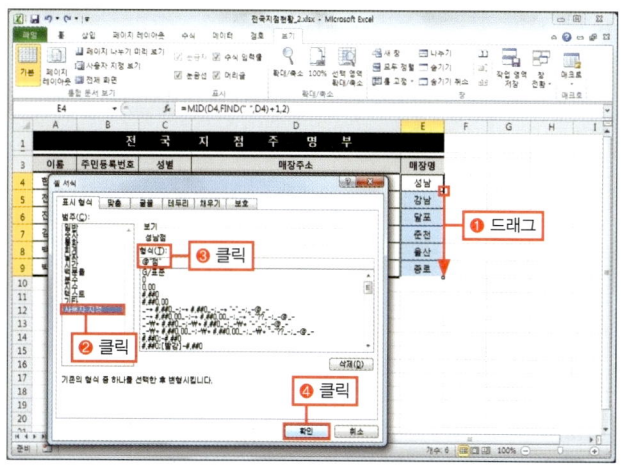

REPT 함수와 TEXT 함수로 출석부 만들기

REPT 함수를 이용하여 회원 출석현황을 문자 차트로 표현해 보고, 날짜에 따라 자동으로 제목이 바뀌도록 TEXT 함수를 사용하겠습니다.

◉ 시작 파일 : 5장\수영장수강생출석현황_2.xlsx
◉ 완료 파일 : 5장\수영장수강생출석현황_2_완료.xlsx

01 출석일 계산하기

❶W6셀에 ❷'=COUNTA(B6:V6)'를 입력합니다.

02 REPT 함수식 입력하기

❶W5셀을 클릭하고 ❷수식 표시줄에서 함수식을 '=REPT("▶",COUNTA(B6:V6))'와 같이 수정합니다.

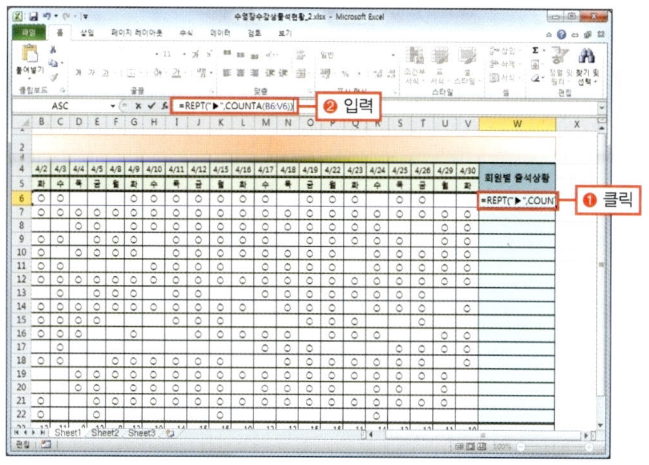

> **참고**
> B6셀부터 V6셀까지의 범위 중에서 출석 표시가 입력된 셀의 개수를 구하는 함수식입니다.

> **참고**
> 1번에서 구한 출석일수만큼 '▶' 기호를 표시하라는 함수식입니다.

03 수식 복사하기

❶W5셀의 함수식을 W22셀까지 서식 없이 복사한 후 ❷W열의 너비를 충분히 늘려줍니다.

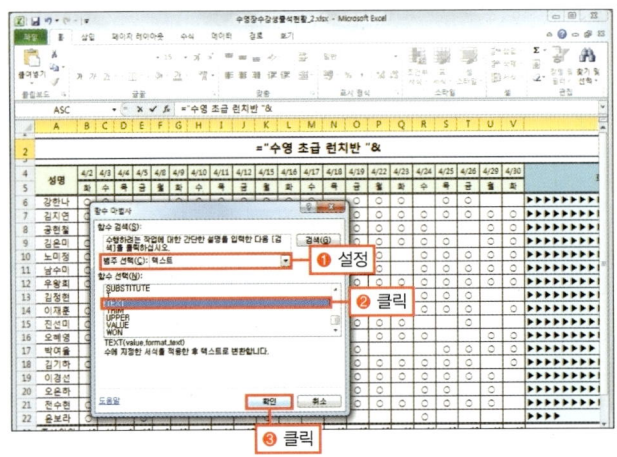

04 문자열과 연산자 입력하기

❶A2셀에 '="수영 초급 런치반"&'를 입력하고 ❷[수식] 탭의 [함수 삽입](f_x)을 클릭합니다.

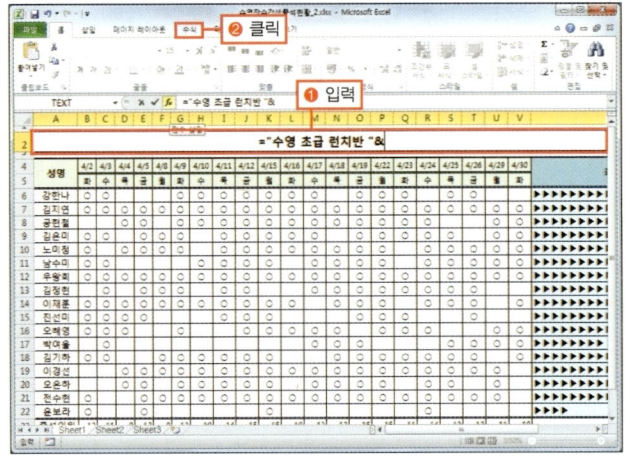

> **참고**
> & 연산자를 이용하여 '수영 초급 런치반' 텍스트와 다음에 올 텍스트를 연결합니다.

05 함수 마법사에서 TEXT 함수 선택하기

[함수 마법사] 대화상자가 나타나면 ❶[범주 선택]에서 [텍스트], ❷[함수 선택]에서 [TEXT]를 선택하고 ❸[확인]을 클릭합니다.

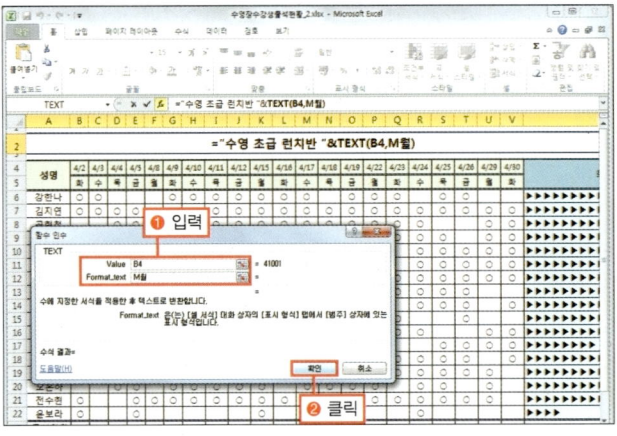

06 변환할 문자와 표시 형식 설정하기

❶[Value]에 변환할 숫자인 B4셀을 입력합니다. [Format_text]에는 'M월'을 입력하고 ❷[확인]을 클릭합니다.

> **참고**
> [Value]에는 4월 날짜가 입력된 B4∼V4셀 중 아무 셀이나 입력해도 됩니다.

> **참고**
> [Format_text]에는 변환 후에 지정할 형식을 따옴표로 묶어 지정합니다. 대화상자를 이용하여 인수를 지정할 때는 자동으로 따옴표가 설정됩니다.

07 문자열 완성하기

❶ '&" 출석부"'를 이어서 입력하고 ❷ Enter 를 누릅니다.

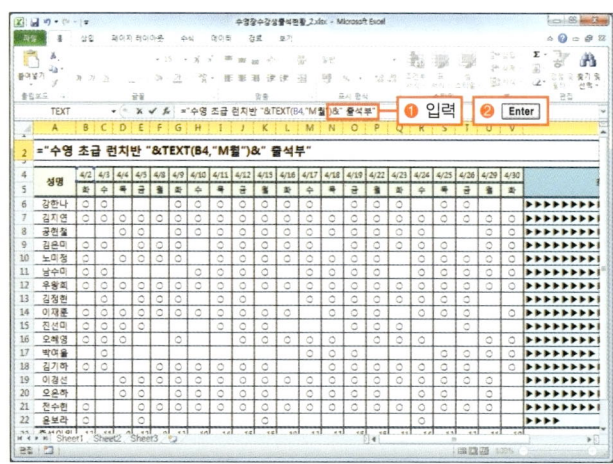

08 결과 확인하기

TEXT 함수에서 지정한 대로 B4셀의 날짜에서 월(M)과 문자 '월'을 붙여서 표시합니다.

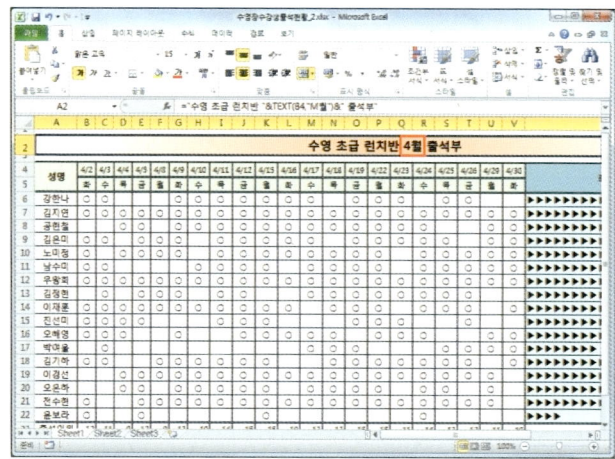

09 함수식 확인하기

❶B4셀의 날짜를 다른 월로 변경하면 제목에도 바로 반영됩니다.

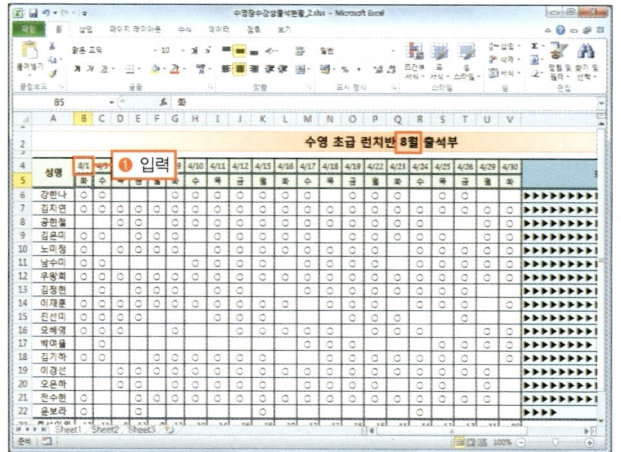

참고 • 대문자/소문자로 변환하는 UPPER, LOWER 함수의 적용 모습 보기

UPPER 함수는 영문 전체를 대문자로, LOWER 함수는 소문자로 변환합니다.

UPPER(text)/LOWER(text)

• text : 변환할 텍스트입니다.

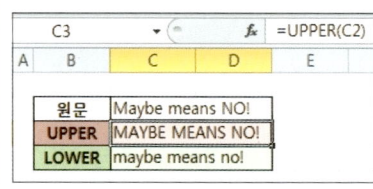

▲ UPPER 함수

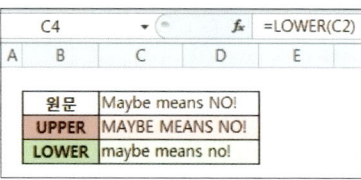

▲ LOWER 함수

1 LEFT 함수를 이용하여 K4:K16셀에 모델명의 앞 두 글자만 표시하세요.

◉ **시작 파일** : 5장\정수기주문현황_4.xlsx
◉ **완료 파일** : 5장\정수기주문현황_4_완료.xlsx

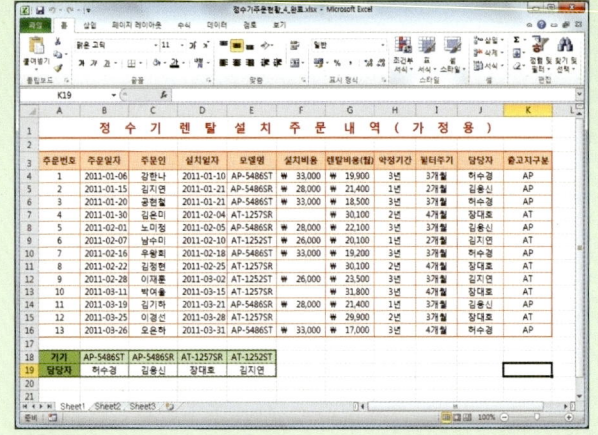

2 REPLACE 함수를 중복하여 연락처의 '–' 기호를 지우고 번호만 모두 이어서 표시되게 D4:D36셀에 설정해 보세요.

◉ **시작 파일** : 5장\신청자명단_3.xlsx
◉ **완료 파일** : 5장\신청자명단_3_완료.xlsx

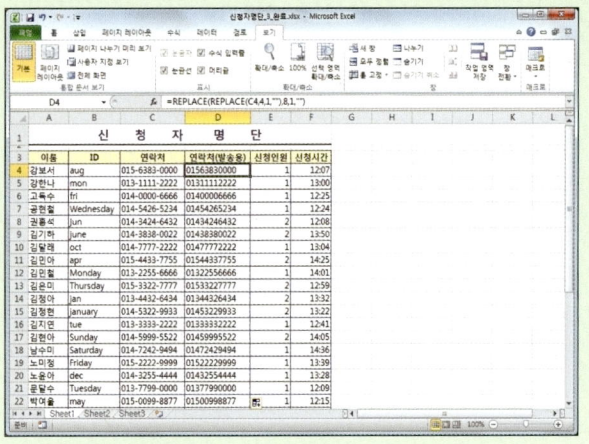

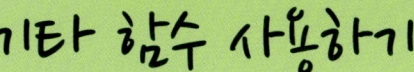

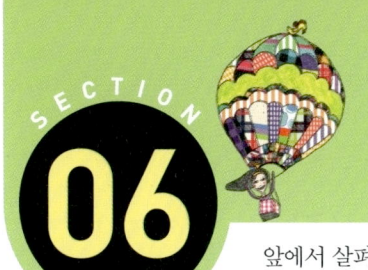

SECTION 06

기타 함수 사용하기

앞에서 살펴본 함수 외에도 다양한 범주의 엑셀 함수를 만나보겠습니다.

다루는 내용

- SMALL 함수
- MEDIAN 함수
- DAVERAGE 함수
- DCOUNTA 함수

기능 정리

학습할 함수의 형식 이해하기

앞에서 배운 함수 이외의 활용도 높은 함수들의 종류와 기본 형식, 각 구성 요소에 대해 먼저 간략하게 살펴봅니다.

● 전체에서 부분의 비중을 구하는 함수

LARGE 함수는 N번째로 큰 값을 찾고, SMALL 함수는 N번째로 작은 값을 구합니다. MEDIAN 함수는 지정한 셀 범위에서 중간값을 찾아줍니다. 이때 숫자 개수가 짝수이면 가운데 두 수의 평균과 같은 값이 나옵니다.

> LARGE(array, k)/SMALL(array, k)

- **array** : 값을 찾을 셀 범위입니다.
- **k** : 몇 번째 값을 찾을 것인지 지정합니다.

> MEDIAN(number1, number2,…)

- **number1, number2,** : 중간값을 구할 숫자들 또는 셀 범위입니다.

● 데이터베이스 집계와 분석을 도와주는 함수

데이터베이스 함수를 사용하려면 기본적으로 데이터베이스 목록이 필요합니다. 입력한 데이터를 데이터베이스로 사용하려면 몇 가지 주의할 점이 있는데, 이것은 7장에서 자세히 살펴보겠습니다. 대표적으로 DSUM, DAVERAGE, DCOUNT, DMAX, DMIN 등이 있으며 목록이나 데이터베이스의 레코드 필드(열)에서 지정한 조건에 맞는 셀들의 합계, 평균, 숫자 개수, 최대값, 최소값 등을 구합니다. 형식은 모두 동일합니다.

> ### 데이터베이스함수 이름(database, field, criteria)

- **database** : 데이터베이스나 목록으로 지정할 셀 범위로서, 데이터베이스는 레코드(관련 정보 행)와 필드(데이터 열)로 이루어진 관련 데이터 목록입니다. 목록의 첫째 행에는 각 열의 레이블이 있습니다.
- **field** : 함수에 사용되는 열을 지정합니다. field 인수는 "사용량" 또는 "성명"처럼 열 레이블을 큰따옴표로 묶어 텍스트로 지정하거나 첫째 열을 '1', 둘째 열을 '2'와 같이 목록 내의 열 위치를 나타내는 숫자로 지정할 수 있습니다.
- **criteria** : 지정하는 조건이 포함된 셀 범위입니다. 범위에 최소 하나의 열 레이블이 있고 지정한 열 조건이 있는 열 레이블 아래 최소 하나의 셀이 있으면 그 범위는 criteria 인수로 사용할 수 있습니다.

실습 과정

전체에서 부분의 비중 구하기 – SMALL, MEDIAN 함수

전체에서 N번째로 크거나 작은 값, 또는 중간 값을 구하는 방법을 알아보겠습니다.

◎ **시작 파일** : 5장\신청자명단.xlsx
◎ **완료 파일** : 5장\신청자명단_완료.xlsx

01 SMALL 함수식 입력하기

❶H4셀에 '=SMALL(E4:E36,10)'를 입력하고 ❷ **Enter** 를 누릅니다.

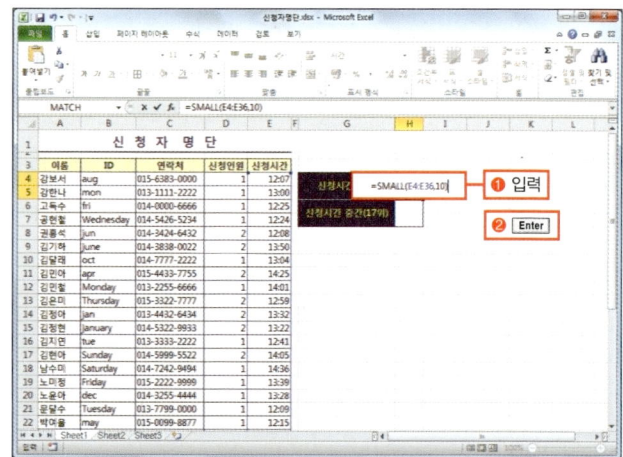

02 결과 확인하기

E4:E36셀에서 10번째로 작은 값이 반환됩니다.

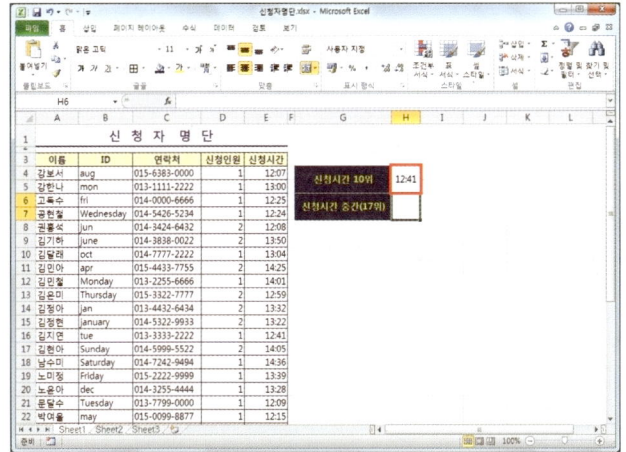

> **참고**
>
> 시간은 작을수록 빠른 것이므로 SMALL 함수를 이용하여 10번째 빠른 시간을 구했습니다. 값이 큰 순서대로 구하려면 LARGE 함수를 이용합니다.

03 MEDIAN 함수식 입력하기

❶H6셀에 `=MEDIAN(E4:E36)`를 입력하고 ❷ Enter 를 누릅니다.

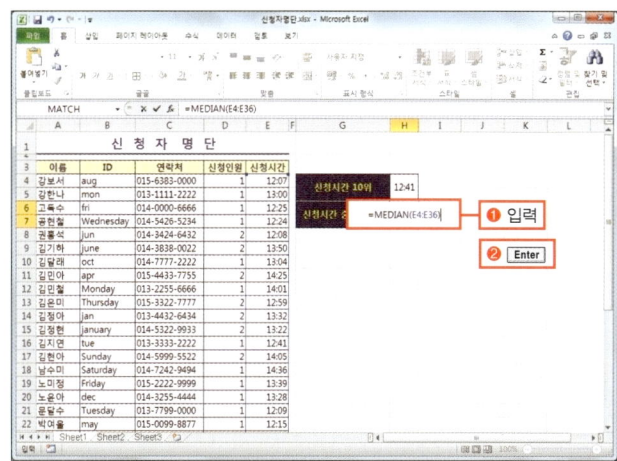

04 결과 확인하기

E4:E36셀에서 정확하게 중간에 해당하는 값이 반환됩니다. 이 값은 평균이 아니라 중간에 위치한 값을 의미합니다.

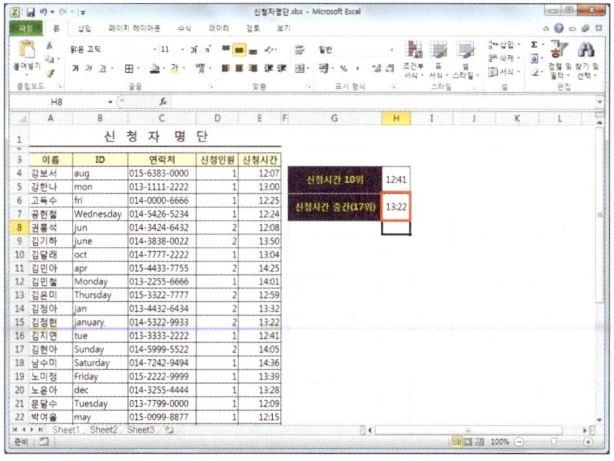

데이터베이스 집계 및 분석하기 – DAVERAGE, DCOUNTA 함수

엑셀로 만든 데이터베이스에서 각종 집계와 분석에 유용한 데이터베이스 함수 중 DAVERAGE, DCOUNTA 함수의 사용법을 알아보겠습니다.

◎ **시작 파일** : 5장\스마트폰고객데이터정리_2.xlsx
◎ **완료 파일** : 5장\스마트폰고객데이터정리_2_완료.xlsx

01 함수 마법사에서 DAVERAGE 함수 선택하기

❶B2셀을 선택하고 ❷[수식] 탭의 ❸[함수 삽입](fx)을 클릭합니다. [함수 마법사] 대화상자가 나타나면 ❹[범주 선택]에서 [데이터베이스], ❺[함수 선택]에서 [DAVERAGE]를 선택하고 ❻[확인]을 클릭합니다.

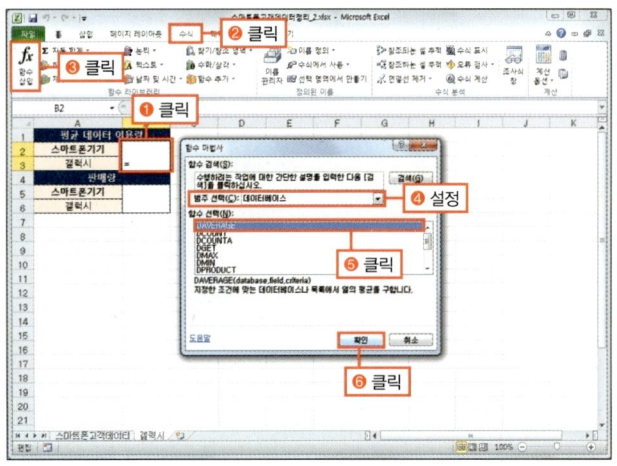

> **참고**
> 데이터베이스 함수는 함수 라이브러리에서는 제공하지 않습니다.

02 DAVERAGE 함수 인수 설정하기

❶데이터베이스 목록인 [Database]에는 '고객데이터', 함수에 사용될 열인 [Field]는 '11'을 입력합니다.

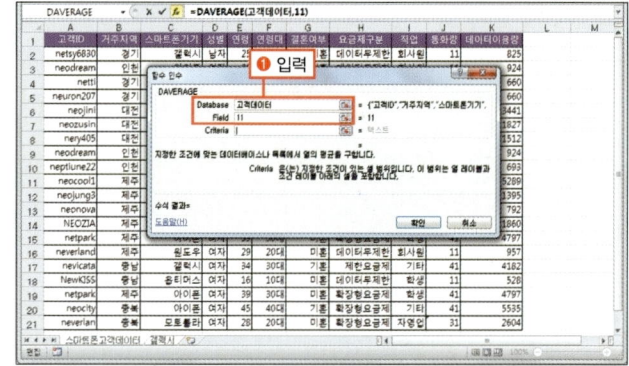

> **참고**
> '스마트폰고객데이터' 시트의 A1:K21셀을 미리 '고객데이터'라는 이름으로 정의해 놓았습니다.

> **참고**
> [Field]에 '데이터이용량'이라고 필드명을 직접 입력해도 됩니다.

03 DAVERAGE 함수 인수 설정하기

❶조건으로 사용할 셀 범위인 [Criteria]에 '갤럭시' 시트의 A2:A3셀을 입력하고 ❷[확인]을 클릭합니다.

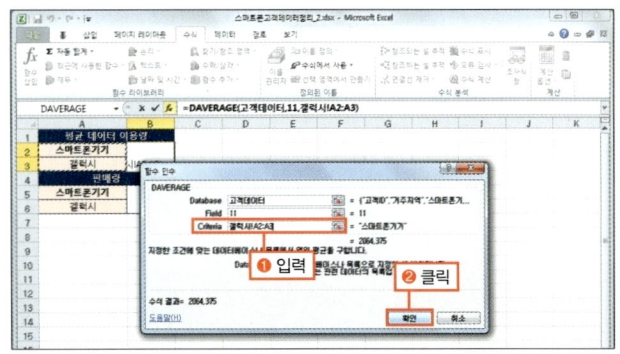

04 결과 확인하기

'고객데이터' 목록의 스마트폰기기 필드에서 갤럭시를 찾아, 이들의 데이터 이용량의 평균을 반환합니다.

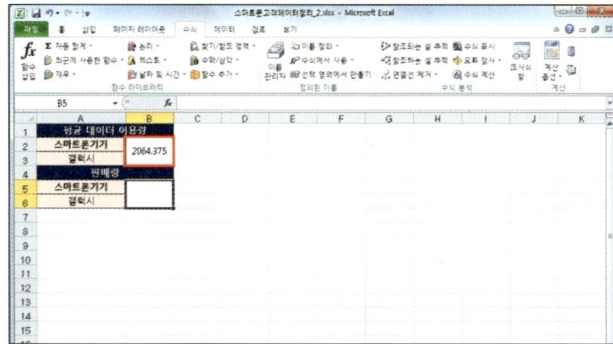

05 DCOUNTA 함수식 입력하기

❶B5셀에 '=DCOUNTA(고객데이터,"스마트폰기기", A5:A6)'를 입력하고 ❷ Enter 를 누릅니다.

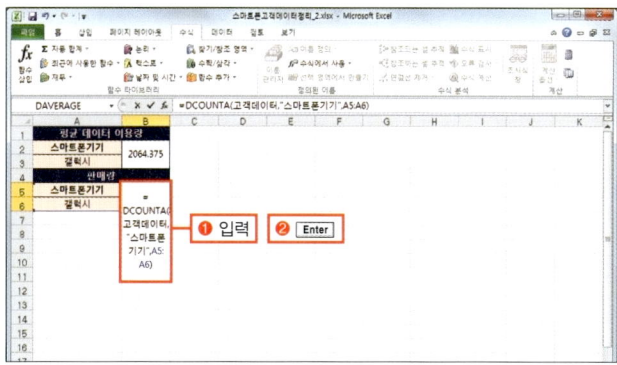

06 결과 확인하기

'고객데이터' 목록의 스마트폰기기 필드에서 갤럭시가 몇 개인지 개수가 반환됩니다.

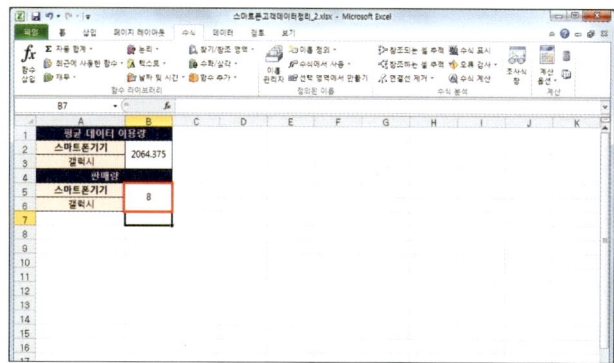

> **참고 ●**
> '"스마트폰기기"' 대신 필드 번호인 '3'을 입력해도 됩니다.

 확인실습

1 LARGE 함수와 SMALL 함수를 이용하여 C14~C16셀에는 연수익률 중 상위 3개, C19~C21셀에는 연수익률 중 하위 3개, I14~I16셀에는 경과수익률 중 상위 3개, I19~I21셀에는 경과수익률 중 하위 3개를 구합니다. 각 값을 찾으면 해당 펀드명이 표시되도록 바로 왼쪽 옆 셀에는 INDEX와 MATCH 함수가 설정되어 있습니다.

- 🔘 **시작 파일** : 5장\펀드수익률_3.xlsx
- 🔘 **완료 파일** : 5장\펀드수익률_3_완료.xlsx

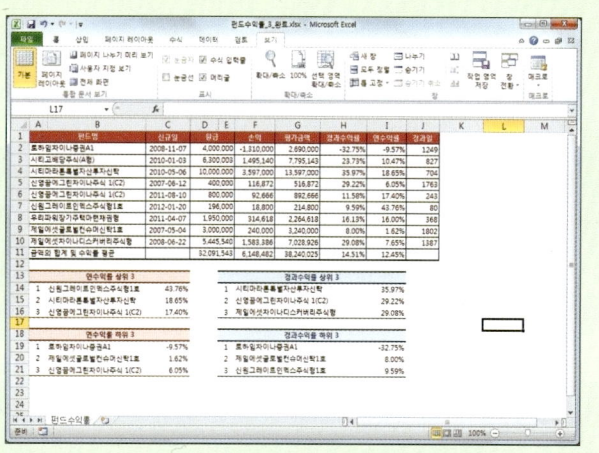

2 DSUM 함수와 DAVERAGE 함수를 이용하여 K6, K9, K12셀에 각각 부서별 급여총액, 직급별 급여총액, 직급별 기본급 평균을 구하세요. J6, J9, J12셀에는 목록에서 부서와 직급을 선택할 수 있게 설정해 놓았습니다.

- 🔘 **시작 파일** : 5장\급여대장.xlsx
- 🔘 **완료 파일** : 5장\급여대장_완료.xlsx

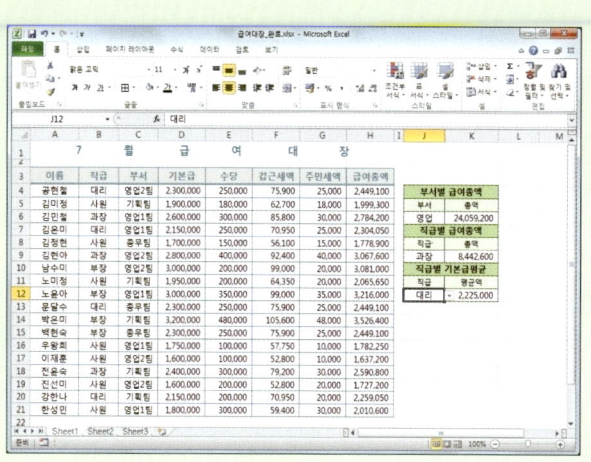

❶ 시작 파일을 불러와 E1셀에는 오늘 날짜 입력, C4:C15셀에는 A4:A15셀의 사원코드 중 왼쪽 두 글자를 이용하여 부서명 반환, E4:E15셀에는 D4:D15셀의 입사일자와 E1셀의 기준 날짜의 간격을 이용하여 근속수당 계산(1년 미만 0, 1년 이상일 때 기본 5만 원에 해마다 3만 원씩 상승), A4:E15셀 전체에는 E2셀에 입력한 이름에 따라 표에서 해당 데이터에만 특정 서식을 지정하는 조건부 서식을 설정해 보세요.

◎ **시작 파일** : 5장\근속수당계산.xlsx
◎ **완료 파일** : 5장\근속수당계산_완료.xlsx
◎ **해설 파일** : 해설파일\5장\근속수당계산.pdf

Before

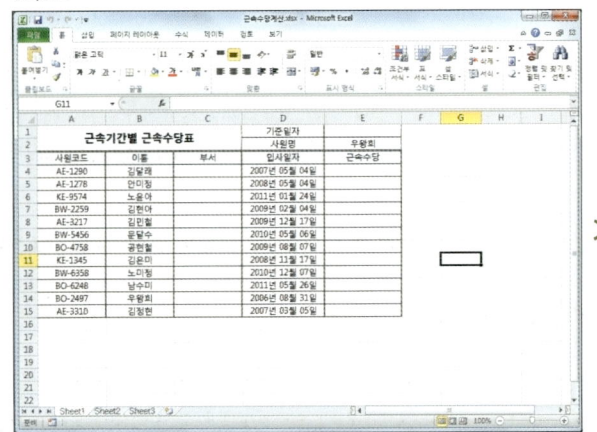

>

After

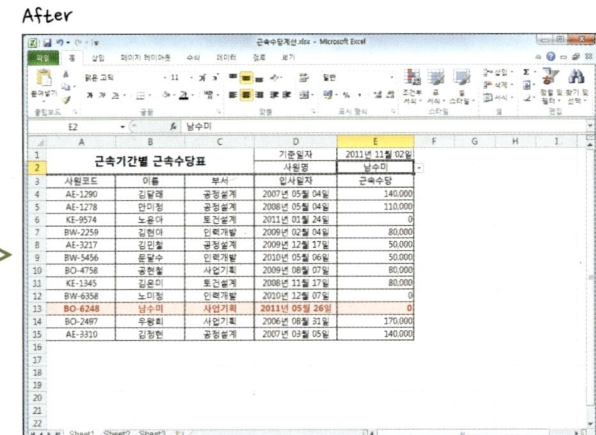

❶E1셀에 '=TODAY()' 입력하여 오늘 날짜 입력 ❷C4셀에 '=IF(LEFT(A4,2)="AE","공정설계",IF(LEFT(A4,2)="KE","토건설계",IF(LEFT(A4,2)="BO","사업기획","인력개발")))' 입력하여 A4셀의 사원코드 중 왼쪽 두 글자에 따른 부서명 반환하고 C15셀까지 복사 ❸E4셀에 '=IF(DATEDIF(D4,$E$1,"y"))=1,50000+(DATEDIF(D4,$E$1,"y")−1)*30000,0)' 입력하여 근속기간에 따른 근속수당 계산(1년 미만 0, 1년 이상일 때 기본 5만 원에 해마다 3만 원씩 상승)하고 E15셀까지 복사 ❹A4:E15셀을 선택하고 [조건부 서식]-[새 규칙] 실행 ❺E2셀에 입력한 이름에 따라 표에서 해당 데이터에만 특정 서식을 지정하도록 수식을 사용하여 규칙 지정(=$B4=$E$2)

❻조건을 만족하는 값에 적용할 서식 지정

• 글꼴(글꼴 스타일 : 굵게, 색 : 진한 빨강)

• 위쪽과 아래쪽 테두리(스타일 : 실선, 색 : 빨강, 강조 2, 50% 더 어둡게)

• 채우기(배경색 : 빨강, 강조 2, 80% 더 밝게)

• 규칙 확인

❼E2셀에서 다양한 이름을 입력해 보며 결과 확인

❷ 시작 파일을 불러와 D6:I15셀에는 월별 구매액 중 최고액을 굵게 표시하는 조건부 서식 설정, A5:A15셀에 일련번호 입력, '연락처' 시트의 A2:D11셀을 이름으로 정의하고 이를 이용하여 C6:C15셀에 B6:B15셀의 이름에 해당하는 휴대전화번호 반환(번호가 없을 때는 '확인중'으로 표시하고 전화번호는 하이픈 없이 입력), J6:J15셀에 월별 데이터가 모두 있는 경우에만 합계 계산(그렇지 않을 때는 공백 처리), C19:E19셀에 합계 1~3위 각각 반환, C18:E18셀에 합계 1~3위에 해당하는 사람의 이름을 반환하는 함수식을 만들어 보세요.

- ◎ 시작 파일 : 5장\월별우수고객.xlsx
- ◎ 완료 파일 : 5장\월별우수고객_완료.xlsx
- ◎ 해설 파일 : 해설파일\5장\월별우수고객.pdf

Before

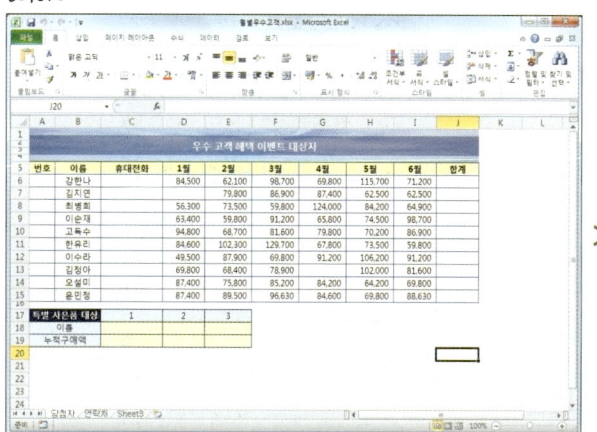

After

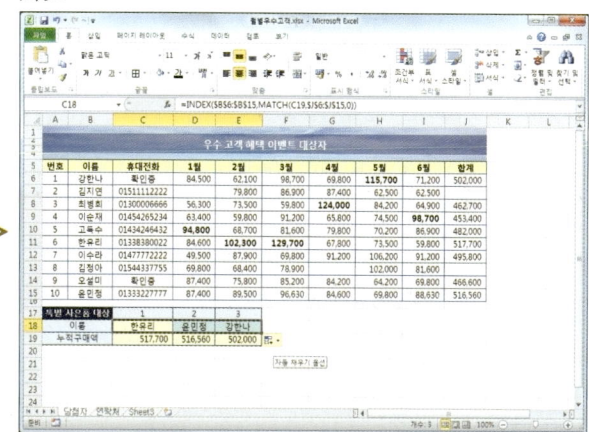

❶D6:I15셀을 선택하고 [조건부 서식]-[새 규칙] 실행 ❷월별 구매액 중 최고액을 굵게 표시하도록 수식을 사용하여 규칙 지정(=D6=MAX(D$6:D$15)) ❸ROW 함수를 이용하여 A6:A15에 일련번호 입력 ❹'연락처' 시트의 A2:D11셀을 '연락처'라는 이름으로 정의 ❺C6셀에 '=IF(VLOOKUP(B6,연락처,2,FALSE)="","확인중",VLOOKUP(B6,연락처,2,FALSE))'를 입력하여 '연락처' 범위에서 B6셀의 이름에 해당하는 통신사 번호를 검색한 후 공백이면 '확인중', 공백이 아니면 그 값을 반환 ❻앞의 수식을 '=IF(VLOOKUP(B6,연락처,2, FALSE)="","확인중",VLOOKUP(B6,연락처,2,FALSE)&REPLACE(VLOOKUP(B6,연락처,3,FALSE),5,1,""))'로 수정하여 반환된 값에 하이픈을 공백으로 처리한 전화번호 데이터 연결하고 C15셀까지 복사 ❼J6셀에 '=IF(OR(D6="",E6="",F6="",G6="",H6="",I6=""),"",SUM(D6:I6))'를 입력하여 월별 데이터가 모두 있는 경우에만 합계 계산, 그렇지 않을 때는 공백 처리하고 J15셀까지 복사 ❽C19셀에 '=LARGE($J$6:$J$15,C17)'를 입력하여 합계 중 첫 번째로 큰 값 반환, E19셀까지 복사하여 두 번째와 세 번째로 높은 값도 계산 ❾C18셀에 '=INDEX($B$6:$B$15,MATCH(C19,$J$6:$J$15,0))'를 입력하여 합계 1~3위에 해당하는 사람의 이름 반환하고 E18셀까지 복사

그래픽 개체를
삽입한 문서 만들기

엑셀 2010에서는 각종 도형, 그림, 클립 아트, 워드아트, 스마트아트 등의 다양한 그래픽 개체를

사용하여 비주얼한 문서를 작성할 수 있습니다. 그래픽 개체는 일반 데이터와 달리 엑셀의 기본

단위인 셀의 제한 없이 자유롭게 삽입 및 편집할 수 있습니다.

EXCEL 2010

SECTION 01

도형과 텍스트 상자 삽입하기

엑셀의 그래픽 개체 중 가장 기본이라 할 수 있는 도형을 삽입하고 편집하는 방법을 살펴봄으로써 그래픽 개체를 다루는 기초 지식을 알아보겠습니다.

다루는 내용

- 도형 삽입하기
- 텍스트 상자 삽입하기
- 도형 편집하기

기능 정리

엑셀에서 삽입할 수 있는 도형과 편집 메뉴 미리 보기

도형을 삽입하고, 서식을 설정 및 변경하는 메뉴에 대해 대략적으로 훑어보겠습니다.

● 도형을 삽입하는 방법

[삽입] 탭의 [일러스트레이션] 그룹에서 [도형]을 클릭하면 엑셀에서 사용할 수 있는 도형 목록이 나타납니다. 원하는 모양을 선택한 후 워크시트에서 클릭이나 드래그하여 간단하게 도형을 삽입할 수 있습니다.

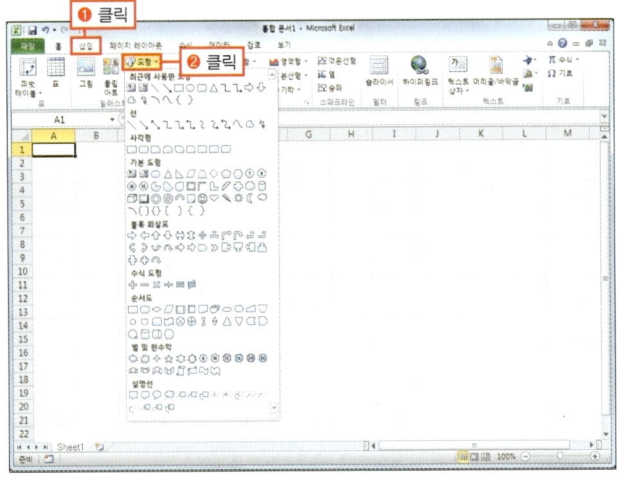

● 도형 편집에 관한 메뉴

엑셀에서 도형 등의 그래픽 개체를 삽입하면 편집을 도와주는 리본 메뉴가 추가로 표시됩니다. 도형을 삽입하면 [그리기 도구]-[서식] 탭의 리본 메뉴가 나타나는데 제공하는 기능은 다음과 같습니다.

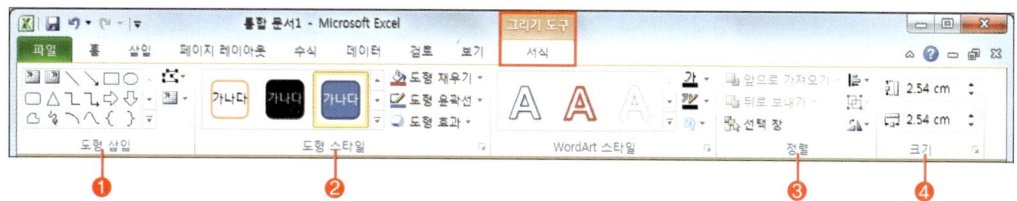

① **도형 삽입** : 도형 추가 삽입을 위한 도형 목록, 삽입한 도형의 모양을 변경하거나 점으로 편집, 텍스트 상자 삽입 등의 메뉴를 제공합니다.

② **도형 스타일** : 삽입한 도형의 테두리, 채우기 서식을 설정하거나 각종 효과, 빠른 스타일 등을 적용할 수 있습니다.

③ **정렬** : 도형이 여러 개 있을 때 도형끼리의 맞춤, 그룹, 순서 등을 설정할 수 있습니다. 또한, 도형의 회전이나 가려진 도형을 선택할 수 있는 선택 창 등을 사용할 수 있습니다.

④ **크기** : 도형의 가로, 세로 크기를 직접 입력하여 지정할 수 있습니다.

● **[도형 서식] 대화상자**

[그리기 도구]-[서식] 탭의 [도형 스타일]이나 [크기] 그룹에서 ▣을 클릭하거나 삽입한 도형을 마우스 오른쪽 버튼으로 클릭하고 [도형 서식] 혹은 [크기 및 속성]을 선택하면 [도형 서식] 대화상자를 불러올 수 있습니다. 또는 [셀 서식] 대화상자와 마찬가지로 도형이 선택된 상태에서 Ctrl+1을 눌러서 불러올 수도 있습니다. [도형 서식] 대화상자를 이용하면 도형에 더욱 자세한 서식을 적용할 수 있습니다.

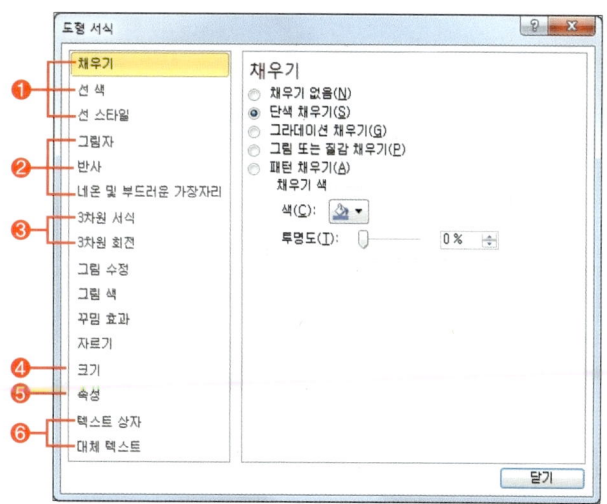

① **채우기, 선 색, 선 스타일** : [그리기 도구]-[서식] 탭의 [도형 스타일] 그룹의 [도형 채우기], [도형 윤곽선] 메뉴에 대한 세부 설정을 도와주는 항목입니다.

② **그림자, 반사, 네온 및 부드러운 가장자리** : [그리기 도구]-[서식] 탭의 [도형 스타일] 그룹의 [도형 효과]에서 [그림자], [반사], [네온], [부드러운 가장자리]에 대한 세부 설정을 도와주는 항목입니다.

❸ 3차원 서식, 3차원 회전 : [그리기 도구]-[서식] 탭의 [도형 스타일] 그룹의 [도형 효과]에서 [입체 효과], [3차원 회전]에 대한 세부 설정을 도와주는 항목입니다.

❹ 크기 : [그리기 도구]-[서식] 탭의 [크기] 그룹에 대한 세부 설정을 도와주는 항목입니다.

❺ 속성 : 개체 위치, 잠금 등에 관한 속성을 설정합니다.

❻ 텍스트 상자, 대체 텍스트 : 도형에 텍스트를 입력하거나 텍스트 상자를 사용할 때 필요한 설정입니다.

간단**퀴즈**

1 엑셀 2010에서 도형을 삽입할 때 필요한 리본 메뉴는 무엇입니까?

2 도형에 대해 자세한 서식 설정이 필요할 때 어떤 대화상자를 이용합니까?

答 : [삽입] 탭의 [일러스트레이션] 그룹, [도형 서식] 대화상자

실습 과정

도형과 텍스트 상자 삽입하고 텍스트 입력하기

엑셀 문서에 도형과 텍스트 상자를 삽입하고 텍스트를 입력 및 편집하는 방법에 대해 살펴보겠습니다.

⊙ **시작 파일** : 6장\5월달력.xlsx

01 삽입할 도형 선택하기

❶[삽입] 탭의 ❷[일러스트레이션] 그룹에서 [도형]을 클릭하고 ❸[모서리가 둥근 직사각형](▢)을 선택합니다.

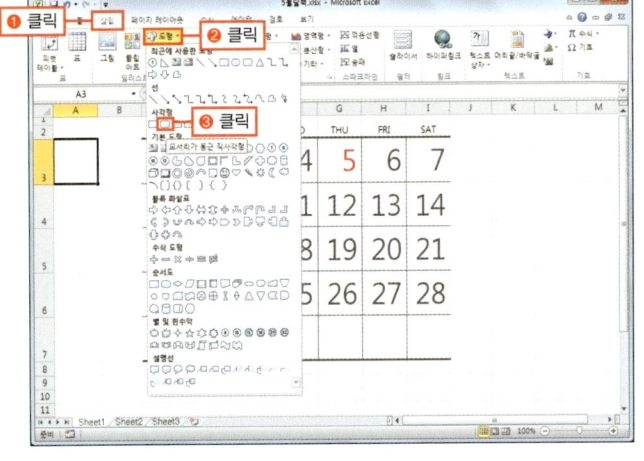

02 도형 그리기

❶마우스로 드래그하여 원하는 크기만큼 그립니다. 도형의 위치와 크기는 쉽게 변경할 수 있으므로 대략적으로 그려도 됩니다.

> **참고** •
> 드래그하지 않고 클릭하면 지정된 기본 크기의 도형이 삽입됩니다.
> 도형을 그릴 때 기능키의 역할은 다음과 같습니다.
> • Shift+드래그 : 정사각형이나 동심원을 그립니다.
> • Ctrl+드래그 : 마우스를 처음 드래그한 지점을 중심으로 도형을 그립니다.
> • Alt+드래그 : 셀의 눈금선에 접하는 도형을 그립니다.

03 도형 모양 변경하기

도형의 테두리에 크기, 모양, 회전을 조절하는 점이 나타납니다. ❶이중에서 노란색의 모양 조절점을 그림과 같이 드래그하여 모양을 좀 더 동그랗게 변경합니다.

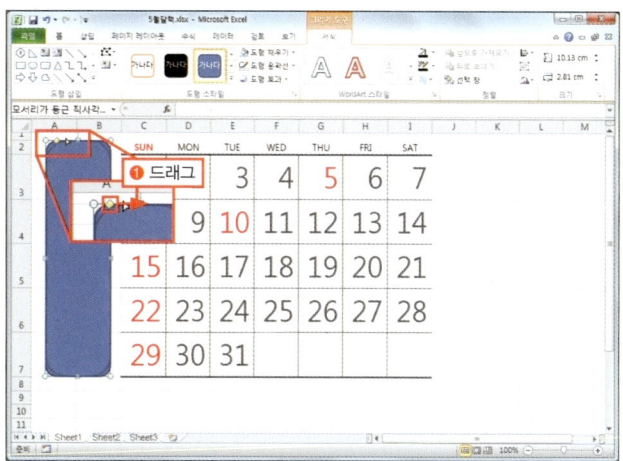

04 텍스트 상자 삽입하기

리본 메뉴의 [도형 삽입] 그룹에서 ❶[텍스트 상자](⬚)를 클릭하고 ❷워크시트에 드래그하여 삽입합니다.

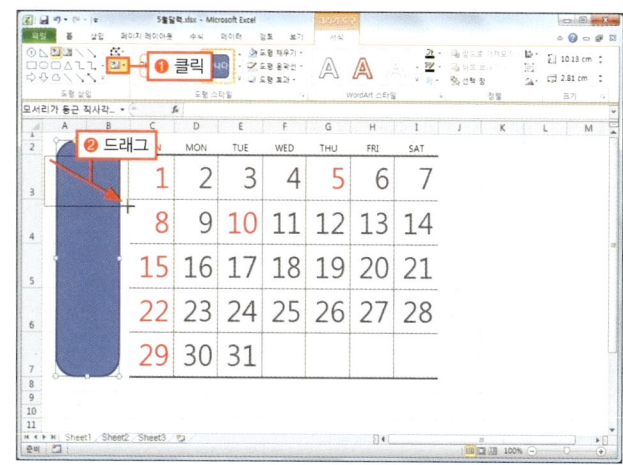

> **참고**
>
> [텍스트 상자]의 목록 버튼을 클릭하면 세로 텍스트 상자도 사용할 수 있습니다.

> **참고** • 그래픽 개체를 삽입하면 나타나는 조절점의 종류 및 특징 비교하기
>
>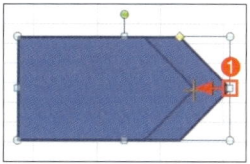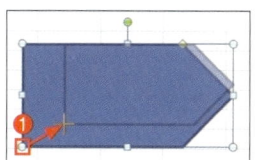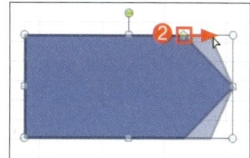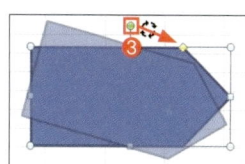
>
> ❶ **크기 조절점** : 네 모서리와 각 변에 나타나는 원과 사각형의 조절점으로 드래그하는 방향에 맞춰 크기를 확대/축소합니다. [Shift]를 누른 채 드래그하면 가로, 세로 비율이 유지되며 크기가 조절됩니다.
>
> ❷ **모양 조절점** : 도형에 따라 노란색 조절점이 표시되는데, 드래그하여 도형의 일부 모양을 변경할 수 있습니다.
>
> ❸ **회전 조절점** : 녹색 조절점을 원하는 방향으로 드래그하여 개체를 회전할 수 있습니다. [Shift]를 누른 채 드래그하면 15도씩 회전합니다.

참고 • 점을 이용하여 도형 모양 섬세하게 변경하기

도형의 테두리를 자유롭게 움직여 모양을 변경하는 방법을 알아보겠습니다. 점과 점에 인접한 변을 자유롭게 움직일수 있는 세그먼트를 이용하여 도형 모양을 마음대로 바꿀 수 있습니다.

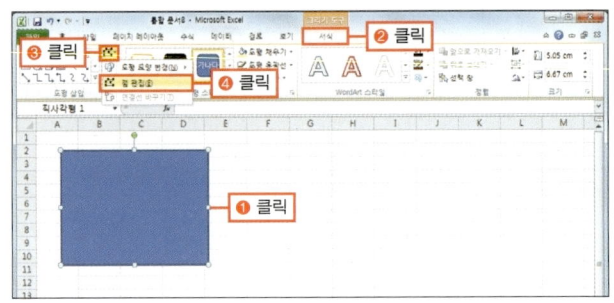

▲ 도형을 선택하고 [그리기 도구]-[서식] 탭의 [도형 삽입] 그룹에서 [도형 편집](⬚)을 클릭하여 [점 편집] 선택

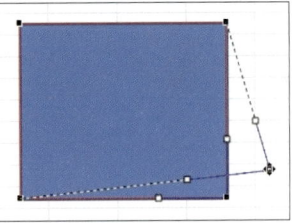

▲ 점을 드래그하는 방향으로 모양이 변경

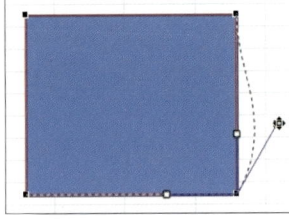

▲ 점을 클릭하면 양 옆에 세그먼트라고 하는 하얀 조절점을 가진 선이 나타납니다. 이 조절점을 드래그하면 점과 점 사이가 곡선으로 휘어집니다.

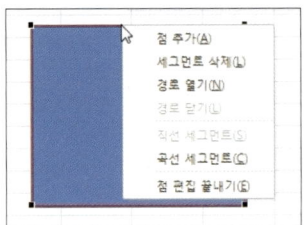

▲ 필요한 곳에서 마우스 오른쪽 버튼을 클릭하여 점을 추가할 수 있습니다.

05 텍스트 상자에 텍스트 입력하기

❶텍스트 상자에 '05'라고 입력하고 ❷텍스트 상자를 클릭하거나 텍스트를 드래그하여 선택한 후 ❸[홈] 탭에서 글꼴과 맞춤 서식을 설정합니다.

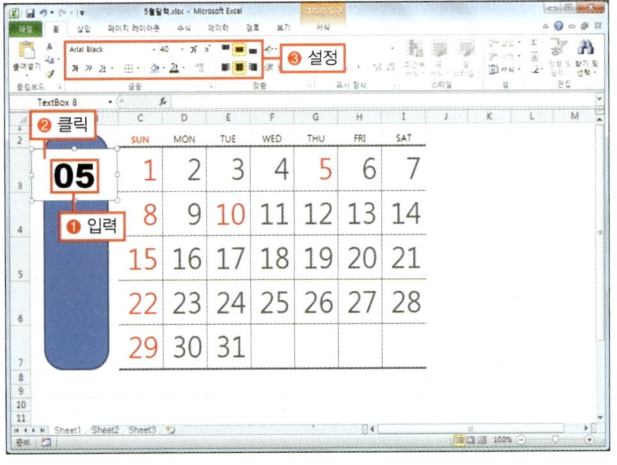

참고 •

글꼴 : Arial Black, 글꼴 크기 : 40, 가로/세로 가운데 맞춤

06 도형의 텍스트 서식 설정하기

❶모서리가 둥근 직사각형을 선택하고 ❷Ctrl+1을 누릅니다. ❸[도형 서식] 대화상자에서 [텍스트 상자]를 선택하고 ❹[텍스트 레이아웃]에서 [텍스트 방향]을 [모든 텍스트 270도 회전], [가로 맞춤]을 [가운데]로 설정한 후 ❺[닫기]를 클릭합니다.

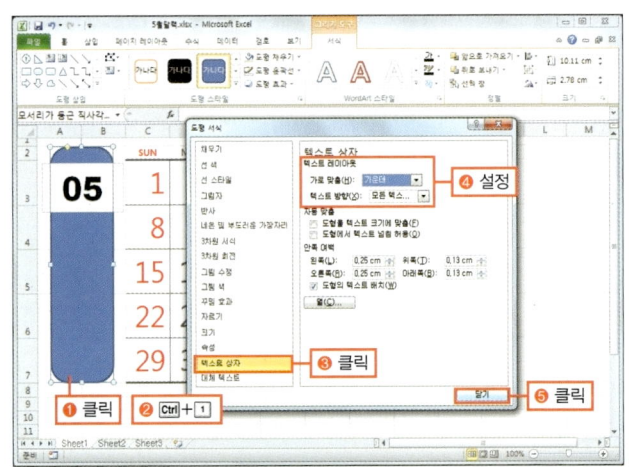

07 도형에 텍스트 입력하기

❶도형에 '2011. MAY'라고 입력하고 ❷글꼴 서식(글꼴 :
Arial Black, 글꼴 크기 : 28)을 설정합니다.

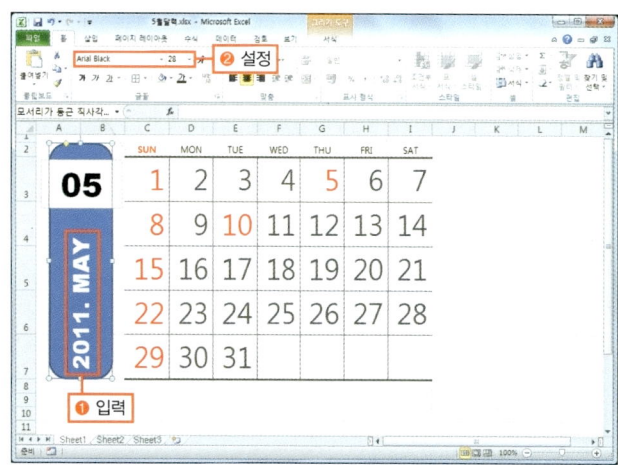

참고 • **도형을 이동하거나 복사하는 방법 살펴보기**

도형을 복사하거나 이동하는 방법도 일반 엑셀 데이터와 같습니다. [복사], [잘라내기], [붙여넣기] 명령이나 그에 해당하는 바로 가기 키를 사용할
수 있습니다. 이보다 더 간단하게는 마우스 드래그로 도형을 복사 및 이동할 수 있는데, 방법은 다음과 같습니다. 도형을 움직일 때 Shift 를 같이
누르면 수직이나 수평 방향으로만 이동할 수 있습니다.

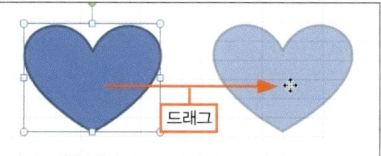 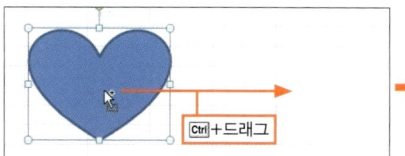 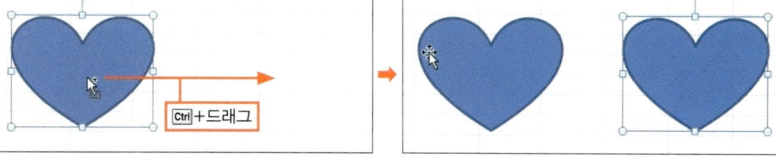

▲ 도형을 클릭하고 원하는 방향으로 드래그하면   ▲ 도형을 클릭하고 Ctrl 을 누르면 마우스 포인터 위에 + 표시가 나타납니다. 이때 드래그하면 도형을
　이동할 수 있습니다.　　　　　　　　　　　　　복사할 수 있습니다.

도형의 서식 설정하기

도형을 삽입하고 각종 서식을 설정하는 방법에 대해 살펴보겠습니다. 예제에서는 리본 메뉴를 통해 간단하게 편집하지만 [도형 서식] 대화상자를 이용하면 더 풍부한 표현이 가능합니다.

◎ **시작 파일** : 앞의 파일에 이어서 진행합니다.
◎ **완료 파일** : 6장\5월달력_완료.xlsx

01 도형 윤곽선 설정하기

❶Ctrl 을 누른 채 도형과 텍스트 상자를 함께 선택하고 ❷[그리기 도구]-[서식] 탭의 ❸[도형 스타일] 그룹에서 [도형 윤곽선]을 눌러 ❹[윤곽선 없음]을 클릭합니다.

02 도형 채우기 설정하기

❶텍스트 상자를 선택하고 ❷리본 메뉴에서 [도형 채우기]를 눌러 ❸[바다색, 강조 5, 40% 더 밝게]를 클릭합니다. ❹같은 방법으로 모서리가 둥근 직사각형은 ❺[황갈색, 배경 2, 10% 더 어둡게]로 채웁니다.

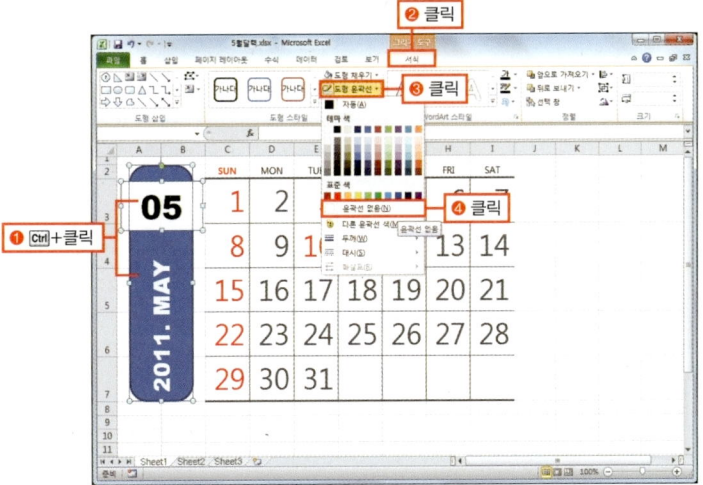

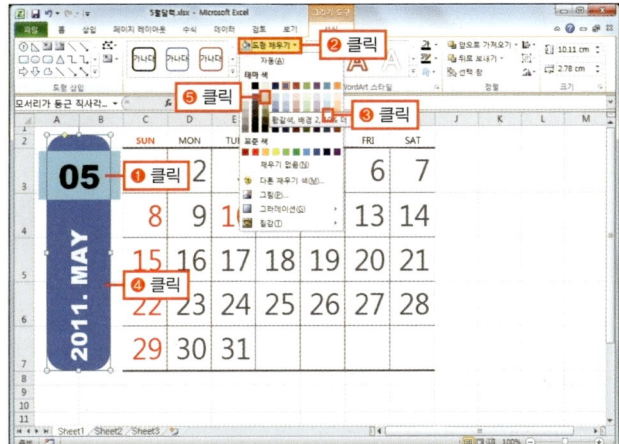

> **참고**
> [도형 윤곽선]에서 원하는 색상을 클릭하면 해당 색상의 윤곽선을 그릴 수 있습니다. [두께], [대시]에서 선 스타일을 변경할 수도 있습니다.

> **참고**
> [도형 서식] 대화상자의 [선 색], [선 스타일] 항목에서는 더욱 자세한 윤곽선 스타일을 설정할 수 있습니다.

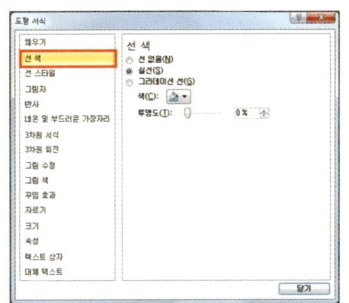

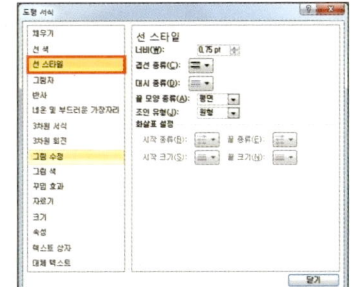

▲ 선 색 및 투명도 설정   ▲ 선의 모양 및 스타일, 화살표 등을 설정

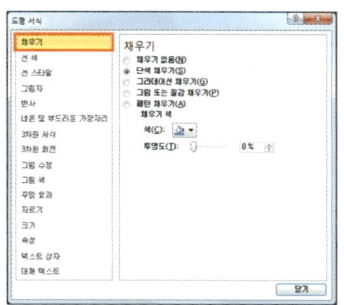

03 도형 효과 적용하기

❶텍스트 상자를 클릭하고 ❷리본 메뉴에서 [도형 효과]를
클릭하여 ❸[입체 효과]-[둥글게]를 선택합니다.

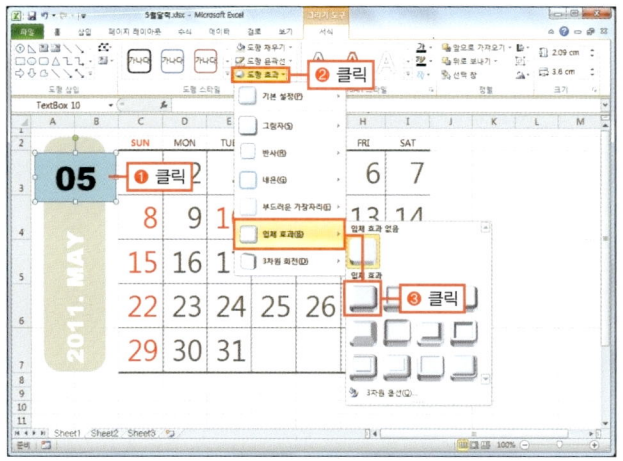

04 도형 맞춤 설정하기

❶Ctrl을 누른 채 도형과 텍스트 상자를 함께 선택하고
❷[정렬] 그룹의 [맞춤]( )을 눌러 ❸[가운데 맞춤]을
클릭합니다.

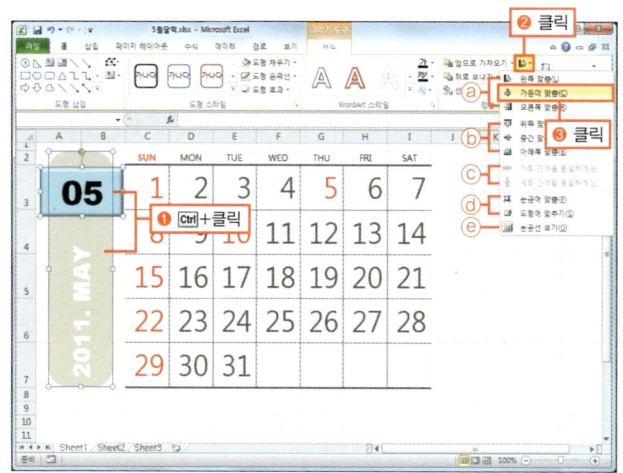

05 도형 그룹 설정하기

❶두 도형이 선택된 상태에서 리본 메뉴의 [그룹](아이콘)을 클릭하고 ❷[그룹]을 선택합니다.

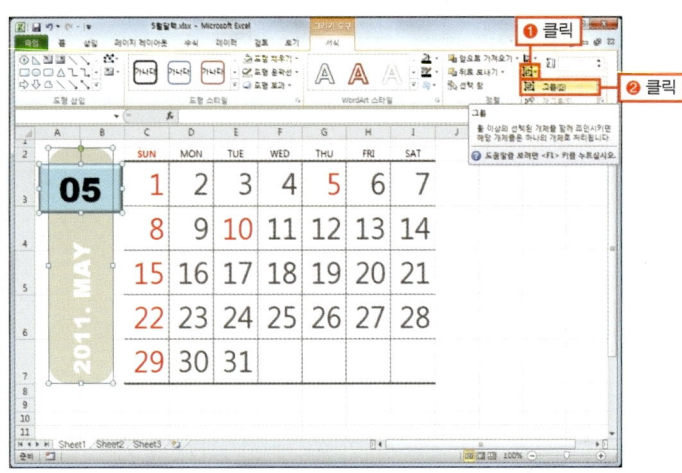

참고 •

그룹으로 묶으면 크기나 위치를 한 번에 조절할 수 있어 편리합니다. 그룹이 되어도 개별 개체의 편집은 가능합니다. 그룹을 해제하려면 [그룹](아이콘)을 클릭하고 [그룹 해제]를 클릭합니다.

참고 • 그래픽 개체의 순서와 [선택 창] 이용하기

그래픽 개체가 겹쳐있을 때 순서를 조절하려면 [그리기 도구]─[서식] 탭의 [정렬] 그룹에서 [앞으로 가져오기]나 [뒤로 보내기]를 이용합니다. 또는, [선택 창]을 클릭하여 [선택 및 표시] 작업 창이 나타나면 해당 개체를 선택하고 [앞으로 가져오기](▲)나 [뒤로 보내기](▼)를 이용하여 순서를 조절할 수 있습니다. [선택 및 표시] 작업 창에서는 특정 개체나 모든 개체를 표시하거나 숨길 수도 있습니다.

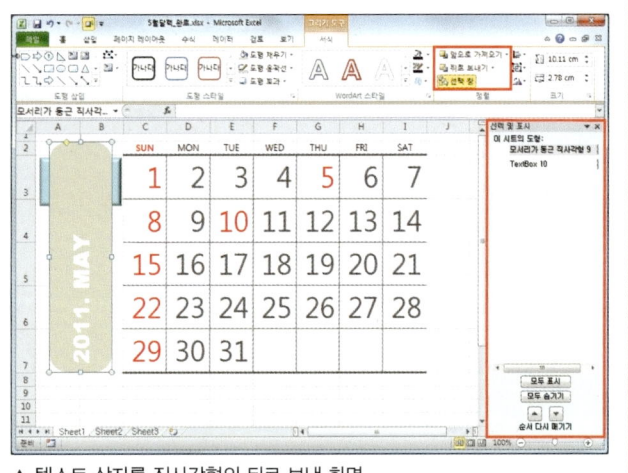

▲ 텍스트 상자를 직사각형의 뒤로 보낸 화면

참고 • 삽입한 도양의 모양만 변경하기

삽입한 도형을 변경하고 싶을 때는 다시 삽입할 필요 없이 모양만 바꿀 수 있습니다. 도형을 선택한 후 [그리기 도구]─[서식] 탭의 [도형 삽입] 그룹에서 [도형 편집](아이콘)을 클릭합니다. 그리고 [도형 모양 변경]을 선택한 후 도형 목록에서 변경할 도형을 클릭하면 모양을 바꿀 수 있습니다.

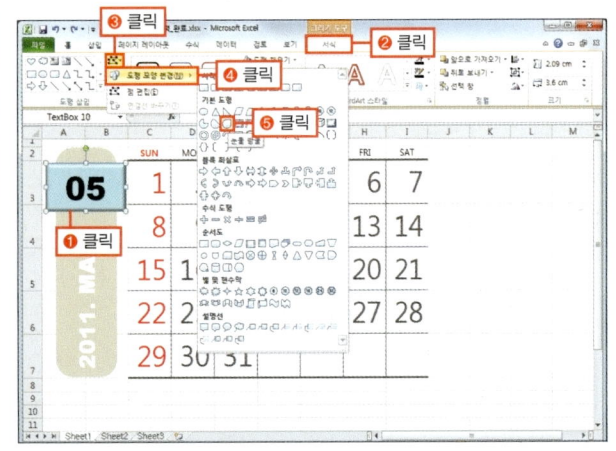

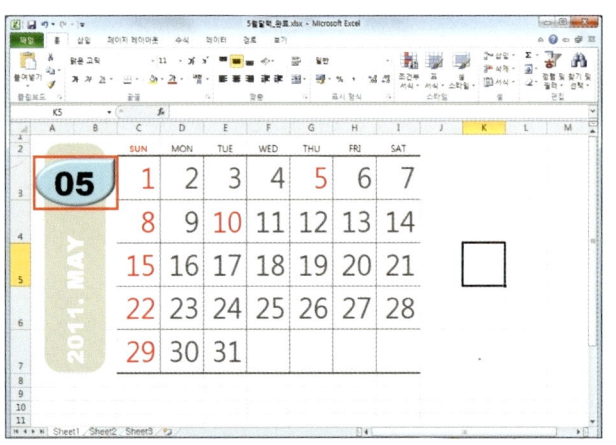

1 도형과 텍스트 상자를 이용하여 A1셀의 위치에 'A반' 표식을 만들어 보세요.

◎ **시작 파일** : 6장\모의토익성적.xlsx
◎ **완료 파일** : 6장\모의토익성적_완료.xlsx

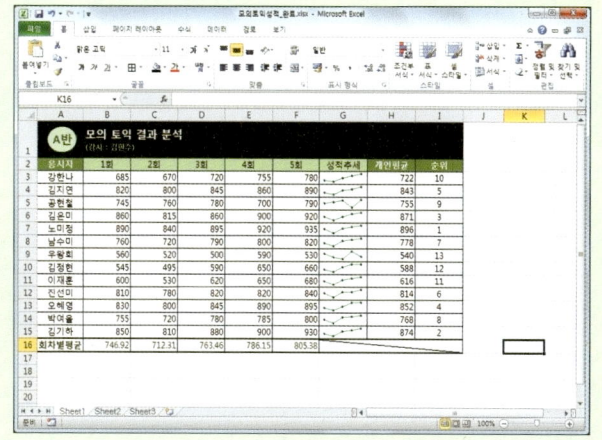

다양한 효과와 채우기로 도형 꾸미기

엑셀 2010은 그래픽 프로그램이나 파워포인트 못지 않은 그래픽 기능을 자랑합니다. 다양한 도형 효과와 채우기 방법을 이용하여 도형을 더욱 재미있게 꾸미는 방법을 알아보겠습니다.

◎ **시작 파일** : 6장\도형추가서식.xlsx
◎ **완료 파일** : 6장\도형추가서식_완료.xlsx

1 도형에 그림 채우기

❶첫 번째 도형을 선택하고 [그리기 도구]–[서식] 탭의 [도형 스타일] 그룹에서 ❷[도형 채우기]를 누른 후 ❸[그림]을 클릭합니다.

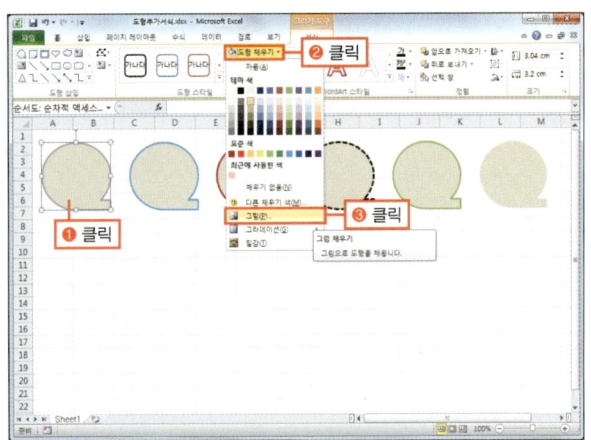

2 그림 선택하기

[그림 삽입] 대화상자에서 ❶그림을 선택하고 ❷[삽입]을 클릭합니다.

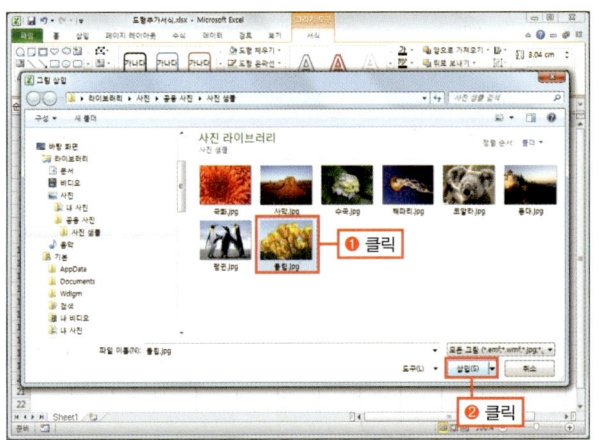

참고
예제에서는 윈도우 라이브러리의 기본 사진 폴더에 있는 그림을 삽입하였습니다.

3 도형에 그라데이션 채우기

선택한 그림으로 도형이 채워집니다. ❶두 번째 도형을 선택하고 리본 메뉴에서 ❷[도형 채우기]를 누른 후 ❸[그라데이션]–[기타 그라데이션]을 클릭합니다.

참고
그라데이션 목록에서 마음에 드는 모양이 있으면 바로 클릭하여 적용해도 됩니다.

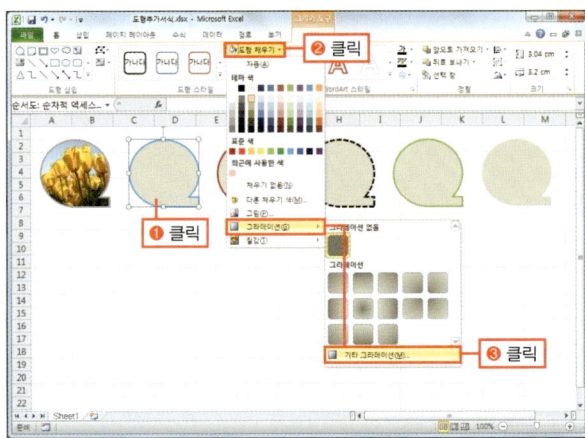

④ 그라데이션 색상 선택하기

[도형 서식] 대화상자의 [채우기]에서 ❶[그라데이션 채우기]를 선택합니다. ❷[기본 설정 색]의 버튼을 눌러 ❸[사파이어]를 선택한 후 ❹[닫기]를 클릭합니다.

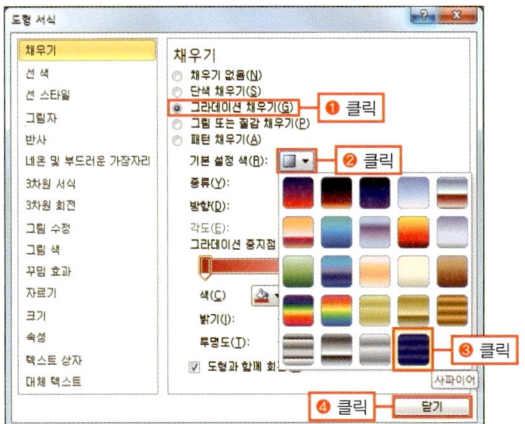

⑤ [도형 서식] 대화상자 열기

선택한 그라데이션 색상으로 도형이 채워집니다. ❶세 번째 도형을 선택하고 리본 메뉴의 [도형 스타일] 그룹에서 ❷[도형 서식](🔲)을 클릭합니다.

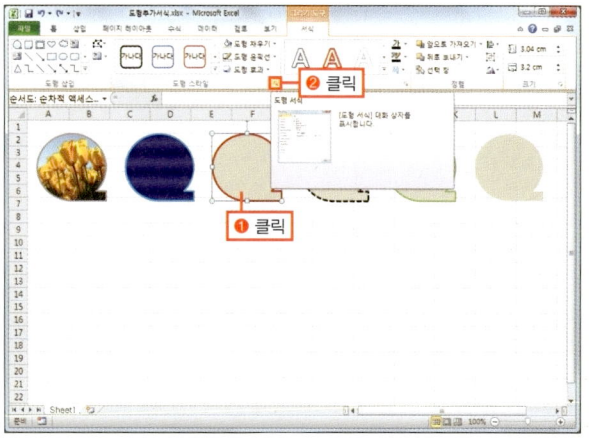

⑥ 그라데이션 색상 편집하기

[도형 서식] 대화상자의 [채우기]에서 ❶[그라데이션 채우기]를 선택합니다. ❷[그라데이션 중지점]에서 왼쪽 중지점을 클릭하고 ❸[투명도]를 '13%'로 설정합니다. ❹[색]의 버튼을 클릭하고 ❺[진한 빨강]을 선택합니다.

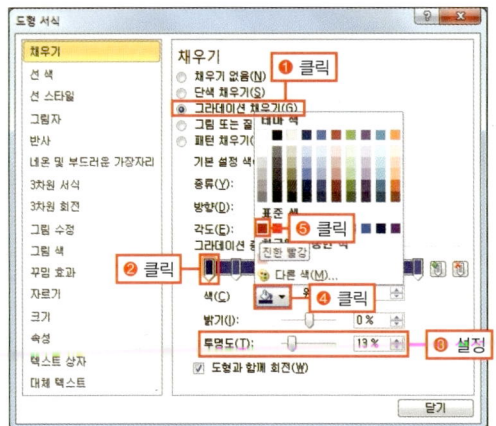

⑦ 그라데이션 중지점 제거하기

❶오른쪽 중지점의 [색]은 [흰색, 배경 1]로 설정합니다. ❷두 번째 그라데이션 중지점을 선택하고 ❸[그라데이션 중지점 제거](🔳)를 클릭합니다. ❹같은 방법으로 중간의 중지점 중 하나만 남기고 모두 제거합니다.

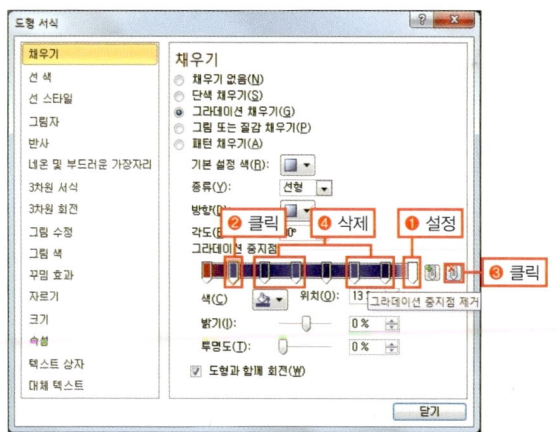

8 그라데이션 중지점 위치 설정하기

①가운데 중지점을 클릭하고 ②[위치]를 '55%'로 설정합니다.

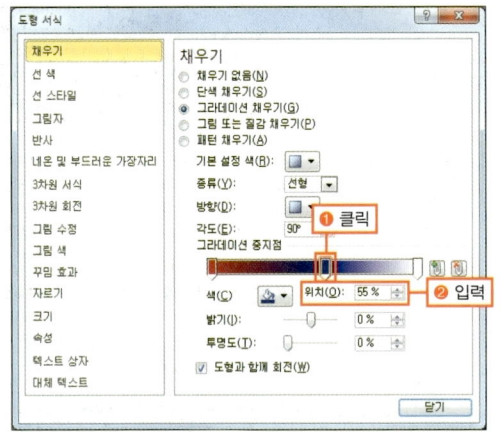

10 그라데이션 종류와 방향 설정하기

①[종류]의 목록 버튼을 클릭하고 [방사형]을 선택합니다.
②[방향]의 버튼을 눌러 ③[가운데에서]를 선택하고 ④[닫기]를
클릭합니다.

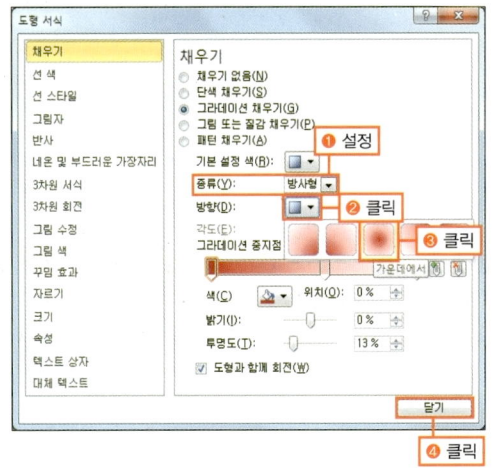

9 그라데이션 색상 편집하기

①[색]의 버튼을 클릭하고 ②[다른 색]을 선택합니다. [색]
대화상자의 [사용자 지정] 탭에서 ③[빨강]을 '249', [녹색]을
'183', [파랑]을 '183'으로 설정하고 ④[확인]을 클릭합니다.

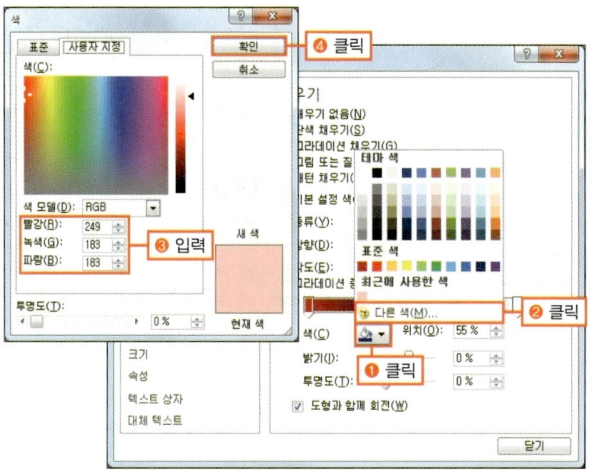

11 도형에 질감 채우기

선택한 그라데이션 색상으로 도형이 채워집니다. ①네 번째
도형을 선택하고 리본 메뉴에서 ②[도형 채우기]를 누른 후
③[질감]에서 [흰색 대리석]을 클릭합니다.

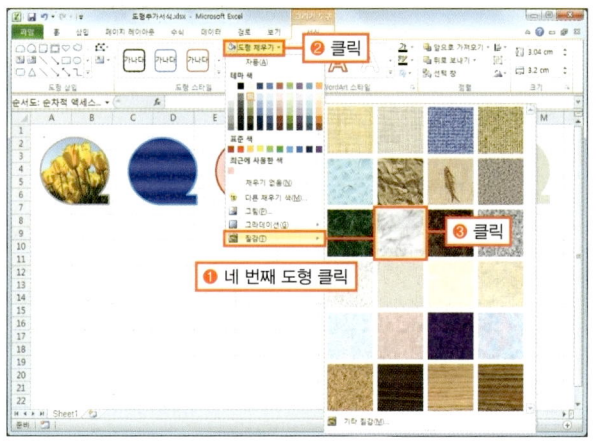

12 도형에 클립 아트 채우기

선택한 질감으로 도형이 채워집니다. ❶다섯 번째 도형을 선택하고 ❷Ctrl+1을 누릅니다. ❸[도형 서식] 대화상자의 [채우기]에서 [그림 또는 질감 채우기]를 선택하고 ❹[클립 아트]를 클릭합니다.

13 클립 아트 검색하기

❶[그림 선택] 대화상자에서 [텍스트 검색]에 '엑셀'을 입력하고 ❷[이동]을 클릭합니다. ❸검색 결과를 선택하고 ❹[확인]을 클릭합니다. ❺[그림 서식] 대화상자도 [닫기]를 클릭합니다.

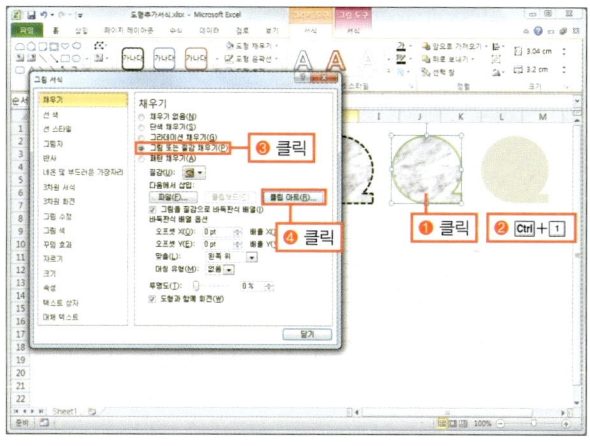

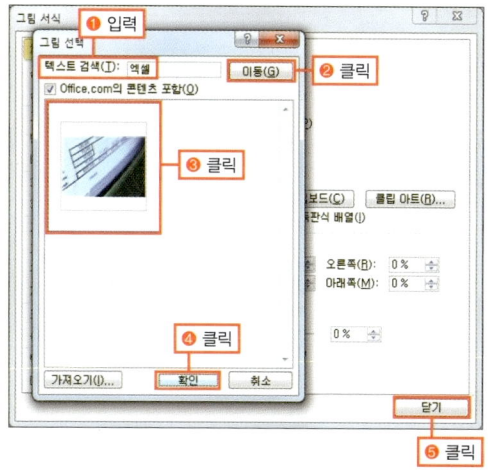

14 도형에 패턴 채우기

선택한 클립 아트로 도형이 채워집니다. ❶마지막 도형을 선택하고 ❷Ctrl+1을 누릅니다. ❸[도형 서식] 대화상자의 [채우기]에서 [패턴 채우기]를 클릭합니다.

15 패턴 설정하기

❶[전경색]은 [황록색, 강조 3, 80% 더 밝게]로, [배경색]은 [황록색, 강조 3, 50% 더 어둡게]로 설정합니다. ❷패턴 무늬는 [큰 다이아몬드]를 선택하고 ❸[닫기]를 클릭합니다.

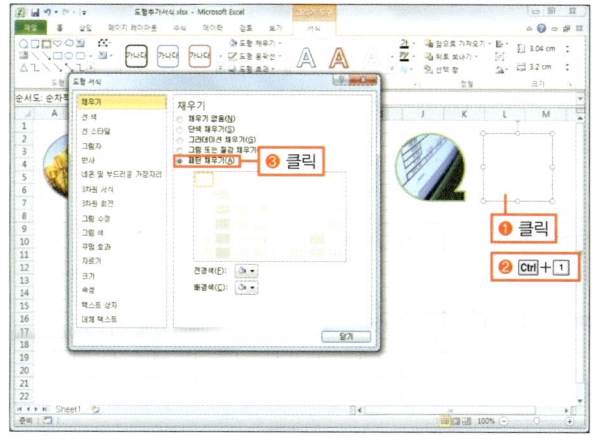

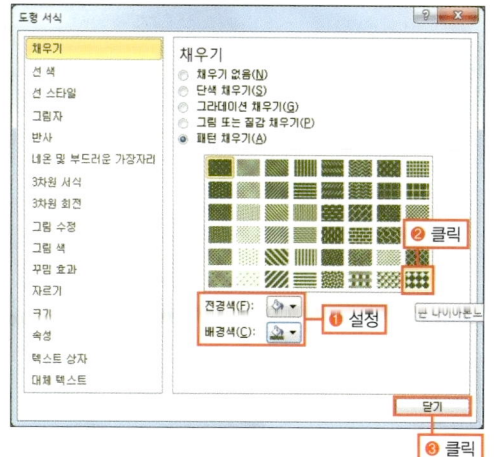

16 [개체 선택] 명령 실행하기

[홈] 탭의 [편집] 그룹에서 ❶[찾기 및 선택]을 클릭하고 ❷[개체 선택]을 선택합니다.

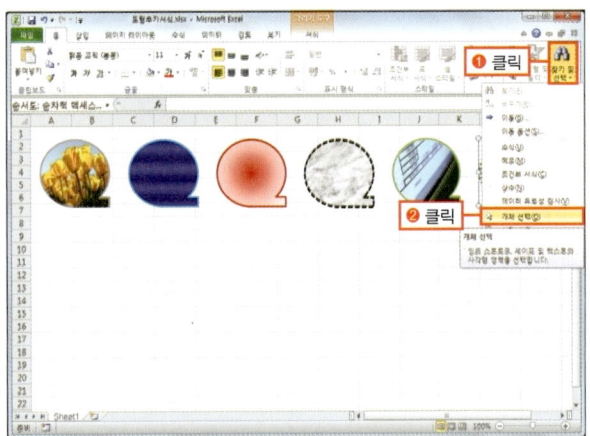

17 여러 개체 선택하기

❶도형이 모두 포함되게 드래그하여 선택합니다.

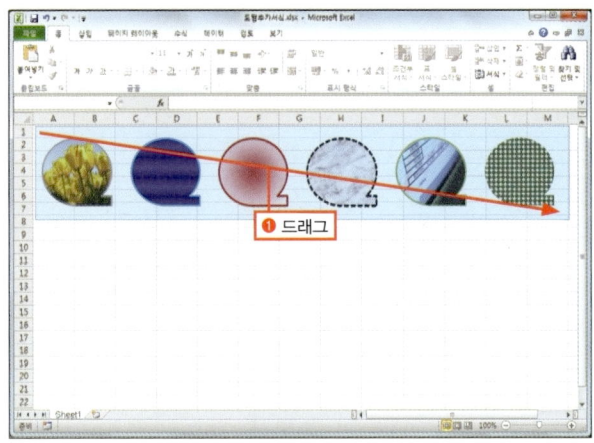

> **참고** •
> [개체 선택]을 실행하였기 때문에 마우스 포인터가 셀 포인터 형태가 아니라 화살표 포인터로 변경됩니다.

18 도형 복사하기

❶[Shift]+[Ctrl]을 누른 채 아래로 드래그하여 수직으로 복사합니다.

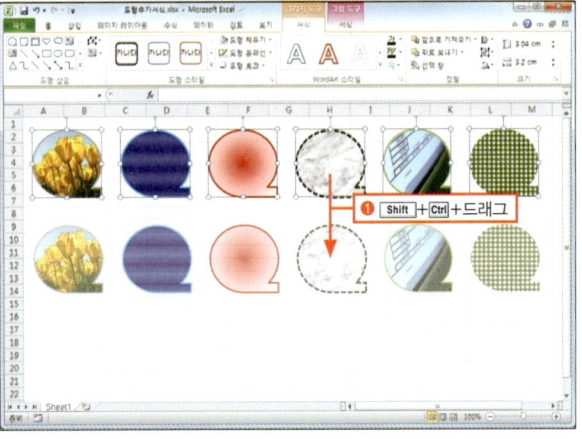

19 도형에 그림자 효과 적용하기

❶아래 첫 번째 도형을 선택하고 ❷[그리기 도구]-[서식] 탭의 [도형 스타일] 그룹에서 ❸[도형 효과]를 클릭합니다. ❹[그림자]에서 [원근감]의 [원근감 대각선 오른쪽 아래]를 선택합니다.

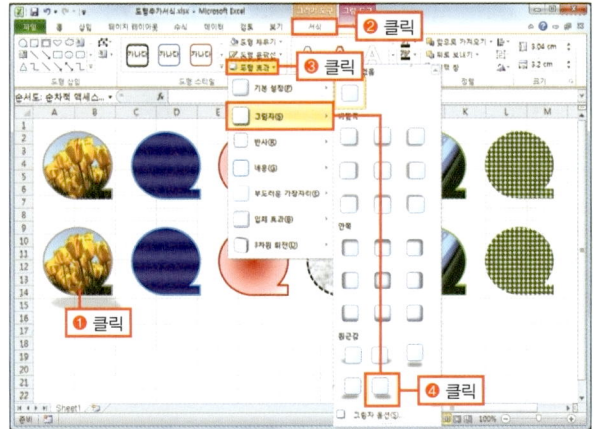

20 도형에 입체 효과 적용하기

❶아래 두 번째 도형을 선택하고 리본 메뉴에서 ❷[도형 효과]를 누른 후 ❸[입체 효과]의 [각지게]를 클릭합니다.

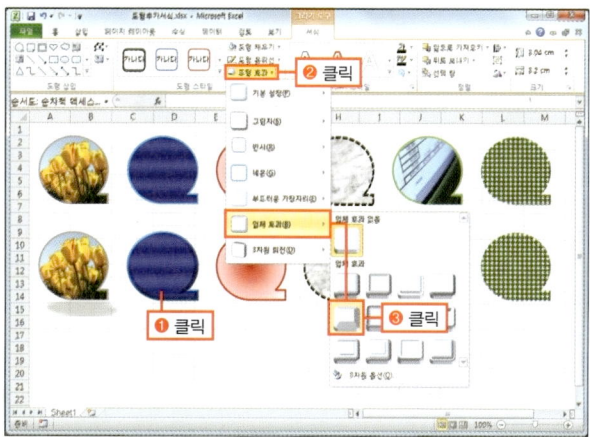

21 도형에 반사 효과 적용하기

❶아래 세 번째 도형을 선택하고 리본 메뉴에서 ❷[도형 효과]를 누른 후 ❸[반사]의 [1/2 반사, 8 pt 오프셋]을 클릭합니다.

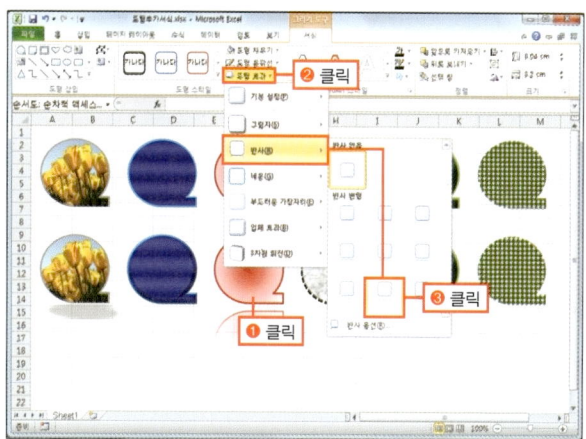

22 도형에 기본 설정 적용하기

❶아래 네 번째 도형을 선택하고 리본 메뉴에서 ❷[도형 효과]를 누른 후 ❸[기본 설정]의 [기본 설정 9]를 클릭합니다.

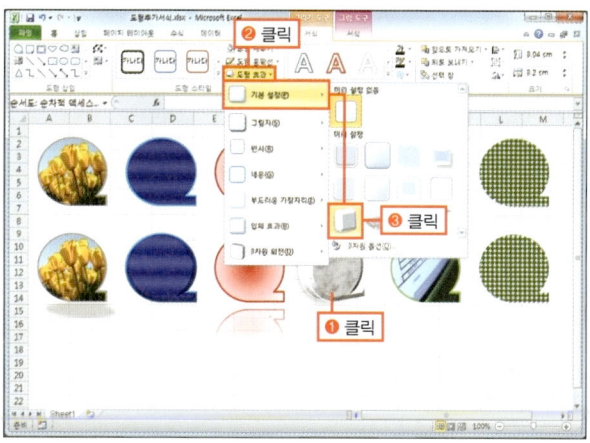

23 도형에 네온 효과 적용하기

❶아래 다섯 번째 도형을 선택하고 리본 메뉴에서 ❷[도형 효과]를 누른 후 ❸[네온]의 [황록색, 8 pt 네온, 강조색 3]을 클릭합니다.

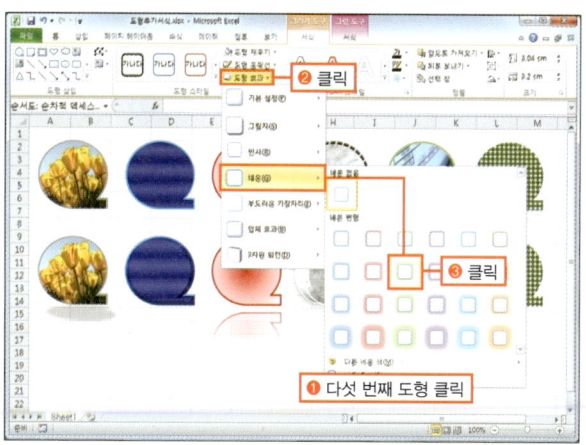

> **참고**
>
> [기본 설정] 항목에는 도형 효과 중 3차원 효과와 관련된 설정을 미리 적용한 모양이 포함되어 있습니다.

24 도형에 부드러운 가장자리 효과 적용하기

❶아래 마지막 도형을 선택하고 리본 메뉴에서 ❷[도형 효과]를
누른 후 ❸[부드러운 가장자리]의 [10 포인트]를 클릭합니다.

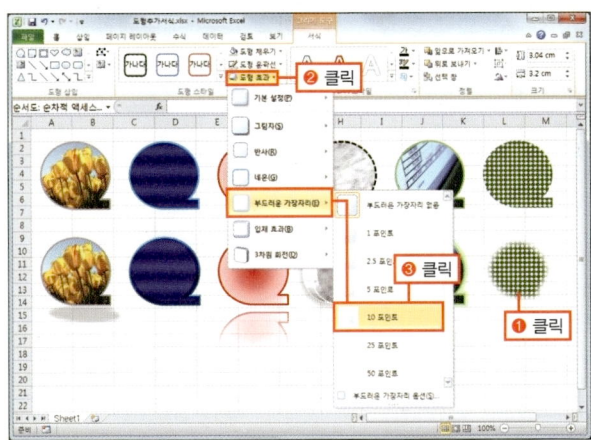

SECTION 02

엑셀의 다양한 그래픽 개체 삽입하기

비주얼한 엑셀 문서를 완성하게 도와주는 그림, 클립 아트, 워드아트, 스크린샷 등의 화려한 그래픽 개체의
사용 방법을 알아보겠습니다.

다루는 내용

- 클립 아트 삽입하고 편집하기
- 스크린샷 사용하기
- 워드아트 삽입하고 편집하기
- 하이퍼링크 설정하기
- 그림 삽입하고 편집하기

기능 정리

엑셀에 삽입할 수 있는 그래픽 개체 알아보기

그림, 클립 아트, 스마트아트 등의 그래픽 개체는 [삽입] 탭의 [일러스트레이션] 그룹,
워드아트는 [텍스트] 그룹에서 삽입할 수 있습니다. 이들 그래픽 개체의 기본 편집 방법은
도형과 같습니다. 그러면 각 개체에서만 제공하는 고유한 편집 기능을 중점적으로 리본 메뉴를
먼저 살펴보겠습니다.

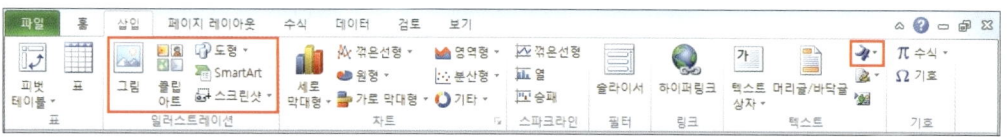

● 그림 개체(그림, 클립 아트)를 편집하는 [그림 도구]-[서식] 탭

그림, 클립 아트와 같은 그림 개체를 삽입하면 [그림 도구]-[서식] 탭이 나타납니다. 클립 아트는
마이크로소프트 오피스에서 제공하는 그림 개체입니다.

❶ **조정** : 그림의 색상이나 질감 등을 수정합니다. 배경을 자동으로 제거하거나 밝기, 대비,
선명도, 색상, 회화적인 꾸밈 효과 등을 사용하여 간단하게 그림을 편집할 수 있습니다. 또한,
그림 압축, 그림 파일 변경, 서식 취소 등의 기능도 사용할 수 있습니다.

❷ **그림 스타일** : 미리 만들어져 있는 그림 스타일, 그림 테두리와 그림 효과 등을 사용할 수
있습니다. 또한, 그림을 바로 스마트아트에 적용하여 편집할 수도 있습니다.

❸ **크기** : 그림에서 원하는 부분만 잘라낼 수 있습니다.

● [그림 서식] 대화상자

[그림 서식] 대화상자는 [그림 도구]-[서식] 탭을 도와 그림 편집 기능을 더욱 세부적으로 제공합니다.

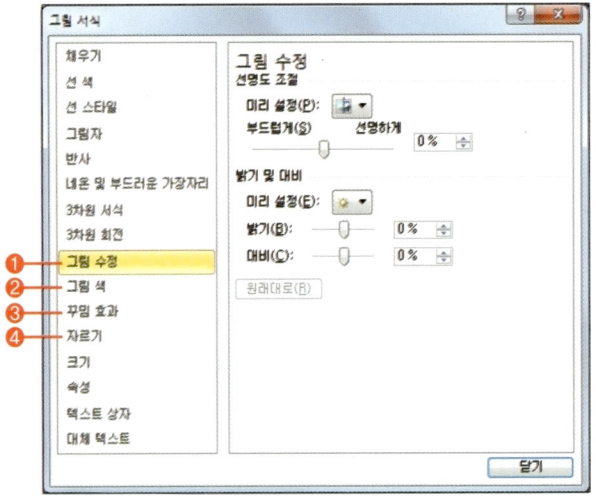

❶ **그림 수정** : 선명도와 밝기 및 대비 값을 사용자가 직접 조절할 수 있습니다.

❷ **그림 색** : 색 채도, 색조, 색상 등을 사용자가 직접 조절할 수 있습니다.

❸ **꾸밈 효과** : 그림에 회화적인 느낌을 적용하는 명령으로 리본 메뉴의 [꾸밈 효과]와 동일합니다.

❹ **자르기** : 그림 위치와 자르기 위치를 상세하게 설정할 수 있습니다.

● 워드아트를 편집하는 [그리기 도구]-[서식] 탭

워드아트는 텍스트를 그래픽 개체처럼 사용할 수 있는 기능입니다.

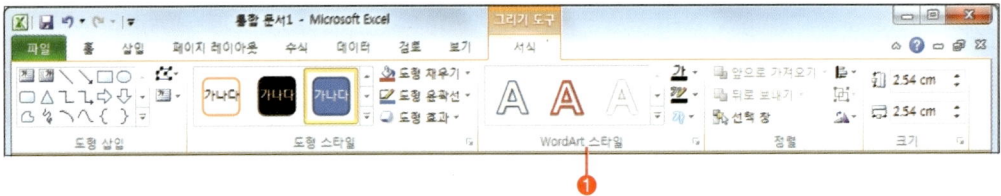

❶ **WordArt 스타일** : 워드아트 텍스트의 윤곽선, 채우기, 효과, 빠른 스타일을 적용합니다.

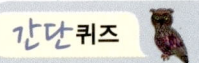 **간단퀴즈**

1 텍스트에 장식 효과를 주어 그래픽 개체처럼 사용할 수 있는 것은 무엇입니까?

2 마이크로소프트에서 제공하는 무료 콘텐츠로 그림, 사진 등 다양한 형식을 사용할 수 있는 것은 무엇입니까?

답 : 워드아트, 클립 아트

클립 아트 삽입하고 편집하기

마이크로소프트 오피스에서 제공하는 조각 그림인 클립 아트를 검색하고 삽입한 후 편집하는 방법을 살펴보겠습니다.

◎ **시작 파일** : 6장\수영장수강생현황.xlsx
◎ **완료 파일** : 6장\수영장수강생현황_완료.xlsx

01 클립 아트 검색 대상 지정하기

❶[삽입] 탭의 [일러스트레이션] 그룹에서 ❷[클립 아트]를 클릭합니다. 화면 오른쪽에 [클립 아트] 작업 창이 나타나면 ❸[검색 대상]에 '수영'이라고 입력합니다.

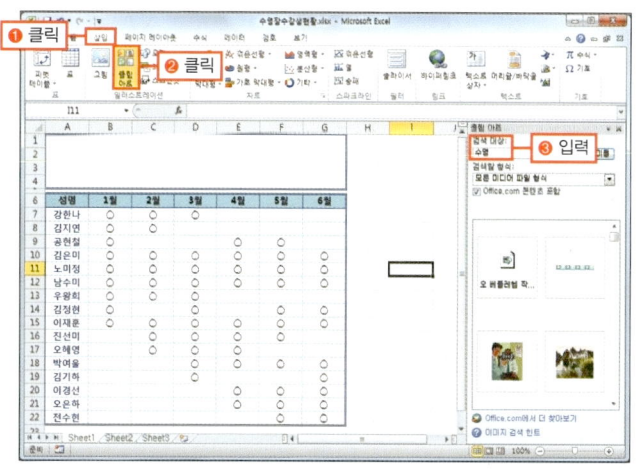

02 클립 아트 형식 지정하여 검색하기

❶[검색할 형식]의 목록 버튼을 눌러 ❷[모든 미디어 파일]의 체크를 해제하고 ❸[그림]만 선택합니다. ❹[이동]을 클릭하거나 Enter 를 누릅니다.

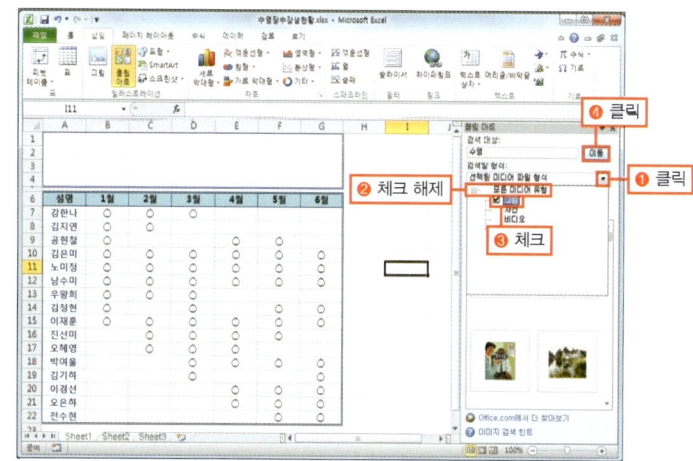

03 클립 아트 삽입하기

❶결과가 검색되면 그림과 같은 클립 아트를 클릭합니다. ❷삽입된 클립 아트를 드래그하여 그림과 같은 위치로 옮깁니다.

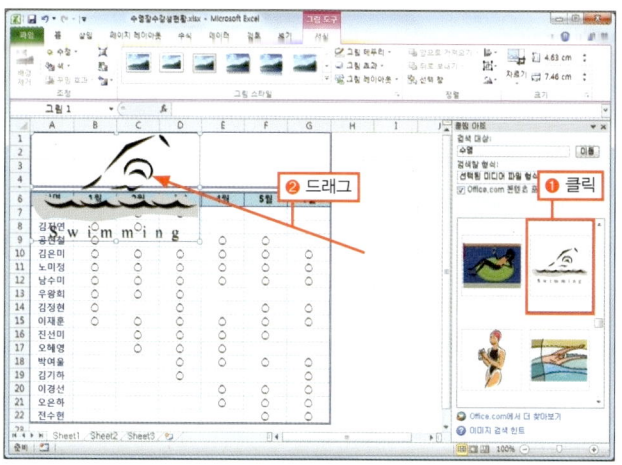

04 클립 아트 크기 조절하기

❶모서리나 변의 크기 조절점을 안쪽으로 드래그하여 A1:B4셀의 크기에 맞게 줄입니다. ❷[클립 아트] 작업 창은 [닫기](✕)를 클릭하여 닫습니다.

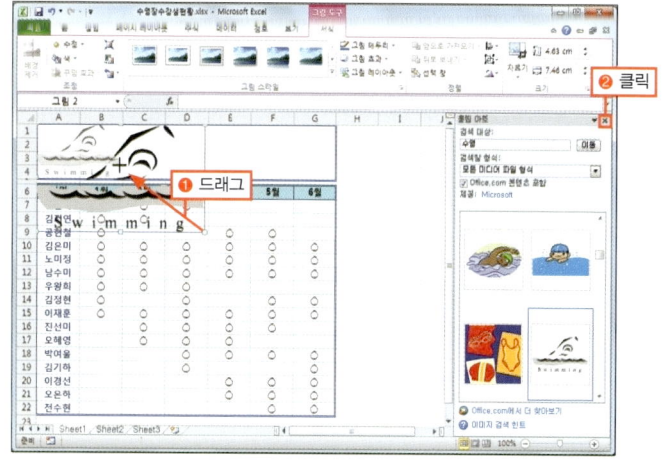

05 클립 아트 색 변경하기

❶[그림 도구]-[서식] 탭의 [조정] 그룹에서 [색]을 클릭하고 ❷[바다색, 밝은 강조색 5]를 선택합니다.

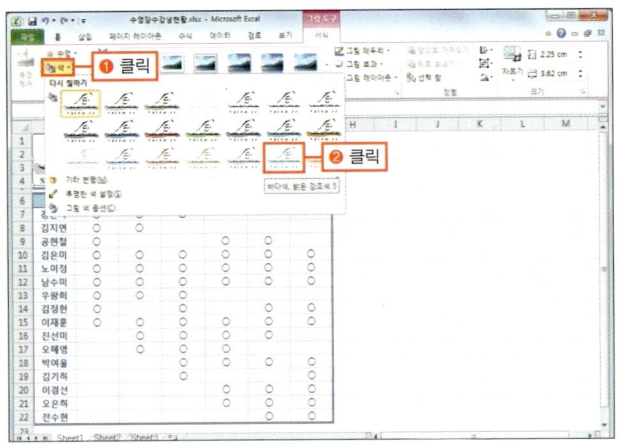

> **참고 •**
> [기타 변형]이나 [그림 색 옵션]을 선택하면 더 다양한 색을 선택할 수 있습니다. 또는 [그림 서식] 대화상자의 [그림 수정], [그림 색], [꾸밈 효과] 항목에서 더 세부적인 설정을 할 수 있습니다.

06 그림 스타일 변경하기

❶[그림 스타일] 그룹에서 스타일 목록 중 [단순형 프레임, 흰색](🖼)을 클릭합니다. ❷[그림 효과]를 클릭하고 ❸[그림자]-[오프셋 오른쪽]을 선택합니다.

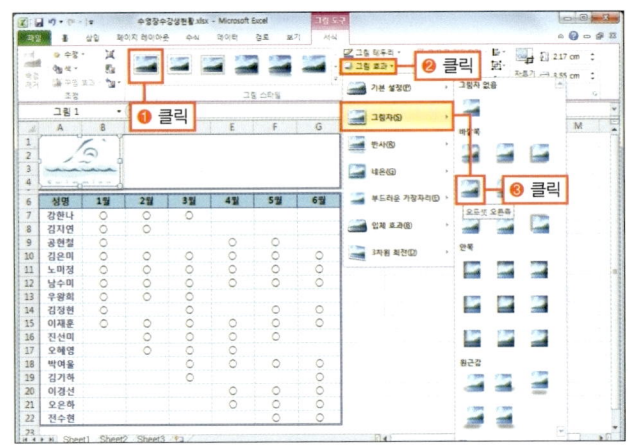

> **참고 •**
> [그림 스타일] 그룹에 썸네일로 보이는 빠른 스타일 중 마음에 드는 것이 있으면 클릭하여 바로 적용할 수 있습니다. 빠른 스타일을 적용한 후에라도 세부적인 내용은 다시 수정할 수 있습니다.

07 클립 아트 회전하기

❶리본 메뉴의 [정렬] 그룹에서 [회전](🔄)을 클릭하고 ❷[좌우 대칭]을 선택합니다.

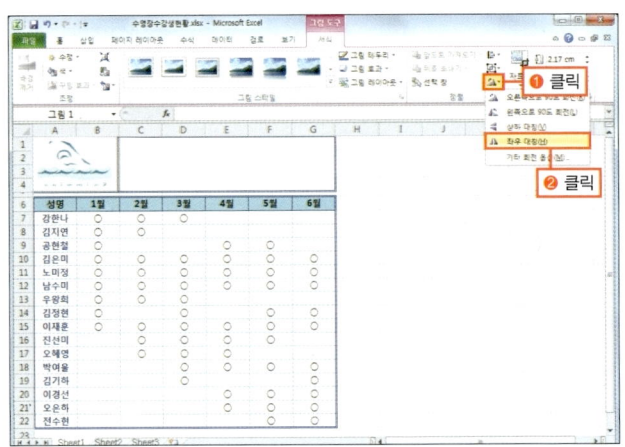

> **참고 •**
> [기타 회전 옵션]을 클릭하면 [그림 서식] 대화상자에서 회전 각도를 정확하게 설정할 수 있습니다. 클립 아트를 선택하면 나타나는 녹색의 회전 조절점을 이용하여 직접 드래그하면서 회전해도 됩니다.

실습 과정

Office.com에서 클립 아트 검색하기

[클립 아트] 작업 창에서 [Office.com에서 더 찾아보기]를 클릭하면 'Office.com' 홈페이지로 이동하여 관련 클립 아트를 더 많이 찾아 사용할 수 있습니다.

01 Office.com에서 더 찾아보기

❶[삽입] 탭의 [일러스트레이션] 그룹에서 ❷[클립 아트]를 클릭합니다. 화면 오른쪽에 [클립 아트] 작업 창이 나타나면 ❸[Office.com에서 더 찾아보기]를 클릭합니다.

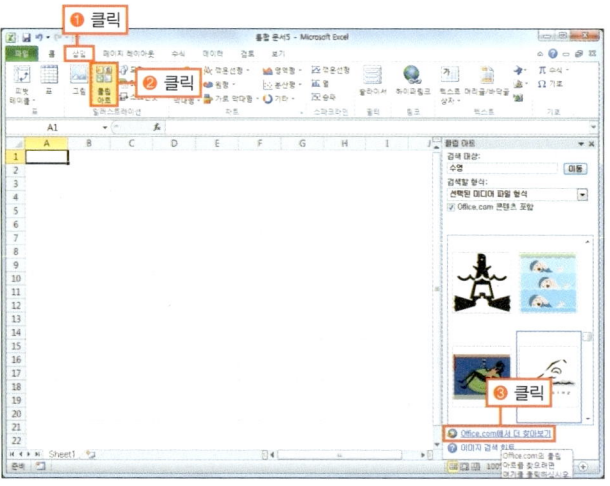

02 클립 아트 검색하기

Office.com의 이미지 페이지가 열리면 ❶'비즈니스'를 입력하고 ❷[사진]을 선택한 후 ❸[검색]을 클릭합니다.

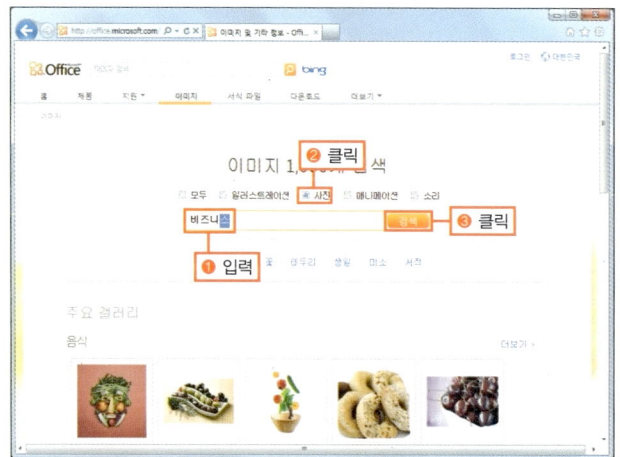

03 클립보드로 복사하기

❶원하는 이미지 위로 마우스를 가져가 [클립보드로 복사]를 클릭합니다.

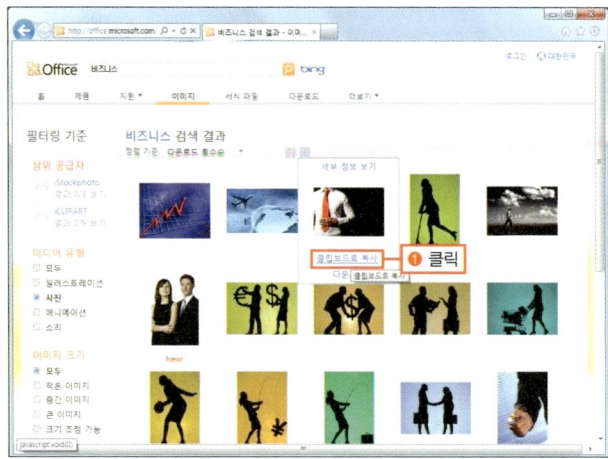

> **참고**
> 이미지를 별도의 파일로 저장하고 싶다면 [다운로드]를 클릭합니다.

04 클립 아트 붙여넣기

❶Ctrl + V를 눌러 복사한 클립 아트를 붙여넣기 합니다.

워드아트 삽입하고 편집하기

텍스트를 그래픽 개체처럼 다룰 수 있는 워드아트를 삽입하고 편집하는 방법을 살펴보겠습니다.

◎ **시작 파일** : 6장\수영장수강생현황_2.xlsx
◎ **완료 파일** : 6장\수영장수강생현황_2_완료.xlsx

01 워드아트 삽입하기

❶[삽입] 탭의 [텍스트] 그룹에서 ❷[WordArt]( )를 클릭하고 ❸[채우기 – 파랑, 강조 1, 무광택 입체, 반사]를 선택합니다.

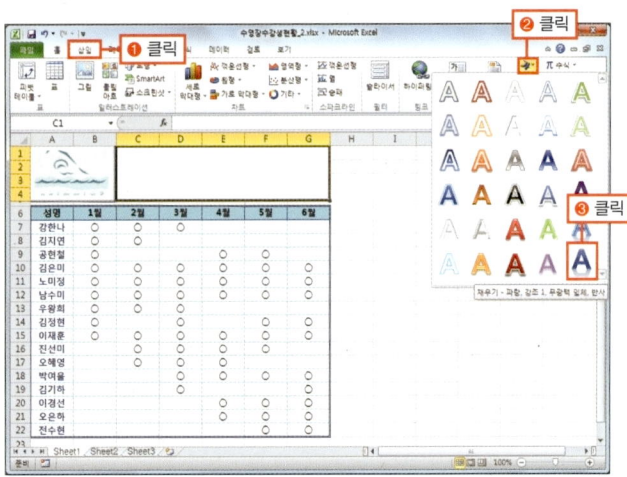

02 텍스트 입력과 크기 조절하기

❶'수영 초급 런치반 수강 현황'이라고 입력하고 ❷테두리를 클릭합니다. ❸[홈] 탭의 ❹[글꼴] 그룹에서 [글꼴 크기]를 '20'으로 설정합니다.

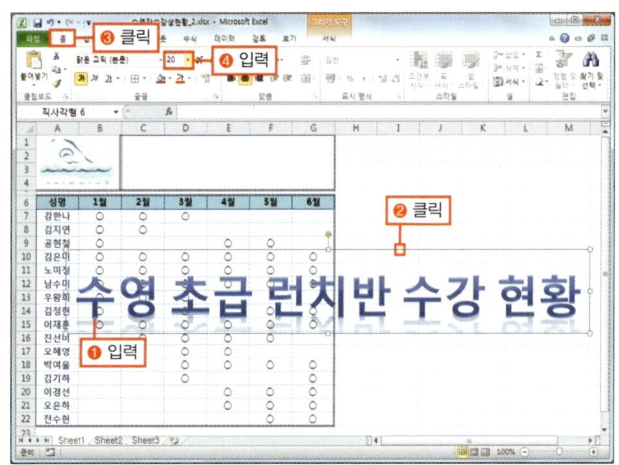

03 위치 조절과 윤곽선 색 변경하기

❶테두리를 드래그하여 그림과 같은 위치로 옮기고 ❷[그리기 도구]–[서식] 탭의 ❸[WordArt 스타일] 그룹에서 [텍스트 윤곽선]( )을 클릭하여 ❹[진한 파랑]을 선택합니다.

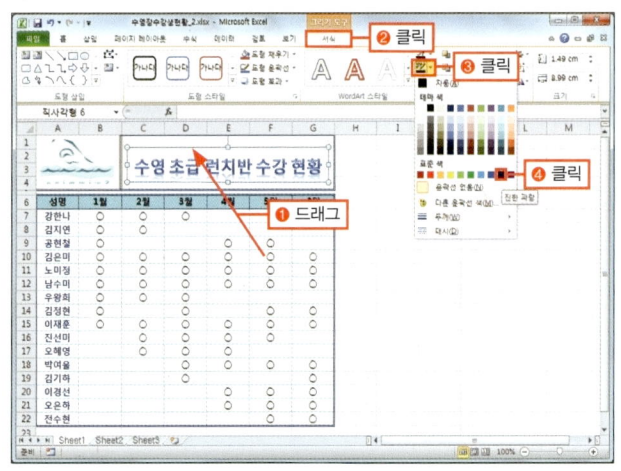

> **참고** •
>
> [WordArt 스타일] 그룹을 통하여 워드아트에 빠른 스타일을 적용하거나 텍스트 채우기, 테두리 색, 텍스트 효과 등을 적용할 수 있습니다.

04 개체 정렬하기

❶클립 아트와 워드아트를 함께 선택하고 ❷[정렬] 그룹에서 [맞춤](📐▼)을 클릭하여 ❸[중간 맞춤]을 클릭합니다.

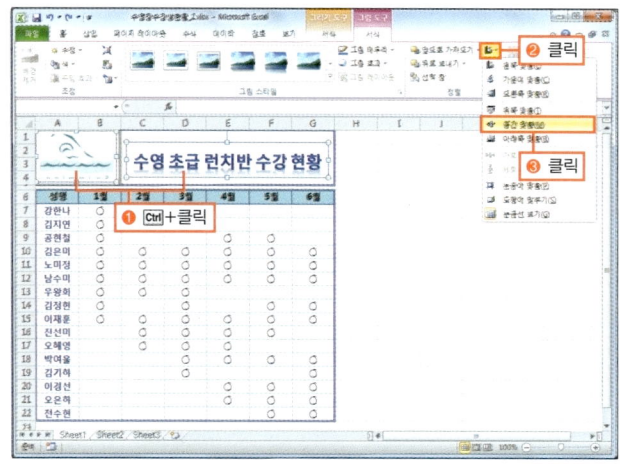

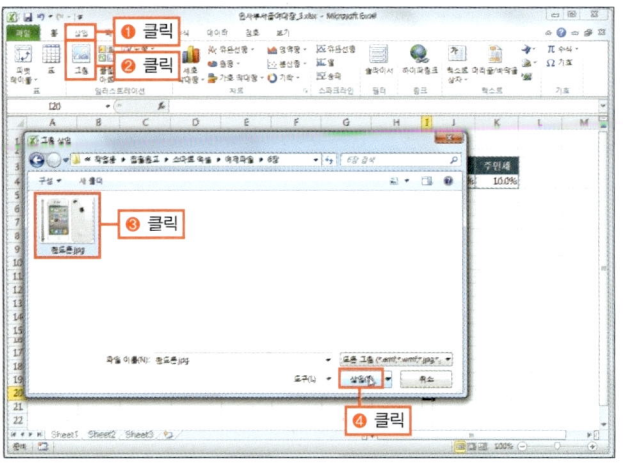

실습 과정

그림 삽입하고 편집하기

자신의 PC에 가지고 있는 그림 파일을 엑셀 문서에 삽입하고 편집하는 방법을 살펴보겠습니다.

◎ **시작 파일** : 6장\인사부서급여대장_3.xlsx, 핸드폰.jpg
◎ **완료 파일** : 6장\인사부서급여대장_3_완료.xlsx

---

01 그림 삽입하기

❶[삽입] 탭의 [일러스트레이션] 그룹에서 ❷[그림]을 클릭합니다. ❸[그림 삽입] 대화상자가 나타나면 '6장\핸드폰.jpg'를 선택하고❹[삽입]을 클릭합니다.

02 그림 자르기

❶[그림 도구]-[서식] 탭의 ❷[자르기](📐)를 클릭합니다. ❸이미지에 자르기 핸들이 나타나면 왼쪽과 오른쪽의 핸들을 안쪽으로 드래그하여 그림과 같이 이미지를 자릅니다. ❹다시 [자르기](📐)를 클릭합니다.

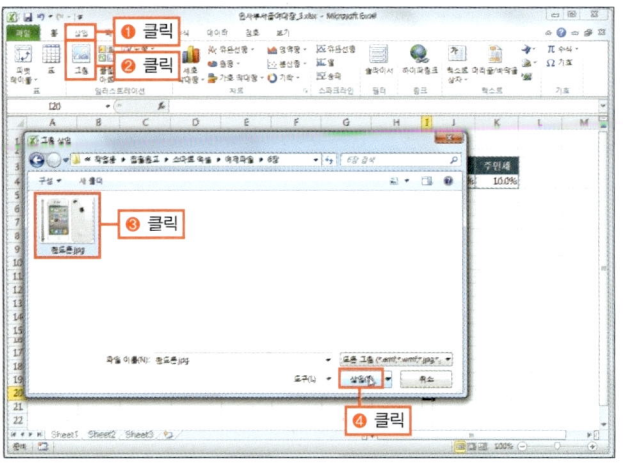

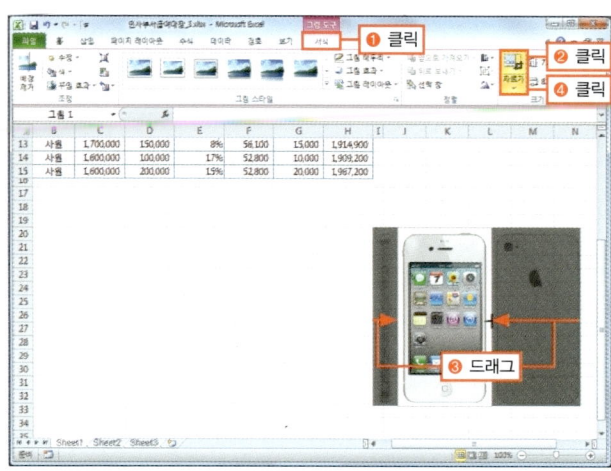

03 [투명한 색 설정] 명령 실행하기

❶[조정] 그룹에서 [색]을 클릭하고 ❷[투명한 색 설정]을 선택합니다.

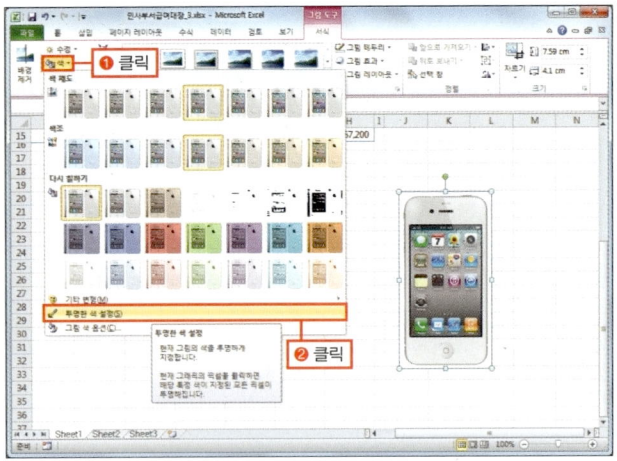

04 색 투명으로 변경하기

❶마우스 포인터가 ✎ 모양으로 바뀌면 배경의 흰색을 제거하기 위해 클릭합니다.

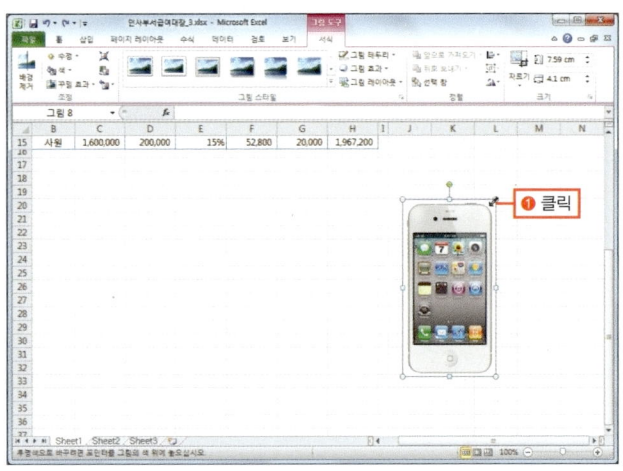

05 그림 효과 적용하기

❶크기를 줄이고 위치를 그림과 같이 옮긴 후에 ❷[그림 스타일] 그룹의 [그림 효과]를 클릭하고 ❸[반사]-[근접 반사, 터치]를 선택합니다.

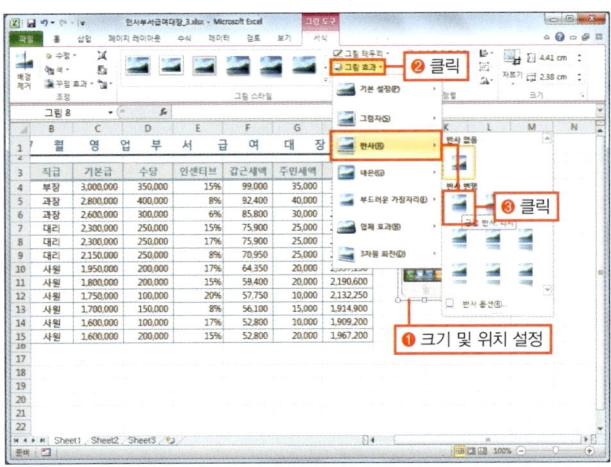

06 결과 확인하기

반사 효과가 적용된 그림입니다.

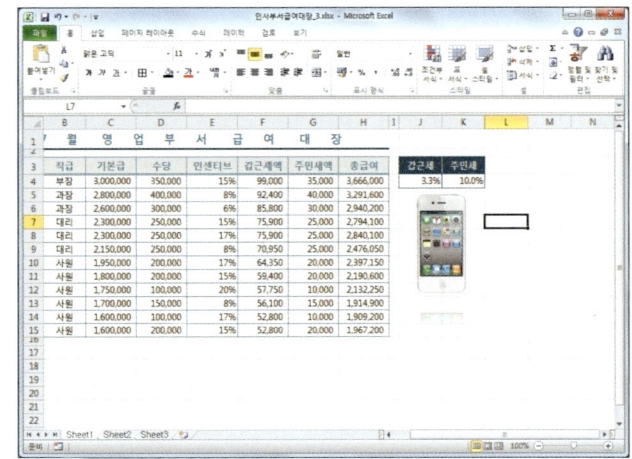

참고 • 도형에 맞춰 자르기

워크시트에 삽입한 그림을 특정 도형 모양으로 잘라낼 수 있습니다. 그림(사진)을 선택하고 [그림 도구]-[서식] 탭의 [크기] 그룹에서 [자르기]의
목록 버튼을 누른 후 [도형에 맞춰 자르기]에서 원하는 도형 모양을 클릭합니다. 선택한 도형 모양에 맞춰 그림이 잘라집니다.

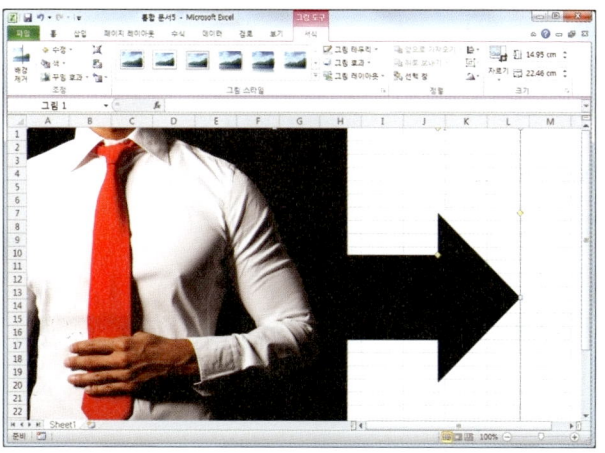

실습 과정

스크린샷과 하이퍼링크 사용하기

엑셀 2010에서는 현재 컴퓨터에 열려 있는 창을 캡처할 수 있는 [스크린샷]을 제공합니다. 이 기능을 사용하기
위해서는 캡처하려는 창을 미리 열어놓아야 한다는 점에 유의해야 합니다. 또한, 셀이나 개체에 특정 대상이
열리도록 연결하는 하이퍼링크의 사용방법에 대해서도 알아보겠습니다.

◉ **시작 파일** : 6장\염분구성_3.xlsx
◉ **완료 파일** : 6장\염분구성_3_완료.xlsx

01 스크린샷 선택하기

캡처할 화면을 미리 실행하여 화면에 열어둡니다. ❶A12셀을
선택하고 ❷[삽입] 탭의 [일러스트레이션] 그룹에서
❸[스크린샷]을 누른 후 ❹캡처할 화면을 클릭합니다.

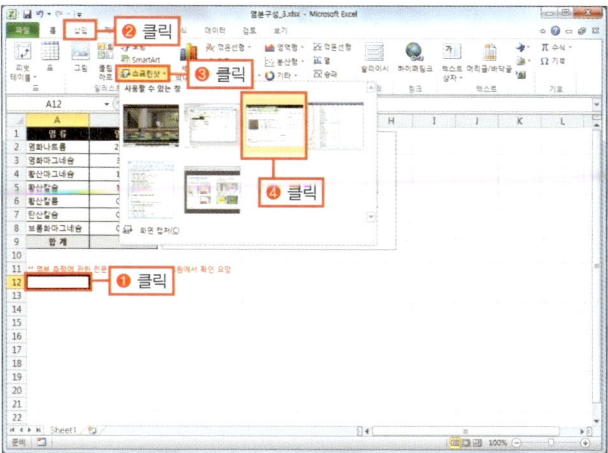

참고 •
컴퓨터 창에 활성화되어 있는 화면들이 목록으로 나타납니다. 작업
표시줄에 최소화되어 있는 프로그램은 나타나지 않습니다.

02 스크린샷의 크기 변경하기

워크시트에 화면이 삽입되면 ❶[그림 도구]-[서식] 탭의
[크기] 그룹에서 [크기 및 속성](⬚)을 클릭합니다.

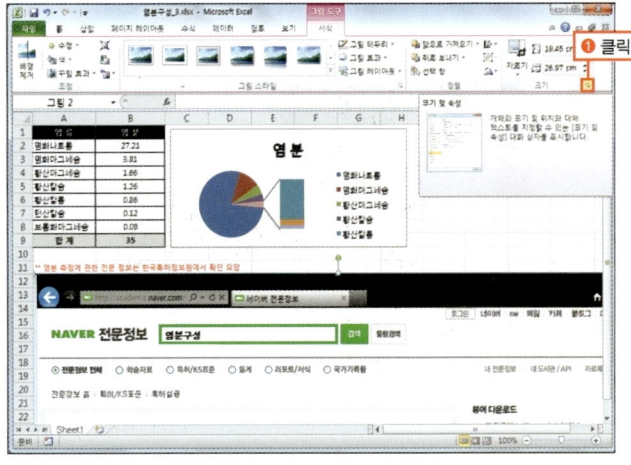

03 그림 크기 축소하기

[그림 서식] 대화상자의 [크기]가 열리면 ❶[배율]의
[높이]를 '30%'로 설정하고 ❷[닫기]를 클릭합니다.

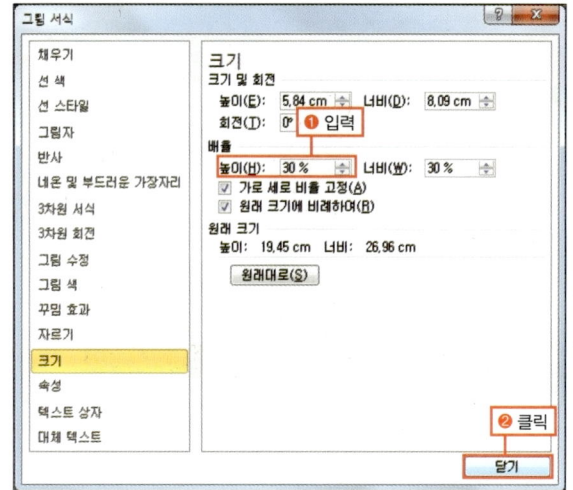

참고 •
[가로 세로 비율 고정]에 체크되어 있으므로 [높이]만 설정하면
[너비]는 자동으로 같이 변경됩니다.

04 그림 테두리 적용하기

리본 메뉴의 [그림 스타일] 그룹에서 ❶[그림 테두리]를
클릭하고 ❷[진한 파랑]을 선택합니다.

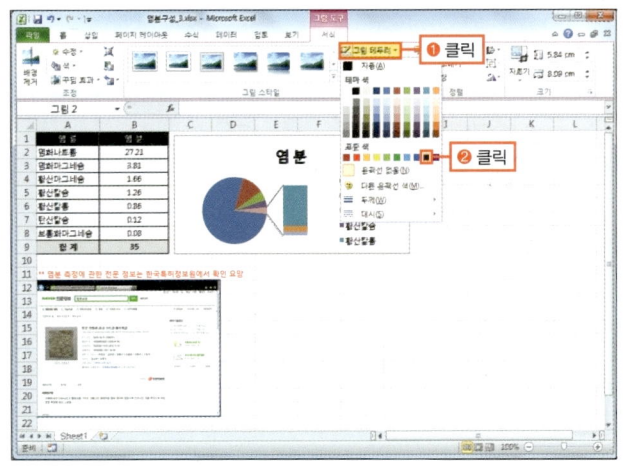

05 [화면 캡처] 명령 실행하기

다시 ❶[삽입] 탭의 [일러스트레이션] 그룹에서
❷[스크린샷]을 클릭하고 ❸[화면 캡처]를 선택합니다.

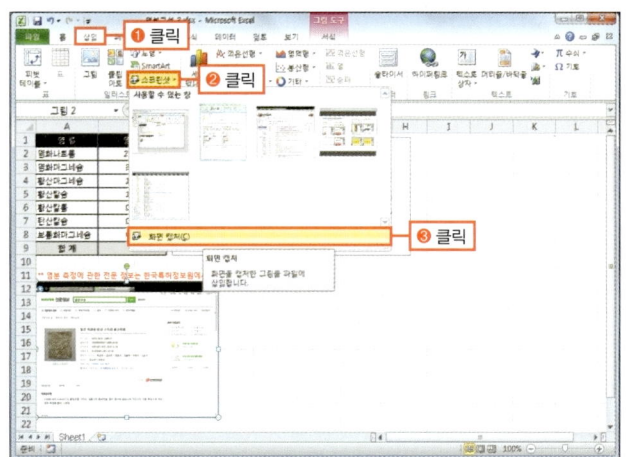

참고 •
캡처할 화면을 엑셀 창의 뒤에 준비해놓고 [화면 캡처]를 실행해야
합니다.

06 캡처 영역 선택하기

❶엑셀 창이 최소화되면 준비해둔 화면에서 필요한 영역을
드래그합니다.

07 그림 스타일 적용하기

❶선택한 영역이 워크시트에 삽입되면 그림과 같은 위치로
드래그한 후 ❷[그림 도구]-[서식] 탭의 [그림 스타일]
그룹에서 [사각형 그림자]를 클릭하여 적용합니다.

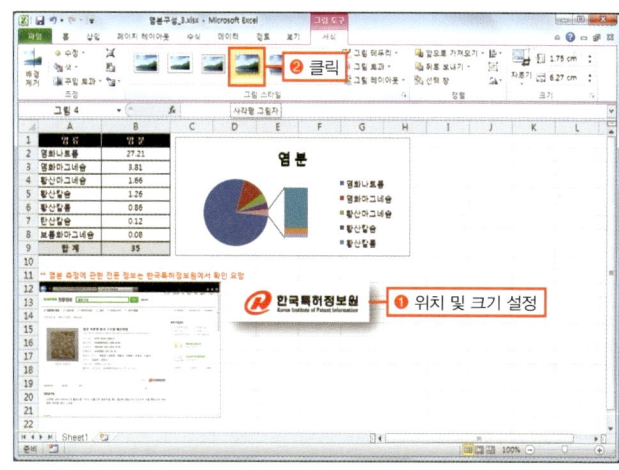

08 [하이퍼링크] 명령 실행하기

그림이 선택된 상태에서 ❶[삽입] 탭의 [링크] 그룹에서
❷[하이퍼링크]를 클릭합니다.

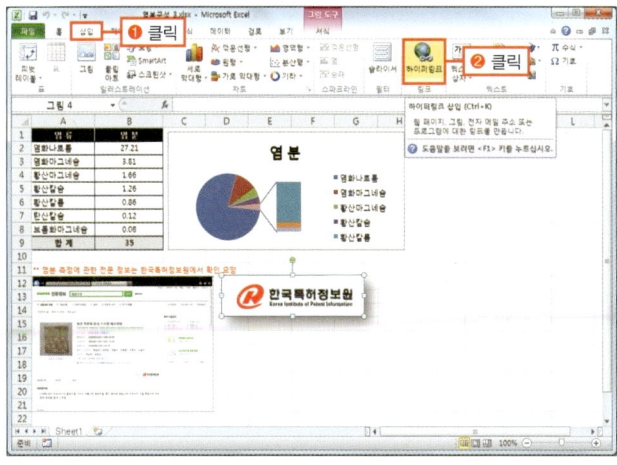

09 웹 페이지 하이퍼링크 걸기

[하이퍼링크 삽입] 대화상자가 나타나면 ❶[주소]에
연결할 웹 페이지의 주소를 입력하고 ❷[확인]을
클릭합니다.

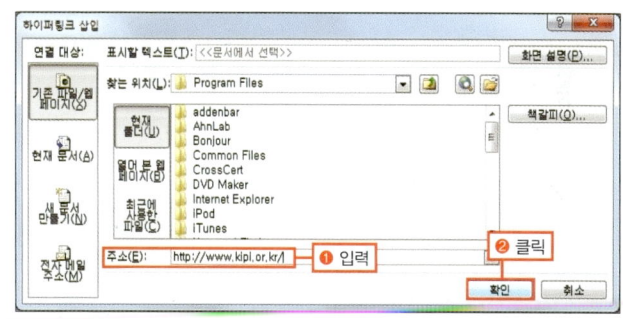

10 하이퍼링크 실행하기

❶하이퍼링크를 연결한 개체를 클릭합니다.

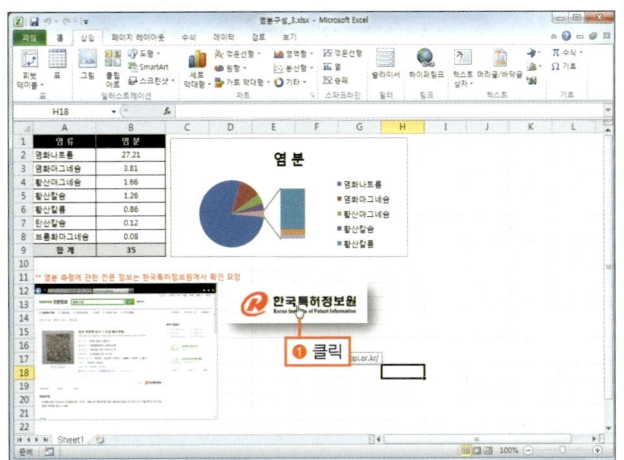

11 연결 확인하기

연결한 주소의 웹 페이지가 열립니다.

> **참고**
> 마우스 포인터가 손가락 모양으로 변하면 하이퍼링크가 제대로
> 설정된 것입니다.

> **참고 ● 하이퍼링크 편집 및 제거하기**
>
> 하이퍼링크는 앞에서 살펴본 웹 페이지 연결 외에도 다양한 연결 대상을 설정할 수 있습니다.
>
>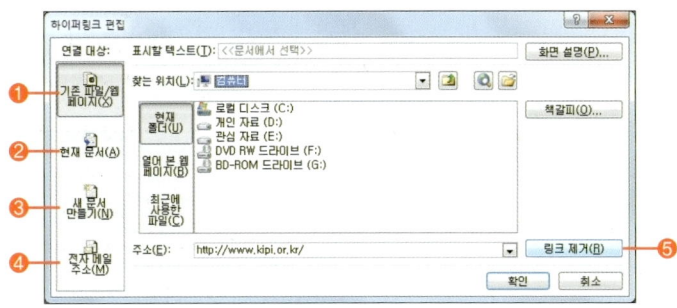
>
> ❶ **기존 파일/웹 페이지** : 다른 프로그램의 파일 및 이미지 등의 다양한 외부 파일을 선택하여 연결하거나, 웹 페이지의 주소를 입력하여
> 연결합니다.
> ❷ **현재 문서** : 현재 통합 문서 내의 특정 시트나 정의된 이름 중에서 연결
> 대상을 설정할 수 있습니다.
>
>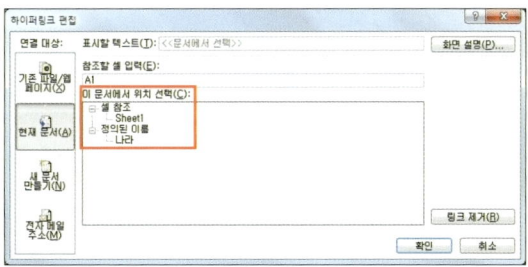
>
> ❸ **새 문서 만들기** : 새 통합 문서를 만드는 연결입니다.
> ❹ **전자 메일 주소** : 아웃룩과 같은 전용 프로그램을 실행하여 전자 메일을 바로 작성할 수 있도록 메일 주소를 연결할 수 있습니다.

❺ **링크 제거** : 연결된 링크를 제거합니다. 또는 하이퍼링크를 설정한 개체에서 마우스 오른쪽 버튼을 클릭하고 [하이퍼링크 제거]를 선택해도 됩니다.

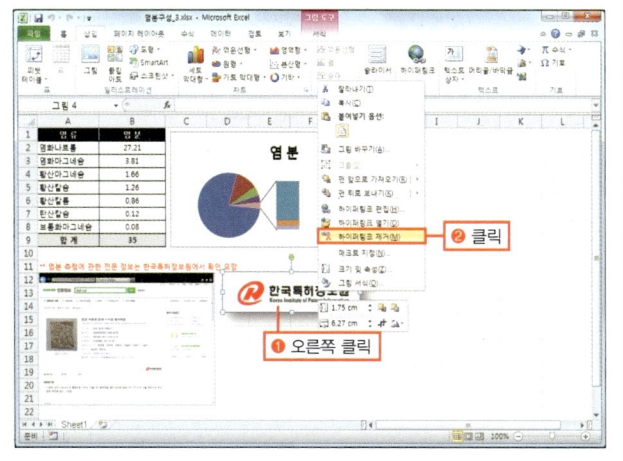

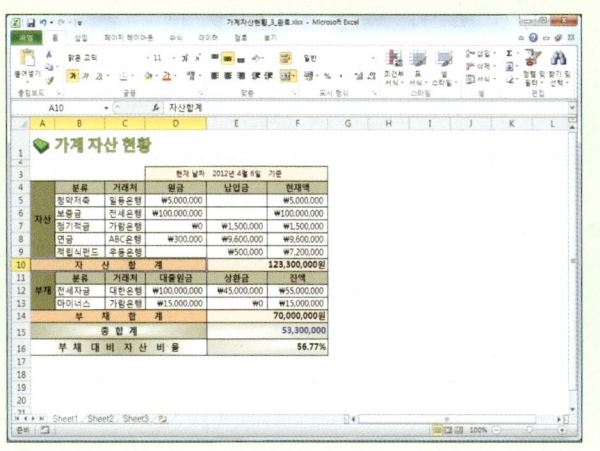

확인실습

1 클립 아트('돈'으로 검색)와 워드아트를 이용하여 제목 부분을 완성해 보세요.

◉ **시작 파일** : 6장\가계자산현황_3.xlsx
◉ **완료 파일** : 6장\가계자산현황_3_완료.xlsx

시트 배경 그림으로 꾸미고 눈금선 숨기기

워크시트의 배경을 그림으로 설정하고 눈금선을 숨기면 색다른 느낌으로 문서 작업을 할 수 있습니다. 배경 그림은 인쇄되지는 않으며 화면에서만 표시됩니다. 문서 저장 시에는 함께 저장됩니다.

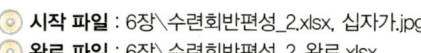

◎ **시작 파일** : 6장\수련회반편성_2.xlsx, 십자가.jpg
◎ **완료 파일** : 6장\수련회반편성_2_완료.xlsx

1 [배경] 명령 실행하기

❶[페이지 레이아웃] 탭의 [페이지 설정] 그룹에서 ❷[배경]을 클릭합니다.

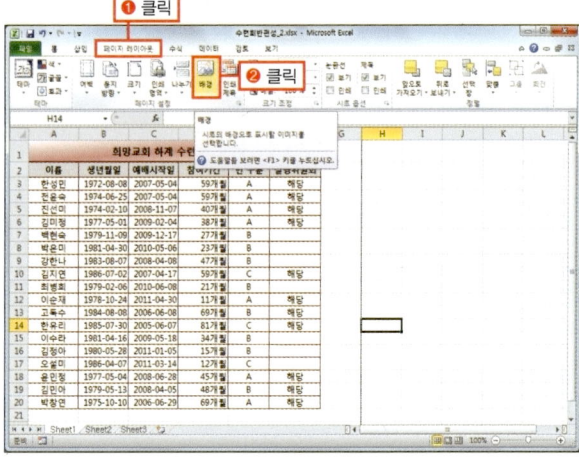

2 배경 그림 선택하기

[시트 배경] 대화상자가 나타나면 ❶'6장\십자가.jpg'를 선택하고 ❷[삽입]을 클릭합니다.

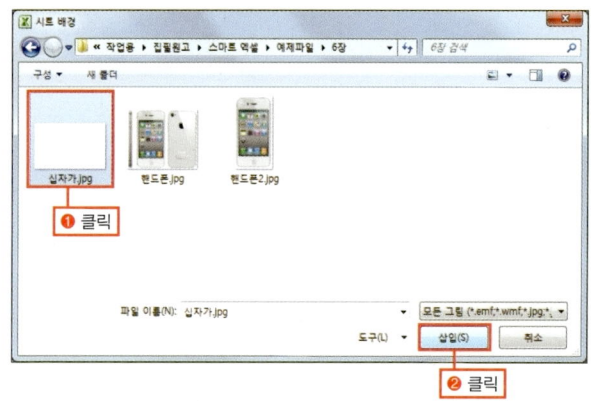

3 배경 확인하기

선택한 그림이 시트의 배경에 나타납니다.

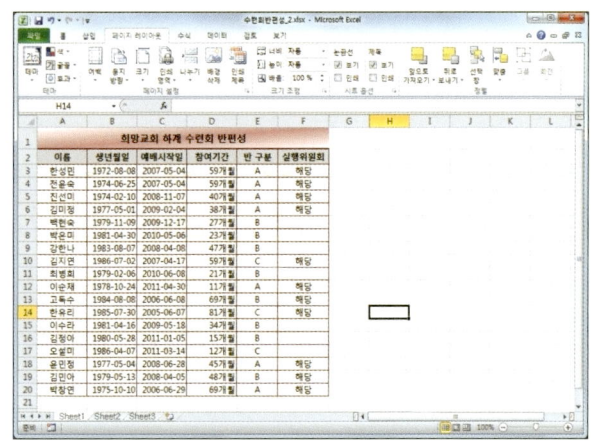

> **참고**
> 시트 배경에 그림을 넣을 때는 데이터가 잘 보이도록 주의해야 합니다.

4 눈금선 숨기기

❶리본 메뉴의 [시트 옵션] 그룹에서 [눈금선]의 [보기]를 체크 해제하면 화면에서 눈금선이 숨겨집니다.

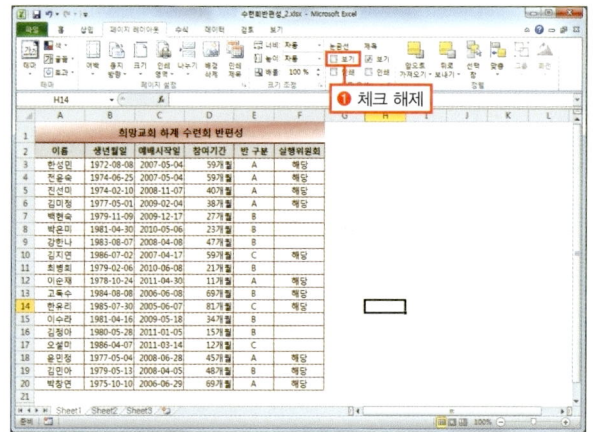

> **참고**
> 배경을 제거하려면 [페이지 설정] 그룹에서 [배경 제거]를 클릭합니다.

SECTION
03

스마트아트 이용하여 다이어그램 쉽게 그리기

스마트아트는 이름 그대로 다이어그램이나 조직도와 같이 복잡한 그래픽 개체를 쉽게 만들 수 있게 도와주는 기능입니다.

다루는 내용

• 조직도 만들기

기능 정리

최강의 그래픽 기능인 스마트아트 알아보기

스마트아트는 여러 도형, 그림, 텍스트 등을 복합적으로 이용하여 만들어야 하는 다이어그램이나 조직도와 같은 개체들을 쉽게 만들 수 있게 해주는 똑똑한 그래픽 기능입니다. [삽입] 탭의 [일러스트레이션] 그룹에서 [SmartArt]를 클릭하여 나오는 [SmartArt 그래픽 선택] 대화상자에서 다양한 유형의 스마트아트를 사용할 수 있습니다.

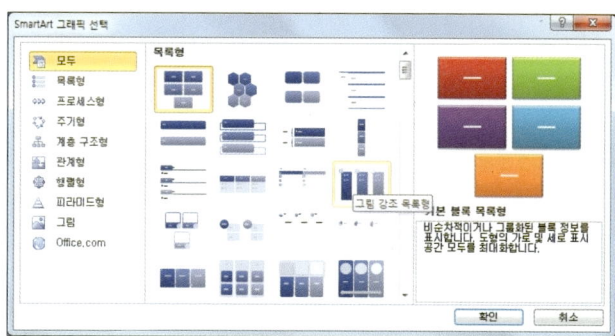

▲ 엑셀에서는 총 8가지 유형에 189 종류의 스마트아트를 제공하고 있는데,
이번 2010 버전에서는 [그림] 유형이 추가되었습니다.

● **스마트아트 디자인을 담당하는 [SmartArt 도구]-[디자인] 탭**

워크시트에 스마트아트를 삽입하면 [SmartArt 도구] 리본 탭이 나타나는데, 이중 스마트아트 전체 디자인에 관련된 기능은 [디자인] 탭에서 설정합니다.

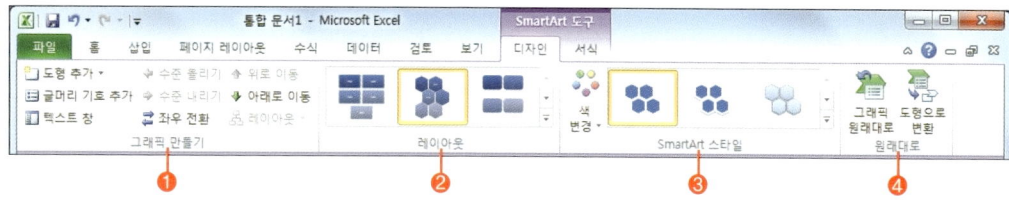

❶ **그래픽 만들기** : 스마트아트에 도형, 글머리 기호 등을 추가하거나 수준, 레이아웃, 순서, 좌우 등을 변경합니다.

❷ **레이아웃** : 스마트아트 작성 중에 대체할 수 있는 다른 레이아웃으로 바로 변경할 수 있습니다.

❸ **SmartArt 스타일** : 스마트아트의 색을 변경하고 빠른 스타일을 적용합니다.

❹ **원래대로** : 스마트아트의 편집 내용을 모두 원래대로 돌리거나 도형으로 변환합니다.

● **스마트아트 도형과 워드아트를 편집하는 [SmartArt 도구]–[서식] 탭**

스마트아트 내의 개별 도형 편집과 텍스트 편집 등은 [서식] 탭을 이용합니다.

❶ **도형** : 스마트아트를 구성하는 개별 도형을 편집할 수 있습니다. 도형 모양을 변경하거나 크기 조절, 3차원 스타일이 적용된 스마트아트의 2차원 편집 등을 지원합니다.

❷ **도형 스타일** : 스마트아트의 개별 도형을 선택하고 스타일을 편집할 수 있습니다.

❸ **WordArt 스타일** : 스마트아트에 입력한 텍스트에 워드아트 스타일을 적용하고 편집할 수 있습니다.

❹ **정렬** : 도형의 순서, 맞춤, 그룹, 회전 등을 설정합니다.

❺ **크기** : 스마트아트의 크기를 직접 설정할 수 있습니다.

간단퀴즈

1 다이어그램, 조직도 등을 쉽게 선택하여 삽입할 수 있는 엑셀의 그래픽 개체는 무엇입니까?

2 스마트아트에 관한 다음 내용 중 맞는 것은 O, 틀린 것은 X를 표시하세요.

① 한 번 삽입한 스마트아트의 레이아웃이나 모양은 변경할 수 없다. ( )

② 스마트아트를 구성하는 각 도형은 개별적으로 편집할 수 있다. ( )

③ 스마트아트에 입력한 텍스트에는 워드아트 서식을 사용할 수 있다. ( )

답 : 스마트아트, X／O／O

실습과정 스마트아트를 이용한 조직도 그리기

조직도를 만들어 보며 스마트아트의 기본 사용법을 익혀보겠습니다.

⊙ **완료 파일** : 6장\조직도_완료.xlsx

01 스마트아트 삽입하기

❶[삽입] 탭의 [일러스트레이션] 그룹에서 ❷[SmartArt]를 클릭합니다. [SmartArt 그래픽 선택] 대화상자가 나타나면 ❸[계층 구조형]에서 ❹첫 번째 조직도를 선택하고 ❺[확인]을 클릭합니다.

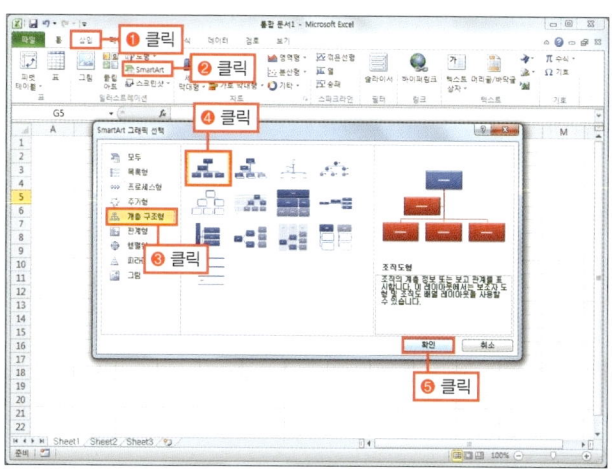

02 뒤에 도형 추가하기

조직도가 삽입되면 ❶두 번째 줄의 도형을 클릭하고 [SmartArt 도구]-[디자인] 탭의 [그래픽 만들기] 그룹에서 ❷[도형 추가]의 목록 버튼을 클릭하여 ❸[뒤에 도형 추가]를 선택합니다.

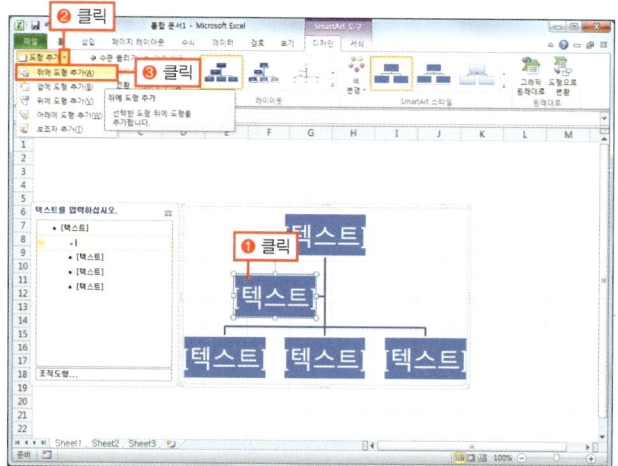

03 보조자 도형 추가하기

추가된 도형이 선택된 상태에서 다시 리본 메뉴의 ❶[도형 추가]의 목록 버튼을 클릭하고 ❷[보조자 추가]를 선택합니다.

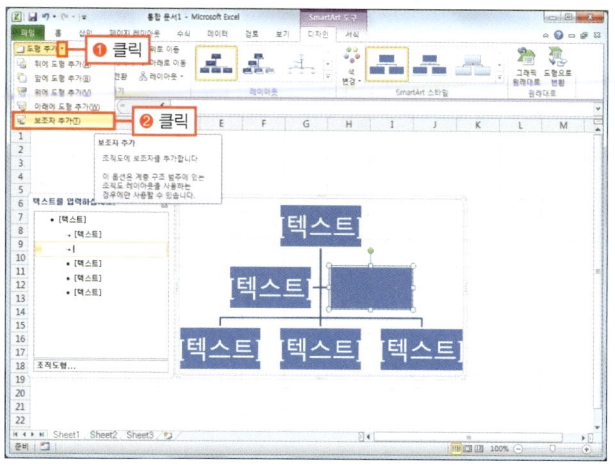

04 도형 추가하고 위치 이동하기

❶같은 방법으로 마지막 줄 3개 도형에 각각 [아래에 도형 추가]를 이용하여 그림과 같이 도형을 추가합니다. ❷보조자 도형을 클릭하고 오른쪽으로 드래그하여 이동합니다.

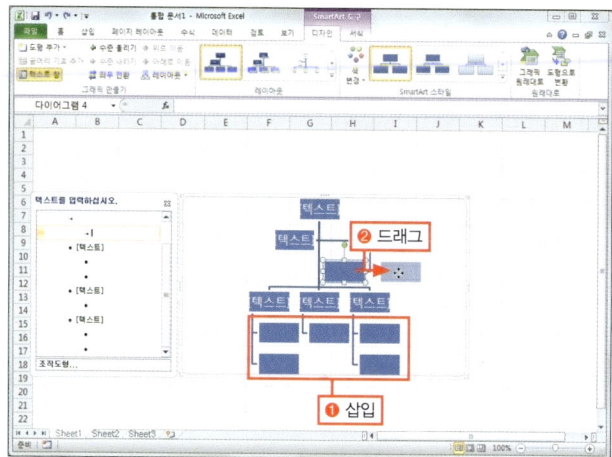

05 레이아웃 변경하기

❶마지막 줄의 오른쪽 도형을 클릭하고 ❷리본 메뉴의 [레이아웃]을 눌러 ❸[표준]을 선택합니다.

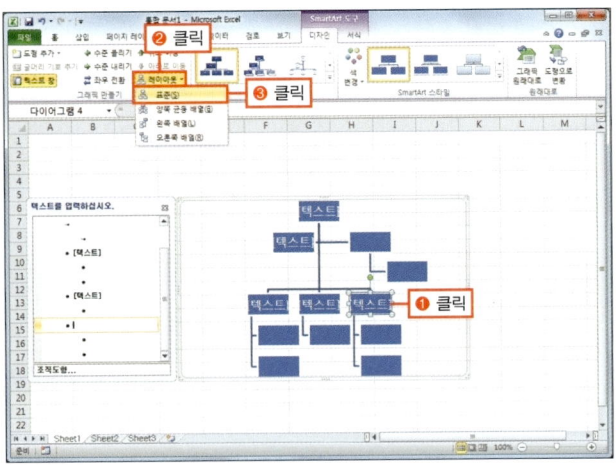

06 스마트아트 색 변경하기

❶스마트아트 테두리를 클릭하고 ❷[SmartArt 스타일] 그룹에서 [색 변경]을 클릭하여 ❸[색상형]-[색상형 범위 - 강조색 2 또는 3]을 선택합니다.

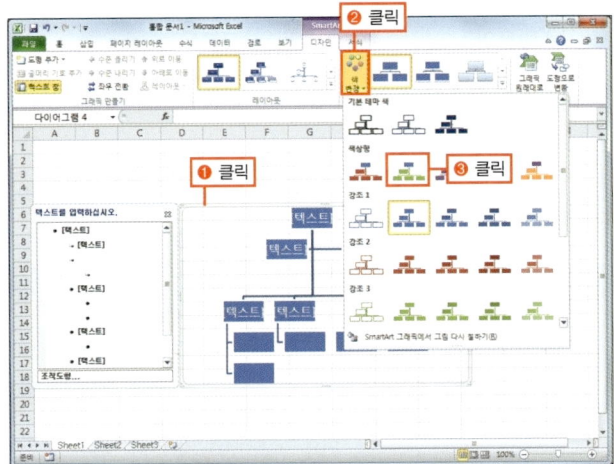

07 빠른 스타일 적용하기

❶리본 메뉴에서 빠른 스타일 목록의 ▼를 클릭하고 ❷[3차원]-[광택 처리]를 선택합니다.

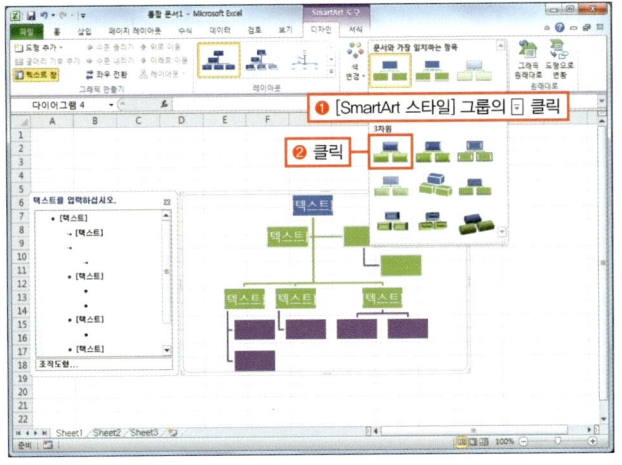

08 도형 모양 변경하기

❶첫 번째 도형을 선택하고 ❷[SmartArt 도구]-[서식] 탭의 ❸[도형] 그룹에서 [도형 모양 변경]을 눌러 ❹[빗면](▭)을 클릭합니다.

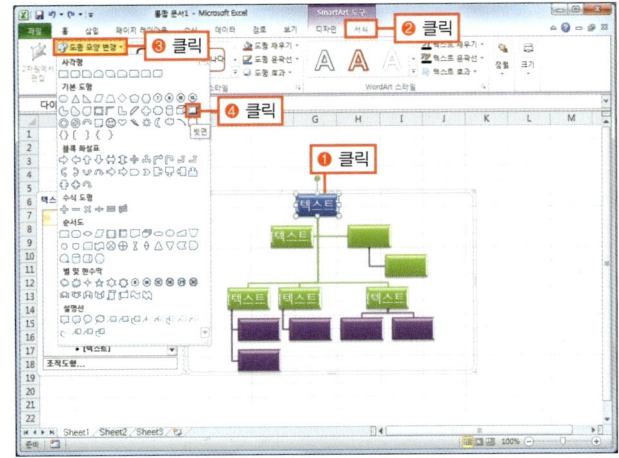

09 도형 크기 변경하기

첫 번째 도형이 선택된 상태에서 ❶리본 메뉴의 [크게]를 3번 클릭하여 크기를 확대합니다.

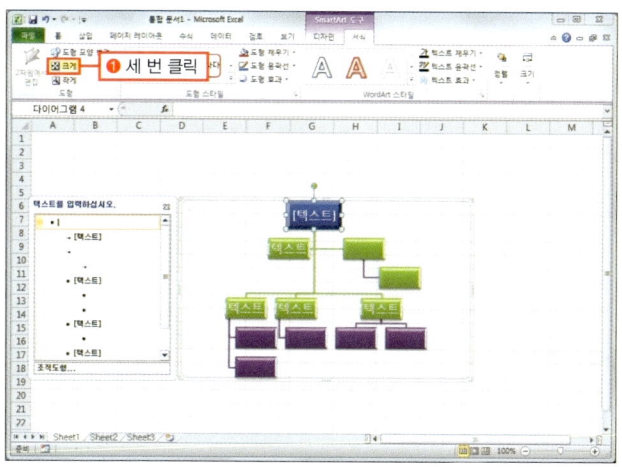

10 도형 색 변경하기

❶보조자 도형을 선택하고 ❷[도형 스타일] 그룹의 [도형 채우기]를 클릭하여 ❸[황록색, 강조 3, 40% 더 밝게]를 클릭합니다.

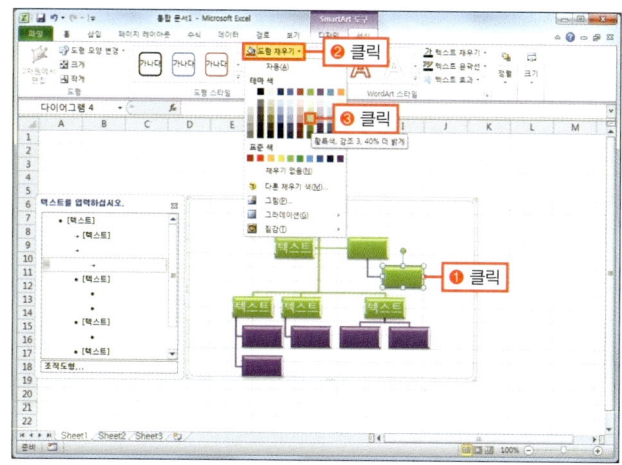

11 텍스트 입력하기

❶스마트아트 각 도형에 필요한 텍스트를 입력합니다. ❷텍스트 입력이 끝나면 텍스트 창의 [닫기](⊠)를 클릭하여 닫습니다.

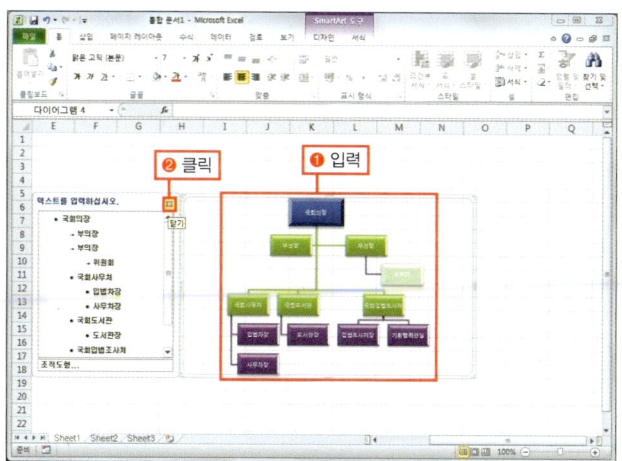

> **참고**
> 도형에 직접 입력해도 되고 왼쪽 텍스트 창에 입력해도 됩니다.

12 텍스트 편집과 크기 조절하기

❶스마트아트 테두리의 모서리와 각 변의 중심에 있는 조절점을 드래그하여 크기를 확대하고 ❷글꼴 색을 그림과 같이 변경합니다. 필요하면 개별 도형을 선택하고 크기 조절점을 이용하여 크기를 변경합니다.

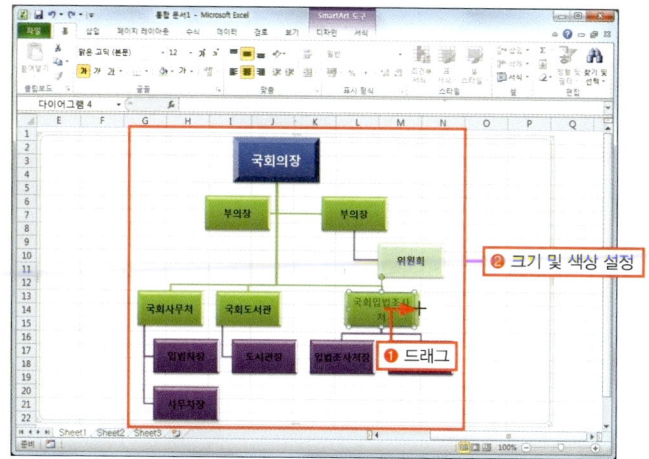

실습
과정

스마트아트 도형으로 변환하여 새로운 모양으로 만들기

스마트아트는 여러 도형이 그룹화된 개체입니다. 따라서 그룹을 해제하거나 도형으로 변환하면 원하는 부분만 따로 편집할 수 있습니다. 스마트아트에서 필요한 부분만을 모아 사용자가 원하는 모양으로 다시 구성하는 고급스러운 활용 방법을 알아보겠습니다.

◎ **완료 파일** : 6장\프로세스형_완료.xlsx

01 스마트아트 삽입하기

❶[삽입] 탭의 [일러스트레이션] 그룹에서 ❷[SmartArt]를 클릭합니다. ❸대화상자에서 [프로세스형]의 ❹[오름차순 그림 강조 프로세스형]을 선택하고 ❺[확인]을 클릭합니다.

02 도형 추가하며 텍스트 입력하기

❶[텍스트 창]의 첫 줄에 '이범래(새)'를 입력하고 ❷ Enter 를 누릅니다. 같은 수준 도형이 추가되면 ❸ Tab 을 눌러 수준을 하나 내린 후 ❹'37.3%'를 입력합니다. ❺같은 방법으로 아래도 데이터를 입력합니다.

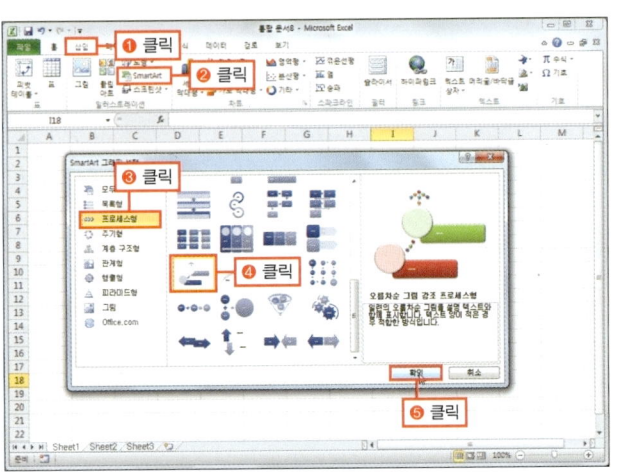

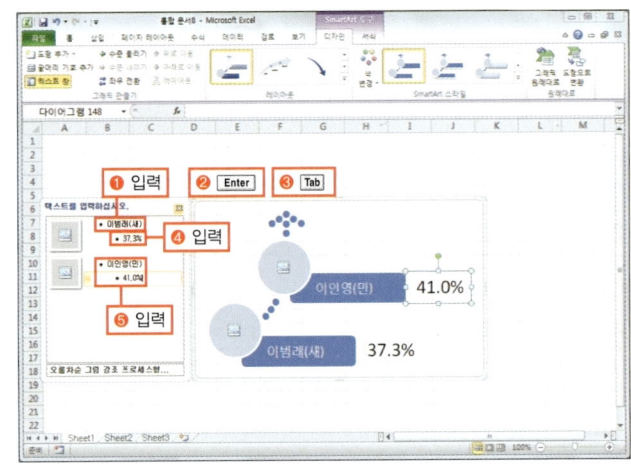

03 스마트아트 색 변경하기

❶[SmartArt 도구]-[디자인] 탭의 [SmartArt 스타일] 그룹에서 [색 변경]을 클릭하고 ❷[색상형 범위 – 강조색 5 또는 6]을 선택합니다.

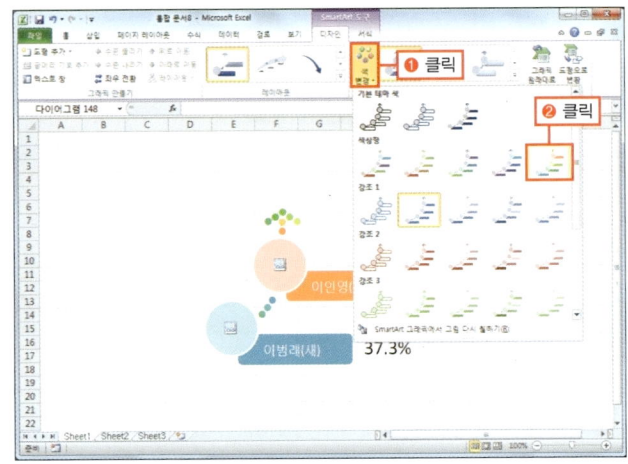

04 스마트아트 스타일 적용하기

❶리본 메뉴의 스마트아트 스타일 목록에서 ❷[3차원]의 [조감도]를 선택합니다.

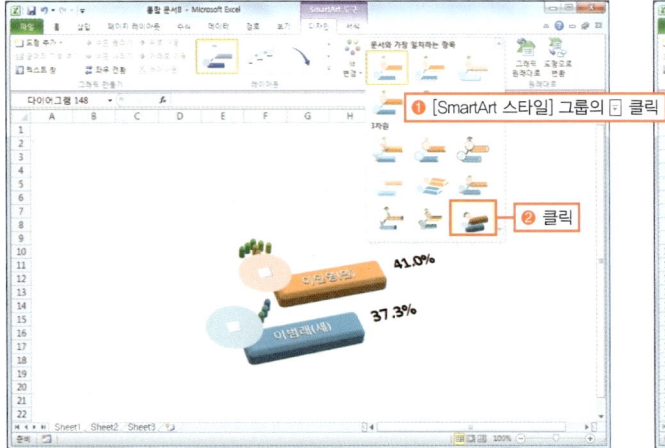

05 스마트아트를 도형으로 변환하기

❶스마트아트의 위치와 크기를 대략 조절한 후에 ❷리본 메뉴의 [원래대로] 그룹에서 [도형으로 변환]을 클릭합니다.

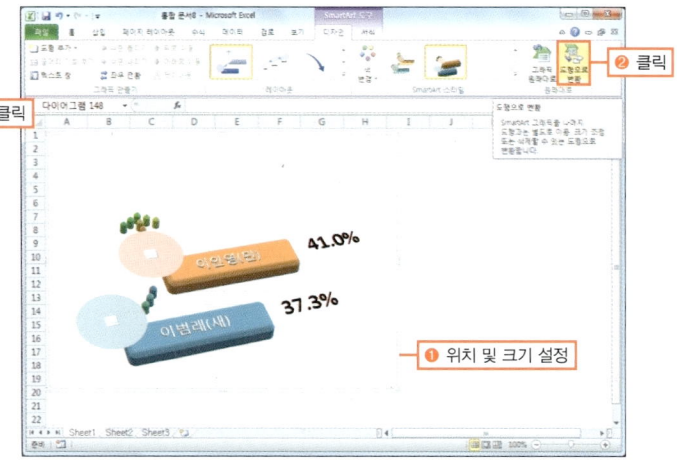

> **참고**
> 스마트아트를 도형으로 변환하면 도형 삭제, 이동, 크기 조절 등이 자유로워집니다.

06 도형 일부 삭제하기

스마트아트가 도형으로 변환됩니다. ❶화살표 무늬였던 도형을 모두 삭제하고 ❷전체 크기를 적당히 확대합니다.

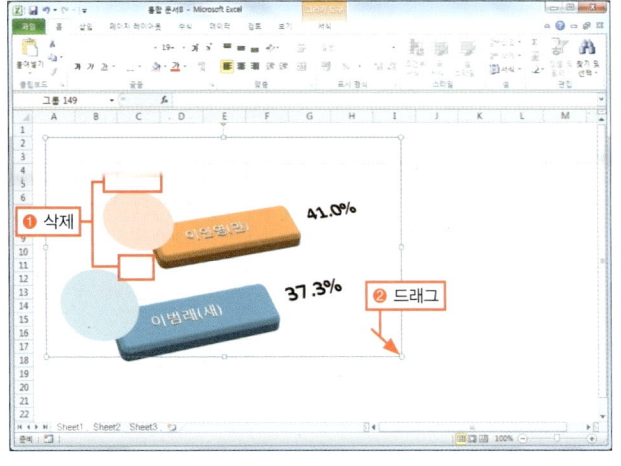

07 도형 채우기

❶원을 선택하고 ❷Ctrl+1을 누릅니다. ❸[채우기]에서 [그림 또는 질감 채우기]를 선택하고 ❹[클립 아트]를 클릭합니다. ❺'남성'으로 검색하여 ❻그림과 같은 이미지를 선택하고 ❼[확인]을 클릭합니다.

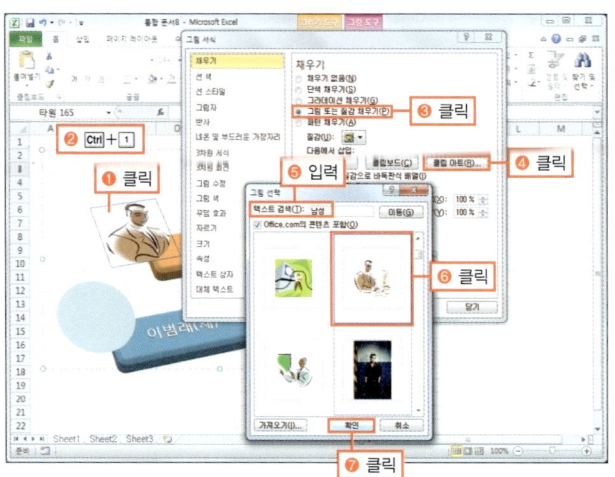

08 그림 배열 설정하기

❶[그림을 질감으로 바둑판식 배열]에 체크하고 ❷[맞춤]을 [왼쪽 위]로 설정합니다.

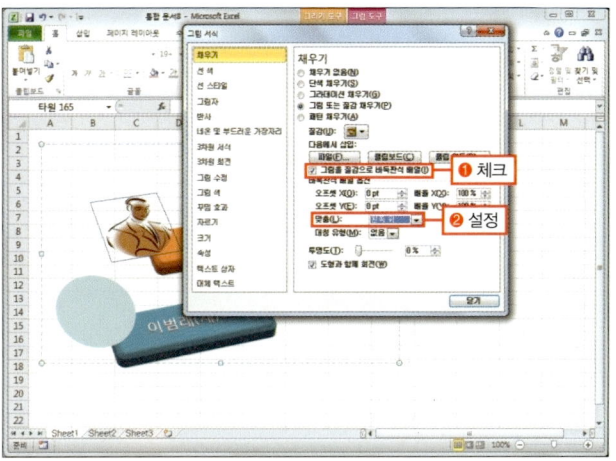

참고 •
그림이 도형에 바둑판 모양으로 반복되면서 채워집니다. 작은 그림으로 가득 채우고 싶다면 [배율]에서 축소합니다.

09 도형 채우기

❶아래 원도 같은 방법으로 ❷'남성' 클립 아트를 검색하여 그림과 같은 이미지를 삽입합니다. [그림을 질감으로 바둑판식 배열]에 체크하고 [맞춤]을 [오른쪽 위]로 설정합니다.

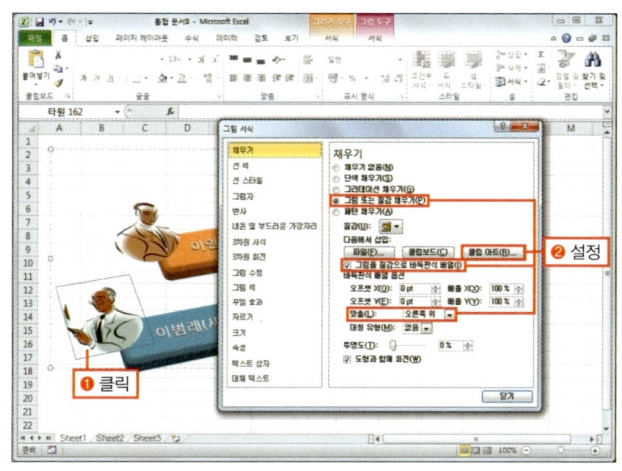

10 윤곽선 색 설정하기

❶[선 색]으로 이동하여 ❷[실선]을 클릭하고 ❸[색]의 버튼을 눌러 ❹[진한 파랑]을 선택합니다.

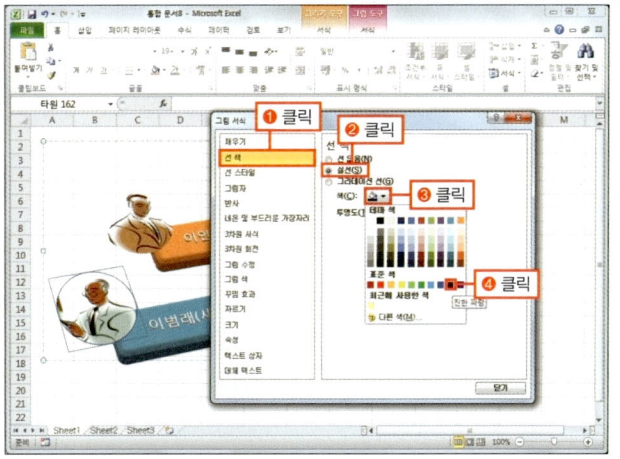

11 윤곽선 스타일 설정하기

❶[선 스타일]로 이동하여 ❷[너비]를 '2pt'로 설정합니다.

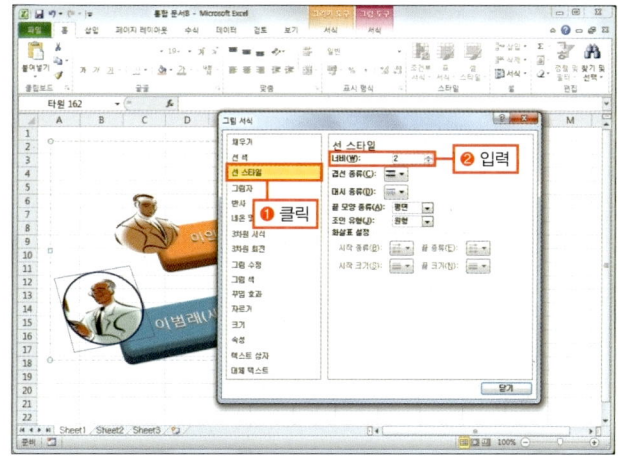

12 윤곽선 색, 스타일 설정하기

❶위쪽 원을 선택하고 같은 방법으로 ❷[선 색]은 [주황, 강조 6, 50% 더 어둡게], ❸[너비]는 ❹'2pt'로 설정하고 ❺[닫기]를 클릭합니다.

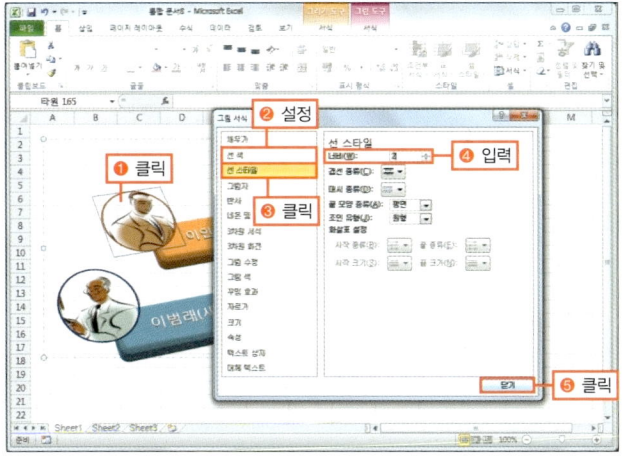

13 화살표를 포함한 스마트아트 삽입하기

❶[삽입] 탭의 [일러스트레이션] 그룹에서 ❷[SmartArt]를 클릭합니다. ❸대화상자에서 [프로세스형]의 ❹[상향 화살표형]을 선택하고 ❺[확인]을 클릭합니다.

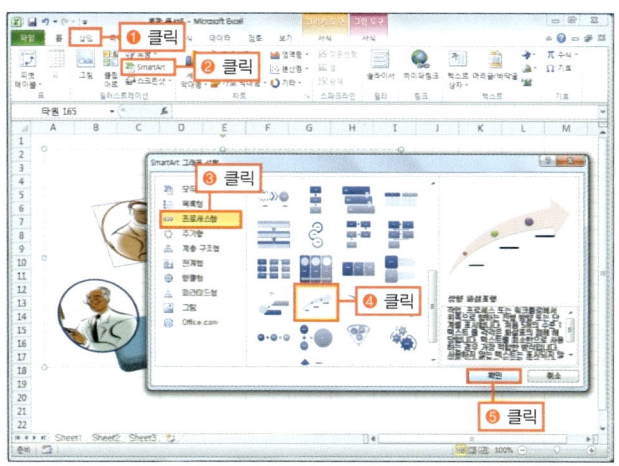

14 스마트아트 그룹 해제하기

❶삽입된 스마트아트를 선택하고 ❷[SmartArt 도구]-[서식] 탭의 ❸[정렬]을 클릭합니다. ❹[그룹]을 클릭하고 ❺[그룹 해제]를 선택합니다.

15 도형 그룹 해제하기

그룹 도형으로 변환된 상태에서 ❶마우스 오른쪽 버튼을 클릭하고 ❷한 번 더 [그룹]-[그룹 해제]를 선택합니다.

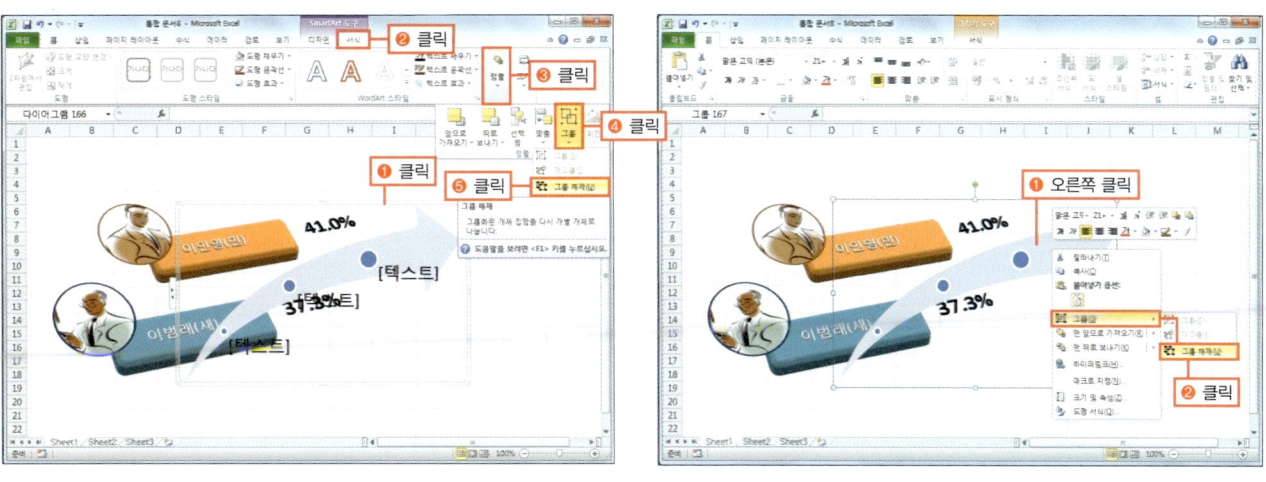

> **참고**
> 스마트아트를 그룹 해제하면 일단 그룹화된 도형으로 변환됩니다.

16 도형 그룹 해제하기

도형이 모두 분리되면 ❶화살표 도형만 남기고 모두 삭제합니다.

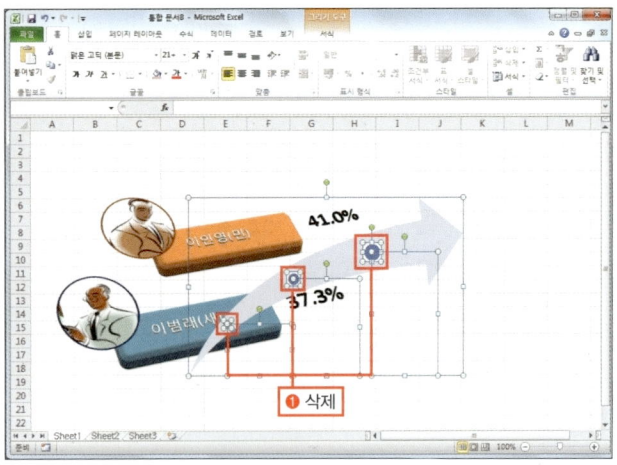

17 도형 회전하기

❶화살표 도형을 선택하고 [그리기 도구]-[서식] 탭의 [정렬] 그룹에서 ❷[회전](📐)을 눌러 ❸[상하 대칭]을 클릭합니다.

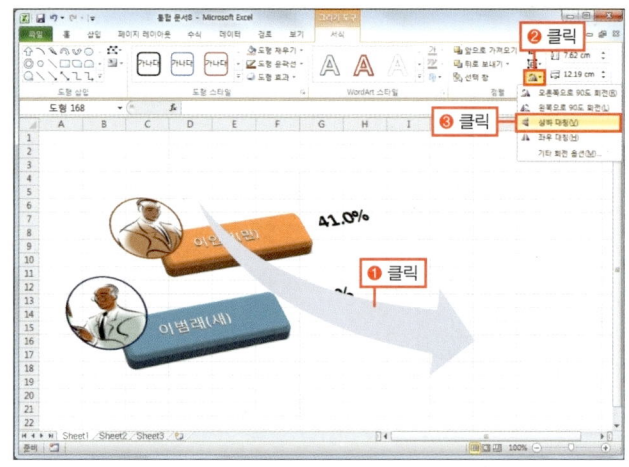

> **참고**
>
> 앞에서 상하 대칭한 화살표의 회전 조절점을 이용하여 그림과 같은 각도로 드래그합니다.

18 도형 위치와 크기 조절하기

❶상하 대칭으로 회전한 화살표의 크기와 위치 및 각도를 그림과 같이 조절합니다.

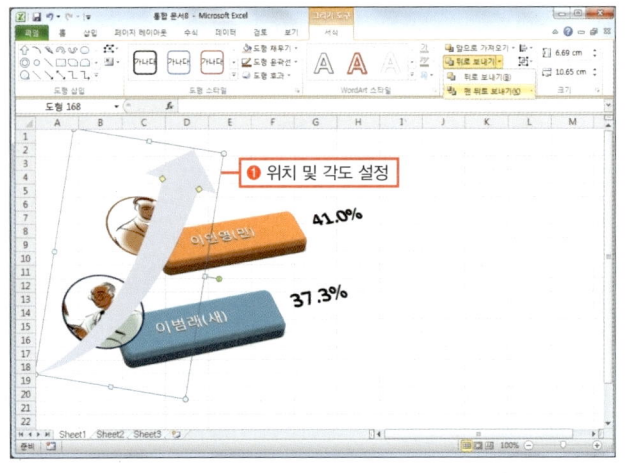

19 도형 채우기

리본 메뉴에서 ❶[도형 스타일] 그룹의 [도형 채우기]를 클릭하고 ❷[빨강, 강조 2, 60% 더 밝게]를 선택합니다. ❸[뒤로 보내기]-[맨 뒤로 보내기]를 클릭하여 화살표를 도형 뒤쪽으로 보냅니다.

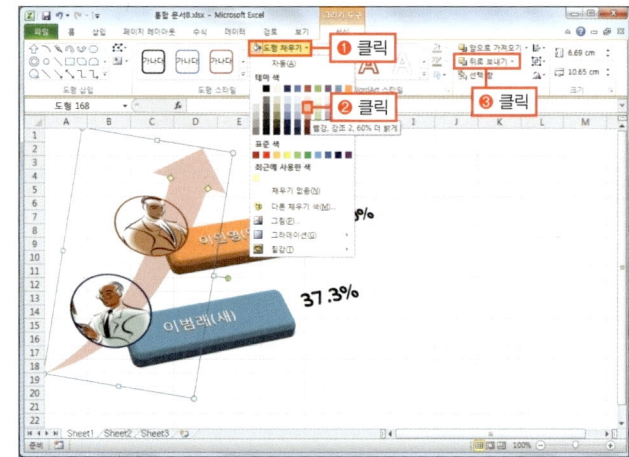

20 도형 그룹하기

❶도형을 모두 선택한 후 리본 메뉴의 [정렬] 그룹에서
❷[그룹](🔲▾)을 눌러 ❸[그룹]을 클릭합니다.

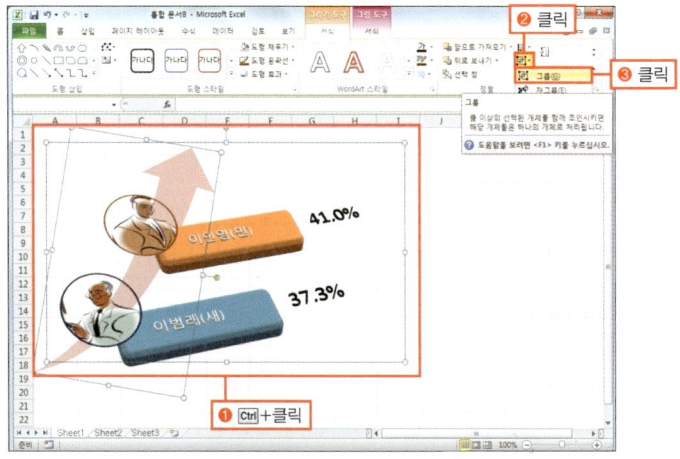

참고 • 스마트아트의 모양 다른 유형으로 변경하기

참고 • 스마트아트의 모양 다른 유형으로 변경하기

스마트아트를 삽입하고 작업 도중에라도 다른 유형의 스마트아트로 바로 변경할 수 있습니다.

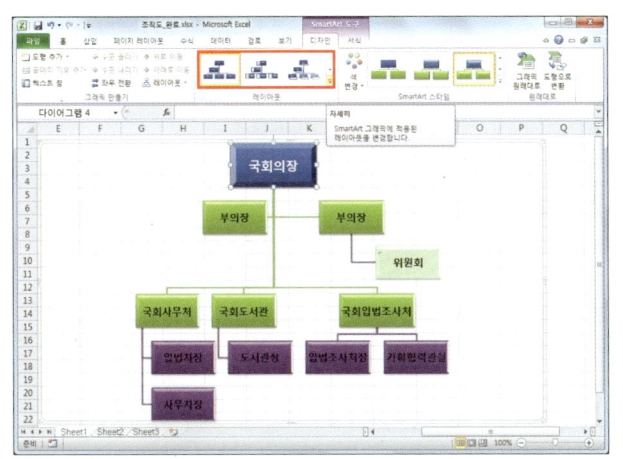

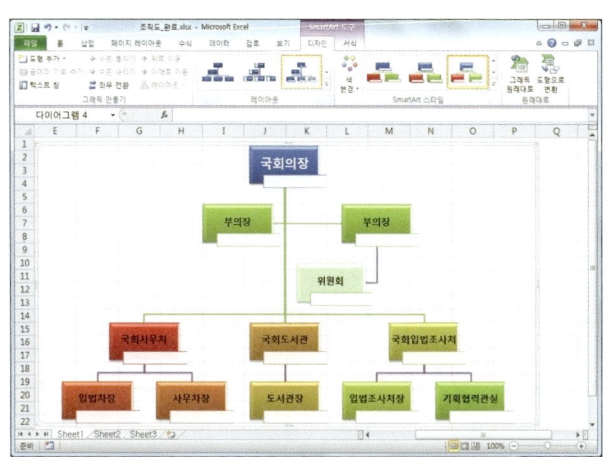

▲ 스마트아트를 선택하고 [SmartArt 도구]-[디자인] 탭의 [레이아웃] 그룹에서 바꾸고 싶은 스마트아트 종류를 클릭합니다.

▲ 데이터의 변경 없이 스마트아트의 모양만 바꿔서 다시 작업할 수 있습니다.

확인실습

1 스마트아트를 이용하여 문서의 오른쪽에 그림과 같은 다이어그램을 완성해 보세요.

◉ **시작 파일** : 6장\가계자산현황_4.xlsx
◉ **완료 파일** : 6장\가계자산현황_4_완료.xlsx

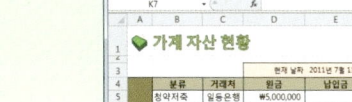

가계 자산 현황 화면

① 도형과 텍스트 상자, 워드아트를 이용하여 코르크보드에 포스트잇을 붙인 듯한 개체를 만들고 항상 오늘 날짜가 표시되는 문서를 만들어 보세요. 문서 작성 후에는 그림과 같이 인쇄 모양을 설정해서 인쇄해 보세요.

◎ **완료 파일** : 6장\코르크보드.xlsx
◎ **해설 파일** : 해설파일\6장\코르크보드.pdf

After

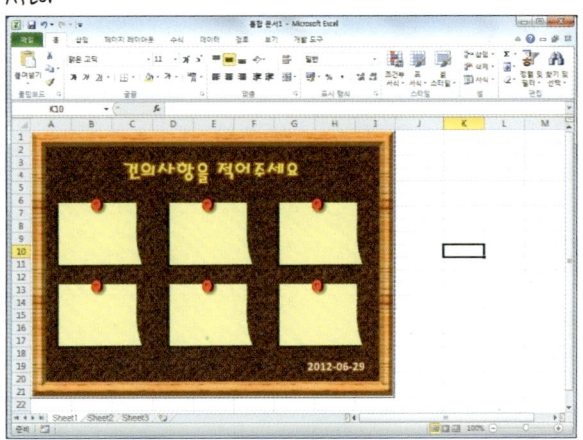

인쇄 모양

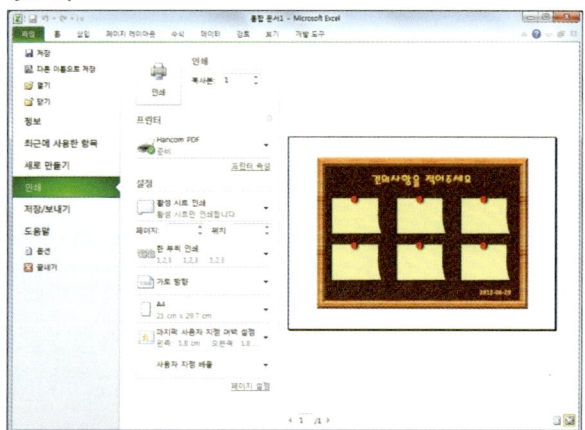

❶A1:I21셀에 맞춰 [액자] 도형 삽입하고 [오크] 질감 채우기, [정사각형] 삽입하고 [코르크] 질감 채우기 ❷[정사각형]의 순서를 [액자] 도형의 뒤로 보내고 [액자]와 [정사각형] 도형의 색상과 밝기를 적당히 조절 ❸텍스트 상자 삽입하고 노란 연한색으로 채우고 윤곽선 제거 ❹[점 편집]을 이용하여 텍스트 상자의 오른쪽 면을 휘게 변경하고 [그림자] 도형 효과의 값을 적절히 설정 ❺텍스트 상자 위에 [원] 삽입하고 빨간색으로 채우기 ❻[원] 도형에 [딱딱한 가장자리] 입체 효과, [오른쪽 아래 오블리크] 3차원 회전 적용하고 [그림자] 도형 효과의 값을 적절히 설정 ❼텍스트 상자와 [원] 도형을 그룹화한 후 2개 복사하여 오른쪽으로 이동하고 [위쪽 맞춤], [가로 간격을 동일하게] 적용 후 3개를 다시 아래로 복사 ❽제목 워드아트 삽입하고 글꼴 서식 변경(휴먼매직체, 28) ❾워드아트 스타일 적용하고(채우기 – 주황, 강조 6, 윤곽선 – 강조6, 네온 – 강조 6) [텍스트 채우기]를 [노랑]으로 변경 ❿J1셀에 '=today()' 함수 입력하고 [글꼴 색]을 [흰색, 배경 1]로 변경 ⓫[정사각형] 오른쪽 아래에 텍스트 상자 삽입하고 클릭 후 수식 입력줄에 '=J1' 입력 ⓬워드아트 스타일 적용하고(채우기 – 주황, 강조 6, 윤곽선 – 강조6, 네온 – 강조 6) 글꼴 서식 설정(맑은 고딕, 15, 오른쪽 맞춤) ⓭전체 선택하고 그룹 ⓮A1:I21셀을 인쇄 영역으로 설정 ⓯용지 방향 가로로 변경하고 인쇄 배율 확대 후 용지의 가운데 맞춤

2 시작 파일을 불러와 제목 부분에는 그림을 삽입하여 편집하고 오른쪽 빈 공간에는 그림이 들어가는 스마트아트를 삽입하여 문서를 완성해 보세요.

- **시작 파일** : 6장\분기별라인별판매량.xlsx, 자기.jpg, im.jpg, mo.jpg, tea.jpg
- **완료 파일** : 6장\분기별라인별판매량_완료.xlsx
- **해설 파일** : 해설파일\6장\분기별라인별판매량.pdf

Before

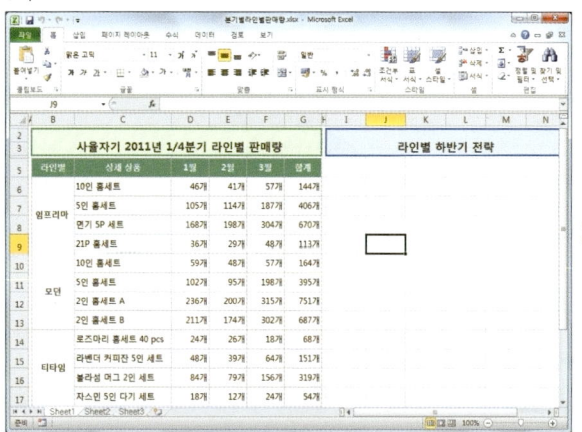

After

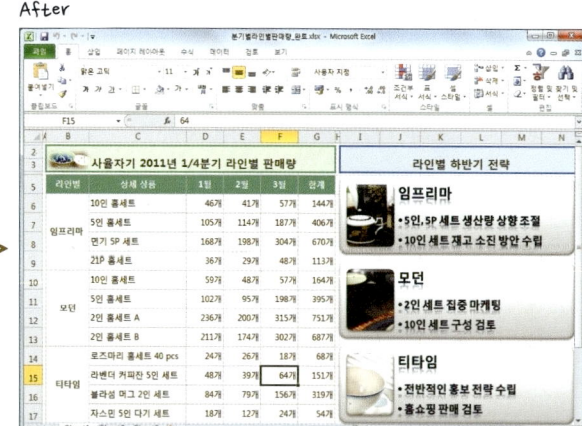

❶ 그림 삽입(자기.jpg)하고 위아래 자르기

❷ 그림 크기와 위치 조절 후 편집

- 그림 스타일 : 부드러운 가장자리 직사각형
- 수정(선명도 조절(선명하게 : 50%), 밝기 및 대비 조절(밝기 : +40% 대비 : −40%))
- 색 : 색 채도 조절(채도 : 400%)
- 회전 : 좌우 대칭

❸ [세로 그림 목록형] 스마트아트 삽입하고 위치 조절 후 그림과 텍스트 입력(그림 파일 위에서부터 im.jpg, mo.jpg, tea.jpg) ❹ 스마트아트 색 변경(색 윤곽 – 강조 1)하고 스타일(강한 효과) 적용 ❺ 텍스트에 워드아트 스타일(채우기 – 파랑, 강조 1, 무광택 입체, 반사) 적용하고 [텍스트 채우기]를 [검정, 텍스트 1]로 변경

차트를 삽입한
문서 만들기

차트를 이용하면 데이터의 순서나 흐름, 값의 변화 등을 한눈에 파악하기 쉽게 정리할 수 있습니다.

엑셀 2010에서는 차트보다 간소화된 형태의 스파크라인도 제공합니다. 스파크라인과 차트를

이용해서 데이터를 시각적으로 표현하는 방법을 알아보겠습니다.

EXCEL 2010

SECTION 01

스파크라인으로 데이터의 추세 간단히 파악하기

엑셀 2010의 새로운 기능인 스파크라인은 데이터의 추세를 보여주는 차트의 간소한 버전이라고 생각하면 됩니다. 워크시트에 스파크라인을 삽입하고 편집하는 방법을 살펴보겠습니다.

다루는 내용

- 스파크라인 삽입하기
- 스파크라인 변경하기
- 스파크라인 편집하기

기능 정리

엑셀 2010의 새로운 기능, 스파크라인이란?

스파크라인은 개별 데이터의 흐름을 간단하게 시각적으로 표현하는 엑셀 2010의 신기능입니다. 숫자로만 이루어져 데이터의 추세를 한눈에 파악하기 어려운 경우, 차트를 만들 여유가 없거나 차트로 표현하면 오히려 복잡해지는 데이터는 빠르고 간단하게 삽입 및 편집할 수 있는 스파크라인을 이용하는 것이 편리합니다.

● 스파크라인의 종류

엑셀 2010의 스파크라인은 3가지 종류로 제공됩니다. 일단 스파크라인을 삽입한 후에라도 종류나 데이터 범위를 변경할 수 있으며 색상, 표식, 축 등의 서식 편집이 가능합니다.

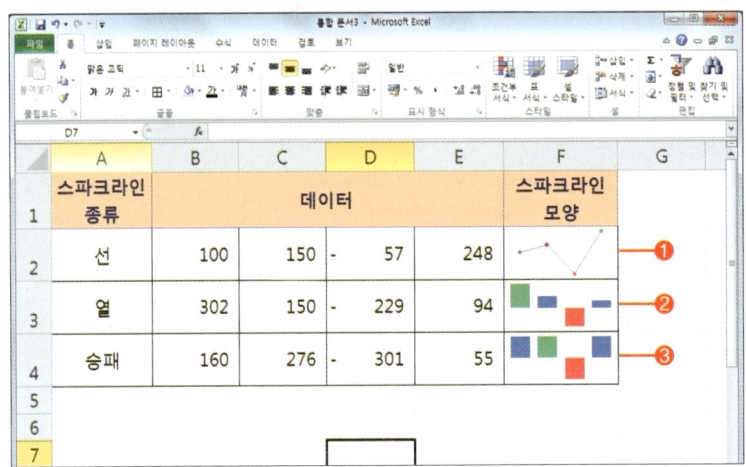

❶ **선** : 꺾은선형 차트와 같은 스파크라인이 삽입됩니다.

❷ **열** : 세로막대형 차트와 같은 스파크라인이 삽입됩니다. 각 막대는 값에 따라 크기가 비례합니다.

❸ **승패** : 세로막대형 차트와 같은 스파크라인이 삽입되는 것은 '열'과 같으나, 양수와 음수값만 구분하여 보여줍니다.

실습과정

스파크라인 삽입하기

필요한 위치에 스파크라인을 삽입하고 각 데이터의 성격에 맞춰 종류를 지정하는 방법을 살펴보겠습니다.

◉ **시작 파일** : 7장\지점별순이익추세.xlsx
◉ **완료 파일** : 7장\지점별순이익추세_완료.xlsx

01 선 스파크라인 삽입하기

❶G4:G16셀을 선택하고 ❷[삽입] 탭의 ❸[스파크라인] 그룹에서 [꺾은선형]을 클릭합니다.

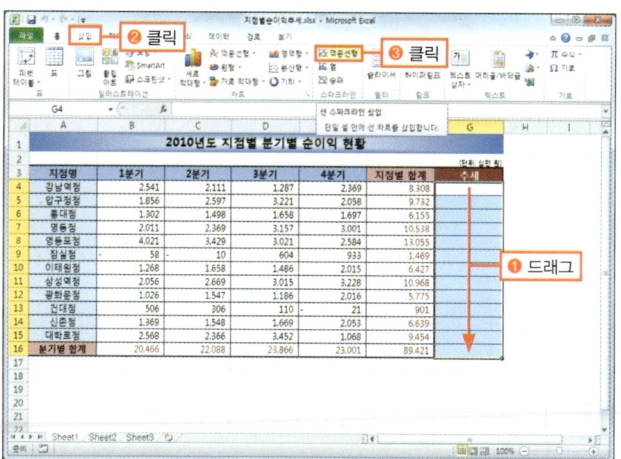

02 스파크라인 만들기

❶[스파크라인 만들기] 대화상자가 나타나면 B4:E16셀을 드래그하여 [원하는 데이터 선택]의 [데이터 범위]에 입력되게 합니다. ❷[확인]을 클릭합니다.

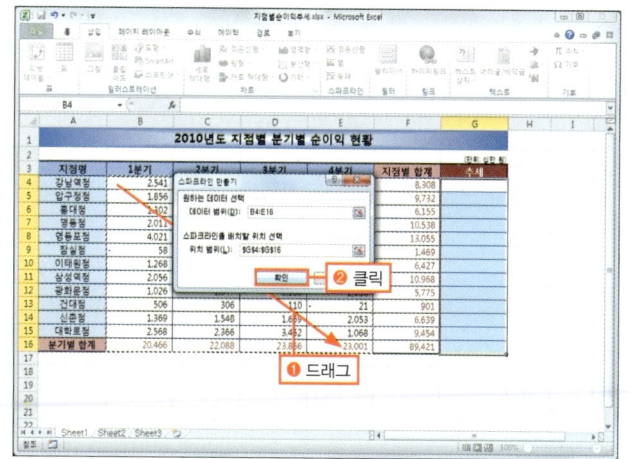

> **참고**
>
> 예제와 같이 스파크라인을 삽입할 위치를 미리 선택하지 않고 [스파크라인 만들기] 대화상자의 [스파크라인을 배치할 위치 선택]의 [위치 범위]에서 지정해도 됩니다.

03 스파크라인 그룹 해제하기

선택한 영역에 스파크라인이 삽입되면 개별적으로 스파크라인을 편집하기 위해서 ❶[그룹] 그룹에서 [그룹 해제]를 클릭합니다.

04 스파크라인 종류 변경하기

❶G16셀을 선택하고 ❷[종류] 그룹에서 [열]을 클릭하여 종류를 변경합니다.

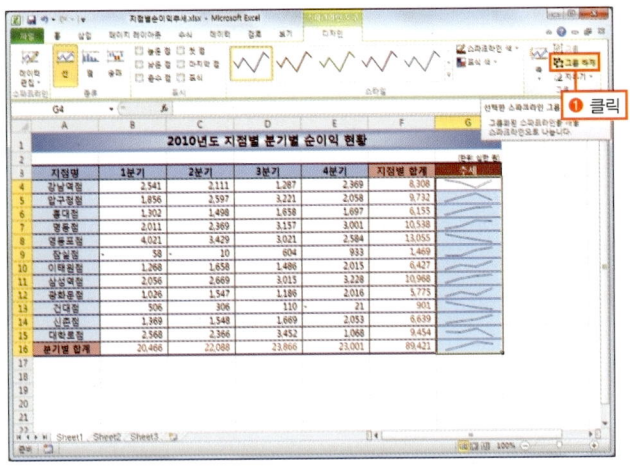

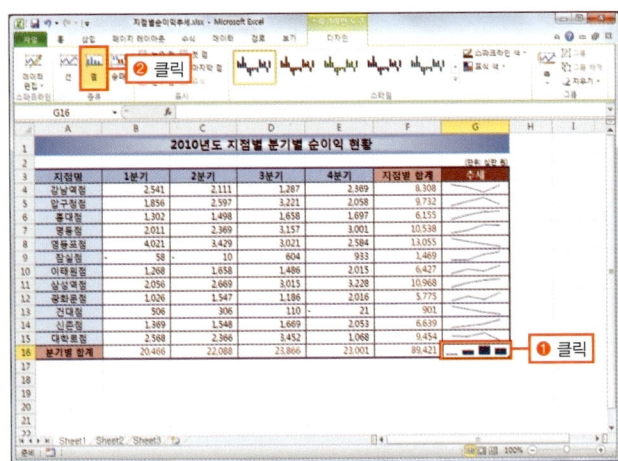

> **참고**
>
> 스파크라인을 삭제하려면 [그룹] 그룹에서 [지우기]를 이용합니다. 선택한 스파크라인만 지우거나 그룹 전체를 지울 수 있습니다.

실습 과정

스파크라인 편집하기

삽입한 스파크라인의 표시, 스타일, 색상, 축에 관한 서식 변경 및 편집 방법을 살펴보겠습니다.

- **시작 파일** : 7장\지점별순이익추세_2.xlsx
- **완료 파일** : 7장\지점별순이익추세_2_완료.xlsx

01 스파크라인 색 변경하기

❶G4:G15셀을 선택합니다. ❷[스파크라인 도구]-[디자인] 탭의 [스타일] 그룹에서 ❸[스파크라인 색]을 클릭하여 ❹[빨강, 강조 2, 50% 더 어둡게]를 선택합니다.

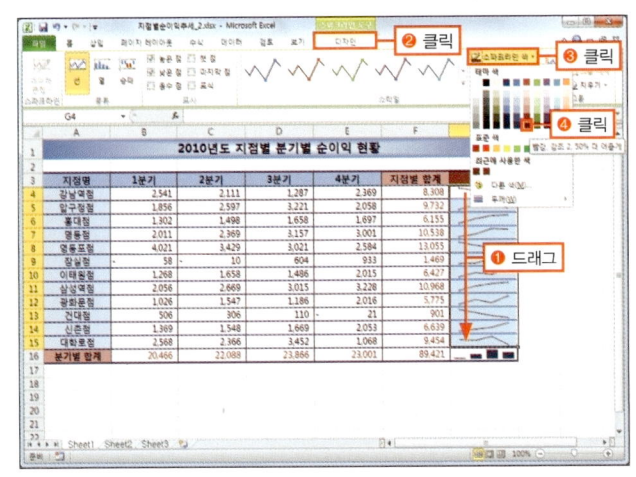

02 점 표시하기

❶[표시] 그룹에서 [높은 점]과 [낮은 점]에 체크합니다.

03 표시 서식 설정하기

❶[스타일] 그룹에서 [표식 색]을 클릭하고 ❷[낮은 점]-[빨강]을 선택합니다. ❸같은 방법으로 [높은 점]은 [진한 파랑]으로 설정합니다.

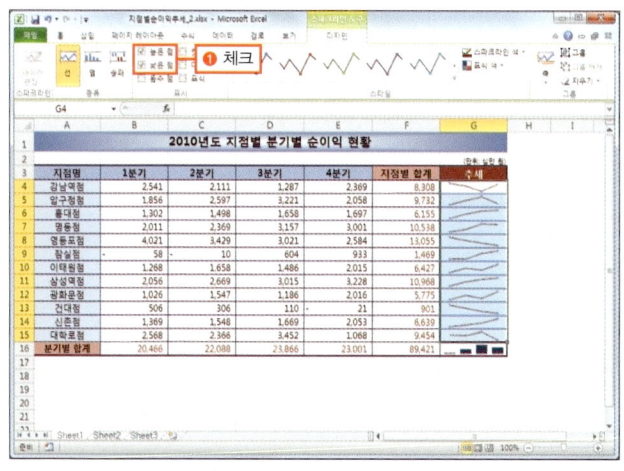

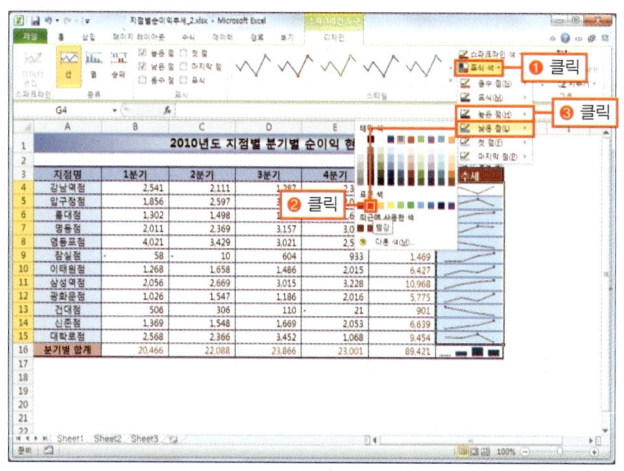

04 스파크라인 표시 스타일 변경하기

❶G16셀을 선택하고 ❷리본 메뉴에서 목록 버튼(▾)이나 [자세히](▾)를 눌러 ❸[스파크라인 스타일 색상형 #4]( )를 클릭합니다.

05 세로 축 값 변경하기

❶[그룹] 그룹에서 [축]을 클릭하고 ❷[세로 축 최소값 옵션]-[사용자 지정 값]을 선택합니다.

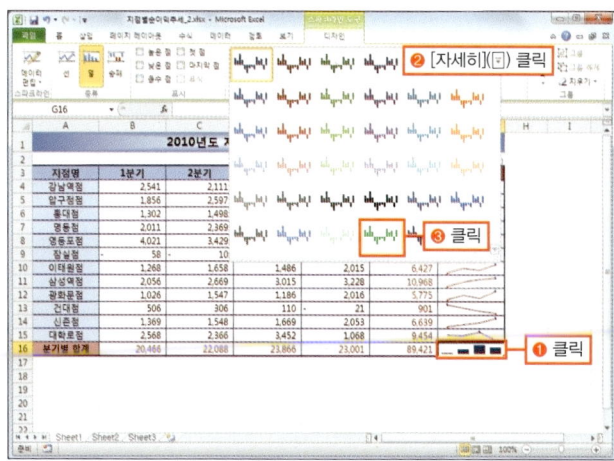

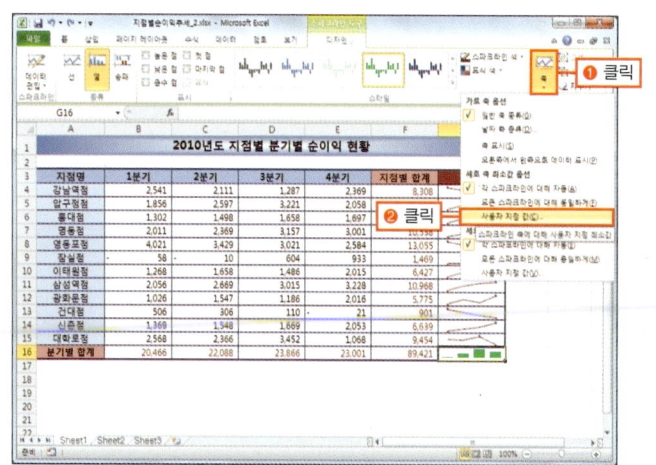

06 세로 축 최소값 변경하기

❶[스파크라인 세로 축 설정] 대화상자가 나타나면 값을 '20000'으로 입력하고 ❷[확인]을 클릭합니다.

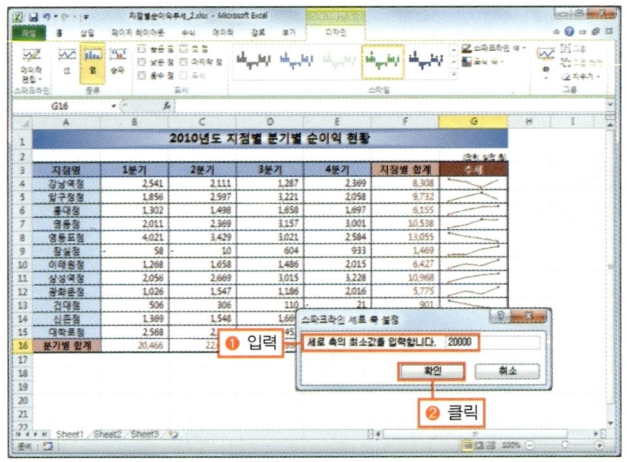

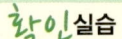 **참고** • 스파크라인 삽입 시 숨겨진 셀이나 빈 셀 처리하기

스파크라인을 만드는 데이터 영역에 숨겨지거나 빈 셀이 있을 때는 사용자가 원하는 대로 표시 방법을 설정할 수 있습니다. [스파크라인 도구]-[디자인] 탭의 [스파크라인] 그룹에서 [데이터 편집]의 목록 버튼을 클릭하여 [숨겨진 셀/빈 셀]을 선택하면 나오는 대화상자에서 빈 셀의 표시 형식을 간격, 0, 선으로 연결하는 방법 중 선택할 수 있습니다.

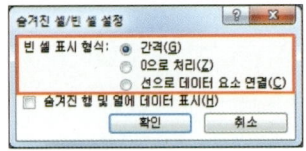

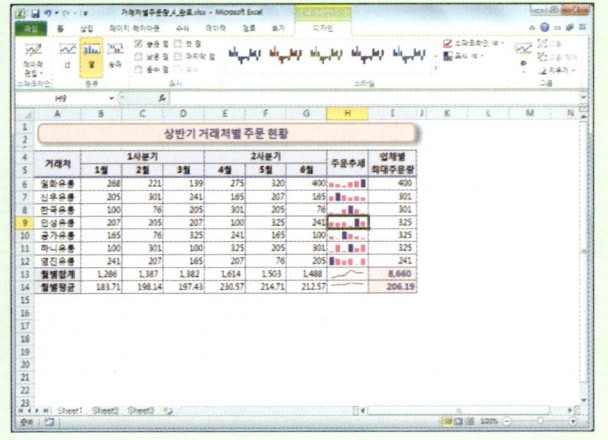

확인실습

1 H6:H14셀에 스파크라인을 삽입하고 서식을 변경한 후 축 값을 지정해서 그림과 같이 완성하세요.

◉ **시작 파일** : 7장\거래처별주문량_4.xlsx
◉ **완료 파일** : 7장\거래처별주문량_4_완료.xlsx

엑셀 차트의 기본기 알아보기

엑셀 데이터를 기반으로 차트를 삽입하고 구성 요소의 기본적인 편집 방법, 서식 설정에 대해서 알아보겠습니다.

다루는 내용

- 차트 구성 요소 이해하기
- 차트 삽입하고 크기, 위치 조절하기
- 차트 레이아웃 변경하기
- 차트 서식 설정하기

기능 정리

차트와 차트 편집 메뉴 살펴보기

차트를 이용하면 데이터의 순서나 흐름, 값의 변화 등을 한눈에 파악하기 쉽게 보여줄 수 있습니다.

● **차트를 구성하는 각 요소 이해하기**

차트를 구성하는 각 요소의 이름과 역할을 알아보겠습니다.

❶ **차트 영역** : 차트 전체 영역입니다.

❷ **차트 제목** : 차트의 제목 영역입니다.

❸ **축** : 데이터의 값과 항목이 표시되는 영역입니다. 2개의 축으로 이루어진 차트는 X축과 Y축, 3개의 축으로 이루어진 3차원 차트는 Z축이 추가됩니다. 보조 축을 사용하여 Y축을 2개로 사용할 수도 있습니다.

- **X축(항목 축)** : 엑셀의 기본 막대 차트에서 데이터의 항목을 나타내는 축입니다.
- **Y축(값 축)** : 엑셀의 기본 막대 차트에서 데이터의 실제 값을 나타내는 축입니다.

④ **축 제목** : X축과 Y축의 제목이 표시되는 영역입니다.

⑤ **데이터 계열, 데이터 요소** : 차트가 표현하는 모든 데이터 범위를 데이터 계열이라고 하며, 하나의 데이터는 데이터 요소입니다.

⑥ **그림 영역** : X축과 Y축으로 둘러싸인 차트의 그래프 부분입니다.

⑦ **눈금** : X축과 Y축을 가로지르는 선으로 각 데이터의 측정 단위를 표시합니다. 경우에 따라서는 X축과 Y축 중 하나만 사용해서 단순하게 표현하기도 합니다.

⑧ **범례** : 차트의 데이터 계열에 대한 설명의 표식입니다.

⑨ **추세선** : 데이터 계열의 추세를 보여주는 선입니다.

● **차트 디자인을 설정하는 [차트 도구]–[디자인] 탭**

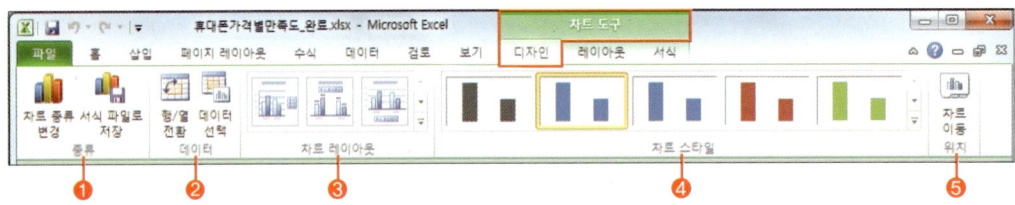

① **종류** : 현재 차트의 서식과 레이아웃을 서식 파일로 저장하여 다시 사용하거나 차트의 종류를 변경할 수 있습니다. 저장한 서식 파일은 [차트 종류 변경]의 [서식 파일]에서 선택할 수 있습니다.

② **데이터** : 차트를 구성하는 데이터를 선택하거나 변경할 수 있습니다. 또는 행과 열을 전환할 수 있습니다.

③ **차트 레이아웃** : 구성 요소를 다양하게 배치하여 미리 만들어놓은 차트 디자인을 선택하여 사용할 수 있습니다.

④ **차트 스타일** : 미리 만들어놓은 차트 서식을 선택하여 사용할 수 있습니다.

⑤ **위치** : 차트를 차트 시트로 이동합니다.

● **차트 요소에 대해 설정하는 [차트 도구]–[레이아웃] 탭**

① **현재 선택 영역** : [레이아웃] 탭의 [현재 선택 영역] 그룹과 같습니다.

② **삽입** : 차트에 그림, 도형, 텍스트 상자를 삽입합니다.

③ **레이블** : 차트 각 요소의 레이블 역할을 하는 차트 제목, 축 제목, 범례, 데이터 레이블, 데이터 표 등의 표시 여부와 위치 등을 설정합니다.

④ **축** : 가로와 세로의 축 및 눈금선의 표시 여부 및 종류를 설정합니다.

⑤ **배경** : 차트의 그림 영역에 대한 서식을 설정합니다.

⑥ **분석** : 차트 분석에 도움이 되는 추세선 및 오차 막대 등을 표시합니다.

⑦ **속성** : 차트 이름을 변경합니다. 기본적으로 삽입되는 순서대로 '차트1'부터 이름이 부여됩니다.

● **차트의 서식을 설정하는 [차트 도구]–[서식] 탭**

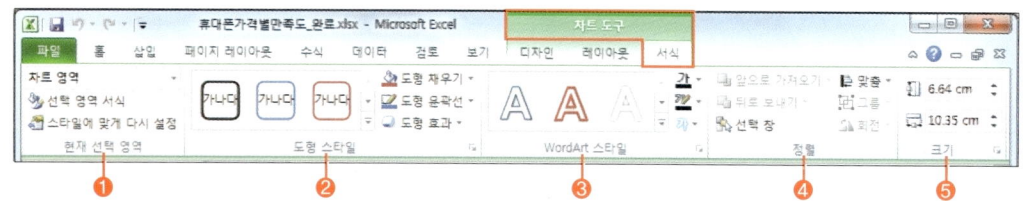

❶ **현재 선택 영역** : 차트의 구성 요소 중 원하는 곳을 선택하거나 해당 요소의 서식을 설정하는 대화상자를 열 수 있습니다.

❷ **도형 스타일** : 차트 각 영역에 도형 스타일 및 도형 서식을 설정합니다.

❸ **WordArt 스타일** : 차트 내의 텍스트에 워드아트 스타일 및 서식을 적용합니다.

❹ **정렬** : 개체 선택 및 순서를 설정하는 [선택 창]을 열거나 시트 내의 개체(차트 포함)의 정렬, 순서, 그룹, 회전 등을 설정합니다.

❺ **크기** : 차트의 크기를 설정합니다.

간단퀴즈

1 차트에서 데이터의 값과 항목이 표시되는 영역은 무엇입니까?

2 차트가 실제로 표시되는 배경 부분의 서식을 설정하려면 어느 영역을 선택해야 합니까?

답 : 축, 그림 영역

실습과정

엑셀 차트 삽입하고 크기와 위치 조절하기

엑셀 문서에 차트를 삽입하고 크기와 위치를 조절하는 기본적인 방법에 대해서 살펴보겠습니다.

◎ **시작 파일** : 7장\휴대폰가격별만족도.xlsx

01 차트 삽입하기

❶차트를 작성할 데이터인 A3:B8셀을 선택합니다. ❷[삽입] 탭의 ❸[차트] 그룹에서 [세로 막대형]을 클릭하고 ❹[2차원 세로 막대형]-[묶은 세로 막대형](📊)을 선택합니다.

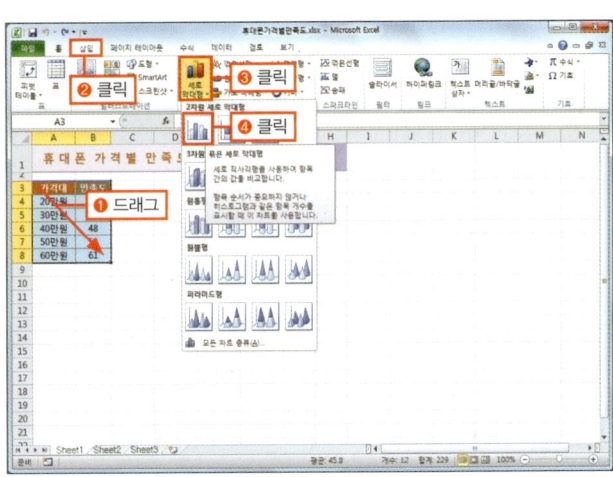

02 차트 위치 이동하기

❶차트의 테두리 부분을 클릭한 채 원하는 위치로 드래그하여 위치를 이동합니다.

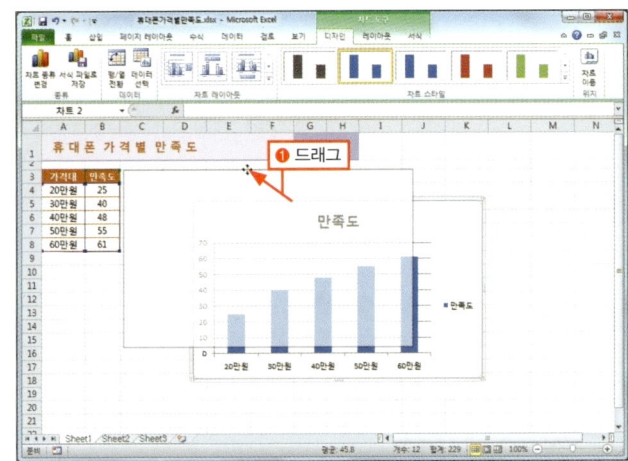

03 차트 크기 조절하기

❶차트의 각 모서리와 변의 중심에 위치한 조절점을 드래그하여 그림과 같이 크기를 축소합니다.

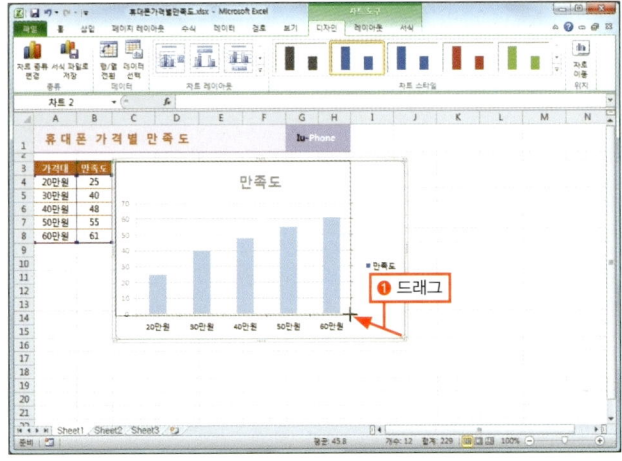

참고 • 차트 이동하기

차트도 일종의 개체이므로 선택하고 복사/붙여넣기 하여 다른 곳으로 옮길 수 있지만, [차트 이동]을 이용하면 시트 전체에 차트만을 표시하면서 이동할 수 있습니다. 차트를 선택하고 [차트 도구]−[디자인] 탭의 [위치] 그룹에서 [차트 이동]을 클릭합니다. [차트 이동] 대화상자가 나타나면 [새 시트]를 선택하고 [확인]을 클릭합니다. 선택한 시트가 차트 전용 시트로 이동합니다.

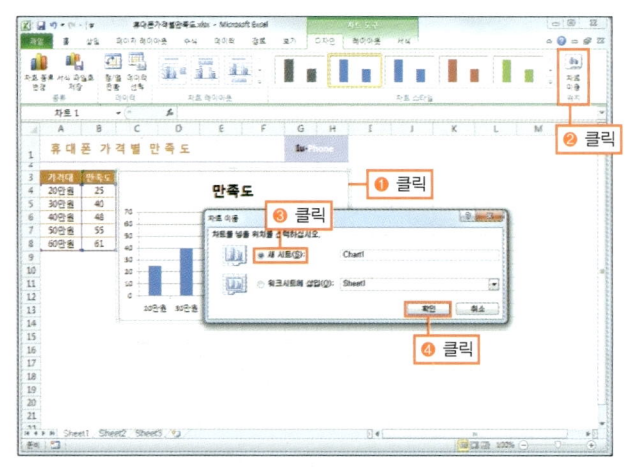
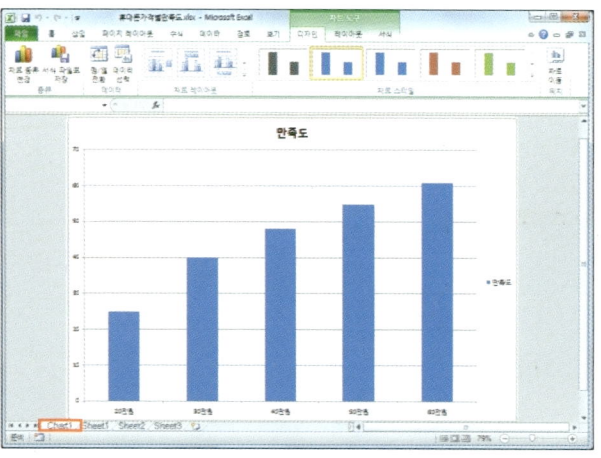

실습 과정

차트 레이아웃 변경하기

차트의 각 구성 요소에 대한 레이아웃을 변경하는 방법을 알아보겠습니다.

◎ **시작 파일** : 앞의 파일에 이어서 진행합니다.
◎ **완료 파일** : 7장\휴대폰가격별만족도_완료.xlsx

01 차트 제목 변경하기

❶차트 제목 영역을 클릭하고 ❷그림과 같이 텍스트를 수정합니다.

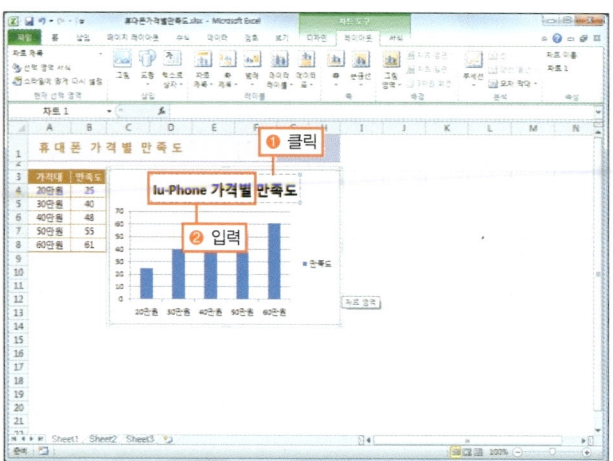

참고

[차트 도구]−[레이아웃] 탭의 [레이블] 그룹에서 [차트 제목]을 클릭하면 차트 제목의 표시 여부와 위치를 설정할 수 있습니다.

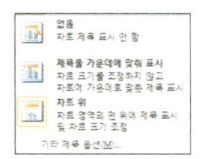

02 범례 제거하기

❶범례를 클릭하고 ❷Delete를 눌러 지웁니다.

03 가로 축 제목 삽입하기

❶[차트 도구]-[레이아웃] 탭의 ❷[레이블] 그룹에서 [축 제목]을 클릭하고 ❸[기본 가로 축 제목]-[축 아래 제목]을 선택합니다.

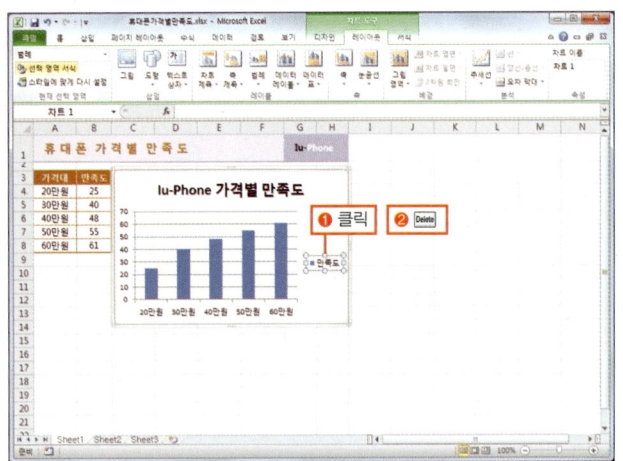

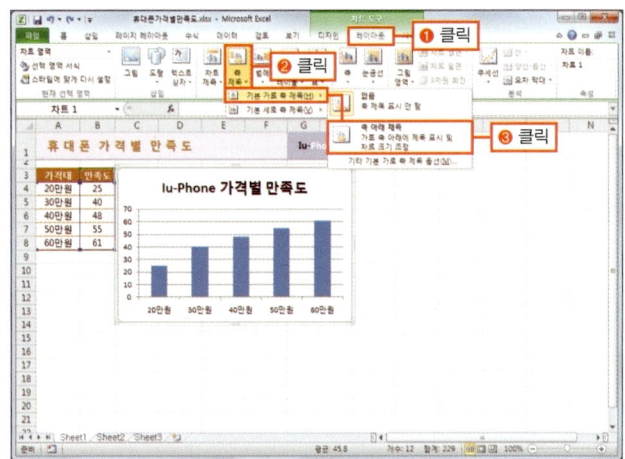

참고

[차트 도구]-[레이아웃] 탭의 [레이블] 그룹의 [범례]에서 [없음]을 선택해도 범례를 제거할 수 있습니다. 그밖에도 상하좌우 위치에 범례를 위치할 수 있습니다. [범례 서식] 대화상자에서 범례 옵션을 지정할 수도 있습니다.

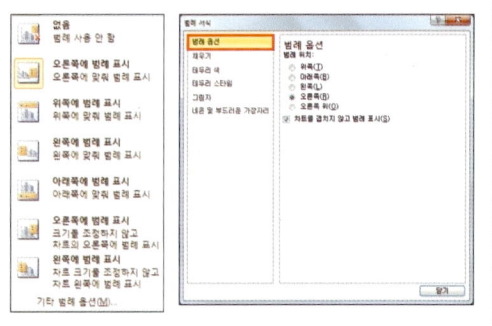

---

04 세로 축 제목 삽입하기

❶리본 메뉴에서 [축 제목]을 클릭하고 ❷[기본 세로 축 제목]-[세로 제목]을 선택합니다.

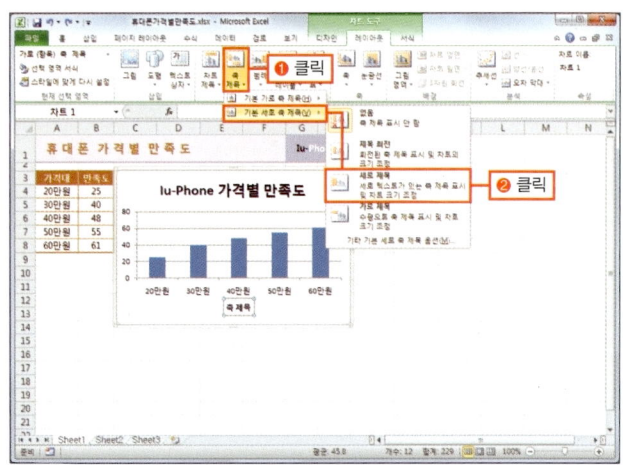

05 축 제목 변경과 눈금선 삽입하기

❶가로, 세로 축 제목을 '만족도'와 '가격대'로 수정합니다. ❷이번에는 [축] 그룹에서 [눈금선]을 클릭하고 ❸[기본 세로 눈금선]-[주 눈금선]을 선택합니다.

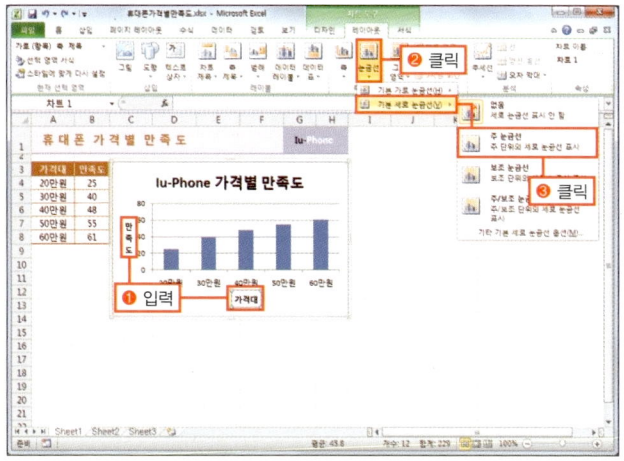

06 데이터 레이블 삽입하기

❶[레이블] 그룹에서 [데이터 레이블]을 클릭하고 ❷[가운데]를 선택합니다.

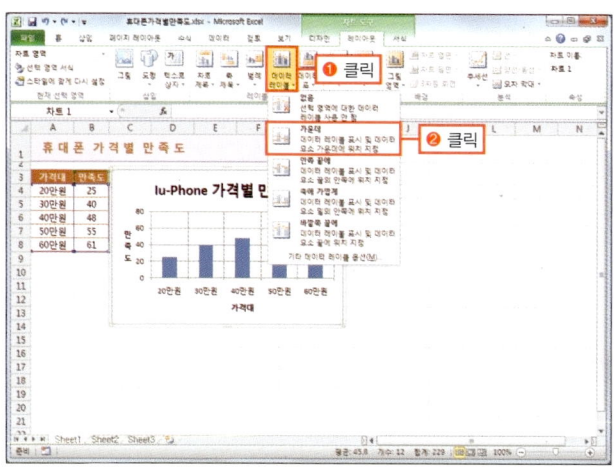

> **참고**
> 데이터 계열을 마우스 오른쪽 버튼으로 클릭하고 [데이터 레이블 추가]를 선택해도 됩니다. 이때는 기본적으로 데이터 계열의 바깥쪽에 레이블이 표시됩니다.

07 [선택 영역 서식] 명령 실행하기

❶세로 축을 선택하고 ❷[현재 선택 영역] 그룹에서 [선택 영역 서식]을 클릭합니다.

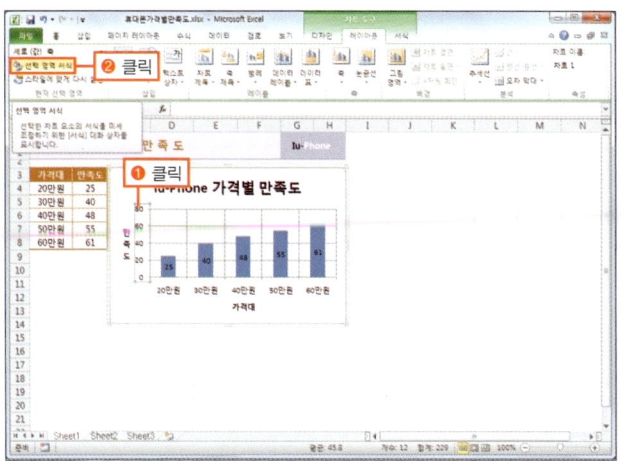

> **참고**
> 축에서 마우스 오른쪽 버튼을 클릭하고 [축 서식]을 선택하거나 Ctrl +1을 눌러도 됩니다. 또는 축을 더블클릭해도 됩니다.

08 축 단위 변경하기

[축 서식] 대화상자가 나타나면 ❶[축 옵션]의 [주 단위]에서 [고정]을 선택하고 ❷'15'를 입력한 후 ❸[닫기]를 클릭합니다.

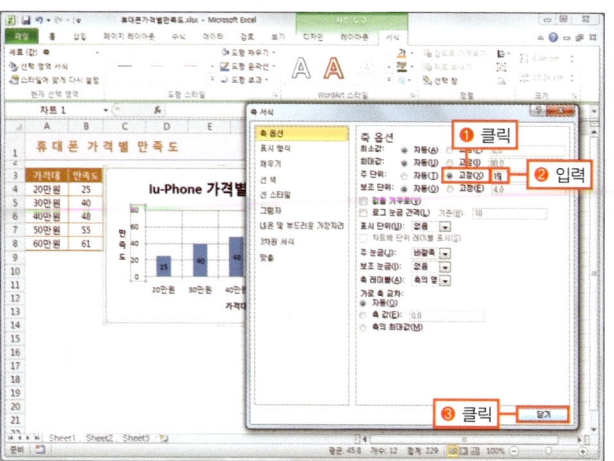

> **참고**
> 축이나 데이터 레이블 등에 표시 형식을 지정하고 싶다면 대화상자의 [표시 형식]을 이용합니다.

09 결과 확인하기

세로 축 값의 간격이 변경됩니다.

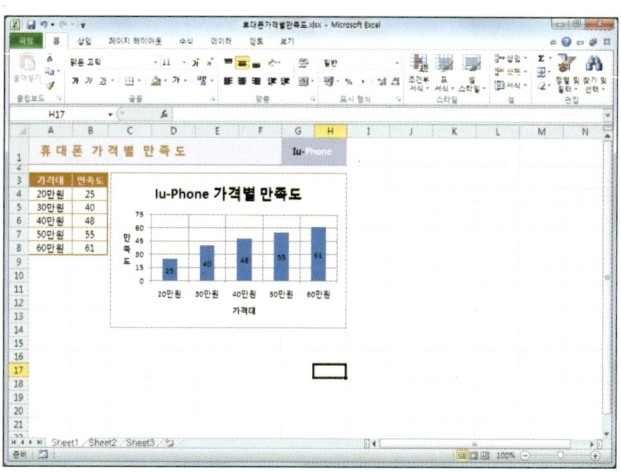

참고 • 차트 레이아웃 한 번에 변경하기

[차트 도구]–[디자인] 탭의 [차트 레이아웃] 그룹을 이용하면 차트 각 요소의 레이아웃을 하나하나 변경하지 않고 미리 지정해놓은 스타일을 사용할 수 있습니다. 차트를 선택하고 [차트 도구]–[디자인] 탭의 [차트 레이아웃] 그룹에서 [레이아웃 3]을 클릭하면 차트 레이아웃이 변경됩니다.

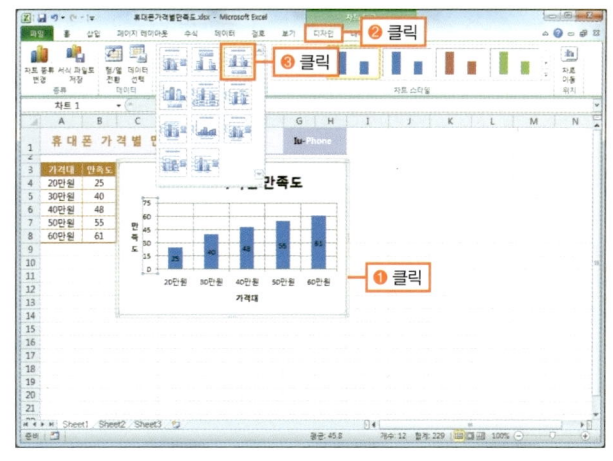

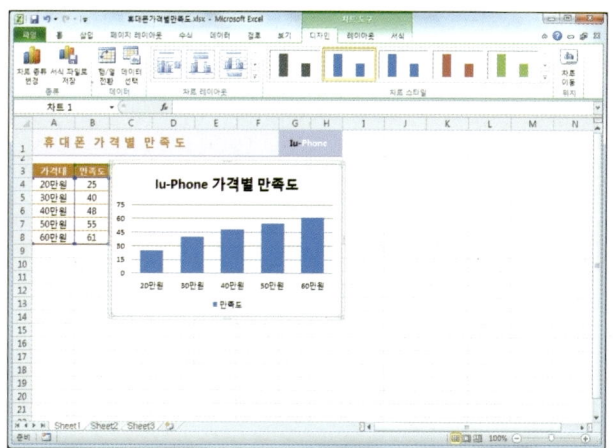

실습과정 | 차트 서식 설정하기

차트 각 구성 요소의 서식을 설정하여 보기 좋게 완성하는 방법을 알아보겠습니다.

◉ **시작 파일** : 7장\휴대폰가격별만족도_2.xlsx
◉ **완료 파일** : 7장\휴대폰가격별만족도_2_완료.xlsx

01 [차트 영역 서식] 명령 실행하기

❶차트를 선택하고 ❷마우스 오른쪽 버튼을 클릭하고 ❸[차트 영역 서식]을 클릭합니다.

02 차트 영역 채우기 설정하기

[차트 영역 서식] 대화상자가 나타나면 [채우기]에서 ❶[그림 또는 질감 채우기]를 선택하고 ❷[질감]의 버튼을 클릭하고 ❸[양피지]를 선택합니다.

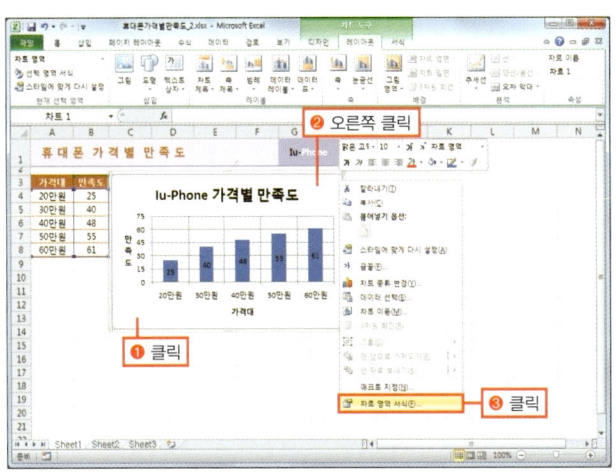

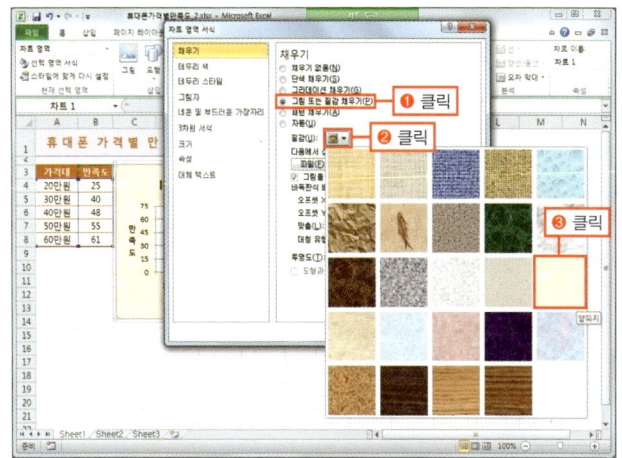

> **참고**
>
> 차트의 각 서식은 [차트 도구]–[서식] 탭에서 다른 그래픽 개체처럼 편집할 수도 있습니다.

03 데이터 계열 옵션 설정하기

❶차트의 데이터 계열을 선택하면 대화상자가 자동으로 [데이터 계열 서식]으로 변경됩니다. ❷[계열 옵션]에서 [간격 너비]를 100%로 설정합니다.

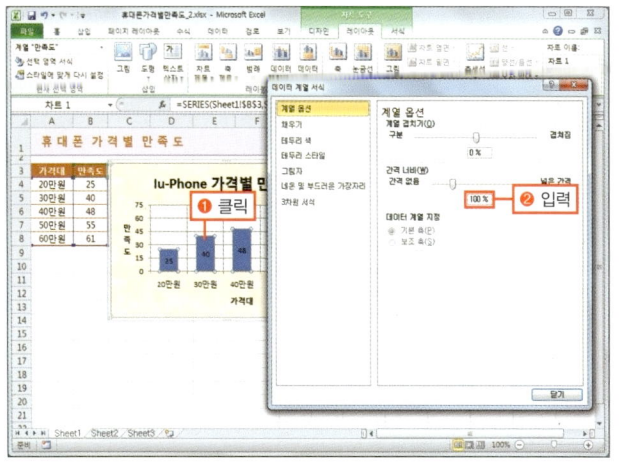

04 데이터 계열 채우기 설정하기

❶[채우기]를 선택하고 ❷[그라데이션 채우기]를 클릭합니다. ❸[기본 설정 색]의 버튼을 클릭하고 ❹[밀]을 선택합니다.

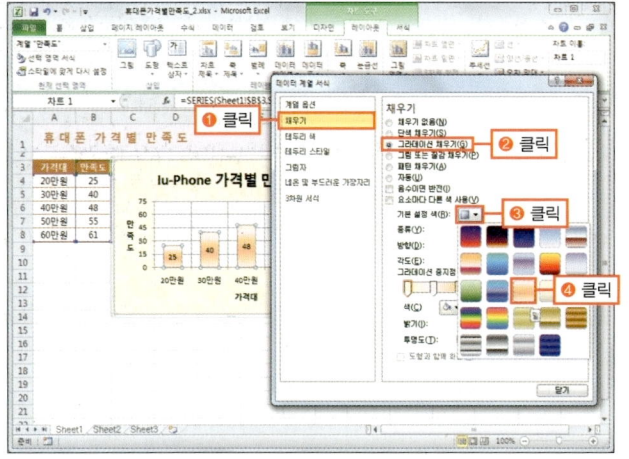

05 데이터 계열의 테두리 색 설정하기

❶[테두리 색]을 선택하고 ❷[실선]을 클릭합니다. ❸[색]을 클릭하고 ❹[주황, 강조 6, 25% 더 어둡게]를 선택합니다.

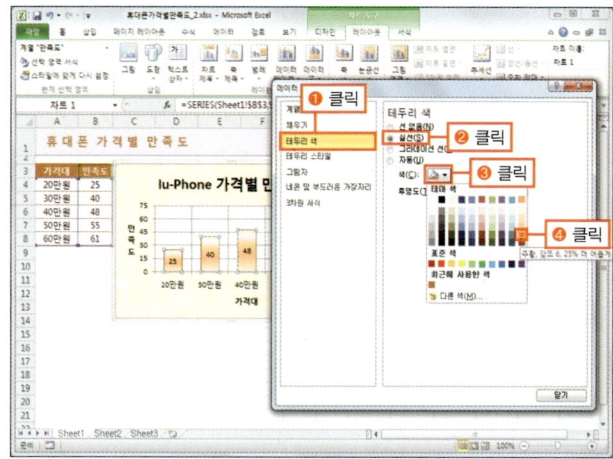

> **참고**
> [3차원 서식]을 선택하면 차트 도형에 입체적인 효과를 적용할 수 있습니다.

06 데이터 계열의 그림자 설정하기

❶[그림자]를 선택하고 ❷[미리 설정]의 버튼을 클릭하고 ❸[오프셋 오른쪽]을 클릭합니다.

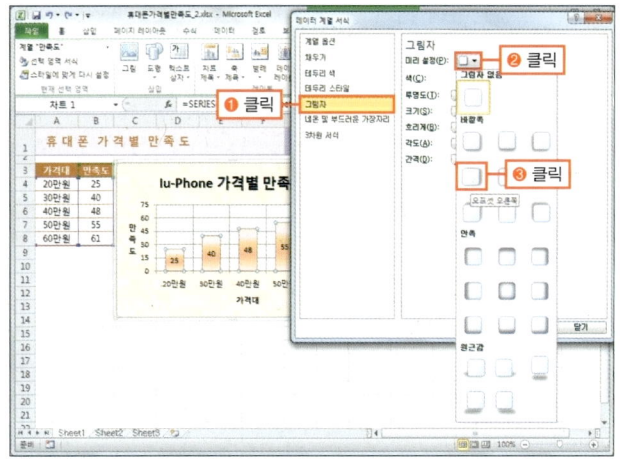

> **참고**
> 그림자의 투명도, 크기, 흐린 정도, 각도, 간격 등을 직접 설정할 수 있습니다.

07 그림 영역의 채우기 설정하기

❶그림 영역을 선택하고 ❷[그림 영역 서식] 대화상자의 [채우기]에서 [단색 채우기]를 클릭합니다. ❸[색]을 클릭하고 ❹[흰색, 배경 1, 5% 더 어둡게]를 ❺적용합니다.

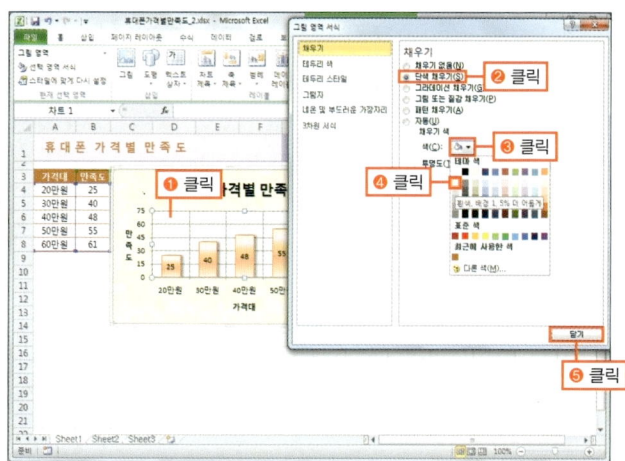

> **참고**
> [패턴 채우기]를 이용하면 선택한 영역을 다양한 패턴으로 채울 수 있습니다.

08 주 눈금선 스타일 설정하기

❶세로 주 눈금선을 선택하고 ❷[주 눈금선 서식] 대화상자에서 [선 스타일]을 클릭합니다. ❸[대시 종류]를 클릭하고 ❹[사각 점선]을 선택합니다. ❺같은 방법으로 가로 주 눈금선도 설정하고 ❻[닫기]를 클릭합니다.

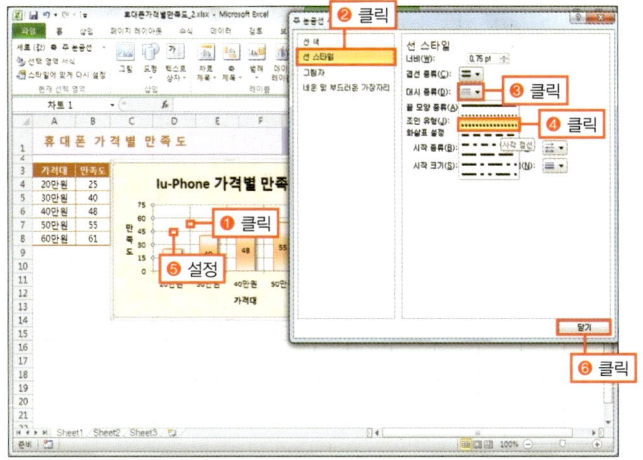

09 데이터 레이블 글꼴 설정하기

❶데이터 레이블을 선택하고 ❷'61' 데이터 레이블만 다시 한 번 클릭합니다. ❸[홈] 탭의 ❹[글꼴] 그룹에서 [글꼴 색]을 [빨강]으로 설정합니다.

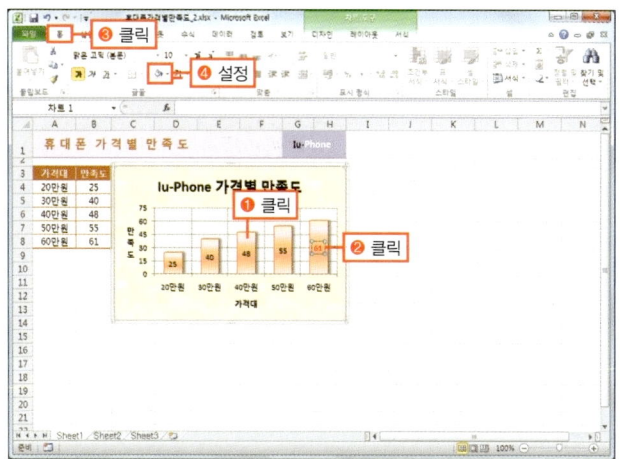

> **참고**
>
> [데이터 레이블 서식] 대화상자에서는 레이블 내용, 레이블 위치, 구분 기호 등을 설정할 수 있습니다.

10 차트 제목과 축 제목 서식 설정하기

❶차트 제목과 축 제목의 글꼴 서식을 각각 그림과 같이 설정하고 축 제목을 드래그하여 각 축의 끝 쪽으로 옮깁니다.

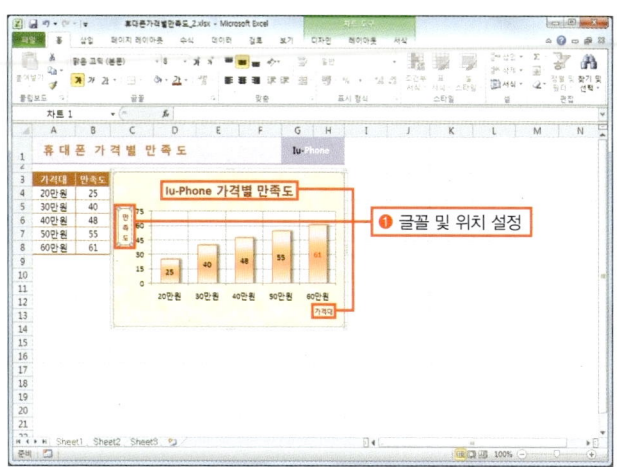

[차트 도구]-[디자인] 탭의 [차트 스타일] 그룹을 이용하면 차트 전체
디자인을 한 번에 변경할 수 있습니다.

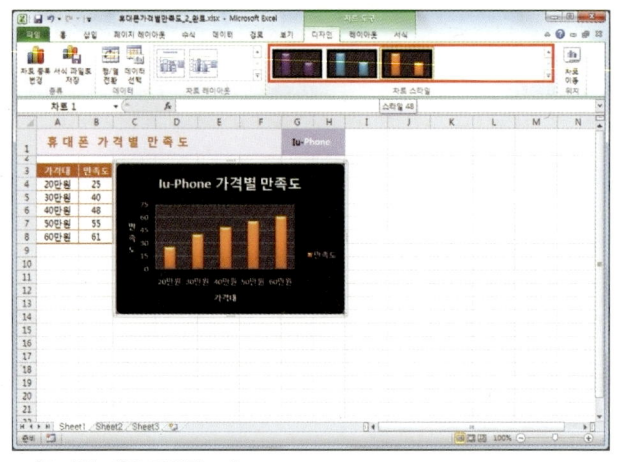

▲ [스타일 48]을 적용한 모습

확인실습

1 A7:A20, G7:G20셀의 데이터를 기반으로 '평균' 시트에 다음과 같은 차트를 만들어 보세요.

◎ **시작 파일** : 7장\영어성적_6.xlsx
◎ **완료 파일** : 7장\영어성적_6_완료.xlsx

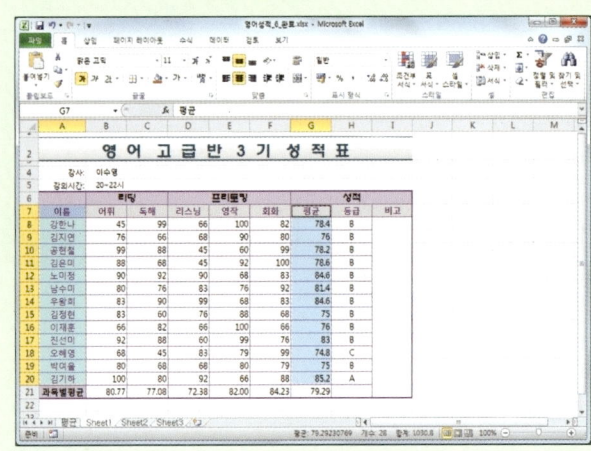

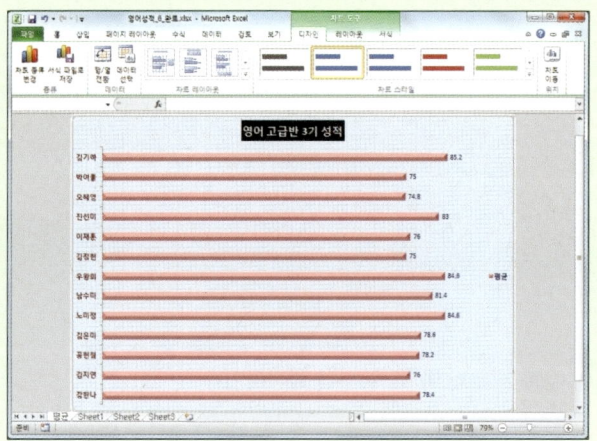

차트의 데이터 계열을 그림으로 채우기

보통 단색으로 표현하는 차트의 데이터 계열에 그림을 삽입하여 좀 더 프로페셔널하게 보이는 차트를 작성할 수 있습니다. 막대형 차트의 데이터 계열을 클립 아트로 채우고 막대의 두께 및 간격을 조절하는 방법을 알아보겠습니다.

◎ 시작 파일 : 7장\휴대폰가격별만족도_채우기.xlsx
◎ 완료 파일 : 7장\휴대폰가격별만족도_채우기_완료.xlsx

1 데이터 계열을 그림 또는 질감 채우기

❶차트의 데이터 계열을 더블클릭하여 대화상자가 나타나면 ❷[채우기]를 선택합니다. ❸[그림 또는 질감 채우기]를 선택하고 ❹[클립 아트]를 클릭합니다.

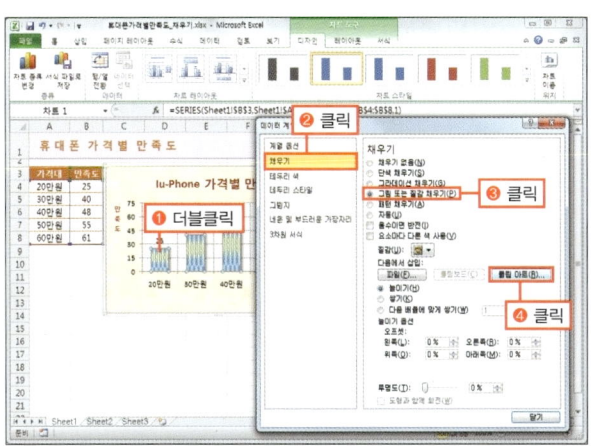

2 그림 선택하기

[그림 선택] 대화상자의 ❶[텍스트 검색]에 '스마트폰'이라고 입력하고 ❷[이동]을 클릭합니다. 검색 결과 중 ❸다음과 같은 그림을 선택하고 ❹[확인]을 클릭합니다.

3 채우기 유형 선택하기

❶채우기 유형 중 [쌓기]를 클릭합니다.

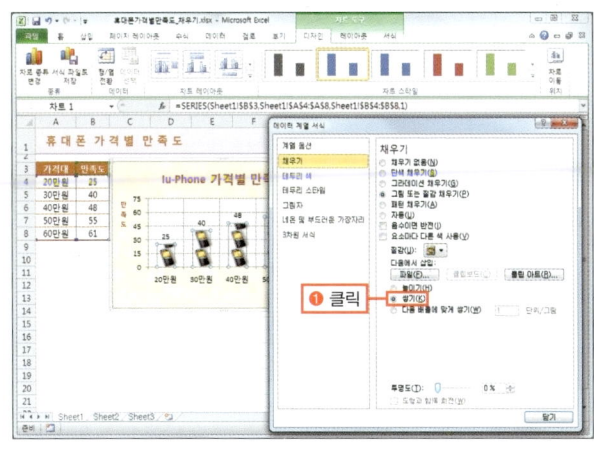

4 막대 간격 조절하기

❶[계열 옵션]으로 이동하여 ❷[간격 너비]를 '80%'로 줄이고 ❸[닫기]를 클릭합니다.

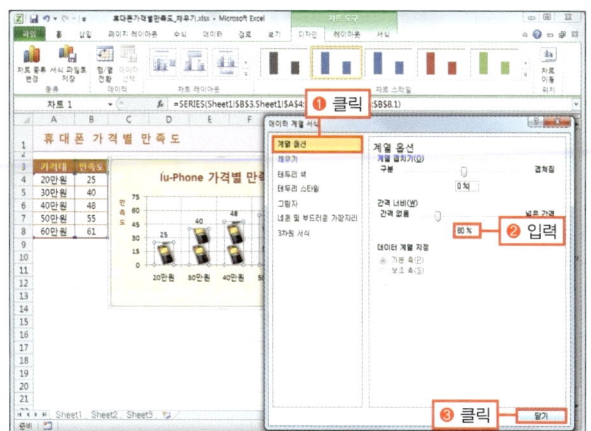

> **참고**
>
> 그림 하나로 채우고 싶다면 [늘이기]를 선택하고, 그림을 쌓는 단위를 직접 지정하려면 [다음 배율에 맞게 쌓기]를 선택합니다.

SECTION 03

차트 모양과 원본 데이터 편집하기

이번에는 작성한 차트를 수정하거나 차트를 먼저 작성하고 데이터를 구성하는 방법에 대해 살펴보겠습니다. 차트 종류 변경, 차트 원본 데이터 변경, 차트의 계열과 항목을 설정하여 차트를 작성하는 방법을 알아봅니다.

다루는 내용

• 차트 종류 변경하기
• 차트 원본 데이터 변경하기

• 차트의 계열과 항목 직접 편집하기

기능 정리

엑셀 2010의 차트 종류 살펴보고 선택하는 요령 알아보기

엑셀의 차트는 데이터의 성격과 표현하려는 내용에 맞춰 다양하게 선택하여 사용할 수 있도록 총 11가지 유형을 제공합니다. 유형별 특징을 잘 이해하여 작성하려는 내용을 잘 표현할 수 있는 차트를 사용해야 합니다.

차트 유형	용도
세로/가로 막대형	항목 간의 값을 비교하는 데 적합합니다. 특히 가로 막대형 차트는 비교해야 할 항목이 많을 때 유용합니다.
꺾은선형	시간에 따른 숫자의 추세를 표시합니다.
원형	전체에 대한 각 값의 분포도를 표현하는 데 적합합니다. 데이터 계열이 하나일 때 사용할 수 있습니다.
영역형	시간에 따른 여러 데이터 세트의 차이점을 효과적으로 보여줍니다. 합계 값을 추세와 함께 살펴볼 수 있다는 장점이 있습니다.

차트 유형	용도
분산형	XY 차트라고도 하며, 각 값을 점으로 표시합니다. 분산형 차트는 여러 데이터 계열에 있는 숫자 값 사이의 관계를 보여 주거나 두 개의 숫자 그룹을 xy 좌표로 이루어진 하나의 계열로 표시합니다. 시간대별 주가 흐름이나 복잡한 공학 데이터를 표현하는 데 적합합니다.
주식형	주가 변동과 같이 시시각각으로 변하는 데이터를 표현할 때 유용합니다.
표면형	두 데이터 집합의 최적 조합을 찾을 때 적합합니다. 계열과 항목이 모두 숫자일 때 사용합니다.
도넛형	원형 차트처럼 전체에 대한 각 값의 분포를 표현하는데, 여러 계열을 포함할 수 있다는 차이점이 있습니다.
거품형	분산형 차트와 비슷하지만 세 집합의 값을 비교할 수 있다는 차이점이 있습니다.
방사형	여러 데이터 계열의 합계 값을 비교할 때 사용합니다.

간단퀴즈

1 〈연령대별이나 지역별 고객 분포도〉와 같이 여러 항목당 값을 비교하는 데 적합한 차트 유형은 무엇입니까?

2 〈시간당 강수량의 변화〉와 같이 시간에 따른 추세를 표현하기에 적합한 차트 유형은 무엇입니까?

3 〈전체 시장에서 경쟁사별 점유율〉과 같이 전체에 대해 각 값의 분포를 표현하기에 적합한 차트 유형은 무엇입니까?

정답 : 막대형 차트, 꺾은선형 차트, 원형 차트

차트 원본 데이터와 차트 종류 변경하기

작성한 차트는 언제든지 원본 데이터를 수정하거나 변경되는 데이터의 성격에 맞춰 차트 종류까지 간단히 바꿀 수 있습니다. 차트의 원본 데이터와 종류를 변경하는 방법에 대해 살펴보겠습니다.

◎ **시작 파일** : 7장\전국전입전출지역구성.xlsx
◎ **완료 파일** : 7장\전국전입전출지역구성_완료.xlsx

01 [데이터 선택] 명령 실행하기

❶차트를 선택하고 ❷[차트 도구]-[디자인] 탭의 ❸[데이터] 그룹에서 [데이터 선택]을 클릭합니다.

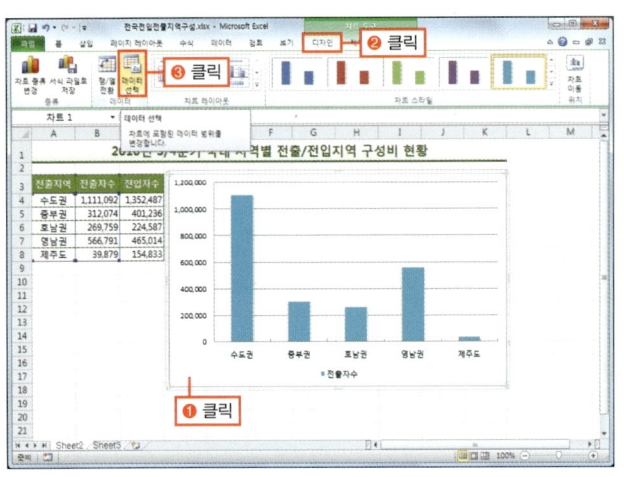

02 원본 데이터 범위 변경하기

[데이터 원본 선택] 대화상자가 나타나면 [차트 데이터 범위]가 활성화되어 있는 상태에서 ❶A3:C8셀을 드래그하여 선택합니다.

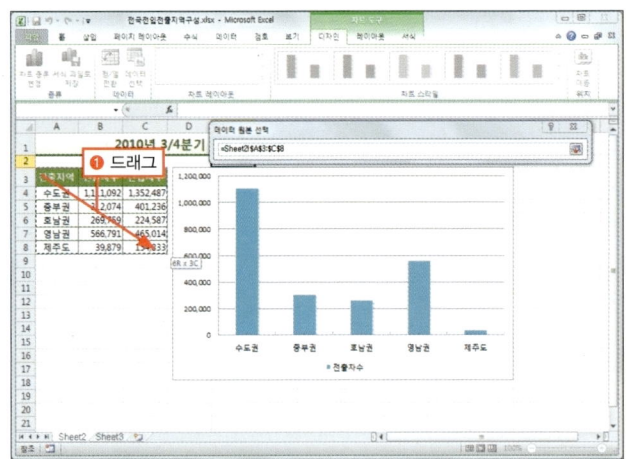

03 원본 데이터 변경 확인하기

범위가 변경된 것과 [범례 항목(계열)]에 '전입자수' 계열이 추가된 것을 확인하고 ❶[확인]을 클릭합니다.

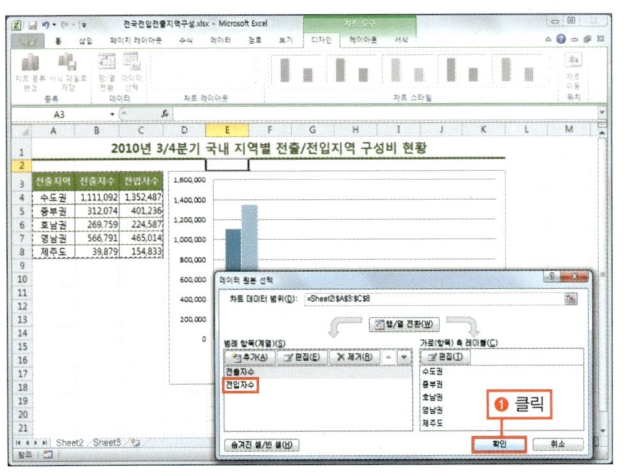

04 데이터 값 변경하기

❶C5셀의 값을 '498,711'로 변경하면 차트에도 자동으로 적용됩니다.

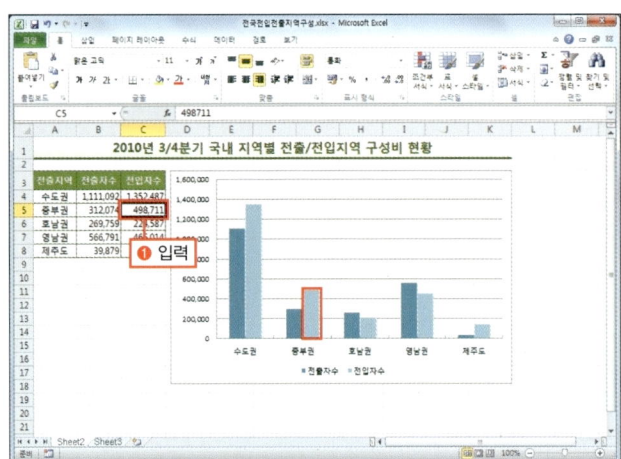

05 차트 종류 변경하기

❶차트를 선택하고 ❷[차트 도구]-[디자인] 탭의 ❸[종류] 그룹에서 [차트 종류 변경]을 클릭합니다. ❹[차트 종류 변경] 대화상자에서 [세로 막대형]-[3차원 원통형](📊)을 선택하고 ❺[확인]을 클릭합니다.

06 깊이 축 표시 방법 변경하기

❶[차트 도구]-[레이아웃] 탭의 ❷[축] 그룹에서 [축]을 클릭하고 ❸[깊이 축]-[레이블 없이 축 표시]를 선택합니다.

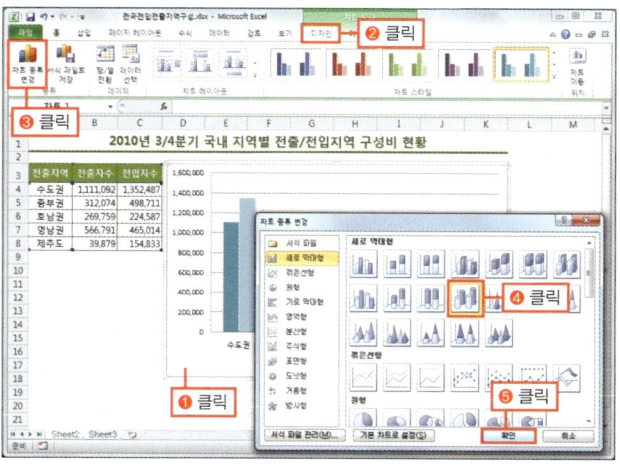

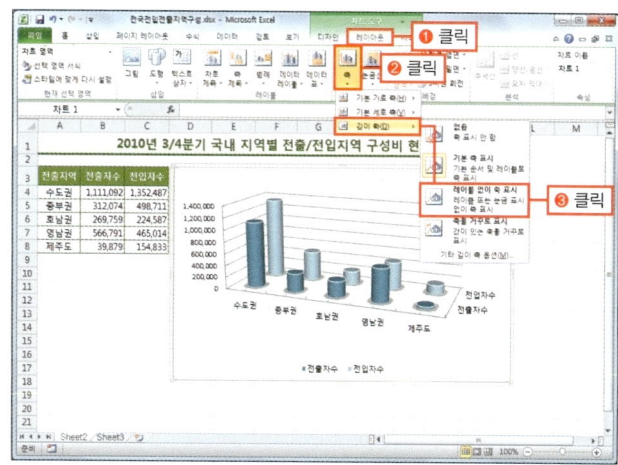

> **참고**
> 데이터 계열이 3개로 늘어났으므로 3차원 차트로 변경합니다.

> **참고**
> 3차원 차트로 변경되면서 깊이 축이 추가되어 축과 관련된 모든 메뉴에 깊이 축에 관한 명령이 나타납니다.

07 차트 스타일 변경하기

❶[차트 도구]-[디자인] 탭의 ❷[차트 스타일] 그룹에서 [스타일 34]를 선택하여 완성합니다.

> **참고**
> [차트 도구]-[레이아웃] 탭의 [배경] 그룹에서 [차트 옆면]과 [차트 밑면]을 클릭하면 각각 3차원 차트의 밑면과 옆면 배경을 원하는 대로 꾸밀 수 있습니다.

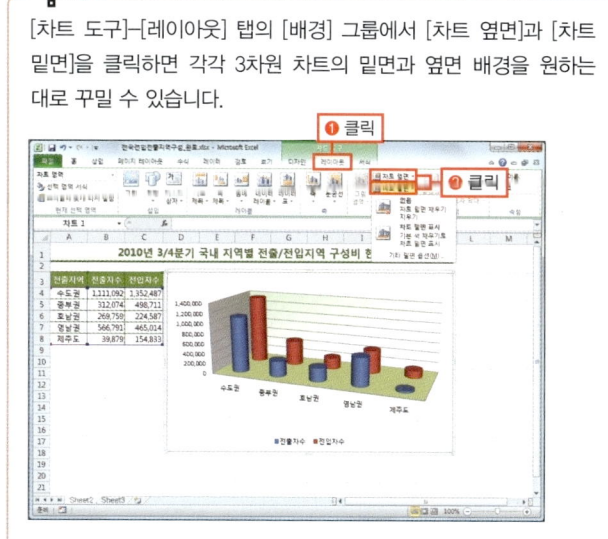

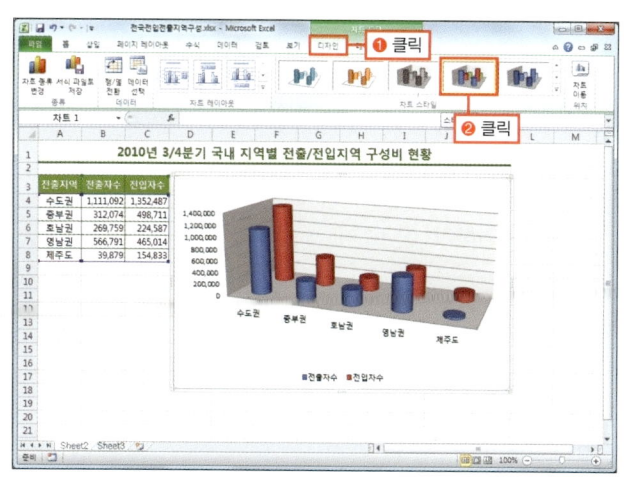

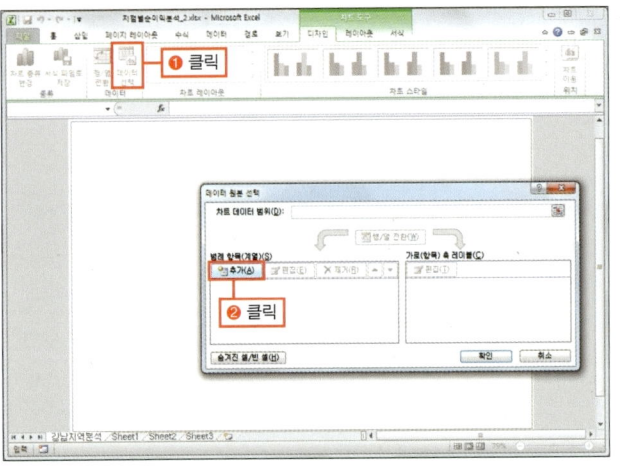

차트의 계열과 항목 편집하기

[데이터 원본 선택] 대화상자를 이용하면 차트의 항목과 계열을 쉽게 변경하고 구성할 수 있습니다. 이번에는 차트를 먼저 삽입하고 사용자가 원하는 대로 항목과 계열을 편집하는 방법을 살펴보겠습니다.

◎ **시작 파일** : 7장\지점별순이익분석_2.xlsx
◎ **완료 파일** : 7장\지점별순이익분석_2_완료.xlsx

01 차트에 범례 항목(계열) 추가하기

❶[차트 도구]-[디자인] 탭의 [데이터] 그룹에서 [데이터 선택]을 클릭합니다. [데이터 원본 선택] 대화상자가 나타나면 ❷[범례 항목(계열)]에서 [추가]를 클릭합니다.

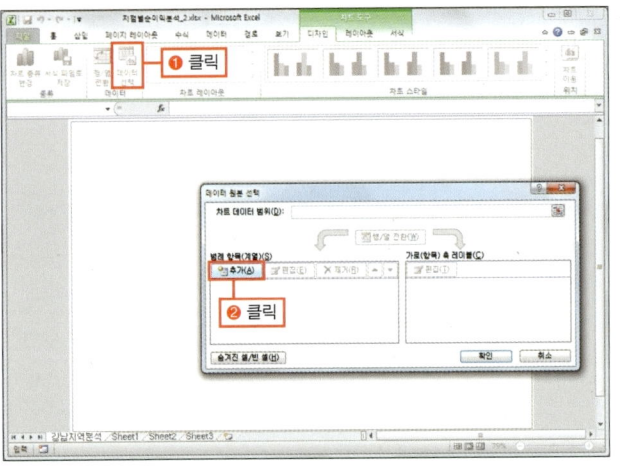

> **참고**
> 시작 파일에는 원본 데이터를 미리 설정하지 않고 세로 막대형 차트를 별도의 시트에 삽입해 놓았습니다.

02 계열 편집하기

[계열 편집] 대화상자로 바뀌면 ❶[계열 이름]에는 ❷'Sheet 1' 시트의 ❸A4셀을 선택하여 입력하고 ❹[계열 값]에는 ❺B4:E4셀을 선택하여 입력합니다. ❻[확인]을 클릭합니다.

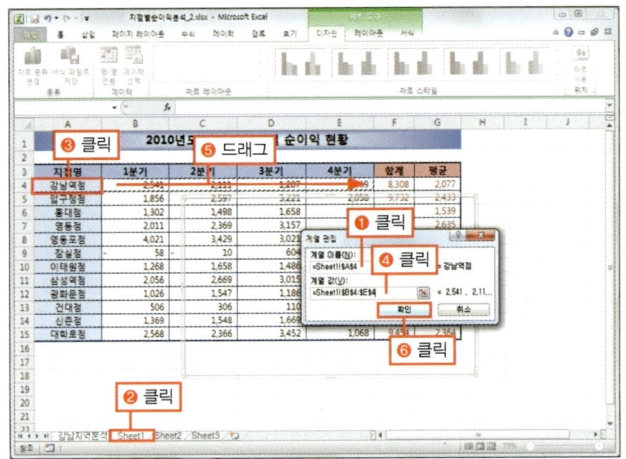

03 계열 추가하기

설정한 계열 이름과 계열 값대로 차트가 작성되는 것을 확인하고 ❶다시 [추가]를 클릭합니다.

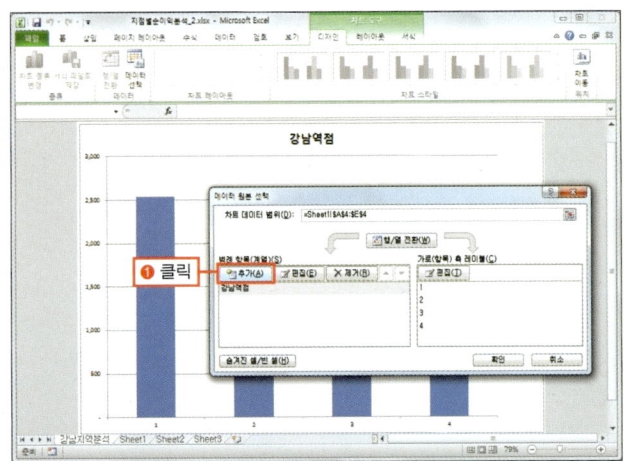

04 계열 추가하고 가로(항목) 축 레이블 편집하기

❶2~3과 같은 방법으로 '압구정점', '삼성역점'을 계열에 추가합니다. ❷이번에는 [가로(항목) 축 레이블]에서 [편집]을 클릭합니다.

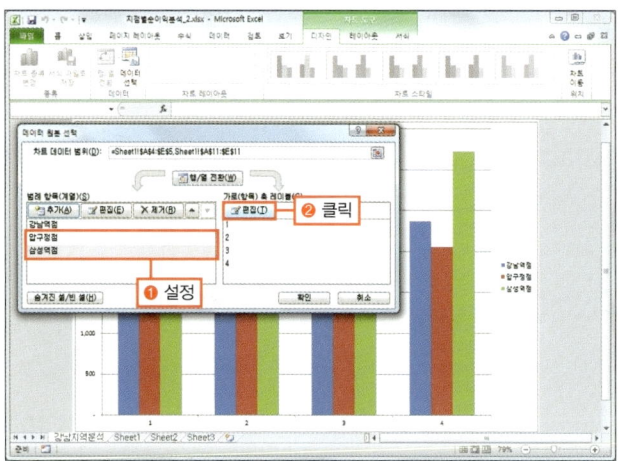

> **참고**
>
> '압구정점'의 계열 이름은 A5셀, 계열 값은 B5:E5셀입니다.
> '삼성역점'의 계열 이름은 A11셀, 계열 값은 B11:E11셀입니다.

05 축 레이블 설정하기

[축 레이블] 대화상자가 나타나면 ❶'Sheet 1' 시트의 ❷B3:E3셀을 드래그하여 [축 레이블 범위]에 입력하고 ❸[확인]을 클릭합니다.

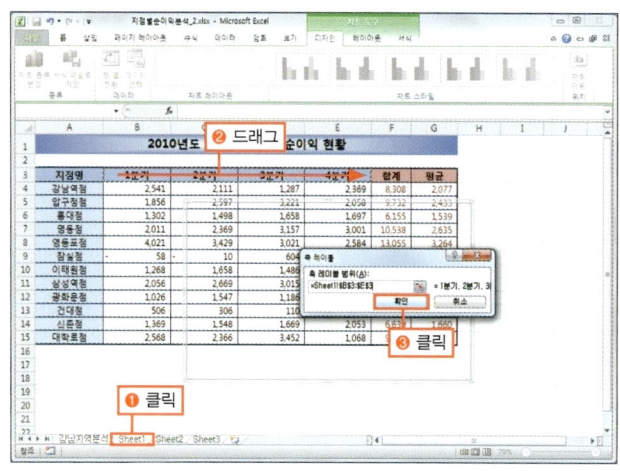

06 행/열 전환하기

차트의 축 레이블이 변경된 것을 확인하고 행과 열을 바꾸기 위해 ❶[행/열 전환]을 클릭합니다.

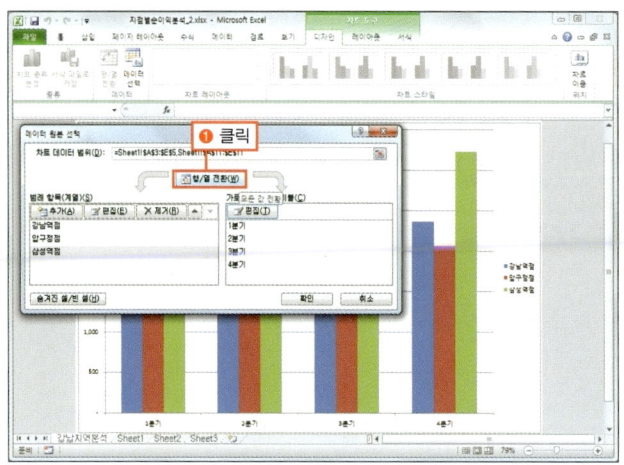

07 계열 추가하기

행과 열이 바뀐 상태에서 다시 계열을 추가하기 위해 ❶[범례 항목(계열)]에서 [추가]를 클릭합니다.

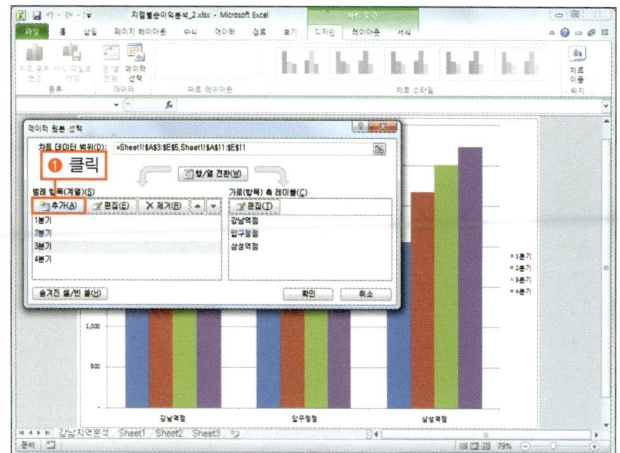

08 계열 편집하기

❶'Sheet 1' 시트의 G3셀을 선택하여 [계열 이름]에 입력하고 ❷[계열 값]에는 G4, G5, G11셀을 동시에 선택하여 입력한 후 ❸[확인]을 클릭합니다.

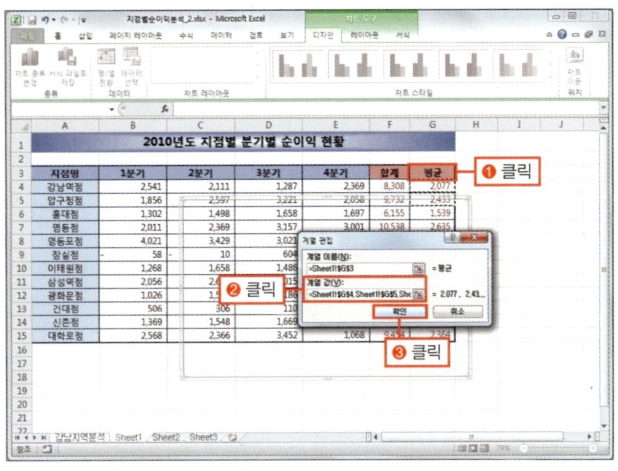

09 차트 완성하기

'평균' 계열이 추가된 것을 확인하고 ❶[확인]을 클릭하여 완성합니다.

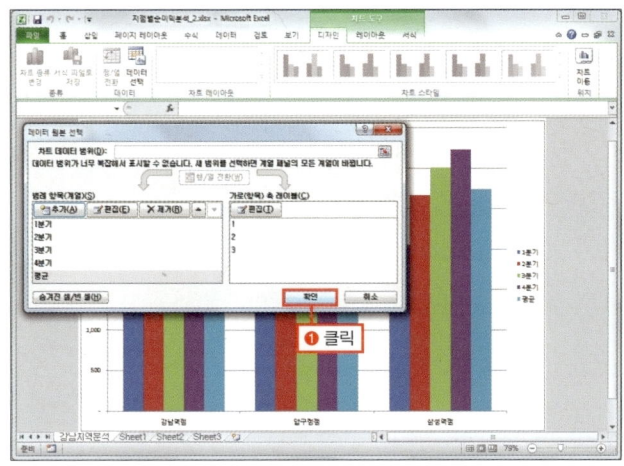

참고 • 숨겨진 셀이나 빈 셀의 차트 표시하기

설정한 계열 값에 숨겨진 셀이나 빈 셀이 있는 경우 [데이터 원본 선택] 대화상자의 [숨겨진 셀/빈 셀]을 클릭하여 표시 형식을 설정할 수 있습니다.

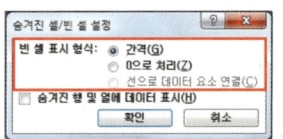

확인실습

1 1~7일의 사용량을 가지고 작성한 세로 막대형 차트를 아래 그림과 같이 전체 날짜에 대한 꺾은선형 그래프로 변경하고 빈 셀은 0으로 처리하세요.

◉ **시작 파일** : 7장\월별쿠폰현황_3.xlsx
◉ **완료 파일** : 7장\월별쿠폰현황_3_완료.xlsx

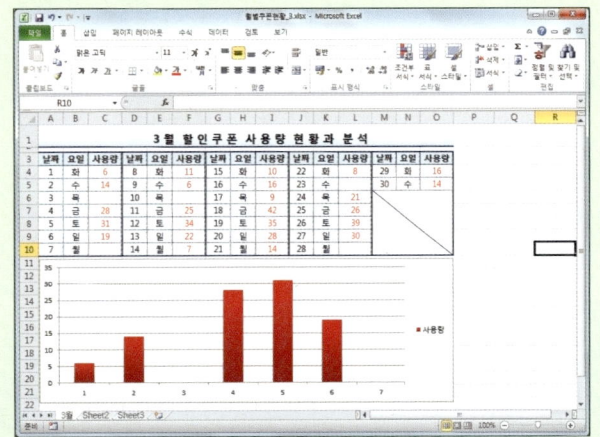

>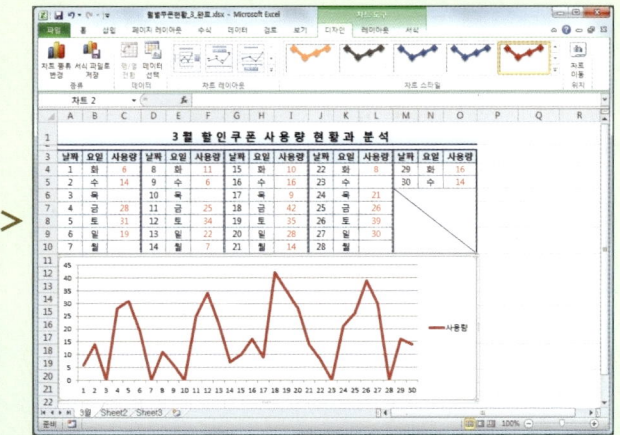

엑셀 차트 다른 프로그램에 삽입하기

엑셀에서 작성한 차트를 파워포인트나 한글과 같은 자주 사용하는 다른 오피스 프로그램에 삽입하는 방법을 알아보겠습니다.

시작 파일 : 7장\영어성적_7.xlsx

● **파워포인트 슬라이드에 차트 삽입하기**

1 차트 복사하기

❶'평균' 시트의 차트를 선택하고 ❷마우스 오른쪽 버튼을 클릭하고 ❸[복사]를 클릭합니다.

2 파워포인트에서 붙여넣기

❶파워포인트를 실행하고 ❷[홈] 탭의 [클립보드] 그룹에서 [붙여넣기]를 클릭한 후 ❸[대상 테마 사용 및 데이터 연결](📋)을 선택합니다.

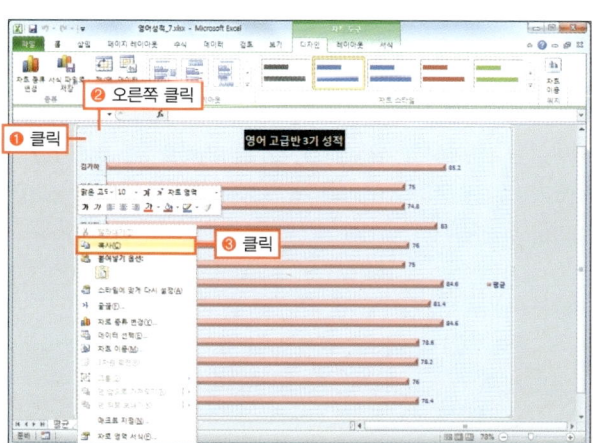

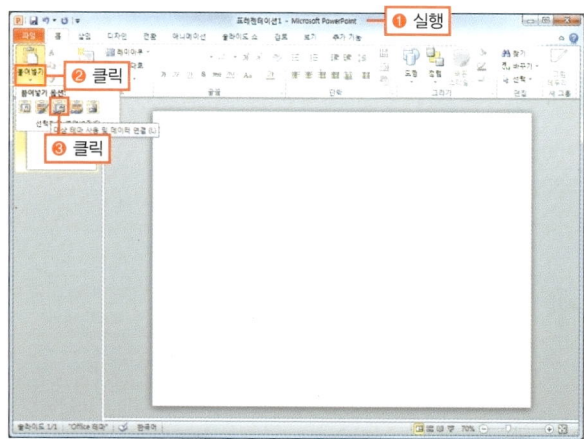

> **참고**
> 나타나는 붙여넣기 옵션에서 앞의 4개 중 아무 옵션이나 클릭해도 됩니다.

3 차트 확인하기

차트 개체 그대로 삽입되어 [차트 도구]가 활성화됩니다. 원본 데이터를 편집하려면 ❶[차트 도구]-[디자인] 탭의 ❷[데이터] 그룹에서 [데이터 편집]을 선택하면 됩니다.

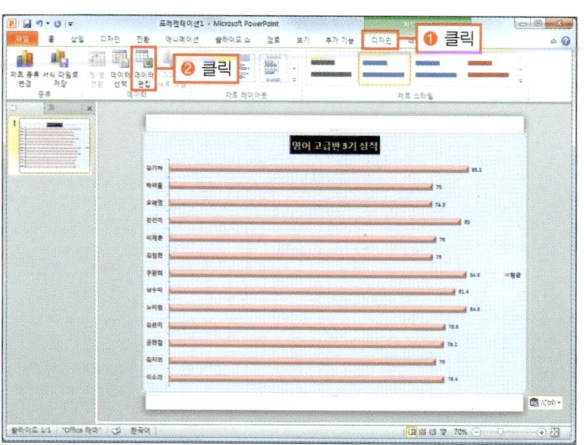

❹ 그림으로 복사하기

❶만약 붙여넣기 옵션에서 ❷[그림](📷)을 선택하면 차트
속성이 사라지고 그림 개체로 변환됩니다.

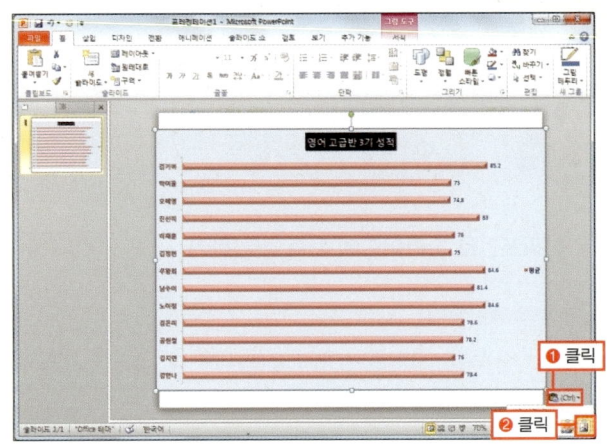

● 한글 문서에 차트 삽입하기

1 차트 복사하기

❶'평균' 시트의 차트를 선택합니다. ❷마우스 오른쪽 버튼을
클릭하고 ❸[복사]를 클릭합니다.

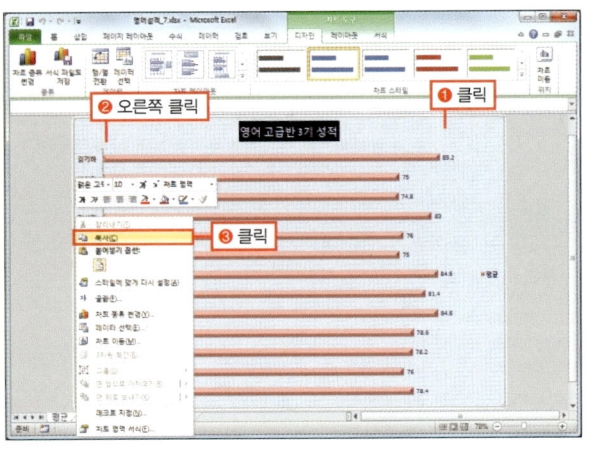

2 한글 문서에 붙여넣기

❶한글을 실행하고 ❷Ctrl+V를 눌러 바로 붙여넣기하면
차트가 그림으로 복사됩니다. ❸그림을 더블클릭하여 속성을
확인할 수 있습니다.

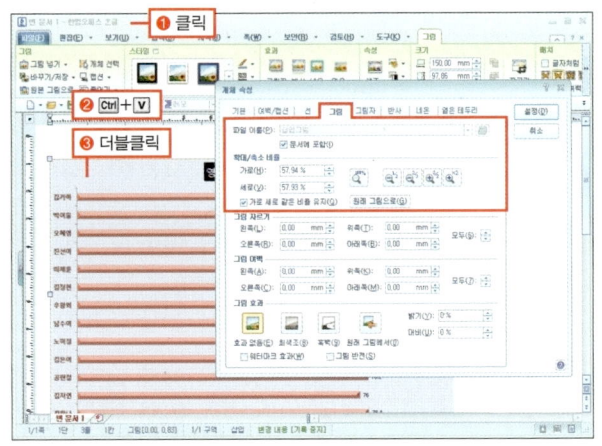

3 [골라 붙이기] 명령 실행하기

차트 그림을 삭제하고 다시 복사한 후 한글 문서로 돌아옵니다. ❶[편집] 탭에서 ❷[붙이기]를 클릭하고 ❸[골라 붙이기]를 선택합니다.

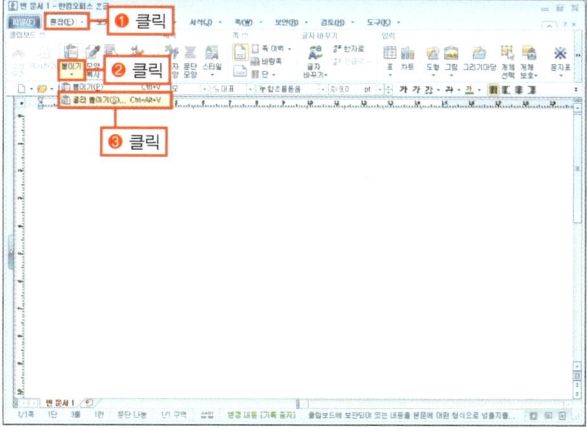

4 차트 형식으로 붙이기

[골라 붙이기] 대화상자에서 ❶[붙이기]를 선택하고 ❷[데이터 형식]은 [Microsoft Excel 차트]를 클릭한 후 ❸[확인]을 클릭합니다.

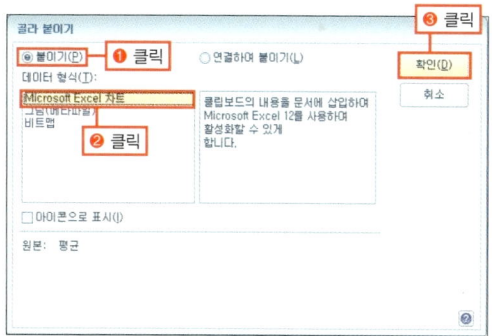

> **참고**
>
> [아이콘으로 표시]에 체크하면 문서에 엑셀 프로그램 아이콘만 삽입됩니다. 아이콘을 클릭하면 엑셀이 실행되고 해당 파일이 열립니다.
>
>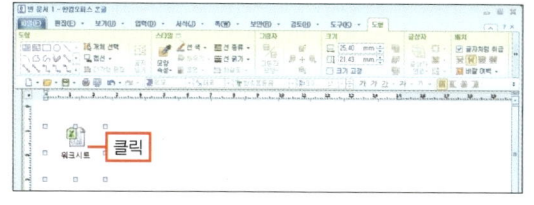

5 차트 활성화하기

화면에 보이지 않는 투명한 개체로 삽입됩니다. ❶더블클릭해 봅니다.

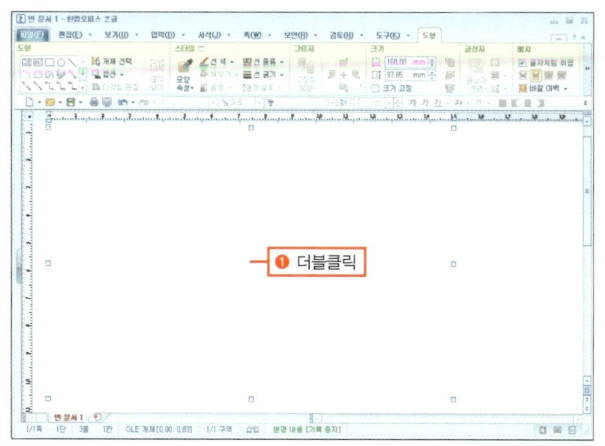

6 개체편집 모드 끝내기

엑셀 차트가 활성화되면서 한글 문서 내에 엑셀의 리본 메뉴가 나타납니다. 이를 통해 엑셀에서 하는 것처럼 차트를 편집할 수 있습니다. ❶[파일]을 클릭하고 ❷[개체편집 끝내기]를 선택합니다.

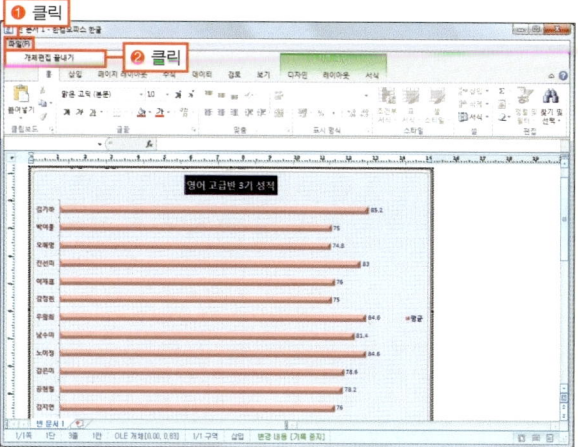

7 연결하여 붙이기 적용하기

4번 단계에서 [연결하여 붙이기]를 선택한 경우를 알아보겠습니다. 이 방식으로 차트를 삽입하고 엑셀의 원본 데이터에서 ①'Sheet 1'의 ②A8셀을 '이소라'로 변경해 봅니다.

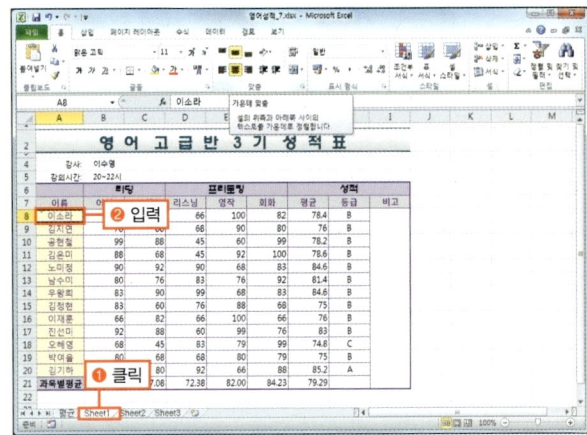

8 한글의 차트 확인하기

한글 문서에 삽입된 차트에서도 변경 사항이 바로 적용되는 것을 알 수 있습니다.

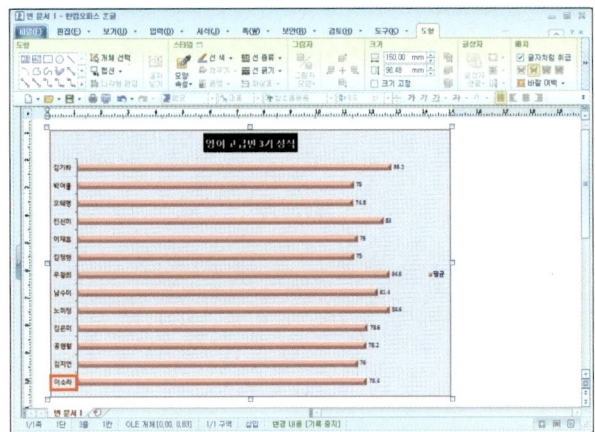

SECTION 04

다양한 실전 차트 만들어 보기

앞에서는 가장 기본형인 막대형 차트를 만들어 보면서 차트의 기본 사용법을 알아보았습니다. 이제 실전에서 쓰이는 좀 더 다양한 형태의 차트를 만들어 보겠습니다.

다루는 내용

• 원형 차트 만들기   • 간트 차트 만들기
• 꺾은선형 차트가 포함된 혼합형 차트 만들기

기능 정리

작성할 실전 차트 미리 보기

엑셀에서 제공하는 다양한 차트와 차트 옵션을 이용하면 좀 더 다양한 데이터를 차트로 표현할 수 있습니다. 이번 SECTION의 실습에서 만들어볼 차트의 특징을 간단히 살펴보겠습니다.

● 이중 축 차트

여러 데이터 계열을 가지고 하나의 차트로 만들 때 만약 특정 데이터 계열의 값이 다른 계열의 값과 크게 차이가 나면 차트에 제대로 표시되지가 않을 것입니다. 그렇다고 축의 값 범위를 너무 넓게 하면 가독성이 크게 떨어집니다. 이럴 때는 축을 이중으로 설정하여 해결할 수 있습니다. 데이터 계열의 옵션 중 [보조 축]을 설정하여 축을 2개로 표시할 수 있으며, 이때 보조 축을 사용하는 데이터 계열은 차트 종류를 달리 하는 것이 시각적으로 구분하기 좋습니다. 단순하게 특정 데이터 계열을 강조하고 싶을 때에도 이런 방법을 사용하면 좋습니다.

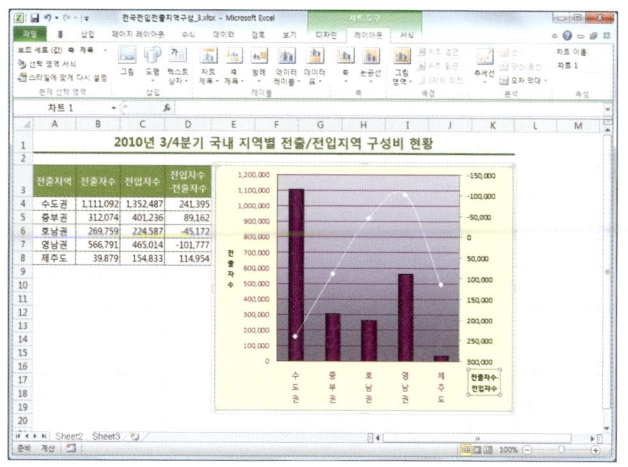

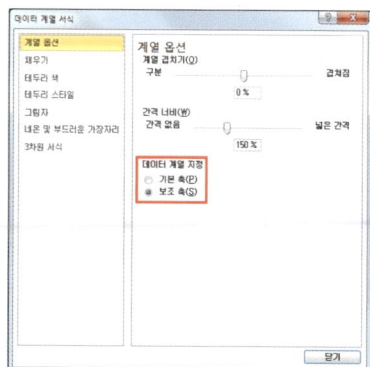

▲ 데이터 계열 지정 – 보조 축

● 원형 차트

데이터 계열이 1개일 때 가장 효과적으로 데이터를 표현할 수 있는 것은 바로 원형 차트입니다. 원형 차트의 변형 차트를 이용하여 여러 개의 데이터 계열을 표현할 수도 있지만 일반적으로는 한 개의 데이터 계열만 있을 때 주로 원형 차트를 사용합니다.

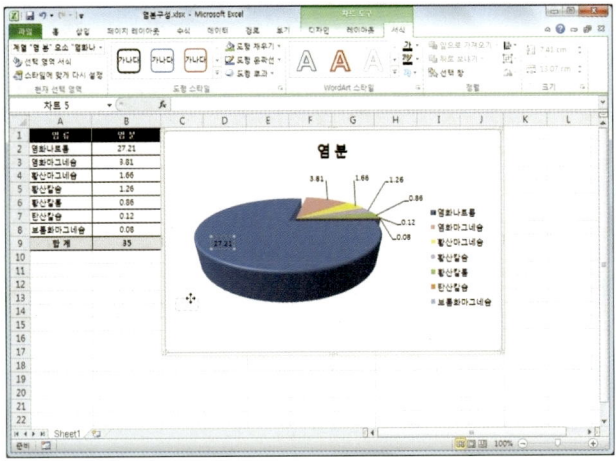

● 간트 차트

간트 차트는 프로젝트 일정 관리와 같이 기간이나 시간을 기준으로 작업 계획 및 일정 등을 평행한 그래프로 보여주는 것입니다. 1919년 미국의 간트(Gantt)가 창안하여 '간트 차트'라고 부릅니다.

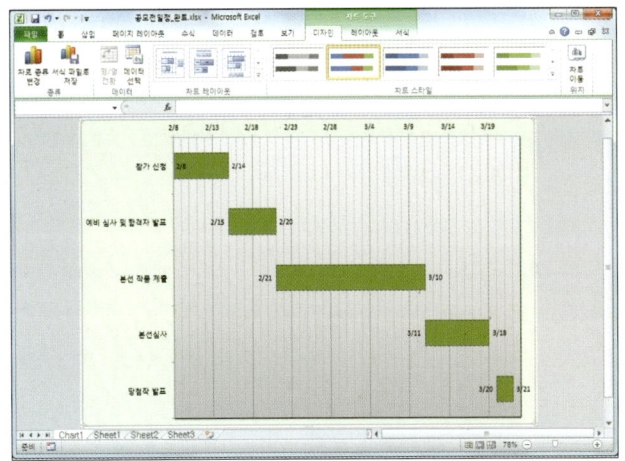

간단퀴즈

1 값의 단위가 매우 다른 두 개의 데이터 계열을 하나의 차트에 표현할 때는 이중 축을 설정해야 합니다. 엑셀에서 이중 축을 설정하려면 어떤 옵션을 이용해야 합니까?

2 업무별로 시작과 끝이 언제인지 표시하여 전체 일정을 한눈에 파악하기 쉽게 보여주는 차트는 어떤 것입니까?

답 : 보조 축, 간트 차트

하나의 차트에 두 개의 축과 그래프 사용하기

막대 차트와 꺾은선형 차트를 함께 사용하고 보조 축을 설정하여 여러 데이터 계열을 효과적으로 모두 표시하는 방법을 알아보겠습니다. 또한 꺾은선형 차트의 서식을 설정하는 방법도 함께 살펴봅니다.

◉ **시작 파일** : 7장\전국전입전출지역구성_3.xlsx
◉ **완료 파일** : 7장\전국전입전출지역구성_3_완료.xlsx

01 [데이터 선택] 명령 실행하기

❶차트를 선택하고 ❷[차트 도구]-[디자인] 탭의 [데이터] 그룹에서 ❸[데이터 선택]을 클릭합니다.

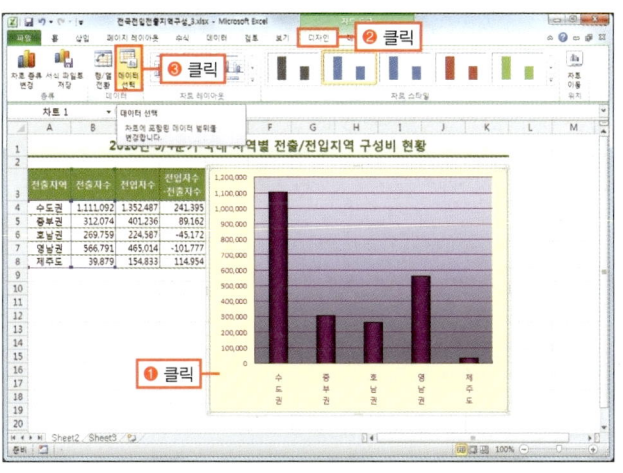

02 데이터 계열 추가하기

❶[데이터 원본 선택] 대화상자의 [차트 데이터 범위]에 D3:D8셀을 추가하고 ❷[확인]을 클릭합니다.

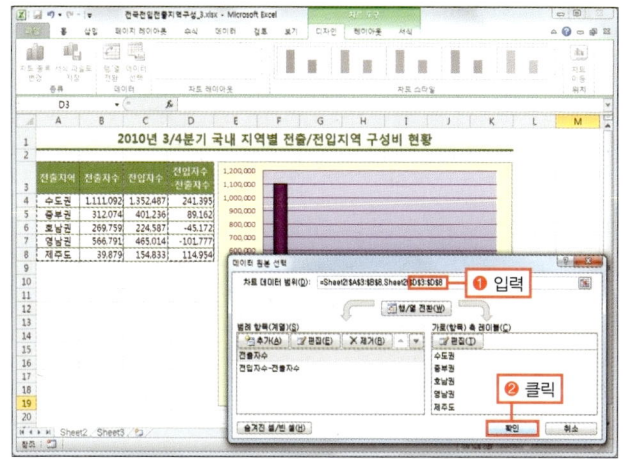

03 [데이터 계열 서식] 명령 실행하기

❶추가된 데이터 계열을 마우스 오른쪽 버튼으로 클릭하고 ❷[데이터 계열 서식]을 선택합니다.

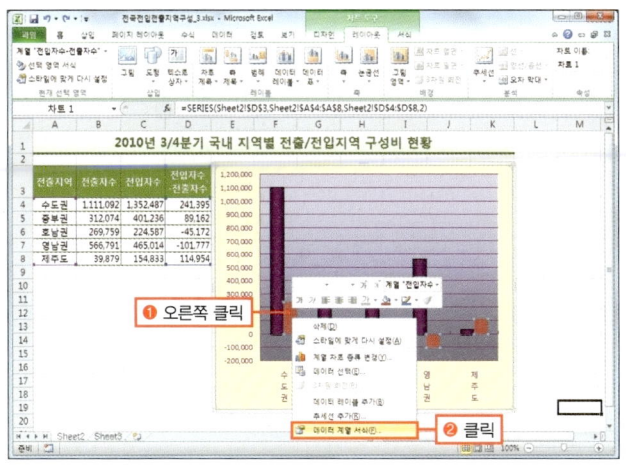

> **참고 •**
> 추가된 데이터 계열의 값 범위가 기존 데이터와는 크게 다른 것을 확인할 수 있습니다.

04 보조 축 지정하기

[데이터 계열 서식] 대화상자의 [계열 옵션]에서 ❶[데이터 계열 지정]을 [보조 축]으로 선택하고 ❷[닫기]를 클릭합니다.

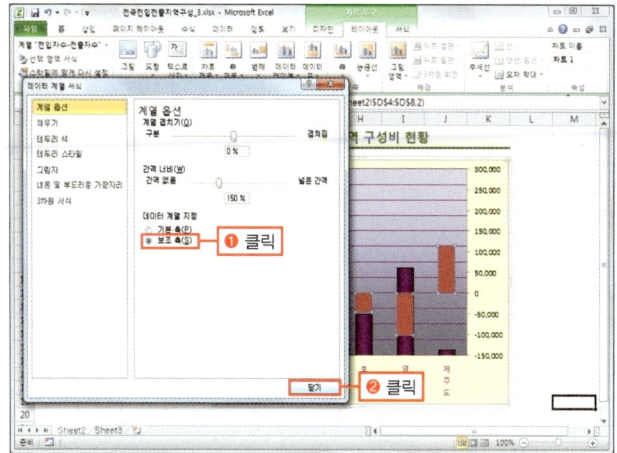

05 계열 차트 종류 변경하기

❶[차트 도구]-[디자인] 탭의 [종류] 그룹에서 [차트 종류 변경]을 클릭합니다. ❷[차트 종류 변경] 대화상자에서 [꺾은선형]-[표식이 있는 꺾은선형]을 선택하고 ❸[확인]을 클릭합니다.

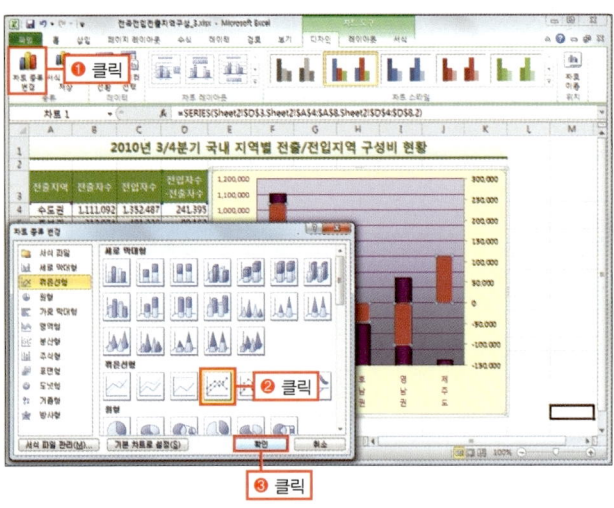

06 표식 옵션 설정하기

❶꺾은선형으로 바뀐 차트를 선택하고 ❷Ctrl+1을 눌러 [데이터 계열 서식] 대화상자를 열고 ❸[표식 옵션]을 선택합니다. ❹[표식 종류]는 [기본 제공], ❺[형식]은 다이아몬드형, ❻[크기]는 '6'으로 설정합니다.

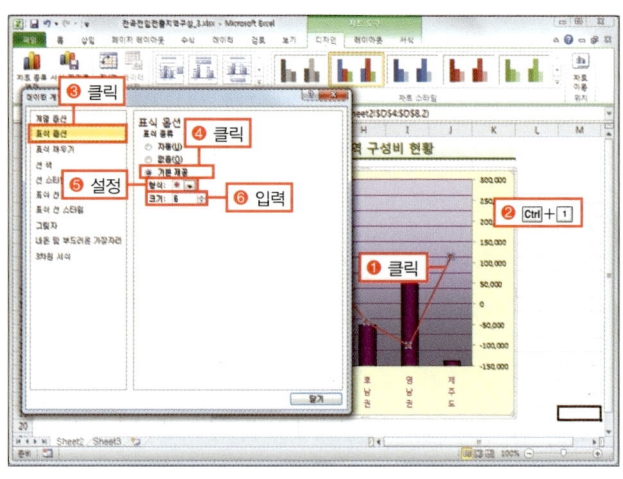

07 표식 색 설정하기

❶[표식 채우기]를 선택하고 ❷[단색 채우기]를 클릭합니다. ❸[채우기 색]에서 [색] 버튼을 클릭하고 ❹[흰색, 배경 1]을 선택합니다.

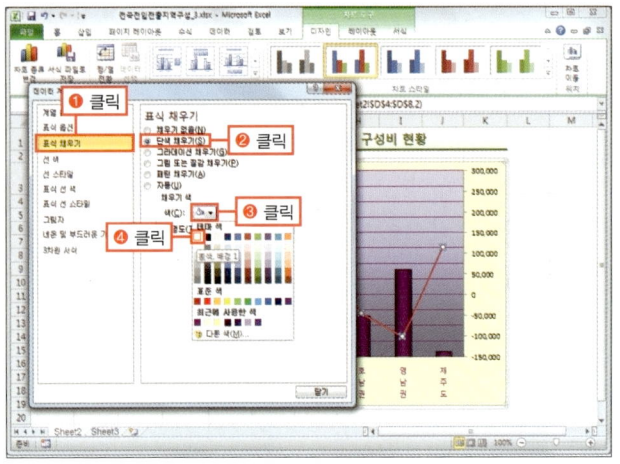

08 표식 선 색 설정하기

❶[표식 선 색]을 선택하고 ❷[실선]을 클릭합니다. ❸[색]의 버튼을 클릭하고 ❹[흰색, 배경 1]을 선택합니다.

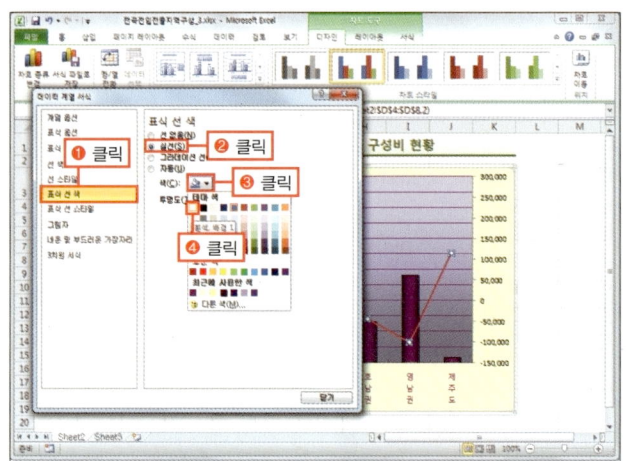

09 선 색 설정하기

❶[선 색]을 선택하고 ❷[실선]을 클릭합니다. ❸[색]의 버튼을 클릭하고 ❹[흰색, 배경 1]을 선택합니다.

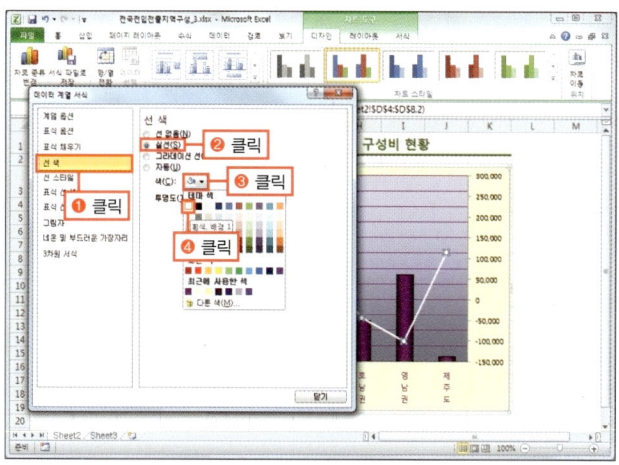

10 표식 선 스타일 설정하기

❶[표식 선 스타일]을 선택하고 ❷[너비]를 '0.75pt'로 설정합니다. ❸[완만한 선]에 체크하고 ❹[닫기]를 클릭합니다.

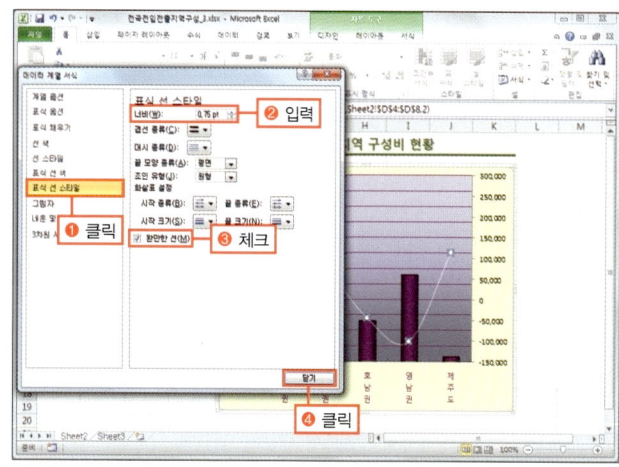

11 보조 축 서식 설정하기

❶삽입된 보조 축을 더블클릭하여 나타난 ❷[축 서식] 대화상자의 [축 옵션]에서 [값을 거꾸로]에 체크하고 ❸[닫기]를 클릭합니다.

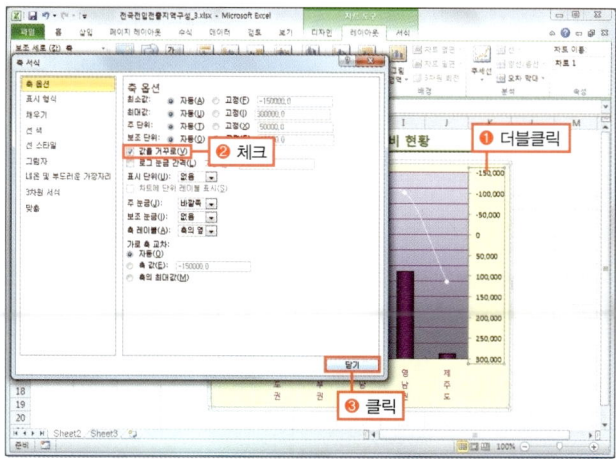

12 축 제목 삽입하기

❶[차트 도구]-[레이아웃] 탭의 ❷[레이블] 그룹에서 [축 제목]을 클릭하고 ❸[보조 세로 축 제목]-[가로 제목]을 선택합니다.

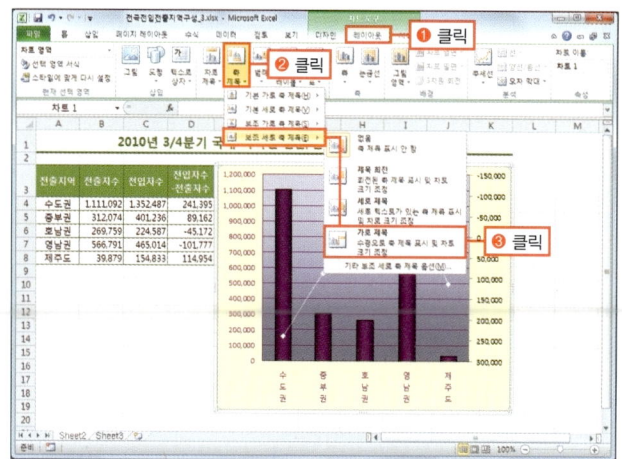

> **참고**
> 축과 관련된 모든 메뉴에 보조 축에 관한 명령이 추가됩니다.

13 축 제목 완성하기

❶보조 축의 제목을 입력하고 글꼴 크기와 위치를 적당히 조절합니다. ❷같은 방법으로 기본 세로 축의 제목도 입력하여 완성합니다.

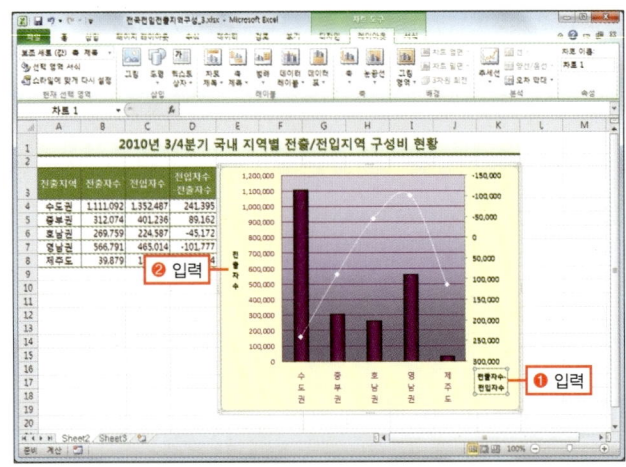

실습 과정

원형 차트 만들기

전체에 대한 각 값의 기여도를 표시하는 원형 차트는 실무에서 매우 자주 사용됩니다. 원형 차트 중에서도 3차원 원형 차트를 작성하고 편집하는 방법을 살펴보겠습니다.

◉ 시작 파일 : 7장\염분구성.xlsx
◉ 완료 파일 : 7장\염분구성_완료.xlsx

---

01 원형 차트 삽입하기

❶A1:B8셀을 선택합니다. ❷[삽입] 탭의 [차트] 그룹에서 ❸[원형]을 클릭하여 ❹[3차원 원형](🟠)을 클릭합니다.

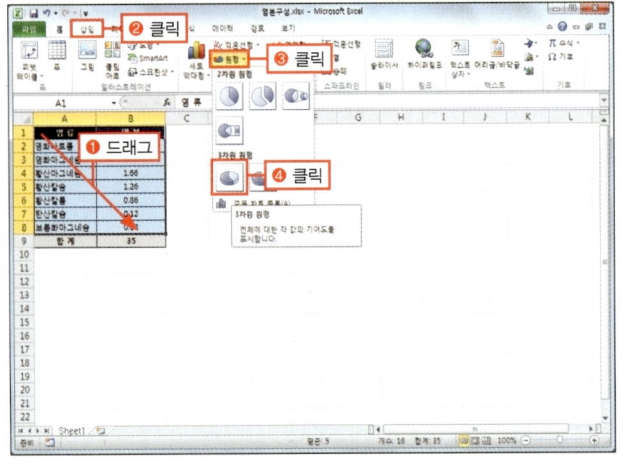

02 [3차원 회전] 명령 실행하기

❶차트의 크기와 위치를 그림과 같이 조절하고 ❷[차트 도구]-[레이아웃] 탭의 [배경] 그룹에서 ❸[3차원 회전]을 클릭합니다.

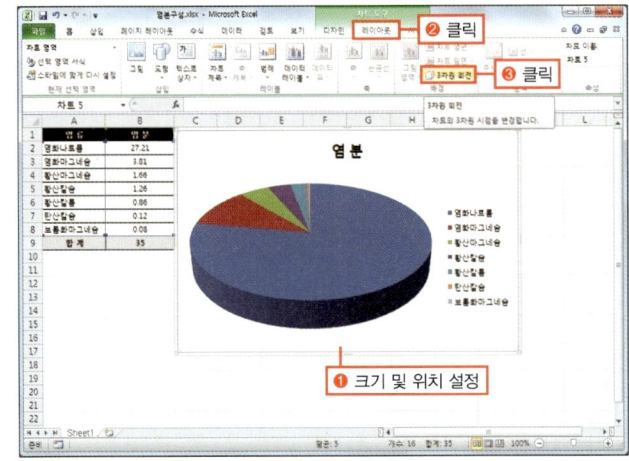

03 3차원 회전값 설정하기

❶[차트 영역 서식] 대화상자의 [3차원 회전]-[회전]에서 [X]를 '90°', [원근감]을 '40°'로 설정합니다. ❷[차트 배율]-[크기 자동 조정]의 체크를 해제하고 ❸[높이]를 '115'로 설정한 후 ❹[닫기]를 클릭합니다.

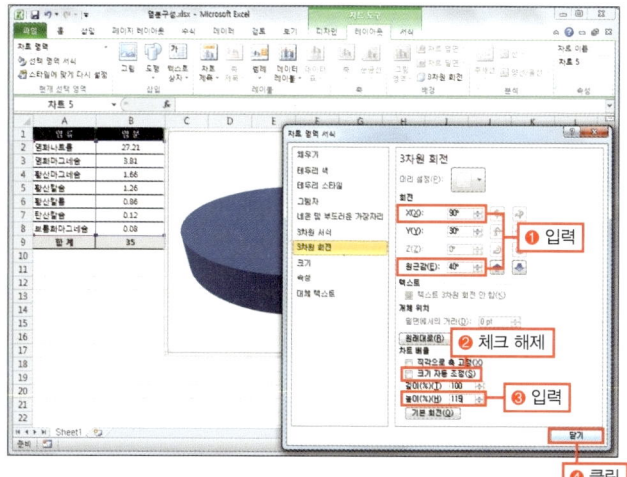

04 데이터 계열 채우기 색 변경하기

❶[차트 도구]-[서식] 탭의 ❷[도형 채우기]를 이용하여 각 데이터 요소의 색을 원하는 대로 변경합니다.

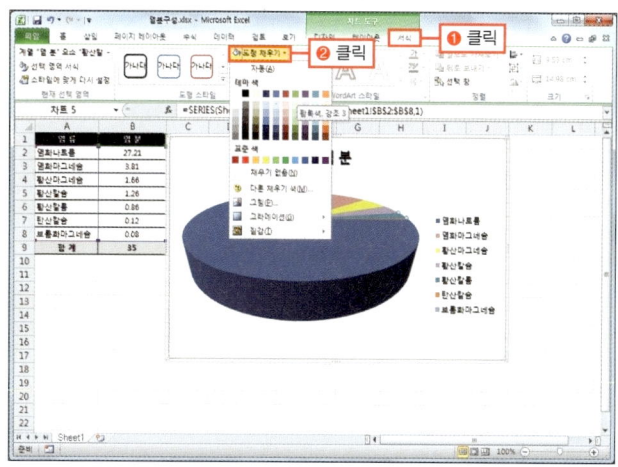

> **참고**
> 데이터 계열을 클릭하고 원하는 데이터 요소만 한 번 더 클릭하면 개별적으로 선택할 수 있습니다.

05 3차원 서식 설정하기

❶파란색으로 표시된 '염화나트륨' 데이터 요소를 더블클릭합니다. ❷[3차원 서식]을 선택하고 ❸[입체 효과]-[위쪽]의 [너비]와 [높이]를 '6'으로 설정한 후, ❹[닫기]를 클릭합니다.

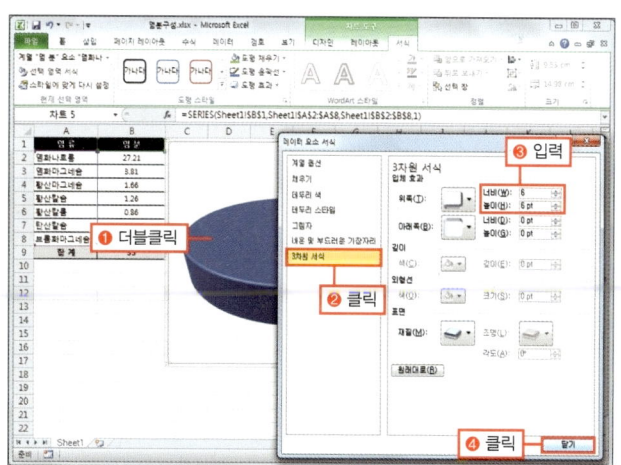

06 조각 쪼개고 데이터 레이블 추가하기

❶'염화나트륨' 데이터 요소를 바깥쪽으로 드래그하여 조각을 분리합니다. ❷데이터 계열을 마우스 오른쪽 버튼으로 클릭하고 ❸[데이터 레이블 추가]를 선택합니다.

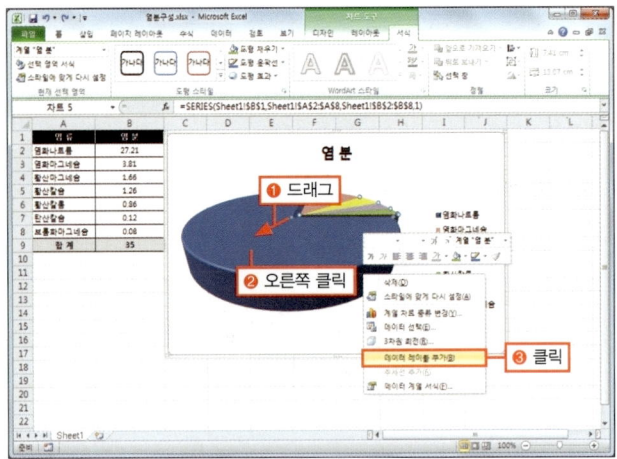

07 데이터 레이블 위치 변경하기

❶각 데이터 요소의 레이블을 바깥쪽으로 드래그하여 보기 좋게 위치를 변경합니다.

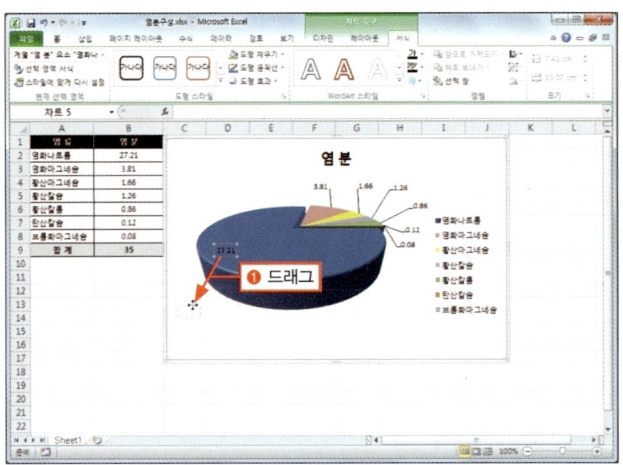

참고

[데이터 요소 서식] 대화상자의 [계열 옵션]에서 분리된 조각의 각도와 거리를 설정할 수 있습니다.

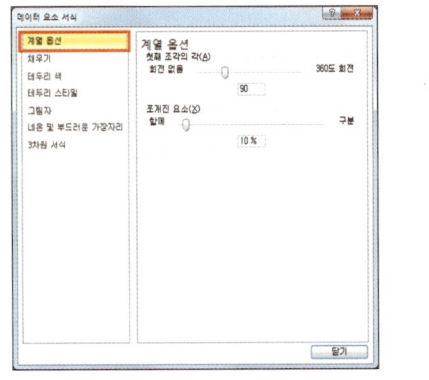

원형 차트에서 값이 작아 잘 보이지 않는 일부 값을 추출하여 누적 가로 막대형으로 함께 표시할 수 있습니다. 다음은 [삽입] 탭의 [차트] 그룹에서 [원형]–[2차원 원형] 차트 중 [원형 대 가로 막대형] 차트를 삽입한 모습입니다. 오른쪽으로 분리된 누적 가로 막대형 차트는 [데이터 계열 서식] 대화상자의 [계열 옵션]을 이용해서 원하는 대로 설정할 수 있습니다.

◎ **예제 파일** : 7장\염분구성_2.xlsx

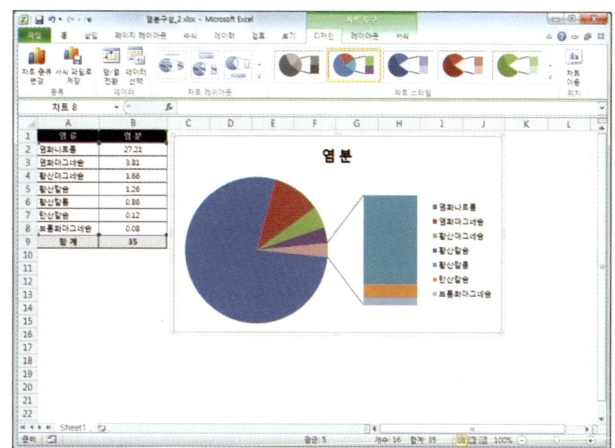

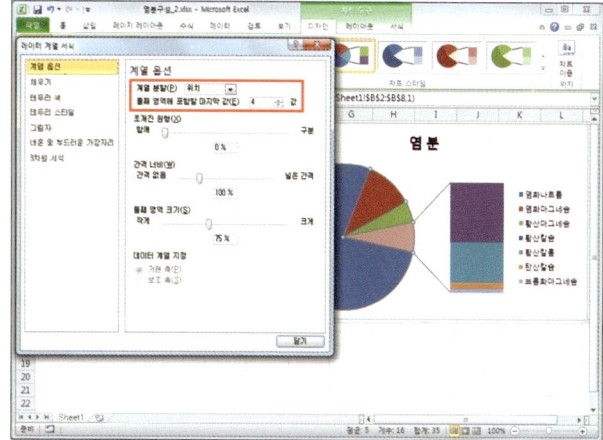

▲ [계열 분할]을 [위치], [둘째 영역에 포함할 마지막 값]을 '4'로 변경한 모습
– 설정한 수치대로 작은 값부터 개수를 세어 둘째 영역에 표시합니다.

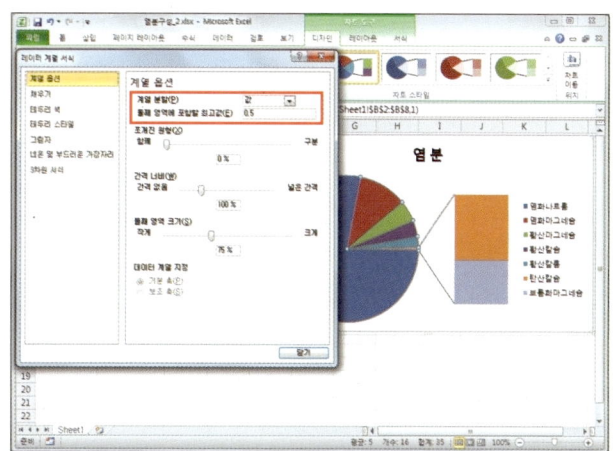

▲ [계열 분할]을 [값], [둘째 영역에 포함할 최고값]을 '0.5'로 변경한 모습 –
둘째 영역으로 보낼 데이터 계열의 최고값을 직접 입력합니다. [계열
분할]을 [백분율 값]으로 선택하면 백분율로 환산하여 둘째 영역을
결정합니다.

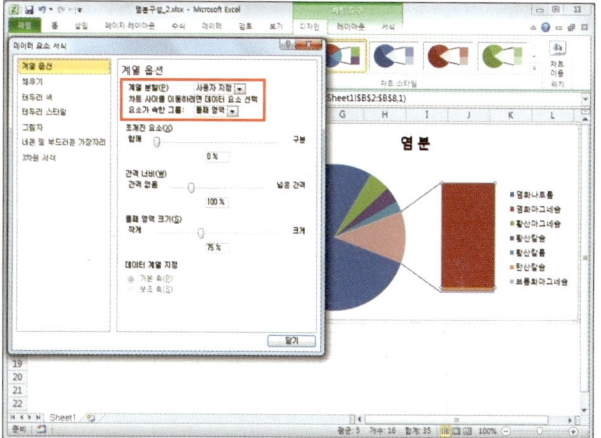

▲ '염화마그네슘' 데이터 요소를 선택하고 [데이터 요소 서식] 대화상자의
[계열 옵션]–[계열 분할]을 [사용자 지정], [요소가 속한 그룹]을 [둘째
영역]으로 변경한 모습 – 특정 데이터 요소를 선택한 후 첫째 영역이나
둘째 영역에 할당할 수 있습니다.

실습 과정

간트 차트 만들기

간트 차트를 이용하여 프로젝트의 과정별로 시작과 끝 날짜를 가로 막대로 표시하는 방법을 알아보겠습니다. 기간을 나타나는 데 적합한 누적 가로 막대형 차트를 사용합니다.

- 📁 **시작 파일** : 7장\공모전일정.xlsx
- 📁 **완료 파일** : 7장\공모전일정_완료.xlsx

---

01 기간 계산하기

각 일정의 진행기간을 구하기 위해서 ❶D2셀을 선택하고 '=C2-B2+1'을 입력합니다.

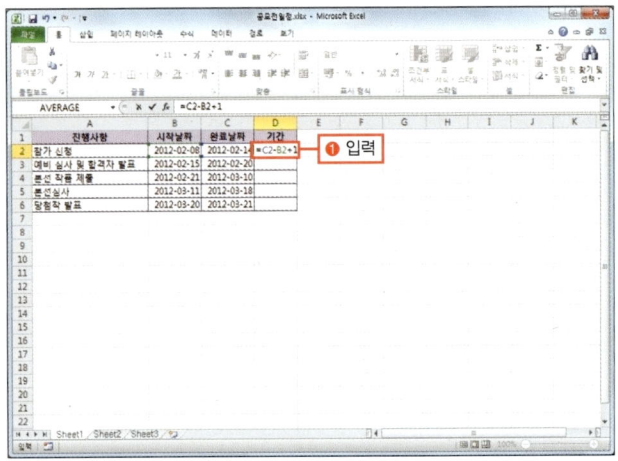

02 수식 복사하기

❶D2셀의 결과 값을 D6셀까지 복사합니다.

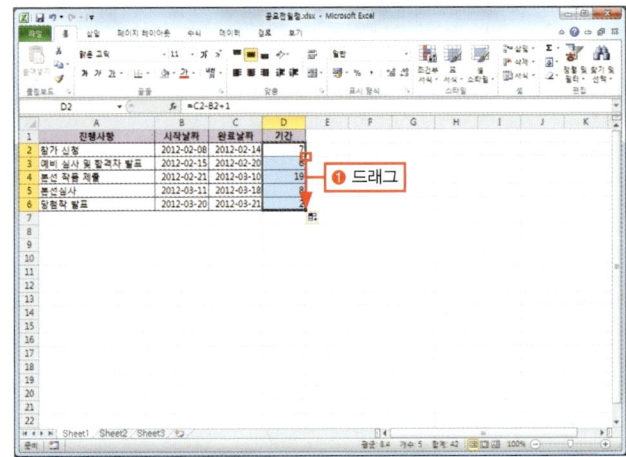

---

03 차트 삽입하기

❶데이터 범위 밖의 아무 셀이나 클릭합니다. ❷[삽입] 탭의 [차트] 그룹에서 ❸[가로 막대형]을 클릭하고 ❹[누적 가로 막대형]을 선택합니다.

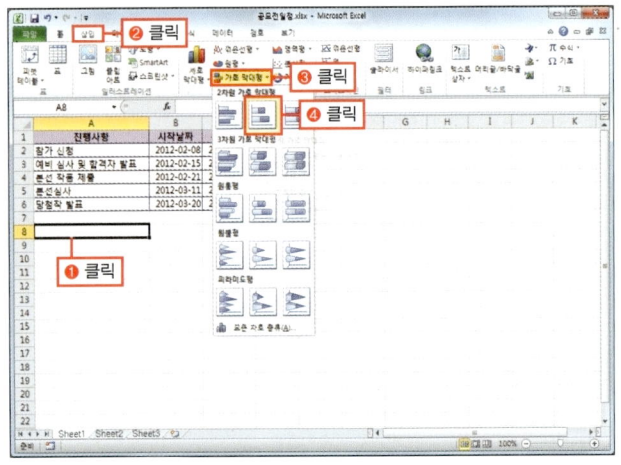

04 데이터 선택하기

빈 차트가 삽입되면 ❶[차트 도구]-[디자인] 탭의 [데이터] 그룹에서 [데이터 선택]을 클릭합니다.

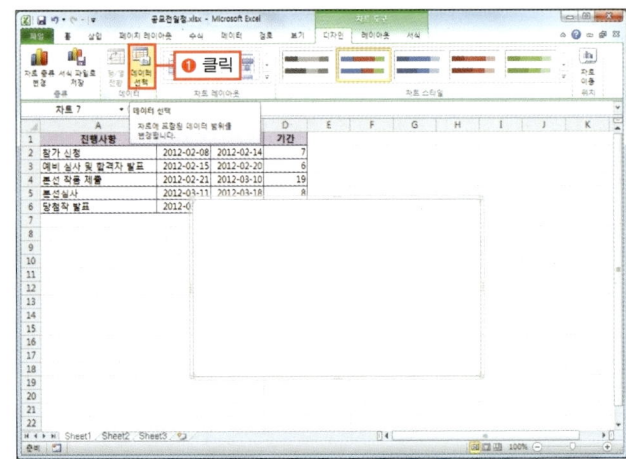

---

05 첫 번째 계열 추가하기

계열 추가를 위해 [데이터 원본 선택] 대화상자의 [범례 항목(계열)]에서 ①[추가]를 클릭합니다.

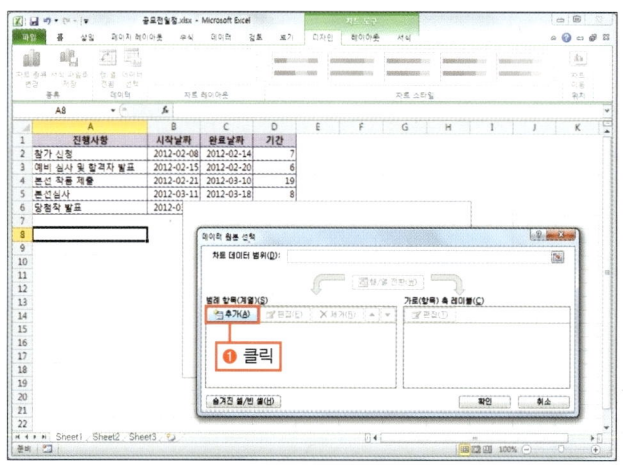

06 계열 편집하기

[계열 편집] 대화상자의 ①[계열 이름]에 B1셀을 클릭하여 입력하고 [계열 값]에는 B2:B6셀을 드래그하여 입력한 후 ②[확인]을 클릭합니다.

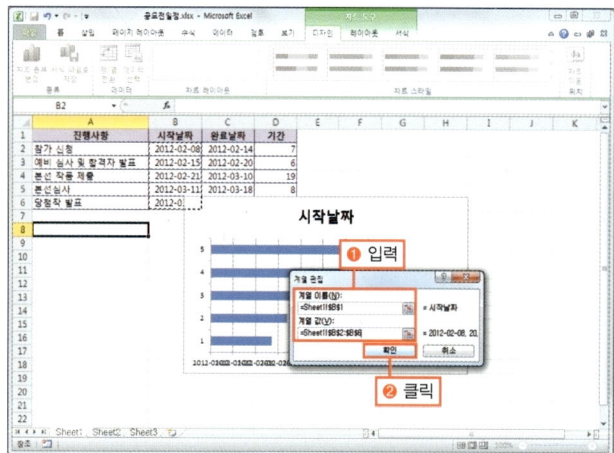

07 두 번째 계열 추가하기

두 번째 계열 추가를 위해 ①다시 [추가]를 클릭합니다.

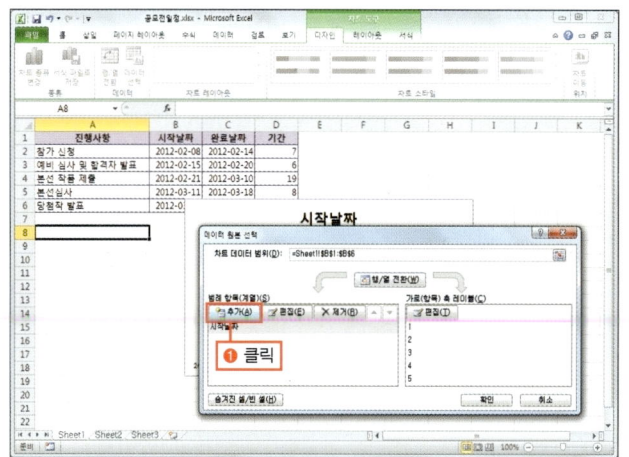

08 계열 편집하기

[계열 편집] 대화상자의 ①[계열 이름]에 D1셀을 클릭하여 입력하고 [계열 값]에는 D2:D6셀을 드래그하여 입력한 후 ②[확인]을 클릭합니다.

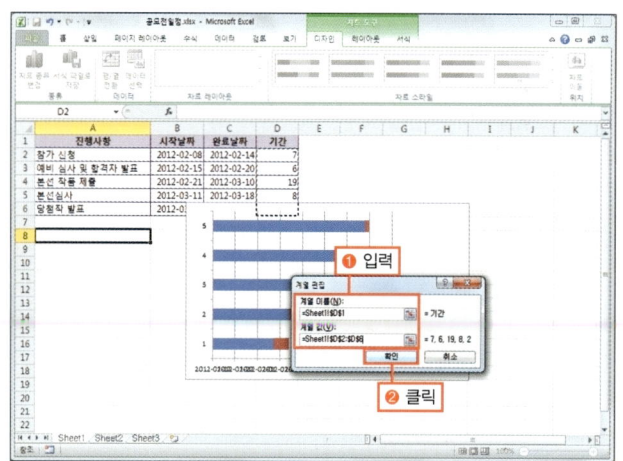

> **참고**
> 가로 막대에 데이터를 누적할 순서를 생각하고 계열을 지정합니다.

09 세 번째 계열 추가하기

앞에서와 같은 방법으로 ❶세 번째 계열을 추가합니다. 계열 이름은 C1셀, 계열 값은 C2:C6셀입니다.

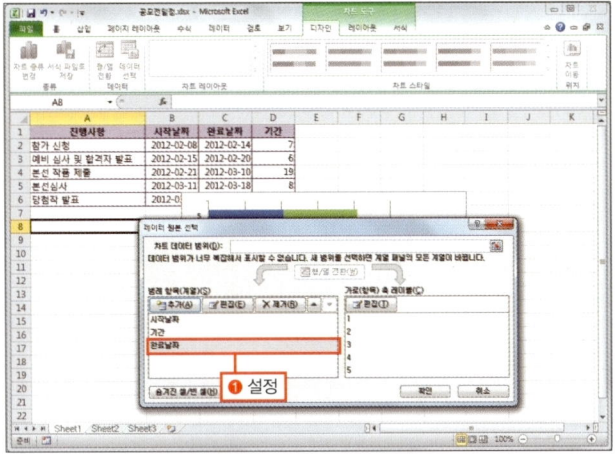

10 축 편집하기

축을 설정하기 위해 ❶[가로(항목) 축 레이블]의 [편집]을 클릭합니다.

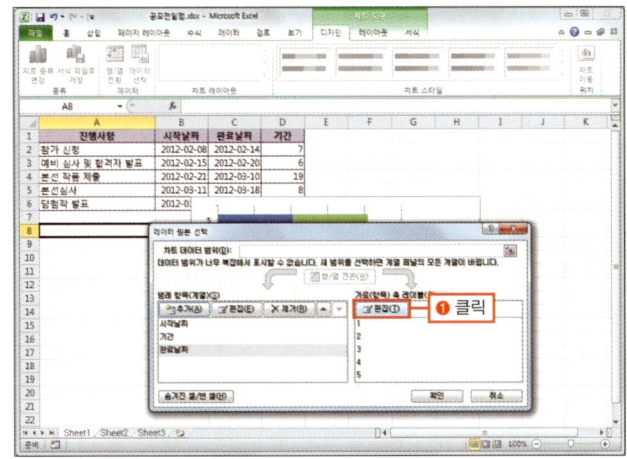

참고

일반적으로 축은 가로 방향에 위치하지만 가로 막대형 차트에서는 세로 방향이 축이 됩니다.

11 축 범위 지정하기

[축 레이블] 대화상자의 ❶[축 레이블 범위]에 A2:A6셀을 드래그하여 입력하고 ❷[확인]을 클릭합니다.

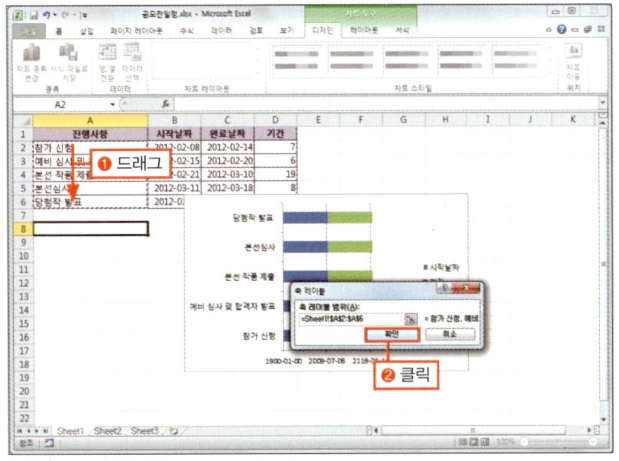

12 차트 데이터 설정 완료하기

[데이터 원본 선택] 대화상자의 설정을 확인하고 ❶[확인]을 클릭합니다.

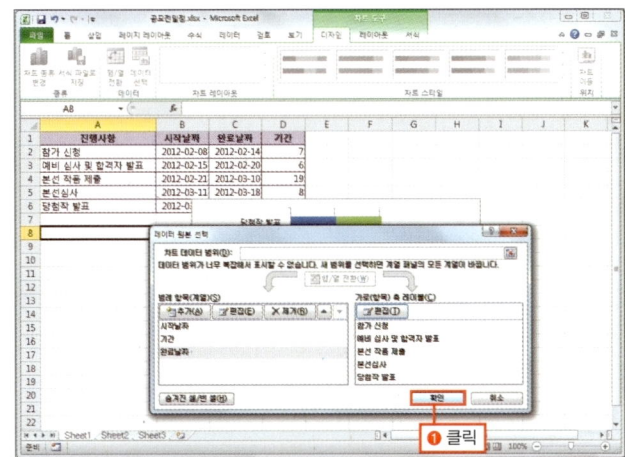

13 차트 이동하기

워크시트에 삽입된 차트를 이동하기 위해서 ❶[차트 도구]-[디자인] 탭의 ❷[위치] 그룹에서 [차트 이동]을 클릭합니다.

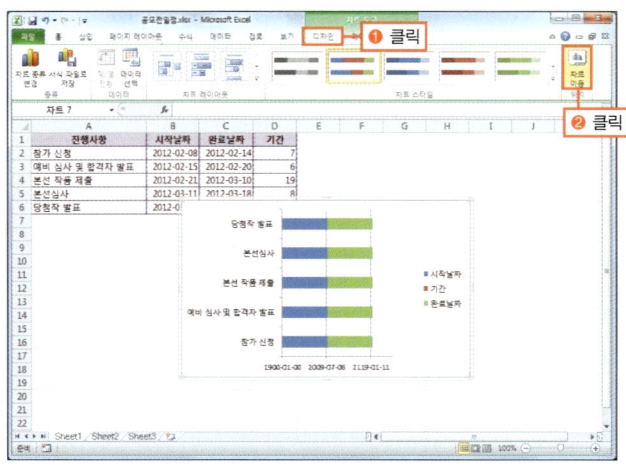

14 차트 시트 설정하기

[차트 이동] 대화상자의 ❶[새 시트]에 ❷'일정표'라고 입력하고 ❸[확인]을 클릭합니다.

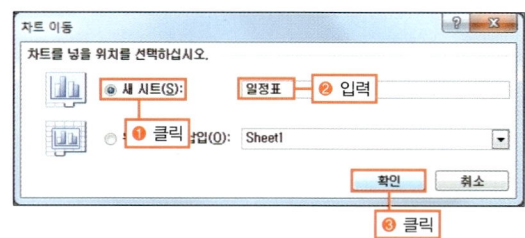

15 범례 삭제하기

❶오른쪽의 범례를 클릭하고 ❷Delete를 눌러 삭제합니다. 그리고 아래 날짜의 범위가 너무 넓은 것을 확인합니다. 이것을 진행일정의 실제 날짜와 맞추기 위해서는 축의 최소값과 최대값을 지정해야 합니다.

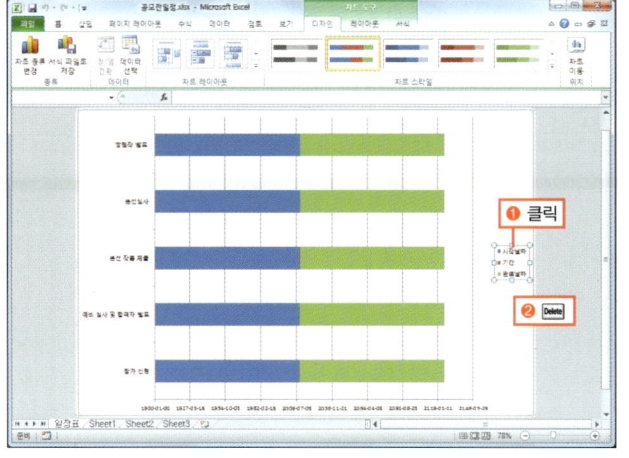

16 '시작날짜'의 실제 값 확인하기

축의 최소값, 최대값은 날짜 형식으로 지정할 수 없습니다. 따라서 날짜로 표시되었지만 실제 셀 값은 얼마인지 확인해야 합니다. 먼저 모든 일정의 가장 시작일인 ❶'Sheet 1' 탭의 ❷B2셀을 클릭하고 ❸Ctrl+1을 누릅니다. ❹[셀 서식] 대화상자의 [표시 형식] 탭에서 [일반]을 선택하여 해당 날짜의 셀 값이 '40947'인 것을 확인하고 ❺[취소]를 클릭합니다.

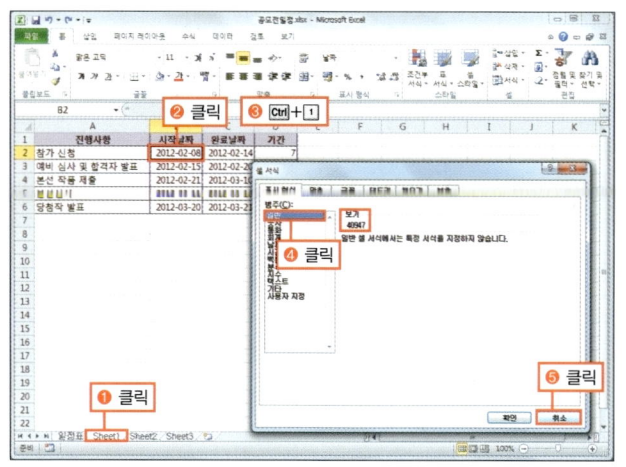

> **참고**
> [확인]을 클릭하면 표시 형식이 변경되므로 확인만 하고 [취소]를 클릭합니다.

17 마지막 날짜의 셀 값 확인하기

모든 일정의 가장 마지막 날짜인 ❶C6셀을 클릭하고 ❷Ctrl +①을 누릅니다. ❸[셀 서식] 대화상자의 [표시 형식] 탭에서 [일반]을 선택하여 해당 날짜의 셀 값이 '40989'인 것을 확인하고 ❹[취소]를 클릭합니다.

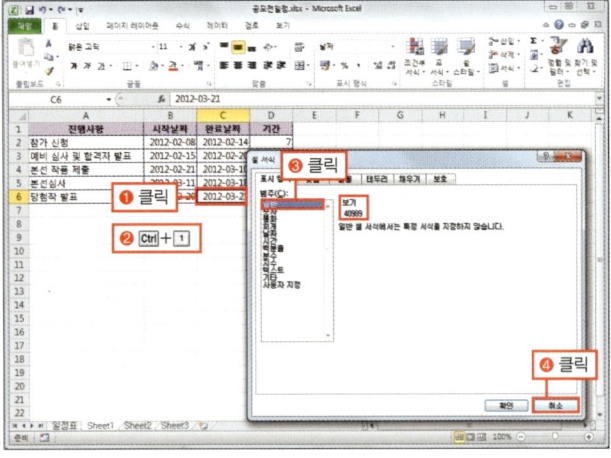

18 축 값 변경하기

❶'일정표' 시트로 이동하여 ❷가로 축을 더블클릭합니다. ❸[축 서식] 대화상자의 [축 옵션]에서 [최소값]의 [고정]을 클릭하고 ❹'40947'을 입력합니다. ❺[최대값]의 [고정]을 클릭하고 ❻'40991'을 입력합니다.

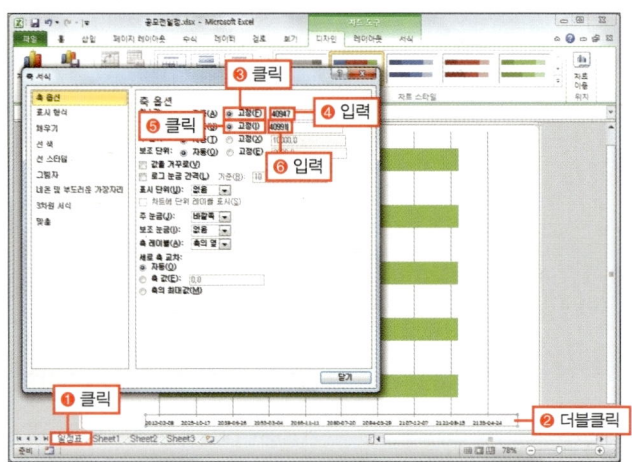

> **참고** •
> 최소값은 '시작날짜'의 셀 값인 '40947', 최대값은 마지막 날짜의 셀 값인 40989에서 좀 더 여유를 주고 차트를 만들기 위해서 '40991'을 입력한 것입니다.

19 표시 형식 변경하기

❶[표시 형식]으로 이동합니다. ❷[범주]에서 [날짜]를 클릭하고 ❸[형식]에서 [3/14]를 선택한 후 ❹[닫기]를 클릭합니다.

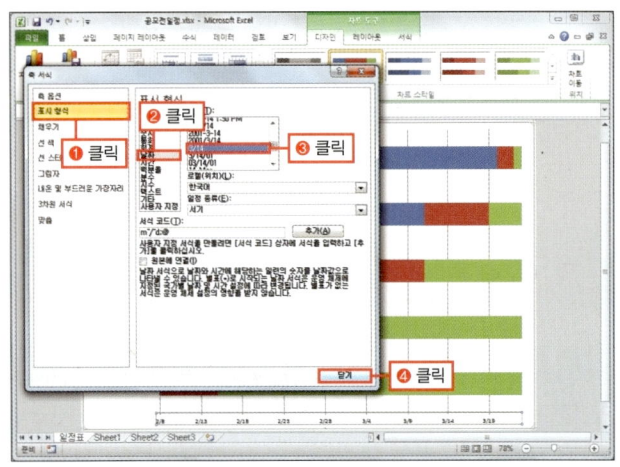

20 축 방향 변경하기

앞의 일정부터 위쪽에 표시하기 위해 ❶세로 축을 더블 클릭하여 [축 서식] 대화상자를 엽니다. ❷[축 옵션]에서 [항목을 거꾸로]에 체크한 후 ❸[닫기]를 클릭합니다.

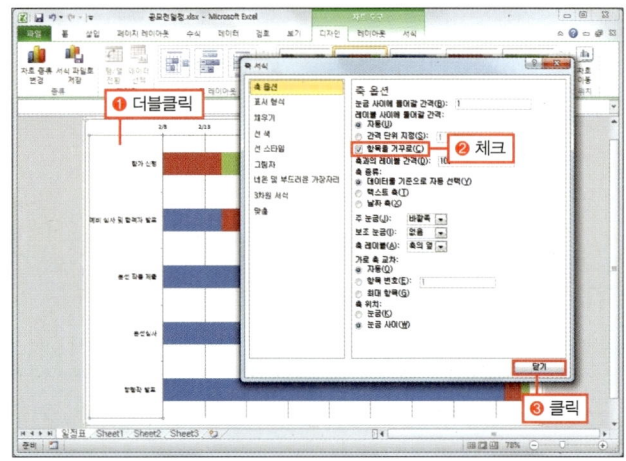

21 '시작날짜' 계열 채우기 변경하기

❶'시작날짜' 데이터 계열을 선택하고 ❷[차트 도구]-[서식] 탭을 클릭합니다. [도형 스타일] 그룹에서 ❸[도형 채우기]를 클릭하고 ❹[채우기 없음]을 선택합니다.

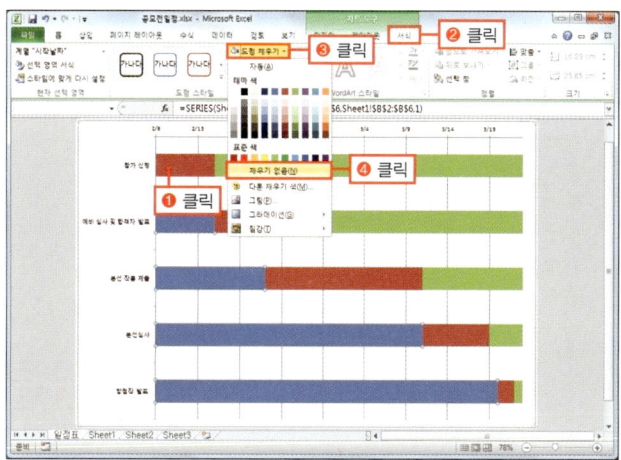

> **참고**
> 차트상에 '기간' 데이터 계열만 있는 것처럼 보이게 하기 위해 나머지 데이터 계열은 투명하게 만드는 것입니다.

22 '완료날짜' 계열 채우기 변경하기

❶'완료날짜' 데이터 계열을 선택하고 ❷[도형 채우기]( )를 클릭합니다.

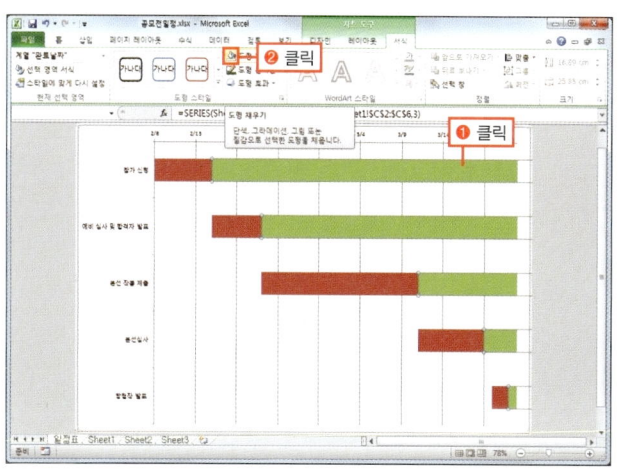

> **참고**
> 앞에서 설정한 색을 다시 사용할 때는 [도형 채우기]의 아이콘을 클릭하면 바로 적용됩니다.

23 '완료날짜' 레이블 표시하기

'완료날짜' 데이터 계열이 선택된 상태에서 ❶[차트 도구]-[레이아웃] 탭을 클릭합니다. ❷[레이블] 그룹에서 [데이터 레이블]을 클릭하고 ❸[축에 가깝게]를 선택합니다.

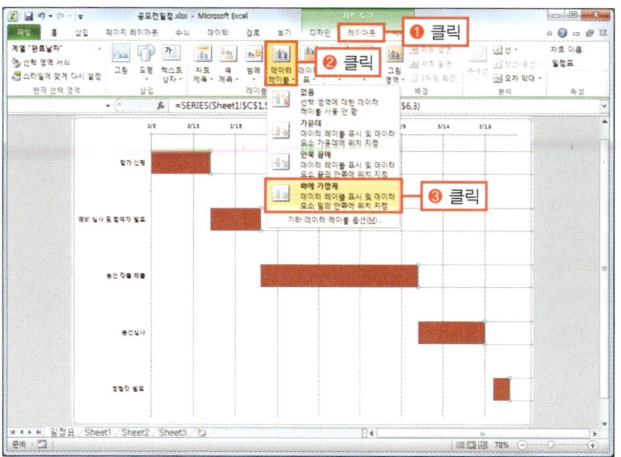

24 데이터 레이블 표시 형식 변경하기

❶'완료날짜' 데이터 레이블을 선택하고 ❷Ctrl+1을 누른 후 ❸[데이터 레이블 서식] 대화상자의 [표시 형식]을 클릭합니다. ❹[범주]에서 [날짜]를 클릭하고 ❺[형식]에서 [3/14]를 선택한 후 ❻[닫기]를 클릭합니다.

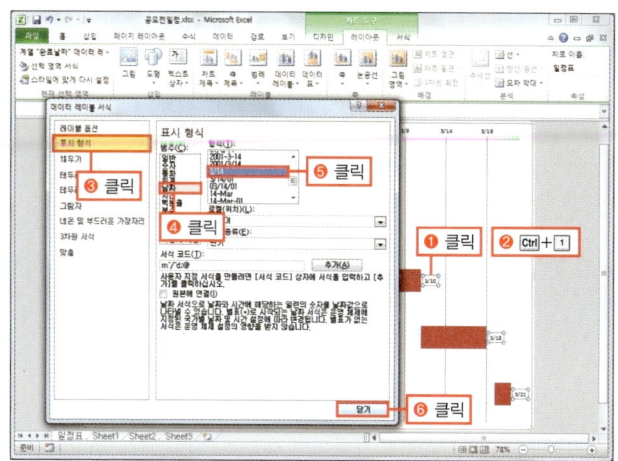

25 '시작날짜' 레이블 표시하기

❶'시작날짜' 데이터 계열을 선택하고 리본 메뉴에서
❷[데이터 레이블]을 눌러 ❸[안쪽 끝에]를 클릭합니다.

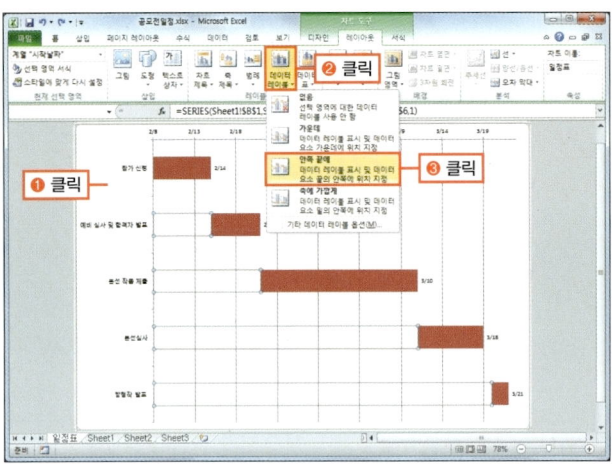

26 데이터 레이블 표시 형식 변경하기

❶'시작날짜' 데이터 레이블을 선택하고 ❷Ctrl+1을 누른
후 ❸[데이터 레이블 서식] 대화상자의 [표시 형식]을
클릭합니다. ❹[범주]에서 [날짜]를 클릭하고 ❺[형식]에서
[3/14]를 선택한 후 ❻[닫기]를 클릭합니다.

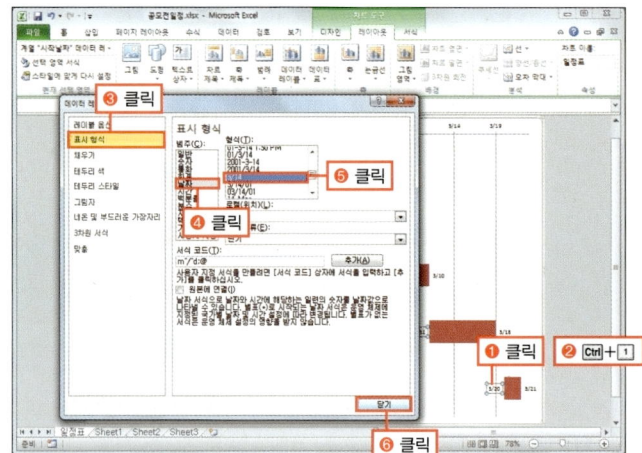

27 '참가신청' 레이블 이동하기

❶'참가신청' 레이블만 클릭해 따로 선택하고 오른쪽으로
드래그해 차트 안으로 이동합니다.

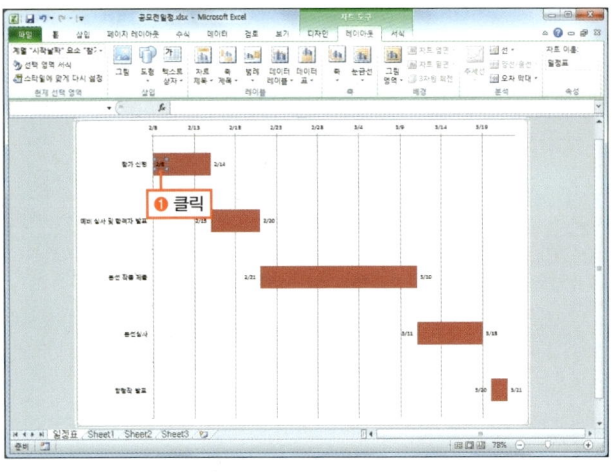

28 눈금선 표시하기

❶리본 메뉴의 [축] 그룹에서 [눈금선]을 클릭하고 ❷[기본
세로 눈금선]의 [주/보조 눈금선]을 선택합니다.

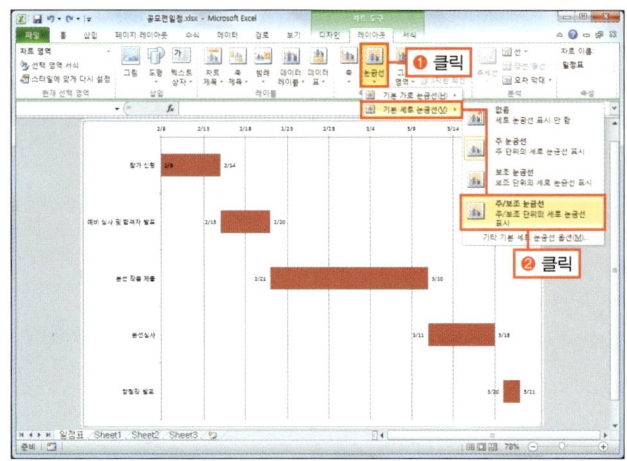

29 차트 영역 채우기 설정하기

❶차트 영역을 클릭하고 ❷[차트 도구]-[서식] 탭을 클릭합니다. [도형 스타일] 그룹에서 ❸[도형 채우기]를 클릭하고 ❹[황록색, 강조 3, 80% 더 밝게]를 선택합니다.

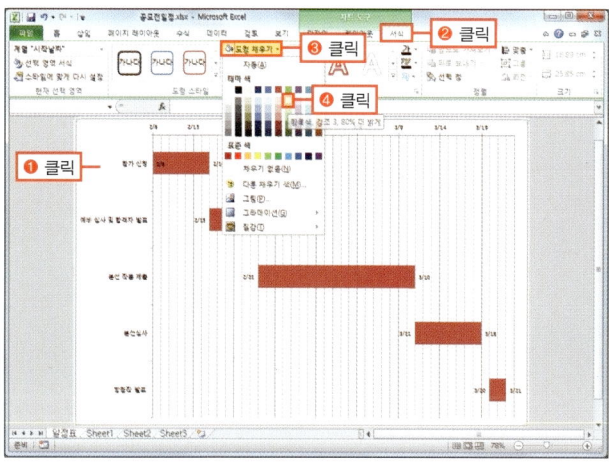

30 그림 영역 채우기 설정하기

❶그림 영역을 클릭하고 리본 메뉴의 도형 스타일 목록 중 ❷[미세 효과 –검정, 어둡게 1]을 선택합니다.

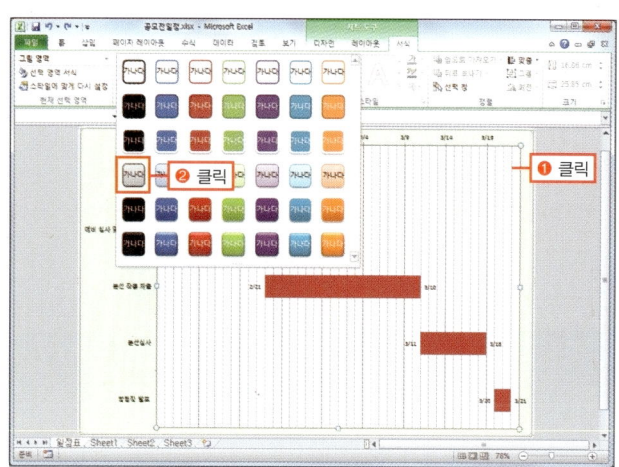

31 '기간' 계열 채우기 설정하기

❶'기간' 데이터 계열을 더블클릭하여 [데이터 계열 서식] 대화상자를 열고 ❷[채우기]를 선택합니다. ❸[단색 채우기]를 클릭하고 ❹[색]의 버튼을 클릭하고 ❺[황록색, 강조 3, 25% 더 어둡게]를 선택합니다.

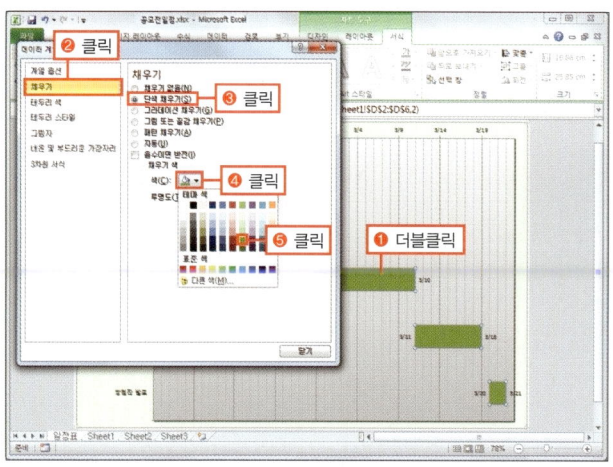

32 '기간' 계열 테두리 색 설정하기

❶[테두리 색]으로 이동합니다. ❷[실선]을 클릭하고 ❸[색]의 버튼을 클릭하고 ❹[황록색, 강조 3, 50% 더 어둡게]를 선택합니다.

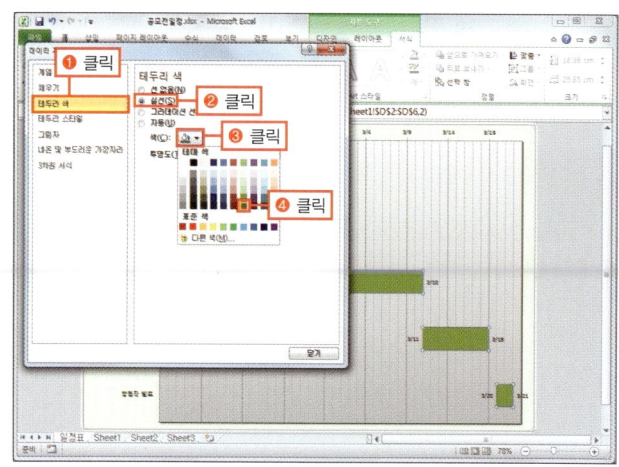

33 간격 너비 변경하기

❶[계열 옵션]으로 이동하여 ❷[간격 너비]를 '120%'로 설정하고 ❸[닫기]를 클릭합니다.

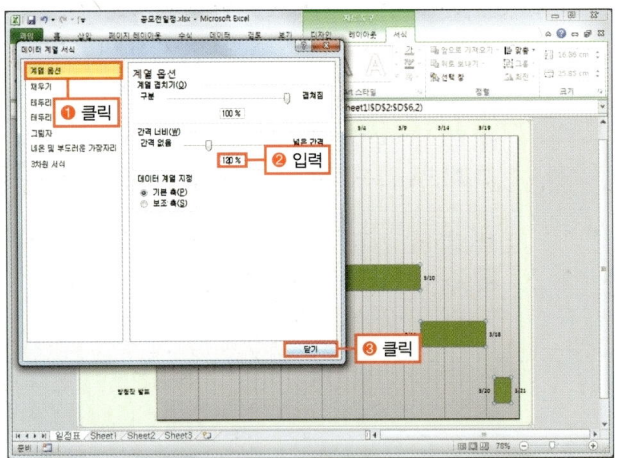

34 글꼴 크기 변경하기

❶차트를 클릭하고 ❷[홈] 탭의 [글꼴] 그룹에서 ❸[글꼴 크기]를 '12'로 변경합니다.

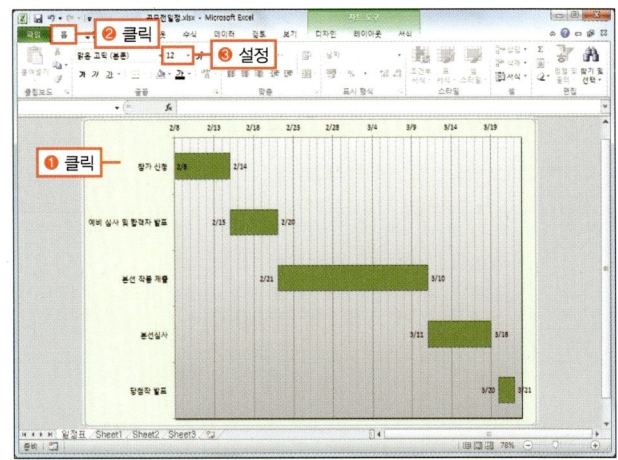

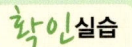

❶ '자산'의 '현재액' 데이터를 가지고 원형 차트를 작성한 후 레이아웃과 서식을 그림과 같이 변경해 보세요.

◎ 시작 파일 : 7장\가계자산현황_차트.xlsx
◎ 완료 파일 : 7장\가계자산현황_차트_완료.xlsx

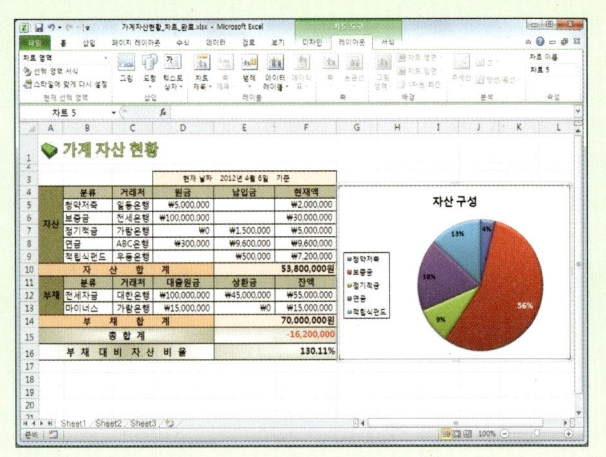

현재 차트의 서식을 저장하여 다시 사용하기

작성한 차트의 서식을 파일로 저장하였다가 다른 차트를 만들 때 적용할 수 있습니다. 차트를 서식 파일로 저장하는 방법을 알아보겠습니다.

◎ **시작 파일** : 7장\가계자산현황_차트_2.xlsx
◎ **완료 파일** : 7장\가계자산현황_차트_2_완료.xlsx

1 [서식 파일로 저장] 명령 실행하기

❶차트를 선택하고 ❷[차트 도구]–[디자인] 탭의 [종류] 그룹에서 ❸[서식 파일로 저장]을 클릭합니다.

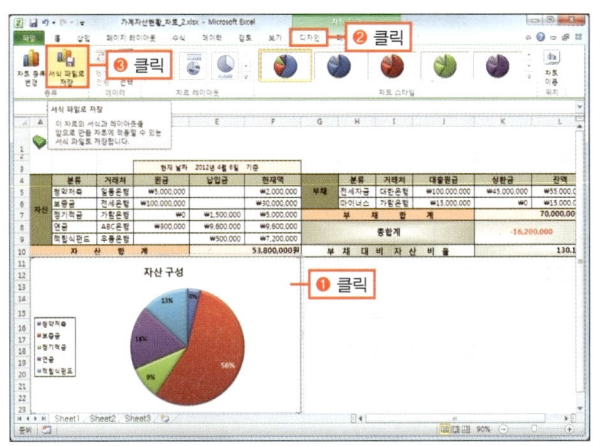

2 차트 서식 저장하기

[차트 서식 파일 저장] 대화상자가 나타나면 ❶[저장]을 클릭합니다.

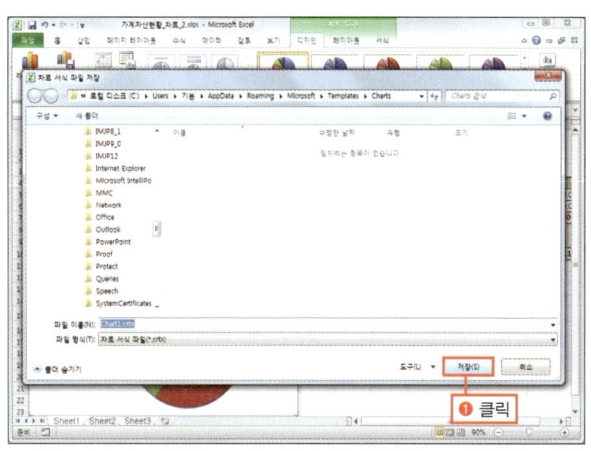

> **참고**
> 파일 이름은 임의로 변경해도 됩니다.

3 새 차트 작성하기

빈 셀에 셀 포인터를 두고 ❶[삽입] 탭의 [차트] 그룹에서 ❷[기타]를 클릭하고 ❸[모든 차트 종류]를 선택합니다.

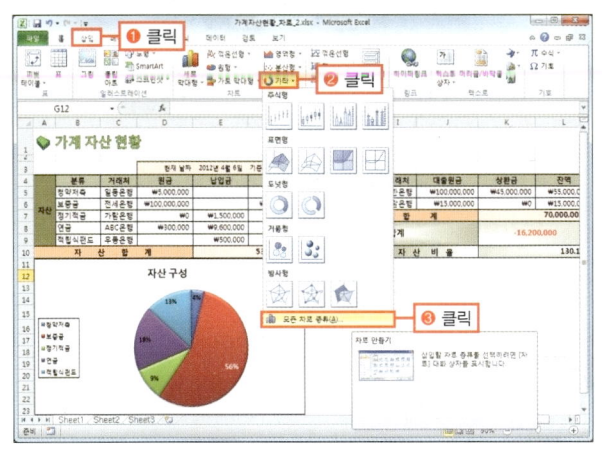

4 서식 파일 선택하기

[차트 삽입] 대화상자에서 ❶[서식 파일]을 선택하고 ❷저장한 서식 파일을 클릭한 후 ❸[확인]을 클릭합니다.

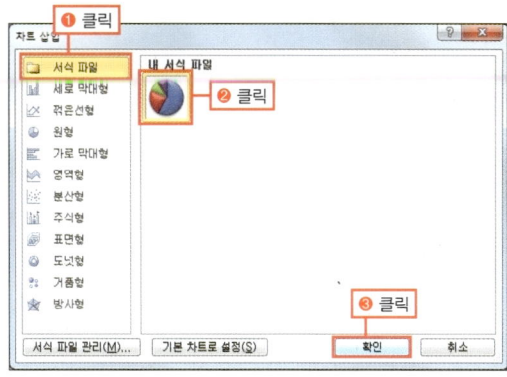

5 [데이터 선택] 명령 실행하기

빈 차트가 삽입되면 ❶[차트 도구]-[디자인] 탭의 [데이터] 그룹에서 [데이터 선택]을 클릭합니다.

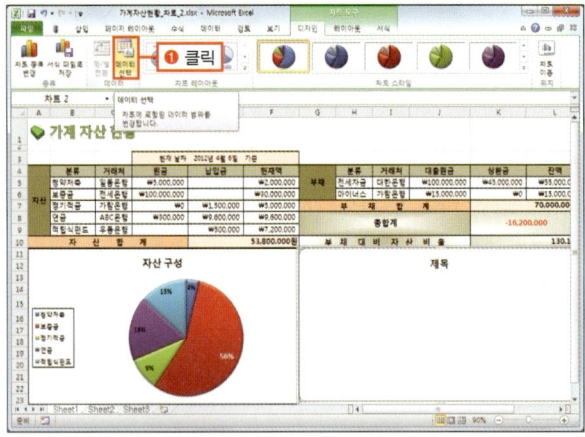

6 차트 서식 저장하기

[데이터 원본 선택] 대화상자가 나타나면 ❶[범례 항목(계열)]에서 [〈빈 데이터 계열〉]을 선택하고 ❷[편집]을 클릭합니다.

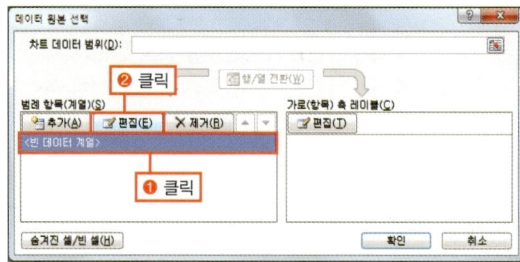

7 계열 편집하기

[계열 편집] 대화상자에서 ❶[계열 이름]은 G4셀을 클릭하여 입력하고 [계열 값]은 L5:L6셀을 드래그하여 입력한 후 ❷[확인]을 클릭합니다.

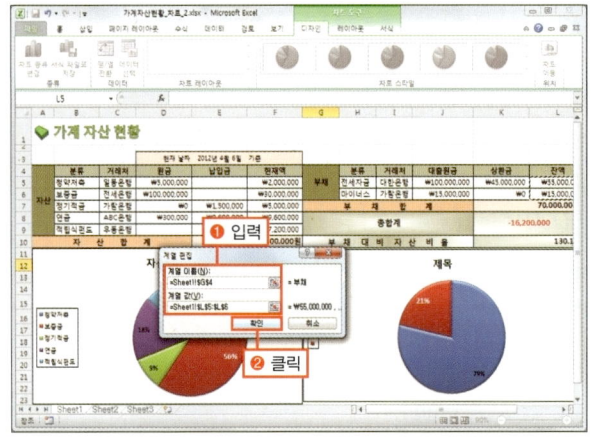

8 축 레이블 편집하기

[데이터 원본 선택] 대화상자로 돌아오면 ❶[가로(항목) 축 레이블]에서 [편집]을 클릭합니다.

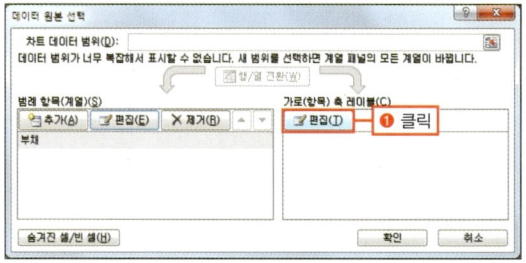

9 축 레이블 범위 지정하기

[축 레이블] 대화상자의 ❶[축 레이블 범위]에 H5:H6셀을 드래그하여 입력하고 ❷[확인]을 클릭합니다.

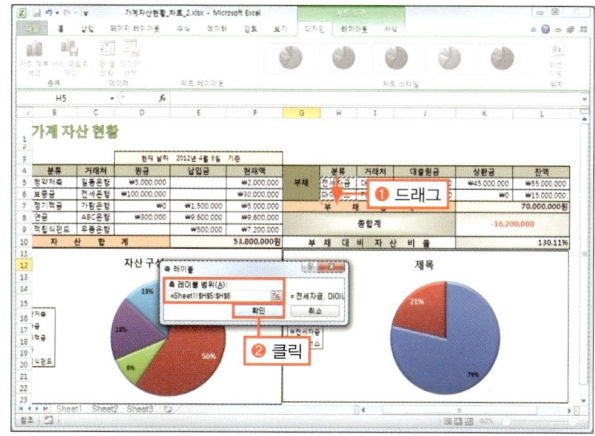

10 데이터 원본 선택 완료하기

[데이터 원본 선택] 대화상자로 돌아오면 ❶[확인]을 클릭합니다.

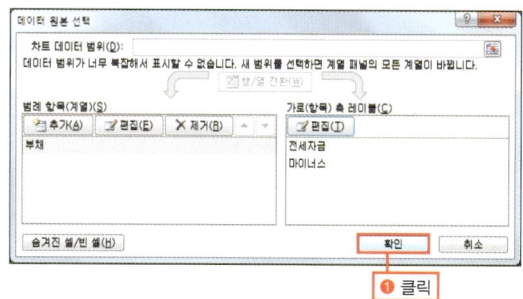

11 계열 편집하기

서식 파일의 서식에 맞춰 차트가 작성됩니다. ❶데이터 레이블을 선택하고 ❷[차트 도구]-[레이아웃] 탭의 [레이블] 그룹에서 ❸[데이터 레이블]을 눌러 ❹[가운데]를 선택합니다.

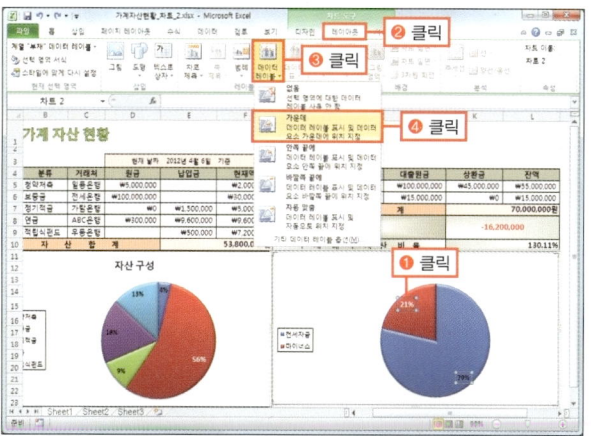

> **참고** •
> 새 차트의 데이터 계열에 맞춰 수정이 필요한 부분만 조절하여 완성합니다.

12 레이블 서식 변경하기

❶차트 제목을 수정합니다. ❷데이터 레이블의 글꼴 크기와 색상을 그림과 같이 변경하여 완성합니다.

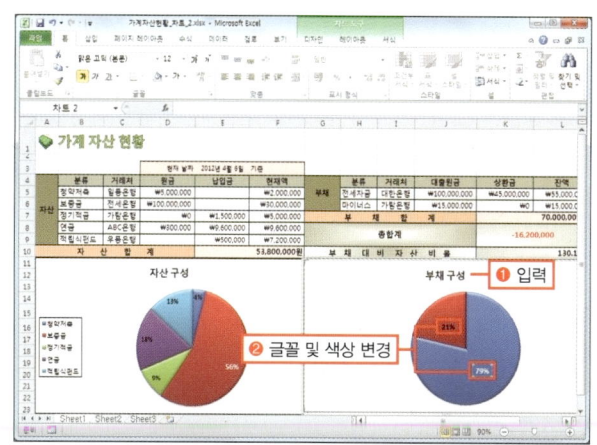

① 시작 파일을 불러와 표식이 있는 꺾은선형 차트를 삽입하고 준비된 데이터를 이용해 계열과 항목을 편집합니다. 차트를 새 시트로 이동한 후 각 차트의 구성 요소를 추가하거나 서식을 설정합니다. 워드아트를 이용해 제목을 삽입하고 전체 차트 모양을 보기 좋게 정리해 보세요.

◎ **시작 파일** : 7장\날씨별제동거리.xlsx
◎ **완료 파일** : 7장\날씨별제동거리_완료.xlsx
◎ **해설 파일** : 해설파일\7장\날씨별제동거리.pdf

Before

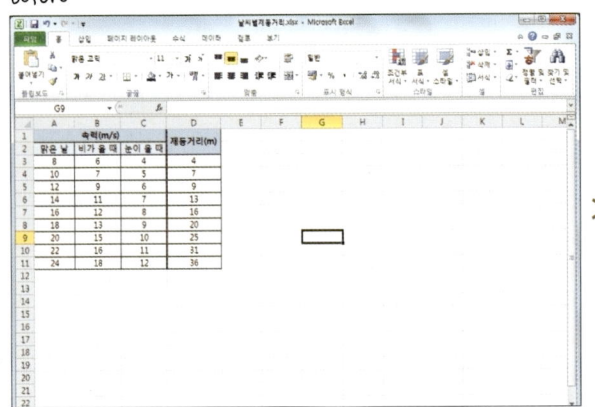

After

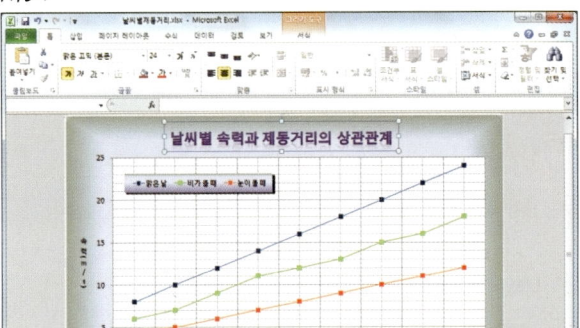

❶표식이 있는 꺾은선형 차트 삽입 ❷삽입한 차트에 각각 계열 이름을 A2셀, B2셀, C2셀로 하고 계열 값을 A3:A11셀, B3:B11셀, C3:C11셀로 하는 계열 추가 ❸D3:D11셀을 축 레이블로 편집 ❹새 시트로 차트 이동 ❺가로 축 제목은 '제동거리(m)', 세로 축 제목은 '속력(m/s)'를 입력하고 [글꼴 크기]를 '11'로 설정한 후 굵게 적용 ❻세로 축의 최대값을 '25'로 설정 ❼가로 축과 세로 축의 [글꼴 크기]를 '14'로 변경 ❽가로 축에 주 눈금선과 보조 눈금선 추가, 세로 축에 보조 눈금선 추가하고 각각 주 눈금선의 너비를 '1.75 pt'로 변경 ❾차트 영역을 그라데이션으로 채우기(기본 설정 색 : 안개, 종류 : 경로형) ❿범례 영역을 그라데이션으로 채우기(기본 설정 색 : 안개, 방향 : 선형 위쪽), [검정, 텍스트 1] 색의 그림자 적용(오프셋 대각선 오른쪽 아래, 투명도 : 8%, 크기 : 101%, 흐리게 : 1) ⓫범례를 차트의 빈 곳으로 적당히 이동한 후 크기와 모양 조절
⓬'맑은 날' 데이터 계열의 서식 설정
• 표식 옵션(표식 종류 : 기본 제공, 첫 번째 사각형 형식, 크기 : 8)
• 표식 채우기 : 단색 채우기(진한 파랑, 텍스트 2, 50% 더 어둡게)
• 선 색 : 실선(진한 파랑, 텍스트 2, 40% 더 밝게)
• 표식 선 색 : 실선
⓭'비가 올 때' 데이터 계열의 서식 설정
• 표식 옵션(표식 종류 : 기본 제공, 첫 번째 사각형 형식, 크기 : 8)
• 표식 채우기 : 단색 채우기(녹색)
• 선 색 : 실선(황록색, 강조 3)
• 표식 선 색 : 실선
⓮'눈이 올 때' 데이터 계열의 서식 설정
• 표식 옵션(표식 종류 : 기본 제공, 첫 번째 사각형 형식, 크기 : 8)
• 표식 채우기 : 단색 채우기(빨강)
• 선 색 : 실선(주황, 강조 6)
• 표식 선 색 : 실선
⓯차트의 그림 영역, 축 제목, 범례의 위치와 크기 조절 ⓰[그라데이션 채우기 : 자주, 강조 4, 반사] 스타일의 워드아트 삽입하고 '날씨별 속력과 제동거리의 상관관계'라고 입력, [글꼴 크기]를 '24'로 변경한 후 위치 이동

❷ 시작 파일을 불러와 3차원 꺾은선형 차트를 삽입하고 펀드명, 연수익률, 경과수익률을 데이터로 설정합니다. 차트를 새 시트로 이동한 후 각 차트의 구성 요소를 추가하거나 서식을 설정합니다.

◎ **시작 파일** : 7장\펀드수익률.xlsx
◎ **완료 파일** : 7장\펀드수익률_완료.xlsx
◎ **해설 파일** : 해설파일\7장\펀드수익률.pdf

Before

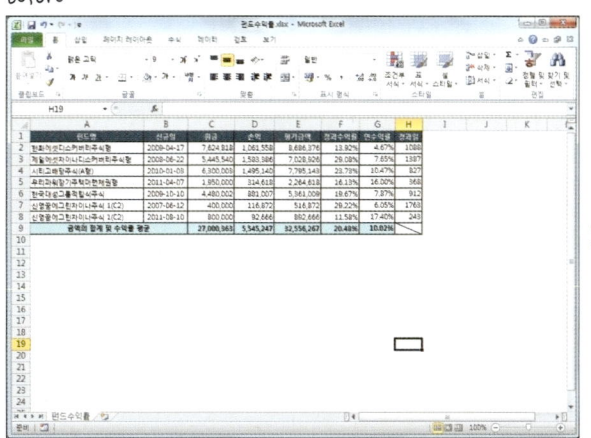

After

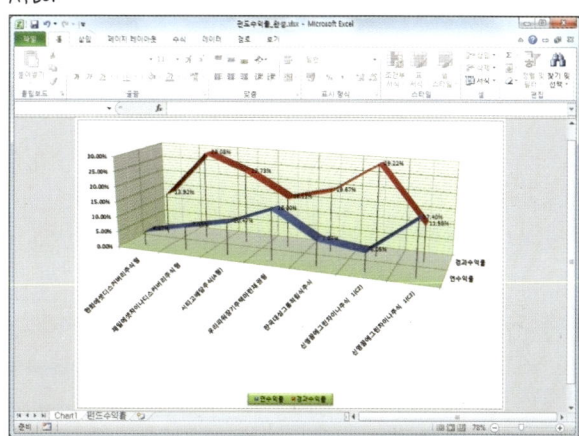

❶3차원 꺾은선형 차트 삽입하고 데이터 선택 ❷첫 번째 '연수익률' 계열 편집(계열 이름 – G1셀, 계열 값 – G2:G8셀), 두 번째 '경과수익률' 계열 편집(계열 이름 – F1셀, 계열 값 – F2:F8셀)하고 A2:A8셀을 축 레이블로 설정 ❸차트 이동하고 범례 위치 아래쪽으로 변경 ❹가로, 세로, 깊이에 모두 주/보조 눈금선 표시 ❺[차트 도구]–[레이아웃] 탭의 [분석] 그룹에서 [선]–[하강선] 표시 ❻뒷면, 옆면, 밑면에 [미세 효과 – 황록색, 강조 3] 도형 스타일 적용 ❼가로, 세로, 깊이의 주 눈금선의 색을 [황록색, 강조 3, 50% 더 어둡게], 너비는 '1pt'로 설정 ❽모든 계열에 데이터 레이블 표시 ❾차트 전체의 글꼴 크기 '11'로 확대, 각 축의 이름은 모두 글꼴 굵게 변경 ❿범례에 [강한 효과 – 황록색, 강조 3] 도형 스타일 적용하고 글꼴 색을 [검정, 텍스트 1]로 변경 ⓫'연수익률' 데이터 계열에 [강한 효과 – 파랑, 강조 1] 도형 스타일 적용, '경과수익률' 데이터 계열에 [강한 효과 – 빨강, 강조 2] 도형 스타일 적용

PART

08

데이터베이스 관리와 매크로 정복하기

이제까지 살펴본 문서 작성, 차트 작성, 계산 기능 외에도 엑셀은 데이터베이스를 관리하고

분석하는 다양한 기능을 사용할 수 있습니다. 또한, 반복되는 작업을 간편하게 자동화할 수 있는

매크로의 사용 방법도 함께 살펴보겠습니다.

EXCEL 2010

Excel 2010

SECTION 01

레코드 입력하고 관리하기

데이터베이스는 '여러 통합된 정보(Data)들을 저장하여 운영할 수 있는 데이터들의 묶음'입니다. 이번 SECTION에서는 데이터베이스 작성의 첫 단계로 레코드 입력 및 관리 기능에 대해 알아봅니다.

다루는 내용

- 데이터베이스 이해하기
- 새 레코드 만들기
- 레코드 검색 및 수정, 삭제하기

기능 정리

데이터베이스에 대해 이해하기

데이터베이스란 데이터의 묶음입니다. 아래에서는 이러한 데이터베이스를 엑셀로 만들고 중복된 데이터를 제거하고 유효성 검사를 통해서 보다 완벽한 데이터베이스를 만드는 방법에 대해서 알아보겠습니다. 먼저 데이터베이스의 구성 요소와 주의해서 사용해야 하는 데이터베이스 관련 메뉴를 살펴보겠습니다.

● 데이터베이스의 구성 요소

데이터베이스를 구성하는 요소로는 필드, 레이블, 레코드가 있습니다. 아래의 예를 가지고 각각의 의미에 대해서 간략하게 살펴보겠습니다.

	A	B	C	D	E
1			<임직원 테이블>		
2	사번	이름	소속부서	성별	연령
3	A0001	김재용	마케팅	남자	27
4	A0002	박정기	재무	남자	48
5	A0003	안성혜	재무	여자	32

❶ **필드** : 열 방향의 데이터 모음을 '필드'라고 하며, 필드에는 레이블(이름)이 필요합니다. 위 예제에서 '사번'은 레이블이 되고, 그 밑에 'A0001'로 시작하는 사번 데이터는 필드가 됩니다.

❷ **레코드** : 각 필드의 항목이 모인 행 방향의 데이터입니다. 위 예제에서 보면 'A0001, 김재용, 마케팅, 남자, 27'과 같이 필드별 항목이 모여 하나의 레코드를 구성하는 것입니다.

● 데이터베이스를 만들 때 주의사항

- 각 필드에는 같은 성격의 데이터만 있어야 합니다.
- 하나의 필드에는 한 가지 정보만 존재해야 합니다. 즉, 데이터베이스를 효율적으로 관리하려면 필요한 정보를 최대한 세분화하여 필드를 구성하는 것이 좋습니다.
- 각 필드의 첫 행에는 반드시 필드 레이블이 있어야 합니다. 이때 필드 레이블은 한 행에만 입력해야 하며, 만약 셀을 병합하여 입력하면 데이터베이스로 인식할 수 없습니다.

- 데이터베이스 안에는 빈 행이나 빈 열이 있어서는 안 됩니다.
- 데이터베이스 안에는 병합된 셀이 있어서는 안 됩니다.

간단퀴즈

1 데이터베이스를 구성하는 열 방향의 데이터 모음을 무엇이라고 합니까?

2 다음 표가 데이터베이스가 될 수 없는 이유는 무엇입니까?

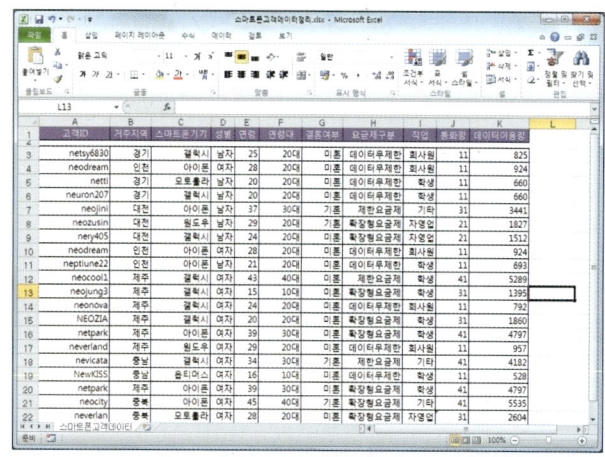

답 : 필드, 표에 빈 행이 있음(A2:K2셀)

실습과정

레코드 새로 만들기

데이터베이스를 만들 때 셀을 하나하나 선택해 데이터를 입력해도 되지만, 엑셀의 [레코드 관리]를 이용하면 훨씬 편리하게 데이터를 작성할 수 있습니다.

◎ **시작 파일** : 8장\스마트폰고객데이터정리_2.xlsx
◎ **완료 파일** : 8장\스마트폰고객데이터정리_2_완료.xlsx

01 [레코드 관리] 명령 실행하기

❶A1셀을 선택하고 ❷빠른 실행 도구 모음에 [레코드 관리]를 추가하여 클릭합니다.

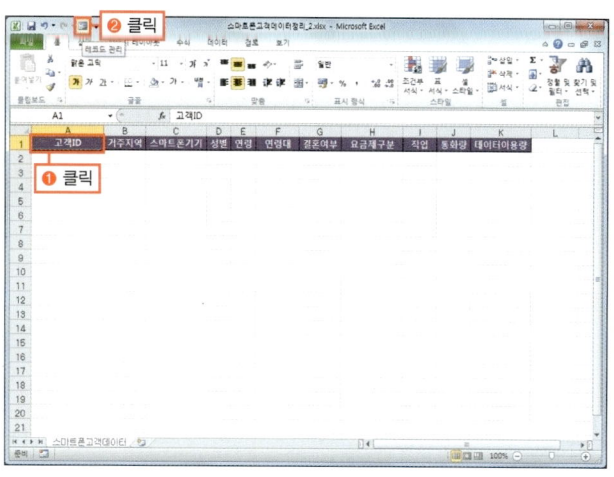

┌ **참고** ●
│ [레코드 관리]는 리본 메뉴나 빠른 실행 도구 모음에 없는 명령이므
│ 로 각자 사용하기 편리한 위치에 추가하면 됩니다. 도구를 추가하는
│ 방법은 40쪽을 참고합니다.

02 경고 메시지 확인하기

선택한 A1셀, 즉 1행을 레이블로 사용하기 위해서 ❶[확인]을 클릭합니다.

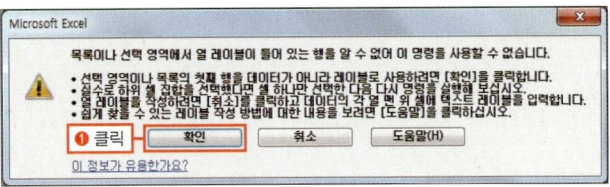

> **참고** •
> 데이터베이스 관련 메뉴를 사용할 때는 반드시 데이터베이스 내의 셀에 셀 포인터가 위치해 있어야 합니다.

03 레코드 새로 만들기

필드별로 데이터를 입력하여 레코드를 만들 수 있는 대화상자가 나타납니다. ❶그림과 같이 데이터를 입력하고 ❷[새로 만들기]를 클릭합니다.

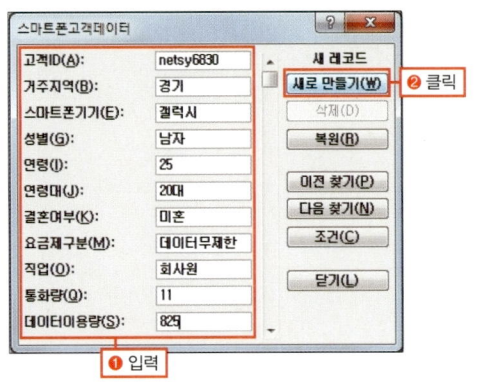

04 레코드 확인하기

레이블 밑의 첫 번째 줄에 입력한 레코드가 생성됩니다.

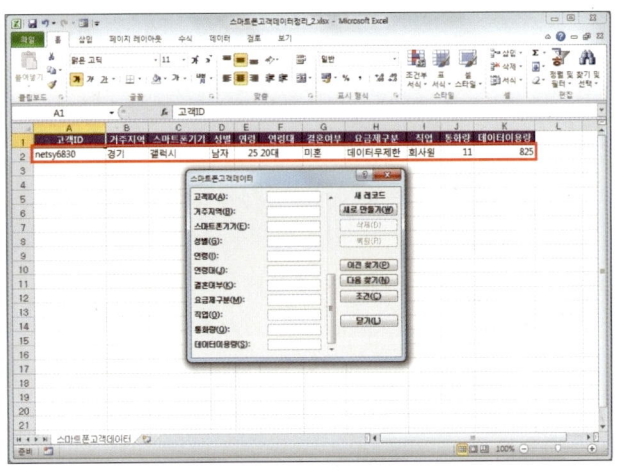

05 레코드 계속 입력하기

❶같은 방법으로 계속해서 레코드를 입력합니다. 마지막 레코드를 입력하면 ❷[닫기]를 클릭합니다.

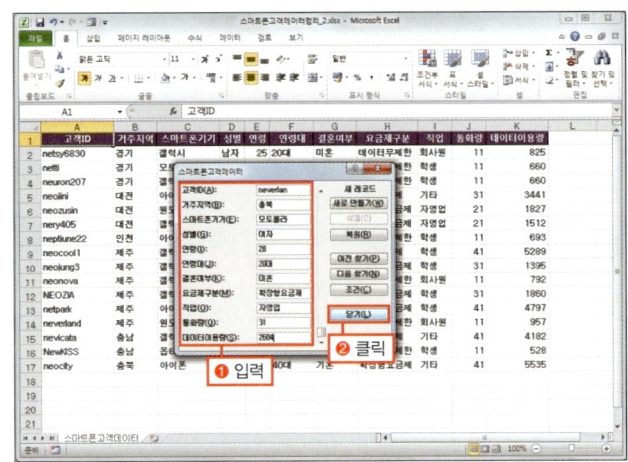

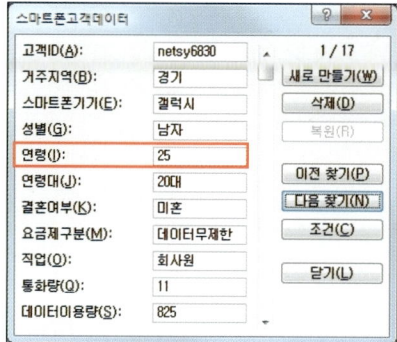

실습 과정

레코드 관리하기

[레코드 관리]를 이용해 레코드 검색, 수정, 삭제 등의 관리 방법을 알아보겠습니다.

◉ 시작 파일 : 8장\스마트폰고객데이터정리_3.xlsx
◉ 완료 파일 : 8장\스마트폰고객데이터정리_3_완료.xlsx

01 [조건] 실행으로 레코드 관리하기

❶ 데이터베이스 내에서 임의의 셀을 선택하고 ❷ [레코드 관리]를 클릭합니다. ❸ 대화상자가 나타나면 [조건]을 클릭합니다.

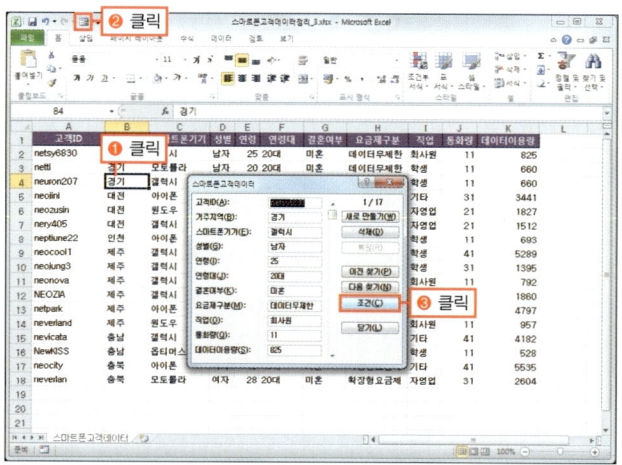

─ 참고 •
데이터를 검색하기 위한 조건을 입력하려는 명령입니다.

02 레코드 찾기

❶ [연령] 필드에 '25'를 입력하고 ❷ [다음 찾기]를 클릭합니다.

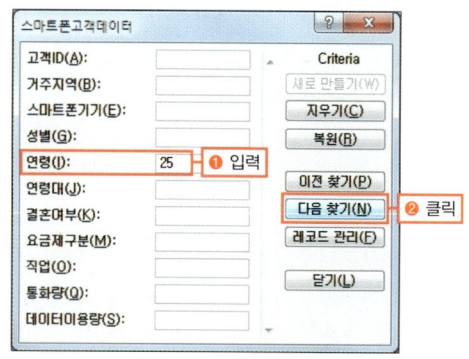

03 레코드 확인하기

'연령'이 '25'인 레코드가 표시됩니다.

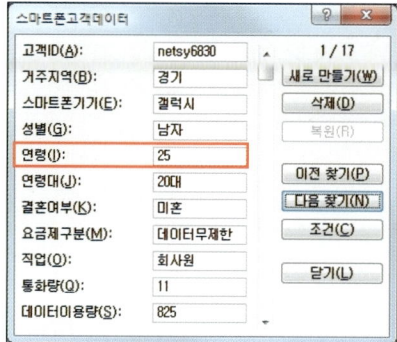

─ 참고 •
해당 데이터가 여러 개일 때는 [다음 찾기], [이전 찾기]를 클릭하여 확인할 수 있습니다.

04 레코드 수정하기

❶ [연령] 필드를 '29'로 수정합니다. 다시 레코드를 찾기 위해 ❷ [조건]을 클릭합니다.

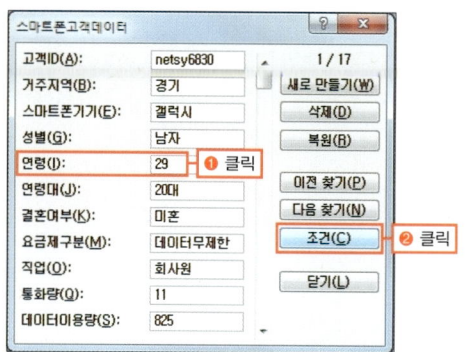

05 레코드 검색하기

❶[고객ID] 필드에 'neocity'를 입력하고 ❷[다음 찾기]를 클릭합니다.

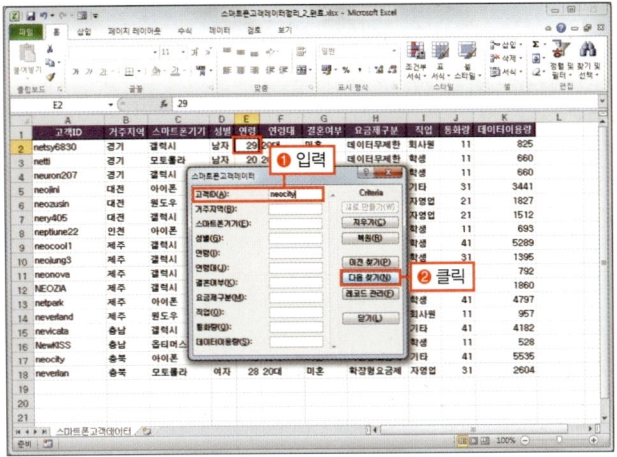

참고

워크시트의 E2셀이 '29'로 바뀌어 있는 것을 확인합니다.

06 레코드 삭제하기

'고객ID'가 'neocity'인 레코드가 표시되면 ❶[삭제]를 클릭합니다.

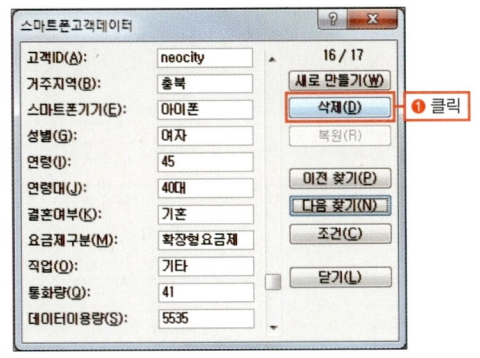

07 경고 메시지 확인하기

레코드가 영구히 삭제된다는 메시지가 나타나면 ❶[확인]을 클릭합니다.

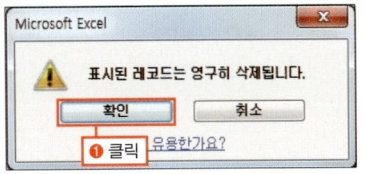

08 레코드 관리 완료하기

데이터베이스에서 해당 레코드가 삭제된 것을 확인하고 ❶ 레코드 관리 대화상자의 [닫기]를 클릭합니다.

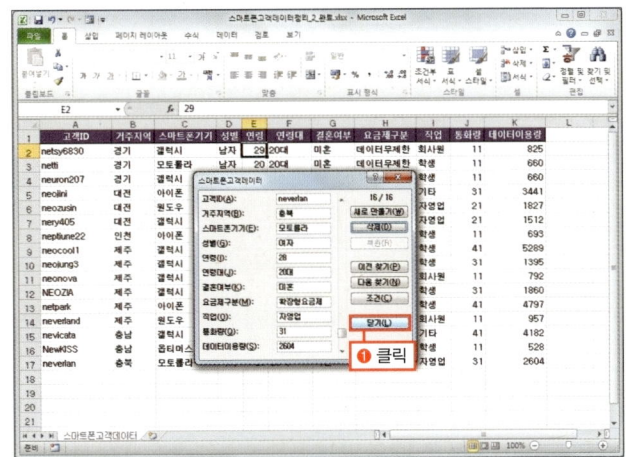

![확인실습]

1 [레코드 관리]를 이용해 시작 파일의 데이터베이스에 아래 표와 같이 레코드를 추가합니다.('나이'와 '근속기간'은 수식으로 작성되어 있으므로 따로 입력하지 않아도 됩니다.) 그리고 '백현숙'이 포함된 레코드는 삭제, '한성민'의 '생년월일'은 '1972-05-19'로 수정해 보세요.

◎ **시작 파일** : 8장\직원근속기간_2.xlsx
◎ **완료 파일** : 8장\직원근속기간_2_완료.xlsx

이름	생년월일	입사일자
김지연	1975-10-10	2012-01-20
공현철	1979-08-26	2011-11-14
김나영	1982-05-20	2010-04-06

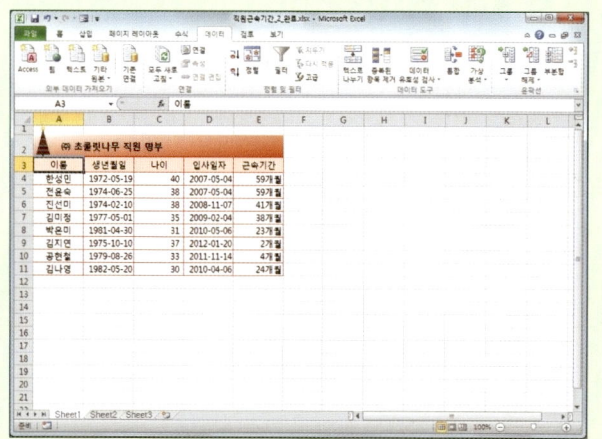

SECTION 02 유효성 검사로 데이터 정확하게 입력하기

데이터를 입력할 때 제한 조건을 설정하여 다른 데이터를 입력하지 못하게 할 수 있습니다. 이번 SECTION에서는 이러한 데이터 유효성 검사를 설정해 오류 없이 데이터를 입력하는 방법에 대해서 알아보겠습니다.

다루는 내용

- 유효성 검사 설정하기
- 유효성 검사의 입력 메시지 및 오류 메시지 설정하기

기능정리

데이터 유효성 검사 이해하기

데이터의 유형이나 길이, 내용 등을 미리 제한하여 입력 실수를 막아주는 [데이터 유효성]은 [데이터] 탭의 [데이터 도구] 그룹에서 선택합니다. [데이터 유효성] 대화상자의 기능에 대해서 간단히 살펴보겠습니다.

● 유효성 조건 설정

[데이터 유효성] 대화상자의 [설정] 탭에서는 유효성 조건을 설정합니다. 정수, 소수점, 목록, 날짜, 시간, 텍스트 길이 등 입력할 데이터의 조건을 선택하고 세부 내용을 설정합니다.

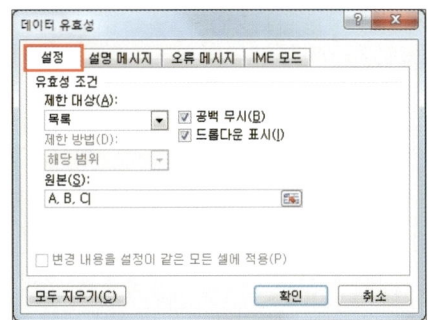

● 입력할 데이터를 설명하는 메시지 설정

데이터를 입력하는 사람에게 유효성 조건을 안내하는 설명 메시지를 설정할 수 있습니다.

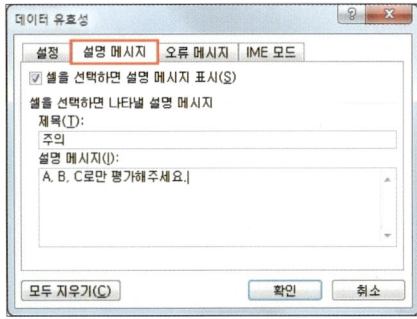

● 데이터를 잘못 입력했을 때 나타나는 오류 메시지 설정

유효성 조건에서 벗어나는 데이터를 입력하면 보여줄 오류 메시지를 설정할 수 있습니다.

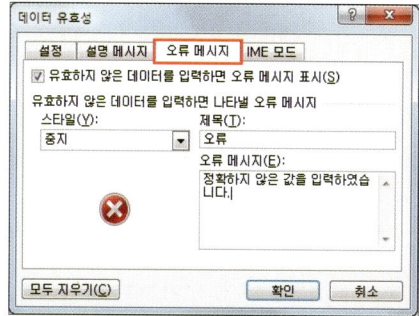

1 유효한 데이터만 입력할 수 있게 조건을 설정하는 것을 무엇이라고 합니까?

2 [데이터 유효성] 대화상자에서 설정할 수 없는 것은 무엇입니까?

① 유효성 조건 설정 ② 중복 데이터 제거 ③ 설명 메시지 ④ 오류 메시지

답 : 데이터 유효성 검사, ②

데이터 유효성 검사 설정하여 입력 제한하기

[데이터 유효성 검사] 명령을 이용하면 잘못된 형식의 데이터를 입력하는 것을 미리 방지할 수 있습니다. 이번 실습에는 다양한 유효성 검사 중에서 가장 많이 사용하는 조건의 설정 방법을 살펴보겠습니다.

◎ **시작 파일** : 8장\고객기초데이터정리_2.xlsx
◎ **완료 파일** : 8장\고객기초데이터정리_2_완료.xlsx

01 [데이터 유효성 검사] 명령 실행하기

❶E4셀을 선택하고 ❷[데이터] 탭의 ❸[데이터 도구] 그룹에서 [데이터 유효성 검사]를 클릭한 후 ❹[데이터 유효성 검사]를 클릭합니다.

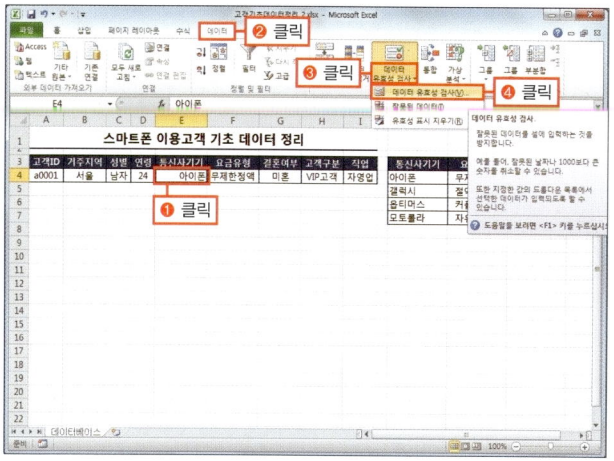

02 유효성 조건 선택하기

[데이터 유효성] 대화상자가 나타나면 ❶[유효성 조건]의 [제한 대상]에서 [목록]을 선택합니다. ❷[원본]에서 데이터 영역을 지정할 수 있는 🔲을 클릭합니다.

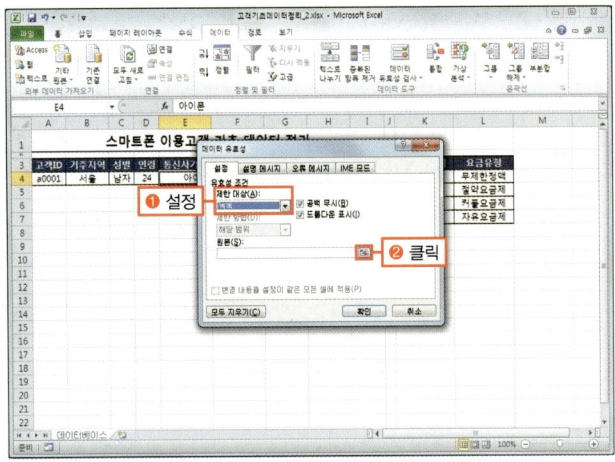

참고 •
기존의 데이터를 불러와서 목록으로 사용할 것입니다.

03 데이터 목록 선택하기

❶K4:K7셀을 선택하고 ❷ Enter 를 누릅니다.

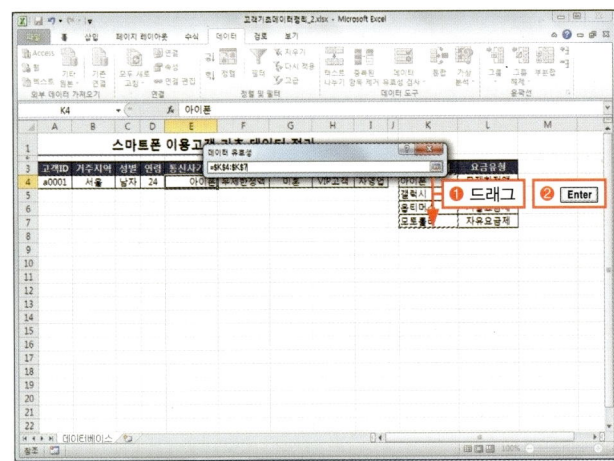

04 데이터 목록 영역 확인하기

[원본]에 앞서 선택한 데이터 영역인 K4:K7셀이 절대참조로 입력된 것을 확인하고 ❶[확인]을 클릭합니다.

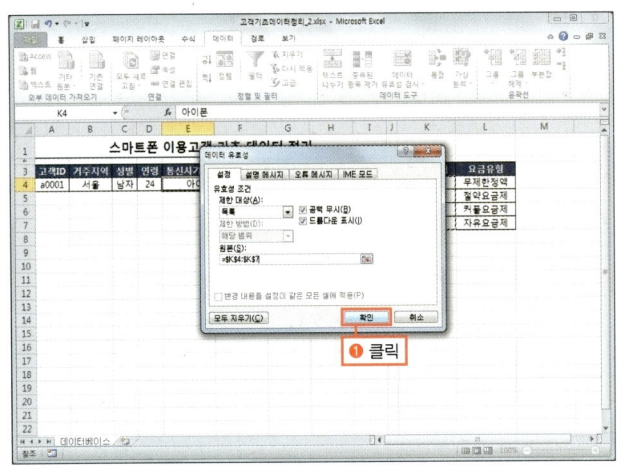

참고 •
[원본]에 목록을 직접 입력해도 됩니다.

05 데이터 입력하기

❶E4셀을 선택하면 목록 버튼이 나타납니다. 앞서 설정한 4개의 항목이 목록으로 나타나 선택하여 입력할 수 있습니다. ❷'갤럭시'를 클릭해 봅니다.

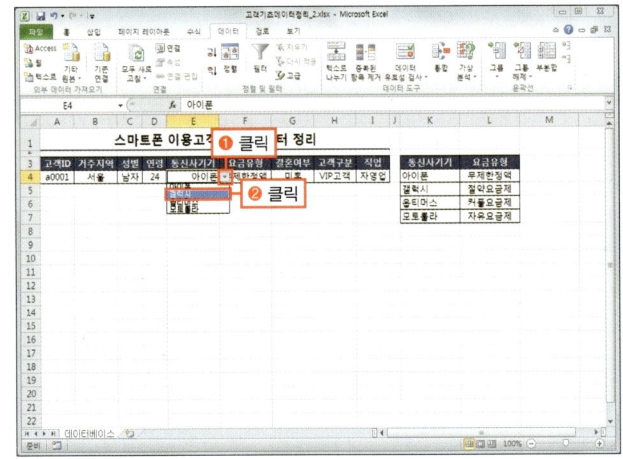

06 데이터 오류 입력하기

❶E4셀에 '블랙베리'라고 입력하고 ❷ Enter 를 누릅니다.
입력한 값이 잘못되었다는 메시지가 표시되면 ❸[취소]를
클릭합니다.

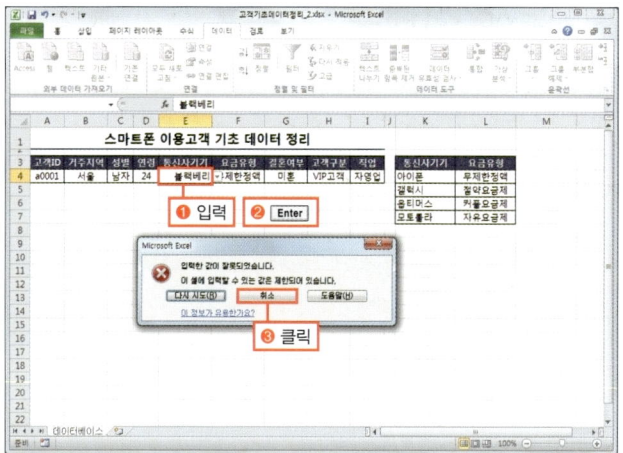

> **참고**
> 데이터 입력 오류 시 나타나는 메시지를 사용자가 직접 설정할 수
> 있습니다. 이는 다음 실습에서 자세히 살펴봅니다.

07 정수 제한하기

❶나이가 입력되어 있는 D4셀을 선택하고 ❷리본 메뉴에
서 [데이터 유효성 검사]( )를 클릭합니다. ❸[데이터 유
효성] 대화상자에서 [유효성 조건]-[제한 대상]에서 ❹[정
수]를 선택합니다.

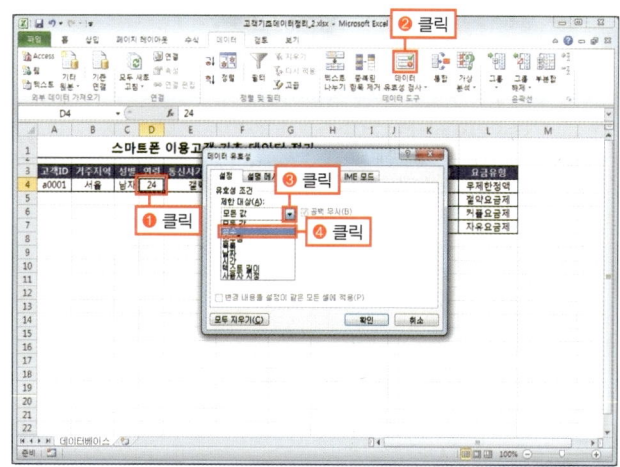

08 유효한 숫자 범위 설정하기

❶[최소값]을 '20', [최대값]을 '70'으로 입력하고 ❷[확인]
을 클릭합니다.

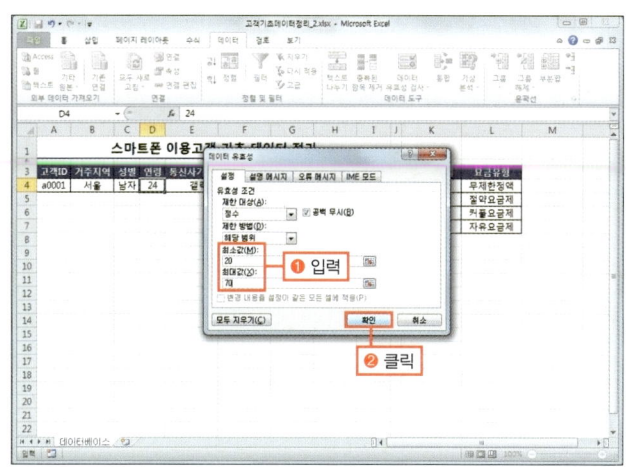

> **참고**
> 위에서 설정한 데이터의 범위를 벗어난 값은 입력할 수 없습니다.

09 데이터 오류 입력하기

❶D4셀에 '75'를 입력하고 ❷ Enter 를 누릅니다. 입력한 값
이 잘못되었다는 메시지가 표시되면 ❸[다시 시도]를 클릭
합니다.

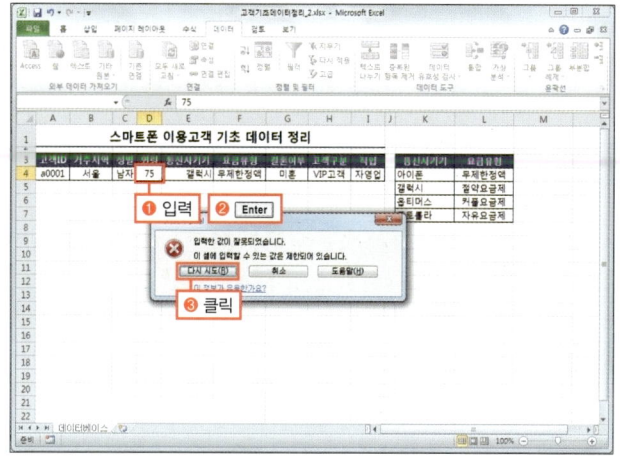

> **참고**
> [레코드 관리]를 이용해 레코드를 입력해도 데이터 입력이 잘못되면
> 오류 메시지가 나타납니다.

10 유효한 데이터 입력하기

❶ '50'을 입력하고 ❷ Enter 를 누르면 오류가 발생하지 않습니다.

> **참고** •
> 데이터 유효성 검사를 삭제하려면 [데이터 유효성] 대화상자에서 [모두 지우기]를 클릭합니다.
>
>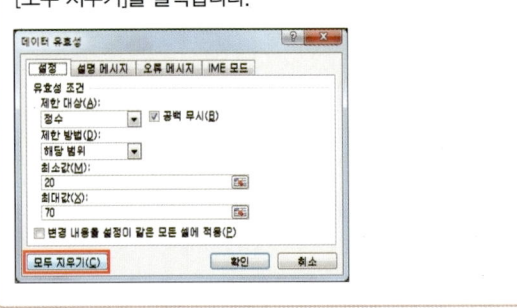

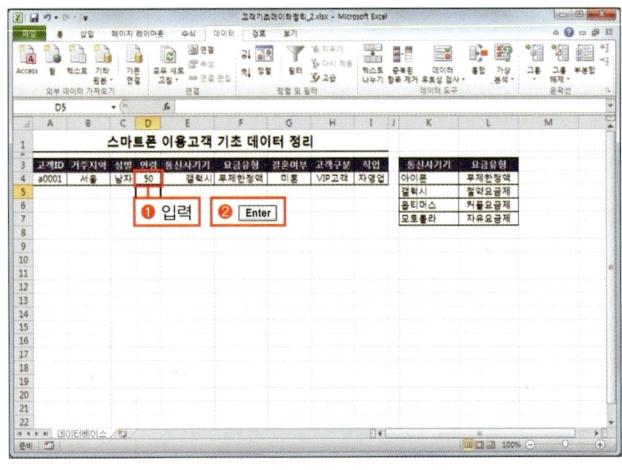

데이터 유효성 적용 범위 변경하거나 내용 수정하기

설정한 데이터 유효성을 다른 셀 범위까지 확장하여 적용할 수 있습니다. 데이터 유효성의 내용을 수정하거나 적용 범위를 변경하는 방법을 알아보겠습니다.

◎ **시작 파일** : 8장\고객기초데이터정리_3.xlsx
◎ **완료 파일** : 8장\고객기초데이터정리_3_완료.xlsx

01 범위에 데이터 유효성 적용하기

❶데이터 유효성이 적용된 E4셀을 포함하여 E15셀까지 선택합니다. ❷[데이터] 탭의 ❸[데이터 도구] 그룹에서 [데이터 유효성 검사](📋)를 클릭합니다.

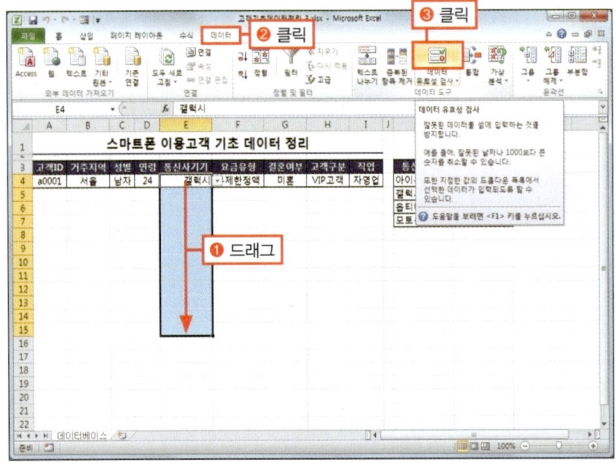

02 유효성 적용 확인하기

선택 범위의 모든 셀에 데이터 유효성을 적용하겠냐는 메시지가 나오면 ❶[예]를 클릭합니다.

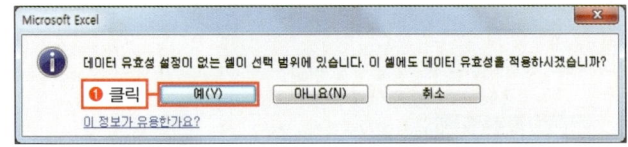

03 데이터 유효성 내용 확인하기

[데이터 유효성] 대화상자의 내용을 확인하고 수정할 것이 없으면 ❶[확인]을 클릭합니다.

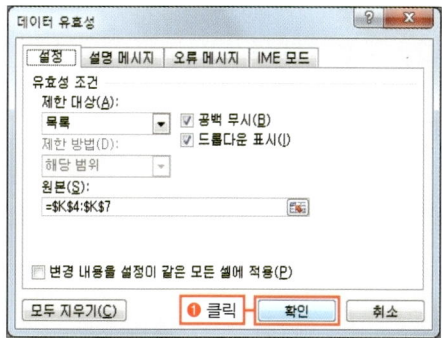

04 데이터 유효성 확인하기

❶선택 범위에서 임의의 셀을 선택하여 데이터 유효성이 적용되었는지 확인합니다.

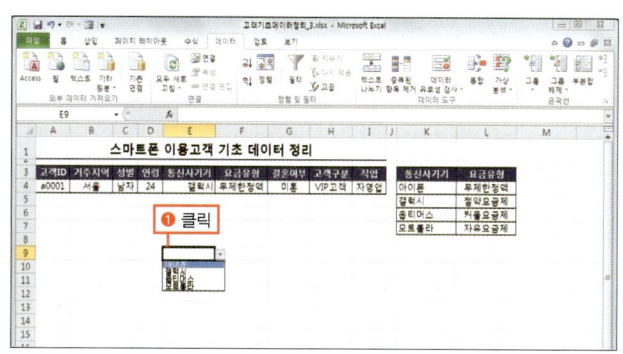

05 데이터 유효성 수정하기

❶E4셀을 선택하고 리본 메뉴에서 ❷[데이터 유효성 검사] (▥)를 클릭합니다. ❸ 대화상자에서 [범위]를 '=$K$4:$K$6'으로 수정합니다.

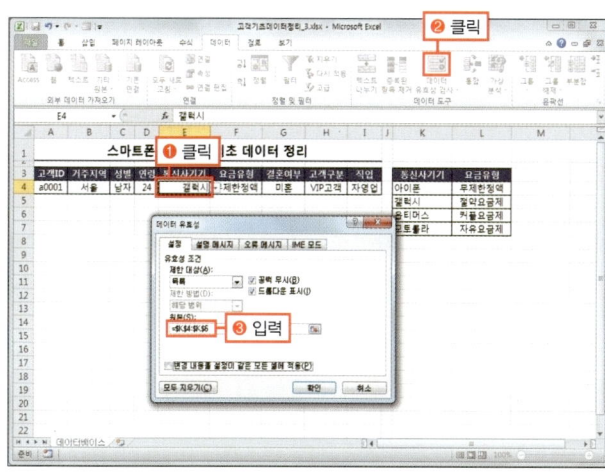

06 수정 내용 변경 범위 설정하기

❶[변경 내용을 설정이 같은 모든 셀에 적용]에 체크하고 ❷[확인]을 클릭합니다.

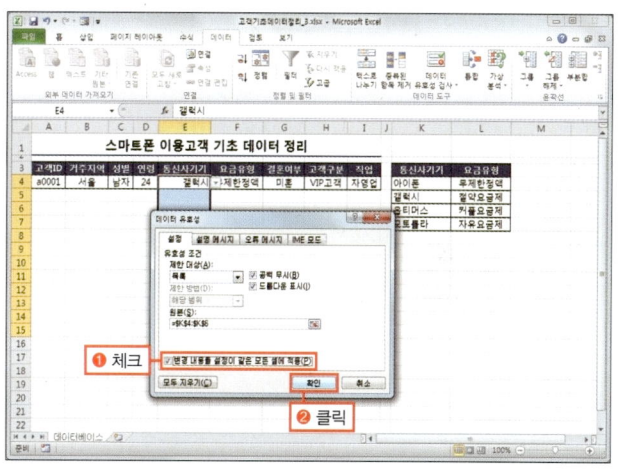

07 수정 내용 확인하기

❶E13셀에서 ❷데이터 유효성을 확인해 봅니다.

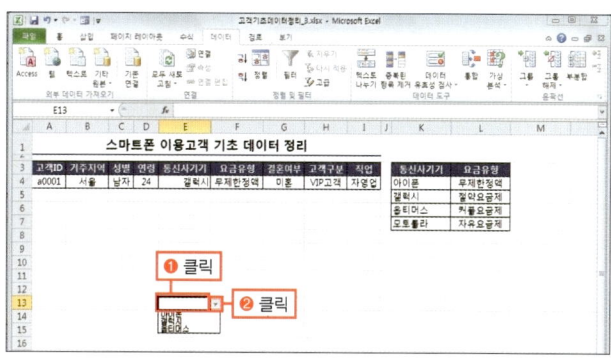

데이터 유효성 설명 메시지와 오류 메시지 설정하기

설정한 데이터 유효성을 다른 셀 범위까지 확장하여 적용할 수 있습니다. 데이터 유효성의 내용을 수정하거나 적용 범위를 변경하는 방법을 알아보겠습니다.

◎ **시작 파일** : 8장\고객기초데이터정리_4.xlsx
◎ **완료 파일** : 8장\고객기초데이터정리_4_완료.xlsx

01 설명 메시지 작성하기

❶D4셀을 선택하고 ❷[데이터] 탭의 ❸[데이터 도구] 그룹에서 [데이터 유효성 검사](圖)를 클릭합니다. ❹대화상자에서 [설명 메시지] 탭을 선택하고 ❺[설명 메시지]에 내용을 입력합니다.

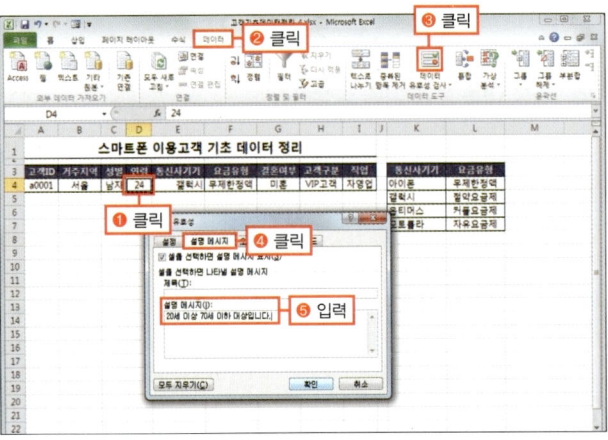

02 오류 메시지 작성하기

❶[오류 메시지] 탭으로 이동하여 ❷[오류 메시지]에 내용을 입력하고 ❸[확인]을 클릭합니다.

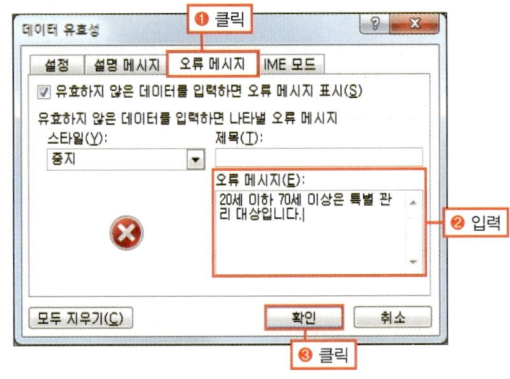

03 설명 메시지 확인하기

❶D4셀을 선택하면 설명 메시지가 표시됩니다.

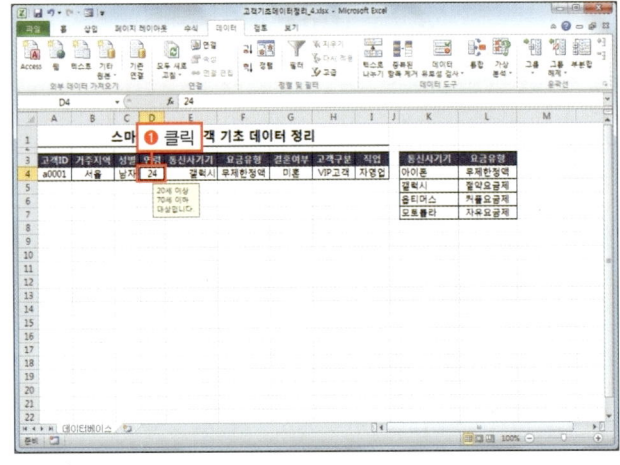

> **참고**
> 다른 셀을 선택하면 설명 메시지는 사라집니다.

04 오류 메시지 확인하기

❶D4셀에 유효하지 않은 데이터를 입력하고 ❷ Enter 를 누르면 설정한 오류 메시지가 표시됩니다.

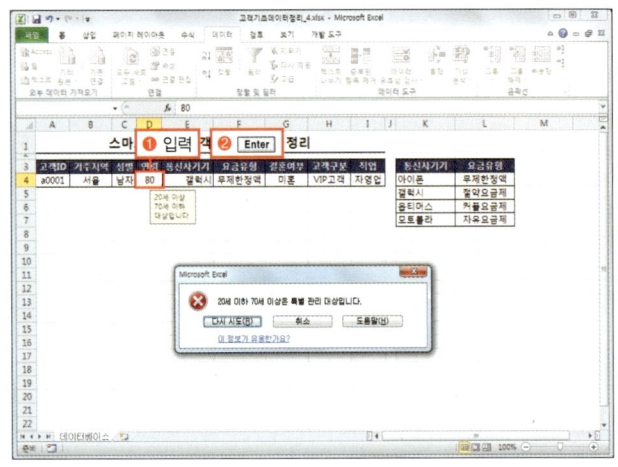

잘못된 데이터 표시하기

기존의 데이터베이스에 데이터 유효성을 적용한 후에 유효하지 않은 데이터만 찾아낼 수 있습니다.

◉ **시작 파일** : 8장\고객기초데이터정리_5.xlsx
◉ **완료 파일** : 8장\고객기초데이터정리_5_완료.xlsx

01 범위에 데이터 유효성 적용하기

❶데이터 유효성이 적용된 D4셀을 포함하여 D11셀까지 선택합니다. ❷[데이터] 탭의 ❸[데이터 도구] 그룹에서 [데이터 유효성 검사](📋)를 클릭합니다.

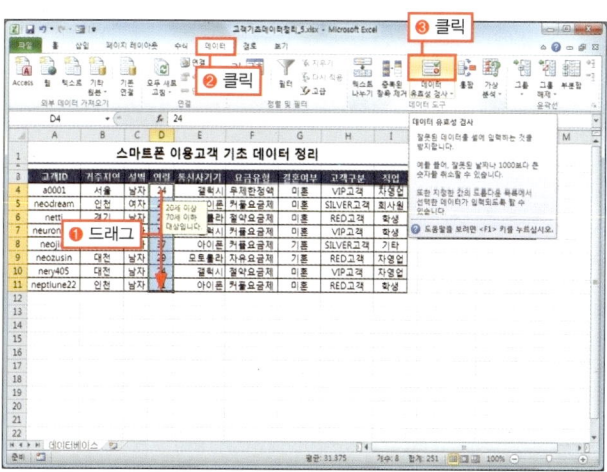

02 오류 메시지 작성하기

❶[오류 메시지] 탭으로 이동하여 ❷[오류 메시지]에 내용을 입력하고 ❸[확인]을 클릭합니다.

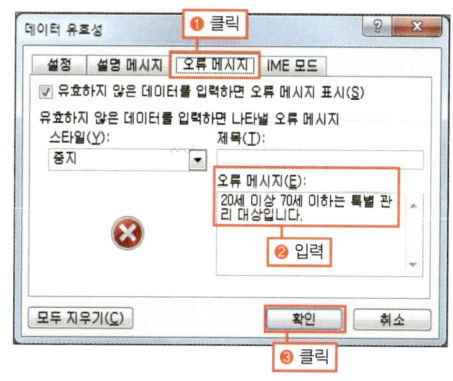

03 데이터 유효성 내용 확인하기

❶[데이터 유효성] 대화상자의 내용을 확인하고 ❷[확인]을 클릭합니다.

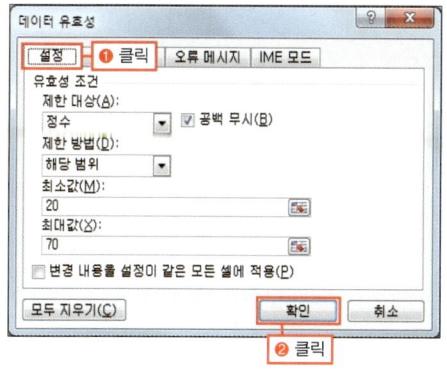

04 [잘못된 데이터] 명령 실행하기

❶리본 메뉴에서 [데이터 유효성 검사]를 클릭하고 ❷[잘못된 데이터]를 선택합니다.

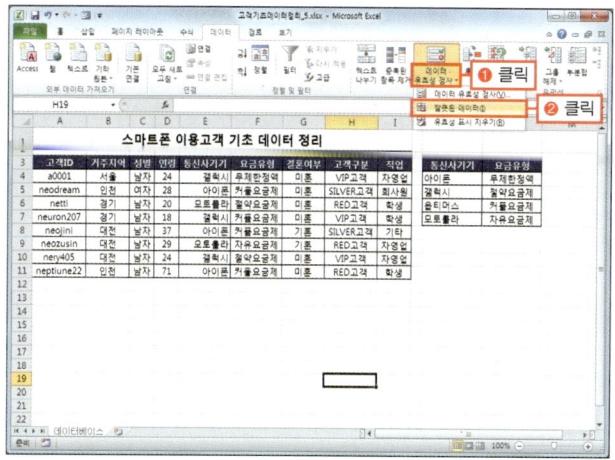

05 잘못된 데이터 확인하기

20~70을 벗어나는 데이터에 빨간색 동그라미 표시가 나타납니다.

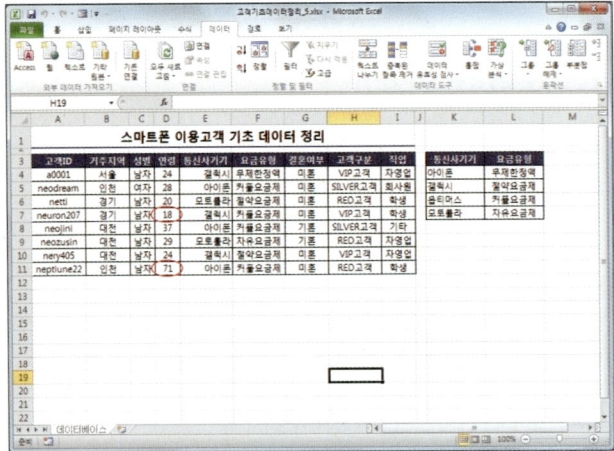

06 잘못된 데이터 확인하기

❶ 잘못된 데이터를 유효한 데이터로 수정하면 빨간색 표시가 없어집니다.

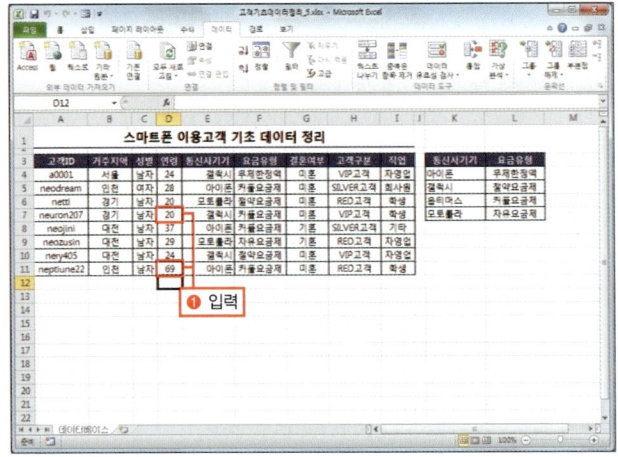

참고

[데이터 유효성 검사]-[유효성 표시 지우기]를 선택하여 잘못된 데이터 표시를 지울 수 있습니다.

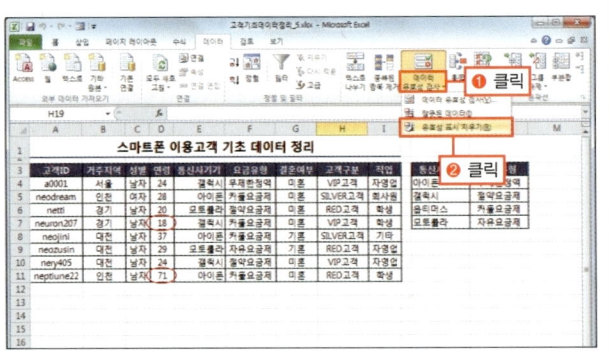

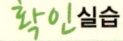

❶ 데이터 유효성 검사를 이용하여 보유차량 필드에 J5:J9셀의 데이터(K3, K5, K7, 로체, 오피러스)의 5가지 항목 이외에는 입력되지 않게 만들어 보세요.

◉ **시작 파일** : 8장\자동차동호회.xlsx
◉ **완료 파일** : 8장\자동차동호회_완료.xlsx

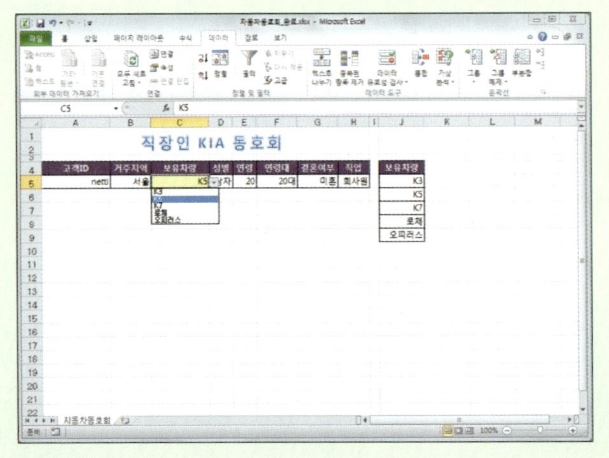

중복 데이터 제거하기

데이터베이스에서 중복된 데이터를 찾아 제거하는 방법에 대해 알아보겠습니다.

◉ **시작 파일** : 8장\고객기초데이터정리_1.xlsx
◉ **완료 파일** : 8장\고객기초데이터정리_1_완료.xlsx

1 [중복된 항목 제거] 명령 실행하기

❶A1:G19셀을 선택하고 ❷[데이터] 탭의 ❸[데이터 도구] 그룹에서 [중복된 항목 제거]를 클릭합니다.

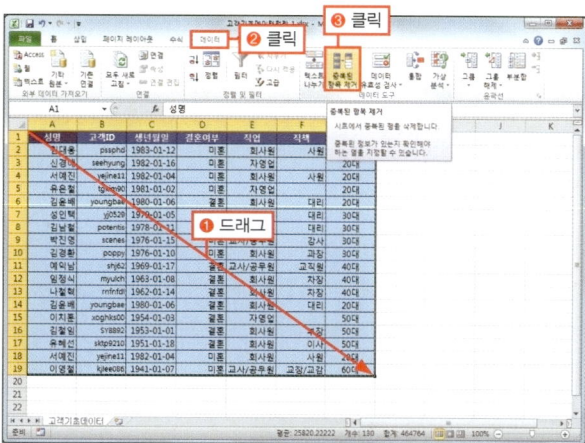

> **참고**
>
> 데이터베이스 내의 임의의 셀을 하나 선택하고 명령을 실행해도 됩니다.

2 중복된 항목을 제거할 필드 선택하기

❶[중복된 항목 제거] 대화상자에서 [모두 선택]을 선택하고 ❷[확인]을 클릭합니다.

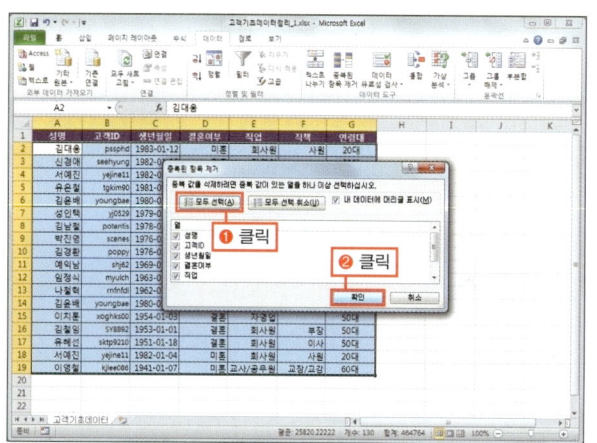

> **참고**
>
> [모두 선택 취소]을 클릭한 후 필요한 항목을 개별적으로 선택해서 중복된 항목을 제거할 수 있습니다. [내 데이터에 머리글 표시]를 선택해서 해제하면 데이터의 머리글 표시가 없어집니다.

3 중복된 항목 제거 확인하기

18개의 데이터 중에서 2개의 중복된 값이 제거되었다는 것을 알려줍니다. 최종적으로 16개의 데이터가 남은 것을 확인한 후, ❶[확인]을 클릭합니다.

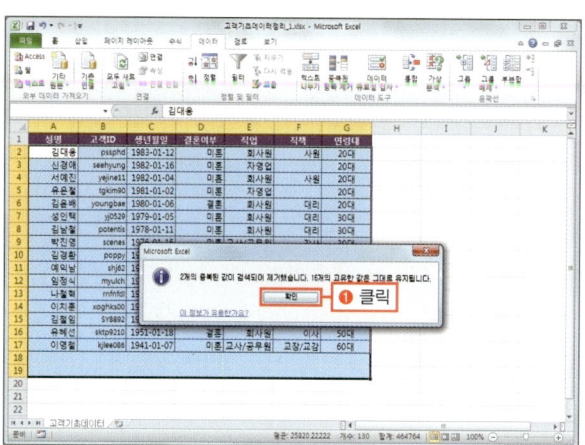

> **참고**
>
> [고객ID]만을 선택한 후 [확인]을 클릭해도 아래와 같이 2개의 중복 아이디가 있는 데이터가 제거됩니다.

SECTION
03

데이터 정렬하기

데이터베이스의 규모가 커서 데이터를 한눈에 파악하기 어려울 때는 보기 좋게 정렬하여 가독성을 높일 수 있습니다. 데이터를 정렬하는 방법을 알아보겠습니다.

다루는 내용

- 데이터 오름차순, 내림차순 정렬하기
- 사용자 지정 정렬하기

기능 정리

데이터 정렬 방법 이해하기

데이터는 오름차순, 내림차순 또는 사용자가 기준을 정해 정렬할 수 있습니다.

● 오름차순과 내림차순

데이터 정렬의 기본 방법은 오름차순과 내림차순이 있습니다. 이들은 [데이터] 탭의 [정렬 및 필터] 그룹이나 [홈] 탭의 [편집] 그룹에서 [정렬 및 필터]를 이용하면 됩니다.

	A	B	C	D
1	텍스트 오름차순	텍스트 내림차순	숫자 오름차순	숫자 내림차순
2	공현철	한성민	10	51
3	김나영	진선미	19	48
4	김미정	전윤숙	25	37
5	김지연	박은미	29	33
6	박은미	김지연	33	29
7	전윤숙	김미정	37	25
8	진선미	김나영	48	19
9	한성민	공현철	51	10

❶ 문자 데이터는 오름차순이 ㄱ~ㅎ순, 내림차순은 그 반대입니다.
❷ 숫자 데이터는 오름차순이 낮은 숫자에서 높은 숫자 순서이며, 내림차순은 그 반대입니다.

● 사용자 지정 정렬

오름차순이나 내림차순과 같이 정해진 방식이 아닌 사용자가 원하는 기준으로 데이터를 정렬할 수 있습니다. 만약 거주지역 기준으로 오름차순을 하고 같은 거주지역 내에서는 연령을 기준으로 내림차순으로 정렬하는 것과 같이 두 개 이상의 기준으로 정렬을 하는 경우입니다. 사용자 지정 정렬은 [데이터] 탭의 [정렬 및 필터] 그룹에서 [정렬]을 이용합니다.

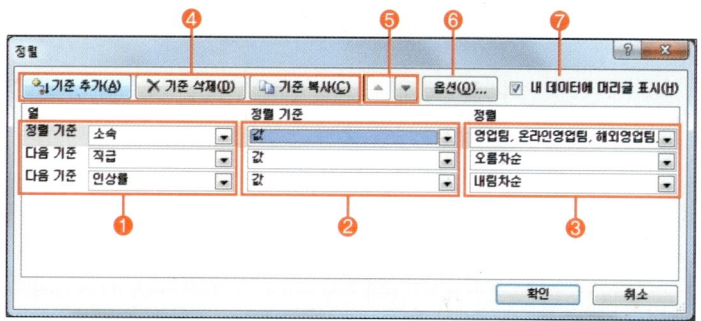

❶ **열** : 데이터 중에서 정렬할 필드를 선택합니다.

❷ **정렬 기준** : 선택한 정렬 기준에서 값을 기준으로 할 것인지, 셀에 적용된 서식(셀 색, 글꼴 색, 셀 아이콘)을 기준으로 정렬한 것인지를 설정합니다.

❸ **정렬** : 정렬 방법을 선택합니다(오름차순, 내림차순, 사용자 지정 정렬).

❹ **기준 추가, 기준 삭제, 기준 복사** : 정렬 기준을 추가, 삭제하거나 선택한 기준을 복사합니다.

❺ 화살표 버튼을 이용하여 정렬 기준의 순서를 변경할 수 있습니다.

❻ **옵션** : 데이터 정렬 시 대/소문자를 구분하거나 정렬 방향을 설정합니다.

❼ **내 데이터에 머리글 표시** : 체크하면 열 이름이 아닌 데이터의 머리글이 목록으로 나타납니다.

간단퀴즈

1 데이터 정렬에 관해서 틀린 설명은 무엇입니까?

① 하나의 데이터베이스는 한 가지 기준으로만 정렬할 수 있습니다.

② 숫자 데이터의 큰 값부터 작은 값 순으로 정렬하려면 내림차순을 이용합니다.

③ 대문자와 소문자를 구별하여 데이터를 정렬할 수 있습니다.

④ 셀에 적용된 채우기 색을 기준으로 데이터를 정렬할 수 있습니다.

2 사용자가 지정하는 조건으로 데이터를 정렬하기 위해서는 어떠한 명령을 사용해야 합니까?

답 : ①, 사용자 지정 정렬

실습 과정

오름차순과 내림차순 정렬하기

데이터베이스를 오름차순과 내림차순 정렬을 이용하여 보기 좋게 정렬하는 방법에 대해 알아보겠습니다.

◎ **시작 파일** : 8장\이동통신데이터정렬_1.xlsx
◎ **완료 파일** : 8장\이동통신데이터정렬_1_완료.xlsx

01 텍스트 오름차순 정렬하기

❶A2셀을 선택하고 ❷[데이터] 탭의 ❸[정렬 및 필터] 그룹에서 [텍스트 오름차순 정렬](↓)을 클릭합니다.

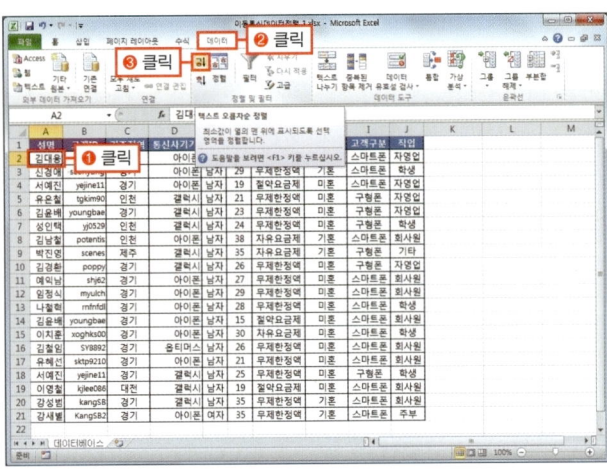

02 결과 확인하기

고객의 성명을 기준으로 오름차순 정렬됩니다.

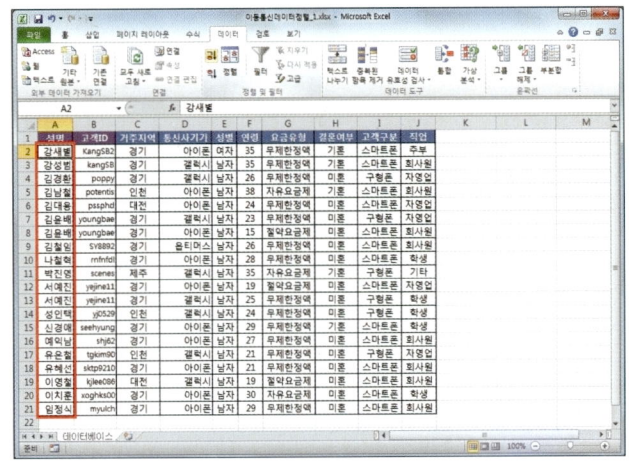

03 숫자 내림차순 정렬하기

❶숫자로 이루어진 연령 필드 중 임의의 레코드를 하나 선택하고 ❷리본 메뉴에서 [숫자 내림차순 정렬](↓)을 클릭합니다.

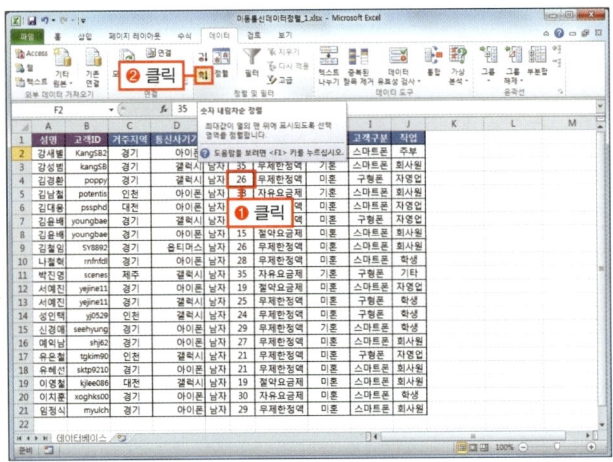

04 결과 확인하기

높은 숫자에서 낮은 숫자 순서로 정렬됩니다.

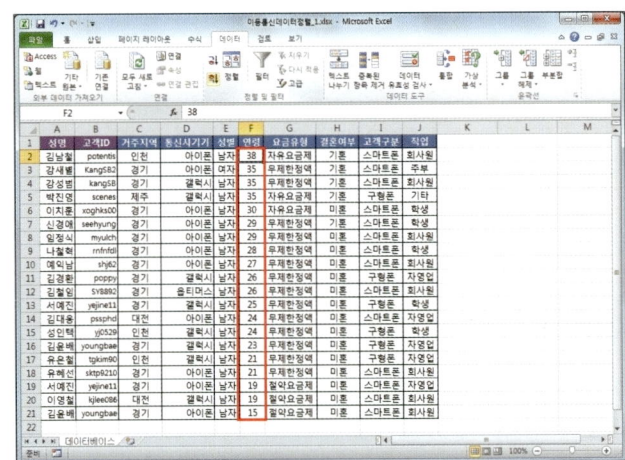

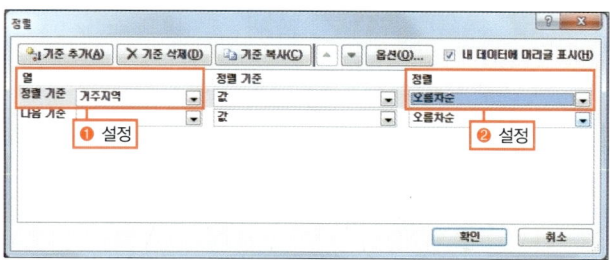

실습 과정

사용자 지정 정렬하기

두 개 이상의 기준으로 데이터를 정렬할 수 있는 사용자 지정 정렬 방법에 대해 알아보겠습니다.

◎ **시작 파일** : 8장\이동통신데이터정렬_2.xlsx
◎ **완료 파일** : 8장\이동통신데이터정렬_2_완료.xlsx

01 사용자 지정 정렬 선택하기

❶데이터베이스 내의 임의의 레코드를 선택하고 ❷[데이터] 탭의 ❸[정렬 및 필터] 그룹에서 [정렬]을 클릭합니다. ❹[정렬] 대화상자가 나타나면 두 개의 기준으로 정렬하기 위해서 [기준 추가]를 클릭합니다.

02 첫 번째 정렬 기준 설정하기

❶첫 번째 열의 [정렬 기준]을 '거주지역'으로 선택합니다. ❷[정렬]에서 정렬 방법으로 [오름차순]을 선택합니다.

03 두 번째 정렬 기준 설정하기

❶두 번째 열의 [정렬 기준]을 '연령'으로 선택합니다. ❷[정렬]에서 정렬 방법으로 [내림차순]을 선택합니다. ❸[확인]을 클릭합니다.

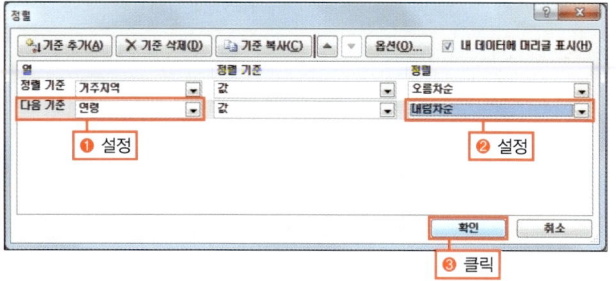

04 결과 확인하기

데이터베이스가 거주지역을 기준으로 오름차순, 같은 거주지역 내에서는 연령 기준으로 내림차순 정렬이 완성된 것을 확인합니다.

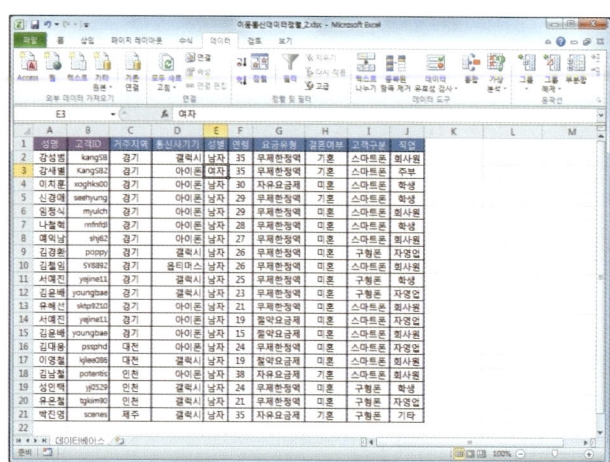

1 은행 고객의 데이터를 고객ID 기준으로 오름차순 정렬하세요.

⊙ **시작 파일** : 8장\은행고객데이터.xlsx
⊙ **완료 파일** : 8장\은행고객데이터_완료.xlsx

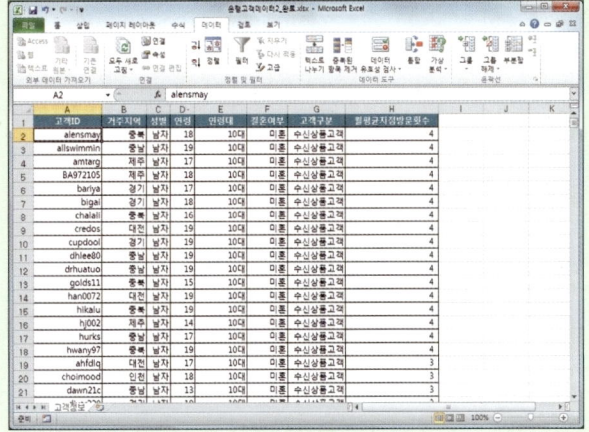

2 다음 데이터베이스를 연령대 기준으로 오름차순, 같은 연령대 고객 내에서는 월평균 지점방문횟수 기준으로 내림차순으로 정렬하세요.

⊙ **시작 파일** : 8장\은행고객데이터2.xlsx
⊙ **완료 파일** : 8장\은행고객데이터2_완료.xlsx

SECTION 04

데이터 필터링하기

엑셀의 수많은 데이터 중에서 원하는 특정 레코드만을 보기 위해서는 여기에서는 이러한 필터링 기능에 대해서 알아봅니다.

다루는 내용

- 필터링의 종류 알아보기
- 사용자 지정 고급 필터링 활용하기

기능 정리

엑셀 2010에서 제공하는 필터링의 종류 알아보기

엑셀의 필터 기능을 이용하면 전체 데이터 중에서 요건에 맞는 필요한 데이터만을 골라서 볼 수 있습니다. 데이터를 필터링하는 방법은 다음과 같이 크게 두 가지가 있습니다.

● 일반 필터링

데이터베이스에 필터를 적용하면 필드 이름 옆에 필터 버튼이 표시됩니다. 필터 버튼을 클릭하면 필터링할 레코드를 손쉽게 선택할 수 있습니다. 또한 문자 데이터의 경우 [텍스트 필터], 숫자 데이터의 경우 [숫자 필터]의 하위 메뉴를 통해 보다 다양한 검색 조건을 지정할 수 있습니다.

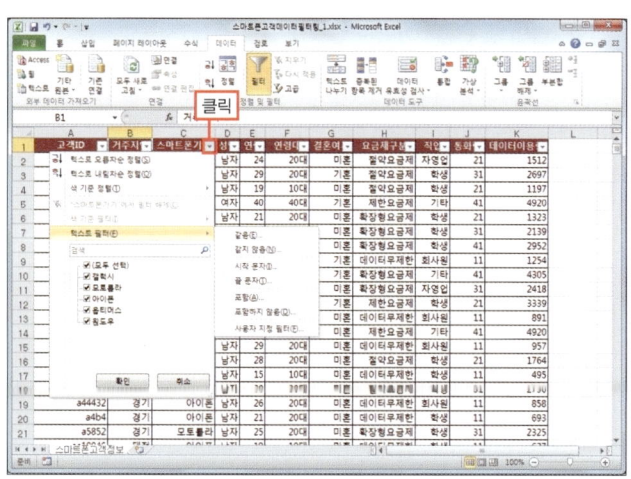

▲ 텍스트 필터의 종류

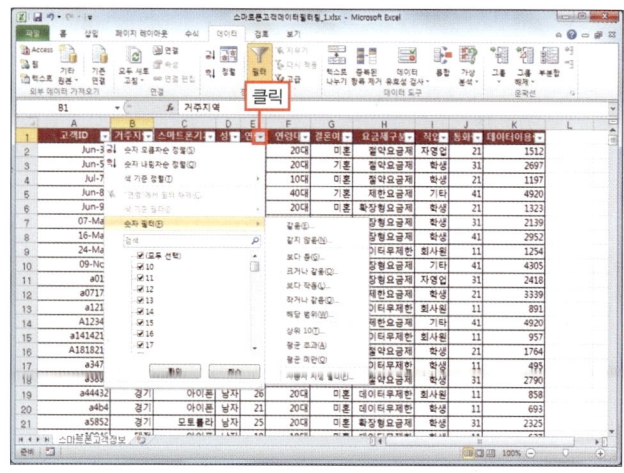

▲ 숫자 필터의 종류

● 고급 필터링

[데이터] 탭의 [정렬 및 필터] 그룹에서 [고급] 명령을 이용하면 사전에 정의된 조건에 맞는 특정 데이터를 선택해서 필터링할 수 있습니다. 고급 필터를 이용하기 위해서는 필터링 조건으로 사용할 필드 이름과 데이터가 미리 입력되어 있어야 합니다.

	고객ID	거주지역	스마트폰기기	성별	연령	연령대	결혼여부	요금제구분	직업	통화량	데이터이용량
2		경기	갤럭시	남자							
3											>=2000
4											
5	고객ID	거주지역	스마트폰기기	성별	연령	연령대	결혼여부	요금제구분	직업	통화량	데이터이용량
10	sanisul	경기	아이폰	남자	10	10대	미혼	확장형요금제	학생	31	2930
13	SOPIA6	대전	아이폰	남자	10	10대	미혼	확장형요금제	학생	21	3630
27	hyewony	경기	갤럭시	남자	11	10대	미혼	절약요금제	학생	21	693
59	ohsun	경기	갤럭시	남자	12	10대	미혼	확장형요금제	학생	31	1116
64	rnfnfdl	경기	갤럭시	남자	12	10대	미혼	데이터무제한	학생	11	396
121	jin2114	경기	갤럭시	남자	13	10대	미혼	데이터무제한	학생	11	429
129	soonae	경기	갤럭시	남자	13	10대	미혼	데이터무제한	학생	11	429
200	fxsnow	경기	갤럭시	남자	14	10대	미혼	확장형요금제	학생	41	1722
224	weareone	경기	갤럭시	남자	14	10대	미혼	데이터무제한	학생	11	462

고급 필터 사용 시 여러 조건을 같은 행에 입력하면 AND 조건이, 다른 행에 입력하면 OR 조건이 됩니다. 위의 예에서는 '경기, 갤럭시, 남자'를 같은 행에, '데이터이용량'만 다른 행에 입력하였는데, 이는 경기도에 거주하는 갤럭시를 이용하는 남자 또는 데이터이용량이 2000 이상인 데이터 모두를 필터링하라는 의미입니다. 이러한 필터 조건을 먼저 확정한 후, 아래의 [고급 필터] 대화상자를 통해서 필터링 조건을 정의하면 됩니다.

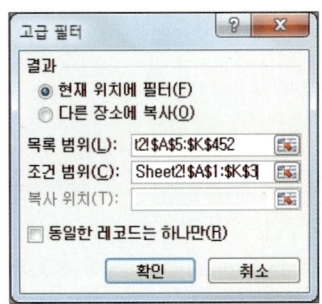

간단퀴즈

1 데이터베이스에서 특정 조건을 만족하는 레코드만을 화면에 표시하는 엑셀의 기능은 무엇입니까?

2 고급 필터에서 AND 조건으로 필터링을 하기 위해서는 사용자 조건을 어떻게 입력해야 합니까?

답 : 필터, 같은 행에 입력

실습 과정

자동 필터로 빠르게 필터링하고 결과 내에서 검색하기

필터를 이용해서 전체 6,508건의 스마트폰 이용고객 데이터 중에서 특정 기준을 만족하는 고객만 걸러내는 방법을 알아보겠습니다.

◎ **시작 파일** : 8장\스마트폰고객데이터필터링_1.xlsx
◎ **완료 파일** : 8장\스마트폰고객데이터필터링_1_완료.xlsx

01 데이터베이스에 데이터 필터 적용하기

❶데이터베이스 내의 임의의 레코드를 선택하고 ❷[데이터] 탭의 ❸[정렬 및 필터] 그룹에서 [필터]를 클릭합니다.

02 거주지역 필터링하기

❶거주지역의 필터 버튼을 클릭합니다. ❷[모두 선택]을 클릭하여 모든 항목의 체크 박스를 해제하고 ❸'제주'만 체크합니다. ❹[확인]을 클릭합니다.

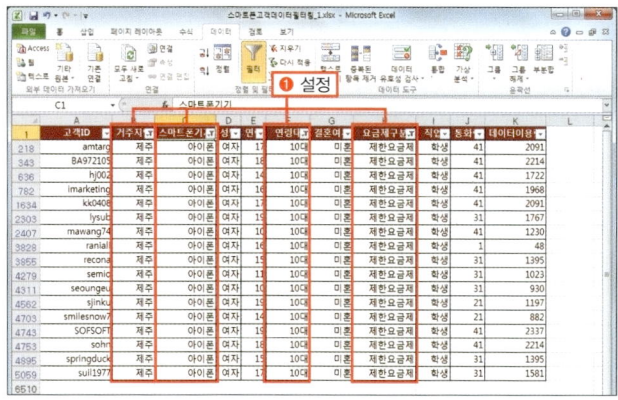

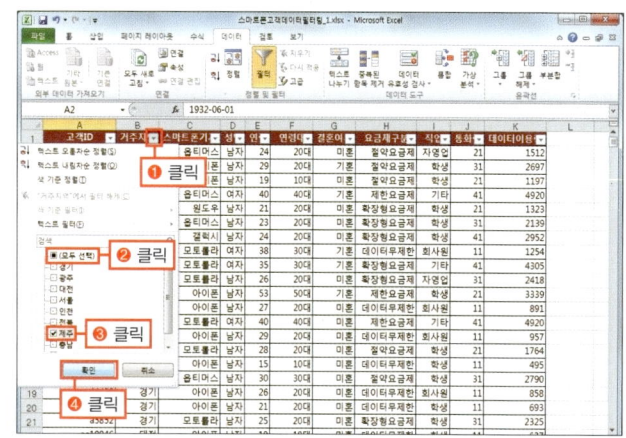

> **참고**
> [홈] 탭의 [편집] 그룹에서 [정렬 및 필터]-[필터]를 선택해도 됩니다.

03 결과 확인하고 다른 필드 필터링하기

제주도에 거주하는 고객들의 데이터만 필터링되는 것을 확인할 수 있습니다. ❶같은 방법으로 스마트폰기기는 '아이폰', 연령대는 '10대', 요금제구분은 '제한요금제'로 필터링합니다.

04 숫자 필터하기

❶숫자로 이루어진 데이터 이용량의 필터 버튼을 클릭하여 ❷[숫자 필터]를 선택하고 ❸[보다 큼]을 클릭합니다.

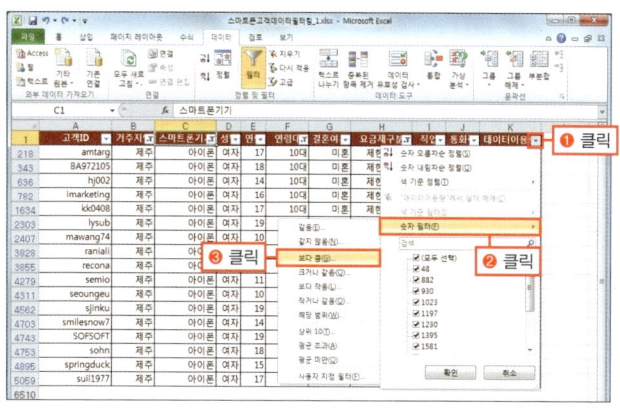

05 필터링할 범위 값 설정하기

[사용자 지정 자동 필터] 대화상자가 나타나면 ❶첫 번째 조건은 '>=, 1500', 두 번째 조건은 '<=, 2000'을 설정하고 ❷[확인]을 클릭합니다.

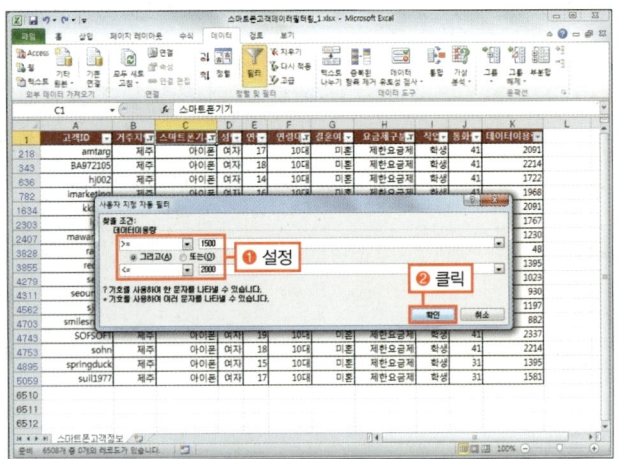

> **참고** •
> 데이터 이용량 1500~2000의 데이터를 필터링하라는 조건입니다.

06 최종 결과 확인하기

제주도에 거주하면서 아이폰을 이용하는 10대 고객 중 제한요금제를 이용하면서 데이터이용량이 1500~2000 사이인 고객 4명의 데이터만 필터링 되는 것을 확인할 수 있습니다.

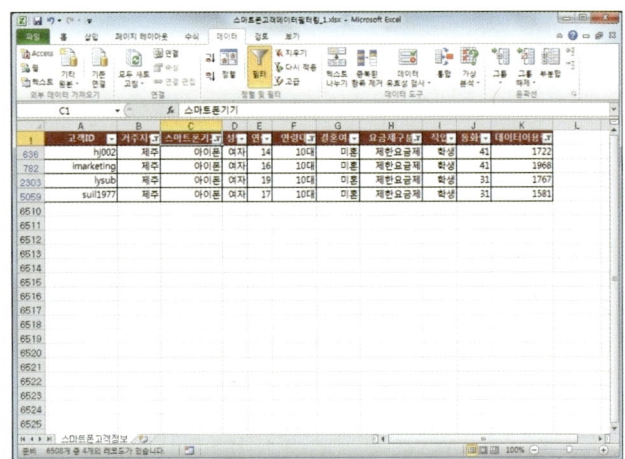

실습과정 고급 조건을 사용해서 데이터 필터링하기

검색해야 하는 조건이 두 개 이상일 때는 앞에서 살펴본 바와 같이 순차적으로 필터링을 적용해도 되지만, 고급 필터를 이용하면 여러 조건에 맞는 데이터를 걸러낼 수 있습니다.

⊙ **시작 파일** : 8장\스마트폰고객데이터필터링_2.xlsx
⊙ **완료 파일** : 8장\스마트폰고객데이터필터링_2_완료.xlsx

01 고급 필터 조건 입력하기

❶AND 조건을 설정할 B2셀, C2셀, D2셀에 각각 '경기, 갤럭시, 남자'를 입력합니다. ❷그리고 OR 조건을 설정하기 위해 다른 행인 K3셀에는 2000 이상을 의미하는 '>=2000'을 입력합니다.

> **참고** •
> 고급 필터를 이용하려면 데이터베이스 원본에서 검색하려는 필드명과 동일한 필드명 이 다른 곳에 입력되어 있어야 합니다. 필드명 아래에 필요한 검색 조건을 입력하면 됩니다.

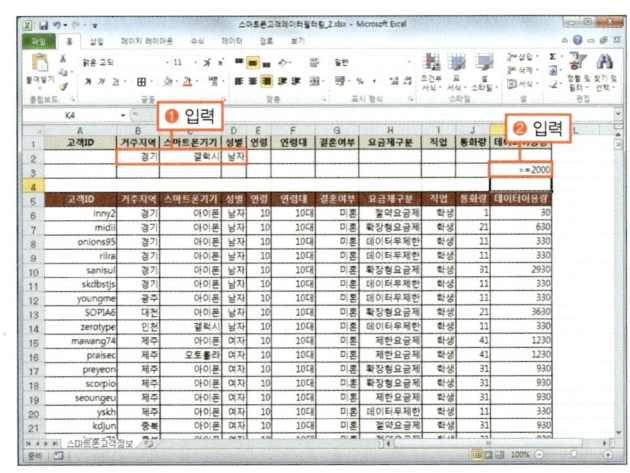

02 고급 필터 실행하기

❶데이터베이스 내의 임의의 레코드를 하나 선택하고 ❷ [데이터] 탭의 ❸[정렬 및 필터] 그룹에서 [고급]을 클릭합니다.

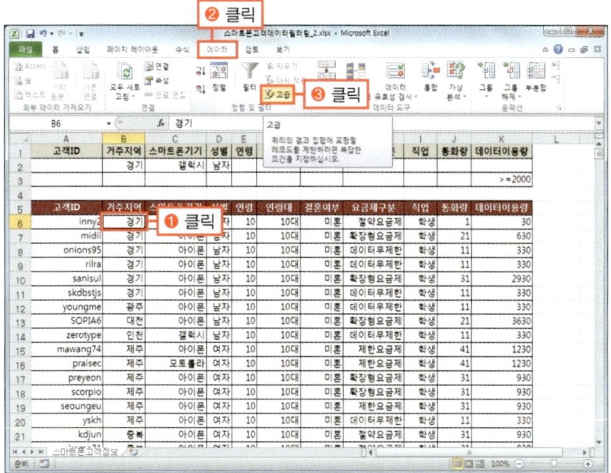

03 고급 필터 조건 설정하기

[고급 필터] 대화상자의 [목록 범위]에는 데이터 범위인 A5~K6532셀이 절대참조로 자동 입력되어 있습니다. ❶ [조건 범위]에는 앞에서 입력해놓은 고급 필터 조건인 A1:K3셀을 선택하여 입력한 후, ❷[확인]을 클릭합니다.

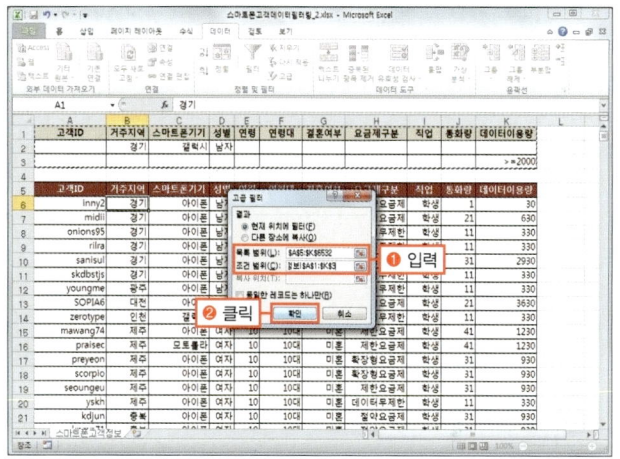

> **참고**
>
> 필터링 결과를 다른 곳에 나타내고 싶으면 [고급 필터] 대화상자의 [결과]에서 [다른 장소에 복사]를 선택하고 [복사 위치]에서 위치를 지정하면 됩니다.

04 결과 확인하기

경기도에 거주하면서 갤럭시를 사용하는 남자이거나 데이터 이용량이 2000 이상인 데이터가 모두 필터링됩니다.

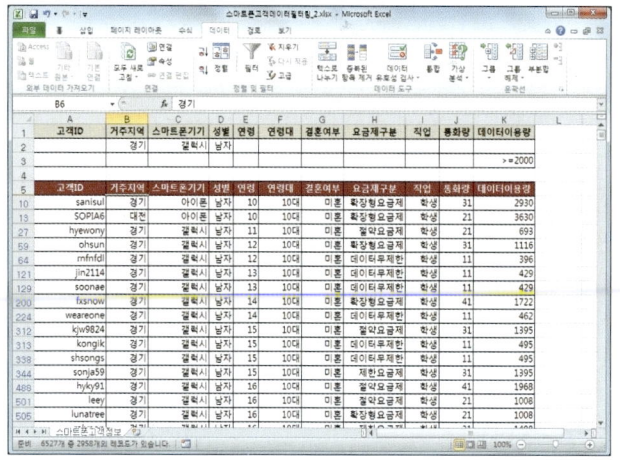

1 필터를 이용하여 전체 700명의 은행고객 중에서 대전에 거주하고 미혼인 남성 중 투자상품고객에 해당하는 고객만 추출해 보세요.

◉ **시작 파일** : 8장\은행고객데이터3.xlsx
◉ **완료 파일** : 8장\은행고객데이터3_완료.xlsx

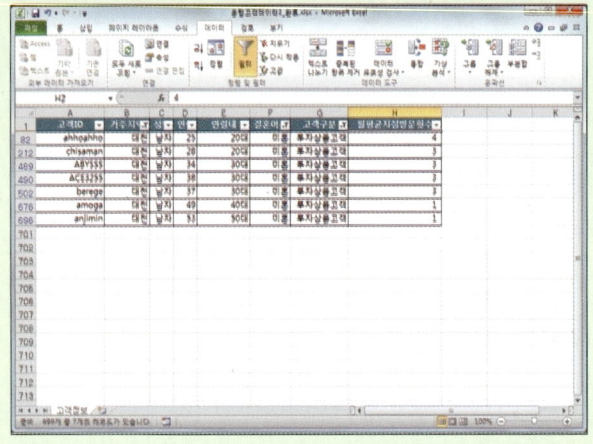

2 고급 필터를 이용하여 전체 700명의 은행고객 중에서 제주에 거주하면서 월 평균 4회 이상 지점을 방문하거나 투자상품고객 전체에 해당하는 고객을 추출해 보세요.

◉ **시작 파일** : 8장\은행고객데이터4.xlsx
◉ **완료 파일** : 8장\은행고객데이터4_완료.xlsx

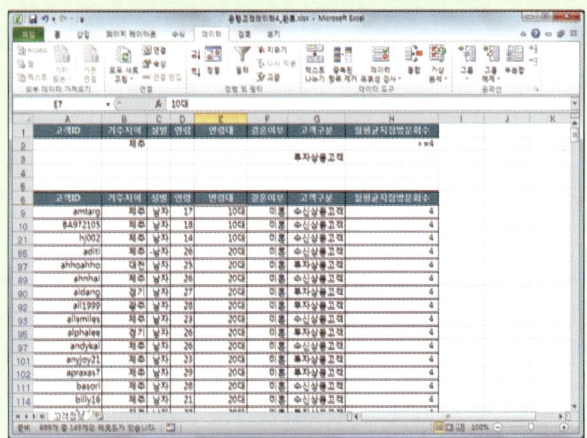

[표]를 이용하여 데이터베이스 쉽게 관리하기

엑셀의 [표]를 이용하면 많은 레코드를 쉽게 관리하고 분석할 수 있습니다. 표 범위로 지정된 모든 데이터에 일괄된 수식이나 서식을 한 번에 지정할 수 있으며, 따로 설정하지 않아도 정렬이나 필터와 같은 기능을 바로 사용할 수 있습니다.

◎ **시작 파일** : 8장\펀드수익률_2.xlsx
◎ **완료 파일** : 8장\펀드수익률_2_완료.xlsx

1 표 삽입하기

❶[삽입] 탭의 ❷[표] 그룹에서 [표]를 클릭합니다.

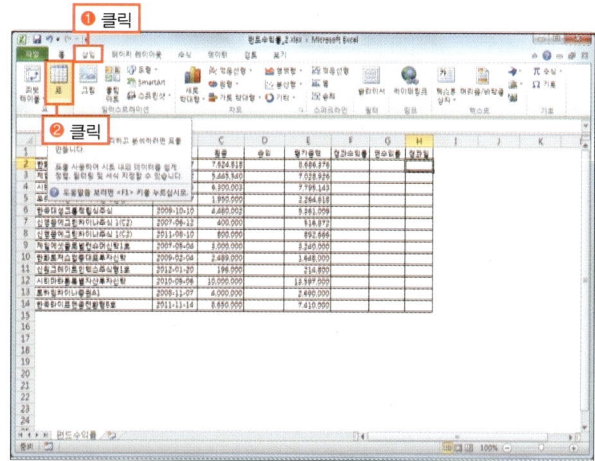

2 표 만들기

[표 만들기] 대화상자가 나타나면 ❶표 범위를 A1:H14셀로 선택하고 ❷[머리글 포함]이 체크되었는지 확인 후 ❸[확인]을 클릭합니다.

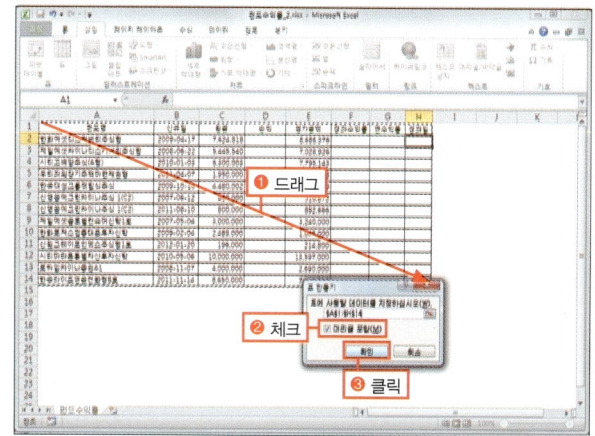

3 표 확인하기

범위가 표로 변환되면서 표 서식이 자동으로 적용되고 필드 레이블에 필터 버튼이 나타납니다.

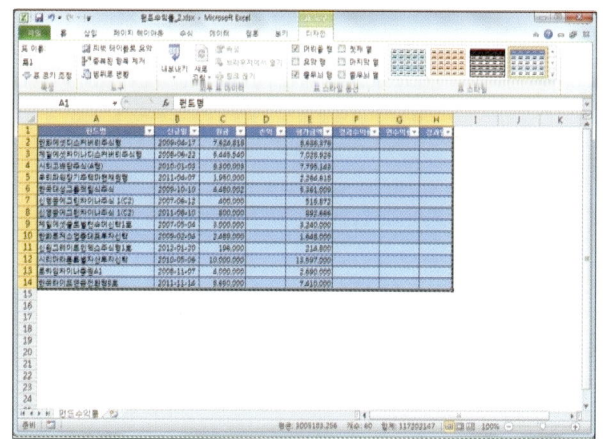

4 표 스타일 변경하기

[표 도구]-[디자인] 탭의 ❶[표 스타일 옵션] 그룹에서 [줄무늬 행]의 체크를 해제하고 ❷[표 스타일] 그룹에서 표 스타일 목록 중 [표 스타일 밝게 10]을 선택합니다.

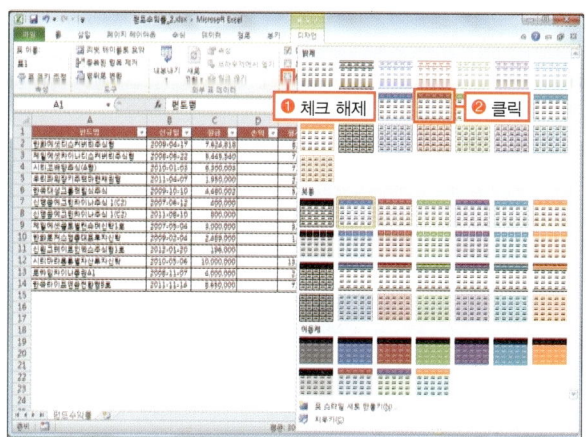

5 표 정렬하기

❶'펀드명'의 필터 버튼을 클릭하고 ❷[텍스트 오름차순 정렬]을 선택합니다.

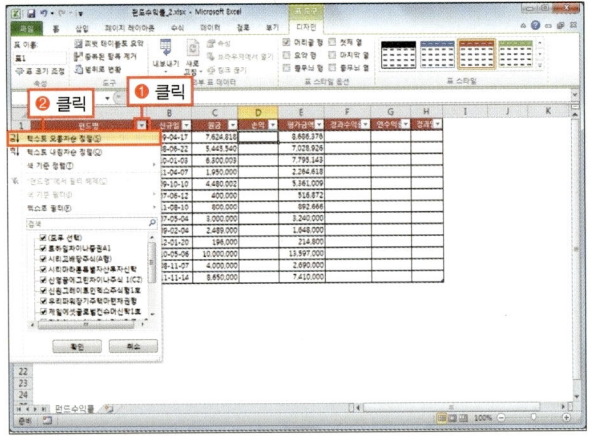

> **참고**
> 일반 정렬 기능과 마찬가지로 표 내의 '펀드명' 필드의 데이터가 오름차순 정렬됩니다.

6 문자로 데이터 필터하기

❶다시 '펀드명'의 필터 버튼을 클릭하고 ❷입력란에 '시티'라고 입력합니다. ❸[확인]을 클릭합니다.

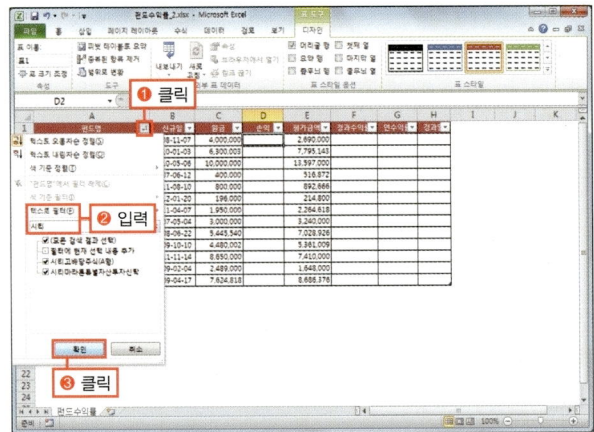

> **참고**
> 일반 필터 기능을 사용할 때도 이와 같이 문자의 일부분으로 데이터를 검색할 수 있습니다.

7 결과 확인하기

선택한 데이터만 표시됩니다. ❶Ctrl+Z 를 눌러 이전 상태로 돌아갑니다.

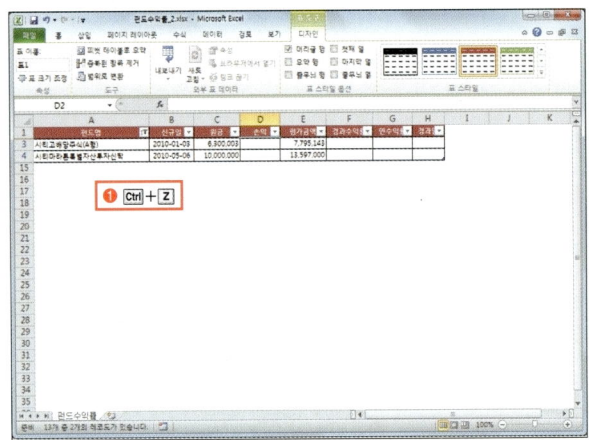

> **참고**
> Ctrl+Z 는 바로 이전 작업을 취소하는 바로 가기 키입니다.

8 표에 수식 입력하기

❶D2셀을 선택하고 '=E2-C2'를 입력합니다. 그러면 '[@평가금액]-[@원금]'이라는 수식이 나타납니다.

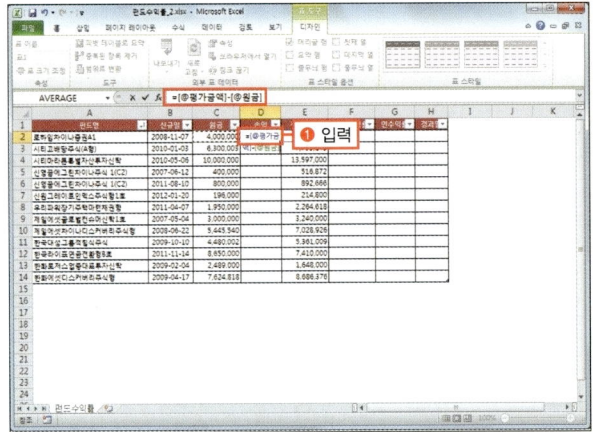

> **참고**
> 표에서는 이와 같이 '[@필드 레이블]' 형태로 셀을 참조합니다.

9 수식 계산하기

❶ Enter 를 누르면 '손익' 필드에 수식이 일괄 적용됩니다.

10 '경과수익률' 필드 계산하기

❶F3셀에는 '=[@손익]/[@원금]'을 입력하고 ❷ Enter 를 누릅니다.

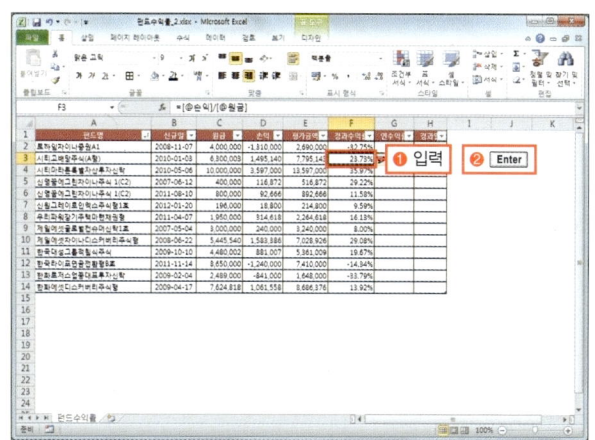

11 '경과일' 필드 계산하기

❶'경과일' 필드는 '=$I$1-[@신규일]+1' 수식으로 계산합니다.

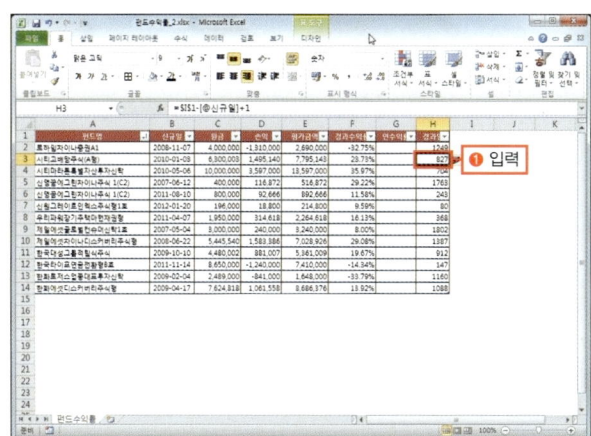

> **참고**
>
> I1셀에는 '2012-4-8' 날짜가 입력되어 있습니다. 셀 서식으로 보이지 않게 만들어놓은 상태입니다. 기준 날짜는 고정되어야 하므로 절대참조합니다.

12 '연수익률' 필드 계산하기

❶'연수익률' 필드는 '=([@경과수익률]*365)/[@경과일]' 수식으로 계산합니다.

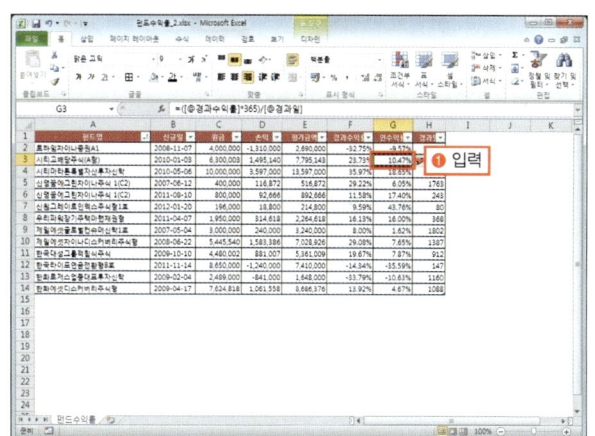

> **참고**
>
> 만약 현재처럼 표의 열에 자동으로 수식이 적용되게 하지 않으려면 [자동 고침 옵션]을 클릭하고 옵션을 선택합니다.

13 요약 행 표시하기

❶[표 도구]-[디자인] 탭의 [표 스타일 옵션] 그룹에서 [요약 행]에 체크합니다. 그러면 표의 마지막 행에 빈 행이 추가됩니다.

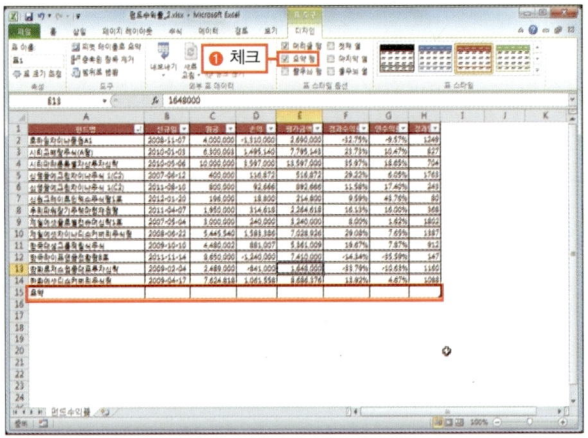

14 요약할 함수 선택하기

❶A15셀에 '금액의 합계 및 수익률 평균'이라고 입력합니다. ❷C15셀의 목록 버튼을 클릭하고 ❸[합계]를 선택합니다.

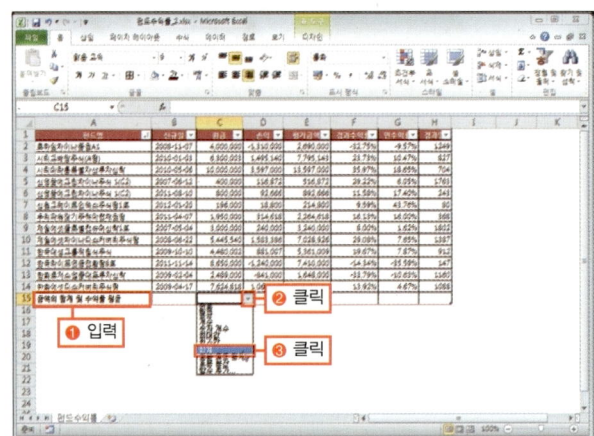

15 요약할 함수 선택하기

❶D15셀, E15셀의 함수도 [합계]를 선택합니다. ❷F15셀의 함수는 ❸[평균]을 선택합니다.

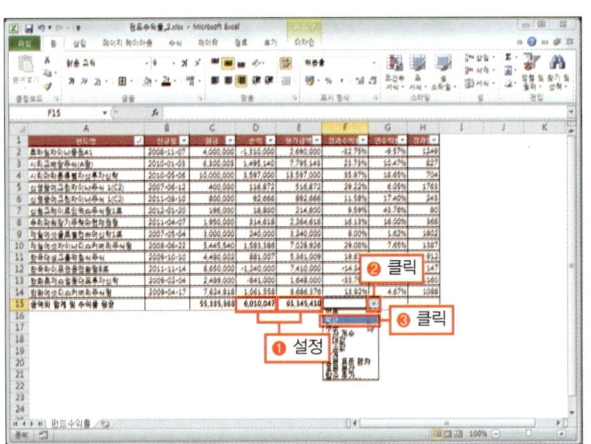

참고
요약 행에서 선택한 함수에 따라 해당 열의 계산 값이 표시됩니다.

16 요약할 함수 선택하기

❶G3셀의 함수도 [평균]을 선택합니다. ❷H3셀에는 ❸[없음]을 선택합니다.

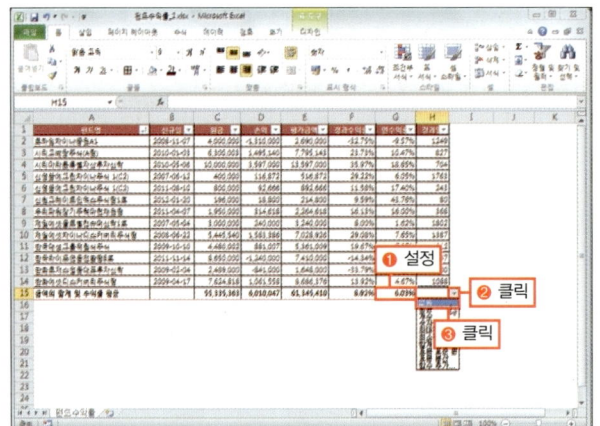

17 표 범위 확장하기

❶ 표의 오른쪽 아래에 마우스 포인터를 가져가 그림과 같이 아래로 드래그합니다.

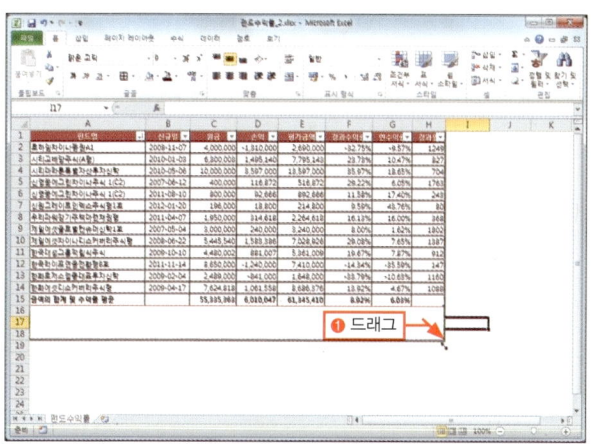

18 레코드 입력하기

표 목록과 요약 행 사이에 드래그한만큼 범위가 추가됩니다. ❶ '필드명', '신규일', '원금', '평가금액'을 입력하면 나머지 셀은 표에 자동 적용된 수식에 따라 레코드가 완성됩니다.

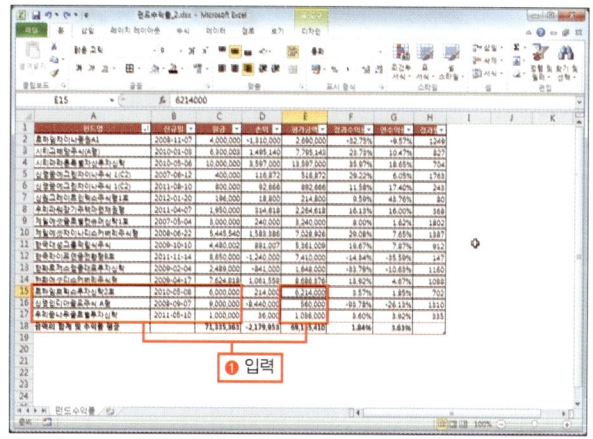

19 표 스타일 변경하기

❶ 요약 행이 강조된 표 스타일로 디자인을 변경합니다(표 스타일 보통 17).

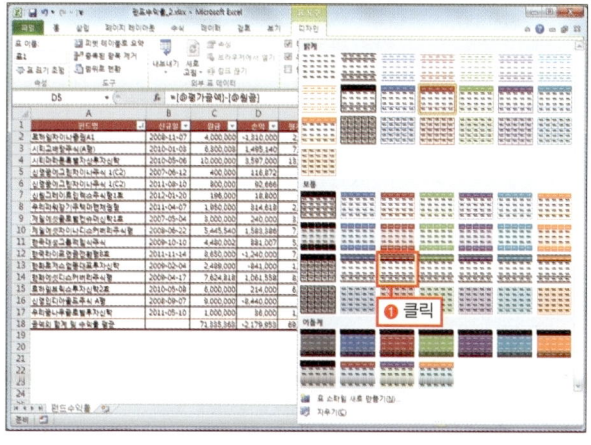

20 표 범위 축소하기

❶ 다시 표의 오른쪽 아래에 마우스 포인터를 가져가 그림과 같이 위쪽으로 드래그합니다.

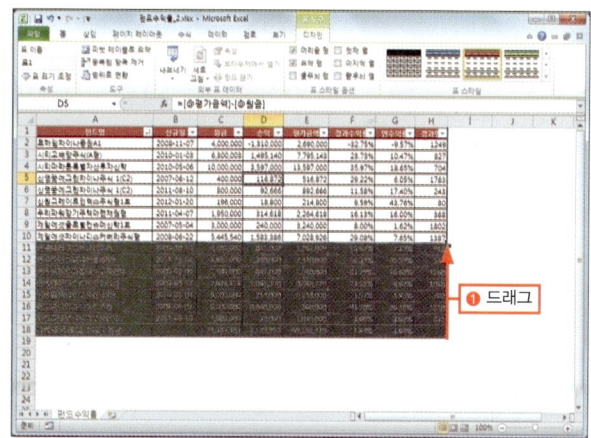

21 표 범위 확인하기

드래그한 범위의 아래 부분은 화면에는 존재하지만 표에서는
제외되어 수식에서 모두 오류가 발생합니다.

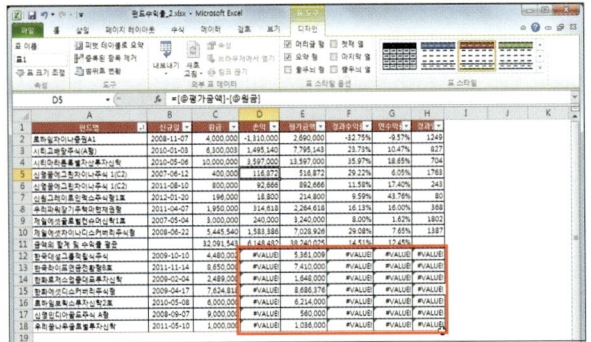

22 정상 범위로 변환하기

❶리본 메뉴의 [도구] 그룹에서 [범위로 변환]을 클릭합니다.

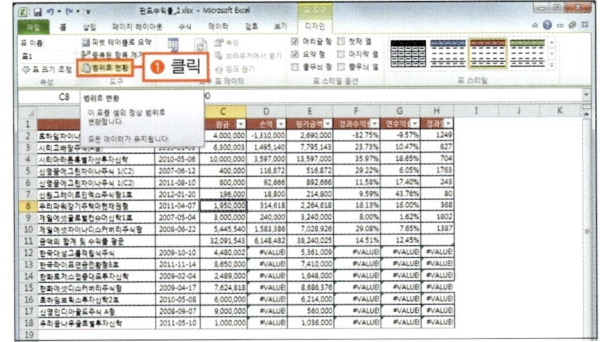

23 변환 메시지 확인하기

표의 변환 확인을 묻는 메시지가 나타나면 ❶[예]를 클릭합니다.

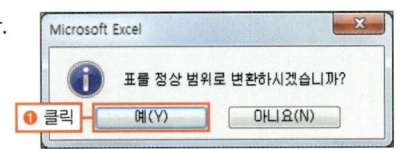

24 정상 범위 변환 확인하기

표의 특징이 모두 사라지고 일반 셀 범위로 돌아옵니다. 수식이
있는 셀을 클릭하여 셀 참조도 달라진 것을 확인합니다.

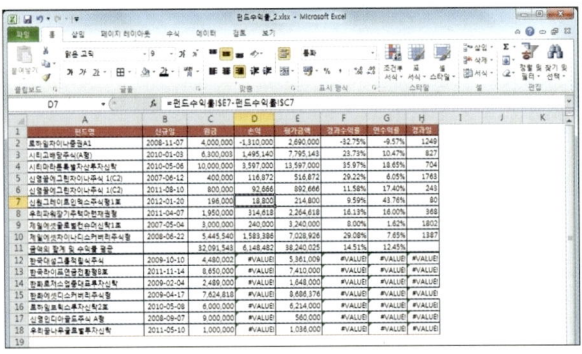

25 필요 없는 셀 삭제하기

❶필요 없는 나머지 셀을 삭제하여 예제를 완성합니다.

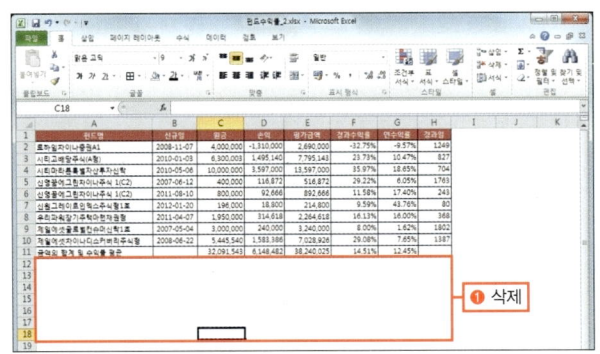

참고

표 상태에서 문서를 스크롤하여 내리면 머리글로 지정한 행이 열
머리글 부분에 고정되어 계속 표시됩니다.

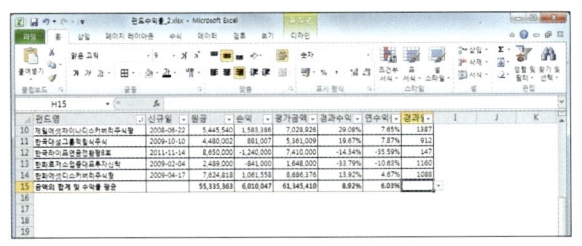

SECTION 05

데이터베이스를 레코드별로 집계하는 부분합과 통합 활용하기

데이터베이스의 특정 필드에서 같은 레코드끼리 묶어 다양한 계산 결과를 보여주는 것이 '부분합'입니다. 더 나아가 여러 시트나 파일에 흩어져 있는 데이터에서 부분합을 낼 수 있는 '통합' 기능도 함께 살펴보겠습니다.

다루는 내용

- 부분합으로 레코드별 합계, 평균 계산하기
- 여러 시트의 데이터 통합하여 부분합 계산하기

기능정리

부분합과 통합의 개념 이해하기

부분합과 통합의 간단한 특징 및 적용 모습을 살펴보겠습니다.

● 부분합

부분합 기능을 이용하면 아래와 같이 수많은 데이터를 쉽게 요약하거나 통계를 낼 수 있습니다. 오른쪽 그림은 왼쪽의 데이터베이스(은행고객 508명의 지점 방문 데이터)를 부분합 기능을 이용하여 거주지역별로 평균방문횟수를 계산한 결과입니다. 부분합을 이용하려면 반드시 데이터가 정렬되어 있어야 합니다.

	A	B	C	D	E	F
1	거주지역	성별	연령대	결혼여부	고객구분	월평균지점방문횟수
2	경기	남자	20대	미혼	신용카드고객	3
3	경기	남자	50대	기혼	수신상품고객	2
4	경기	남자	20대	미혼	대출상품고객	1
5	경기	남자	20대	미혼	대출상품고객	1
6	경기	남자	20대	미혼	투자상품고객	2
7	경기	남자	30대	미혼	투자상품고객	3
8	경기	남자	20대	미혼	대출상품고객	1
9	경기	남자	20대	미혼	대출상품고객	1
10	경기	남자	20대	미혼	신용카드고객	3
11	경기	남자	20대	미혼	대출상품고객	1
12	경기	남자	40대	미혼	수신상품고객	4
13	경기	남자	20대	미혼	대출상품고객	1
14	경기	남자	20대	미혼	투자상품고객	2
15	경기	남자	30대	미혼	대출상품고객	1
16	경기	남자	30대	미혼	수신상품고객	4
17	경기	남자	20대	미혼	대출상품고객	1
18	경기	남자	30대	미혼	대출상품고객	1
19	경기	남자	30대	미혼	투자상품고객	2
20	경기	남자	20대	미혼	투자상품고객	2
21	경기	남자	20대	미혼	신용카드고객	2

	A	B	C	D	E	F
1	거주지역	성별	연령대	결혼여부	고객구분	월평균지점방문횟수
218	경기 평균					2
231	광주 평균					3
285	대전 평균					2
290	서울 평균					3
328	인천 평균					3
331	전북 평균					3
420	제주 평균					2
460	충남 평균					3
509	충북 평균					3
510	전체 평균					2

● 통합

여러 시트나 파일의 데이터를 통합하여 부분합을 계산할 수 있는 기능이 [통합] 명령입니다. 통합 기능을 이용하면 수많은 데이터를 간편하게 별도의 시트에 요약할 수 있습니다. 오른쪽 그림은 왼쪽의 데이터베이스(은행고객 508명의 지점 방문 데이터를 지역별로 여러 시트에 입력)를 통합 기능을 이용하여 거주지역별로 평균연령과 평균방문횟수를 계산하여 별도의 시트에 나타낸 결과입니다.

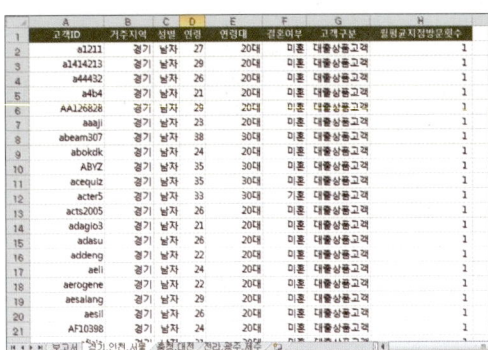

1 부분합과 통합에 관해 틀린 설명은 무엇입니까?

① 데이터베이스의 특정 필드에서 같은 레코드끼리 묶어 계산해주는 것이 [부분합]입니다.

② 여러 시트나 파일의 데이터를 참조하여 부분합을 계산해주는 것이 [통합]입니다.

③ 부분합에서는 합계 계산만 사용할 수 있습니다.

④ 통합의 결과는 별도의 시트에 요약됩니다.

2 부분합을 사용하기 위한 전제 조건은 무엇입니까?

답 : ③, 데이터 정렬

실습과정

부분합으로 데이터 요약하기

부분합을 이용하면 수많은 데이터를 원하는 결과에 맞춰 쉽게 요약할 수 있습니다. 부분합을 이용해서 거주지역별로 고객들의 평균지점방문횟수를 계산하는 방법을 살펴봅시다.

◎ **시작 파일** : 8장\은행지점방문고객데이터_1.xlsx
◎ **완료 파일** : 8장\은행지점방문고객데이터_1_완료.xlsx

01 [부분합] 명령 실행하기

❶데이터베이스 내의 임의의 레코드를 선택하고 ❷[데이터] 탭의 ❸[윤곽선] 그룹에서 [부분합]을 클릭합니다.

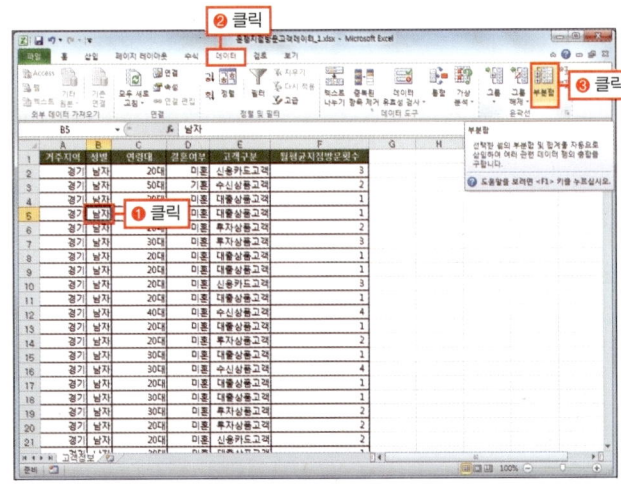

참고
부분합을 계산할 데이터베이스가 정렬되어 있지 않다면, 먼저 [정렬] 명령을 통해 데이터를 정렬하고 부분합을 시작합니다.

02 부분합 내용 설정하기

❶ [부분합] 대화상자의 [그룹화할 항목]은 '거주지역', [사용할 함수]는 [평균]을 선택, ❷ [부분합 계산 항목]은 '월평균지점방문횟수'에 체크합니다. ❸ [데이터 아래에 요약 표시]에 체크하고 ❹ [확인]을 클릭합니다.

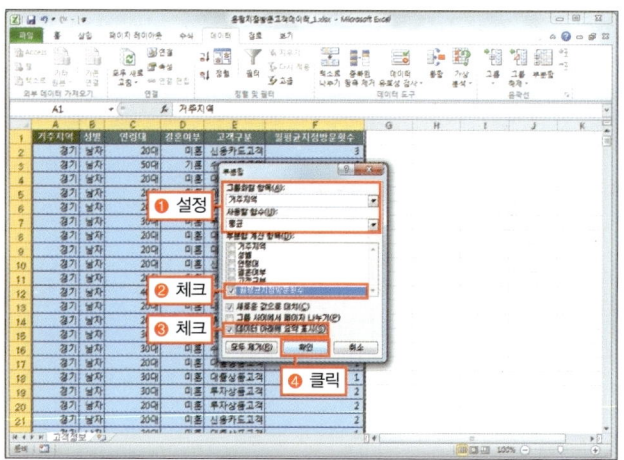

> **참고** ●
> 부분합에 사용할 수 있는 함수는 합계, 개수, 평균, 최대값, 최소값, 곱, 숫자 개수 등이 있습니다.

03 부분합 결과 확인하기

거주지역별로 데이터가 분류되고 각 지역의 월평균지점방문횟수의 평균이 구해집니다. 결과를 한눈에 파악하기 위해 ❶ 좌측 상단의 숫자 버튼 중 [2]를 클릭합니다.

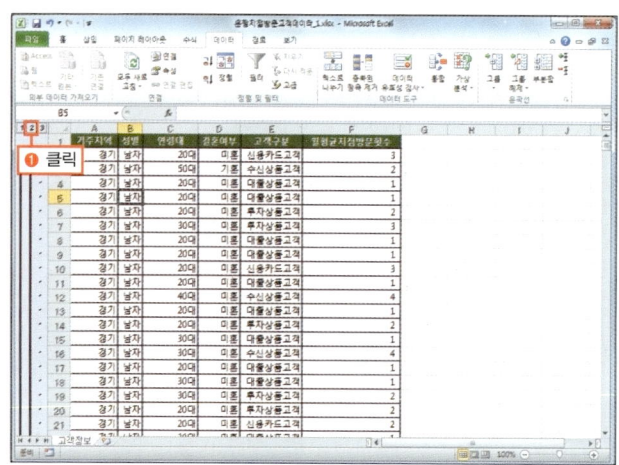

04 데이터 요약 결과 확인하고 부분합 추가하기

거주지역별로 계산 결과만 표시됩니다. 부분합을 추가하기 위해 ❶ 리본 메뉴에서 다시 [부분합]을 다시 클릭합니다.

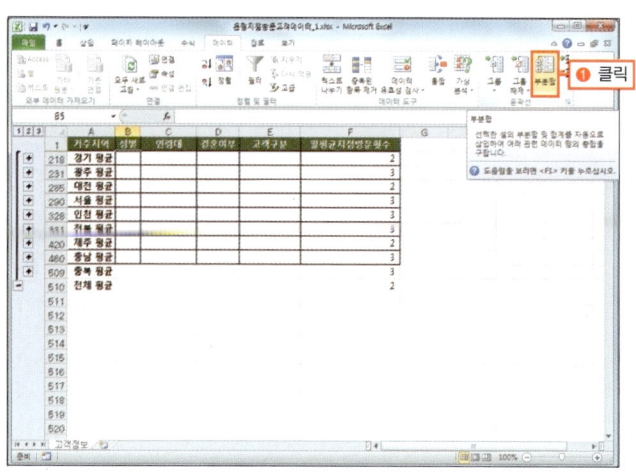

> **참고** ●
> 큰 번호를 선택할수록 부분합 결과를 큰 범위로 보여줍니다. 숫자 버튼 중 [1]을 클릭하면 전체 평균값을 보여줍니다.

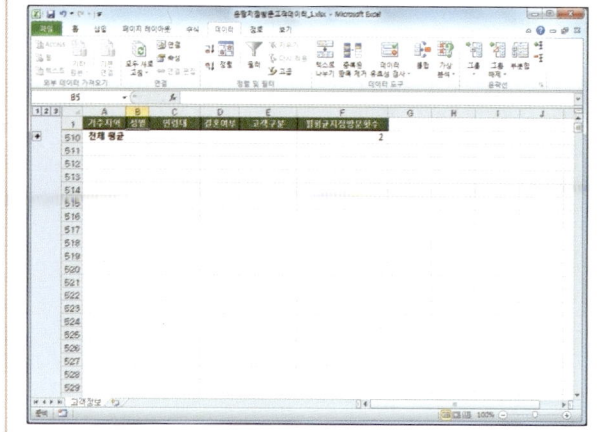

05 추가할 부분합 설정하기

❶[부분합] 대화상자에서 [사용할 함수]를 [합계]로 변경하고 ❷[새로운 값으로 대치]의 체크를 해제합니다. ❸[확인]을 클릭합니다.

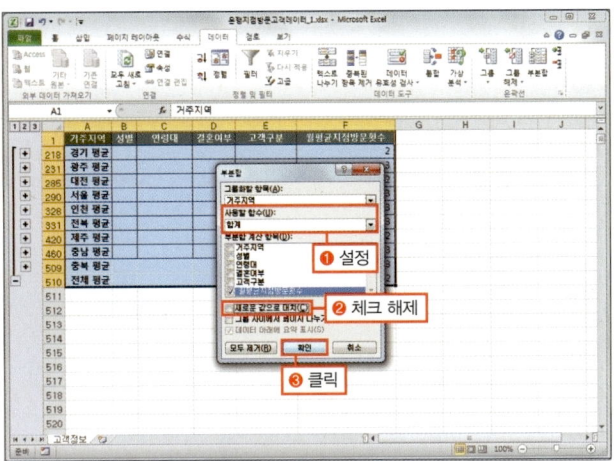

> **참고**
> [새로운 값으로 대치]의 체크를 해제하지 않으면 기존의 계산 결과가 사라집니다. 나란히 표시하기 위해서 체크를 해제했습니다.

06 결과 확인하기

평균 결과 위에 합계 결과 값이 추가됩니다.

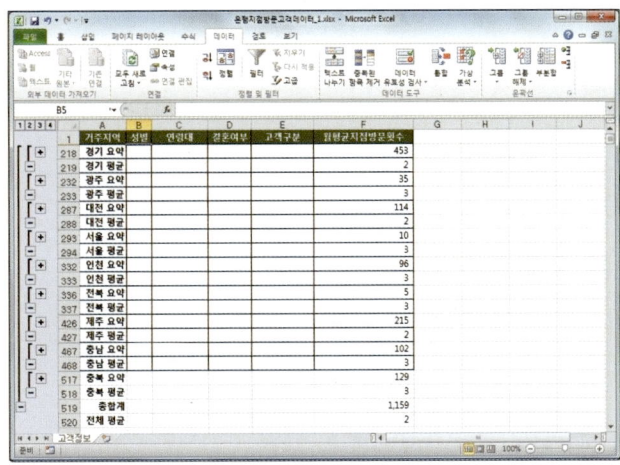

> **참고**
> 부분합을 제거하려면 [부분합] 대화상자에서 [모두 제거]를 클릭합니다.

실습과정 | 여러 시트의 데이터에서 부분합 계산하기

여러 시트의 데이터를 통합하여 레코드별로 원하는 계산 결과를 얻는 방법을 알아보겠습니다.

◎ **시작 파일** : 8장\은행지점방문고객데이터_2.xlsx
◎ **완료 파일** : 8장\은행지점방문고객데이터_2_완료.xlsx

01 [통합] 명령 실행하기

❶A5셀을 선택하고 ❷[데이터] 탭의 ❸[데이터 도구] 그룹에서 [통합]을 클릭합니다.

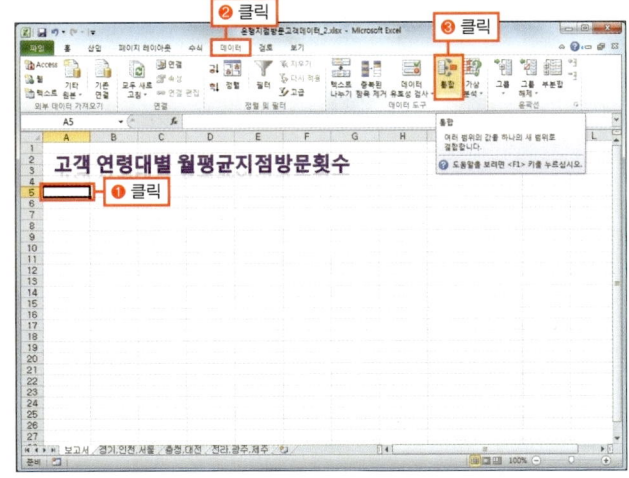

02 계산 방법과 참조 영역 설정하기

❶[통합] 대화상자가 나타나면 먼저 [함수]를 [평균]으로 선택합니다. ❷[참조]에 '경기,인천,서울' 시트의 B1:H352셀을 절대참조로 입력하고 ❸[추가]를 클릭합니다.

03 참조 영역 추가하고 레이블 선택하기

❶이어서 같은 방법으로 '충청,대전' 시트의 B1:H202셀, '전라,광주,제주' 시트의 B1:H148셀을 [모든 참조 영역]에 추가하고 ❷[사용할 레이블]에서 [첫 행]과 [왼쪽 열]에 체크한 후 ❸[확인]을 클릭합니다.

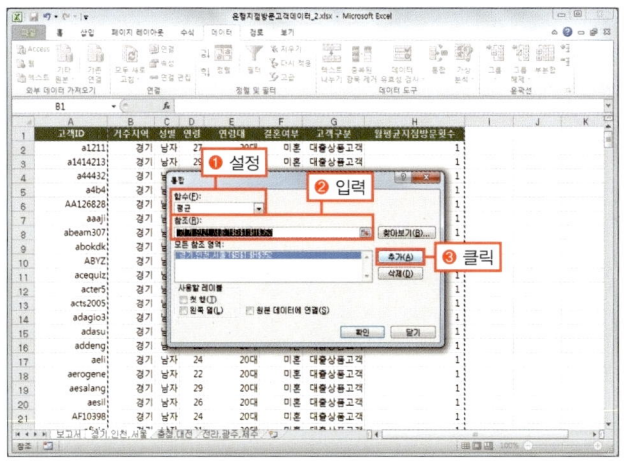

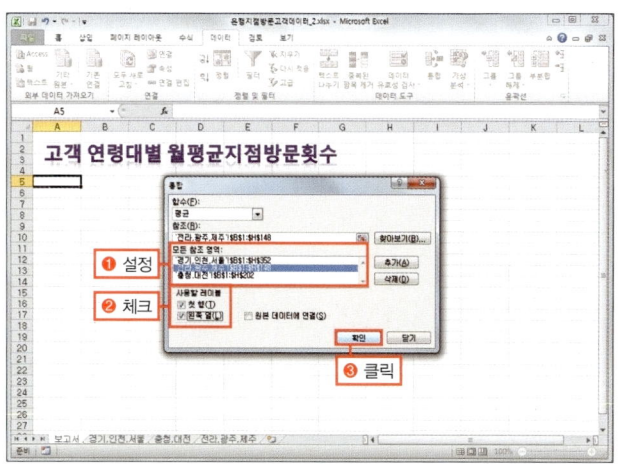

> **참고**
>
> 참조 영역을 드래그하여 설정하면 자동으로 절대참조됩니다.

04 결과 확인하기

참조한 데이터베이스의 첫 행과 왼쪽 열과 함께 전체 참조 영역의 평균값이 계산되어 표시됩니다.

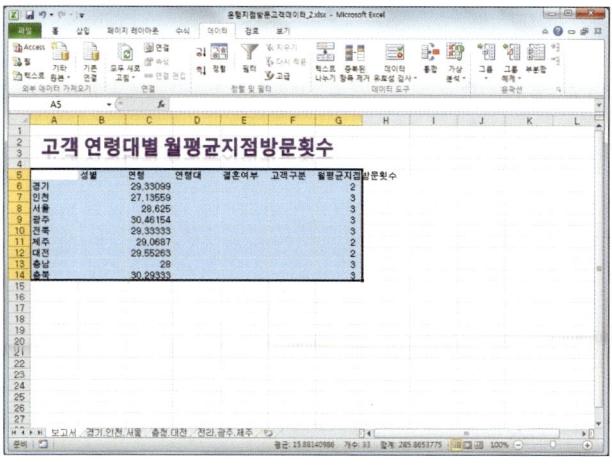

1 부분합을 이용해서 거주지역별 데이터 사용량의 합계를 계산하고 그림과 같이 표시되게 하세요.

◎ **시작 파일** : 8장\통신데이터사용량1.xlsx
◎ **완료 파일** : 8장\통신데이터사용량1_완료.xlsx

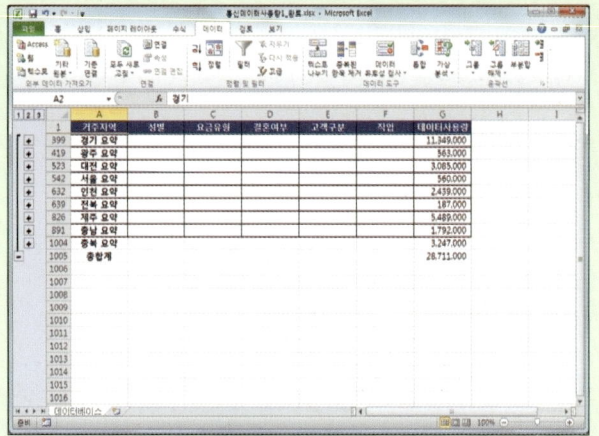

2 [데이터베이스] 시트에 있는 데이터를 이용하여 고객 직업별 최대 데이터 사용량을 '데이터 통합' 기능을 이용해서 별도의 [데이터합계] 시트에 계산해 보세요.

◎ **시작 파일** : 8장\통신데이터사용량2.xlsx
◎ **완료 파일** : 8장\통신데이터사용량2_완료.xlsx

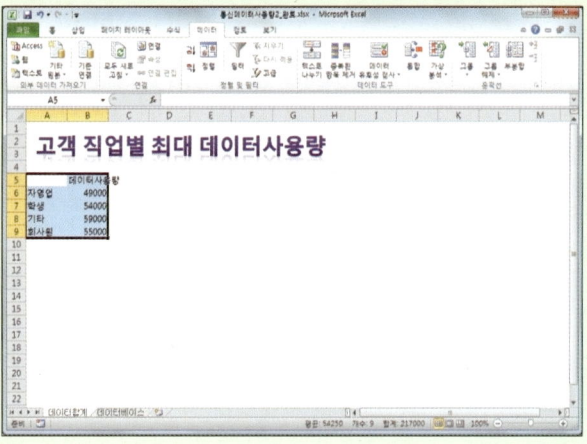

SECTION 06

피벗 테이블과 피벗 차트 만들기

피벗 테이블은 복잡하고 큰 데이터를 필드별로 나누어 보기 쉽게 데이터를 관리하고 분석할 수 있는 기능입니다.

다루는 내용

- 피벗 테이블 만들기
- 슬라이서 활용하기
- 피벗 차트 작성하기

기능 정리

피벗 테이블의 구조 이해하기

피벗 테이블은 보고서 필터, 열 레이블, 행 레이블, 값의 4가지 영역으로 구성되어 있습니다. 데이터베이스의 각 필드를 피벗 테이블의 원하는 영역에 각각 사용자가 배치하면 보고서가 자동으로 작성됩니다. 피벗 테이블 필드 배치는 [피벗 테이블 필드 목록] 작업 창을 이용합니다.

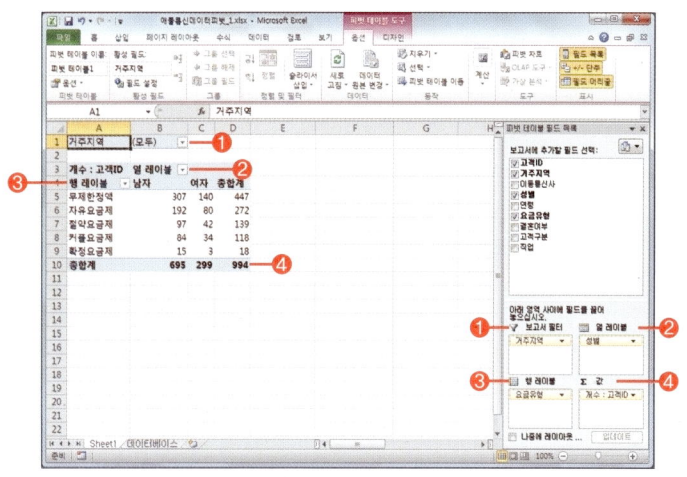

❶ **보고서 필터** : 보고서 전체에 걸쳐 검색하는 필드입니다.

❷ **열 레이블** : 열 방향의 필드입니다.

❸ **행 레이블** : 행 방향의 필드입니다.

❹ **Σ 값** : 숫자 데이터를 요약해서 표시하는 필드입니다.

간단퀴즈

1 피벗 테이블을 구성하는 4가지 요소는 무엇입니까?

2 피벗 테이블의 요소 중 숫자 데이터를 배치하는 필드는 무엇입니까?

답 : 보고서 필터/ 열 레이블/행 레이블/Σ 값, Σ 값

실습 과정

다중 데이터 분석을 위한 피벗 테이블 작성하기

데이터베이스를 이용해 피벗 테이블을 작성하는 방법에 대해 알아보겠습니다.

◎ **시작 파일** : 8장\애플통신데이터피벗_1.xlsx
◎ **완료 파일** : 8장\애플통신데이터피벗_1_완료.xlsx

---

01 [피벗 테이블] 명령 실행하기

❶데이터베이스 내의 임의의 레코드를 선택하고 ❷[삽입] 탭의 ❸[표] 그룹에서 [피벗 테이블], ❹[피벗 테이블]을 클릭합니다.

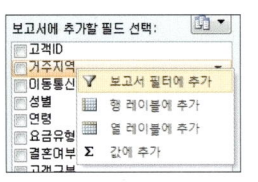

> **참고**
> [피벗 테이블 삽입]( )을 바로 클릭해도 됩니다.

02 데이터 범위 선택하기

[피벗 테이블 만들기] 대화상자에 [표/범위]가 '데이터베이스!$A$1:$I$995'가 자동으로 선택된 것을 확인한 후 ❶[확인]을 클릭합니다.

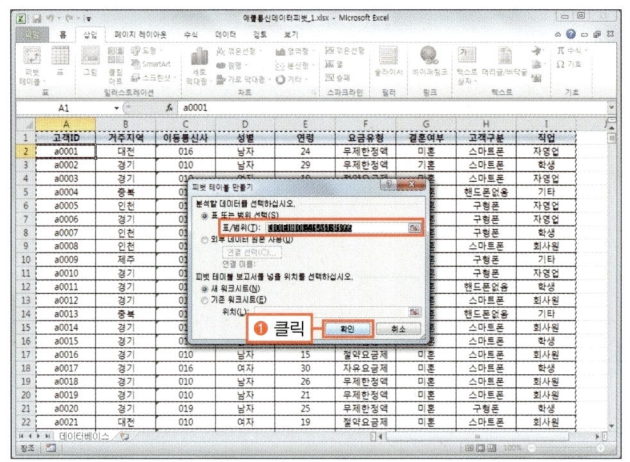

---

03 피벗 테이블 필드 설정하기

[피벗 테이블 필드 목록] 작업 창이 열리면 ❶[보고서에 추가할 필드 선택]에서 '거주지역'을 클릭하고 ❷아래의 [보고서 필터]로 드래그합니다.

> **참고**
> 필드 이름을 마우스 오른쪽 버튼으로 클릭하고 [보고서 필터에 추가]를 선택해도 됩니다.

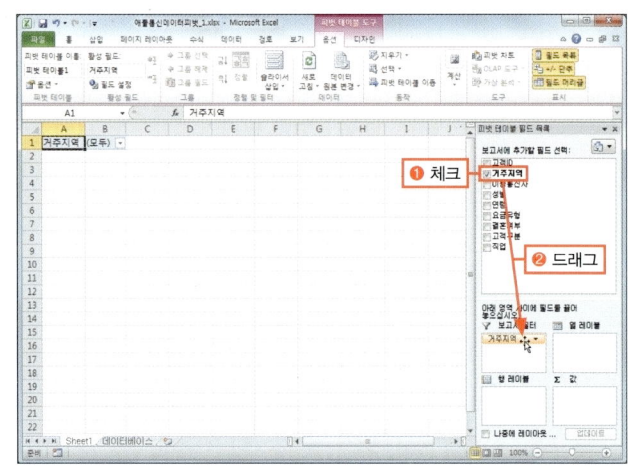

---

04 피벗 테이블 필드 설정하기

❶같은 방법으로 [열 레이블]에는 '성별', [행 레이블]에는 '요금유형', [Σ 값]에는 '고객ID'를 설정합니다. 설정한 필드대로 시트에는 피벗 테이블이 작성됩니다.

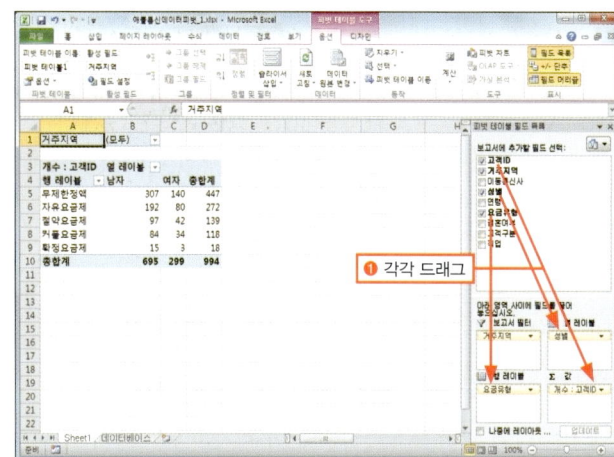

참고 ●

요금제별로 남자와 여자의 ID 개수를 세어 표시합니다. 보고서 필터의 '거주지역'으로 필터링할 수 있습니다.

피벗 테이블의 필드 수정하기

작성한 피벗 테이블에서 각 필드의 내용을 변경하거나 계산 방법, 형식, 이름 등을 수정하는 방법을 알아보겠습니다.

◉ **시작 파일** : 8장\애플통신데이터피벗_2.xlsx
◉ **완료 파일** : 8장\애플통신데이터피벗_2_완료.xlsx

01 현재 필드 제거하기

❶[피벗 테이블 필드 목록] 작업 창의 [Σ 값] 필드에 있는 '개수:고객ID'에서 역삼각형 부분을 클릭하고 ❷[필드 제거]를 선택합니다.

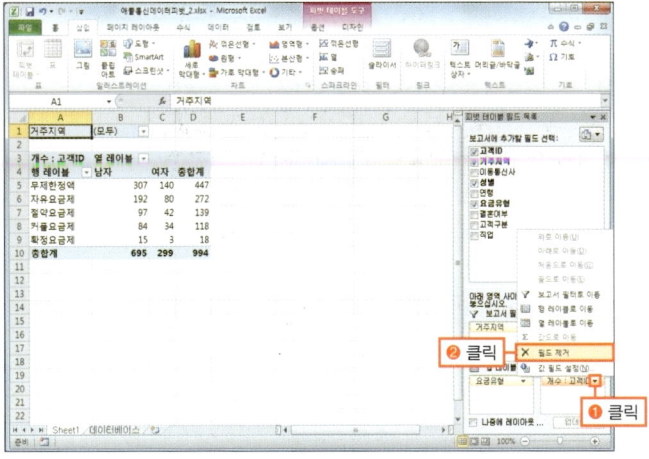

02 값 필드 설정하기

❶'연령' 필드를 [Σ 값]에 배치하고 ❷역삼각형 부분을 클릭하여 ❸[값 필드 설정]을 클릭합니다.

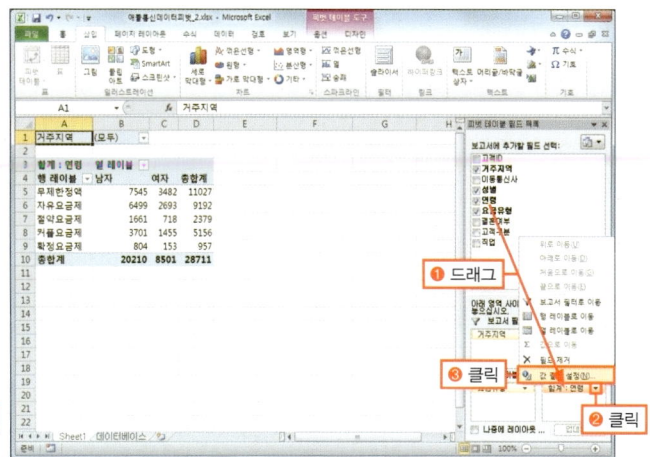

03 필드의 이름과 계산 유형 변경하기

❶[값 필드 설정] 대화상자의 [값 필드 요약 기준]을 [평균]으로 선택하고 ❷[사용자 지정 이름]을 '평균연령계산'으로 변경합니다. 결과값의 표시 형식을 지정하기 위해 ❸[표시 형식] 버튼을 클릭합니다.

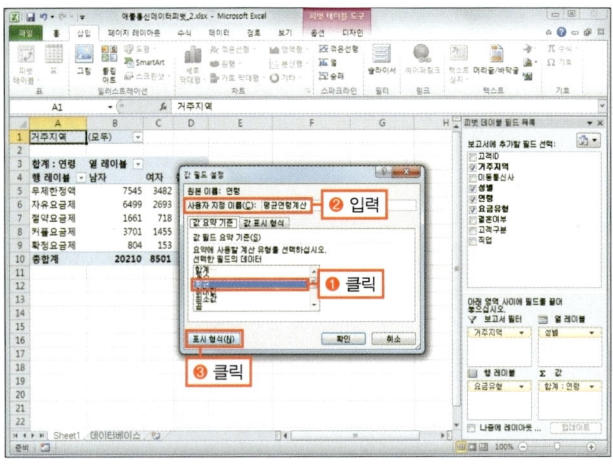

04 표시 형식 설정하기

❶[셀 서식] 대화상자가 나타나면 [범주]에서 [숫자]를 선택하고 ❷[소수 자릿수]를 '1'로 설정한 후, ❸[확인]을 클릭합니다. ❹[값 필드 설정] 대화상자도 [확인]을 클릭합니다.

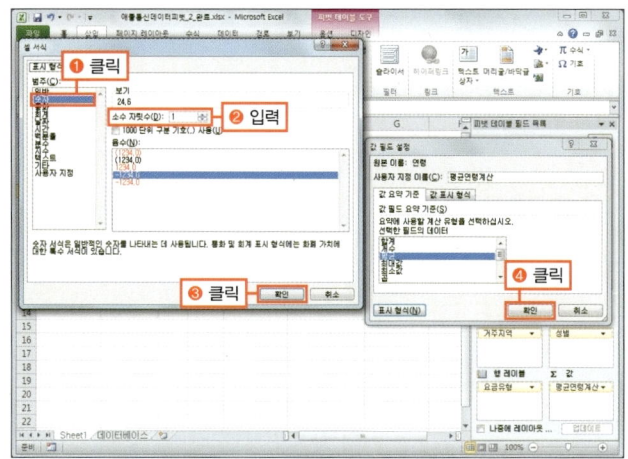

05 결과 확인하기

앞에서 설정한 것과 같이 필드의 이름이 '평균연령계산'으로 변경되었으며 데이터 값이 소수 한 자릿수의 평균 연령으로 다시 계산된 것을 확인합니다.

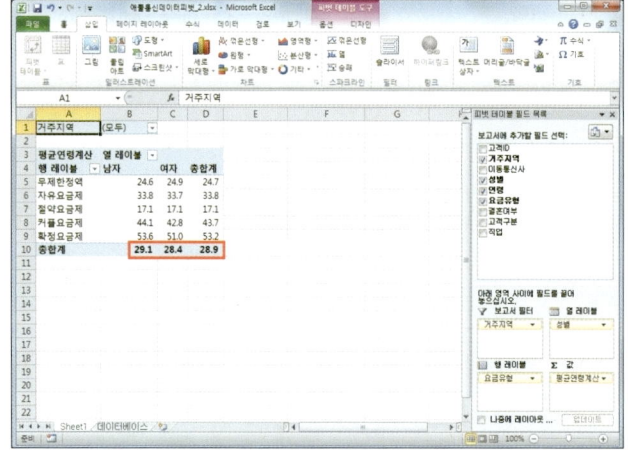

피벗 테이블 필터링하기

피벗 테이블의 각 필드를 필터링하는 방법을 알아보겠습니다. 필터 버튼을 클릭하여 직접 리스트에서 선택하는 방법과 슬라이서를 이용하는 방법이 있습니다.

◉ **시작 파일** : 8장\애플통신데이터피벗_3.xlsx
◉ **완료 파일** : 8장\애플통신데이터피벗_3_완료.xlsx

01 보고서 필터 선택하기

❶보고서 필터(거주지역)의 필터 버튼을 클릭합니다. ❷모든 거주지역의 리스트가 나타나면 '서울'만 선택하고 ❸[확인]을 클릭합니다.

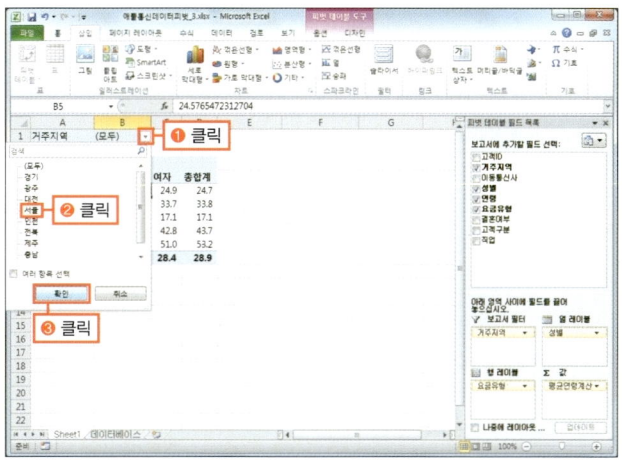

> **참고** •
> [여러 항목 선택]에 체크하면 여러 항목을 동시에 선택할 수 있습니다.

02 결과 확인하기

'서울' 지역에 해당하는 데이터만 보고서에 표시됩니다.

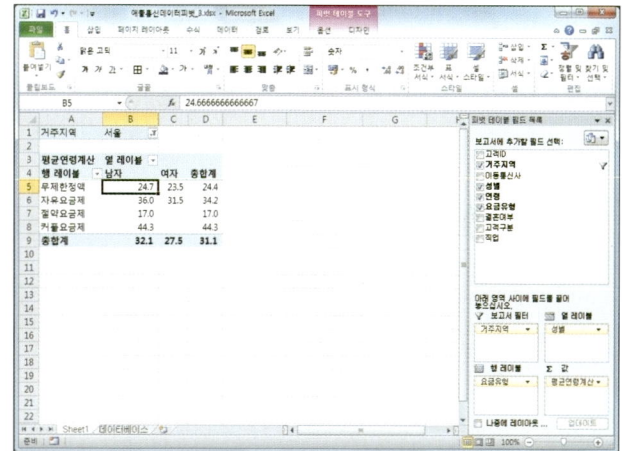

03 행 레이블 선택하기

❶행 레이블의 필터 버튼을 클릭하고 ❷'자유요금제'와 '커플요금제'를 선택한 후, ❸[확인]을 클릭합니다.

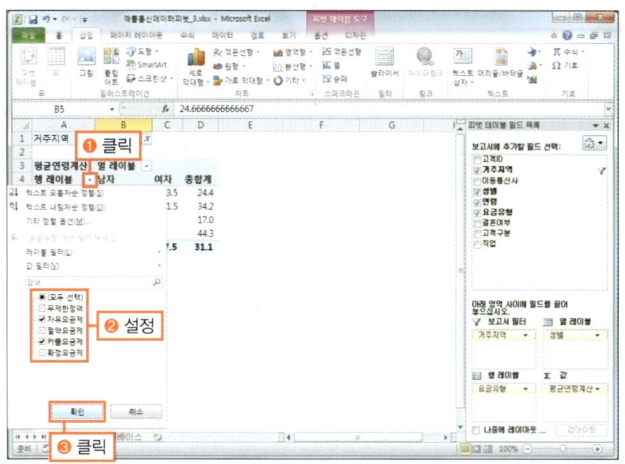

04 결과 확인하기

서울에 거주하면서 자유요금제와 절약요금제 사용하는 고객의 평균 연령대가 각 성별로 계산되어서 나타납니다.

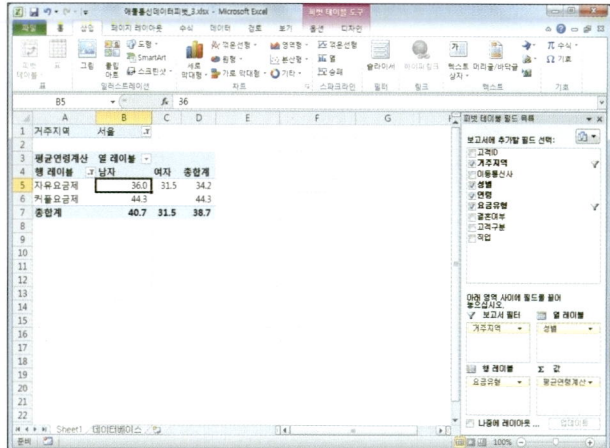

05 슬라이서 삽입하기

❶피벗 테이블 내의 임의의 셀을 선택하고 ❷[피벗 테이블 도구]-[옵션] 탭으로 이동하여 ❸[정렬 및 필터] 그룹의 [슬라이서 삽입](▤)을 클릭합니다. ❹[슬라이서 삽입] 대화상자에서 '이동통신사'와 '결혼여부', '직업'에 체크하고 ❺[확인]을 클릭합니다.

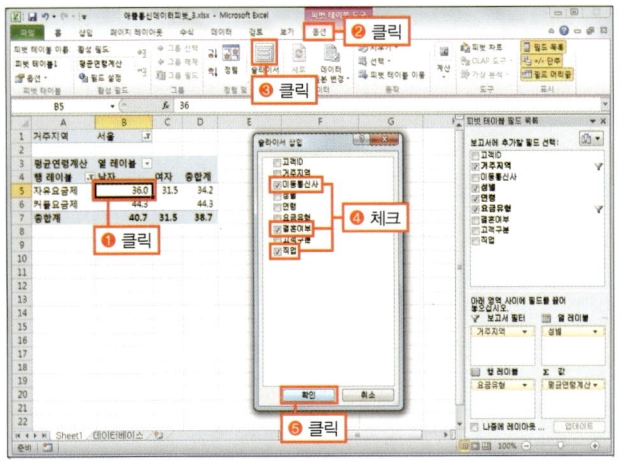

> **참고** •
> [슬라이서 삽입]을 클릭하고 [슬라이서 삽입]을 선택해도 됩니다.

06 슬라이서로 필터링하기

❶삽입된 세 개의 슬라이서의 경계선을 드래그하여 보기 좋게 옮기고 ❷'이동통신사' 슬라이서에서는 '010', ❸'결혼여부' 슬라이서에서는 '미혼', ❹'직업' 슬라이서에서는 '기타'와 '회사원'을 함께 선택하면 선택한 슬라이서에 따라서 피벗 테이블의 결과 값이 변경됩니다.

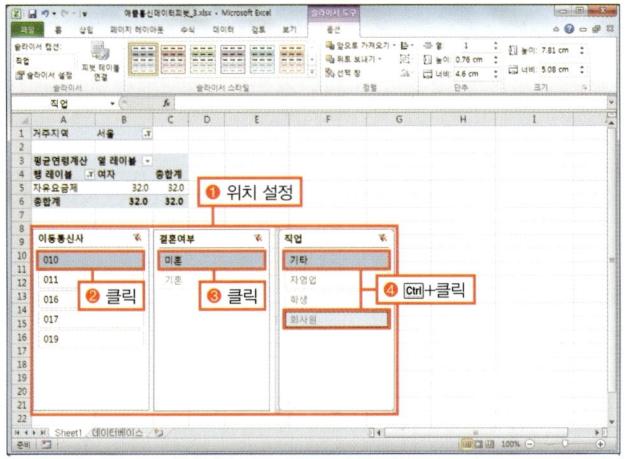

> **참고** •
> 슬라이서를 닫으려면 테두리 부분을 클릭하고 Delete 를 누릅니다.

07 여러 슬라이드 보기

❶'이동통신사' 슬라이서에서 [필터 지우기](🌡)를 클릭하면 해당 필터가 해제됩니다.

> **참고** •
> 슬라이서 모서리와 테두리의 조절점을 드래그하면 크기를 변경할 수 있습니다. 또한, [슬라이서 도구]-[옵션] 탭의 [슬라이서 스타일] 그룹을 이용하면 슬라이서 디자인을 쉽게 변경할 수 있습니다.

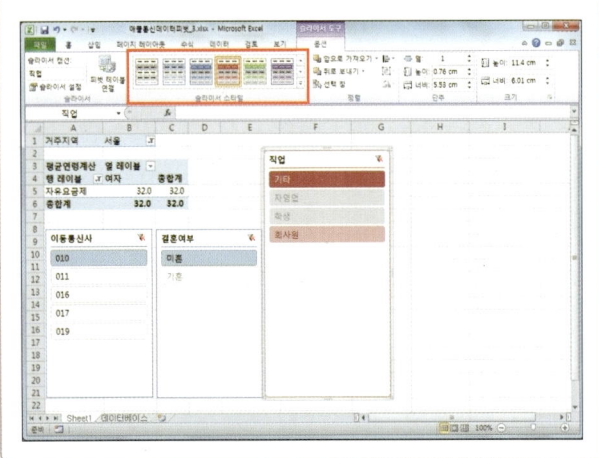

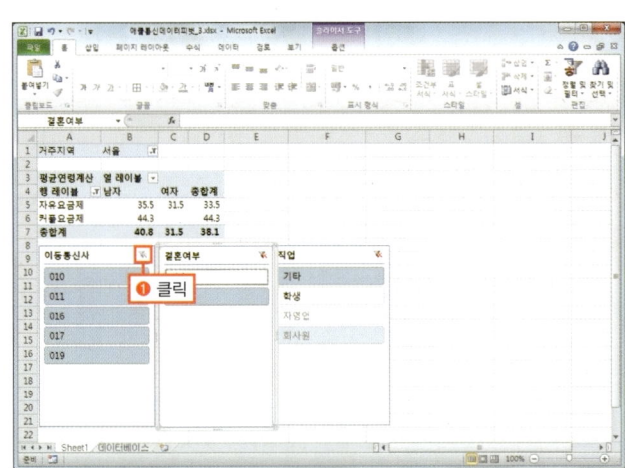

실습 과정

피벗 차트 보고서 작성하기

피벗 테이블을 더욱 시각적으로 보기 쉽게 표현해주는 피벗 차트의 작성법을 알아보겠습니다.

◉ **시작 파일** : 8장\애플통신데이터피벗_4.xlsx
◉ **완료 파일** : 8장\애플통신데이터피벗_4_완료.xlsx

01 [피벗 차트] 명령 실행하기

❶피벗 테이블 내의 임의의 셀을 선택하고 ❷[피벗 테이블 도구]-[옵션] 탭에서 ❸[도구] 그룹의 [피벗 차트]를 클릭합니다.

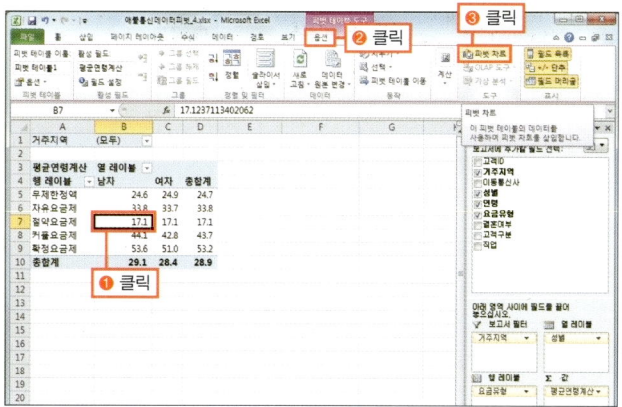

02 피벗 차트 유형 선택하기

❶[차트 삽입] 대화상자에서 [꺾은선형]의 첫 번째 차트를 선택하고 ❷[확인]을 클릭합니다.

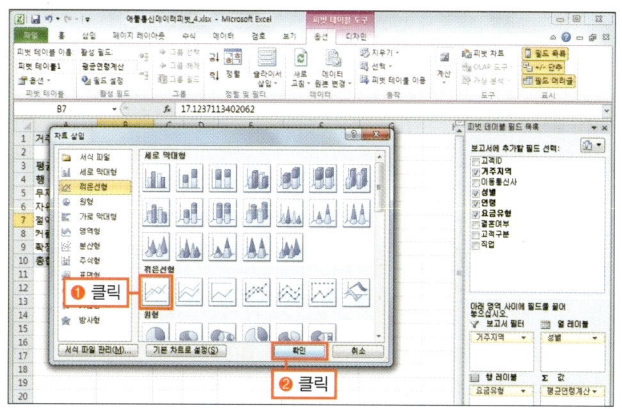

03 삽입된 차트 이동하기

차트가 삽입되면 ❶[피벗 차트 도구]-[디자인] 탭의 [위치] 그룹에서 [차트 이동]을 클릭합니다. ❷[차트 이동] 대화상자에서 [새 시트]를 선택하고 ❸차트의 이름을 '피벗 차트'로 입력한 후 ❹[확인]을 클릭합니다.

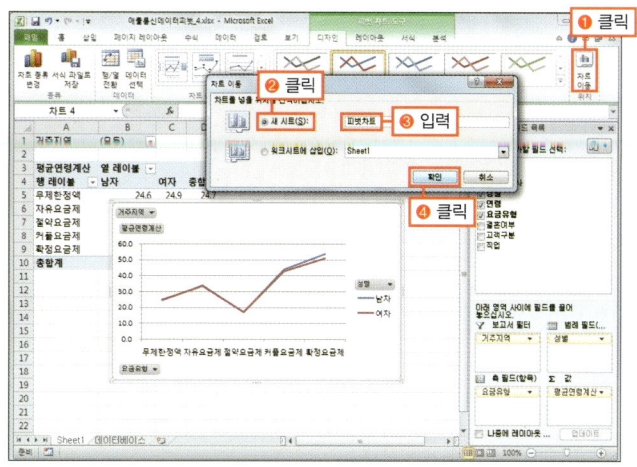

04 피벗 차트 검색 조건 변경하기

❶차트 상단의 '거주지역' 버튼을 클릭합니다. ❷'서울'을 선택하고 ❸[확인]을 클릭합니다.

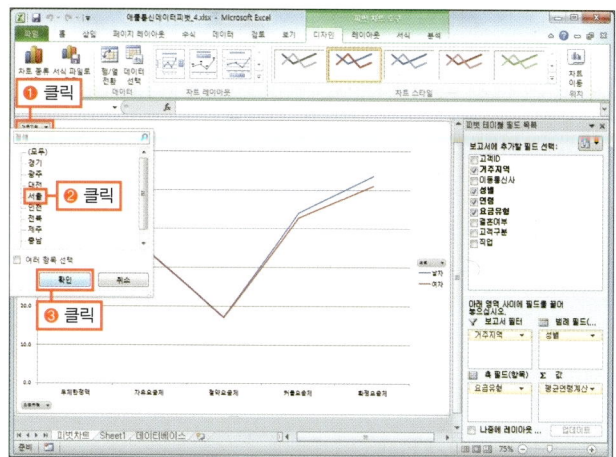

┌─ **참고** ●
│ 각 영역의 버튼을 클릭하여 차트로 나타낼 결과값을 변경할 수 있
│ 습니다.

05 피벗 차트 디자인 변경하기

❶ [피벗 차트 도구]-[디자인] 탭의 [차트 스타일] 그룹에서 원하는 스타일을 선택하여 차트 디자인을 완성합니다.

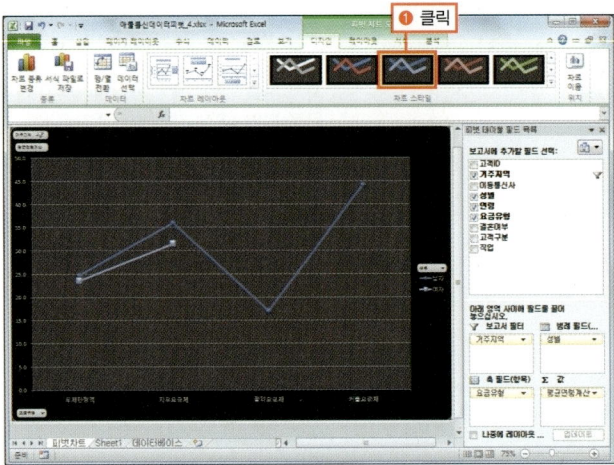

> **참고** •
> [피벗 테이블 도구]-[디자인] 탭의 [피벗 테이블 스타일] 그룹을 이용하면 피벗 테이블 디자인을 손쉽게 변경할 수 있습니다. 그 외에도 피벗 테이블의 레이아웃, 스타일 옵션 등을 변경할 수 있는 기능이 이 리본 메뉴에 포함되어 있습니다.

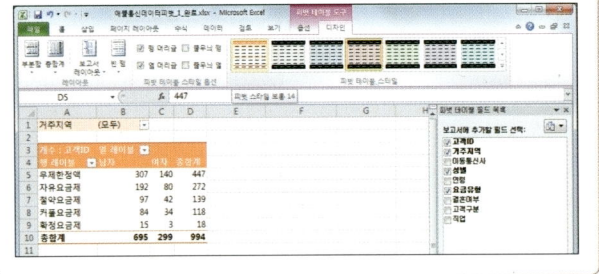

확인실습

1 '데이터베이스' 시트의 데이터를 이용해서 다음과 같이 피벗 테이블(보고서 필터 : 성별, 열 레이블 : 거주지역, 행 레이블 : 고객구분, Σ 값 : 데이터사용량)을 작성하고 성별을 여자, 값을 평균(천 단위 구분)으로 계산해 보세요.

- ◎ **시작 파일** : 8장\통신데이터사용량3.xlsx
- ◎ **완료 파일** : 8장\통신데이터사용량3_완료.xlsx

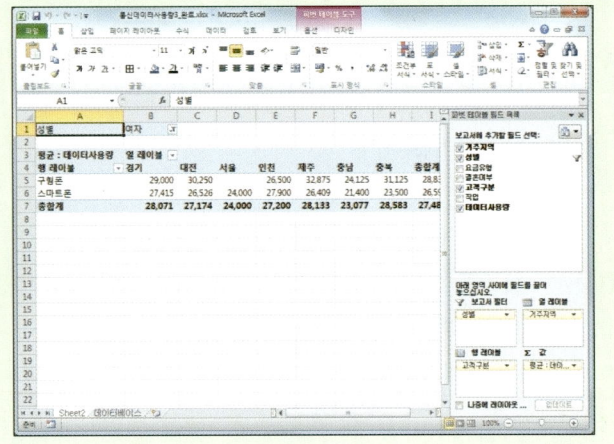

2 슬라이서를 이용하여 피벗 테이블에서 인천에 거주하면서 자유요금제를 사용하는 스마트폰 고객의 평균 데이터 사용량을 나타내 보세요.

- ◎ **시작 파일** : 8장\통신데이터사용량4.xlsx
- ◎ **완료 파일** : 8장\통신데이터사용량4_완료.xlsx

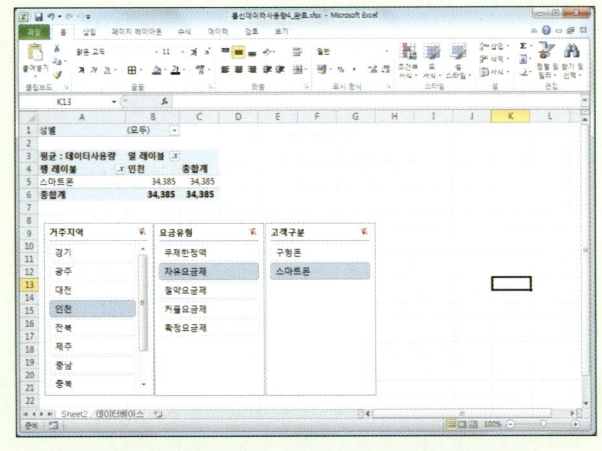

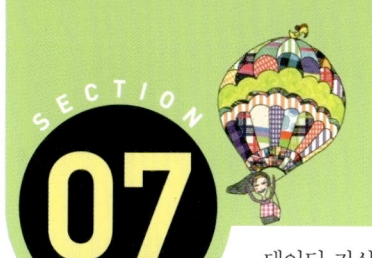

SECTION 07

데이터 가상 분석 도구 사용하기

데이터 가상 분석 도구를 이용하면 비즈니스의 의사 결정에 필요한 데이터 분석을 손쉽게 할 수 있습니다. 엑셀의 가상 분석 도구인 시나리오, 목표값 찾기, 데이터 표의 사용 방법을 알아보겠습니다.

다루는 내용

• 시나리오 관리자로 결과 예측하기
• 목표값 찾기
• 데이터 표로 비교 분석하기

가상 분석 도구의 종류 살펴보기

[데이터] 탭의 [데이터 도구] 그룹에 있는 [가상 분석] 메뉴에서는 [시나리오 관리자], [목표값 찾기], [데이터 표]의 3가지 가상 분석 도구를 제공합니다. 이들은 모두 사용자가 얻고자 하는 결과값이 변수에 따라 어떻게 달라지는지를 추적해볼 수 있는 도구입니다.

● 데이터 표

[데이터 표]는 수식의 특정 값(변수)을 변경하였을 때 결과값이 어떻게 달라지는지를 보여주는 기능입니다. 변수가 한 개나 두 개일 때 사용하며, 변수값의 다양한 움직임에 따른 결과값의 변동을 일목요연하게 표로 보여주어 데이터를 비교 분석하는 데 유용합니다.

• 변수가 1개일 때는 데이터 표(A6:B9셀)에서 변수를 입력한 셀 영역(A7:A9셀)의 위쪽 행의 오른쪽 옆(B6셀)에 수식을 작성합니다.
• 변수가 2개일 때는 데이터 표(A13:E16셀)의 처음 셀(A13셀)에 수식을 작성합니다.

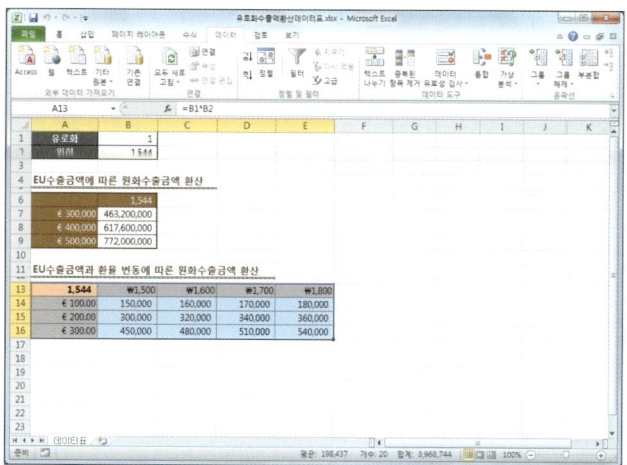

▲ 유로화와 원화라는 변수(첫 번째 표)를 가지고 수출금액을 계산하는 데이터 입니다. 유로화라는 1개의 변수만 변동할 때 수출금액의 결과값을 예측하는 것이 두 번째 표, 유로화와 원화가 함께 변동할 때 수출금액의 결과값을 예측하는 것이 세 번째 표입니다.

● 시나리오 관리자

수식에 연결되어 있는 셀 값(변수)이 변경되면 수식의 결과가 어떻게 달라질 것인지를 미리 보여 준다는 점에서 [데이터 표]와 유사하나 변수의 개수가 많고, 다양한 결과를 예측해야 할 때 사용 할 수 있습니다. 발생할 수 있는 여러 시나리오를 작성해놓으면 다양한 결과를 한눈에 예측할 수 있습니다. 실제 비즈니스 환경에서 시장 상황에 따른 매출액이나 이익의 변동과 같은 분석을 시 행할 수 있습니다.

● 목표값 찾기

[목표값 찾기]는 시나리오와 반대로 목표로 하고 있는 최종 결과를 정해놓고 그 결과를 얻기 위 해 필요한 값(변수)을 찾는 기능입니다.

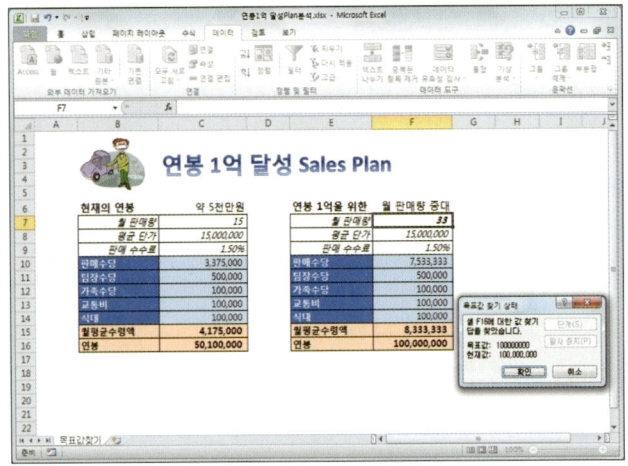

▲ 연봉 1억을 받기 위한(F16셀) 월 판매량(F7셀)을 추적하는 데이터입니다.

간단퀴즈

1 엑셀에서 제공하는 데이터 가상 분석 도구가 아닌 것은 무엇입니까?

① 데이터 표 ② 시나리오 ③ 관리자 목표값 찾기 ④ 데이터 유효성 검사

2 시나리오 관리자와 데이터 표 분석의 차이점은 무엇입니까?

3 결과값을 얻기 위한 변수를 추적하는 기능은 무엇입니까?

답 : ④, 변수의 개수, 목표값 찾기

데이터 표 작성하기

데이터 표를 이용하면 수식의 특정 값을 변경할 때 가능한 모든 결과의 집합을 표로 볼 수 있습니다. 변수가 한 개나 두 개일 때 사용합니다.

◎ **시작 파일** : 8장\유로화수출액환산데이터표.xlsx
◎ **완료 파일** : 8장\유로화수출액환산데이터표_완료.xlsx

01 수식 입력하기(변수 1개)

❶B6셀에 '=B1*B2'를 입력하고 ❷ Enter 를 누릅니다.

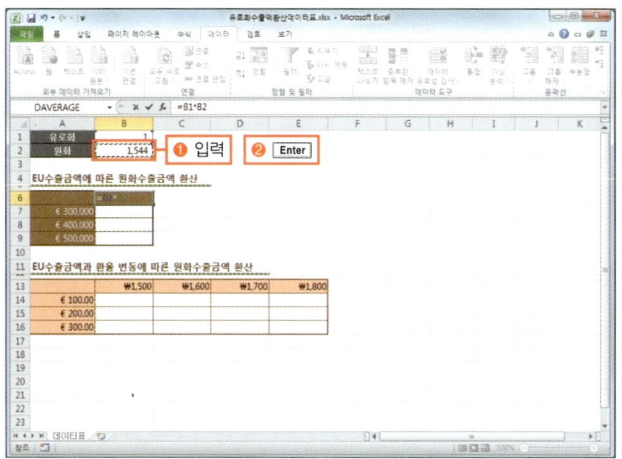

> **참고** •
> 예제는 유로화 환율 변동에 따른 원화가치를 분석하는 데이터 표입니다. 입력한 수식은 1유로화는 원화로 1,544원이라는 의미입니다.

02 [데이터 표] 명령 실행하기

❶데이터 표를 만들 영역인 A6:B9셀을 선택하고 ❷[데이터] 탭의 ❸[데이터 도구] 그룹에서 [가상 분석]을 눌러 ❹[데이터 표]를 클릭합니다.

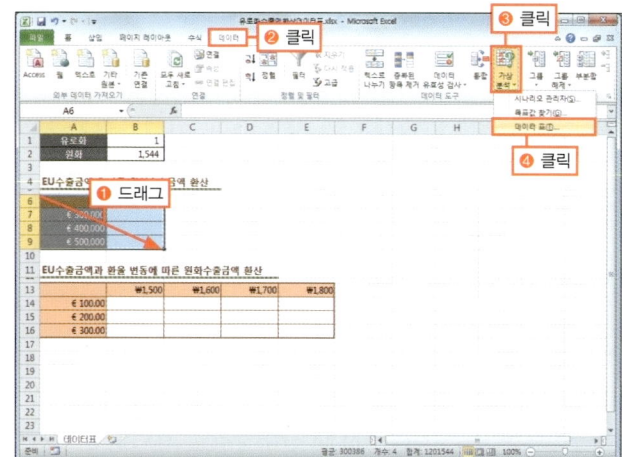

> **참고** •
> 데이터 표를 작성할 때 선택하는 영역에는 반드시 수식과 변수가 모두 포함되어야 합니다.

03 변수 설정하기

[데이터 표] 대화상자가 나타나면 ❶[열 입력 셀]에 B1셀을 절대참조로 입력하고 ❷[확인]을 클릭합니다.

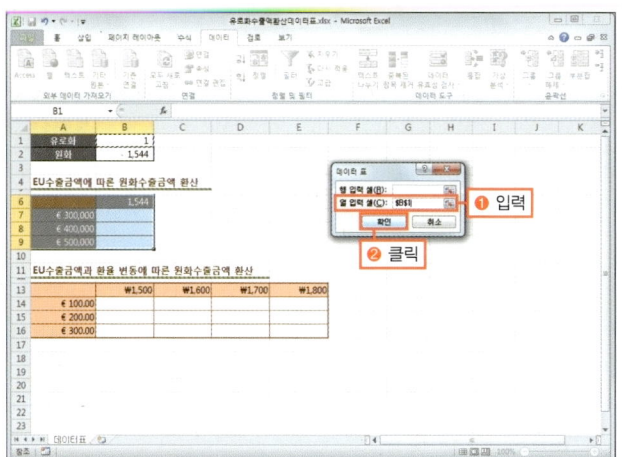

04 결과 확인하기

B6:B9셀에 자동으로 원화 수출액이 계산되어지는 것을 확인합니다.

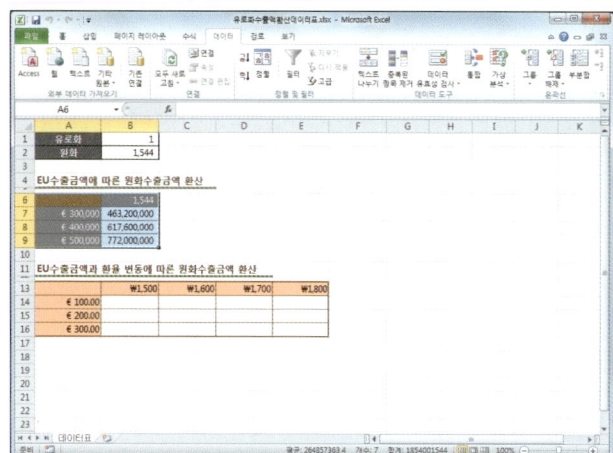

05 수식 입력(변수 2개)하기

이번에는 ❶A13셀에 '=B1*B2'를 입력하고 ❷ Enter 를 누릅니다.

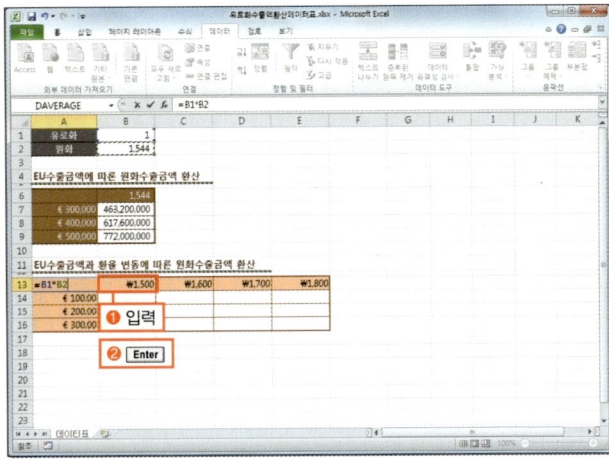

06 [데이터 표] 명령 실행하기

❶데이터 표를 만들 영역인 A13:E16셀을 선택하고 ❷리본 메뉴에서 [가상 분석]을 클릭하여 ❸[데이터 표]를 클릭합니다.

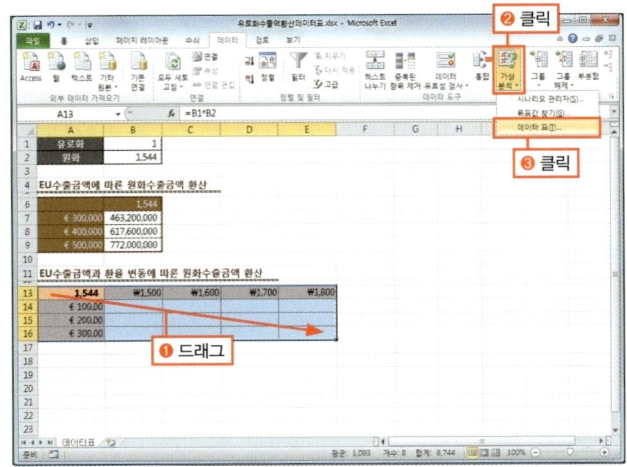

07 변수 설정하기

❶[데이터 표] 대화상자가 나타나면 [행 입력 셀]에 B2셀, [열 입력 셀]에 B1셀을 각각 절대참조로 입력하고 ❷[확인]을 클릭합니다.

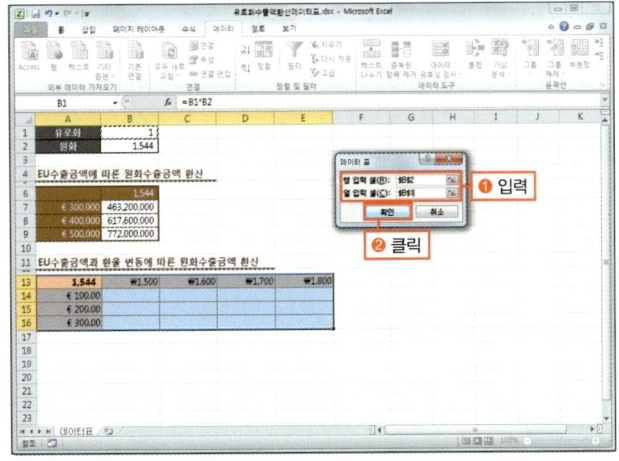

08 결과 확인하기

유로화와 원화라는 2개의 변수의 변동에 따른 수출액이 계산됩니다.

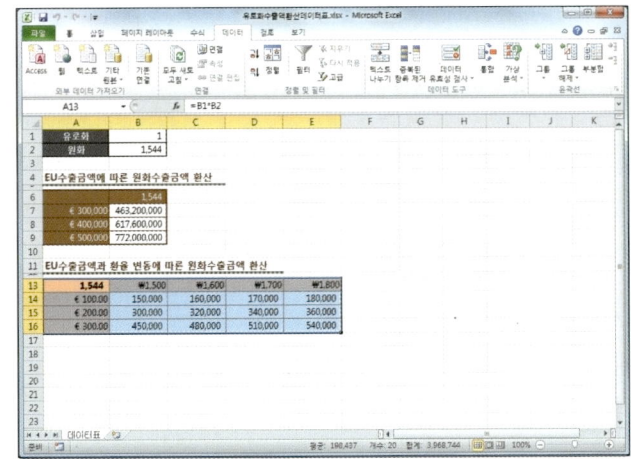

실습 과정 | 시나리오 관리자 사용하기

약정기간별 할인율에 따라 월 이용료가 달라질 때, 3가지 약정기간에 따른 시나리오를 작성해 보겠습니다.

◎ **시작 파일** : 8장\약정기간별할인액.xlsx
◎ **완료 파일** : 8장\약정기간별할인액_완료.xlsx

01 [시나리오 관리자] 명령 실행하기

❶약정기간과 결제형태가 입력될 G3:H3셀을 선택하고 ❷ [데이터] 탭의 ❸ [데이터 도구] 그룹에서 [가상 분석]을 클릭하여 ❹ [시나리오 관리자]를 선택합니다.

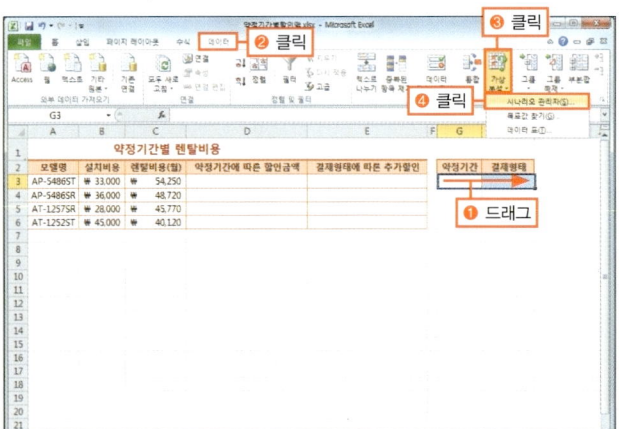

02 시나리오 추가하기

[시나리오 관리자] 대화상자가 나타나면 첫 번째 시나리오를 작성하기 위해 ❶ [추가]를 클릭합니다.

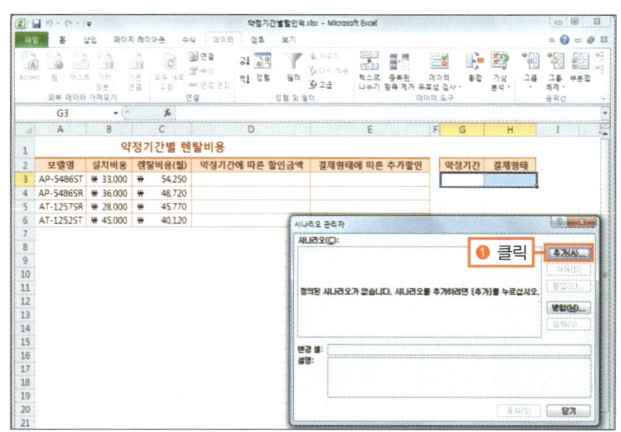

> **참고 •**
> D3셀에 '=IF($F$3=3,C3−(C3*0.3),IF($F$3=2,C3−(C3*0.2),IF($F$3=1,C3−(C3*0.1))))' 함수식을 입력하여 D6셀까지 복사해 놓았습니다. 약정기간이 3년이면 렌탈비용을 30% 할인, 2년이면 20% 할인, 1년이면 10% 할인하라는 함수식입니다.

> **참고 •**
> E3셀에는 '=IF($H$3="현금일시불",D3−(D3*0.15),IF($H$3="카드일시불",D3−(D3*0.05),IF($H$3="현금할부",D3−(D3*0.07),IF($H$3="카드할부",D3,""))))' 함수식을 입력하여 E6셀까지 복사해 놓았습니다. 결제형태가 현금일시불이면 앞의 약정기간 할인금액에서 추가로 15% 할인, 카드일시불이면 5% 할인, 현금할부면 7% 할인, 카드할부면 할인이 없다는 함수식입니다.

03 시나리오 내용 작성하기

[시나리오 추가] 대화상자가 나타나면 ❶ [시나리오 이름]에 '최대할인', [설명]은 '약정3년+현금일시불'이라고 입력하고 ❷ [확인]을 클릭합니다.

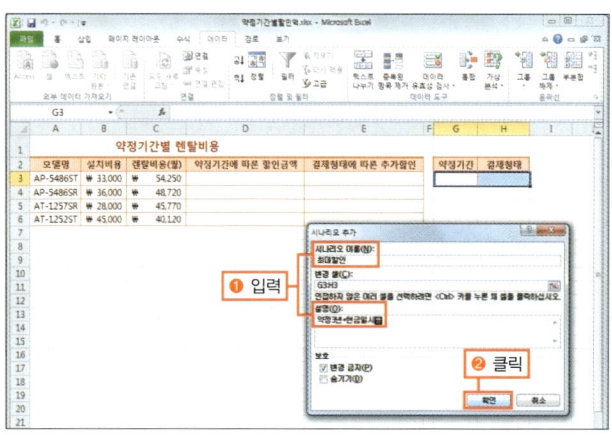

> **참고 •**
> [변경 셀]에는 처음에 선택한 G3:H3셀이 입력되어 있습니다. 다른 셀을 선택하고 시나리오를 작성했다면 여기에서 변경하면 됩니다.

04 시나리오 값 설정하기

[시나리오 값] 대화상자가 나타나면 ❶G3셀 값에는 '3', H3셀 값에는 '현금일시불'을 입력하고 ❷[확인]을 클릭합니다.

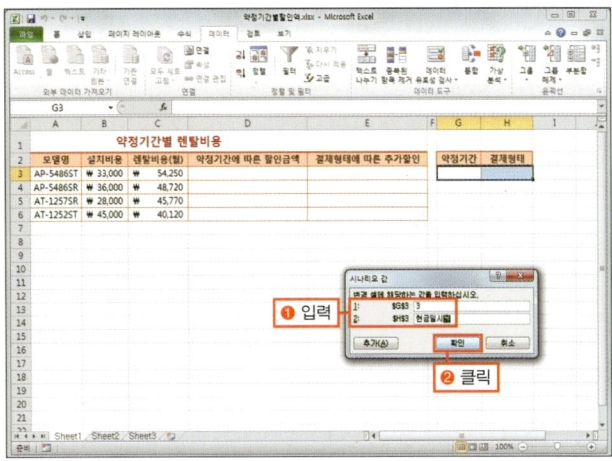

05 두 번째 시나리오 추가하기

[시나리오 관리자] 대화상자로 돌아와 첫 번째 시나리오가 등록된 것을 확인하고 두 번째 시나리오를 작성하기 위해 ❶다시 [추가]를 클릭합니다.

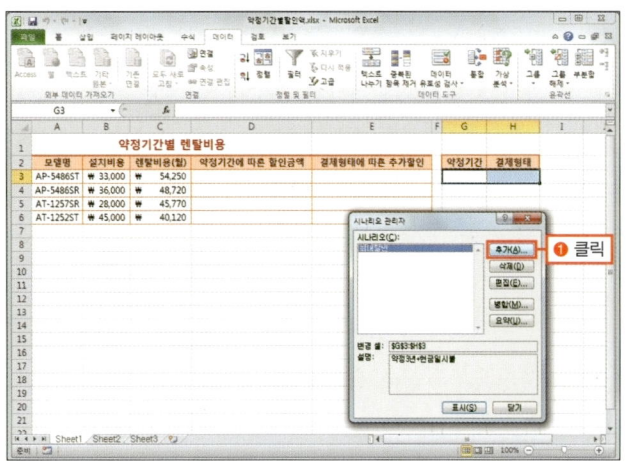

06 두 번째 시나리오 작성하기

❶[시나리오 추가] 대화상자에서 [시나리오 이름]은 '평균', [설명]은 '3년약정+카드할부'를 입력하고 ❷[확인]을 클릭합니다. ❸[시나리오 값] 대화상자의 G3셀 값에는 '3', H3셀 값에는 '카드할부'를 입력하고 ❹[확인]을 클릭합니다.

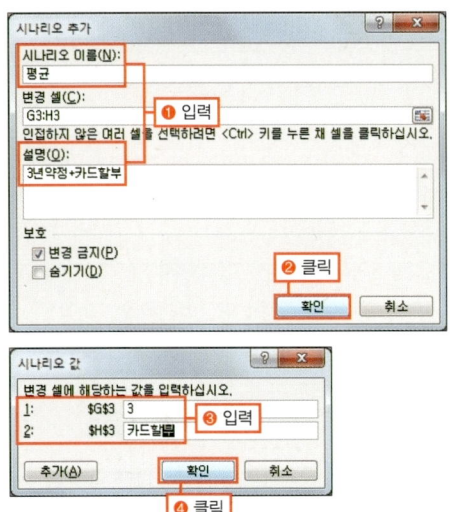

07 세 번째 시나리오 작성하기

❶같은 방법으로 세 번째 시나리오를 추가하고 [시나리오 추가] 대화상자에서 [시나리오 이름]은 '최소할인', [설명]은 '약정1년+카드할부'를 입력하고 ❷[확인]을 클릭합니다. ❸[시나리오 값] 대화상자의 G3셀 값에는 '1', H3셀 값에는 '카드할부'를 입력하고 ❹[확인]을 클릭합니다.

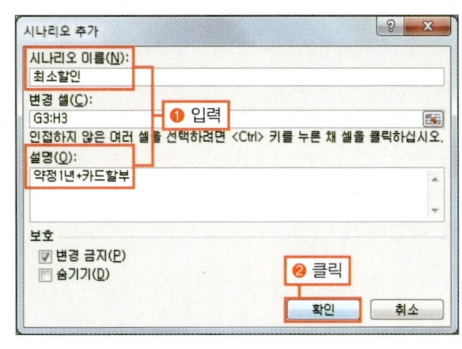

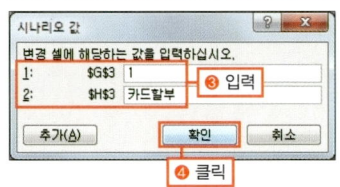

08 '최대할인' 시나리오 표시하기

❶[시나리오 관리자] 대화상자의 [시나리오]에서 '최대할인'을 선택하고 ❷[표시]를 클릭하면 3년 약정에 현금일시불일 때 할인금액과 추가할인금액이 계산되어 나타납니다.

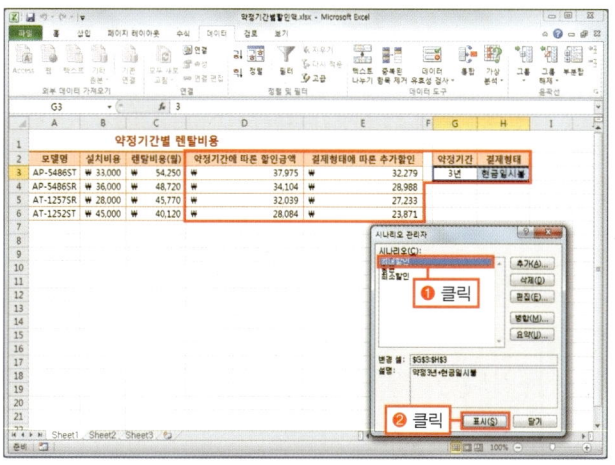

09 '평균' 시나리오 표시하기

❶[시나리오 관리자] 대화상자의 [시나리오]에서 '평균'을 선택하고 ❷[표시]를 클릭하면 3년 약정에 카드할부일 때 할인금액과 추가할인금액이 계산되어 나타납니다.

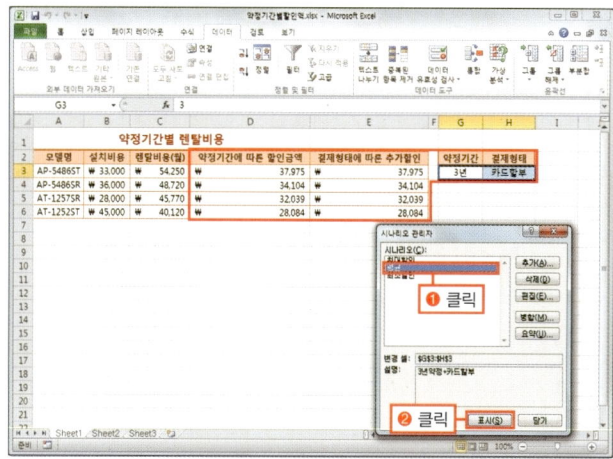

10 '최소할인' 시나리오 표시하기

❶[시나리오 관리자] 대화상자의 [시나리오]에서 '최소할인'을 선택하고 ❷[표시]를 클릭하면 1년 약정에 카드할부일 때 할인금액과 추가할인금액이 계산되어 나타납니다.

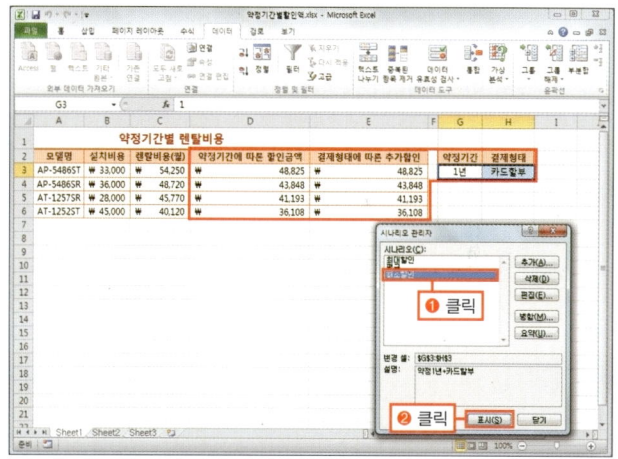

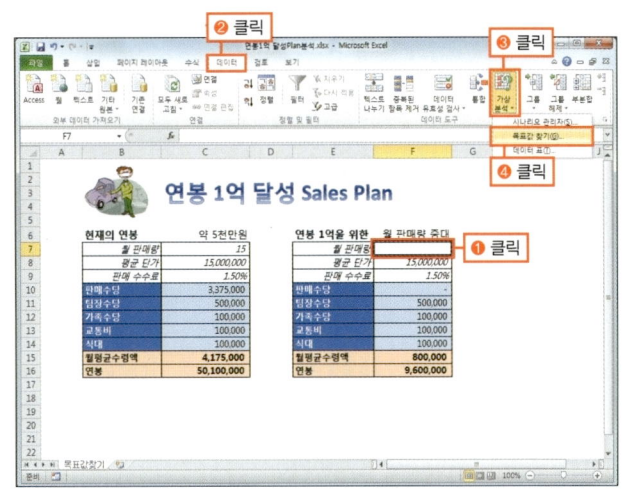

실습과정

목표값 찾기

[목표값 찾기]는 앞에서 살펴 본 시나리오 분석과는 반대되는 개념입니다. 시나리오가 각 상황에 따른 결과 값을 예측하는 것이라면, 이는 원하는 결과 값에 달성하기 위해 필요한 요소를 역추적하는 기능입니다.

◎ **시작 파일** : 8장\연봉1억 달성Plan분석.xlsx
◎ **완료 파일** : 8장\연봉1억 달성Plan분석_완료.xlsx

01 [목표값 찾기] 명령 실행하기

❶목표값이 들어가야 하는 F7셀을 선택하고 ❷[데이터] 탭의 ❸[데이터 도구] 그룹에서 [가상 분석]을 클릭하여 ❹[목표값 찾기]를 선택합니다.

참고

왼쪽에 있는 표는 연봉 5천만 원을 받고 있는 자동차 영업사원의 연봉을 분석한 것입니다. 이 영업사원이 연봉 1억 원을 받고자 할 때 자동차의 월 판매량을 얼마나 늘려야 하는지에 대한 목표값을 찾는 것입니다.

02 [목표값 찾기] 대화상자 설정하기

❶[목표값 찾기] 대화상자가 나타나면 [수식 셀]에는 최종 연봉값이 들어가야 하는 F16셀을, [찾는 값]에는 목표 연봉인 100000000을, [값을 바꿀 셀]에는 찾아야 하는 목표 판매량이 들어가야 하는 셀인 F7셀을 입력하고 ❷[확인]을 클릭합니다.

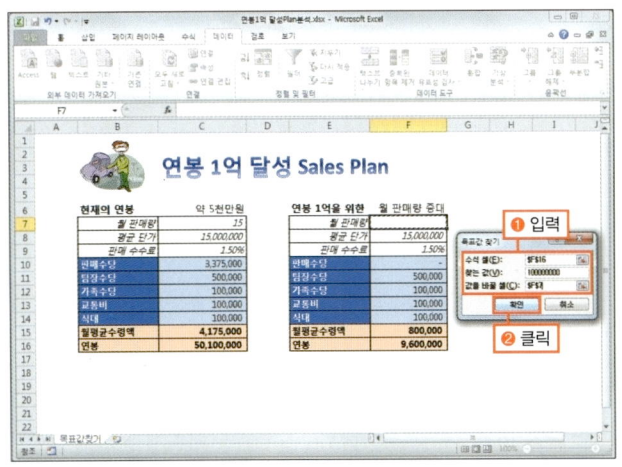

03 결과 확인하기

같은 조건에서 월 33대의 자동차를 팔게 되면 연봉 1억 달성이 가능한 것으로 나타납니다. ❶[확인]을 클릭합니다.

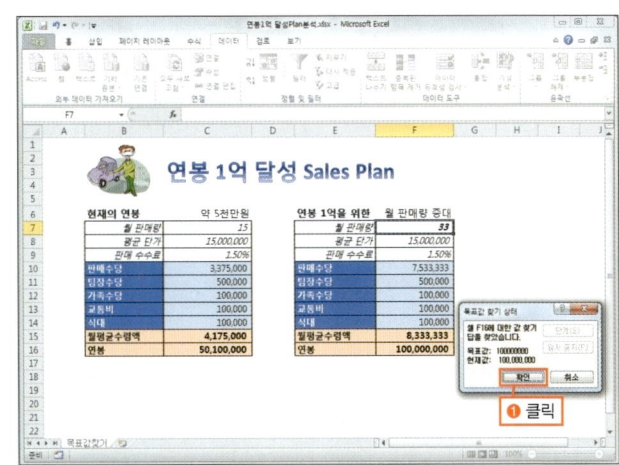

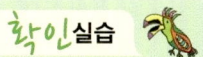

1 B4:E7셀의 데이터를 참조하고 시나리오 기능을 이용해 환율변동에 따른 시나리오 3개를 만들어 본 후, 그 결과를 다른 시트에 요약해 보세요.

◎ **시작 파일** : 8장\정유사환율시나리오분석.xlsx
◎ **완료 파일** : 8장\정유사환율시나리오분석_완료.xlsx

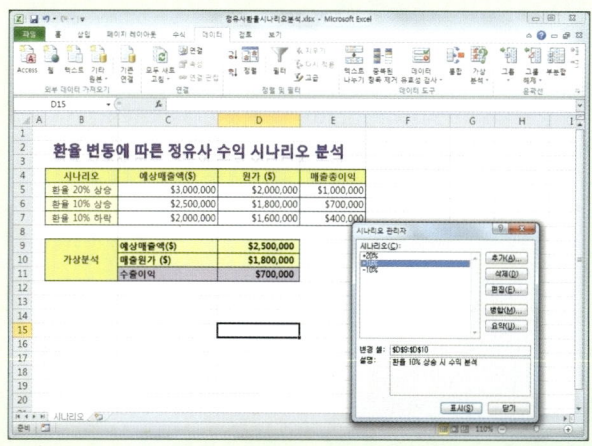
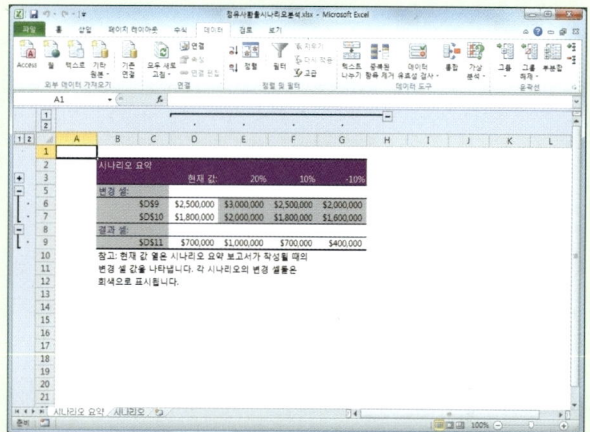

2 현재 연봉 1억을 받는 홍길동씨의 월 판매량과 판매 수수료가 상향 조정되었을 때, 2억 연봉을 받기 위해서는 평균 단가 얼마짜리의 차량을 중점적으로 팔아야 하는지 목표값 찾기 기능을 통해서 계산해 보세요.

◎ **시작 파일** : 8장\연봉2억달성Plan분석.xlsx
◎ **완료 파일** : 8장\연봉2억달성Plan분석_완료.xlsx

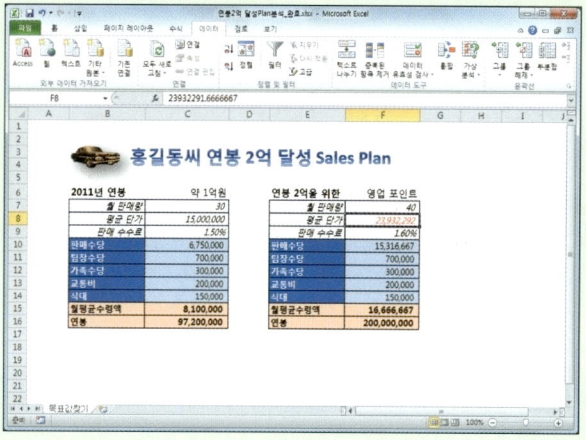

SECTION
08

매크로 기록과 실행하기

매크로는 '여러 단계의 작업을 하나의 실행 명령으로 만든 것'을 의미합니다. 여기에서는 작업 시간과 노력을 단축해주는 매크로의 사용 방법을 간단히 알아보겠습니다.

다루는 내용

- 엑셀 매크로 이해하기
- 매크로 기록하기
- 매크로 실행하기
- 만들어진 매크로 꼼꼼하게 분석하기

기능 정리

매크로란?

매크로는 비주얼 베이직(Visual Basic)이라는 프로그래밍 언어로 기록됩니다. 비주얼 베이직 언어를 사용할 줄 알면 다양한 자동화 작업을 수행할 수 있지만 초보자가 학습하는 데는 많은 시간과 노력이 소요됩니다. 그래서 엑셀에서는 사용자가 비주얼 베이직 언어를 모르더라도 메뉴 사용만으로 매크로를 작성할 수 있도록 매크로 관련 다양한 명령을 제공합니다.

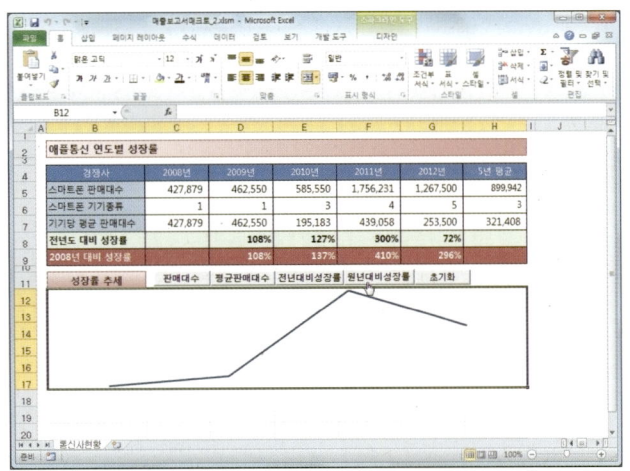

▲ 일련의 작업 과정을 매크로로 기록하고 실행 단추 등을 만들어 연결할 수 있습니다. 단추 클릭 한 번만으로 스파크라인이 바로 만들어지는 예제입니다.

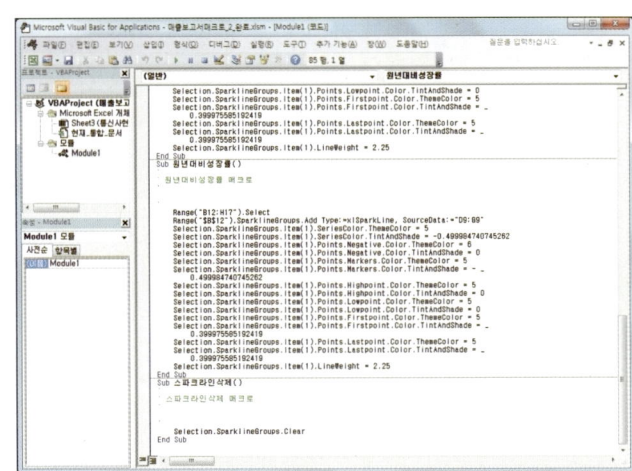

▲ 위의 매크로는 실제 그림과 같은 비주얼베이직 언어로 작성된 것입니다. 그러나 이를 자세히 몰라도 엑셀의 도구만으로 충분히 매크로를 기록하고 실행할 수 있습니다.

● 매크로 이용 방법

[보기] 탭의 [매크로] 그룹에서 작성한 매크로를 확인, 실행, 기록할 수 있습니다.

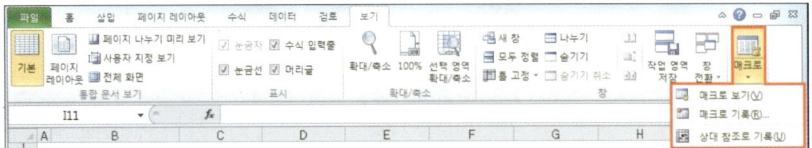

또는 [개발 도구] 탭의 [코드] 그룹에서 매크로를 확인, 실행, 기록할 수 있습니다. [개발 도구] 탭을 사용하려면 사용자가 직접 추가해야 합니다. 자세한 내용은 407쪽에 소개합니다.

가장 빠르게 적용하는 방법은 상태 표시줄 왼쪽 부분에 매크로 기록을 시작하고 중지할 수 있는 아이콘을 이용하는 것입니다. 평상시에는 왼쪽 그림과 같이 매크로 기록을 시작할 수 있는 상태이며, 매크로 기록이 시작되면 오른쪽 그림과 같이 기록을 중지할 수 있는 아이콘으로 변경됩니다.

 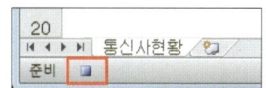

 간단퀴즈

1 반복되는 일련의 작업 과정을 한 번의 명령으로 처리할 수 있는 엑셀의 기능은 무엇입니까?

2 리본 메뉴를 이용하지 않고 간단히 매크로를 기록하려면 무엇을 이용합니까?

답 : 매크로, 상태 표시줄의 [매크로 기록] 아이콘

실습 과정

매크로 기록하고 저장하기

다양한 스파크라인을 만들고 삭제하는 매크로를 지정하는 방법을 알아보겠습니다.

◉ **시작 파일** : 8장\매출보고서매크로_1.xlsx
◉ **완료 파일** : 8장\매출보고서매크로_1_완료.xlsm

01 [매크로 기록] 명령 실행하기

❶ [보기] 탭의 ❷ [매크로] 그룹에서 [매크로]를 클릭하여
❸ [매크로 기록]을 선택합니다.

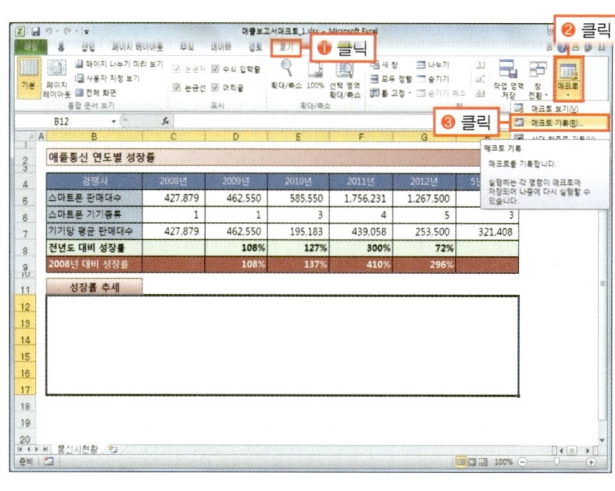

┌─ **참고** ─────────────────────────
상태 표시줄의 🔲 아이콘을 클릭하여 매크로 기록을 시작할 수도
있습니다.
└───────────────────────────────────

02 매크로 정의하기

[매크로 기록] 대화상자가 나타나면 ❶[매크로 이름]을 '스마트폰판매대수'로 입력하고 ❷[확인]을 클릭합니다.

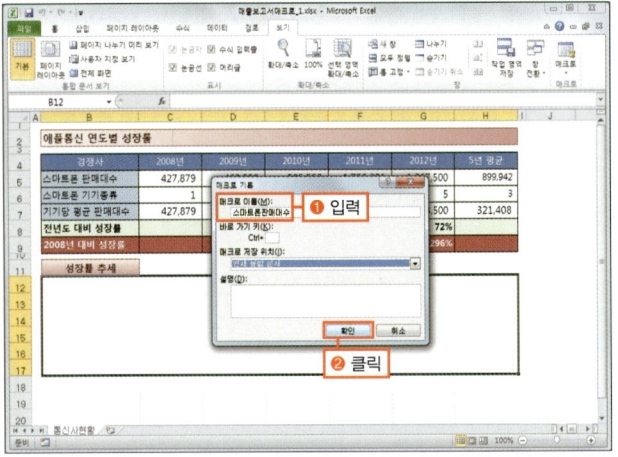

참고 •
[바로 가기 키]를 지정하면 매크로 실행 시 바로 가기 키를 이용할 수 있습니다.

참고 •
[확인]을 클릭한 이후의 작업 과정은 모두 '스마트폰판매대수'라는 매크로에 기록됩니다.

04 스파크라인 데이터 범위 지정하여 매크로 기록하기

[스파크라인 만들기] 대화상자가 나타나면 ❶[스파크라인을 배치할 위치 선택]에 B12셀을 절대참조로 입력하고 ❷[확인]을 클릭합니다.

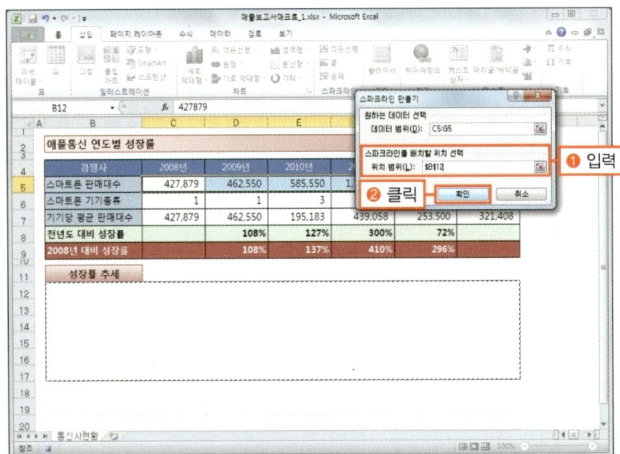

참고 •
[데이터 범위]는 미리 선택했던 C5:G5셀이 지정되어 있습니다.

03 스파크라인 삽입하여 매크로 기록하기

❶C5:G5셀을 선택하고 ❷[삽입] 탭의 ❸[스파크라인] 그룹에서 [꺾은선형]을 클릭합니다.

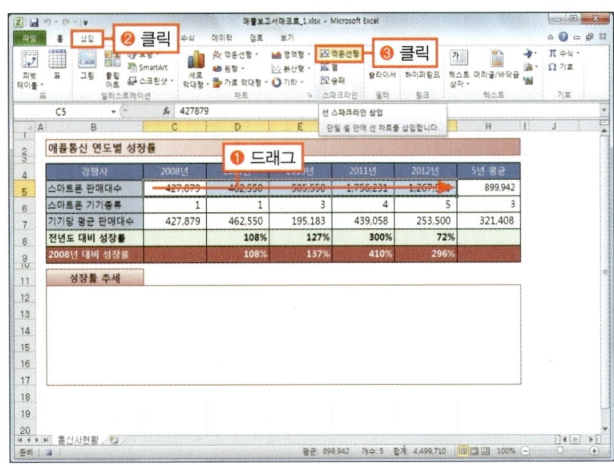

05 스파크라인 디자인 변경하여 매크로 기록하기

B12셀에 스파크라인이 삽입되면 ❶[스파크라인 도구]-[디자인] 탭의 [스타일] 그룹에서 [스파크라인 색]을 클릭하고 ❷[두께]-[2¼pt]를 선택합니다.

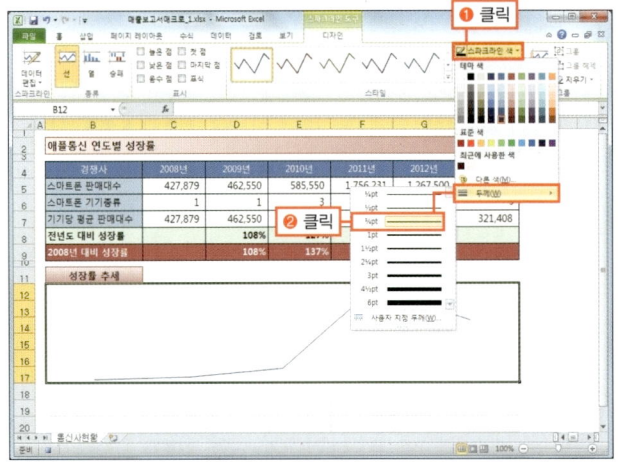

06 매크로 기록 중지하기

❶[보기] 탭의 ❷[매크로]를 클릭하고 ❸[기록 중지]를 선택하여 매크로 기록을 마칩니다.

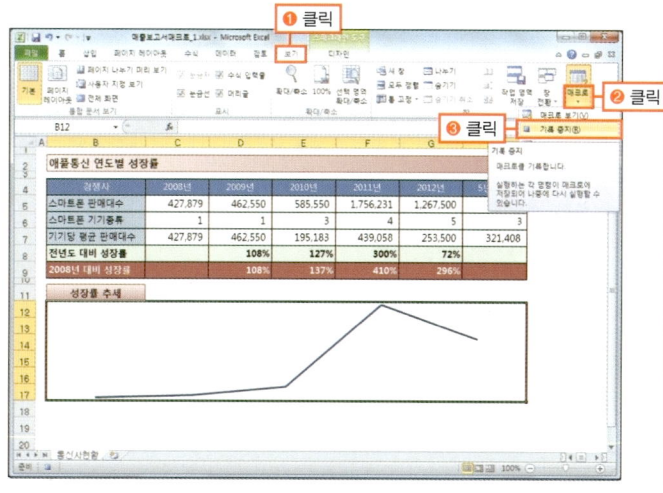

> **참고**
>
> 상태 표시줄의 ▣ 아이콘을 클릭하여 매크로 기록을 종료할 수도 있습니다.

07 두 번째 매크로 정의하기

❶상태 표시줄의 ▣ 아이콘을 클릭하고 ❷[매크로 기록] 대화상자의 [매크로 이름]에 '평균판매대수'를 입력한 후 ❸[확인]을 클릭합니다.

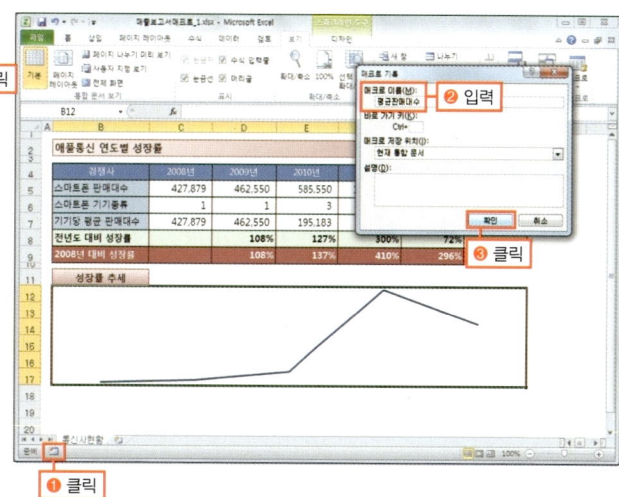

08 매크로 기록하기

❶3~6번과 같은 방법으로 C7:G7셀을 데이터 범위로 하는 스파크라인을 작성하고 ❷상태 표시줄의 ▣ 아이콘을 클릭하여 매크로 기록을 마칩니다.

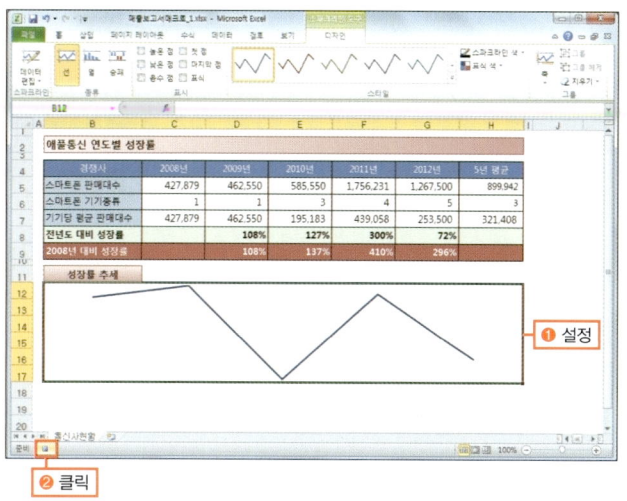

09 매크로 추가하기

❶같은 방법으로 다음과 같이 매크로를 추가합니다.

· '전년대비성장률' 매크로는 D8:G8셀을 데이터 범위로 하는 스파크라인 작성
· '원년대비성장률' 매크로는 D9:G9셀을 데이터 범위로 하는 스파크라인 작성

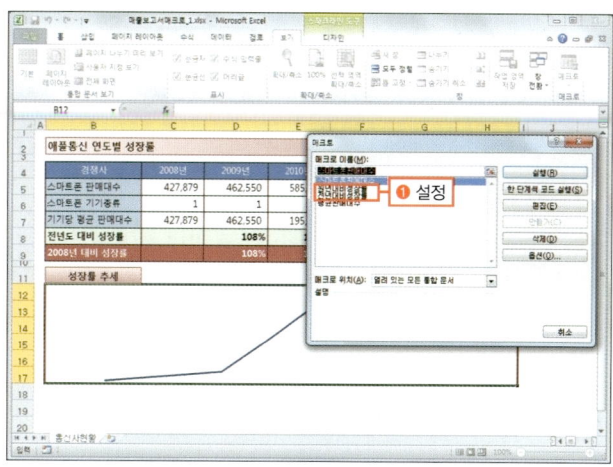

10 매크로 이름 지정하기

❶[매크로 이름]은 ❷'스파크라인삭제'로 입력하고 ❸[확인]을 클릭합니다.

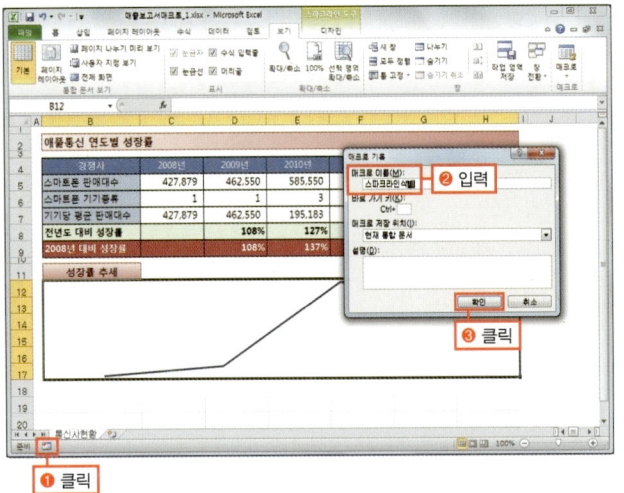

11 매크로 기록하기

❶스파크라인을 마우스 오른쪽 버튼으로 클릭하고 ❷[스파크라인]-[선택한 스파크라인 지우기]를 선택합니다. ❸상태 표시줄의 ▣ 아이콘을 클릭합니다.

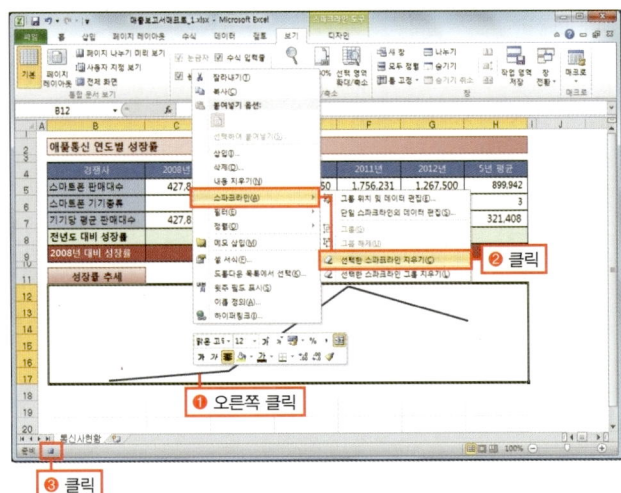

12 매크로가 포함된 문서 저장하기

❶[파일] 탭의 ❷[다른 이름으로 저장]을 클릭합니다. ❸대화상자가 나타나면 [파일 형식]에서 [Excel 매크로 사용 통합 문서(*.xlsm)]를 선택하고 ❹[저장]을 클릭합니다.

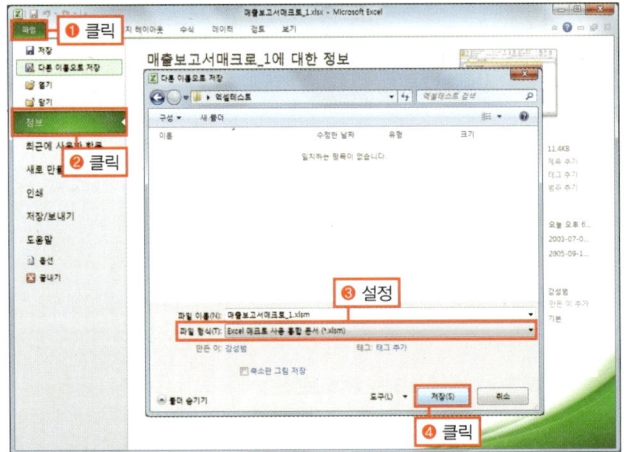

- **참고**
  저장 위치는 각자 편리한 위치에 설정합니다.

매크로 실행하기

기록한 매크로를 실행하는 방법을 알아보겠습니다.

◎ **시작 파일** : 8장\매출보고서매크로_2.xlsm

01 보안 경고 확인하기

시작파일을 열고 리본 메뉴 밑에 다음과 같은 보안 경고가
나타나면 ❶[콘텐츠 사용]을 클릭합니다.

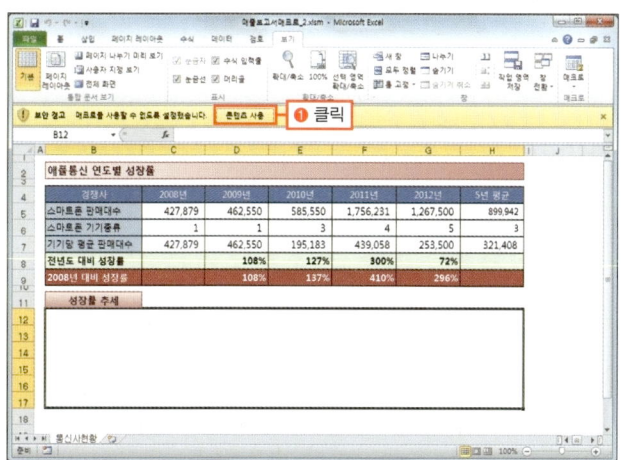

02 [매크로 보기] 명령 실행하기

❶[보기] 탭의 ❷[매크로] 그룹에서 [매크로 보기](🔲)를
클릭합니다.

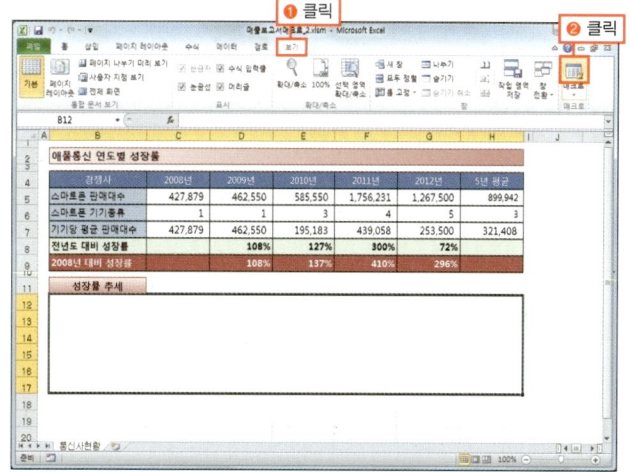

참고

매크로가 포함된 문서의 보안 경고입니다. 만약 아래와 같은 알림 창이 나타나면 [매크로 포함]을 클릭
하여 문서를 엽니다.

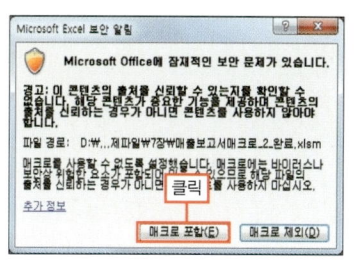

---

03 스파크라인을 만드는 매크로 실행하기

[매크로] 대화상자가 나타나면 ❶'스마트폰판매대수' 매크
로를 선택하고 ❷[실행]을 클릭합니다.

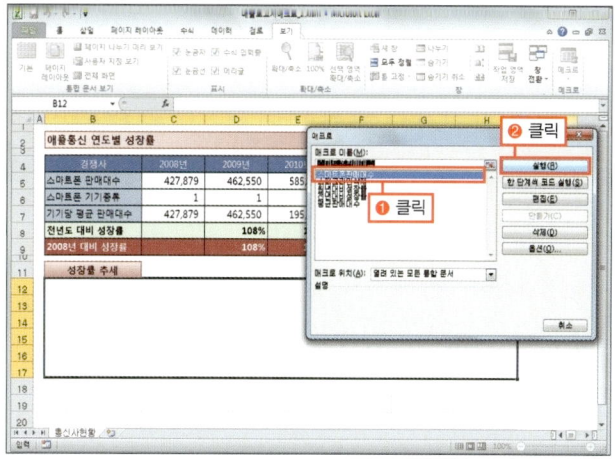

04 스파크라인을 만드는 매크로 실행하기

❶다시 리본 메뉴에서 [매크로 보기](📄)를 누르고 ❷'전 년대비성장률'을 선택한 후 ❸[실행]을 클릭합니다.

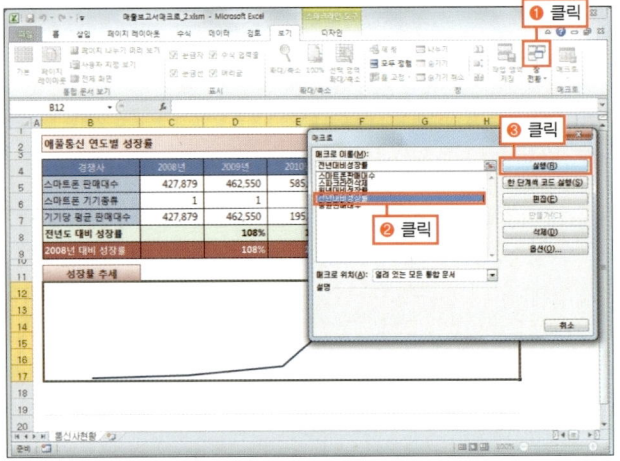

> **참고**
>
> [매크로] 대화상자에서 특정 매크로를 선택하고 [삭제]를 클릭하면 해당 매크로를 삭제할 수 있습니다.

05 스파크라인을 삭제하는 매크로 실행하기

❶다시 리본 메뉴에서 [매크로 보기](📄)를 클릭하고 ❷ '스파크라인삭제'를 선택한 후 ❸[실행]을 클릭합니다.

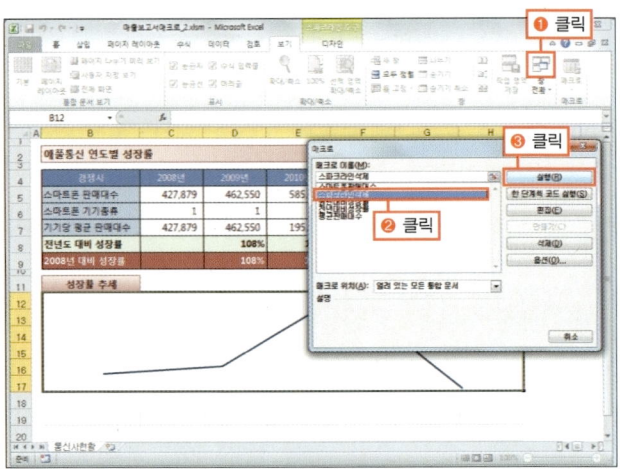

> **참고**
>
> [매크로] 대화상자에서 특정 매크로를 선택하고 [옵션]을 클릭하면 바로 가기 키와 설명을 편집할 수 있습니다.

06 결과 확인하기

설정한 매크로 내용대로 스파크라인이 지워집니다.

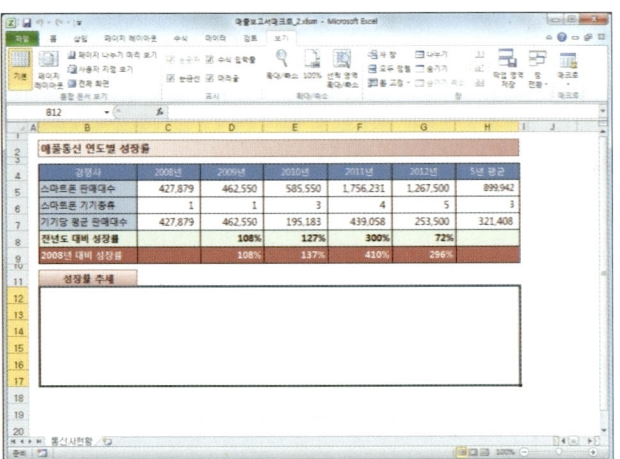

실습 과정

컨트롤 도구 이용하여 매크로 실행 단추 만들기

매크로 실행을 더욱 간편하게 도와주는 실행 단추를 만드는 방법을 알아보겠습니다. 엑셀의 컨트롤 도구나 도형 등을 삽입하고 매크로를 연결하면 개체를 클릭하는 것만으로 바로 매크로를 실행할 수 있습니다. 컨트롤 도구를 사용하려면 리본 메뉴에 [개발 도구] 탭을 추가해야 합니다.

◉ **시작 파일** : 8장\매출보고서매크로_2.xlsm
◉ **완료 파일** : 8장\매출보고서매크로_2_완료.xlsm

01 리본 메뉴 사용자 지정하기

❶리본 메뉴의 빈 공간에서 마우스 오른쪽 버튼을 클릭하고 ❷[리본 메뉴 사용자 지정]을 선택합니다.

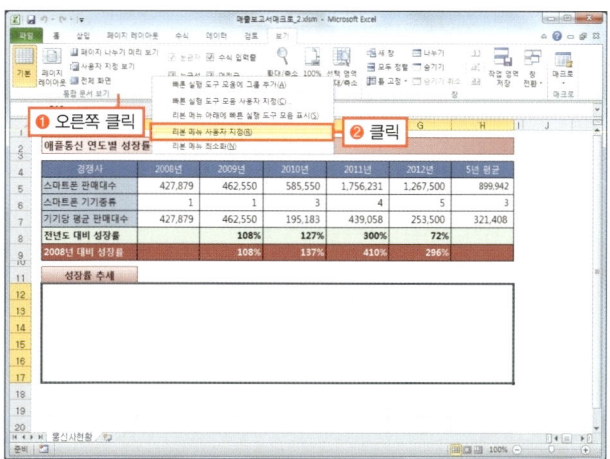

02 [개발 도구] 탭 추가하기

❶[Excel 옵션] 대화상자의 [리본 사용자 지정] 항목이 나타나면 오른쪽 [리본 메뉴 사용자 지정]에서 [개발 도구]에 체크하고 ❷[확인]을 클릭합니다.

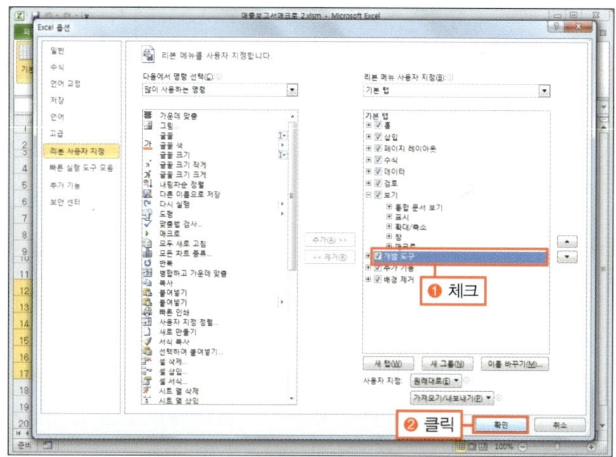

03 컨트롤 단추 삽입하기

❶[개발 도구] 탭의 ❷[컨트롤] 그룹에서 [삽입]을 클릭하고 ❸[단추(양식 컨트롤)](■)을 선택합니다.

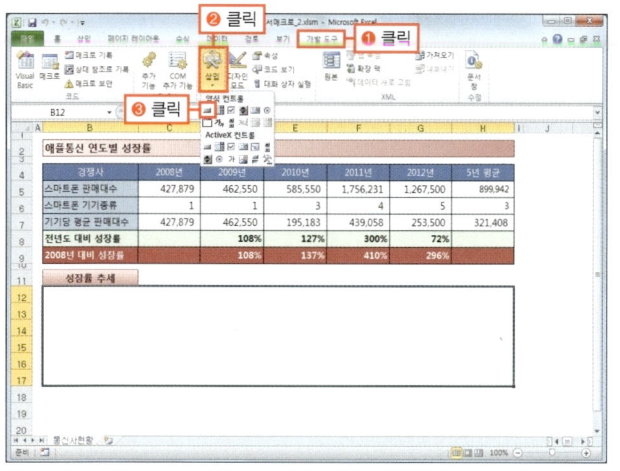

04 매크로 지정하기

❶단추를 삽입할 곳에 드래그하면 [매크로 지정] 대화상자가 나타납니다. ❷'스마트폰판매대수'를 선택하고 ❸[확인]을 클릭합니다.

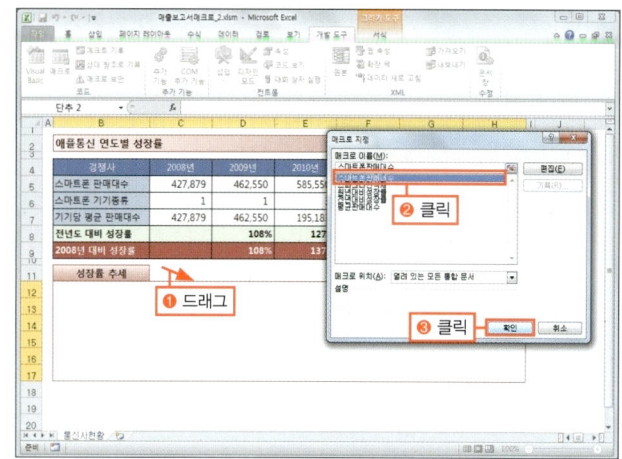

05 이름 변경하고 매크로 실행하기

❶단추가 선택된 상태에서 '판매대수'라고 입력하여 이름을 변경하고 ❷[판매대수]를 클릭합니다. 지정한 매크로가 실행됩니다.

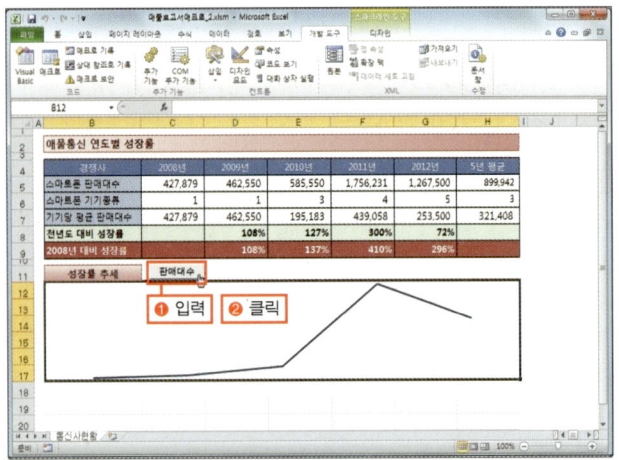

06 단추 복사하고 매크로 지정하기

❶ Shift + Ctrl 을 누른 채 [판매대수] 단추를 클릭하고 오른쪽으로 4개 복사합니다. ❷두 번째 단추를 마우스 오른쪽 버튼으로 클릭하고 ❸[매크로 지정]을 선택합니다.

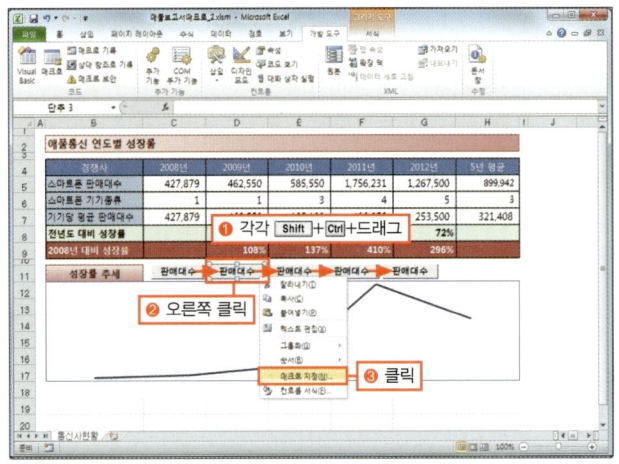

> **참고**
> 하나씩 따로 [단추(양식 컨트롤)]를 삽입해도 됩니다.

07 연결할 매크로 선택하기

❶'평균판매대수'를 선택하고 ❷[확인]을 클릭합니다.

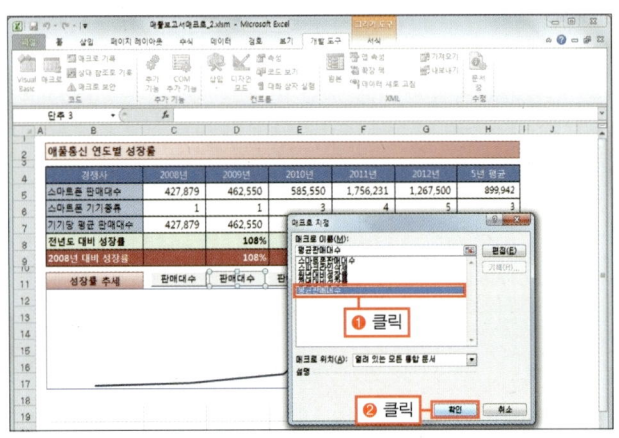

08 모든 단추의 이름 변경하고 매크로 지정하기

❶방금 매크로를 연결한 단추의 이름을 '평균판매대수'로 변경하고, ❷나머지 단추도 각각 이름을 변경하고 각각 매크로를 지정합니다.

• 전년대비성장률 : 전년대비성장률, 원년대비성장률 : 원년대비성장률, 초기화 : 스파크라인삭제

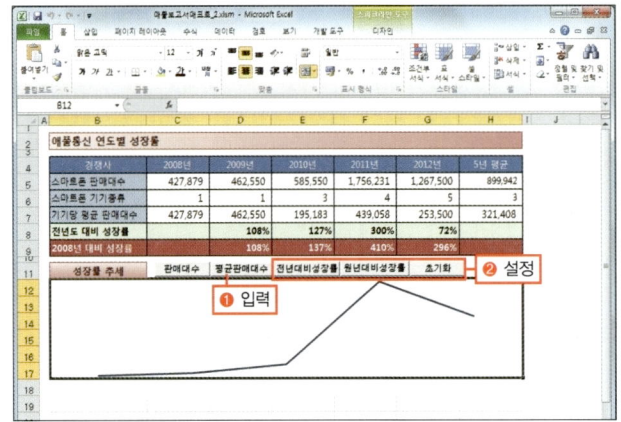

> **참고**
> 단추 이름의 길이가 단추보다 길어지면 모서리의 크기 조절점을 드래그하여 크기를 조절합니다. 전체 단추의 간격과 맞춤은 [그리기 도구]-[서식] 탭의 [정렬] 그룹에서 [맞춤]-[가로 간격을 동일하게], [위쪽 맞춤] 등을 이용하여 보기 좋게 정렬합니다.

09 매크로 실행하기

각 단추를 클릭하여 매크로가 제대로 실행되는지 확인해 봅니다.

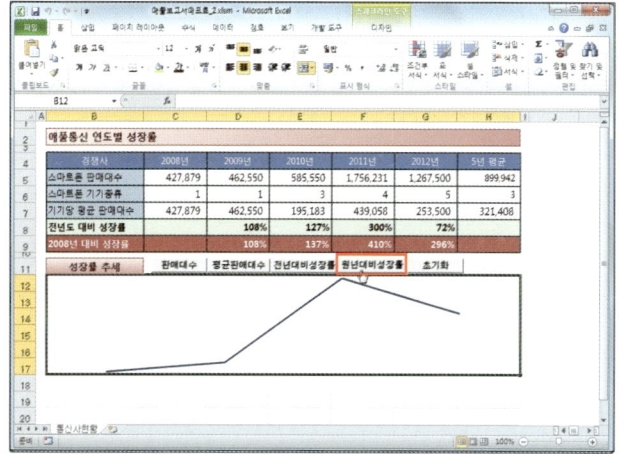
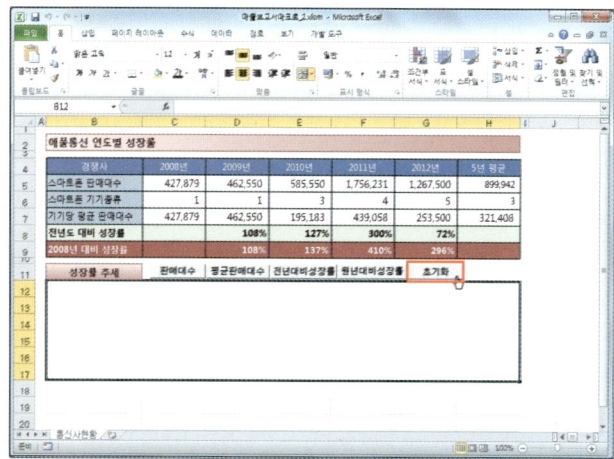

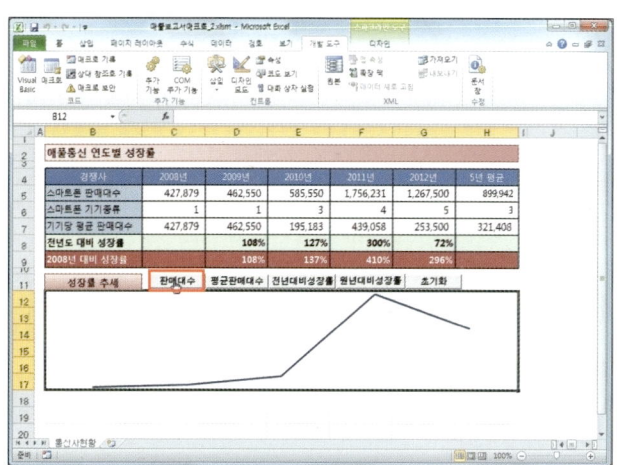
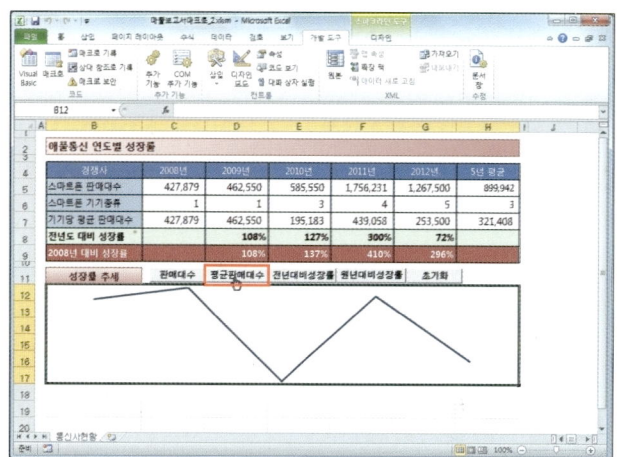

참고

컨트롤 도구뿐만 아니라 그림, 도형, 클립 아트 등과 같은 그래픽 개체
에도 모두 매크로를 연결할 수 있습니다. 개체를 삽입한 후 마우스 오른
쪽 버튼을 클릭하고 [매크로 지정]을 선택하여 연결하면 됩니다.

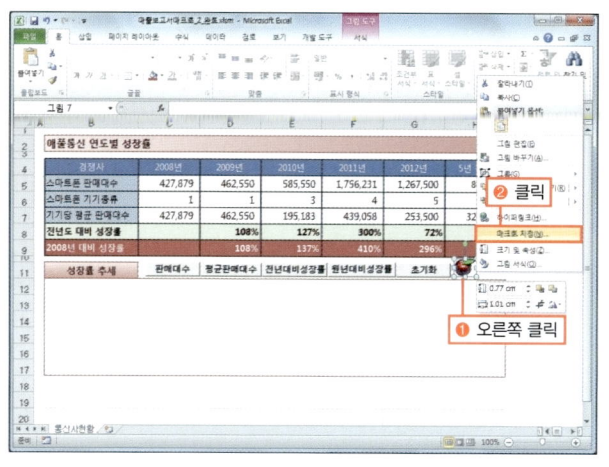

앞에서 매크로가 포함된 문서를 열 때 경고 메시지가 나타났었습니다.
이런 메시지의 표시 여부는 엑셀의 보안 경고 때문인데, 보안 경고의
수준은 사용자가 직접 설정할 수 있습니다.

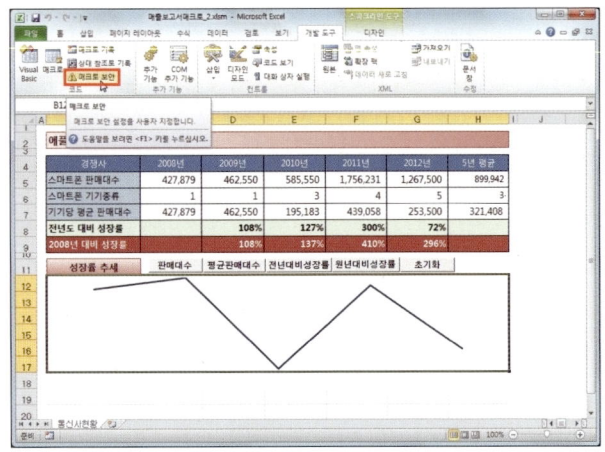

▲ [개발 도구] 탭의 [코드] 그룹에서 [매크로 보안]을 클릭합니다.

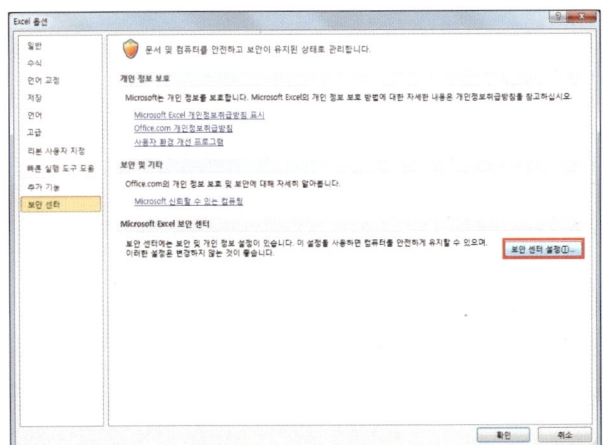

▲ 또는 [Excel 옵션] 대화상자의 [보안 센터]에서 [보안 센터 설정]을 클릭합
니다.

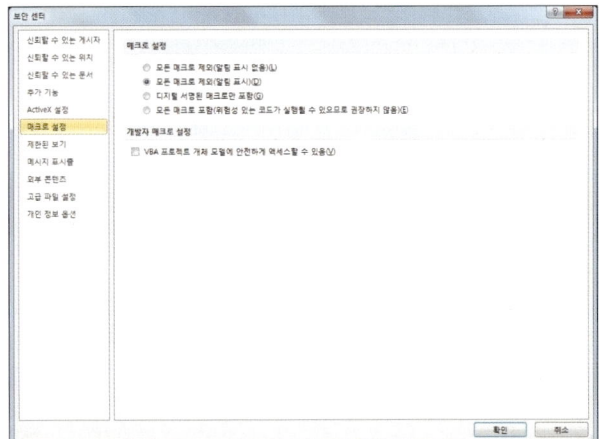

▲ [보안 센터] 대화상자의 [매크로 설정]에서 매크로 설정을 할 수 있습니다.

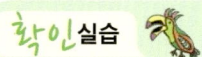
확인실습

1 텍스트 크기와 색상 변경, 셀 스타일 변경, 조건부 서식을 차례대로 적용하는 매크로를 기록하고 실행해 보세요.

◎ **시작 파일** : 8장\시트꾸미기매크로1.xlsx
◎ **완료 파일** : 8장\시트꾸미기매크로1_완료.xlsm

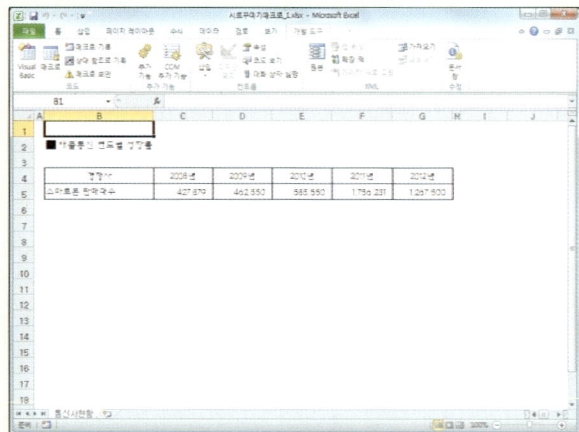

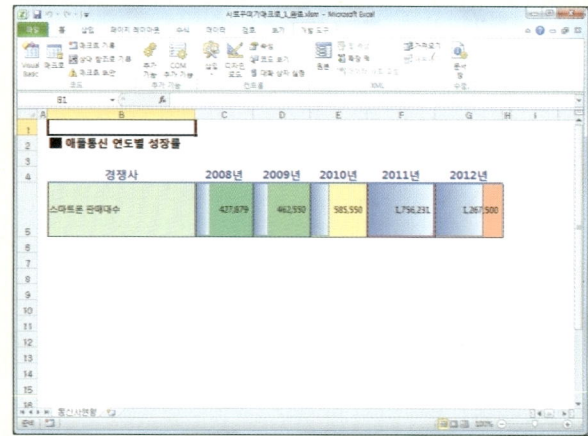

2 오른쪽 상단에 그림과 같은 도형을 삽입한 후, 문서에 포함된 매크로를 연결하여 실행해 보세요.

◎ **시작 파일** : 8장\시트꾸미기매크로2.xlsm
◎ **완료 파일** : 8장\시트꾸미기매크로2_완료.xlsm

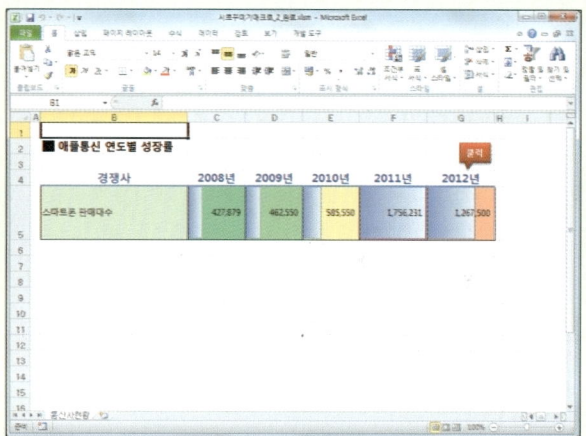

❶ 시작 파일을 불러와 부서별 지급 수당의 합계를 부분합으로 구하는 매크로와 이 부분합을 제거하는 매크로를 기록합니다. 도형을 삽입하여 두 매크로를 지정한 후 매크로 사용 가능한 문서로 저장해 보세요.

◎ **시작 파일** : 8장\연차수당.xlsx
◎ **완료 파일** : 8장\연차수당_완료.xlsm
◎ **해설 파일** : 해설파일\8장\연차수당.pdf

Before

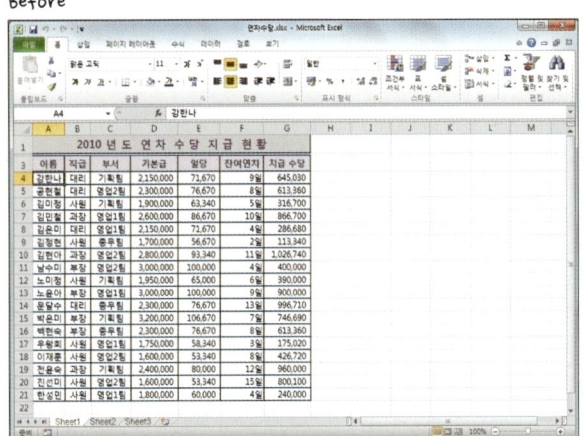

After

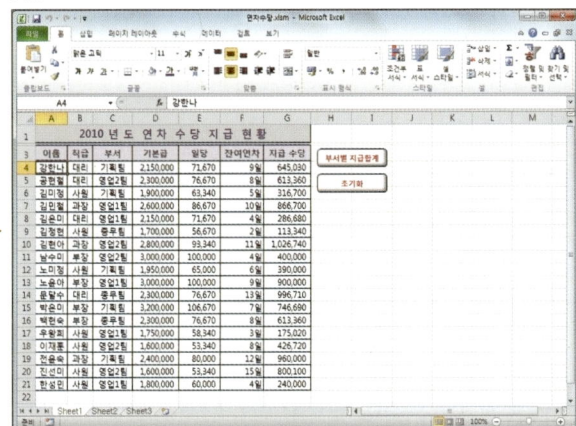

❶데이터베이스 내의 임의의 레코드를 선택하고 '부서별지급합계' 이름의 매크로 기록 시작 ❷'부서' 필드를 텍스트 오름차순 정렬 ❸부서를 그룹화하여 지급 수당의 합계를 계산하는 부분합 실행한 후 매크로 기록 중지 ❹'초기화' 이름의 새로운 매크로 기록 시작 ❺부분합을 모두 제거하고 '이름' 필드를 텍스트 오름차순 정렬한 후 매크로 기록 중지

❻모서리가 둥근 직사각형을 삽입하고 서식 설정한 후 텍스트 입력(부서별 지급합계), 이 도형을 복사하고 텍스트 입력(초기화)

• 채우기 : 단색 채우기(흰색, 배경 1)
• 선 색 : 검정, 텍스트 1(실선)
• 선 스타일(너비) : 0.75 pt
• 그림자 : 안쪽 대각선 오른쪽 아래
• 텍스트 서식 : 굵게, 글꼴 크기 : 10, 글꼴 색 : 진한 빨강, 맞춤 : 가운데 맞춤

❼'부서별 지급합계' 도형에 '부서별지급합계' 매크로 지정, '초기화' 도형에는 '초기화' 매크로 지정

❽[다른 이름으로 저장] 명령 이용하여 매크로 사용 가능한 문서로 저장(파일 형식 : Excel 매크로 사용 통합 문서 (*.xlsm))

② 시작 파일을 불러와 '고객데이터' 시트의 E2:E16셀에 '메일서비스' 시트의 A2:A17셀을 목록으로 하는 데이터 유효성 검사를 설정한 후 데이터를 입력합니다. '리스트' 시트의 D5셀에 '고객데이터' 시트의 C2, D2, E2셀을 결합하고 D19셀까지 복사합니다. A4:K19셀을 범위로 하는 피벗 테이블을 새 워크시트에 삽입하고 필드와 표시 형식, 디자인 등을 설정하고 20대 남녀 중 구매합계 60만 원 이상만 필터링해 보세요.

- **시작 파일** : 8장\VIP고객분석.xlsx
- **완료 파일** : 8장\VIP고객분석_완료.xlsx
- **해설 파일** : 해설파일\8장\VIP고객분석.pdf

Before

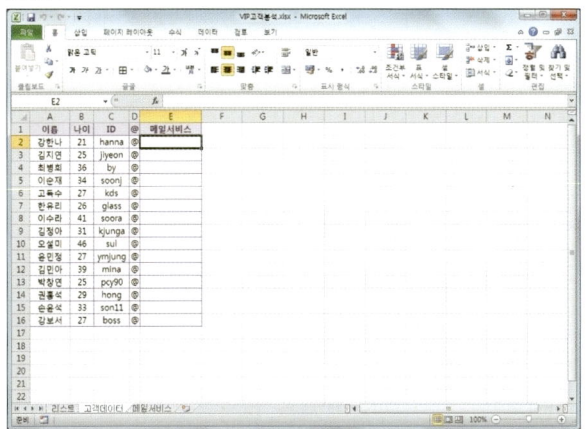
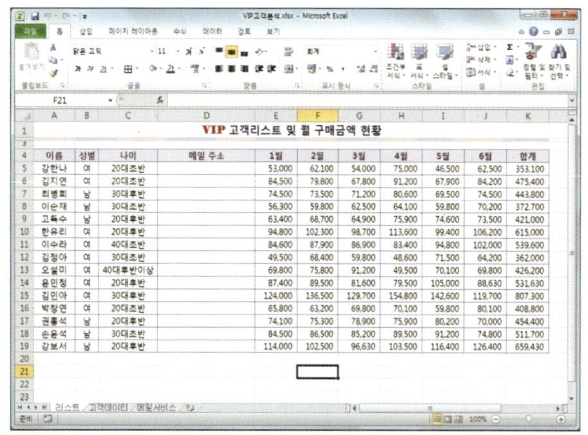

After

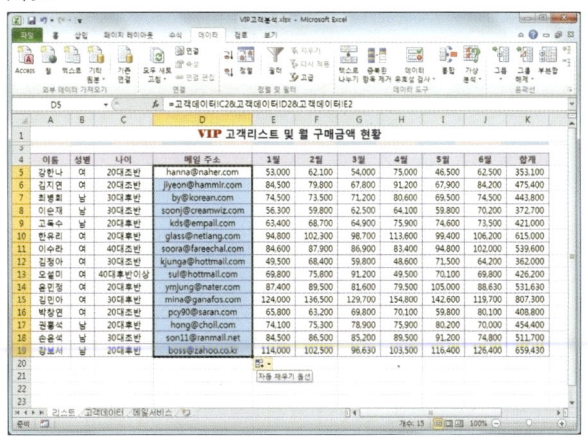
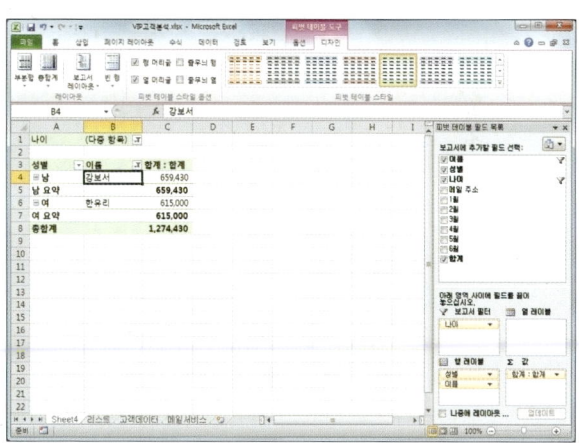

❶'고객데이터' 시트의 E2:E16셀에 '메일서비스' 시트의 A2:A17셀을 목록으로 하는 데이터 유효성 검사를 설정한 후 데이터 입력 ❷'리스트' 시트의 D5셀에 '=고객데이터!C2&고객데이터!D2&고객데이터!E2' 입력하고 D19셀까지 복사 ❸A4:K19셀을 범위로 하는 피벗 테이블을 새 워크시트에 삽입 ❹피벗 테이블 필드 설정(보고서 필터 : 나이, 행 레이블 : 성별과 이름, Σ 값 : 합계) ❺[Σ 값] 필드에 표시 형식 설정 (숫자 : 1000단위 구분 기호(,) 사용) ❻피벗 테이블 디자인 변경(피벗 테이블 스타일 : 피벗 스타일 밝게 18, 보고서 레이아웃 : 테이블 형식 으로 표시) ❼보고서 필터(나이)에서 '20대'만 필터링 ❽행 레이블에서 값 필터링(600000보다 크거나 같음)

실무를 완벽하게 대비하는 종합 실습 문제

전체 과정을 종합적으로 활용할 수 있는 능력을 키워주는 '프로젝트'입니다.

총 4개의 문제로 구성되어 있으며, PDF 해설 파일과 동영상 해설 파일(부록 CD 및 QR 코드)이

제공됩니다.

EXCEL 2010

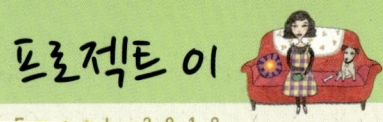
일일 경비지출부 만들기

표를 만들고 데이터를 입력한 후 필요한 표시 형식과 서식을 지정한 후 수식을 이용하여 완성합니다. 1장에 보기 좋게 인쇄되게 설정한 후 [빠른 인쇄] 도구를 도구 모음에 추가하고 내용을 초기화하는 매크로 단추를 만들어 보세요.

◉ **완료 파일** : 프로젝트\경비지출일보.xlsm
◉ **해설 파일** : 해설파일\프로젝트\경비지출일보.pdf
◉ **동영상 해설 파일** : 해설파일\프로젝트\경비지출일보.avi

	일일 경비지출부		**날 짜**		
			2011년 09월 08일(목)		

번호	내 용	구분	결재형태	금 액	비 고
1	커피믹스	부식비	카드	₩ 11,200	
2	PC 구입	사무용품	카드	₩ 891,500	이설희 입사
3	한설상사 계약서 발송	우편	현금	₩ 14,000	퀵서비스
4	신입사원 환영회	회식비	카드	₩ 248,000	
5	점심식사	식대	카드	₩ 84,000	
6	자료운송 샘플 발송	택배비	현금	₩ 6,000	
7	시사인 정기구독비	직원교육	현금	₩ 120,000	
8	간식	부식비	카드	₩ 13,000	
9					

카 드	₩ 1,247,700	**총 지 출 액**	
현 금	₩ 140,000	₩	1,387,700

1단계 : A4:F35셀, E2:F3셀에 표 그리고 테두리 설정
2단계 : 필요한 곳을 병합하고 가운데 맞춤, 행 높이를 적당히 조절
3단계 : 문서 제목과 각 항목의 제목 부분 입력하고 글꼴 서식과 맞춤 서식 지정한 후 열 너비를 적당히 조절
4단계 : IF 함수와 ISBLANK 함수 이용하여 A6:A35셀에 내용을 입력할 때마다 번호가 매겨지게 수식 입력
5단계 : 결재형태 입력 부분에 데이터 유효성 검사 설정(목록 : 카드,현금)
6단계 : 금액 입력 부분과 날짜 입력 부분에 표시 형식 적용하고 필요한 데이터 모두 입력
7단계 : A37:E38셀에 결산 부분의 표 그리고 테두리, 글꼴, 맞춤 서식 설정하고 행 높이 조절
8단계 : SUM 함수 이용하여 E38셀에 금액의 합계를 구하는 수식 입력하고 글꼴 서식 설정
9단계 : C37셀과 C38셀에 SUMIF 함수를 이용하여 에는 카드를 사용한 금액의 합계와 현금을 사용한 금액의 합계
　　　　만을 구하는 수식 입력 후 표시 형식 설정
10단계 : 오른쪽 바닥글 영역에 바닥글 삽입하고 글꼴 서식 설정
11단계 : [빠른 인쇄] 도구 추가하고 전체 표를 인쇄 영역으로 설정
12단계 : 인쇄 시 [페이지 가운데 맞춤]-[가로]로 설정
13단계 : 새 작성을 위해 기존 데이터를 지우고 날짜 입력 부분으로 커서를 이동하는 매크로 기록
14단계 : 단추(양식 컨트롤) 삽입하여 매크로 연결
15단계 : Excel 매크로 사용 통합 문서 형식으로 저장

프로젝트 02

Excel 2010

사원명부를 이용하여 재직증명서 만들기

준비된 사원명부를 이용하여 재직 증명서 양식에서 이름을 선택하면 필요한 내용을 자동으로 채우도록 만든 후 한 페이지로 보이게 완성합니다.

- ◎ **시작 파일** : 프로젝트\재직증명서.xlsx
- ◎ **완료 파일** : 프로젝트\재직증명서_완료.xlsx
- ◎ **해설 파일** : 해설파일\프로젝트\재직증명서.pdf
- ◎ **동영상 해설 파일** : 해설파일\프로젝트\재직증명서.avi

재 직 (경 력) 증 명 서

인적사항	성 명	김정현			
	주민등록번호	720808-3234567			
	현 주 소	경기도 성남시 중원구 복정동 금호아파트 1045동 502호			
재직사항	업 체 명	주식회사 청암			
	업 체 주 소	서울시 서초구 청담동 청담빌딩 3층			
	사업자등록번호	111-222-3333	대표 성명	한수자	
	소 속	영업부	직 위	대리	
	퇴 직 구 분	퇴직			
	재직(경력)기간	2010년 5월 6일 부터		(0년 10개월)	
		2011년 3월 26일 까지			
	발급자	소 속	인사부	직 위	부장
		성 명	김지연	연 락 처	02-111-2345
용도	직업훈련용				

위의 사실을 증명함.

2011년 11월 13일

주식회사 청암 (인)

1단계 : '재직증명서' 시트 삽입하고 A2:F14셀에 표 그린 후 테두리, 글꼴 서식 설정

2단계 : 데이터 입력하고 필요한 곳을 병합하고 가운데 맞춤, 열 너비를 적당히 조절

3단계 : 문서 전체의 글꼴 서식과 맞춤 서식 설정하고 행 높이를 적당히 조절

4단계 : '사원명부' 시트의 B1셀에 COUNTA 함수를 이용하여 총 사원 수 계산하고 이름을 '총사원수'로 지정

5단계 : OFFSET 함수를 이용하여 입력된 이름을 모두 참조하는 수식을 참조 대상으로 하는 '이름' 이름 정의, 마찬 가지로 전체 사원명부를 참조하는 수식을 참조 대상으로 하는 '전체명부' 이름 정의

6단계 : '재직증명서' 시트의 C2에 '이름' 이름을 원본으로 하는 데이터 유효성 검사 설정하고 이름 선택

7단계 : INDEX와 MATCH 함수 이용하여 선택한 이름에 따른 주민등록번호, 현주소, 소속, 직위, 입사일자를 불러오 는 수식 설정, 입사일자의 표시 형식 설정

8단계 : IF, INDEX, MATCH 함수 이용하여 C9셀에 퇴직 여부를 구분하는 수식 입력(재직중, 퇴직)

9단계 : IF, INDEX, MATCH, TODAY 함수 이용하여 C11셀에 최종 근무일 또는 퇴사하지 않았다면 현재 날짜를 표시

10단계 : IF 함수 이용하여 E11셀에 재직중일 경우를 구분하여 '까지'와 '현재까지'를 표시하는 수식 설정

11단계 : DATEDIF 함수와 & 연산자를 이용하여 총 근무기간을 '(~년 ~개월)' 형태로 표시하는 수식 입력

12단계 : 나머지 내용 입력하고 테두리 설정, A16셀에 현재 날짜가 입력되게 하고 글꼴 서식과 표시 형식 적용

13단계 : 페이지 나누기 미리 보기로 변환하고 화면 확대/축소 배율을 조절 후 수식 결과 확인

14단계 : 인쇄 시 [페이지 가운데 맞춤]-[가로]로 설정

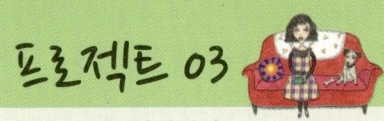
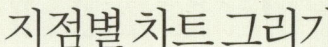

지점별 차트 그리기

각 지점의 월별 매출액을 이용하여 새 시트에서 지점명을 선택하면 매출액의 합계를
구하고 월별 그래프를 자동으로 그리게 만들어 봅니다

- ◉ **시작 파일** : 프로젝트\지점별차트.xlsx
- ◉ **완료 파일** : 프로젝트\지점별차트_완료.xlsx
- ◉ **해설 파일** : 해설파일\프로젝트\지점별차트.pdf
- ◉ **동영상 해설 파일** : 해설파일\프로젝트\지점별차트.avi

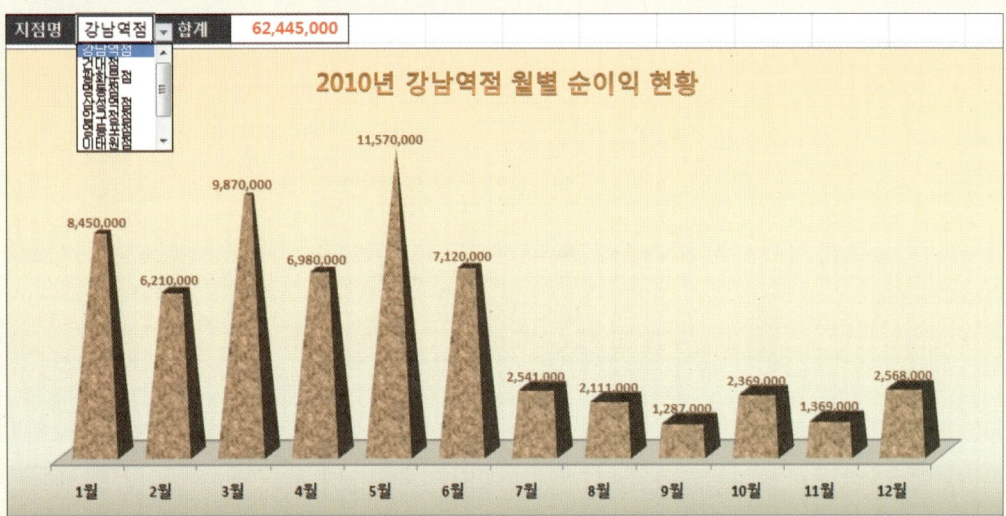

1단계 : 지점명으로 텍스트 오름차순 정렬
2단계 : '차트' 시트의 B2셀에 지점명에 전체 지점명을 원본으로 하는 데이터 유효성 검사 설정하고 지점명 선택
3단계 : '이익데이터' 시트의 A15셀이 '차트' 시트에서 선택한 지점명을 참조하게 수식 설정
4단계 : INDEX와 MATCH 함수 이용하여 B15:M15셀에 A15셀의 데이터를 가져오게 수식 설정하고 테두리, 표시 형
식 설정
5단계 : & 연산자 이용하여 A13셀에 A5셀을 참조하여 '2010년 지점명 월별 순이익 현황'을 표시하게 수식 설정
6단계 : A14:M15셀을 원본으로 묶은 원뿔형 차트를 삽입하고 '차트' 시트로 복사한 후 크기와 위치 조절, 차트 제목
은 '이익데이터' 시트의 A13셀 참조하게 수식 입력
7단계 : 범례, 기본 세로 축, 기본 가로 눈금선 숨기고 데이터 레이블 표시
8단계 : 데이터 계열 서식 설정(계열 옵션에서 간격 설정, 도형에서 모양 선택, 채우기에서 질감 적용, 3차원 서식에
서 재질 적용)
9단계 : 차트 영역 서식(채우기에서 그라데이션 설정)
10단계 : 밑면 서식 설정(채우기에서 투명도 설정)
11단계 : 축 서식과 데이터 레이블 글꼴 서식 설정, 차트 제목의 글꼴 서식 설정하고 워드아트 스타일 적용
12단계 : D2셀에 SUM 함수를 이용하여 선택한 지점의 순이익 합계를 계산하는 수식 입력하고 지점별로 달라지는
차트와 합계 확인

지출결의서 만들기
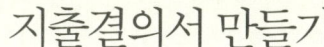

표를 만들고 데이터를 입력한 후 필요한 표시 형식과 서식을 지정한 후 수식을 이용하여 완성합니다. 완성한 표를 복사하여 원본 표와 연동되도록 복사하고 결재란을 만들어 붙인 후 가로 방향의 용지에 보기 좋게 인쇄되게 설정합니다. 워드아트를 이용하여 내용을 삭제하는 매크로도 첨부합니다.

- **시작 파일** : 프로젝트\지출결의서.xlsx, logo.jpg
- **완료 파일** : 프로젝트\지출결의서_완료.xlsm
- **해설 파일** : 해설파일\프로젝트\지출결의서.pdf
- **동영상 해설 파일** : 해설파일\프로젝트\지출결의서.avi

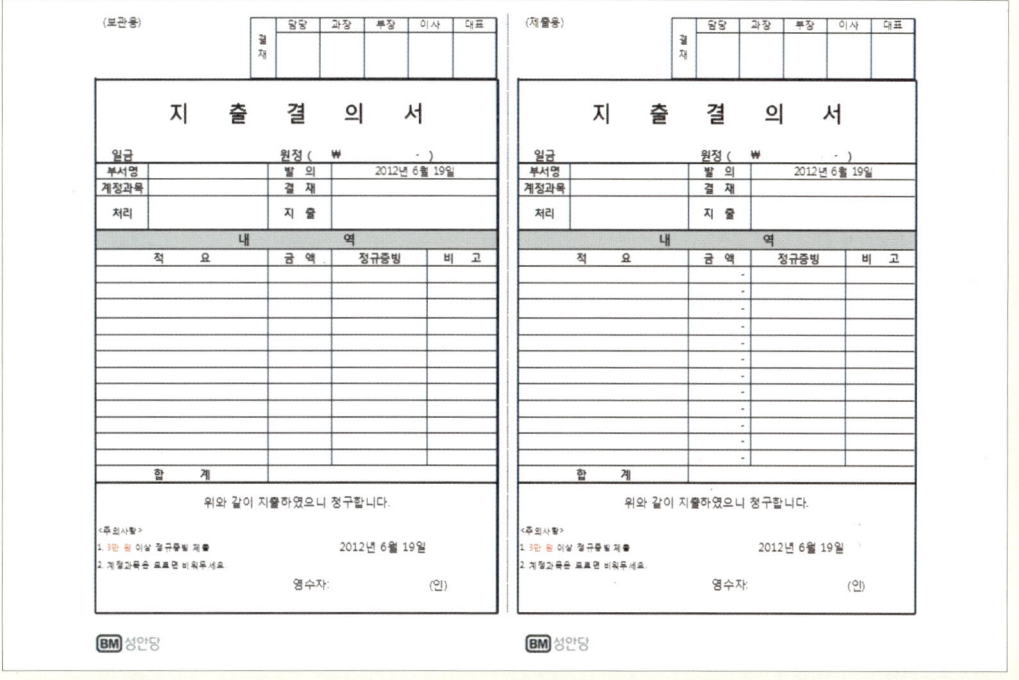

1단계 : '지출결의서' 시트의 부서명(상품기획,제품디자인,영업,웹관리), 계정과목(=계정과목!$A$1:$A$36), 정규증빙에 데이터 유효성 검사 설정(=참고!$A$1:$A$6)하고 필요한 데이터 입력

2단계 : E24셀에 SUM 함수를 이용하여 금액의 합계를 구하고 C6셀과 G6셀에서 참조한 후 표시 형식 설정

3단계 : E27셀에 TODAY 함수로 현재 날짜를 입력하고 G7셀에서 참조, G29셀에 이름 입력

4단계 : A1:I30셀을 K5셀에 복사(원본 열 너비 유지)하고 K1셀의 데이터 수정한 후 I1:I30의 오른쪽 테두리 서식 설정

5단계 : 화면 배율을 축소하고 C7:C8셀을 L7:L8셀, B12:H23셀은 K12:Q23셀, G29셀에 P29셀에 연결하여 붙여넣기

6단계 : [Excel 옵션] 대화상자의 [고급]-[이 워크시트의 표시 옵션]에서 0 값 제거하기

7단계 : '참고' 시트의 B2:G3셀을 '지출결의서' 시트에 복사(연결된 그림)하고 크기와 위치 조절한 후 오른쪽에 다시 복사하고 화면 눈금선 숨기기

8단계 : A1:R30셀을 인쇄 영역으로 설정하고 용지 방향을 가로로 변경, 한 페이지에 전체 시트를 맞추고 페이지의 가로, 세로 가운데에 인쇄되게 설정

9단계 : 왼쪽, 가운데 바닥글에 그림 삽입(logo.jpg)하고 Spacebar 로 위치 조절

10단계 : 새 작성을 위해 기존 데이터를 지우고 부서명 입력 부분으로 커서를 이동하는 매크로 기록

11단계 : 워드아트 삽입하고 글꼴 크기, 위치 조절한 후 매크로로 연결

12단계 : Excel 매크로 사용 통합 문서 형식으로 저장